D1732310

Gustav Schrank

Meines Lebens
Kreise

Nach ewigen, ehrnen,
großen Gesetzen,
müssen wir alle
unseres Daseins
Kreise vollenden.

Nur allein der Mensch
vermag das Unmögliche:
Er unterscheidet,
wählet und richtet;
er kann dem Augenblick
Dauer verleihen.

JOHANN WOLFGANG VON GOETHE

Gustav Schrank

Meines Lebens Kreise

Erinnerungen

Bibliografische Information der Deutschen Bibliothek

Die Deutsche Bibliothek verzeichnet diese Publikation in der Deutschen Nationalbibliografie; detaillierte bibliografische Daten sind im Internet abrufbar über http://dnb.ddb.de

1. Auflage 2011

ISBN: 978-3-00-036627-7

© Gustav Schrank, Leopoldstraße 6 b, 68766 Hockenheim
E-Mail: info@gustavschrank.de

Satz und Umschlaggestaltung: Gustav Schrank
Druck: Weinmann GmbH; Hockenheim
Bindearbeit: Buchbinderei Schaumann GmbH; Darmstadt

Vorwort

Ein autobiografisches Werk, noch dazu das eines langjährigen Kommunal-politikers, unterliegt häufig dem Generalverdacht, sich damit selbst beweih-räuchern, mit anderen abrechnen und/oder sein eigenes Tun allzu rosig darstel-len zu wollen. Es mag dafür genügend Beispiele geben. Meine Motive waren andere.

Auf den Gedanken, einmal autobiografisch zu schreiben, kam ich als junger Bürgermeister. Zuvor hatte ich schon viel erlebt. Trotz des Krieges und seiner Folgen konnte ich auf eine schöne Kindheit und danach auf eine stürmische Ju-gendzeit zurückblicken. Die Zeiten der Ausbildung, des Studiums und der be-ruflichen Tätigkeit waren nicht minder abwechslungsreich und interessant. Am Hockenheimring geriet ich dann in ein anders geartetes Metier, das mich jeden Tag neu forderte.

Es folgten über sechsundzwanzig Jahre an der Spitze der Stadt Hockenheim – mein Leben. In diesem Amt vermochte ich viel zu initiieren und umzusetzen - die ersten zwanzig Jahre boten dazu noch den finanziellen Spielraum - doch nicht alles ist so glatt gelaufen, wie ich mir dies gewünscht hätte und es jedem recht zu tun, das habe auch ich nicht geschafft.

Mein Wirken am Hockenheimring und im Bürgermeisteramt spannte sich über nahezu dreiunddreißig Jahre. Eine ereignisreiche Zeit – auch und gerade für die Stadt. Sie einmal zu beschreiben, hatte ich also schon in den 1980er Jah-ren im Sinn und mir dann dieses Projekt im Ruhestand endgültig vorgenom-men. Da ich nie mit einem Roman oder mit Märchen aufwarten wollte, begann ich frühzeitig, Daten und Fakten zu sammeln. Das erleichterte mir später das Recherchieren und Schreiben.

Mehrere Kapitel habe ich dem Modernisierungsprojekt Hockenheimring ge-widmet, das ab dem Jahre 2000 die Stadt und mich bewegte. Ursachen und Wirkungen aufzuarbeiten und als »der« Insider zu informieren, war ich meinen Mitbürgerinnen und Mitbürgern, aber auch mir selbst schuldig.

Mein Anliegen war auch, auf verschiedene Entwicklungen von der Zeit mei-ner Geburt im Zweiten Weltkrieg bis in die Jahre meines Ruhestands einzuge-hen und aufzuzeigen, wie sie mein Leben und das meiner Generation beein-flusst haben.

Rückblickend wurde mir erst so richtig bewusst, wie viele Menschen mich begleiteten, darunter tolle Persönlichkeiten, sei es in der Familie, der Verwandt-schaft, im Berufsleben oder in der Politik. Sie boten mir Halt und Stütze. Ohne sie hätte ich wohl so manches nicht erreicht. Mit diesen Menschen verbinden mich dankbare Erinnerungen.

Leider erlebte ich auch weniger erfreuliche Begegnungen mit Zeitgenossen oder musste mich mit deren Handlungen auseinandersetzen. Auch sie beein-flussten mein Leben. Wenn ich mich damit überhaupt befasst habe, dann auf möglichst sachliche Weise.

In „Meines Lebens Kreise" widerspiegeln sich primär meine persönlichen Erinnerungen, Erfahrungen und Erkenntnisse. Dennoch ist diese individuelle Perspektive auch ein Beitrag zur Stadtgeschichte Hockenheims, meiner Heimatstadt, für die ich mich eingesetzt habe und die mir so viel gab.

Möge sie sich in einem friedlichen Umfeld weiterhin positiv entwickeln, als ein Gemeinwesen, das Jung und Alt stets viel zu bieten hat und in dem sich die Menschen wohlfühlen.

Gustav Schrank

Geleitwort

Kommunalpolitiker greifen selten zur Feder, um ihre Lebenserinnerungen niederzuschreiben. Deshalb ist es zu begrüßen, dass der langjährige Bürgermeister und Oberbürgermeister Hockenheims, Gustav Schrank, in dem Buch „Meines Lebens Kreise" seine Erinnerungen aufgezeichnet hat.

Das vorliegende Werk umfasst eine Zeitspanne von sieben Jahrzehnten. Es lebt von der persönlichen Sichtweise des Autors.

Nichtsdestoweniger ist es sowohl ein zeitgeschichtliches als auch ein heimatgeschichtliches Dokument. Dadurch wird das Buch „Meines Lebens Kreise" zu einem wichtigen Beitrag zur neueren Geschichte Hockenheims, gleich, ob dieses sich mit den familiären Verhältnissen des Autors, den letzten Jahren des Zweiten Weltkriegs, der Nachkriegszeit, der Entwicklung des Hockenheimrings oder der Hockenheimer Kommunalpolitik beschäftigt.

Gustav Schranks Memoiren regen dazu an, Entscheidungen und Entwicklungen, die Hockenheim geprägt haben, in einem anderen Licht zu sehen.

Alfred Rupp
Vorsitzender des Vereins für Heimatgeschichte Hockenheim e.V.

Kapitelverzeichnis

Das detaillierte Inhaltsverzeichnis finden Sie auf den
Seiten 571 – 582

Kapitel 1: Von der Kriegs- zur Wirtschaftswunderzeit (1942 - 1971)

Wo ein Werk geschaffen, wo ein Traum weitergeträumt,
ein Baum gepflanzt, ein Kind geboren wird, da ist das Leben
am Werk und eine Bresche ins Dunkel der Zeit geschlagen.

HERMANN HESSE

Die Welt stand in Flammen

Am 18. September 1942 erblickte ich in Hockenheims Entbindungsstation „St. Elisabeth" das Licht der Welt. Die Gengenbacher katholischen Schwestern führten dieses Haus in der Hirschstraße. Deutschland befand sich mitten im Zweiten Weltkrieg, und in Stalingrad kämpften Armeen auf deutscher und sowjetischer Seite um die Vorherrschaft über die Stadt an der Wolga.

Im Jahr 1942 verstärkten die Alliierten ihre Luftangriffe auf deutsche Städte. Sie kosteten bis zur bedingungslosen deutschen Kapitulation, Anfang Mai 1945, vermutlich weit über 400.000 Zivilisten das Leben – eine zuverlässige Schätzung der Opferzahl gibt es bis heute nicht. Mannheim, Ludwigshafen und Karlsruhe hatten besonders zu leiden. Meine Heimatstadt war aber kaum betroffen. Als die alliierten Bomber Heilbronn und Pforzheim in Schutt und Asche legten, strahlte das Feuerinferno bis nach Hockenheim.

Der 18. September war ein Freitag – für viele ein besonders schwarzer. An diesem Tage vereinbarten Reichsjustizminister Otto Georg Thierack und Reichsführer der SS, Heinrich Himmler, die Deportation aller „Sicherheitsverwahrten" in Konzentrationslager. Unter Sicherheitsverwahrten verstand man Juden, Roma, Sinti und Osteuropäer, die mit mehr als 30-jährigen Haftstrafen belegt waren. Auch alle Deutschen, die Gefängnisstrafen von über acht Jahren erhalten hatten, wurden aufgrund des an diesem Tage verfügten Erlasses in Konzentrationslager überstellt. Die Folgen lasten auf Deutschland noch heute. Die Geburten des Jahres 1942 standen also unter keinem guten Stern.

Trotz des Krieges und seines ungewissen Ausgangs, schienen meine Eltern mit einer gewissen Zuversicht in die Zukunft geblickt zu haben. Ihre familiäre Situation, mit ihren Elternhäusern im Hintergrund, bot für die Familienerweiterung einen stabilen Rahmen. Meine Mutter, Käthe Schrank geb. Dorn, war mit zweiundzwanzig Jahren noch relativ jung. Mein Vater, Edwin Schrank, war bereits einunddreißig. Ihre Ehe wurde 1940 geschlossen. Ich war ihr erstes Kind.

Zur Zeit meiner Geburt litten fast alle Familien unter dem Krieg. So war schon 1941 der erst neunzehnjährige Bruder meiner Mutter wenige Kilometer vor Moskau gefallen. Eine Partisanin, die man damals als „Flintenweib" bezeichnete, hatte ihn, während er Wache stand, aus dem Hinterhalt erschossen. Sie soll unmittelbar nach der Tat gefasst und von den Kameraden meines Onkels standrechtlich erschossen worden sein. Dies war bis Anfang der 1950er Jahre eine legitime Praxis.

Wer selbst Kinder hat, kann besonders nachfühlen, wie sich der Tod meines noch blutjungen Onkels Gustav (Rufname „Gustel") auf seine Familienangehörigen ausgewirkt haben muss. Für meine Großeltern, das Landwirtsehepaar Lina und Wilhelm Dorn, brach eine heile Welt zusammen, aber auch für die noch ledigen Schwestern meiner Großmutter, Lisette und Kätchen Blechert, für meine Mutter sowie für deren damals vierzehnjährigen Bruder Erich.

Erst die einige Monate später verkündete Schwangerschaft meiner Mutter brachte Hoffnung und Trost in die Trauer der Familie. Für die stand mit dem Bekanntwerden der guten Hoffnung meiner Mutter eines fest: Ein Junge kann nur Gustav (Kosenamen: Gustel) heißen. So kam ich zu meinem Rufnamen, dem als weiterer Vorname noch Dieter hinzugefügt wurde.

Vater kam als fremder Mann

In meinen ersten Lebenstagen befand sich mein Vater als Soldat in Russland. Er war als ausgebildeter Sanitäter einer Sanitätskolonne zugeteilt. Im Juni 1944 war ihm ein Fronturlaub vergönnt, nachdem wenige Tage zuvor, am 28. Mai, meine Schwester Elke das Licht der Welt erblickt hatte. Ich war damals ein Jahr und neun Monate alt, hatte als Einjähriger schon relativ früh mit dem Laufen und Sprechen begonnen, und sah in meinem Vater zunächst nur einen fremden Mann in Uniform. Als er mich zum ersten Mal auf den Arm nehmen wollte, soll ich geschrien haben.

Mitte 1944 zeichnete sich bereits deutlich ab, dass der Krieg nicht mehr zu gewinnen war. Zu groß waren die deutschen Verluste im Osten. Der Übermacht der Alliierten hatte die deutsche Wehrmacht immer weniger entgegenzusetzen. Die Gegner gewannen an der Ost- und Westfront ständig an Boden.

Meine Mutter sagte mir viel später einmal, mit welch bangem Gefühl sie Vater zu der Truppe nach Russland hat ziehen lassen müssen. Niemand konnte damals ahnen, dass wir ihn nie mehr wieder sehen würden.

Mein Vater, von Beruf Bäckermeister und Viertältester von insgesamt fünf Geschwistern, stammte aus einer Bäckerfamilie. Sein Vater, der Bäckermeister Ludwig Schrank, hatte von seiner Großtante, einer geborenen Engelhorn, die Gaststätte „Schwarzes Lamm" in der Oberen Hauptstraße in Hockenheim geerbt. Der Gründer des Mannheimer Bekleidungshauses Engelhorn & Sturm, Georg Engelhorn, war ein Verwandter meines Großvaters. Er weilte als Kind oft bei seiner Tante im Schwarzen Lamm.

Im Jahre 1900 hatte mein Großvater das Grundstück des ehemaligen Schwarzen Lamms - die Gaststätte war zwischenzeitlich einem Brand zum Opfer gefallen - für

18.000 Reichsmark an die Katholische Kirchengemeinde verkauft. Mit diesem Geld erwarb er zwei Jahre später, nachdem er meine Oma Katharina Bähr aus Spechbach geheiratet hatte, eine neue Bäckerei in der Rathausstraße in Hockenheim – mein Elternhaus.

Dieses Anwesen hatte der Hockenheimer Bauunternehmer Peter Weibel, Vater von Hockenheims Ehrenbürger Arthur Weibel, kurz zuvor zusammen mit den beiden benachbarten Wohnhäusern errichtet. Die Familie Weibel wohnte vis-à-vis in der Rathausstraße. – Das gesamte Areal östlich der Parkstraße, zu dem auch der Teil der Rathausstraße mit meinem Elternhaus zählte, war um 1900 ein Neubaugebiet.

Zwei Jahre nach dem Erwerb des Grundstücks des ehemaligen Schwarzen Lamms, kaufte die Katholische Kirchengemeinde auch das Nachbargrundstück, welches der jüdischen Familie Hockenheimer gehörte. Auf diesen beiden Grundstücken, mit einer Fläche von circa 1.500 qm, steht heute die 1911 geweihte katholische Jugendstilkirche St. Georg, eines der bedeutendsten Bauwerke unserer Stadt. (Ohne den Grundstücks-Kaufvertrag mit meinem Großvater, hätte die Kirche an dieser Stelle nicht gebaut werden können.)

Gefährliche Zeit

Dass man schon als Kleinkind in eine lebensgefährliche Situation geraten kann, ist zwar in Kriegszeiten eher der Fall, kann aber auch sonst durchaus vorkommen. Überhaupt war die Kriegszeit auch für unsere Stadt eine sehr gefährliche und folgenreiche.

So hätte nicht viel gefehlt, und ich wäre einem Schwelbrand zum Opfer gefallen. Dass dem letztlich nicht so war, hatte ich einem polnischen Kriegsgefangenen zu verdanken. Er war unserer Bäckerei als Arbeitskraft zugeteilt worden.

Im Winter 1942/43 hatte man mich fast jeden Nachmittag im Kinderwagen in die warme Backstube zum Schlafen gelegt. Dort war es ruhig – der Backbetrieb lief in der Regel nur bis Mittag. An einem dieser Nachmittage entzündete sich das nahe dem Backofen befindliche Brikettlager. Weil sich sonst niemand in der Backstube aufhielt - ich sollte bei meinem Nachmittagsschläfchen ja nicht gestört werden - fiel dies zunächst niemandem auf. Aber der Pole bemerkte die Gefahr und brachte mich rechtzeitig, bevor es zur Katastrophe kam, in Sicherheit.

Bereits um den Jahreswechsel 1944/1945 hatten die Verantwortlichen Hockenheims erwogen, die Stadt vor der heranrückenden U.S. Army zu evakuieren. Im Frühjahr 1945 sollte dies dann Wirklichkeit werden. Mein Großvater Wilhelm Dorn, der zu den Nationalsozialisten immer ein reserviertes Verhältnis hatte, wurde, wie viele andere Landwirte auch, aufgefordert, seine Pferde vor den Wagen zu spannen und mit seiner Familie Hockenheim zu verlassen. Seine Antwort an Karl Zahn, den Überbringer dieser Botschaft - ein ihm gut bekannter Landwirt aus der Oberen Hauptstraße - war: „Du kannst mich mal!"

Auch mein Vater hatte an der Ostfront von den Evakuierungsplänen Hockenheims erfahren und meiner Mutter brieflich geraten, die Stellung zu halten. In seinem Schreiben brachte er außerdem die Hoffnung zum Ausdruck, dass die angekündigten Wunderwaffen noch rechtzeitig zum Einsatz kommen und für eine Kriegswende sorgen mögen. Sonst, so schrieb er, seien die vielen Opfer alle umsonst gewesen.

In der letzten Dekade des Monats März 1945 standen die Amerikaner vor Hockenheim. Bevor einige mutige Bürger auf dem Turm der katholischen Kirche die weiße Fahne zur Übergabe der Stadt schwenkten, hatte die U.S. Army diese, vom Talhaus aus, über mehrere Tage massiv beschossen. Der Kanonade fielen sämtliche bemalte Glasfenster an der Westfront der evangelischen Kirche zum Opfer. Eine Granate landete in der katholischen Kirche, explodierte aber Gott sei Dank nicht. Sonst wäre es um das Interieur der eindrucksvollen Jugendstilkirche nicht gut bestellt gewesen. Die etwa vierzig Zentimeter lange, messingfarbene Granatenhülse hängt heute neben dem Josefsaltar des Gotteshauses, der sich rechts vom Hauptaltar befindet.

An den Artilleriebeschuss der US-Truppen kann ich mich noch vage erinnern – es ist meine früheste Kindheitserinnerung überhaupt. Meine Mutter befand sich mit meiner Schwester und mir im Keller ihres Elternhauses in der Oberen Hauptstraße in Hockenheim. Dort hatten neben den Großeltern und meinem Onkel Erich auch die beiden Schwestern meiner Großmutter Schutz gesucht. Mein Großvater hatte die Kellerlöcher mit Sandsäcken so gut es ging gesichert, und für uns Kinder hatte man neben dem Kartoffellager Betten aufgeschlagen. Während des Beschusses mussten die Erwachsenen große Angst ausgestanden haben. Der Krieg zeigte uns seine hässliche Fratze und durch den Ari-Beschuss hätte uns Schlimmes passieren können. Als Kleinkind vermochte ich diese bedrohliche Situation natürlich nicht einzuschätzen.

Erfreulicherweise wurde das landwirtschaftliche Anwesen meiner Großeltern und damit auch wir verschont. Anders sah es bei meinem Elternhaus in der Rathausstraße aus. Einige Jahre später erzählte man mir, was dort der Beschuss so alles angerichtet hatte. Ein Geschoss war in die Mehlkammer oberhalb der Backstube eingeschlagen, ein weiteres hatte den Schornstein des Wohnhauses getroffen.

Das Dach der Mehlkammer war erheblich in Mitleidenschaft gezogen sowie einige Mehlsäcke beschädigt worden. Durch den Explosionsdruck hatte sich eine Staubwolke aus Mehl gebildet, die sich auf dem ganzen Anwesen niederließ. Die Reinigung muss einige Mühe verursacht haben. Der Dachschaden konnte aber schnell behoben werden. Gut war, dass die Backstube und dessen Kern, der Backofen, nichts abbekommen hatten. Dadurch konnte der Backbetrieb auch in der Endphase des Krieges aufrechterhalten werden.

Der Einschlag beim Schornstein sorgte für eine gründliche Kaminreinigung, und der Explosionsdruck verschaffte sich über das Kamintürchen und den Herd Auslass in die gerade frisch gestrichene Küche. War das Umfeld der Backstube so weiß wie Schnee gepudert, bestäubte schwarzer Ruß die ganze Küche. Da der Backofen noch genügend heißes Wasser produzierte, ging die Küchenreinigung recht flott über die Bühne. Allerdings mussten danach erneut die Maler antreten und Wände und Decke streichen. Es hätte schlimmer kommen können. Glücklicherweise wurde auch in meinem Elternhaus niemand verletzt.

Nach der Einnahme der Stadt durch die U.S. Army, hatte man für die befreiten polnischen Kriegsgefangenen der Region ein Sammellager in der Pestalozzischule eingerichtet. Es kam durch sie zu Plünderungen. Außerdem soll es auch einige Vergewaltigungen gegeben haben. Zum Schutz meiner 24-jährigen Mutter befand sich zwar mein rüstiger Großvater Ludwig Schrank im Elternhause, doch zusätzlich nächtigte ihr damals 17-jähriger Bruder Erich, ein für sein Alter schon recht kräftiger Junge, einige Tage bei uns. Er war in den letzten Kriegswochen noch als Luftwaffenhelfer zum Einsatz gekommen. Da man unser Haus des Nachts von innen auch noch gut verbarrikadiert hatte, kam es zu keinen Konflikten mit den Polen.

Kaum waren die US-Soldaten in der Stadt, durchsuchten sie die meisten Häuser nach Akten, Literatur des Dritten Reichs, wie Hitlers „Mein Kampf", Waffen etc. Sie verschonten auch mein Elternhaus nicht. Als sie zum ersten Mal bei uns auftauchten, begrüßte sie mein Großvater in seiner Aufregung mit „Heil Hitler". Um ein Haar hätten sie ihn eingesperrt. Da er mit 74 Jahren schon ein älterer Herr war und den Hitlergruß bedauerte, kam er schließlich ungeschoren davon.

Damals befand sich in fast jedem Haus Hitlers „Mein Kampf". Damit unser Exemplar den Amerikanern nicht in die Hände fiel, hatte es meine Mutter unmittelbar vor Beginn der Hausdurchsuchung in den brennenden Küchenherd gesteckt. Kurz danach, so hat sie mir berichtet, sei in ihren Adern beinahe das Blut erstarrt. Einer der amerikanischen Soldaten habe das Türchen des Herds geöffnet, um sich eine Zigarette anzuzünden. Dabei sah er das brennende Buch. Es war zum Glück schon fast verbrannt und nicht mehr zu identifizieren.

Vor der Hausdurchsuchung hatte man meine kleine Schwester Elke in einem der Zimmer zum Schlafen gelegt. Um dieses machten die GIs einen Bogen mit der Bemerkung „Baby schläft".

Problematisch war, dass das amerikanische Militär an diesem Tag unseren Backbetrieb einstellen wollte. In der Backstube hatte mein Großvater gerade den Brotteig hergestellt und wollte ihn weiterverarbeiten. Das erlaubten die Amis aber erst nach einigem Hin und Her.

Einmal, es war einige Tage später, nutzten die amerikanischen Soldaten sogar unsere Bäckerei, um selbst Brot zu backen. Zu diesem Zweck hatten sie neben ihrem Mehl noch Hefe und Salz sowie ihre eigenen Bäcker mitgebracht. Von uns benötigten sie nur Wasser – und natürlich unsere Backeinrichtung.

Ab April 1945 glich die Obere Hauptstraße, die zuvor „Adolf-Hitler-Straße" hieß, häufig einer Rollbahn. Es fuhren Kolonnen mit hunderten amerikanischen Panzern, Lkws und Jeeps in Richtung Reilingen. Die Lkws transportierten teils Soldaten, teils waren an sie auch Kanonen angehängt. Durch das Gewicht der rollenden Panzer vibrierten sämtliche Gebäude und die Tassen wackelten im wahrsten Sinne des Wortes in den Schränken. Zudem sorgten die Kettenräder und das holprige Kopfsteinpflaster für ohrenbetäubenden Lärm. Als kleiner Bub habe ich diese Kolonnen mit den schweren Waffen oft vom Anwesen meiner Großeltern in der Oberen Hauptstraße aus verfolgt.

Über die Obere Hauptstraße erreichten damals an jedem Werktagmorgen einige hundert Reilinger Pendler mit Fahrrädern den Hockenheimer Bahnhof. Von dort fuhren die meisten mit dem Zug zur Arbeit nach Mannheim. Nachmittags bis abends rollte die Fahrradkolonne wieder denselben Weg nach Reilingen zurück.

Leider hört man im Gegensatz zu Motorfahrzeugen nicht, wenn sich ein Radfahrer nähert. Dies wurde mir in meiner Kindheit zweimal zum Verhängnis, als ich vom Hof meiner Großeltern unachtsam auf die Obere Hauptstraße rannte und prompt mit Radfahrern aus Reilingen kollidierte. Auch als Kind wird man durch Schaden klug, also vorsichtiger.

❄

Prägende Nachkriegsjahre

Ein Kind ist ein Buch,
aus dem wir lesen und
in das wir schreiben sollen.

Peter Rosegger

Gerade mal drei Jahre alt, machte ich mich eines Tages „à la Hänschen klein" selbstständig und ging in die weite Welt, konkret: in die Stadt hinein. Von dieser unerlaubten Exkursion war aber niemand meiner Angehörigen begeistert. Wer sich von den Dorns, Schranks und ihren gerade greifbaren Verwandten frei machen konnte, suchte nach mir in der Stadt. Alle machten sich um mich große Sorgen. Immerhin floss der Kraichbach mitten durch Hockenheim, und Wasser zieht erfahrungsgemäß kleine Kinder besonders an. Außerdem befanden sich in der Zeit kurz nach Kriegsende viele Fremde in Hockenheim. Die Sorgen waren also berechtigt.

Man fand mich schließlich bei etwas älteren Kindern am Wasserturm, mit denen ich spielte. Wenige Tage nach meinem Ausreißen hantierten dort Kinder mit Munition. Es kam zu einer Explosion, die leider einige das Leben kostete.

Im Kindergarten

Meine unerlaubte Reise blieb nicht ohne Folgen, denn sie überzeugte meine Mutter davon, dass ich reif für den Kindergarten sei. So kam ich ab diesem Zeitpunkt in den evangelischen Kindergarten im Lutherhaus. Unsere Kindergartengruppe bestand aus über vierzig Kindern, die Tante Gerda leitete.

Den Kindergarten besuchte ich von Anfang an sehr gerne, im Gegensatz zu meiner jüngeren Schwester Elke, die den Lutherhauskindergarten ab 1947 besuchte. Als der Ältere fühlte ich mich für sie verantwortlich und redete ihr oft gut zu, wenn wir uns gemeinsam auf den Weg ins Lutherhaus machten. Eine ältere Frau beobachtete einmal meine Bemühungen und berichtete anschließend meiner Mutter auf Kurpfälzisch: „Muss sich der Bu mit dem Mensch rummreiße!" Als „Mensch" bezeichnet man im kurpfälzischen Dialekt eine weibliche Person, die etwas gerissen oder schwierig ist. Unter „rummreiße" ist herumreißen im Sinne von „sich mit einer Person auseinandersetzen bzw. abgeben zu müssen, die eine Last bedeutet", gemeint.

Im Kindergarten herrschte eine andere Zucht und Ordnung als in der heutigen Zeit. Wie sonst hätte eine Kindergärtnerin, selbst wenn ihr noch eine Assistentin zur Seite stand, mit über vierzig lebhaften Kindern klarkommen sollen? Zu meiner Kindergartenzeit gab es schon den Stuhlkreis, der allerdings noch nicht so bezeichnet wurde. In ihm hatten wir immer artig Platz zu nehmen und unserer Kindergärtnerin zu lauschen, die uns das eine oder andere vorlas oder mit uns ein Kinderlied einstudierte, das wir dann gemeinsam sangen. Es gab auch schon Spielecken, die allerdings der Zeit gemäß recht bescheiden ausgestattet waren. Im Hof des Lutherhauses stand uns Kindern als einziges Spielgerät ein Sandkasten zur Verfügung.

Mit anderen Kindern, darunter der spätere Stadtrat Willi Keller und dessen Cousin Günther Kern, knüpfte ich erste Freundschaften. Gegen Ende unserer Kindergartenzeit himmelten wir drei schon ein gleichaltriges blondes Mädchen namens Ulla an. Rückblickend ist kaum zu glauben, dass Goethes Feststellung „Das Ewig-Weibliche zieht uns hinan" schon so früh wirkte.

Erkrankungen und medizinische Versorgung

Im Lutherhaus und dessen Nebengebäude befanden sich in der damaligen Zeit noch eine Nähschule und eine Krankenstation, die von Diakonissen geleitet wurden. Bei kleineren Erkrankungen und Verletzungen ließ man sich zunächst von den Schwestern behandeln. Sie machten auch Hausbesuche. Erst wenn diese mit ihrem Latein am Ende waren, wurde der Hausarzt aufgesucht.

Unser Hausarzt war Dr. Hermann Lentze. Er hatte seine Praxis in der Werderstraße. Mit ihm bekam ich es zu tun, als mich die Kinderkrankheiten Scharlach und Masern heimsuchten. Einige Impfungen und Spritzen, die mir Dr. Lentze verpasste, sind mir in recht schmerzhafter Erinnerung geblieben.

Im Jahre 1946 stimmte mit mir irgendetwas nicht. Deshalb stellte mich meine Mutter dem damals in der Region sehr bekannten Mannheimer Kinderarzt Dr. Balthasar Berthold vor. Er diagnostizierte bei mir eine „Leberschwellung" – eine für ein Kleinkind ungewöhnliche Erkrankung. Mein Großvater Wilhelm Dorn, der zu den Hauptmahlzeiten gerne Most trank, hatte mir davon hin und wieder zu trinken gegeben. Nachdem die Ursache erkannt und abgestellt worden war, stand einer schnellen Genesung nichts im Wege.

Die Untersuchung bei Dr. Berthold machte mir aber noch viele Jahre zu schaffen. In dessen Praxis hatte mir eine Krankenschwester zur Blutabnahme ohne große Vorwarnung in den Finger gestochen. Das auslaufende Blut schockierte mich. Ich befürchtete das Schlimmste. Dieses Erlebnis prägte sich bei mir so negativ ein, dass mir sogar als Jugendlicher noch schlecht werden konnte, wenn ich nur an schwere Blutungen und deren mögliche Folgen dachte.

Mit neun Jahren wurden mir im alten Schwetzinger Krankenhaus die Mandeln entfernt. Diese Operation war durch taubeneigroße Mandeln notwendig geworden, die mir das Atmen erschwerten. Die ersten Tage nach dem operativen Eingriff waren die bisher schlimmsten meines Lebens. Selbst das Schlucken meines Speichels war so schmerzhaft, dass ich jedes Mal Tränen bekam, ganz zu schweigen vom Essen und Trinken. Erfreulicherweise heilt die Zeit alle Wunden. So hatte auch ich nach rund einer Woche das Gröbste überstanden.

Zu meiner Genesung - Ende März 1952 - hatte mir jeder meiner Klassenkameraden ein paar nette Worte zu Papier gebracht, teilweise auch noch mit Bildern bemalt. Dann hatte die Klasse alle Genesungsadressen zu einem Büchlein zusammengebunden und mir, mit einer Widmung unserer Klassenlehrerin Anna Dussel versehen, überreicht. Es war rührend, wie sie alle mit mir fühlten. Das Büchlein ist, abgesehen von meinen Zeugnissen, das einzige schriftliche Dokument, das mir von den ersten Jahren meiner Schulzeit geblieben ist. Entsprechend hege ich es.

Meine Mandeloperation war natürlich eine „blutige" Angelegenheit, die ich, mit Äther betäubt, über mich ergehen lassen musste und die mir zu schaffen machte. Im Hinblick auf tierisches Blut, das ich schon in meiner Kindheit bei einigen Schlachtfesten fließen sah, hatte ich eigenartigerweise nie ein Problem. Weder das Schlachten eines Huhns noch eines Schweins machte mir etwas aus. Letzteres konnte nach dem Kriege aber problematisch sein, besonders wenn es sich, wie wir im folgenden Kapitel sehen werden, um eine „Schwarzschlachtung" handelte.

Als ich achtzehn war, empfahl mir unser Hausarzt Dr. Lentze, wegen sporadisch auftretender Kreislaufbeschwerden Ausdauersport zu treiben. Seinem Rat folgend, begann ich im Hockenheimer Wald zu laufen. Das bekam mir gesundheitlich von Anfang an sehr gut, weshalb ich es bis heute beibehalten habe. Überschlägig legte ich schon mehr als 65.000 Kilometer im Dauerlauf zurück.

Eigenproduktion linderte die Nahrungsnot

In der Nachkriegszeit herrschte großer Nahrungsmangel. Deshalb waren die Lebensmittel von staatlicher Seite rationiert und die Bestände an Masttieren, wie Schweine oder Rinder, registriert. Die amtlich gesteuerte Verwertung sollte die Nahrungsnot mildern. Lebensmittel wie Brot, Fleisch und Wurst erhielt man in den Geschäften nur auf Lebensmittelmarken – neben der Reichsmark ein weiteres Papiergeld, das nicht nur in unserer Bäckerei, sondern im Wirtschaftsleben überhaupt eine große Rolle spielte.

Da in unserer Bäckerei fast jeden Tag Reste von Backwaren anfielen, die für das Mästen von Schweinen geeignet waren, hielten wir uns immer einige Schweine bis zur Schlachtreife – das eine oder andere ohne Wissen der Stadtverwaltung. Ein Schwarzschlachten führte aber, wenn davon das Ordnungsamt Wind bekam, zu harten Strafen. Deshalb wurde von vornherein alles vermieden, was Verdacht erweckte.

Mein Cousin Paul Birke erzählte mir von einem Schwarzschlachten in unserer Backstube, das alles andere als reibungslos verlaufen ist. Unser Hausmetzger war mein Onkel Fritz Baumann, Inhaber der Bahnhofsrestauration, der mit meiner Patentante Irma, der jüngsten Schwester meines Vaters, verheiratet war. Vor dem Schlachten hatte er sich mit Schnaps etwas Mut angetrunken und dabei wohl einen zuviel genommen. Infolgedessen traf er das Schlachtvieh mit dem Bolzenschussapparat nicht richtig. Danach schrie das schwer verwundete Schwein fürchterlich, was nachvollziehbar ist, denn auch ein Tier kann unter Todesangst leiden.

Obwohl alle Maschinen in der Backstube liefen, um mit ihren Betriebsgeräuschen mögliche Schlachtgeräusche zu übertönen, war nicht auszuschließen, dass die Schreie der Sau in der Nachbarschaft gehört wurden. Deshalb rechneten die „Schwarzschlachter", die das Tier schließlich mit vereinten Kräften ins Jenseits und danach in die Brühmulde beförderten, mit einer Anzeige. Doch dazu kam es nicht. Vermutlich war dies auf die anschließende Versorgung der Nachbarschaft mit Wurstsuppe und Hausmacher Würstchen zurückzuführen, was in jener kargen Zeit aus verständlichen Gründen mit Wohlwollen und Stillhalten aufgenommen wurde.

Im Übrigen erinnere ich mich sehr gerne an die zahlreichen Schlachtfeste, die noch Anfang der fünfziger Jahre, zumeist im Spätjahr, veranstaltet worden sind. Davon profitierten auch stets unsere Nachbarn. Für mich als Kind war es immer eine angenehme Sache, wenn ich ihnen eine Kanne voll Wurstsuppe sowie einige „Hausmacher Würste" bringen durfte und deshalb stets willkommen war.

Hinter jedem Haus der Rathausstraße befand sich ein mehr oder weniger großer Garten, der intensiv bestellt wurde, sowie ein Hühnerstall, in dem einige Hühner gehalten wurden. Dies trug zur Nahrungsversorgung in einer Zeit bei, in der bei vielen Schmalhans Küchenmeister war.

In meiner Familie sah der in der damaligen Zeit übliche Speiseplan größtenteils Gerichte mit Kartoffeln vor, die aus eigenem Anbau stammten. Mein Großvater Ludwig Schrank war nicht nur ein guter Bäckermeister, sondern auch auf das Zubereiten von Kartoffelsalat spezialisiert. Den gab es mehrmals in der Woche. Oft kamen auch Kartoffelbrei oder Bratkartoffeln, so genannte „Geröstete", auf den Tisch, die mit Eiern oder angebratener Hausmacher Wurst ebenfalls gut schmeckten und sättigten.

Am Samstagabend war es Tradition, den Kartoffelsalat mit einem Ring warmer Schinkenwurst aufzuwerten. Bei oft sieben und mehr Köpfen am Tisch - dazu zählten neben Großvater, Mutter, uns Kindern und Dienstpersonal häufig noch Tanten, Cousinen und Cousins - kann man sich ausrechnen, wie groß der Zipfel Schinkenwurst ausfiel, der einem zugeteilt wurde. Gerade weil das Stück sehr klein war, schmeckte es besonders gut. Samstags war es auch üblich, zum Abendessen noch einen Stein Bier aufzutischen, den ich hin und wieder im Gasthaus „Zum Stadtpark" bei Tante Els', einer Cousine meines Vaters, besorgen durfte. Sie war mit dem Wirt Hermann Simon verheiratet, auf den ich später noch zurückkommen werde.

Zuhause wurde dann das Bier vom Steinkrug in kleinere Gläser umgefüllt – und da Bier nicht jeden Tag geboten wurde, schmeckte es den Erwachsenen besonders. Damals gab es auch schon Flaschenbier, doch dieses war mit einem frisch gezapften Bier aus dem Fass nicht zu vergleichen. Daran hat sich bis heute nichts geändert.

An Sonntagen wurde das Frühstück mit einem Hefekranz und das Mittagessen hin und wieder mit selbst gemachten, breiten Nudeln und einer feinen Soße aufgewertet. Im Übrigen lieferten der Garten und das Feld Gemüse und Obst sowie die Hühnerhaltung Eier und Geflügelfleisch, sodass es um den Speiseplan unserer Familie, selbst in der schwierigen Kriegs- und Nachkriegszeit, immer verhältnismäßig gut bestellt war.

Gutnachbarschaftliches Verhältnis

Zu unseren Nachbarfamilien hatten wir ein ausgesprochen gutes Verhältnis. In meiner Kindheit wohnte rechts von uns der selbstständige Musiklehrer Johannes Hocker mit seiner Frau Frieda und den Töchtern Ilse und Magda. Links wohnte Gretl Binder - eine Cousine meiner Großmutter Lina - mit ihrer Tochter Gerda, die sich Ende der 1940er Jahre mit Ernst Seßler verheiratete.

Vis-à-vis wohnte der selbstständige Schneidermeister Franz Flaig mit seiner Familie, zu der seine Frau Emma, ihr Sohn Richard, ihre Tochter Hedwig sowie Maria Naber, die ledige Schwester von Emma Flaig, zählten. Die beiden Letzteren waren für meine Schwester und mich die Tanten Maria und Emma, was unser gutnachbarschaftliches Verhältnis verdeutlicht, das wir zu diesen äußerst netten und stets hilfsbereiten Damen hatten.

Auch mit den anderen Familien in unserer Straße bestand ein gutes Einvernehmen. Überhaupt war in dieser Zeit der Umgang miteinander recht offen. Man achtete sich und stand im Bedarfsfall zusammen.

Leider hatte der Zweite Weltkrieg auch in unserer Nachbarschaft viel Blutzoll gefordert. Hart traf es beispielsweise das Ehepaar Seibert, das uns schräg gegenüber links der Familie Flaig wohnte. Es verlor seinen einzigen Sohn! Auch bei unseren anderen Nachbarn, sei es die Familie Schrank, die rechts neben den Flaigs wohnte oder die Familien Binder und Hocker, kehrte je ein Sohn vom Krieg nicht heim. Dies waren aber längst nicht die einzigen Opfer, die in der Rathausstraße zu beklagen waren.

Stolz auf mein Schiebermäntelchen

1947 nahm mich meine Großmutter zum Besuch der Familie Seibel in Nastätten mit. Die Familie Seibel hatte, ebenso wie meine Großeltern, bereits zu Beginn des Russlandfeldzugs ihren erst 19-jährigen Sohn verloren, der in derselben Einheit wie mein Onkel Gustel gedient hatte und mit ihm befreundet war. Die Familien hatten sich schon vor Kriegsbeginn kennengelernt.

Kurz vor der Reise nach Nastätten hatten sie für mich, wie es damals üblich war, Stoff auf dem Schwarzmarkt besorgt, um mir ein Wintermäntelchen nähen zu lassen. In der Familie nannten wir es deshalb das „Schiebermäntelchen".

Während der Zugfahrt nach Nastätten war es sehr kalt. Ich erinnere mich an ein uraltes Zugabteil, in dessen Mitte ein Holzofen befestigt war, mit dem es beheizt wurde. Um diesen Ofen herum saßen wir und wärmten uns zusammen mit anderen Fahrgästen. Ein Mann stellte zu mir gewandt fest: „Du hast aber ein schönes Mäntelchen an", worauf ich ihm voller Stolz antwortete: „Das ist auch ein Schiebermäntelchen!"

Meiner Großmutter fiel aufgrund meiner Offenheit natürlich nichts mehr dazu ein. Jahre später sagte sie mir einmal, ihr sei die Situation sehr peinlich gewesen.

Frühe Erfahrung mit dem Tod

Zu den traurigen Erlebnissen jener Zeit unmittelbar nach Kriegsende, die mich als Kind stark berührt haben, zählt das Ableben meines Cousins Heinz Birke. Er hatte sich im Einsatz als Luftwaffenhelfer eine Nierenschrumpfung zugezogen, die schließlich zu seinem allzu frühen Tode führte. Er war gerade mal siebzehn – viel zu jung also zum Sterben.

Obwohl die Familie Birke in Stuttgart-Bad Cannstatt wohnte, verbrachte der Junge seine letzten Tage in meinem Elternhaus in der Rathausstraße. Seine Mutter Ella war eine ältere Schwester meines Vaters und eine meiner Lieblingstanten. Sie war, ebenso wie ihr schwerkranker Sohn, eine äußerst liebenswerte Person. Heinz muss unter der Nierenschrumpfung schrecklich gelitten haben – sein Gestöhn liegt mir noch heute in den Ohren.

Offensichtlich hatte der allzu frühe Tod von Heinz seiner Mutter das Herz gebrochen. Sie starb im August 1952 im Alter von nur 48 Jahren an Herzversagen.

Vater verhungerte in russischer Kriegsgefangenschaft

Zu Beginn des Russlandfeldzugs befand sich mein Vater in Lettland und Litauen. Er berichtete meiner Mutter, wie brutal dort die SS mit den Menschen umginge. Sein Kommentar dazu war: „Hoffentlich müssen wir dies nicht einmal büßen!" Es sollte so kommen. Nach der deutschen Kapitulation im Mai 1945 war er in russische Kriegsgefangenschaft geraten, wo es ihm alles andere als gut ging. Er wäre froh, so schrieb er uns, wenn er das zu essen hätte, was wir unseren Schweinen verfüttern.

Im ersten Kriegsgefangenenlager, in dem er sich befand und das nach drei Monaten aufgelöst wurde, hatten von 2.500 deutschen Soldaten nur 800 überlebt. Im zweiten Lager - es war ein Waldlager - starb mein Vater Ende September 1945, nach kurzer Erkrankung an Durchfall. Bei seinem Ableben war der Krieg schon mehr als vier Monate beendet. Er war erst vierunddreißig und reihte sich in die große Schar jener deutschen Soldaten ein, die in der russischen Kriegsgefangenschaft ums Leben kamen – es sollen 1,3 Millionen gewesen sein!

Welche Strapazen mussten diese Männer durchstehen, von denen die meisten - die Millionen Gefallenen und Verletzten des Ersten Weltkriegs noch im Gedächtnis - nur ungern in den Krieg gezogen waren. Was blieb ihnen denn anderes übrig? Sie taten als Soldat ihre Pflicht, sei es im Interesse des Vaterlands oder in der Verantwortung für ihre Angehörigen. Wer den Wehrdienst verweigerte, musste mit dem Schlimmsten rechnen. Beispielsweise bezahlten Neulußheimer Zeugen Jehovas ihre streng pazifistische Haltung mit dem Leben.

Mit wachsender Distanz zur Kriegszeit gerieten die für Deutschland kämpfenden Soldaten, insbesondere durch die Generation der „Nachgeborenen", immer mehr in die Kritik. Bei einer Veranstaltung am Volkstrauertag stellte der die Gedenkrede haltende, erst in den 1950er Jahren geborene evangelische Pfarrer fest:

„Die wahren Helden des 2. Weltkriegs waren die Deserteure!" Wie konnte ein so gebildeter Mensch wie er, der weder den Zeitgeist der Vorkriegszeit kannte noch die Kriegszeit erlebte hatte, sich dazu berufen fühlen, so über die Generation seiner Väter und Großväter zu urteilen? Dies war ein nachträglicher Tritt ans Schienbein jener Männer, die im Krieg ihren Kopf für unsere Nation hinhalten mussten.

Ein anderer noch junger evangelischer Seelsorger forderte am Volkstrauertag dazu auf, statt der Gedenkfeiern künftig Friedensveranstaltungen abzuhalten, weil das Gedenken nicht mehr zeitgemäß sei! Auch dafür hatte ich angesichts der Kriegsopfer, sei es in meiner Familie, in der Verwandtschaft oder in der Welt überhaupt, kein Verständnis.

Wenn ich mir dann noch vor Augen führe, wie die evangelische Kirche immer mehr sozial-ökologischen Thesen huldigt, wundert es nicht, wenn nicht nur katholische Stimmen den Eindruck haben, sie sei nur noch ein „kirchensteuergestützes Greenpeace mit Glockengeläut"! Wäre es nicht besser, wenn sich ihre Amtsträger mehr der so wichtigen Seelsorge zuwenden würden?

Doch zurück zum Schicksal meines Vaters. Einer seiner Kameraden aus Mannheim, der mit ihm im Jahre 1940 zur Wehrmacht eingezogen worden war, machte erst am 25. Juni 1948 vor dem Standesamt Hockenheim mit einer eidesstattlichen Versicherung Angaben über seinen Tod. Der Mannheimer war zwar schon einige Zeit zuvor aus der russischen Kriegsgefangenschaft entlassen worden, hatte aber nicht gleich den Mut aufgebracht, uns zu informieren.

Seine Nachricht muss für meine Mutter mit ihren achtundzwanzig Jahren und zwei kleinen Kindern sowie einem Geschäft, das meinem Vater zwar versprochen war, ihm aber noch nicht gehörte, ein schwerer Schicksalsschlag gewesen sein. Eine besonders große Stütze in dieser schweren Zeit waren für sie und für uns Kinder ihre Eltern.

Aber auch mir wurde als Kind erstmals bewusst, dass ich nun keinen Vater mehr haben würde, dessen Rückkehr ich so herbeigesehnt hatte. Unter seinem Ableben litt ich bis Mitte der fünfziger Jahre sehr. 1948 ahnte ich noch nicht wie sich dies einmal auf mein Leben auswirken würde.

Im Übrigen konnte ich an seinen Tod zunächst noch nicht so recht glauben. Als 1955 die letzten Spätheimkehrer aus der Sowjetunion entlassen wurden, hoffte ich, dass mein Vater vielleicht doch noch lebe und sich unter ihnen befände. Vergeblich. Dass ich mit diesen Empfindungen kein Einzelfall war, belegt das Buch „Söhne ohne Väter" aus der Schriftenreihe der Bundeszentrale für politische Bildung, das sich mit meiner vaterlosen Generation befasst.

Als Jugendlicher entwickelte sich in mir ein immer größerer Hass auf Adolf Hitler. Ich glaubte, dass allein dessen verhängnisvolle Machtpolitik zum Überfall auf die große Sowjetunion geführt hätte, der zig Millionen Menschen und auch mein Vater zum Opfer gefallen waren.

Onkel Karl kehrte heim

Im Gegensatz zu meinem Vater hatte mein Onkel Karl Neuberger, der Gatte meiner Tante Liesel - einer älteren Schwester meines Vaters - die russische Kriegsgefangenschaft heil überstanden. Er wurde aus dieser 1948 entlassen und war bis dato ein für mich unbekannter Mann.

Als er am Tag seiner Heimkehr zu Fuß in die Rathausstraße einbog, um die letzten hundert Meter bis zu meinem Elternhaus zurückzulegen, war fast die ganze Nachbarschaft auf den Beinen. Alle freuten sich, dass er die Strapazen der letzten Jahre gut überstanden hatte, und begrüßten ihn herzlich.

Seine Kleidung bestand aus einem einfachen graublauen Leinenanzug und sein Schuhwerk aus Holzpantinen. Er war hager und seine kurzen Haare ließen darauf schließen, dass sein Haupt vor noch nicht allzu langer Zeit kahl rasiert war.

Auf seine Rückkehr freuten sich natürlich besonders seine Gattin und seine Tochter Gisela sowie alle Verwandten. Im überdachten Hofteil meines Elternhauses - es war in der warmen Jahreszeit - hatten sie eine Tafel aufgebaut, wo auf ihn eine kräftige Mahlzeit wartete. Ich beobachtete den für mich noch fremden Mann mit einer gewissen Neugier und staunte, wie er das Aufgetischte verschlang, darunter sogar eine rohe Zwiebel. Er hatte aus der russischen Kriegsgefangenschaft einen riesigen Appetit mitgebracht. Kein Wunder – war dort doch Schmalhans stets Küchenmeister.

Jahrzehnte später erzählte er mir, dass er sein Überleben in der Kriegsgefangenschaft Karl Rausch zu verdanken hatte, dem späteren Elektromeister bei den Stadtwerken Hockenheim. Der war in erster Ehe mit einer Polin verheiratet, lernte schnell die dem Polnischen verwandte russische Sprache und verstand es meisterhaft, mit dem russischen Lagerpersonal umzugehen. Er installierte in Offiziershäusern Elektroleitungen und organisierte Verpflegung. Dabei ließ er seine Hockenheimer Kameraden wie Karl Neuberger nicht im Stich und trug so zu deren Überleben bei.

Erste Schwimm- und Radfahrversuche

Das Jahr 1948 hatte für mich auch insofern eine gewisse Bedeutung, als ich Radfahren und Schwimmen lernte. Die Sommer in der damaligen Zeit waren sehr heiß, auch der von 1948. Da es in Hockenheim noch kein Schwimmbad gab, lernten die meisten Kinder im Kraichbach das Schwimmen, auch ich.

In der Regel tummelten sich die Älteren, die bereits schwimmen konnten, im Kraichbach bei der „Schließ". Diese befindet sich am südlichen Stadtrand Hockenheims nahe dem Hubäckerring. Unmittelbar nach der Schließe hatte die Stadt einige Stufen ins linke Kraichbachufer betonieren lassen, die den Einstieg ins Bachwasser erleichterten. Das gegenüberliegende Ufer bestand aus einer Betonwand, prädestiniert, um von hier mit Kopfsprüngen ins Wasser einzutauchen. An warmen Sommertagen und besonders an Wochenenden war die „Schließ" der Treff für die Jugend. Wer schwimmen konnte, fand sich dort ein.

Eine relativ seichte Stelle des Kraichbachs, mit einem Normalwasserstand zwischen einem halben und einem Meter, befand sich an der Unteren Mühlstraße, und zwar unmittelbar dort, wo der Fußweg über die schmale Brücke in den Gartenbereich führte. Dort war an einer Stelle das Ufer über eine Breite von mehreren Metern so abgeflacht, dass man wie an einem flachen Sandstrand ins Wasser gehen konnte. Schon in der unmittelbaren Nachkriegszeit war das Bachwasser alles andere als sauber und das Bachbett von einer dunkelgrauen Schlammmasse überzogen. An heutigen Hygienemaßstäben gemessen, wäre dort das Baden wohl verboten worden.

Doch damals hatte man andere Sorgen. Die kleineren Kinder, wie ich, scherten sich ohnehin nicht um die Wasserqualität. Uns ging es an den heißen Sommertagen vielmehr um Abkühlung sowie ums Schwimmen lernen. Und dafür bot sich uns diese Stelle wie ein natürliches Lehrschwimmbecken geradezu an. Bald hatte ich es herausgefunden, wie man sich über Wasser hält. Darauf war ich als kleiner Knirps natürlich sehr stolz.

Etwas komplizierter war es für mich, das Radfahren zu erlernen. Kinderfahrräder mag es zwar schon gegeben haben, doch wer hatte in dieser armseligen Zeit schon eines? Deshalb kamen zum Erlernen des Radfahrens in erster Linie Damenfahrräder in Betracht. Und diese waren für mich noch zwei Nummern zu groß.

Bei meinen ersten Fahrversuchen war mir das Fahren nur im Stehen auf den Pedalen möglich, da die Sättel viel zu hoch waren. Als besonders schwierig entpuppten sich das Aufsteigen und danach, die Balance zu finden. Insofern bedurfte es zunächst der Hilfe anderer. Relativ schnell hatte ich aber gelernt, das einmal rollende Fahrrad im Gleichgewicht zu halten.

Zu meinen bevorzugten Versuchsstrecken zählte neben der Rathausstraße noch die Mittlere Mühlstraße, die beim Anwesen meiner Großeltern in die Obere Hauptstraße mündete. Im Gegensatz zur flachen Rathausstraße fällt die Mittlere Mühlstraße zum Kraichbach hin um einige Meter ab, was mich als ungestümen jungen Radfahranfänger zu einem ersten Geschwindigkeitstest animierte.

Da ich alleine noch nicht in der Lage war, das Fahrrad in Bewegung zu setzen, stellte ich es beim Anwesen meiner Großeltern an die Hauswand, stieg auf die Pedale und ließ mich von meinem damaligen Freund Walter Rinklef, den wir „Waldi" nannten, und von meiner Schwester anschieben. Dann ging meine Fahrt zügig die Mittlere Mühlstraße hinunter. So erlebte ich mit fünf Jahren einen ersten Geschwindigkeitsrausch, der aber leider ein unrühmliches Ende fand.

Dort nämlich, wo die Straße durch ihr Gefälle für die höchste Geschwindigkeit sorgte, machte sie eine enge Kurve, die schon damals durch ein Eckgebäude nicht einzusehen war. Und an dieser Ecke passierte es. Gerade als ich die unübersichtliche Kurve mit Elan nehmen wollte, kamen mir zwei Radfahrer entgegen, denen ich vor lauter Schreck und Unerfahrenheit nicht mehr ausweichen konnte. Der eine war Alfred Jardot, der spätere Leiter des städtischen Klärwerks, der andere Emil Hoffmann, den ich voll auf die Schippe nahm. Er landete durch die Wucht des Zusammenstoßes im dortigen Gartenzaun, der sich insofern als vorteilhaft erwies, als er seinen Sturz abfederte. Wie durch ein Wunder kamen wir beide mit dem Schrecken davon. Allerdings war sein Fahrrad im Gegensatz zu meinem schrottreif!

Für mich war dieser Unfall zunächst schockierend. Wie würden meine Großeltern reagieren, von denen ich das Rad hatte, und wer würde den Schaden ersetzen? Ich weinte bitterlich. Meine Befürchtungen erfüllten sich aber Gott sei Dank nicht. Vielmehr zeigten sich alle verständnisvoll und waren froh, dass ich keinen Schaden erlitten hatte. Im Übrigen ersetzte mein Großvater Wilhelm Dorn, der Emil Hoffmann gut kannte, dessen Schaden mit einem Sack Mehl. Das war 1948 kein schlechter Ersatz für ein altes Fahrrad!

Unsere zweite Heimat

In der damaligen Zeit befanden sich meine Schwester und ich oft bei den Großeltern in der Oberen Hauptstraße sowie bei unseren Großtanten Lisette Blechert und Kätchen Getrost (geb. Blechert). Tante Lisette war ledig geblieben, was wohl auch mit dem Ersten Weltkrieg zusammenhing, der vielen jungen Männern ihrer Generation das Leben gekostet hatte. Tante Kätchen heiratete in den 1940er Jahren Fritz Getrost. Dessen erste Frau war im Zweiten Weltkrieg durch eine Fliegerbombe ums Leben gekommen, die ihr Haus in Hockenheims Jahnstraße getroffen hatte.

Die Drei wohnten in einem schon älteren, kleinen aber feinen eingeschossigen Häuschen in der Oberen Hauptstraße, nur drei Häuser vom Anwesen unserer Großeltern entfernt. Es wurde mit einem Kachelofen beheizt, der für wohlige Wärme sorgte. Außerdem hatte es ein schönes Badezimmer mit WC, was in den Jahren nach dem Kriege eher die Ausnahme als die Regel war. Zum Haus zählten noch ein kleiner Vorgarten an der Oberen Hauptstraße sowie ein großer Nutzgarten, der sich bis zur Leopoldstraße erstreckte. Auf ihm ließ ich in den 1970er Jahren mein Haus errichten.

Bei den Großtanten fühlten wir Kinder uns immer sehr wohl. Das hatte wohl auch damit zu tun, dass sie selbst keine Kinder hatten und uns deshalb umso mehr Zuneigung entgegenbrachten. Tante Lisette war eine Seele von Mensch. Sie las mir fast jeden Wunsch von den Lippen und erfüllte ihn im Rahmen ihrer Möglichkeiten. Besonders freute ich mich, wenn ich bei ihr im Nachbarbett übernachten durfte.

Im geräumigen Hof des landwirtschaftlichen Anwesens der Großeltern hatten wir viel Platz zum Spielen. Außerdem gab es in den Ställen mit den Pferden, dem Rindvieh und den Schweinen immer wieder etwas zu bestaunen, mal ein neugeborenes Fohlen, mal ein Kalb, mal einen Wurf Ferkel.

Daneben hielten meine Großeltern den städtischen Zuchteber, einen Kaventsmann von Schwein, der stets gut im Futter stehen musste, damit er nicht schlapp machte, wenn man die Sauen zu ihm brachte. Das waren in der damaligen Zeit nicht wenige, denn viele Landwirte und Privathaushalte züchteten und mästeten Schweine, um über die „mageren" Runden zu kommen. Insofern sorgte das Geschäft des Ebers auch bei uns Kindern immer wieder für eine gewisse Aufmerksamkeit und Abwechslung.

Zudem gab es bei den Großeltern, wie auch bei den Großtanten, immer selbst hergestelltes Bauernbrot. Mit Butter und Marmelade aus eigener Produktion oder mit Melasse, einem honigartigen Zuckersirup dick bestrichen, schmeckte es köstlich. Hunger hatten wir in der Kriegs- und Nachkriegszeit nie zu leiden, im Gegensatz zu vielen anderen Kindern, von denen noch Ende der 1940er Jahre hin und wieder einige bei den Großeltern anklopften und um etwas Essbares bettelten. Sie wurden nie abgewiesen.

Flüchtlinge und Vertriebene – unschuldige Opfer

In der unmittelbaren Nachkriegszeit kamen tausende Flüchtlinge und Vertriebene nach Hockenheim. Allein vom 20. März bis zum 26. Oktober 1946 transportierte die Bahn mit 19 Zügen und 760 Viehwaggons! 22.186 Vertriebene, zumeist aus dem Sudetenland, über Bayern nach Hockenheim (Quellen: „Hauptarchiv Stuttgart, EA2/801-82" und „Amtliches Zahlenmaterial zum Flüchtlingsproblem in Bayern, Statistischer Informationsdienst des Staatskommissars für das Flüchtlingswesen in Bayern"). Sie wurden größtenteils in Sammellagern untergebracht, die man vom Januar 1946 bis November 1947 in den Schulen eingerichtet hatte. Von hier aus wurden sie dann sukzessiv auf andere Kommunen des Landkreises Mannheim sowie des damaligen Landes „Württemberg-Baden" verteilt.

Betrug Hockenheims Einwohnerzahl 1939 exakt 10.000, hatte sie sich 1947 auf über 12.000 erhöht. Berücksichtigt man, dass rund 500 Hockenheimer im Krieg ihr Leben verloren hatten und es sich bei den Jahrgängen 1939 bis 1943 um geburtenstarke handelte, ist anzunehmen, dass sich über 2.000 Flüchtlinge und Vertriebene in Hockenheim angesiedelt haben. Die Einheimischen mussten zusammenrücken, damit die Hinzugekommenen ebenfalls ein Dach über den Kopf bekamen. Dass die amtliche Wohnungsbewirtschaftung nicht überall mit Begeisterung hingenommen wurde, ist verständlich. Doch dazu gab es keine Alternative.

Umso mehr war man bestrebt, die Wohnungsnot möglichst schnell durch Neubauten zu beheben. Dies ging jedoch nicht von heute auf morgen. Dennoch ist beachtlich, was private Haushalte und die Stadt innerhalb weniger Jahre an neuem Wohnraum schufen, insbesondere nördlich der Karl- und der Ziegelstraße, der Oftersheimer Straße sowie im Bereich der Breslauer Straße.

Viele der insgesamt 15 Millionen Flüchtlinge und Vertriebenen hatten nicht nur Haus, Hof und Heimat verloren, sondern auf dem Weg westwärts viel Negatives erleben müssen. Da sich die meisten rüstigen Männer im Krieg befanden, hatten Mütter, Kinder und ältere Menschen die Hauptlast zu tragen.

Von Peter Körner, dem Mann meiner Cousine Sigrid, weiß ich, dass eine seiner Schwestern auf der Flucht verhungerte. Wie sie haben viele Kinder und Erwachsene die Strapazen nicht überstanden; sie blieben im wahrsten Sinne des Wortes auf der Strecke.

Im Hinblick auf diese unschuldigen Opfer - nach Ermittlung des Statistischen Bundesamts waren es 2,3 Millionen - wäre es doch längst an der Zeit, ihrer sowie den aus ihrer Heimat vertriebenen Menschen mit einem nationalen und würdigen Mahnmal zu gedenken.

Heftiger Bürgermeisterwahlkampf 1948

Nach und nach normalisierte sich nach der bedingungslosen Kapitulation Deutschlands wieder das Leben. Wie in allen anderen Kommunen der amerikanischen Zone, wurde auch in Hockenheim ein demokratisches Gemeinwesen mit direkt von der Bevölkerung gewähltem Bürgermeister und Gemeinderat aufgebaut.

Der erste direkt gewählte Bürgermeister in der Nachkriegszeit war Franz Hund, ein Sozialdemokrat, der später auch als Abgeordneter in den Landtag des 1952 gegründeten Südweststaats Baden-Württemberg gewählt worden war. Vor seiner Wahl durch die Bürgerschaft im Februar 1948 amtierte Franz Hund schon über zwei Jahre als Hockenheimer Bürgermeister. In dieses Amt hatten ihn am 15. Oktober 1945 fünf der acht von der US-Militärregierung eingesetzten „Beigeordneten" gewählt. Hunds Wahl war danach noch von der US-Militärregierung und dem von ihr eingesetzten Landrat bestätigt worden.

Bei der Bürgermeisterwahl 1948 waren neben Hund (63) noch sechs weitere Kandidaten angetreten, darunter Ludwig Grein (54) und Otto Eichhorn (36), der spätere Direktor der Hockenheimer Volksbank. Eichhorn, ein Jugendfreund meines Vaters, wohnte mit seiner Familie damals nicht mehr in Hockenheim, sondern in Adelsheim. Ludwig Grein war Berufsschullehrer und saß bereits für die CDU, der schon damals stärksten kommunalpolitischen Kraft Hockenheims, im Gemeinderat. Unmittelbar nach Kriegsende war er auch eine kurze Zeit kommissarisch als Hockenheims Bürgermeister eingesetzt worden.

Zwischen Franz Hund und Ludwig Grein tobte ein heftiger Wahlkampf, der auch bei uns zu Hause sowie in unserer Verwandtschaft thematisiert wurde. Soweit ich mich erinnere, bekam Hund in der Stichwahl auch Stimmen von meinen Angehörigen, obwohl er nicht zum sogenannten bürgerlichen Lager zählte. Dabei könnte auch das Konfessionelle eine gewisse Rolle gespielt haben, waren sich damals doch noch viele Katholiken und Protestanten nicht grün. Mit Sicherheit hatte aber auch der Wahlkampf das Wahlverhalten beeinflusst.

Im Vorfeld der Wahl hatte sich Grein über Hund recht abschätzig geäußert. Er meinte, es sei besser, wenn Hund wieder im Lebensmittellädchen seiner Frau Bücklinge einwickeln würde. Mit diesem kleinen Ladengeschäft hatten sich die Hunds in bescheidener Weise über das Dritte Reich gebracht. Solch despektierliche Bemer-

kungen kamen bei Hund, dem ehemaligen Gewerkschaftssekretär, der in der Hitlerzeit beruflich kaltgestellt gewesen war, natürlich nicht gut an.

Furore machten dann aber zwei Flugblätter, die es in sich hatten. Zunächst postu-
lierte Grein in einem Flugblatt in zwölf Punkten, was er in der Stadt alles ändern
bzw. verbessern wolle. Damit muss er Bürgermeister Hund erneut auf den Schlips
getreten sein, denn anders lässt sich dessen heftige Reaktion nicht erklären.

Hunds Gegenflugblatt trug die Überschrift: „Was will Grein – Was tat Hund!"
Allein der erste und letzte Absatz des Flugblatts sprachen für die Heftigkeit, mit
der damals - nach meinem Verständnis unter der Gürtellinie - gekämpft worden
war. Es begann wie folgt:

> „Der Kandidat Grein, der sich mit Hilfe seiner eigenen Stimme, sowie der
> Stimme seiner Tochter und seines vereinsgründungswütenden* Sprößling,
> genannt »Balbo« zum Ortsvorstand der CDU emporjongliert hat, versucht
> die Öffentlichkeit mit einem lächerlichen 12-Punkte-Programm irre zu füh-
> ren, welches deutlich sowohl seine kommunalpolitische Naivität, wie eine
> ausgesprochen persönliche Dummheit beweist. Aber so dumm kann er wie-
> derum auch nicht sein, um annehmen zu können, dass die Allgemeinheit ihm
> Glauben schenkt. Er spekuliert lediglich auf die Ahnungslosigkeit des poli-
> tisch uninteressierten Bürgers und hofft – der Zweck rechtfertigt die Mittel!
> Wer solch ein Pamphlet in die Welt setzt, muss auf dem Mond wohnen. Per-
> sönlich empfinde ich dieses Programm als billige Finte und völlig undiskuta-
> bel, aber die Interessen der Öffentlichkeit zwingen mich hierzu Stellung zu
> nehmen."

(* Greins Sohn Theo hatte sich in der unmittelbaren Nachkriegszeit besonders bei der Neugründung mehrerer Vereine engagiert.)

Nach dieser bissigen Einleitung kritisierte Hund Greins Vorstellungen und hob die
Erfolge in seiner kurzen Amtszeit hervor. Das Ganze endete folgendermaßen:

> „Zu all dem betone ich: Im Rahmen der Grenzen, die der Gemeindearbeit
> durch die allgemein bedingten Umstände gezogen sind, habe ich das Men-
> schenmögliche geleistet. Viel mehr, als ein poltriger Dorfschullehrer je zu
> leisten in der Lage gewesen wäre. Und das ist ihr Charakteristikum, Herr
> Grein, holprig und poltrig ohne jeden geistigen Horizont.
> Gez. Franz Hund, Bürgermeister."

In einem solch beleidigenden Stil wurde also 1948 um das Bürgermeisteramt gekämpft, in dessen erstem Wahlgang keiner der Kandidaten die absolute Mehrheit erreichte. Franz Hund fehlten dazu lediglich 60 Stimmen. Deshalb kam es zur Stichwahl zwischen Hund und Grein. In der wurde Hund als Bürgermeister bestätigt.

Seine Niederlage steckte Grein aber nicht ohne weiteres weg, wie mir meine
Mutter später einmal erzählte. Sie hatte in der engen Unteren Mühlstraße im Vor-
beigehen mitbekommen, wie sich Grein bei einem anderen Hockenheimer lautstark über die Bewohner der Schulstraße ausließ. Von denen waren die meisten wie

er katholisch, also damals die typischen CDU-Wähler. Dennoch hatten viele „katholische Schulsträßler" das Kreuzchen auf dem Wahlzettel nicht bei Grein gemacht. Das muss ihn sehr enttäuscht und verärgert haben. Nach meiner Mutter charakterisierte er seine Glaubensbrüder und -schwestern aus der Schulstraße mit so abschätzigen Worten, dass ich auf deren Wiedergabe aus guten Gründen verzichte.

Kommunalpolitisch aktive Vorfahren

Mein Großvater Wilhelm Dorn wurde bei den Gemeinderatswahlen am 27. Januar 1946 über die Liste der DVP (Demokratische Volkspartei), die 1948 von der FDP vereinnahmt wurde, in den Gemeinderat gewählt. Insofern bin ich schon als Kind durch den Großvater auf die Kommunalpolitik aufmerksam geworden. Im Übrigen war ich recht stolz darauf, dass er dieses kommunale Ehrenamt innehatte.

Nach Ablauf der Wahlperiode kandidierte er nicht mehr. Die Gründe für seinen Verzicht erfuhr ich nie, denn er verstarb im Jahre 1955 allzu früh und völlig unerwartet mit nur 59 Jahren an einem Hirnschlag. Sein Ableben traf mich damals hart, denn er war für mich so etwas wie ein Vaterersatz.

Mein anderer Großvater, Ludwig Schrank, wurde 1871 in Hockenheim geboren. Als Achtzehnjähriger erlebte er jenen außergewöhnlichen Bürgermeister-Wahlkampf mit, den Ernst Brauch im Hockenheimer Heimatbuch „Hockenheim – Stadt im Auf- und Umbruch" ausführlich beschrieben hat. Deshalb möchte ich an dieser Stelle nur kurz darauf eingehen.

Sein Vater, mein Urgroßvater Johann Schrank, war Gemeinderat und 1889 Gegenkandidat des amtierenden Bürgermeisters und Mühlenbesitzers Louis Zahn. Bei der Wahl, bei der erstmals zwei Evangelische gegeneinander angetreten waren, unterlag mein Urgroßvater mit nur sechs Stimmen. Zum Unmut, der sich nach der Wahl im unterlegenen Lager breitmachte, hatte auch das verspätete Auszählen der Stimmen, erst einige Stunden nach der Wahl, beigetragen. Nach bekannt werden des äußerst knappen Wahlergebnisses kam es zu massiven handgreiflichen Auseinandersetzungen, die schließlich zur Annullierung der Wahl durch die übergeordnete Behörde führte. Bei der erneuten Wahl kandidierte mein Urgroßvater nicht mehr.

Im ersten Jahrzehnt des 20. Jahrhunderts gehörte auch mein Großvater Ludwig Schrank eine Periode lang dem Hockenheimer Gemeinderat als Vertreter einer Bürgerliste an. Wenige Jahre zuvor, 1902, hatte er meine Großmutter, die damals 28-jährige Katharina Bähr aus Spechbach, geheiratet.

Ich konnte mir lange nicht erklären, wie mein Großvater in der damaligen Zeit nach Spechbach gekommen ist? Erst als ich die Geschichte der mit uns verwandten Familie Ziegler aus Heidelberg in die Hände bekam, die eines ihrer Familienmitglieder aufgeschrieben hatte, konnte ich mir darauf meinen Reim machen. Die Schwester meiner Spechbacher Großmutter war mit einem Ziegler verheiratet und bewirtschaftete mit ihm um die Jahrhundertwende den vis-à-vis von Speyer am Rhein liegenden Lusshof. Dort muss ihr wohl mein Großvater, der in der Nähe

Äcker zu bestellen hatte, über den Weg gelaufen sein. Leider lernte ich meine Spechbacher Großmutter nie kennen, denn sie starb im Mai 1942, wenige Monate vor meiner Geburt.

Als ich etwas älter war, durfte ich häufig in ihrem Bett bei Großvater schlafen. In seiner Nähe fühlte ich mich geborgen. Als Senior der Familie Schrank wurde er von allen Angehörigen respektiert.

Als Kind war es für mich auch eine Ehre, ihn am späten Sonntagnachmittag in der Bahnhofsrestauration abzuholen, wo er bei seiner Tochter Irma, meiner Patentante, mit einigen älteren Herren Karten spielte und dazu seine „Viertele" trank. Auch ihm war bewusst, dass die Milch des Alters der Wein ist. Entsprechend genoss er ihn. Im Februar 1953 - er befand sich im 83. Lebensjahr - holte er sich eine Rippenfellentzündung. Da es damals noch an geeigneten Heilmitteln fehlte, überlebte er die Erkrankung nicht.

Bräuche und Riten

Zu meiner Patentante Irma und in ihre Gaststätte kam ich immer gerne. Als Kind, und zwar bis zum Abschluss der 8. Klasse, war es üblich, bei ihr an Neujahr und Ostern das „Gedelsach" - so werden im kurpfälzischen Dialekt die speziellen Geschenke für Patenkinder genannt - abzuholen. An Neujahr waren dies in der Regel eine Dose mit Bonbons sowie ein Biskuitherz, auf dem mein Name stand.

Zu Ostern erhielt ich einen Osterhasen aus Schokolade, evtl. auch ein Osterlamm aus Biskuit sowie buntgefärbte Ostereier. Seltener bekam ich noch Spielsachen oder etwas zum Anziehen geschenkt. Es war gebräuchlich, die im Gartengrün versteckten Geschenke zu suchen. Dies war immer eine spannende Angelegenheit.

Am 6. Dezember besuchte uns abends regelmäßig der Nikolaus. Als kleiner Junge bibberte ich diesem Auftritt stets ängstlich entgegen, wurde mir mit Nikolaus doch hin und wieder gedroht, wenn ich nicht so spurte. Je nachdem nahm mich der „Belzenickel", wie wir ihn sonst noch nannten, zur Brust. Eine Rute (zum Drohen und Schlagen) gehörte zu seiner Ausstattung sowie ein Jutesack, groß genug, um einen kleinen Knirps wie mich hineinzustecken. Soweit kam es aber nie. Zumeist endete der Besuch des Nikolaus' versöhnlich. Bevor er ging, hatte er für uns immer noch einige kleinere Geschenke wie Lebkuchen und Äpfel, später auch Südfrüchte in petto.

An Heiligabend sah bei uns das „Christkindl" persönlich vorbei, aber nur solange meine Schwester und ich noch relativ klein waren und glaubten, dass es mit seinem weißen Kleid und Glöckchengeläut direkt vom Himmel kam. Es brachte uns Geschenke, was natürlich immer sehr aufregend war. Die Weihnachtsfeiertage mit der Familie, dem geschmückten Tannenbaum, der Weihnachtsbeleuchtung, dem Besuch der Gottesdienste, der Weihnachtsgeschichte etc., zählten für mich selbst in der schwierigen Nachkriegszeit zu den schönsten Tagen eines jeden Jahres.

Vor Weihnachten gab es in unserer Bäckerei immer viel zu tun. An Heiligabend wurde morgens oft um zwei Uhr oder noch früher mit dem Backen begonnen, damit bis Mittag alles geliefert werden konnte. Neben frischen Brötchen und Brot waren Hefekränze und -zöpfe sehr gefragt. Damals stellten aber auch viele Haushalte ihr Brot, ihre Christstollen und Kuchen selbst her und ließen sie in unserer Bäckerei für einige Pfennige backen. Von montags bis freitags brachten uns die Kunden in der Regel ihr Brot, samstags und vor Feiertagen ihre Kuchen zum Backen. Es waren nicht selten über fünfzig.

Positive Erfahrungen mit den ersten Nachkriegsrennen

Vom ersten Rennen auf dem Hockenheimring, das 1947 vor einer riesigen Zuschauerkulisse veranstaltet wurde, bekam ich nur wenig mit. Damals wohnten noch viele Rennfahrer bei Hockenheimer Familien. Die meisten Piloten fuhren mit ihren Rennmaschinen oder Rennwagen über die öffentlichen Straßen nach Hockenheim. Zwei Jahre nach Kriegsende war dies noch möglich.

Einer der Rennfahrer wohnte in der Rathausstraße bei der Familie Franz Mahl, in die später Walter Krämer einheiratete, mein langjähriger Friseur. Der Rennfahrer hatte über Nacht seinen Rennwagen, einen silberfarbenen Veritas, in der Hofeinfahrt abgestellt, wo wir Kinder ihn bewunderten.

In späteren Jahren durften meine Schwester und ich mit unseren Großeltern zu den Mai-Pokal-Rennen. Unser Großvater Wilhelm Dorn nutzte die Ehrenkarten für die Bosch-Tribüne, die er als Mitglied des Gemeinderats erhalten hatte. Die Rennveranstaltungen waren für uns Kinder stets ein riesiges Ereignis, zu dem wir mit der Sonntagskleidung entsprechend herausgeputzt wurden. Während des Renntags gab es für uns dann auch mal eine Cola oder Limonade.

Mangelware Spielzeug

Spielzeuge wie Rennwagen waren in der Kriegs- und Nachkriegszeit Mangelware. Zu Weihnachten 1945 wurde mir eine aus Holz geschnitzte Eisenbahn geschenkt, bestehend aus einer Lokomotive und zwei Waggons. Den Zug konnte ich mit einer Leine hinter mir herziehen. Darüber war ich glücklich.

Wie stolz und erfreut war ich, als ich einmal einen kleinen, circa zehn Zentimeter langen Rennwagen aus braunem Plastik bekam. Mit ihm spielte ich gerne und fühlte mich wie ein Bernd Rosemeyer oder Rudolf Caracciola. In späteren Jahren wurde mir eine Ritterburg und ein kleines, aus Blech geformtes Passagierschiff geschenkt. Meine Spielsachen ließen sich also an drei Fingern abzählen.

Bei meiner Schwester Elke war es ähnlich. Ihr Spielzeug beschränkte sich auf eine oder zwei vererbte Puppen und einen kleinen Kaufladen. Bei den Großeltern in der Oberen Hauptstraße stand uns noch ein Schaukelpferd zur Verfügung. Im Vergleich zu den vielfältigen Spielsachen unserer Töchter und Enkelkinder war dies natürlich eine bescheidene Ausstattung, die wir aber umso mehr zu schätzen wussten!

Erst in meiner Schulzeit bekam ich einige Kinder- und Jugendbücher wie den Struwwelpeter, die Geschichten von Max und Moritz oder die Märchen der Gebrüder Grimm. Bald zählten die spannenden Bücher Karl Mays zu meinen Favoriten.

Erstmals im von den Franzosen besetzten Speyer

Als es nach dem Kriege zum ersten Male möglich war, an einem Sonntag Speyer zu besuchen - es lag in der französischen Besatzungszone - machten davon sehr viele Hockenheimer Gebrauch, auch meine Mutter mit uns beiden Kindern. Ich bin mir zwar nicht mehr sicher, meine aber, es war im Sommer 1946. Als Transportmittel diente uns ein Damenfahrrad. Meine Schwester saß in einem Korbsessel, der am Lenkrad hing, und ich auf dem Gepäckträger über dem Hinterrad. Die Route führte übers Talhaus zum Rheinhotel Luxhof. In dessen Hof stellten wir das Fahrrad ab und liefen den Rest des Wegs bis zum Rhein, wo wir mit einem Motornachen übergesetzt wurden. Die Rheinbrücke hatten deutsche Soldaten noch kurz vor Kriegsende in der irrigen Hoffnung gesprengt, damit die alliierten Truppen aufhalten zu können.

Bei der Rückfahrt von Speyer saßen mit uns noch einige uniformierte französische Soldaten im Boot, die auf die badische, von Amerikanern besetzte Rheinseite wollten. Sie unterhielten sich ohne Luft zu holen in ihrer Sprache. Auch wenn ich davon noch nichts verstand, beeindruckte mich, wie schnell sie gesprochen haben.

Mit Bürgermeister Franz Hund zum Maimarkt

Einmal, es war ein Sonntag im Jahre 1949, nahmen uns unsere Großeltern zum Mannheimer Maimarkt mit. Wir wollten mit dem Zug zu der schon damals bedeutenden Regionalmesse fahren. Eine Zugfahrt war für uns Kinder immer ein Erlebnis.

Auf dem Weg zum Hockenheimer Bahnhof - wir liefen gerade vor der katholischen Kirche - hielt plötzlich ein schwarzer Mercedes an, in dem zwei Herren saßen. Der eine war Bürgermeister Franz Hund, der andere sein Chauffeur Franz Bamberger. Hund fragte meinen Großvater: „Wilhelm, wo geht ihr denn hin?" Er antwortete: „Wir wollen zum Maimarkt". „Da fahren auch wir hin", sagte der Bürgermeister, „wenn ihr wollt, könnt ihr mit uns fahren." Dieses Angebot nahmen meine Großeltern gerne an. Wir nahmen im Fond der städtischen Limousine Platz.

Auf diese Weise bekam ich schon als Kind einmal Kontakt mit dem Bürgermeister, dessen Stellung in der Stadt - so jedenfalls war nach dieser Begegnung mein Gefühl - eine besondere sein musste. Wer hatte schon so kurz nach dem Kriege einen dicken Mercedes mit Chauffeur?

Quäkerspeisung in den Schulen

In den Nachkriegsjahren wurde den Schülerinnen und Schülern vormittags oft eine warme Mahlzeit gereicht, zumeist von amerikanischen Organisationen wie den Quäkern finanziert. Deshalb nannte man sie „Quäkerspeise".

Mehrmals wurde auch unsere Bäckerei beauftragt, für die Schulspeisung so genannte „Ofennudeln" zu backen. Bei diesen handelte es ich um etwa faustgroße Kugeln aus Hefeteig mit Rosinen. Sie schmeckten köstlich. Das Mehl stammte aus feinstem amerikanischen oder kanadischen Weizen. Rosinen und Mehl wurden unserer Bäckerei zur Verfügung gestellt und genau vorgeschrieben, wie viele Stücke herzustellen sind. Zu den Ofennudeln erhielten die Schülerinnen und Schüler noch einen Becher mit heißer Schokolade.

Diese Verpflegung gab es noch zu Beginn meiner Schulzeit (1949). Als Kindergartenkind durfte ich hin und wieder den Transport der Ofennudeln in die Schulhäuser begleiten, der mit einem Leiterwägelchen durchgeführt wurde. Auf diese Weise schnupperte ich schon früh die erste Schulluft.

Schulzeit in Hockenheim

Nicht für die Schule, sondern für das Leben lernen wir.

LUCIUS ANNAEUS SENECA

Die ersten Schuljahre

Im Sommer 1949 hatte die örtliche Schulbehörde meine Mutter aufgefordert, mit mir in die Ludwig-Uhland-Schule zu kommen. Das aus rotem Sandstein erbaute Schulhaus befand sich an der Ecke Heidelberger und Hirschstraße. Grund der Vorladung war, festzustellen, ob ich schon reif für die Schule sei. Eingeschult sollten alle Kinder werden, die zwischen dem 1. September 1942 und dem 31. August 1943 das Licht der Welt erblickt hatten.

Zwei Lehrer testeten mich mit einigen Fragen; außerdem musste ich von der Tafel den Satz „Peter ist da" abschreiben. Anscheinend habe ich diesen Test gut bestanden, denn am Ende wurde ich der „A-Klasse", einer reinen Bubenklasse, zugeteilt.

Meine erste Lehrerin war Anna Dussel, eine versierte Pädagogin. Sie war um die fünfzig, unverheiratet, und hatte im jahrelangen Schulbetrieb bereits viel Erfahrung gesammelt. Sie brachte uns Lesen, Schreiben und Rechnen sowie andere wichtige Dinge fürs Leben bei. Fräulein Dussel - so hatten wir sie zu nennen - unterrichtete uns drei Jahre. Nach ihr übernahm Willi Kern unsere Klasse. Er war ebenfalls ein Lehrer von Format, der später als erster Rektor erfolgreich die Theodor-Heuss-Realschule und zuvor die Ludwig-Uhland-Schule leitete.

Unser viertes Schuljahr war ein Rumpfschuljahr, das nur ein halbes Schuljahr dauerte. Das auf ihn folgende Schuljahr begann nicht wie bisher im September, sondern schon im April. Ausgerechnet während des Kurzschuljahres erkrankte unser Lehrer Willi Kern für einige Wochen. Die Vertretung übernahm Wilhelm Schneider, der ebenfalls zu den erfahrenen Pädagogen jener Zeit zählte und uns einiges beibrachte.

Während des Rumpfschuljahrs wurden wir in der Hartmann-Baumann-Schule unterrichtet, einem uralten Schulgebäude, das sich neben der Ludwig-Uhland-Schule in der Hirschstraße befand. Es fiel später, wie auch das Gebäude der Ludwig-Uhland-Schule, der Spitzhacke zum Opfer. Anstelle der Schulen sollte ein Kaufhaus gebaut werden. Doch dazu kam es nicht. Später übernahm die SÜBA das Grundstück und errichtete darauf ein Wohn- und Geschäftshaus.

Klavier- und Akkordeonunterricht

Ab dem Frühjahr 1951 erteilte mir Ludwig Geiß für ein paar Zigarren Klavierunterricht. Er arbeitete bei der Stadtverwaltung Hockenheim und kandidierte 1958 als Bürgermeister, nachdem der betagte Bürgermeister Franz Hund seinen Rückzug aus der Politik angekündigt hatte. Nach dem ersten Wahlgang zeichnete sich ab, dass er keine Chance hatte. Deshalb trat er im zweiten Wahlgang nicht mehr an. Bei diesem wurde Kurt Buchter (SPD) gewählt, der sich gegen den von der CDU unterstützten Mannheimer Stadtrat Wilhelm Bartsch durchsetzte.

Das Klavier, an dem ich unterrichtet wurde und auf dem ich übte, gehörte der Familie meiner Tante Liesel, bei der es auch stand. Als sich durch die Erbauseinandersetzung nach dem Tode meines Großvaters Ludwig Schrank das verwandtschaftliche Verhältnis abkühlte, fiel diesem Umstand auch mein Klavierunterricht zum Opfer. Doch dies bedeutete noch nicht das Ende meiner musikalischen Ausbildung.

Nun unterrichtete mich Lea Eichele aus Reilingen am Akkordeon. Das hatte mir mein Onkel Erich Dorn zur Verfügung gestellt. Da es aber nur über zwölf Bässe verfügte und wir uns ein größeres Akkordeon nicht leisten konnten, musste ich diese Ausbildung nach zweieinhalb Jahren beenden. Hierbei spielte auch mein nachlassendes Interesse eine Rolle. Später, beim Erlernen des Schreibmaschinenschreibens, kam mir die Fingerfertigkeit, die ich mir durch das Klavier- und Akkordeonspielen angeeignet hatte, sehr zugute.

Sommertagszug

Zu den besonderen Ereignissen meiner Kindheit zählte der Sommertagszug, der in den Nachkriegsjahren durchgeführt wurde. Wir Kinder nahmen mit unseren bunten Sommertagsstecken teil, auf denen eine große Brezel aus Hefeteig aufgespießt war. Zu den beliebtesten Liedern, die wir beim Umzug sangen, zählte das kurpfälzische Sommertagslied: „Schtri, schtra, schtro, de Summadag isch do. De Summa unn de Winda, die sinn Geschwisdakinda. Schtri, schtra, schtro, de Summadag is do …"

Beim Sommertagszug 1951 hatte ich das Vergnügen, auf einem Wagen mitzufahren, der das Märchen „Hänsel und Gretel" darstellte. Den Hänsel durfte ich mimen. Auf dem Wagen, der von einem Pferd gezogen wurde, befand sich ein von unserer Bäckerei mit Lebkuchen verziertes Holzhäuschen, das Hexenhäuschen. Vor diesem saß die alte Hexe, und rechts und links von ihr standen Hänsel und Gretel. Leider weiß ich nicht mehr, wer das Mädchen war, das die Gretel darstellte, noch erinnere ich mich an die Frau, die die Hexe spielte.

Als Hänsel trug ich kurze Lederhosen, sogenannte „Sepplhosen", die so speckig und steif waren, dass sie auf dem Boden senkrecht aufgestellt werden konnten. Kein Wunder – hatte dieses unverwüstliche Stück zuvor schon mehrere Kinder gekleidet. Unmittelbar vor mir hatte sie Karl Dorn getragen, dessen Mutter Lene eine Cousine meines Vaters war. Als Witwe hatte sie später den ebenfalls verwitweten Lehrer und Stadtrat Wilhelm Schneider (SPD) geheiratet. Obwohl die Hosen uralt waren, war ich besonders stolz auf sie. Nicht jeder Junge konnte in der damals sehr kargen Zeit mit solch einem Kleidungsstück aufwarten. Passend zu den Hosen hatte man mir als Hänsel noch ein kariertes Hemdchen angezogen. Meinen Kopf zierte ein Tirolerhütchen. So gekleidet fühlte ich mich in meiner Märchenrolle auf dem Sommertagszugwagen recht wohl. Im Übrigen säumten damals Tausende die Straßen des Zugwegs.

Warum in späteren Jahren kein Sommertagszug mehr durchgeführt wurde, weiß ich nicht. Als Bürgermeister setzte ich alle Hebel in Bewegung, um ihn wieder zu beleben. 1994 war es dann so weit. Der Zuspruch war auf Anhieb groß. Seitdem beteiligen sich alljährlich die Kindergärten und Grundschulen an diesem uralten kurpfälzischen Brauch, an dessen Ende stets die spektakuläre Verbrennung des Winters steht.

In der Mittelschule

Nach der vierten Klasse endete mein bisheriger Klassenverband. Eine Handvoll meiner Schulkameraden besuchte ab der fünften Klasse das Gymnasium in Schwetzingen. Die Voraussetzungen dazu hätte auch ich gehabt. Doch zu der Zeit stand bereits fest, dass ich einmal in die Fußstapfen meines im Krieg gebliebenen Vaters treten und unsere Bäckerei übernehmen würde. Deshalb hielt in meiner Familie, mit Ausnahme des Bruders meiner Mutter, niemand einen Gymnasiumsbesuch für angebracht. Als Bäcker, so wurde mir gesagt, braucht man keine höhere Schulbildung!

Damals wurde für meinen Jahrgang eine Sprachklasse in der Pestalozzischule gebildet, gemischt mit Jungen und Mädchen, in die ich anstelle des Gymnasiums aufgenommen wurde. Unser Klassenlehrer war Günter Treiber, ein aus einer Neulußheimer Pädagogenfamilie stammender, mit dreißig Jahren noch relativ junger Mann. Er sprach ein sehr gutes Englisch und war auch musikalisch begabt.

In den 1950er Jahren leitete er den evangelischen Kirchenchor in Hockenheim und animierte einige seiner Schüler, die eine schöne Knabenstimme hatten, in diesem mitzusingen. Auf diese Weise bestritt ich als junger Sänger das eine oder andere Kirchenkonzert mit. In besonders guter Erinnerung ist mir das im Advent 1955 in der evangelischen Stadtkirche veranstaltete mit Musik aus Händels Oratorium „Der Messias", unter anderem mit dem großen Halleluja.

Seinen Neigungen entsprechend, hatten die englische Sprache und der Gesang in Treibers Unterricht einen hohen Stellenwert. Davon profitierten seine Schülerinnen und Schüler. Es verging für uns kein Schultag ohne Englisch, und kein Unterricht am Morgen begann ohne ein gemeinsam gesungenes Lied. Unser Repertoire an deutschen Volksliedern war innerhalb kurzer Zeit enorm. Des Weiteren verstand es Günter Treiber wie kein anderer, uns zu motivieren. Ich habe später noch andere engagierte Pädagogen kennen gelernt, doch kaum einer konnte ihm in Sachen Motivation das Wasser reichen.

Im Übrigen setzte er sich für jeden von uns ein, beispielsweise, wenn er für uns einen Schullandheimaufenthalt organisierte. Einmal waren wir mit der Klasse für zwei Wochen in der Jugendherberge auf dem Dilsberg, ein anderes Mal in einem Schullandheim in Dobel bei Herrenalb. Bei diesen Anlässen wuchs unsere Klassengemeinschaft noch enger zusammen. Die im Rahmen der Schullandheimaufenthalte durchgeführten Exkursionen und Wanderungen brachten uns viel – sie waren ein praktischer Naturkundeunterricht.

Das hohe Ziel Günter Treibers war, unsere Klasse, die seit 1956 zum Mittelschulzug der Pestalozzischule zählte, als die erste in Hockenheim zur Mittleren Reife zu führen. Dazu musste er aber erst einmal mit uns den Befähigungsnachweis gegenüber der übergeordneten Schulbehörde erbringen. Er schaffte dies in eindrucksvoller Weise.

Doch auch diese Chance, in Hockenheim die Mittlere Reife zu machen, nutzte ich nicht. Seinerzeit stand für mich unerschütterlich fest, dass ich nach der achten Klasse die Schule verlassen würde, um das Bäckerhandwerk zu erlernen. Darauf hatte meine Mutter alle ihre Hoffnungen gesetzt. Auch für mich gab es angesichts der Verantwortung, die ich gegenüber meiner Familie und im Hinblick auf die Zukunft unserer Bäckerei hatte, dazu (noch) keine Alternative. Vielmehr wollte ich so schnell wie nur möglich in die beruflichen Fußstapfen meiner Vorfahren treten.

Evangelische Jugend

Anfangs der 1950er Jahre bis zur Konfirmation war für mich die evangelische Jugend eine wichtige Anlaufstelle. In der Jungschar, die zuerst von Wolfgang Döring, später von Kurt Walter, und nach diesem von Rudi Sütterlin geleitet wurde, traf ich mich mit meinen gleichaltrigen Freunden immer sehr gerne. Unser Gruppenraum befand sich im Obergeschoss des Lutherhauses neben dem großen Saal. Hier versammelten wir uns wöchentlich.

Unvergessliche Erlebnisse waren für uns zwei Zeltlager, die in den großen Ferien in Ottenhöfen im Schwarzwald unter der Leitung von Kurt Walter veranstaltet wurden. Dessen Elternhaus stand unweit von meinem in der Rathausstraße. Deshalb kannten wir uns schon von Kindesbeinen an. Der vier Jahre Ältere war wie ich ohne Vater groß geworden. Wir beide verstanden uns immer recht gut.

Mit meinen Freunden aus der Jungschar, zu denen Arno Kämmerer, Walter Marquetant, Hans Simon, Rainer Walter und Hans-Dieter Weißbrodt zählten, habe ich die eine oder andere Fahrradexkursion unternommen. An Feiertagen, wie dem 1. Mai, unternahmen wir regelmäßig Radtouren in den Kraichgau. Wir fuhren aber als Teenager auch mal nach Buch am Ahorn, ein Dorf im Bauland, aus dem meine Tante Anne Dorn stammte.

Die längste Tour führte uns in das am Rande des Südschwarzwalds gelegene Sulzburg, wo Walter Marquetant Verwandte hatte. Auf der Rückfahrt radelte ich, nachdem sich meine Kameraden noch zu einem Abstecher nach Straßburg verabschiedet hatten, alleine nach Hockenheim weiter. Es waren gut 200 Kilometer, die ich an einem Tag, überwiegend entlang der B 3 und ab Karlsruhe entlang der B 36, zurücklegte.

Gebremster Bewegungsdrang

Während meiner ersten Schuljahre übten die Motorradrennen auf dem Hockenheimring auf einige meiner Schulkameraden und mich einen großen Reiz aus. Wir bauten unsere Fahrräder mit Pappkarton zu stromlinienförmigen Rennmaschinen um und malten die Verkleidung noch mit Silberbronze an. Motorenähnliche Geräusche erzeugten wir, indem wir zähen Pappkarton mit Wäscheklammern an der Hinterradgabel so befestigten, dass er beim Fahren über die Speichen streifte. Das erzeugte Töne, die an einen Einzylinder-Motor erinnerten.

Mit diesen verkappten Rennmaschinen fuhren wir durch die Stadt. Außerdem trafen wir uns im Hardtwald zu Fahrradrennen. Dort hatten wir auf schmalen Waldpfaden kleinere Pisten angelegt, die wir mit Sprunghügeln und teilweise überhöhten Kurven versahen. Im Grunde genommen waren es Vorläufer der später in Mode gekommenen BMX-Bahnen.

Gegen diesen „Eingriff in den Hardtwald" und unsere Radrennen muss aber irgendjemand etwas gehabt haben. Ob es der Förster war? Eines Tages befand sich jedenfalls ein tiefes Loch in unserer Piste. Heimtückisch dabei war nur, dass es unmittelbar hinter einem kleinen Hügel gegraben worden war. Dadurch sah ich die Falle erst, als ich über den Hügel fuhr. Zu spät! Ich stürzte mit vollem Karacho hinein und überschlug mich. Irgendwie muss ich aber einen Schutzengel gehabt haben, denn mir passierte nichts Ernsthaftes. Einige blaue Flecken trug ich dennoch davon. Danach mied ich die Radrennstrecken im Hardtwald, wie der Teufel das Weihwasser.

Eine leidvolle Erfahrung musste ich auch mit Rollschuhen machen, die mir zu Weihnachten 1954 geschenkt worden waren, und auf die ich sehr stolz war. Sie konnten in der Länge und Breite an normale Straßenschuhe angepasst und mit seitlichen Halterungen an den Sohlen befestigt werden. Außerdem wurden sie noch mit um die Schuhe gebundenen Lederriemchen gesichert.

Das Rollschuhlaufen beherrschte ich bald. Mit ihnen ließen sich relativ hohe Geschwindigkeiten erreichen, besonders auf den langen Geraden des Hockenheimrings. Es faszinierte mich immer wieder und bereitete mir riesigen Spaß, auf diesem einige Runden zu drehen und dabei die Waldluft und den „Speed" zu genießen. Doch die Freude verging mir bald. Ein Sturz in der Rathausstraße, verursacht durch eine Straßenreparatur mit Teer und Rollsplitt, bescherte mir schmerzhafte Blessuren an Knien und Händen. Danach hängte ich die Rollschuhe an den Nagel.

Konfirmation und das Verhältnis zu Katholiken

Im Jahr 1957 wurde ich konfirmiert. Mit der Konfirmation, die Pfarrer Friedrich Heun in der neubarocken, evangelischen Jugendstilkirche durchführte, endete gleichzeitig meine Schulzeit in Hockenheim. Apropos Pfarrer Heun. Er hatte bereits 1934 den Jahrgang meiner Mutter konfirmiert, nachdem er kurz zuvor die Pfarrstelle in Hockenheim angetreten hatte. Als gebürtiger Wuppertaler erzählte er uns hin und wieder von der Schwebebahn, dem Wahrzeichen seiner Heimatstadt.

Heun war eine Respektsperson, die in unserer Stadt hohes Ansehen genoss. Deshalb nahm ich als Konfirmand seinen Appell, später einmal die Finger von katholischen Mädchen zu lassen, durchaus ernst. In die gleiche Kerbe schlug ein Jahr später, als ich zum ersten Male zu einer Tanzveranstaltung in das Gasthaus „Zum Stadtpark" ging, auch noch meine Mutter. Doch wenige Jahre danach sah sie dies schon nicht mehr so eng.

Im interkonfessionellen Dialog hatte wohl das Zweite Vatikanische Konzil den Weg zu mehr Toleranz geebnet. Es war im Oktober 1962 durch Papst Johannes XXIII., unter anderem mit dem Auftrag zu mehr ökumenischem Denken, einberufen worden. Es endete im Dezember 1965 und bewirkte im Verhältnis zwischen Protestanten und Katholiken eine positive Annäherung.

Zur Konfirmation erhielt ich meinen ersten dunklen Anzug, den „Konfirmandenanzug", ein weißes Hemd mit Krawatte, schwarze Schuhe sowie ein neues, in Leder gebundenes evangelisches Gesangbuch. Außerdem wurde mir noch ein Herrenfahrrad Marke „Turmberg" mit einer Dreigangnabenschaltung geschenkt. Ein Stahlross dieser Art war damals etwas Besonderes. Es diente mir einige Jahre treu und bereitete mir viel Freude.

Die Konfirmation feierten wir mit der Großfamilie gebührend in meinem Elternhaus. Einige Wochen danach verließ ich die Schule. Nun begann für mich mit der Lehrzeit der sogenannte „Ernst des Lebens" – und dies im wahrsten Sinne des Wortes.

❋

Lehr- und weitere Schuljahre

An den Scheidewegen des Lebens stehen keine Wegweiser.

CHARLIE CHAPLIN

Bäckerlehre

Im Mai 1957 startete ich als Bäckerlehrling ins Berufsleben. Mein erster Lehrherr war der in unserer Bäckerei angestellte Bäckermeister Paul Powik. Er hatte den Schwetzinger Kurt Schweizer abgelöst. Der arbeitete nach dem Kriege einige Jahre bei uns und übernahm dann von seinem Vater die am Schwetzinger Schlossplatz gelegene bekannte Gastwirtschaft „Grüner Baum".

Nun also befand ich mich in jenem Element, das aus damaliger Sicht meine berufliche Laufbahn auf Dauer bestimmen sollte. Auch ich wollte dies, war ich doch schon von Kindesbeinen an mit diesem Metier vertraut und auf diesen Beruf eingestellt.

Das Bäckerhandwerk ist ein schöner Beruf, in dem jeden Tag neue Backwaren hergestellt werden. Man gestaltet also immer wieder Neues und sieht sofort, wie es gerät. Neben mehreren Sorten Brot, Brötchen, Brezeln und Hefegebäck produzierten wir damals noch verschiedenste Feinbackwaren. Diese Vielfalt machte das Backhandwerk auch für mich recht interessant.

Davon abgesehen hat dieser Beruf aber auch seine Last. Das frühe Aufstehen, häufig vor vier Uhr am Morgen, ist nicht jedermanns Sache. Für typische Nachtmenschen ist dies ein Problem. Es bedingt ein frühes Zubettgehen, was gerade bei einem Jugendlichen wie mir immer dazu führte, dass ich mit Freunden abends nie lange ausbleiben konnte, ausgenommen am Samstagabend.

Zudem waren am Vorabend eines jeden Backbetriebs Vorbereitungen für die morgendliche Arbeit zu treffen – eine Aufgabe des „Stifts". Beispielsweise musste ich für den Schwarzbrotteig ein so genanntes „Mörschel" herstellen, einen Teigansatz, bestehend aus einer Handvoll Sauerteig, Wasser und Mehl. Während dieser über Nacht ruhte, vermehrten sich in ihm die Essigsäurebakterien, die für den typischen Geschmack und das lockere Volumen des Schwarzbrots unerlässlich sind.

In der damaligen Zeit trugen die meisten Bäckereien, auch die unsrige, frühmorgens an den Werktagen noch frische Brötchen an zahlreiche Haushalte in der Stadt aus. Auch dies zählte zu meinen Aufgaben. Also machte ich mich regelmäßig kurz nach sechs Uhr morgens mit dem Fahrrad auf den Weg. Im Sommerhalbjahr und bei schönem Wetter war dies eine angenehme Sache, die meiner vom Mehlstaub belasteten Lunge gesunde Frischluft bescherte. Im Winter aber war es auf dem Fahrrad oft weniger gemütlich, besonders wenn es Minusgrade hatte. Die Kälte brachte dann einen von der Backstubenwärme verwöhnten Bäckerlehrling schon mal ins Schlottern.

In der damaligen Zeit belieferten wir das Ladengeschäft der ehemaligen Bäckerei Sütterlin in der Luisenstraße mit Backwaren. Auch deren Transport nahm ich im Großen und Ganzen vor. Er erfolgte üblicherweise mit dem Fahrrad und einem aus Weidenruten geflochtenen großen Rückkorb.

Berufsschulunterricht hatte ich in der Gewerbeschule in Schwetzingen. In meinem ersten Lehrjahr gab es noch eine reine Bäckerklasse, in der die Lehrlinge dreier Jahrgänge von Gewerbelehrer Seitz, einem Bäckermeister, der im Krieg ein Bein verloren hatte, gemeinsam unterrichtet wurden. Bei schönem Wetter fuhr ich häufig allein oder mit anderen Lehrlingen aus Hockenheim mit dem Rad durch den Hardtwald nach Oftersheim und von hier weiter nach Schwetzingen. Sonst nutzte ich die Bahn, die in dieser Zeit halb Hockenheim und Reilingen in den Großraum Mannheim zur Arbeit beförderte. Damals waren die Personenwaggons noch mit Holzbänken ausgestattet. Außerdem hatten sie vorne und hinten noch eine Plattform, auch „Perron" genannt, auf der man die Fahrtluft genießen konnte.

Im zweiten Lehrjahr wurden die Bäcker- und Metzgerlehrlinge meines Jahrgangs in einer Klasse zusammengefasst und von Gewerbelehrer Wittmann unterrichtet, der sich über den fachlichen Stoff hinaus bemühte, uns auch sonst noch etwas beizubringen. So lernte ich als Bäckerlehrling nicht nur die verschiedenen Schweine- und Rinderrassen kennen, sondern beispielsweise als Lektüre auch „Die Judenbuche" von Annette von Droste-Hülshoff, eine klassische und dazu noch sehr spannende Novelle.

Unter den Bäcker- und Metzgerlehrlingen waren einige, die die Ausbildungsstelle in diesen Handwerken nur deshalb angenommen haben, weil sie vermutlich aufgrund ihrer intellektuellen Fähigkeiten in anderen Ausbildungsberufen keine Lehrstelle gefunden hatten. Einer meiner Mitschüler, der schon um die achtzehn war und das Metzgerhandwerk erlernte, hatte beispielsweise das Problem, seinen Nachnamen korrekt zu schreiben! Dieser endete mit einem „th", doch häufig setzte er das h vor das t.

Seine Schreibschwäche führte eines Morgens zum Eklat. In der Woche zuvor hatte unsere Berufsschulklasse eine Arbeit geschrieben und jeder, auch er, hatte diese, wie üblich, auf dem ersten Blatt oben links mit seinem Namen gekennzeichnet. Leider setzte er bei seinem Namen wieder einmal das h vor und nicht hinter das t.

Diese Verwechslung hatte unseren Lehrer, damals schon über fünfzig, glatzköpfig, immer leicht gebückt und auf uns junge Spunde wie ein uralter Mann wirkend, fuchsteufelswild gemacht. So betrat er an diesem Morgen zur ersten Schulstunde mit furchterregender Miene das Klassenzimmer, feuerte hinter sich die Türe so zu, dass der Knall die ganze Berufsschule erschütterte, stürmte in den Raum Richtung Fensterfront und stieß mit markerschütterndem Ton den Namen dessen aus, der wieder mal das h seines Nachnamens nicht korrekt platziert hatte. Dann schrie er weiter: „Du bist ein Tell! – du bist aber kein Wilhelm Tell, sondern ein Lo-Tell, ein Tro-Tell, ein Schlo-Tell! Ich muss dir eine geistige Erleuchtung geben!"

Mit so einem Gefühlsausbruch des Lehrers hatte an diesem Morgen niemand gerechnet. Wir waren zunächst alle wie erstarrt.

Nun aber eskalierte die Sache. Der Lehrer ergriff das auf dem Fenstersims liegende Meterlineal und versuchte, es dem Falschschreiber, der unmittelbar am Fenster saß, auf den Kopf schlagen. Damit wollte er ihm die bereits mit Gebrüll angekündigte „geistige Erleuchtung" verpassen. Doch das Blatt wendete sich.

Der Angegriffene, ein stämmiger kräftiger Metzgerbursche, parierte nämlich den Schlag, packte den Angreifer von hinten, umschlang seine beiden Arme, presste diese an seinen Körper und hievte ihn vor sich in die Höhe, als wolle er einen Suplex ansetzen. Einen solchen Überwurf fürchten selbst die besten Ringer. In dieser Zwangshaltung ließ er den überraschten Lehrer einige Sekunden in der Luft zappeln. Außerdem gab das unfreiwillige Abheben vom Boden dem aggressiven Pädagogen die Gelegenheit, sich etwas abzureagieren. Was blieb ihm auch anderes übrig? Kräftemäßig war er ohnehin der Unterlegene.

Schließlich endete das Spektakel mit einigen Drohungen, die der in die Schranken verwiesene Lehrer zerknirscht von sich gab. Dabei blieb es; ein Nachspiel hat es nie gegeben. Kein Wunder, denn das Vorgehen Wittmanns war überzogen und alles andere als pädagogisch sinnvoll. Auch wenn 1958/59 die gewerbeschulischen Sitten schon mal rau sein konnten, hätte es soweit nie kommen dürfen.

Heute, nach vielen Jahrzehnten und in einer Zeit, in der schulische Gewalt völlig tabu ist, ist kaum zu glauben, dass es in einer Gewerbeschule mal so zugehen konnte. Im Übrigen kann ich mir auch nicht vorstellen, dass das aggressive Verhalten des Gewerbeschullehrers dem Schüler geholfen hat, seine Rechtschreibschwäche zu überwinden.

Schicksalhafte Wendung

Das Jahr 1957 war für unsere Familie ein Schicksalsjahr. Unsere Mutter erkrankte schwer. Kurz vor Jahresende hatte sie völlig überraschend einen schweren Schlaganfall mit linksseitiger Lähmung erlitten, der sie einige Wochen ins Hockenheimer Krankenhaus zwang und für uns Kinder die Welt zusammenbrechen ließ. Sie war erst 37 Jahre alt. Die bange Frage war nun, wie es weitergehen würde?

Es stellte sich sehr bald heraus, dass wir unsere Bäckerei nicht mehr wie bisher weiterführen konnten und deshalb kurzfristig andere Lösungen gefunden werden mussten. Als Königsweg erwies sich, den eigenen Backbetrieb aufzugeben und unser Geschäft durch meinen Onkel Willi Schrank beliefern zu lassen. Der betrieb mit seiner Gattin Johanna sowie seinem Neffen und meinem Cousin Paul Birke und dessen Frau Elvira eine florierende Bäckerei an der Ecke Scheffel- und Parkstraße in Hockenheim. Mit den Backwaren meines Onkels führten wir zumindest unser Ladengeschäft wie bisher weiter.

Meine Bäckerlehre setzte ich nun bei meinem Onkel Willi fort, der mein Lehrmeister wurde. Seine Bäckerei war, nicht zuletzt auch durch die Belieferung unseres Geschäfts, wesentlich größer als unsere. Von ihm und von meinem Cousin lernte ich eine Menge an handwerklichen Fähigkeiten, aber auch was die Sauberkeit in einer Backstube anbelangt. Auf diese legte auch meine Tante Johanna größten Wert. Sie erhob schon beim geringsten von Mehl geprägten Fußabdruck im Verbindungsgang zwischen Backstube und Laden ein Gezeter. Auch um dieses zu vermeiden, wurde die Backstube zig Mal pro Arbeitstag gefegt und nach getaner Arbeit so gründlich gereinigt, dass man selbst auf dem Fußboden ohne Bedenken hätte essen können.

Aber nicht nur wegen der „putzwütigen" Tante wurde in der Bäckerei größten Wert auf Sauberkeit gelegt, sondern auch aus hygienischen Gründen. Eigentlich sollte Sauberkeit überall dort eine hohe Priorität besitzen und selbstverständlich sein, wo Lebensmittel gelagert oder bearbeitet werden. Später sah ich Backstuben, die solchen Ansprüchen in keiner Weise gerecht geworden sind und deshalb dem Gewerbekontrolldienst immer wieder Anlass zu Kritik geboten haben.

Am Lido

Im Sommer 1958 nahm ich die Einladung meiner Tante Liesel Neuberger an, mit ihr und Onkel Karl für zwei Wochen zum Campingurlaub nach Lido di Jesolo an der Adria zu reisen. Diese Einladung stellte nach der Erbauseinandersetzung, die unser verwandtschaftliches Verhältnis belastet hatte, eine Art Wiedergutmachung dar.

Die Fahrt nach Italien erfolgte mit ihrem VW-Käfer. Was sich in diesem alles an Gepäck, Proviant und Zeltausrüstung verstauen ließ, war unglaublich. Entsprechend eng ging es allerdings für mich auf dem Rücksitz zu.

Als wir auf einer der Landstraßen durch Südtirol fuhren - die Brennerautobahn befand sich noch im Bau - war an einer Felswand mit riesigen Buchstaben der Satz gemalt: „Helft Südtirol, sprecht deutsch." Durch diesen Appell erfuhr ich als junger Mensch erstmals von dem Problem, das die deutschsprachigen Südtiroler mit dem italienischen Staat hatten, der sie sprachlich und auch sonst unterdrückte. Die Südtiroler wehrten sich dagegen jahrzehntelang, letztlich erfolgreich.

Der Urlaub am Lido mit einem Abstecher nach Venedig und das tolle Wetter, das wir dort jeden Tag genießen durften, waren für mich unvergessliche Tage. Der Besuch der Lagunenstadt Venedig mit ihren alten Palästen, Kirchen, Kanälen und Brücken hat mich fasziniert und mit dem Wunsch beseelt, dieser schönen Stadt sobald wie nur möglich einen weiteren Besuch abzustatten. Dass es Jahrzehnte dauern würde, bis sich dies erfüllte, konnte ich damals nicht ahnen.

Auch die Rückfahrt, mit einer Übernachtung in München, habe ich noch in bester Erinnerung. Mein erster Eindruck von der bayrischen Metropole, in der wir uns den Film „In achtzig Tagen um die Welt" mit David Niven und Shirley MacLaine in den Hauptrollen anschauten, war recht positiv. Für mich als fast sechzehnjährigen Menschen, der erstmals in seinem Leben ins Ausland gekommen war, stellte dieser Urlaub ein spannendes und zudem noch erholsames Erlebnis dar.

Die Idee mit der Brotfabrik

Der Backstubenbetrieb meines Onkels lief regelmäßig sechs Tage pro Woche. An kaum einem Tag betrug die Arbeitszeit weniger als zwölf Stunden, an Samstagen und an Tagen vor Feiertagen oft länger. Als junger „Stift" war ich in diesen Arbeitsrhythmus mit über siebzig Wochenstunden voll eingebunden. Ein Ausbrechen war nicht möglich, weil sonst ein Stopp der Belieferung unseres Geschäfts mit Backwaren drohte. Es war für mich eine harte Zeit, die mich die meisten Abende todmüde ins Bett fallen ließ. Zudem litten meine Füße, wohl auch durch ungeeignetes Schuhwerk, unter dem langen Stehen.

Andererseits erhielt ich von meinem Onkel die eine oder andere Mark über das obligatorische Lehrgeld hinaus, was mir stets genügend Taschengeld sicherte. Um ein solches musste ich meine Mutter nie bitten – ich verdiente es mir immer selbst.

Während meines zweiten Lehrjahres stieß die Idee, im Industriegebiet Talhaus eine Brotfabrik auf genossenschaftlicher Basis zu bauen, unter den Hockenheimer Bäckern zunächst auf eine große Resonanz. Motor der Brotfabrik war Theophil Dorn, der Innungsmeister. Als Mitglied der CDU-Fraktion des Hockenheimer Gemeinderats und als 1. Bürgermeister-Stellvertreter, war er auch in der Kommunalpolitik fest verankert und in der Stadt ein Begriff. Er stellte sich vor, dass die in der Brotfabrik organisierten Bäcker in dieser gemeinsam ihre Grobbackwaren wie Brot und Brötchen herstellen könnten, während sie ihre Feinbackwaren wie bisher in der eigenen Backstube fertigten.

Auch mein Onkel Willi und mein Cousin Paul Birke standen diesem Vorschlag zunächst sehr positiv gegenüber. Sie glaubten, dass es ihnen mit einer Brotfabrik leichter fallen würde, sie weder ihre Selbständigkeit verlören noch ihren eigenen Backbetrieb ganz aufgeben müssten. Diese damals ernsthaft geführte Diskussion verunsicherte mich enorm. Ich befürchtete, mich über kurz oder lang als Arbeiter in dieser Brotfabrik wieder zu finden. So hatte ich mir meinen Beruf als Bäcker aber nicht vorgestellt.

Es dauerte eine gewisse Zeit, bis Hockenheims Bäcker zur Einsicht kamen, das Abenteuer einer gemeinsam betriebenen Brotfabrik abzuhaken.

Drei weitere Aspekte belasteten mich seinerzeit noch zusätzlich und erheblich. Zum einen war es die schwere Erkrankung meiner Mutter, die auch für mich ein echtes Handicap bedeutete. Sie hatte sich nach dem Schlaganfall zwar einigermaßen erholt, doch die linksseitige Lähmung war geblieben und machte ihr in ihrer Beweglichkeit zu schaffen.

Zum anderen wurde mir mit zunehmendem Alter und wachsender Berufserfahrung bewusst, dass unsere Bäckerei in der Rathausstraße ein überalteter, nicht mehr zeitgemäßer Betrieb war, dessen notwendige Modernisierung eine Stange Geld kosten würde. Wahrscheinlich wäre es am sinnvollsten gewesen, die Backstube abzureißen und neu aufzubauen. Dies aber hätte enorme Mittel erfordert.

Zum Dritten befand sich damals noch an fast jeder Ecke unseres Umfelds eine andere Bäckerei, angefangen von den Bäckereien Groß und Kraft in der Rathausstraße, Brecht/Geng und Wenger in der Hubertusstraße, Rittmüller in der Heidelberger Straße bis hin zu den Bäckereien Kief in der Hildastraße, Kammer in der Ottostraße sowie Pflaum in der Oberen Hauptstraße. Unsere Bäckerei war also von vielen Konkurrenten umgeben, ihre Lage alles andere als ideal.

Diese Erkenntnisse gaben mir zu denken, und ich sah meine Zukunftsperspektiven als Bäcker immer mehr schwinden. Jedenfalls versprachen mir diese Fakten keine rosige Zukunft.

In dieser schwierigen Situation verständigte ich mich schließlich mit meiner Mutter, nach zwei Lehrjahren das Bäckerhandwerk aufzugeben und stattdessen die Höhere Handelsschule in Schwetzingen zu besuchen. Diese Entscheidung fiel mir nicht leicht, da durch sie meine bisherigen sowie von anderen in mich gesetzten Hoffnungen, einmal in die Fußstapfen meines Vaters zu treten und den Familienbetrieb weiterzuführen, unerfüllt blieben.

Auch mein Onkel Willi Schrank und mein Cousin Paul Birke akzeptierten meine Entscheidung, die an der Belieferung unseres Ladengeschäftes in der Rathausstraße nichts änderte. Im Jahr 1958 hatte auch meine Schwester Elke die Volksschule beendet. Sie begann in unserem Ladengeschäft eine Lehre als Einzelhandelskauffrau, was unsere Mutter entlastete.

In der Höheren Handelsschule

Der Wechsel von der Backstube auf die Schulbank bereitete mir keine Probleme. Durch den Besuch der Gewerbeschule hatte ich das Lernen weitergeübt und es gelang mir, mich im neuen Metier schnell zurechtzufinden. Mein Klassenlehrer in der zweijährigen Höheren Handelsschule war Willi Weinlein, dessen Tochter Friederike die gleiche Klasse wie ich besuchte, ein Umstand, der im heutigen Schulbetrieb kaum noch vorkommen dürfte.

Unsere Klasse setzte sich aus sechzehn Mädchen und zwei Jungen zusammen. Neben mir drückte noch Karl-Heinz Zimmermann aus Altlußheim die Schulbank. Er war ein Jahr jünger als ich. Angesichts der Damendominanz fühlten wir uns natürlich wie die Hähne im Korb. Zudem war ich rund zwei Jahre älter als die meisten meiner Mitschülerinnen.

Im ersten Jahr der Höheren Handelsschule hatte mich das Schachspiel fasziniert. Der Hockenheimer Schachklub, 1930 von Arbeitslosen zum Zeitvertreib gegründet, hatte um 1960 mehrere gute Spieler, die zur badischen Spitzenklasse zählten. Zudem machten die Erfolge der 1. Mannschaft den Schachsport in der Stadt populär. Ich besuchte damals regelmäßig den wöchentlichen Spielabend des Schachklubs im Nebenzimmer des Gasthauses „Zum Löwen". Mein Jugendfreund Karl-Ernst Weiß, dem wir den Kosenamen „Iwe" (abgeleitet vom englischen Wort „even") verpasst hatten, begleitete mich. Im Schachklub lernte ich Josef Hauck kennen, der ebenfalls ein begeisterter Schachspieler war. Mit ihm sollte mich in späteren Jahren einmal eine enge kommunalpolitische Zusammenarbeit verbinden.

Neben uns in der Rathausstraße wohnte inzwischen Gustav Zimmermann mit seiner Frau Berta und Sohn Werner, der Jahrzehnte später der erste Beigeordnete der Stadt Hockenheim werden sollte. Gustav Zimmermann - ein Cousin meiner Großmutter Lina Dorn - zählte zu den Gründungsmitgliedern des Hockenheimer Schachclubs 1930. Er befand sich Ende der 1950er Jahre im Ruhestand und hatte nun die nötige Zeit zur Pflege des Schachspiels. An Nachmittagen spielte er häufig mit mir, und an Sonntagvormittagen mit seinem Schwager Karl Steinmeyer. Anfangs verfolgte ich deren Partien als Zaungast.

Nachdem ich einige Fortschritte gemacht hatte, durfte ich auch sonntags gegen die „alten Hasen" antreten, anfänglich jedoch ohne Chance. Umso mehr freute ich mich, als es mir zum ersten Mal gelang, gegen Gustav Zimmermann zu gewinnen. Dem aber machte diese Niederlage wohl etwas zu schaffen, wie seine emotionale Reaktion vermuten ließ. So spürte ich auch beim Schach, wie nahe Freud und Leid beisammen sein können.

Das faszinierende Schachspiel beanspruchte immer viel Zeit – und diese fehlte mir zum Lernen. Deshalb fiel mein Zeugnis im 2. Schulhalbjahr 1959/60 nicht so positiv aus wie gewohnt. Konsequenterweise verlagerte ich nun meine geistigen Schwerpunkte vom Schach auf die Schule. Mit Erfolg, denn als ich ein Jahr später meinen Abschluss in der Höheren Handelsschule machte und die Mittlere Reife in der Tasche hatte, war mein Abgangszeugnis eines der besten. Von schulischer Seite wurde dies bei der Abschlussfeier mit einem Buchpreis gewürdigt. Es war der 1948 von Theodor Plievier veröffentlichte Roman „Stalingrad", den ich mir unter den zur Auswahl vorgelegten Büchern ausgesucht hatte.

In den großen Ferien 1960 und 1961 hatte mir mein Onkel Fritz Getrost einen Ferienjob in seiner Firma beschafft. Er war Betriebsleiter der „Anthrazit", ein im Hafen 2 von Mannheim-Rheinau befindliches Werk der Rheinischen Kohleunion, das Eierbriketts herstellte.

Onkel Fritz war ein hilfsbereiter, angenehmer und gerechter Mensch, den ich sehr schätzte. Ehrenamtlich engagierte er sich in der evangelischen Kirchengemeinde als Mitglied des Kirchengemeinderats. Leider kam er allzu früh durch eine Fettembolie ums Leben. Sie war auf einen Oberschenkelhalsbruch zurückzuführen, den er sich bei einem schweren Betriebsunfall in der „Anthrazit" zugezogen hatte. Dort stürzte bei einem Gebäudeabriss unerwartet eine Mauer auf ihn und verletzte ihn schwer.

Bei meinem Ferienjob in der „Anthrazit" musste ich mit einem Schubkarren Kohlestaub zur Befeuerung eines riesigen Ofens transportieren, mit dem Steinkohleteerpech, das Bindemittel bei der Brikettherstellung, erhitzt wurde. Über den Achtstundentag hatte ich gut hundert Fuhren außerhalb der Produktionshalle aufzuladen und vor den Ofen zu fahren, der sich in der Halle befand. An heißen Sommertagen war dies eine schweißtreibende Arbeit sowohl in der Halle, wo der Ofen seine Hitze abstrahlte, als auch außerhalb, wo der Kohlestaub lag und die Sonne oft unbarmherzig brannte.

An einer Wand vor dem Ofen befand sich ein mit Kreide geschriebener Spruch, dessen Wahrheitsgehalt mir damals noch nicht so recht bewusst war, heute dagegen schon. Er lautete:

„Als es mir gut ging auf Erden, wollten alle meine Freunde werden.
Als ich kam in große Not, waren sie alle tot!"

Vor Beendigung der Höheren Handelsschule hatte ich gehofft, meine schulische Ausbildung bis zum Wirtschaftsabitur fortsetzen zu können. Meine Mutter erteilte mir aber diesbezüglich eine Absage. Sie sagte mir: „Ich habe auch noch eine Tochter und kann nicht alles in dich investieren. Lerne und verdiene zunächst mal was, dann sehen wir weiter." Dafür hatte ich Verständnis.

Als ich mit Hermann Simon, dem Wirt des Gasthauses „Zum Stadtpark", über meinen schulischen Fortbildungswunsch sprach, sagte er mir spontan zu, meine Pläne finanziell zu unterstützen. Insofern keimte in mir noch ein Funken Hoffnung, den Schulbesuch bis zum Abi fortsetzen zu können. Doch dazu kam es leider nicht. Hermann Simon segnete 1961 überraschend und allzu früh das Zeitliche. Nach seinem Ableben begrub ich meine schulischen Pläne endgültig.

Ein folgenreiches Richtfest

Während ich die Höhere Handelsschule in Schwetzingen besuchte, verdiente ich mein Taschengeld in der Backstube meines Onkels Willi. Dort trat ich regelmäßig an jedem Samstagmorgen gegen zwei Uhr an - manches Mal auch früher - und arbeitete bis halb sieben. Danach machte ich mich für die Schule fit, die gegen Mittag endete. Oft stand ich schon wieder am frühen Nachmittag in der Bäckerei. Dort war um diese Zeit bis auf die gründliche Reinigung zum Wochenschluss zwar das meiste gelaufen, doch hin und wieder mussten noch Backwaren ausgeliefert werden.

Eine der ersten Firmen, die um 1959/1960 in der 1. Industriestraße in Hockenheims Gewerbegebiet Talhaus ansiedelte, war die Firma Kurt Bayer. Sie handelte mit Möbeln, stellte aber auch Ladeneinrichtungen her. Da die Firma Bayer wenige Wochen zuvor eine neue Ladeneinrichtung in der Bäckerei meines Onkels Willi eingebaut hatte, erhielt dieser den Auftrag, einige hundert Brötchen zum Richtfest zu liefern. Er beauftragte mich, den Korb mit der noch frischen Ware auszuliefern, was ich mit dem Fahrrad erledigte, an das ein Anhänger angekuppelt war.

Das Richtfest fand an einem Samstagnachmittag im Keller des Firmenrohbaus statt. Es war ein frostiger Tag, an dem einige Schneeschauer die Stadt und ihr Umfeld weiß gepudert hatten. Die Kellerfenster hatte man mit einer Folie notdürftig abgedichtet, um Durchzug zu vermeiden und ein erträgliches Raumklima zu schaffen. Dennoch kam man sich wie in einem Eiskeller vor. Zum Aufwärmen standen alkoholische Getränke in Hülle und Fülle bereit, wobei die verschiedenen Sorten von Schnaps besonders gefragt waren.

In einer Zinnwanne, so groß wie eine Badewanne, schwammen einige hundert Cervelats. Sie waren mit Gasbrennern heiß gemacht worden, die unter der Wanne standen. Die heißen Würste gewährleisteten mit unseren Brötchen die Verpflegung und stellten mit den verschiedensten Getränken ein für die damalige Zeit üppiges Angebot dar, das mich ein wenig ans Schlaraffenland erinnerte.

Zu den Gästen zählten Vertreter der Baufirmen, Bauhandwerker sowie Mitglieder des Gemeinderats. Außerdem sorgte eine kleine Kapelle für die nötige Musik. Ging es unter den Teilnehmern zu Beginn des Richtfests noch halbwegs vernünftig und zünftig zu, sorgte der Alkoholgenuss bald für überraschende Entwicklungen. Von der steigenden Stimmung ließen sich auch gestandene Stadträte mitreißen, die, beeinflusst vom Motto: „Wir trinken besonders gerne, wenn's nichts kost'!", ihrem Getränkekonsum freien Lauf ließen. Und der führte zu kuriosen Dingen. Ich traute jedenfalls meinen Augen nicht, als gerade jene von Schnaps geschwängerten Stadträte, die bisher eher durch ihr akkurates Auftreten in der Öffentlichkeit aufgefallen waren, miteinander ein Tänzchen wagten. Es war ein Bild für Götter.

Etwas anders, aber nicht minder eindrucksvoll, ging es bald außerhalb des Kellers zu. Dort kam es zu fortgeschrittener Stunde zwischen einigen Richtfestgästen zu Schlägereien, bei denen auch Dachlatten eine Rolle spielten. Ein in den Streit verwickelter Hockenheimer Bauunternehmer setzte sich mit einer solchen zur Wehr. Er schlug um sich, traf aber unglücklicherweise nicht den Kontrahenten, sondern seinen unbeteiligten Schwiegersohn so stark am Kopf, dass diesem Hören und Sehen verging. Doch auch sonst sorgten blutige Nasen und andere Blessuren, nicht nur in der vom Schnee überzogenen Speispfanne, für rote Einfärbungen.

Apropos Speispfanne: In der landete etwas unsanft ein bereits etwas älterer, aber noch streitbarer Stadtrat der CDU-Fraktion, der in eine der Raufereien geraten war. Er konnte trotz allem noch froh sein, dass der Speis nicht mehr weich, sondern hart gefroren war und er sich bei seinem ungewöhnlichen Sturz nicht ernsthaft verletzte.

Da noch mehr Streit in der Luft lag, wurde es mir beim Richtfest trotz der winterlichen Kälte zu heiß. Deshalb machte ich mich, gespickt mit neuen Eindrücken und auch nicht mehr ganz nüchtern, mit meinem Drahtesel nebst Anhänger aus dem Staube. Noch vor Einbruch der Dunkelheit erreichte ich die Bäckerei meines Onkels. Der wunderte sich schon, weil ich solange ausgeblieben war.

Im Anschluss an das Richtfest führte ein anderes Ereignis, in das ein Hockenheimer Stadtrat verwickelt worden war, zu einem Eklat. Ein kleines, mehr oder weniger vom Alkohol angesäuseltes Kontingent des Gemeinderats, zu dem unter anderem Wilhelm Jakobi, Heiner Schlampp, Jakob Schweigert und Arthur Weibel zählten, kam auf dem Heimweg vom Richtfest am Gasthaus „Zum Talhaus" nicht ohne Einkehr vorbei.

Anscheinend sorgte an diesem Samstag allein schon die Luft für eine aufgeladene Atmosphäre, denn kaum hatten die Stadträte im Lokal Platz genommen, wurde einer von ihnen, der der SPD-Fraktion angehörte, von einem angetrunkenen Gast angepöbelt. Ein Wort gab das andere, und schließlich flogen auch hier die Fäuste. Durch das Handgemenge ging eine Glastür zu Bruch und der Wirt rief die Polizei. Dadurch bekam es ein anderer Stadtrat dermaßen mit der Angst zu tun, dass er fluchtartig den Gastraum verließ und in der dunklen Nacht über das damals noch freie Feld die gut drei Kilometer nach Hause rannte. Dabei verlor er einen Schuh, um den er sich aber bei seinem überstürzten Rückzug nicht kümmerte!

Als die Polizei in der Gaststätte erschien, bezichtigte der Wirt den SPD-Stadtrat, der sich als Angepöbelter eigentlich nur zur Wehr gesetzt hatte, als den Hauptverursacher der Auseinandersetzung. Damit trat er dem zu Unrecht Beschuldigten natürlich auf den Schlips. Da dieser nie um ein Wort verlegen war, folgte dessen gesalzene Retourkutsche prompt. Mit der schoss er aber über das Ziel hinaus. In seiner Rage zog er über den Wirt, der bei der Stadt eine Rechnung noch nicht beglichen sowie zwei dünne Töchter hatte, mit dem Ausspruch her: „Es wäre besser, wenn du »Schuldenbuckel« dich mit deinen beiden »blutarmen Krähen aus der Sache heraushalten würdest!" Das war natürlich starker Tobak, der die Betroffenen schwer beleidigte.

Anderntags und wieder nüchtern wurde sich der Volksvertreter seines Fehlverhaltens so richtig bewusst. Deshalb ging er den Gang nach Canossa, entschuldigte sich bei der Wirtsfamilie für die Entgleisung, lud die Töchter zur Versöhnung auf einen Cognac ein und beglich den bei der Schlägerei verursachten Sachschaden. Außerdem zeigte sich der Gemeinderat solidarisch mit ihm und veranstaltete im Anschluss an eine seiner folgenden Sitzungen ein Essen im Gasthof „Zum Talhaus", um auch auf diese Weise für Wiedergutmachung zu sorgen.

Noch Jahre danach sorgte diese Provinzposse in Kreisen des Gemeinderats immer wieder für Erheiterung, besonders wenn sie der in die Rauferei verwickelte Stadtrat in der ihm eigenen Art zum Besten gab und zusätzlich noch mit wohlgesetzten Worten ausschmückte, was er meisterhaft verstand.

※

Schön ist die Jugend

Drum sag' ich's noch einmal:
Schön sind die Jugendjahr',
Schön ist die Jugend,
Sie kommt nicht mehr.

<small>VOLKSWEISE AUS HESSEN (REFRAIN)</small>

Jugendtreffs

Im Jahre 1898 eröffnete das Gasthaus „Zum Stadtpark" erstmals seine Pforten. Es war am ehemaligen Friedhof entstanden, der Jahre zuvor wegen der geplanten süd-östlichen Stadtentwicklung stillgelegt und in einen öffentlichen Park umgewandelt worden war. Als Stadtpark wurde aber nicht die Grünanlage, sondern die Gaststätte ein Begriff und zwar weit über die Stadt hinaus. Diese „Wirtschaft" hatte neben einem geräumigen Gastraum im Erdgeschoss noch einen kleinen Saal bzw. ein Nebenzimmer und im Obergeschoss einen großen Saal zu bieten. Außerdem verfügte sie noch in den Nachkriegsjahren über einen von mächtigen Kastanien beschatteten Biergarten an der Parkstraße, der dann für eine Wohnbebauung geopfert wurde.

In meiner Jugend war der Stadtpark ein bedeutender Jugendtreff. In der Fastnachtszeit, besonders am „Schmutzigen Donnerstag" sowie von Fastnachtssamstag bis Fastnachtsdienstag, veranstalteten Vereine oder die Eigentümer des Stadtparks in beiden Sälen Maskenbälle. Bei diesen ging es jedes Mal rund. Es wurde gefeiert und getanzt, dass sich im wahrsten Sinne des Wortes die Balken bogen. Der überfüllte Tanzboden des großen Saals schwankte durch die auf ihm tanzende und hüpfende Menge oft beängstigend. Hin und wieder waren die Schwankungen so stark, dass halbvolle Biergläser auf den Tischen überschwappten! Dass der Boden trotz dieser Belastungen hielt, grenzte fast an ein Wunder.

Natürlich floss auch der Alkohol reichlich. Für Nachschub sorgten im großen Saal unter anderem Emma Simon und „Liss" Wiedemann, zwei schon etwas ältere, von der Statur her kleinere untersetzte Damen. Die meisten Stammgäste sprachen sie mit ihren Vornamen an. Beide zählten zu den guten Geistern des Stadtparks. Sie waren auch von ihrer schlagfertigen Art her richtige Originale, die an jedem Tanzabend wie fleißige Bienen rackerten und einige hundert Halbe schleppten. Deshalb kamen selbst die durstigsten Seelen - und von diesen gab es damals viele - nicht zu kurz.

Doch nicht nur in der Fastnachtszeit hatte der Stadtpark Hochkonjunktur. Auch an Ostern, zum 1. Mai, an Pfingsten und natürlich an Kerwe gab es Tanzabende, auf die wir Jugendliche immer voller Spannung warteten, boten sie doch

Gelegenheit, mit dem anderen Geschlecht Kontakte zu knüpfen und über den Tanzboden hinaus in Berührung zu kommen. Insofern war der Stadtpark auch ein Kommunikationszentrum für die Jugend sowie eine Heiratsbörse. Viele Beziehungen, die zum Traualter führten, wären ohne den Stadtpark wohl kaum zustande gekommen.

Die Tanzveranstaltungen im Stadtpark hatten in den 1950er und 1960er Jahren ihre Höhepunkte. Tolle Tanzmusik boten beispielsweise die „Perditos" oder die „Strangers" mit Ewald Steinmeyer, auch als „Fips" ein Begriff. Letzterer war ein musikalischer Könner, der mehrere Instrumente spielte. Zudem war er aufgrund seiner netten und spaßigen Art ein in der Region bekanntes Original. Er verstand es wie kein anderer, den Saal in Stimmung zu bringen.

Leider sorgten in den 1970er Jahren Rabauken für das Ende der Tanzveranstaltungen. Die Eigentümer des Stadtparks waren nach wiederholten Demolierungen der Toiletten nicht mehr bereit, die immensen Reparaturkosten in Kauf zu nehmen. Mit dieser verständlichen Entscheidung endete in Hockenheim ein Kapitel der Nachkriegszeit, das für die Jugend jener Zeit eine feste Institution im Jahresablauf und ein Treff gewesen war, der so manch' schöne und unvergessliche Stunde mit sich brachte.

Außerhalb der Stadtparkveranstaltungen verkehrte ich Ende der 1950er/anfangs der 1960er Jahre noch häufig bei meiner Tante Irma in der Bahnhofsrestauration. In deren Lokal befand sich ein Tischfußballgerät, das es mir angetan hatte. Einige Jugendliche, auch ich, beherrschten das Spiel mit diesem Gerät.

Im Übrigen zählte die Gaststätte meiner Tante zu den ersten, in denen für die Übertragung eines besonderen Ereignisses ein Fernsehgerät aufgestellt worden war. Ich erinnere mich noch gut an die Krönung der englischen Königin Elizabeth II. im Juni 1953 sowie an das Endspiel der Fußball-Weltmeisterschaft im Juli 1954 in Bern, aus dem die deutsche Nationalmannschaft als Sieger über Ungarn hervorging. In beiden Fällen hatte man für die rund vierzig Personen, zumeist Männer, die das Nebenzimmer füllten und für Bierumsatz sorgten, einen Schwarz-Weiß-Fernseher aufgestellt. Dessen Bildschirm war im Vergleich zu den heutigen Geräten noch recht mickrig. Er betrug nur etwa 25 Zentimeter. Damals war ein Fernsehgerät noch ein recht teures Novum, das sich kaum jemand leisten konnte.

Umso mehr waren in den 1950er und 1960er Jahren Kinos gefragt. In meiner Kindheit war es der Filmpalast in der Karlsruher Straße, der in meiner Jugendzeit um die Ringlichtspiele oberhalb des Gasthauses „Zum Löwen" an der Ecke Heidelberger- und Ottostraße ergänzt wurde. Während ich als Kind nur selten ins Kino durfte, besuchte ich als Jugendlicher gerne die eine oder andere Spätvorstellung an Samstagen, besonders wenn Actionfilme mit Eddie Constantine liefen. Später wurden auch die Hockenheimer Kinos ein Opfer des fernsehbedingten Besucherschwunds.

Mit meinen Jugendfreunden Friedhelm Keller, Heini Klee, Karl-Ernst Weiß und anderen traf ich mich regelmäßig im Hotel Kanne. In dessen Restaurant verstanden wir uns mit dem Ober Ewald Bartel sehr gut. Er war damals um die sechzig, hatte einen fast kahlen Kopf und einen tapsigen Gang, der an Charlie Chaplin erinnerte, was bei seiner überlangen Schuhgröße und seinen platten Füßen nicht verwunderte. Witz und Charme zeichneten ihn aus, zudem war er schlagfertig, hatte aber dennoch feine Manieren. Er war ein einmaliger Typ.

Ewald Bartel kellnerte nur mit weißer Jacke, weißem Hemd mit langen, von Manschettenknöpfen gefassten Ärmeln, schwarzer Krawatte, schwarzen Hosen und schwarzen Schuhen. Einem „Viertele" - er bevorzugte vom Weißwein die Hausmarke - war er nie abgeneigt. Wenn es das Geschäft erlaubte und sein Chef außer Reichweite war, knobelte er mit uns gerne um ein Getränk. Selbst wenn er mal einen zu viel getrunken hatte, merkte man ihm dies nur selten an. Alles in allem war er dem Hotelier Heinrich Seitz und seiner Gattin eine unermüdliche und echte Stütze. Er zählte zum Inventar der Kanne!

In den 1960er Jahren verkehrte ich mit meinen Freunden auch sehr gerne im Café Caldart, das sich im Anwesen Herzer an der Ecke Heidelberger und Ottostraße befand. Mit dessen Besitzer Gabriele Caldart hatte ich ein gutes Verhältnis. Einmal überredete er mich zu einer Spritztour mit seinem schnellen Fiat ins Motodrom. Da dort die Tore weit offen standen und uns niemand an der Einfahrt hinderte, drehte er mit mir zwei Runden auf dem kleinen Kurs. Die hatten es in sich!

Kaum waren wir auf der Strecke, hatte ich das Gefühl, neben einem Epigonen Nuvolaris zu sitzen. Wie dieser ließ Gabriele seinem italienischen Temperament freien Lauf, gab Gas wie ein Verrückter und driftete in jede Kurve. Die unerwarteten Fliehkräfte drehten mir beinahe den Magen um. Bereits nach wenigen hundert Metern wähnte ich mich in der letzten Stunde meines Lebens. Als er schließlich auf mein Drängen hin die Höllenfahrt beendete, schnappte ich kreidebleich nach frischer Luft. Mein Fazit als Mitfahrer, den das Fürchten gelehrt worden war: „Hüte dich vor den Azzurri!"

Seitdem ist mein Bedarf an schnellen Runden auf dem Ring gedeckt. Auch in späteren Jahren habe ich mich nie mehr auf solch eine Fahrt eingelassen, obwohl ich dazu oft Gelegenheit gehabt hätte, sei es mit namhaften Rennfahrern oder Versuchsfahrern von Daimler-Benz.

Als Gabriele Caldart nach einigen Jahren wieder in seine italienische Heimatstadt zurückkehrte - er stammt aus der Kleinstadt Agordo, mitten in den Dolomiten - riss der Kontakt zu ihm und seiner aus Ketsch stammenden Gattin Anne nicht ab. Besuche bei Verwandten seiner Frau verband er später häufig mit einer Stippvisite bei mir im Rathaus sowie dem Besuch einer Rennveranstaltung auf dem Hockenheimring. In den letzten Jahren habe ich ihn gemeinsam mit meinen Freunden Heini Klee und Michel Gelb mehrmals in Agordo besucht.

In seiner Heimatregion zählt Gabriele Caldart zu jenen Naturschützern, die 1993 den rund 32.000 Hektar umfassenden, einmalig schönen Nationalpark „Parco Nazionale Dolomiti Bellunesi" auf den Weg gebracht haben. In dessen Verwaltungsorganisation fungiert er seit Jahren als Vizepräsident. Mit dem Nationalpark wird in den Dolomiten ein außergewöhnliches Naturerbe geschützt. Im Park ist beispielsweise das Jagen und Fischen verboten.

Aber auch sonst engagiert sich Gabriele Caldart noch. In seiner Heimatgemeinde Agordo war vor Jahrzehnten noch eine Mine in Betrieb, aus der verschiedene Erze gewonnen und gleich vor Ort verhüttet wurden. Ihm ist es mitzuverdanken, dass die sonst dem Verfall preisgegebenen Stollen und Gebäude nach und nach restauriert und somit ein wichtiges Wirtschafts- und Kulturerbe dieser Region für die Nachwelt erhalten bleibt.

Modernisierung des Elternhauses

Anfangs der 1960er Jahre verbesserte sich durch den wirtschaftlichen Aufschwung das Einkommen der meisten Haushalte. In dieser Zeit reifte auch in unserer Familie der Plan, unseren Wohnraum durch eine Aufstockung im rückwärtigen Bereich unseres Wohn- und Geschäftshauses zu erweitern und ein Bad mit WC einzubauen. Bisher war unser Haus - wie übrigens die meisten Häuser Hockenheims - nur mit einem „Plumpsklo" ausgestattet. Die vordere Hälfte unseres Hauses war bereits in den 1930er Jahren aufgestockt worden.

Im Jahre 1962 beauftragten wir eine Hockenheimer Baufirma mit dem Erweiterungsbau. Mit deren Inhaber hatte ich frühzeitig den Zeitraum der Bauarbeiten abgestimmt. Ich wollte beim Umbau präsent sein und ihn tatkräftig begleiten. Im Hinblick darauf hatte ich mit meinem Arbeitgeber meinen Jahresurlaub entsprechend eingeplant. Doch als es soweit war, wartete ich auf die Bauarbeiter trotz verbindlicher Zusagen vergeblich. Sie kamen weder zum vereinbarten Termin noch in den Tagen danach. Deshalb vergaben wir die Arbeiten kurzfristig an das Hockenheimer Bauunternehmen Jakob Hermann Fuchs, das sofort einsprang und sie wie geplant durchführte.

Durch meine Mitarbeit auf der Baustelle, sammelte ich einige Erfahrung und entschloss mich etwas später, den Sandboden unseres Kellers in Eigenregie zu betonieren und einen Partyraum einzurichten. Einige meiner Freunde halfen mir dabei. In diesem Partyraum haben wir dann in den folgenden Jahren so manche feuchtfröhliche Fete gefeiert. Bei einer solchen lernte ich meine spätere Frau Margarete kennen. Insofern war mein Partykeller für sie und mich bedeutend.

Spektakulärer Unfall

Seit meinem 18. Lebensjahr hoffte ich, bald den Führerschein machen zu können. Als Auszubildender fehlten mir dazu aber die Mittel. Doch Ende 1966 war es soweit. Mein Fahrlehrer war Ludwig Wiedenhofer, der mich nach acht Fahrstunden zur Fahrprüfung in Schwetzingen anmeldete. Unmittelbar vor dieser legte er sich mit dem Prüfer an, weil zuvor alle fünf seiner Prüflinge durch die Prüfung gerasselt waren. Das war für ihn natürlich kein Renommee. Er war außer sich und zeterte mit dem Prüfer.

Nun musste ich meine Fahrkunst beweisen, was unter diesen Umständen unter alles anderem als einem guten Omen stand. Doch ich schaffte die Prüfung, was meinen Fahrlehrer an diesem Tag ein wenig versöhnte.

Zu meinem ersten Fahrzeug kam ich allerdings erst Monate später. Es handelte sich um einen alten Opel P 2, der schon einige Jahre hinter sich hatte. Einen Neuwagen konnte ich mir als junger Angestellter nicht leisten.

Der Pkw erleichterte mir gerade in den Wintermonaten und in Regenphasen die Fahrt zur Arbeitsstätte. Nun war ich nicht mehr auf die Abfahrtszeiten der Bahn angewiesen, die schon damals oft mit Verspätungen verbunden waren. Außerdem musste ich keine langen Wege mehr zu den Bahnhöfen in Kauf nehmen.

Zu meinem Bedauern hatte ich mit dem Opel keine allzu lange Freude. An einem späten Sonntagnachmittag des Jahres 1967 hatte ich ihn in der Unteren Hauptstraße, unmittelbar an der Ecke zur Schwetzinger Straße, abgestellt. Unweit davon befand sich die Wiener Klause, die ich mit Freunden besuchte. Kaum im Lokal, schreckte uns ein lauter Knall aus der Straße auf, der uns gleich auf einen Unfall schließen ließ. Wir stürzten hinaus und trauten unseren Augen nicht. Mein Opel stand plötzlich rund dreißig Meter von der Stelle entfernt, wo ich ihn zuvor geparkt hatte.

Ein VW-Käfer hatte ihn mit voller Wucht gerammt. Gesteuert hatte ihn ein Schiedsrichter, der in Ketsch ein Fußballspiel geleitet und danach viel zu tief ins Glas geschaut hatte. Da er nicht angeschnallt war, durchschlug er beim Aufprall mit dem Kopf die Windschutzscheibe seines Wagens. Das Blut strömte über sein Gesicht und ließ das Schlimmste befürchten. Erfreulicherweise waren seine Verletzungen nicht so gravierend, wie sie zunächst schienen.

Wegen der Alkoholfahrt musste sich der Unfallverursacher nach einigen Monaten vor dem Amtsgericht Schwetzingen verantworten. Dazu war ich als Zeuge und Geschädigter geladen. Mein Anwalt war der noch relativ junge Jurist Dr. Lothar Gaa aus Schwetzingen, der spätere Präsident des Landtags von Baden-Württemberg. Er hatte schon einen guten Ruf als Rechtsanwalt und war auch als CDU-Politiker in der Region bekannt.

Die Verhandlung verlief unspektakulär und das Urteil fiel nach gut einer Stunde. Der Richter verdonnerte den Unfallverursacher wegen der Trunkenheitsfahrt - er hatte rund zwei Promille! - zu drei Wochen Haft ohne Bewährung!

Durch den Unfall war mir nur noch ein Schrottfahrzeug geblieben, dessen Reparatur sich nicht mehr lohnte. Zwischenzeitlich hatte ich ein Studium der Betriebswirtschaftslehre in Ludwigshafen begonnen. Deshalb schwebte mir ein kleineres Fahrzeug vor, das mich mit Steuer, Versicherung und Spritverbrauch nicht allzu stark belastete. Diese Eigenschaften hatte ein gebrauchter NSU-Prinz, der, als ich ihn erwarb, schon einige zig tausend Kilometer hinter sich hatte. Mit diesem Vehikel, das sich als sehr reparaturanfällig entpuppte, sollte ich ebenfalls nicht glücklich werden.

Doch noch mal zurück in den Gerichtssaal. Im Anschluss an die Verurteilung des Schiedsrichters stand noch eine weitere Verhandlung wegen Trunkenheit am Steuer an, die mich veranlasste, noch etwas zu bleiben. Auf der Anklagebank saß dieses Mal ein sehr bekannter Hockenheimer Musiker, der um einen Scherz nie verlegen war.

Als Angeklagter kommentierte er die Ausführungen des Richters auf seine Art. Er zog gekonnt Grimassen, ohne dass dies der Richter bemerkte. Durch dieses Gebaren konnten die meisten aus seiner ihn begleitenden Fangemeinde das Lachen nicht vermeiden. Dies störte mehrmals den Verlauf der Verhandlung, weshalb der Richter drohte, den Gerichtssaal räumen zu lassen. Selbst bei dieser Drohung verzog der Angeklagte noch sein Gesicht und zwirbelte an seinem nicht vorhandenen Schnurrbart. In dieser Situation musste auch ich alles aufbieten, um die Contenance zu wahren. Ein Glück, dass der Richter das Verhalten des Angeklagten nicht mitbekam.

Das Urteil für den Musikus war genauso hart wie im Fall zuvor. Auch er wurde zu drei Wochen ohne Bewährung verknackt. Monate später teilte er mir mit, dass er seine Strafe im „Café Landes" - so nennt der Volksmund das Mannheimer Gefängnis - zusammen mit Schwerkriminellen abgesessen hatte.

In beiden Fällen wurden also recht saftige Strafen verhängt, die abschreckend wirken sollten. Auch wenn ich dafür noch Verständnis hatte – für die Art und Weise des Strafvollzugs hatte ich sie nicht.

Vom Raucher zum Sportler

Am 5. August 1965 hörte ich abrupt mit dem Zigarettenrauchen auf. Diesen Tag werde ich auch deshalb nie vergessen, weil er einer der bedeutendsten meines Lebens war.

Schon als 16-Jähriger hatte ich mit dem Tabakkonsum begonnen. Als Jugendlicher glaubte ich, erst dann ein richtiger Mann zu sein, wenn ich rauchte. Zudem rauchten einige Onkels und mein älterer Cousin, die für mich Vorbilder waren. Auch die meisten Politiker und bekannten Filmschauspieler jener Zeit, Idole für die Jugend, frönten der Leidenschaft des Rauchens.

Von Rauchgenuss konnte bei mir nicht immer die Rede sein, hatte ich deswegen doch häufig Probleme mit dem Magen und Kreislauf. Am Morgen des 5. August 1965 fühlte ich mich, nachdem ich nach dem Frühstück wie üblich eine Zigarette angezündet hatte, wieder einmal alles andere als wohl. In dieser Situation erklärte ich meinem inneren Schweinehund den Krieg. Ab sofort sollte er mich nie mehr zum Rauchen verführen. Doch diesen Vorsatz durchzustehen, war nicht leicht. In den ersten Wochen als Nichtraucher hatte ich schwer zu kämpfen. Die abklingende Sucht verlangte oft nach nikotinhaltigem Nachschub, doch ich blieb standhaft.

Als eine große Hilfe erwies sich der Sport. Ich hatte schon mit achtzehn begonnen, regelmäßig im Hockenheimer Wald zu laufen. Mit dem Einstellen des Rauchens intensivierte ich das Laufen und begab mich deshalb im September 1965 in die Obhut von Fritz Klebert, der damals die Läufer des HSV trainierte. Er wollte mich aufbauen, damit ich einmal passable Langstreckenzeiten laufen konnte.

Mein erstes Ziel war die Teilnahme am Mannheimer Silvesterlauf, der 1965 im Herzogenriedpark veranstaltet wurde. Wie sich bei diesem Lauf herausstellte, reichte mein Trainingszustand bei Weitem nicht, um bei einem solchen Wettbewerb einigermaßen mitzuhalten. Ich lief also hinterher. Doch ich gab nicht auf und stand die gesamte Strecke über rund sieben Kilometer durch.

An diesem Silvesternachmittag war es knackig kalt. Da ich beim Lauf über den offenen Mund atmete, erkältete ich meine Bronchien. Zudem war ich danach so fertig, dass ich die ganze Silvesternacht im Bett verbrachte, was aber meiner Regeneration zugute kam.

Danach machte ich mit dem Laufen Fortschritte. Ich trainierte häufig zusammen mit Heinz Weiß oder Johann Sturm im Hardtwald, die beide sehr gute Langläufer waren. Sonntags morgens traf ich mich auch oft mit meinem Freund Heini Klee sowie mit Karlheinz Lanché, einem Arbeitskollegen von der „Sunlicht", zum Waldlauf.

Der an Hockenheim angrenzende Hardtwald stellt eine grüne Lunge dar, deren Wert für Erholungssuchende und begeisterte Läufer nicht hoch genug eingestuft werden kann. Das Wegesystem besteht, abgesehen von den mit Asphalt befestigten Wegen, fast ausschließlich aus Sandwegen, auf denen es sich selbst bei Regenwetter noch gut laufen lässt. Zudem sorgte der Forst in den vergangenen Jahrzehnten sukzessive für eine Umwandlung der Kiefernkulturen in Mischwälder. Dies kommt dem Ökosystem Wald und die sauerstoffreichere Luft den Besuchern zugute.

Als der Skiclub Hockenheim die ersten Volksläufe am Hockenheimring veranstaltete, war ich immer mit von der Partie. Von über dreihundert Läufern des Hauptlaufes kam ich regelmäßig unter die ersten zwanzig. Bei einem der Läufe erreichte ich sogar einen guten siebten Platz.

Damals lief ich die zehntausend Meter unter 37 Minuten. Das war keine schlechte Zeit, wenn man bedenkt, dass ich bei einer Größe von 1,76 Metern rund 75 Kilogramm wog, also keine ideale Langlauffigur hatte. Auch mein regelmäßiges Krafttraining mit der Hantel - ich stemmte in dieser Zeit 90 Kilogramm - war für einen Langläufer nicht gerade typisch. Mir ging es aber weniger um sportlichen Erfolg als um einen einigermaßen durchtrainierten Körper und mein Wohlbefinden.

Literarische Vorlieben

Doch nicht nur der Sport hatte mich in diesen Jahren in seinen Bann gezogen, sondern auch die Literatur. Meine Vorliebe galt Schriftstellern aus dem angelsächsischen Sprachraum. Aldous Huxley mit seinem Science-Fiction-Roman „Schöne neue Welt" und George Orwell mit seinem „1984" hatten es mir besonders angetan. Aber auch andere Romane wie Huxleys „Das Genie und die Göttin", „Geblendet in Gaza" und „Zeit muss enden" oder seine Erzählungen „Schauet die Lilien" fanden ebenso mein Interesse wie Orwells „Mein Katalonien" oder seine weltbekannte Satire „Farm der Tiere", eine Allegorie auf den Stalinismus. Zum Teil las ich diese Lektüre auch in englischer Sprache.

Ein Wort noch zu Huxley. Er war einer der großen Schriftsteller, Kulturkritiker und Philosophen des 20. Jahrhunderts. 1993 wurden seine Essays über Religion in dem Buch „Gott ist." herausgebracht. Dieses tiefgründige Werk wird von mir als Bettlektüre hin und wieder zur Hand genommen und fasziniert mich immer wieder.

In meiner frühen Jugend war Ernest Hemingway mit seinen Romanen „Wem die Stunde schlägt", „In einem anderen Land" oder „Der alte Mann und das Meer" und vielen seiner Kurzgeschichten mein Lesefavorit. Als ich aber erfuhr, dass sich der ehemalige Kriegsberichterstatter in einem seiner Briefe damit brüstete, in beiden Weltkriegen 122 deutsche Soldaten erschossen zu haben, darunter wehrlose Gefangene, sah ich in ihm nur noch einen verabscheuungswürdigen Kriegsverbrecher.

Beeindruckt war ich auch von Herman Wouks Kriegsroman „Die Caine war ihr Schicksal" und zahlreichen anderen bedeutenden Werken der Weltliteratur wie Günter Grass' „Die Blechtrommel", Max Frischs „Homo Faber" oder „Stiller".

❋

Berufliche Ausbildung und Tätigkeit

Die Größe eines Berufs besteht vielleicht vor allem darin,
dass er die Menschen zusammenbringt.

Antoine De Saint-Exupéry

Lehre zum Industriekaufmann in der „Sunlicht"

Bekanntlich stirbt die Hoffnung immer zuletzt. Erst wenige Wochen vor dem Abschluss der Höheren Handelsschule zeichnete sich endgültig ab, dass es mit dem Wirtschaftsgymnasium nicht klappen würde. Nun aber war es höchste Zeit, eine Ausbildungsstelle zu suchen. Zunächst klopfte ich beim Arbeitsamt Schwetzingen an, das mich in meinem Wunsch bestärkte, eine Lehre zum Industriekaufmann in der chemischen Industrie anzustreben. Wie ich zuvor erfahren hatte, zahlte diese Branche recht gute Löhne. Auch deren Zukunftsperspektiven erschienen mir vielversprechend.

Das Arbeitsamt nannte mir drei Firmen in Mannheim-Rheinau, die noch mit offenen Lehrstellen registriert waren. Ich nahm mir in der Schule einen Tag frei, fuhr mit dem Zug nach Rheinau und steuerte zu Fuß die drei Firmen aufs Geratewohl an, denn angemeldet war ich nirgends.

Bei der ersten Firma, die recht weit vom Bahnhof entfernt lag, bekam ich gleich eine Absage. Sie hatte ihre Lehrlinge für das neue Ausbildungsjahr bereits eingestellt. Obwohl dieses Unternehmen keinen schlechten Ruf hatte, gefiel mir sein Äußeres überhaupt nicht. Es erschien alles grau in grau und nicht gepflegt. Insofern habe ich die Absage leicht verschmerzt.

Die nächste Firma lag nahe der Bahnstation Mannheim-Rheinauhafen, also für einen unmotorisierten Auszubildenden wie mich relativ günstig. Als ich mich dort in der Personalabteilung vorstellte, wurden mir Hoffnungen auf eine Ausbildung gemacht, doch daran knüpften sie eine Bedingung: Sie wollten vor einer Zusage noch meine Mutter kennenlernen. Wäre ich damals vierzehn gewesen, hätte ich dem Ganzen vielleicht noch etwas Verständnis entgegenbringen können, doch ich war bereits achtzehn. Insofern gefiel mir das Procedere überhaupt nicht. Erfreulicherweise hatte ich ja noch ein weiteres Ass im Ärmel – oder aller guten Dinge sind drei!

Also begab ich mich zur nächsten Firma, der „Sunlicht". Dieses Unternehmen gehörte zum Unileverkonzern, zu dem in Mannheim noch die Firmen Sunlicht-Industriebedarf, Margarine-Union sowie Estol zählten. Als ich beim Leiter der Personalabteilung vorstellig wurde, erklärte mir dieser, dass sie bereits ihre Lehrlinge eingestellt hätten. Er fügte aber hinzu, da ich nun mal da sei, könnte man mit mir ja gleich mal eine Aufnahmeprüfung machen. Dann werde man weitersehen. Obwohl ich damit nicht gerechnet hatte, willigte ich sofort ein.

Die Aufnahmeprüfung bestand aus einem Diktat, das ich in Steno aufzunehmen und anschließend mit der Schreibmaschine niederzuschreiben hatte. Außerdem wurden meine Rechenkünste geprüft. Das Ganze spielte sich kurz vor Mittag ab und überforderte mich nicht. Ich hatte ein gutes Gefühl.

Während meine Leistungen überprüft wurden, hatte ich Gelegenheit, in der Werkskantine das Mittagessen einzunehmen. Auch deshalb fand ich diese Firma gleich sympathisch. Zudem traf ich dort einige Beschäftigte, die aus Hockenheim stammten und mir bekannt waren.

Nach dem Mittagstisch erfuhr ich, dass man bereit sei, mich die nächsten zweieinhalb Jahre auszubilden. Über dieses Angebot musste ich nicht lange nachdenken. Ich sagte sofort zu und kehrte mit einem Lehrvertrag in der Tasche zurück.

Am 1. April 1961 begann für mich mit der kaufmännischen Ausbildung ein neuer beruflicher Lebensabschnitt. Während der Ausbildungsphase war ich vom Besuch der Berufsschule befreit. Hin und wieder hatte ich jedoch innerhalb der Firma mit anderen Auszubildenden einige Stunden Unterricht, die größtenteils Karl Heinz Mehler erteilte. Er war damals Anfang dreißig, hatte ein Studium an der Wirtschaftshochschule Mannheim absolviert und stand am Anfang seiner erfolgreichen beruflichen Karriere. Neben seinen Managementaufgaben kümmerte er sich zusätzlich um die kaufmännischen Lehrlinge.

Nach Beendigung seiner beruflichen Laufbahn verfasste Mehler die Monografie „Davongekommen. Jugendzeit eines Mannheimers. 1929 – 1950". In diesem Buch beschrieb er seine Zeit als Hitlerjunge mit der sich anschließenden Gefangenschaft in Frankreich. Über Mehler und zwei weitere Jugendliche aus unserer Region, die in französische Kriegsgefangenschaft geraten waren, drehten Ulla und Winfried Lachauer für den SWR 2005 den 89-minütigen Dokumentarfilm „Lehrjahre beim Feind – Hitlerjungen in Kriegsgefangenschaft".

In der „Sunlicht" lernte ich alle kaufmännischen Abteilungen eines Produktionsunternehmens kennen und musste darüber ein Berichtsheft führen, das mit zu meiner Beurteilung diente. Kurz vor Ablauf meiner Lehrzeit legte ich bei der IHK in Mannheim die Kaufmannsgehilfenprüfung erfolgreich ab. Da ich die Höhere Handelsschule absolviert hatte, wurde ich nur noch mündlich geprüft, wobei sich der Schwerpunkt der Prüfung auf die kaufmännische Praxis bezog. Und die war mir in meiner Lehrfirma in umfassender Weise vermittelt worden.

Kaufmännischer Angestellter in der „Kalkulation"

Nach Abschluss meiner Ausbildung zum Industriekaufmann wurde ich von der „Sunlicht" als kaufmännischer Angestellter übernommen. Mein Arbeitsplatz befand sich nun in der Kalkulationsabteilung. In dieser wollte ich beschäftigt sein, empfand ich sie von allen kaufmännischen Abteilungen am interessantesten. Abteilungsleiter war Karl Grambitter, ein versierter Kaufmann, sein Stellvertreter Edgar Straub, ein Diplom-Volkswirt. Außerdem arbeiteten in der „Kalkulation" zehn Angestellte.

Zu den primären Aufgaben der Abteilung zählte die Kalkulation der verschiedenen Produkte wie Wasch- und Spülmittel sowie Seifen auf der Basis von Standardkosten. Außerdem hatte sie viele betriebswirtschaftliche Berechnungen anzustellen. Beispielsweise mussten im Vorfeld von Neuinvestitionen - und solche gab es seinerzeit viele - Rentabilitätsprognosen ermittelt werden. Mit der Zeit wurde ich in diese betriebswirtschaftlichen Arbeiten mehr und mehr einbezogen und erweiterte meine praktischen Kenntnisse in der Kostenrechnung. Das sollte mir später einmal zugute kommen.

Fast jedem Mitarbeiter der Kalkulationsabteilung stand als Arbeitsgerät ein „Fridenautomat" zur Verfügung, eine schwere mechanische Rechenmaschine aus Metall, die damals fast soviel wie ein neuer VW-Käfer kostete. Ein Fridenautomat war etwa 40 cm breit und 30 cm tief. Sein Tastaturfeld befand sich auf einem schräg ansteigenden Tableau, oberhalb dessen die Rechenergebnisse angezeigt wurden. Mit diesem Automaten war es möglich, alle Grundrechenarten durchzuführen. Sogar Wurzeln konnte man mit ihm ziehen und die Ergebnisse speichern. Da es ein mechanisches Gerät war, lief es nicht geräuschlos. Aber etwas Besseres gab es damals in der Bürowelt nicht.

In die Filmgeschichte ist der Fridenautomat mit dem 1960 gedrehten Film „Das Appartement" eingegangen, in dem Jack Lemmon und Shirley MacLaine die Hauptrollen spielten sowie Billy Wilder Regie führte. In einigen Sequenzen des Films kommt ein Großraumbüro einer Versicherungsgesellschaft in Manhattan vor, in dem auf nahezu jedem Schreibtisch ein solcher Rechenautomat steht.

Heute lässt sich mit einem kleinen Taschenrechner, der einen Euro kostet und wenige Gramm wiegt, mehr als mit dem damals mehrere tausend Mark teuren Fridenautomat machen – und dies noch völlig geräuschlos. Welch eine technische Entwicklung in wenigen Jahrzehnten!

Etwa ab Mitte der 1960er Jahre wurden in unserem Büro die ersten Transistorenrechner vorgestellt. Sie hatten noch die Größe einer Schreibmaschine und waren sehr reparaturanfällig. In dieser Zeit hielt auch die Datenverarbeitung Einzug, zunächst mit Lochkarten. An PCs von heute war damals noch nicht zu denken. Eine Lochkarte bestand aus einem rund 19 x 8 Zentimeter großen dünnen Karton mit Zeilen und Spalten. Sie dienten der Codierung von Texten, indem man in sie Löcher stanzte. Mit den Lochkarten ließen sich in die Rechner Programme eingeben und Daten speichern.

Die Bürolandschaft jener Zeit kannte auch noch keine Kopierer, von einem Faxgerät oder Handy ganz zu schweigen. Für die schnelle interne sowie externe Kommunikation gab es in der „Sunlicht" neben den Festtelefonen, mit denen fast jeder Arbeitsplatz ausgestattet war, noch ein zentrales Telexgerät, auch Fernschreiber genannt. Mit diesem konnten Texte ins In- und Ausland übermittelt werden, sofern der Empfänger über ein Empfangsgerät verfügte.

Externe Telefongespräche wurden über die Zentrale, die ständig von einer Dame besetzt war, vermittelt. Diese hatte innerhalb des Unternehmens einen ebenso hohen Stellenwert wie die Damen der zentralen Schreibabteilung. Von diesen wurden die meisten Schriftstücke wie Briefe, Berichte etc. gefertigt – ausgenommen jene der Direktion und einiger leitenden Angestellten, die über ein eigenes Sekretariat verfügten.

Die Postabteilung, die sich um die ein- und ausgehende Post zu kümmern hatte sowie das Büromaterial zentral verwaltete, befand sich in Händen des gebürtigen Reilingers Erwin Weißbrod. Er wohnte mit seiner Familie in Hockenheim und zählte zu den fleißigsten Kollegen, die ich je kennenlernte. Der im Zweiten Weltkrieg schwer Verwundete war an jedem Arbeitstag morgens einer der ersten im Betrieb und sorgte dafür, dass die eingehende Post so früh wie nur möglich in die betreffenden Abteilungen kam. Abends brachte er die ausgehende Post zum Versand ins Postamt Rheinau. Mit ihm hatte ich ein sehr gutes kollegiales Verhältnis.

In der „Sunlicht" gab es damals eine Dreiklassengesellschaft, die sich auch von der Bekleidung her unterschied. Die höchste Klasse waren die Akademiker und leitenden Angestellten, die bei der Arbeit Anzug mit Krawatte trugen. Den kaufmännischen Angestellten wurden von der Firma weiße Kutten gestellt, die von der Werkswäscherei wöchentlich gewaschen wurden. Sonst war auch für sie das Tragen von Krawatten obligatorisch. Die Kolleginnen und Kollegen des gewerblichen Sektors waren in Blau gekleidet; Handwerker trugen einen „Blaumann" und Abteilungsmeister eine blaugraue Kutte.

Viele der Angestellten bildeten sich in den 1960er Jahren noch ein, etwas Besseres als jene zu sein, die als Handwerker oder als Arbeiter im Betrieb arbeiteten. Diesen Dünkel verstand ich nie, wusste ich doch durch eigene Erfahrung, welch wichtigen Stellenwert handwerkliches Arbeiten hat.

Was soziale Einrichtungen und Leistungen anbelangt, war die „Sunlicht" vorbildlich. Sie zahlte vierzehn Monatsgehälter, also weit über Tarif, und hatte über die Berolina eine großzügige Altersversorgung, in die Arbeitnehmer und Arbeitgeber zu gleichen Teilen einzahlten. Im Sommer bot sie an einem Samstag einen Betriebsausflug an, der für die hunderte von Teilnehmern mit Sonderzügen organisiert wurde. In der Adventszeit wurde eine Betriebsfeier veranstaltet, sei es im Pfalzbau in Ludwigshafen oder in anderen größeren Hallen der Region. Ausflüge und Feiern boten Gelegenheit, auch einmal mit jenen Kolleginnen und Kollegen in Kontakt zu kommen, mit denen man sonst nie zu tun hatte.

Auf dem Firmengelände befand sich eine Tennisanlage, die nach Feierabend von der Belegschaft genutzt werden konnte. Außerdem gab es einen betrieblichen Männerchor, der seine Singstunden während der Arbeitszeit abhielt und bei Firmenveranstaltungen sowie bei Feiern von Arbeitsjubiläen oder bei Verabschiedungen von Mitarbeitern auftrat. Ihm gehörte ich einige Zeit an. Auch dadurch lernte ich den einen oder anderen Kollegen aus dem gewerblichen Bereich kennen.

Damals war die Zeit des Wirtschaftswunders, in der es jedes Jahr aufwärts ging. Auch die „Sunlicht" profitierte vom volkswirtschaftlichen Aufschwung, ihr Geschäft boomte, und deshalb konnte man sich vieles an Sozialem leisten, was in der heutigen Zeit nicht mehr denkbar ist. Zudem hatte der Betriebsrat, der anfangs der 1960er Jahre circa 1.400 Kolleginnen und Kollegen zu vertreten hatte, und in dem die beiden Oftersheimer Willi Staudt als Vorsitzender und Oskar Werner Gottschall als Stellvertreter das Sagen hatten, eine starke Stellung im Unternehmen.

Staudt gehörte als Mitglied der SPD-Fraktion auch viele Jahre dem Oftersheimer Gemeinderat an. Gottschall, im Sunlicht-Betriebsrat der führende Kopf, veröffentlichte im Rentenalter einige geschliffene Leserbriefe in der SZ/HTZ zu politischen Themen.

Apropos Oftersheim. Die Hardtwaldgemeinde stellte in den 1960er Jahren eines der größten Kontingente der Sunlicht-Beschäftigten.

Zu einem Kollegen, dem Schwetzinger Willi Schäfer, pflegte ich ein freundschaftliches Verhältnis. Wir fuhren nicht nur oft mit dem gleichen Zug zur Arbeit, legten den zehnminütigen Weg vom Bahnhof Rheinauhafen in die „Sunlicht" gemeinsam zurück, sondern trafen uns hin und wieder auch privat. Zwischen uns stimmte die Chemie. Später kegelten wir einige Jahre mit unseren Frauen und anderen Ehepaaren im Hotel Motodrom, bis sich unser Kegelklub auflöste.

In jener Zeit verstarb Willis erste Gattin Irene allzu früh und völlig unerwartet. Für ihn und seine beiden Söhne war dies ein harter Schicksalsschlag.

Unsere Verbindung riss nie ganz ab, auch nicht, als er sich erneut verheiratete. Mit seiner zweiten Frau Helma und ihm wanderten meine Frau und ich hin und wieder bei Nothweiler über die Grüne Grenze zwischen Deutschland und Frankreich zum Gimbelhof, einem Ausflugsrestaurant, dessen elsässische Küche wir heute noch mehrmals im Jahr testen.

Im Gegensatz zu mir, der seine Lehrfirma nach einigen Jahren verließ, machte Willi in der „Sunlicht" im kaufmännischen Bereich Karriere. Aufgrund seines Intellekts und seiner hohen Arbeitsmoral war dies vorprogrammiert.

Im Ruhestand hatte sich Willi intensiv mit Goethe und Schimper befasst. Über Letzteren hielt er auf meine Bitte hin einen interessanten Vortrag im Rotary Club Hockenheim. Leider erlag er Ende 2008 einer heimtückischen Krankheit, die ihm schon Jahre zuvor zu schaffen machte.

※

Studienzeit

Über das Studium:
Diese Zeit hat man nur einmal.
Danach muss gearbeitet werden.

WOLFGANG BLUMBERG

Studium der Betriebswirtschaftslehre

Mitte der 1960er Jahre begann die Staatliche Höhere Wirtschaftsfachschule (HWF) in Ludwigshafen mit ihrem Studienbetrieb. Sie bildete im Rahmen eines sechssemestrigen Vollzeitstudiums zum graduierten Betriebswirt aus. Voraussetzung zur Aufnahme waren entweder die Mittlere Reife mit Kaufmannsgehilfenbrief und ein Jahr praktischer Berufserfahrung oder die (Fach-) Hochschulreife. Über Ersteres verfügte ich. Zudem hatte ich bereits einige Jahre praktischer Tätigkeit als Industriekaufmann und als Betriebswirt hinter mir. Nun strebte ich das Studium der Betriebswirtschaftslehre in Ludwigshafen an.

Meine Mutter sagte mir ihre Unterstützung in der Weise zu, dass ich während der Studienzeit zuhause kostenlos wohnen und essen konnte. Finanziell stand mir bis zum Ablauf meines 27. Lebensjahrs noch eine Halbwaisenrente zu. Außerdem rechnete ich mit einer staatlichen Förderung über das „Honnefer Modell", was auch klappte. Damit war eine gewisse finanzielle Grundsicherung gewährleistet. Auch die „Sunlicht" stand meinen Studienplänen recht aufgeschlossen gegenüber und stellte mir eine Anstellung in den Semesterferien in Aussicht. Sie hielt Wort. Dadurch konnte ich während eines Studienjahres noch rund drei Monate arbeiten und meine Studienkasse auffrischen.

Zum Wintersemester 1967/68 immatrikulierte ich mich in der HWF Ludwigshafen und studierte dort ab September 1967. In den sechseinhalb Jahren zuvor hatte ich keine Schulbank mehr gedrückt. Außerdem war ich gerade fünfundzwanzig geworden und insofern einer der ältesten Studenten meiner Semestergruppe. Bis auf Norma Sterkel, eine junge Dame, waren alle Kommilitonen männlich.

Der Studienbeginn stellte für mich in verschiedenster Hinsicht eine neue Herausforderung dar. Zunächst einmal musste ich mit dem Lehrbetrieb zurechtkommen und mich auf das Metier „Lernen" einstellen. Dies klappte recht gut. Zum anderen waren für mich die meisten betriebs- und volkswirtschaftlichen Fächer - und bis auf Englisch auch der Inhalt fast aller anderen Fächer - völliges Neuland. Beispielsweise musste ich mich in der Betriebs- und Volkswirtschaftslehre auf deren eigene Wissenschaftssprache einstellen, mit der ich aber schnell zurechtkam. Mit dem Fach Rechnungswesen hatte ich die wenigsten Probleme.

Auf diesem Gebiet erwies sich meine vierjährige Kostenrechnungspraxis als vorteilhaft, was mir auch bei allen diesbezüglichen Klausuren zugute kam.

Während meines Studiums hatte die HWF noch keine eigenen Räume. Die meisten Vorlesungen fanden im Haus der Jugend in Ludwigshafen statt. Bei diesem handelte es sich um ein relativ neues modernes Gebäude mit einer ansprechenden Beton- und Glasarchitektur, verschiedensten Räumen, die für Vorlesungen prädestiniert waren, sowie einer Cafeteria. Weitere Vorlesungen wurden in einem Sparkassengebäude am Rhein sowie einem älteren Gebäude in der Kurfürstenstraße gehalten, in dem auch die Direktion und Verwaltung der HWF untergebracht waren.

Studentenunruhen und Prager Frühling

Mein erstes Semester endete im Frühjahr 1968, dem Jahr, das von Studentenunruhen in ganz Deutschland geprägt war. Neben Berlin war noch besonders die alte Universitätsstadt Heidelberg betroffen.

Das Jahr 1968 war aber auch das Jahr des „Prager Frühlings". Die kommunistische Führung der Tschechoslowakei, unter Alexander Dubček, hatte damals versucht, dem stalinistisch geprägten Kommunismus eine menschlichere und liberalere Struktur zu geben. Der Einmarsch der Truppen des Warschauer Pakts im August 1968 beendete diese Bestrebungen und machte alle Hoffnungen der Tschechoslowaken auf einen humaneren Kommunismus zunichte.

Die Unruhen und Ereignisse dieser Zeit färbten auch auf die Höheren Fachschulen ab. Bei diesen kam es aber erst zu Protesten, als eine neue Fachhochschulverfassung sowie die Umwandlung der Höheren Fachschulen in Fachhochschulen zur Diskussion stand. Auch die HWF-Ludwigshafen blieb von Protesten nicht verschont; allerdings hielten sich diese in Grenzen.

Weil unsere Studentenvertretung mit vielen geplanten Neuerungen nicht einverstanden war und bei den künftigen Strukturen mehr Einfluss haben wollte, rief sie zu einem Vorlesungsboykott auf, der in einem Streik mündete. Diesem schlossen sich von meiner Semestergruppe die meisten Studienkollegen an. Auch ich verhielt mich solidarisch und streikte mit. Dies kostete mich letztlich ein ganzes Semester.

Gebracht hat der Streik im Endeffekt nicht viel. Das Hochschulrahmengesetz mit den neuen Strukturen wurde Ende der 1960er Jahre mit nur geringfügigen Änderungen beschlossen. Nun wurden alle Höheren Fachschulen in Fachhochschulen umgewandelt, auch die HWF Ludwigshafen.

Eine junge Dame namens Margarete

Am 31. Oktober 1969 lernte ich Margarete Dittmar, meine spätere Frau, bei einer Party im eigenen Keller kennen. Sie kam im Gefolge eines Kommilitonen zu mir. Irgendwie hat es zwischen uns beiden gleich gefunkt. Auf das erste Treffen folgten weitere, und schließlich wurden wir ein Paar.

Margarete arbeitete damals im Servicebereich des Café Kurpfalz in Viernheim. Diese Tätigkeit lag ihr, denn durch diese hatte sie ständig Kontakt mit Menschen. In ihrer abendlichen Freizeit kellnerte sie auch noch im „Franconville". Es war ein schönes, mit viel Holz urig gestaltetes Viernheimer Lokal, benannt nach Viernheims französischer Partnerstadt. Mittelpunkt des „Franconville" war eine lange Theke, an der fünfzehn bis zwanzig Leute Platz fanden. An der Theke spielte sich im Wesentlichen das Kneipenleben ab. Besitzer des „Franconville" war Fred Reichenauer, zu dessen Gästen zumeist Leute zwischen zwanzig und vierzig Jahren zählten.

Als mein Verhältnis zu Margarete enger wurde, kam es hin und wieder vor, dass ich Fred Reichenauer bei dessen Abwesenheit hinter dem Tresen vertrat. Margarete und ich haben dann „den Laden gemeinsam geschmissen".

Vom NSU-Prinz zum Opel P 2

In den ersten Wochen meiner Bekanntschaft mit Margarete fuhr ich einen NSU-Prinz, ein altes Vehikel, das mir ständig Probleme bereitete. Damals hatte Wilhelm Herz, den fast jeder Hockenheimer kannte, eine NSU-Vertretung in Ludwigshafen. Zu ihm brachte ich den Wagen häufig vor den Vorlesungen zur Reparatur, um ihn danach wieder abzuholen. So lernte ich Wilhelm Herz bereits während meines Studiums persönlich kennen. Damals ahnten weder er noch ich, dass sich unsere Wege bald am Hockenheimring kreuzen würden.

Leider häuften sich die Pkw-Reparaturen. War das Fahrzeug länger in der Werkstatt, konnte ich Margarete in Viernheim nicht besuchen. Da es so nicht weitergehen konnte, schaffte ich mir erneut einen gebrauchten Opel P 2 an. Meine Tante Kätchen steuerte dazu einen gewissen Obolus bei. Sie griff mir während meines Studiums auch sonst hin und wieder unter die Arme. Da ich aber nebenher noch einiges verdiente, musste ich nur selten bei ihr anklopfen. Es war aber beruhigend für mich zu wissen, dass ich im Notfall immer mit ihr rechnen konnte. Auch insofern war ich ihr sehr verbunden.

Heinz Simon, der in der Karlsruher Straße ein Malergeschäft betrieb, und mit dem ich mich sehr gut verstand, ermöglichte mir, den alten Lack des Opels abzuschleifen und die Karosserie neu zu lackieren. Heinz war mit Inge, der älteren Schwester meines Schwagers Udo Auer, verheiratet. Er war ein netter, humorvoller Mensch, den ich sehr schätzte. Es gab so manchen Anlass, uns zu treffen, und für einen Grund zum Lachen sorgte Heinz immer mit Garantie. Im Übrigen konnte ich mich mit dem neu lackierten, rötlich-gelben Wagen sehen lassen. Zudem hielten sich bei ihm die Reparaturen in Grenzen, obwohl auch er schon zu den älteren Semestern zählte.

Lukrativer Nebenverdienst

Während meines Studiums nutzte ich die Chance, bei Großveranstaltungen auf dem Hockenheimring einige Mark hinzuzuverdienen. Einer der Kioskpächter an der Innentribüne eröffnete meinem Freund Heinz Pöschel und mir die Möglichkeit, als Ableger seines Kiosks einen fliegenden Stand auf dem Damm der Innentribüne zu betreiben. Dort offerierten wir Getränke und belegte Brötchen. Da die Innentribüne bei Großveranstaltungen nur sonntags geöffnet wurde, beschränkte sich unser Einsatz auf diese Tage. Die allerdings verlangten von uns einiges ab, bevor wir Kasse machen konnten.

Zunächst mussten wir am frühen Morgen alle zu verkaufenden Getränke in zig Kästen und Kartons auf die Tribüne hochschleppen, was eine Menge Kraft kostete. Oben deponierten wir sie bei dem recht primitiven Verkaufsstand, den wir zuvor errichtet hatten. Er bestand aus zwei Klapptischen sowie aus einem mit Zinkblech ausgeschlagenen und mit Stangeneis gefüllten Holztrog. In diesem kühlten wir einen Teil der Getränke. Bei Bedarf musste Nachschub organisiert werden. Das spielte sich in der Regel zwischen den Rennpausen, also während der Rennen ab.

Unser Anteil an jeder verkauften Flasche Bier oder Dose Cola betrug 20 Pfennige, nicht viel, doch die Menge brachte uns das Geschäft. Nach der Veranstaltung mussten wir das Leergut und alle anderen Utensilien wieder nach unten schaffen und mit dem Kioskpächter abrechnen. An einem guten Rennsonntag blieben für jeden von uns einige hundert Mark hängen, doch ein Zuckerschlecken war diese Arbeit nicht.

Dass das Kioskgeschäft schon bald zu meinem Verantwortungsbereich bei der Hockenheim-Ring GmbH zählen würde, konnte ich damals noch nicht wissen. Auf diesem Gebiet vermochte mir aufgrund der gemachten Erfahrungen niemand etwas vorzumachen. Leider musste ich immer wieder feststellen, dass sich nicht alle Kioskpächter an die Vorgaben der Hockenheim-Ring GmbH hielten. Deshalb führten wir Kontrollen durch. Ertappte Kioskpächter sahen die Rote Karte.

Boykott des Nürburgrings brachte die Formel 1

Im Sommer 1970 boykottierten die Formel-1-Fahrer den Nürburgring, auf dem der Weltmeisterschaftslauf um den Großen Preis von Deutschland durchgeführt werden sollte. Sie fanden den Eifel-Kurs viel zu gefährlich. Deshalb wurde das Rennen kurzfristig nach Hockenheim verlegt, wo fünf Jahre zuvor das neue Motodrom eröffnet worden war. Ursache des Motodrombaus war die Trassierung der neuen Autobahn A 6 quer über den alten ovalen Hockenheimring.

Da ich zu der Zeit schon meine Verkaufsaktivitäten auf der Innentribüne aufgegeben hatte, konnte ich das spannende Rennen zuhause am Fernseher verfolgen. Es fand an einem heißen Sommertag statt, wie er in der Rheinebene Anfang August typisch ist.

Am Ende der Großveranstaltung, die vom Besuch her jeden bisher gekannten Rahmen sprengte, staute sich der abfließende Verkehr in fast allen Straßen der Stadt. Auch in der Rathausstraße, in der ich damals noch wohnte, stockten die Autokolonnen. Die in den Autos harrenden Rennbesucher lechzten in der Hitze nach Getränken. Weil sie mir einerseits leidtaten und andererseits ein Geschäft zu machen war, räumte ich das Getränkelager unseres Einzelhandelsgeschäfts. Die Rennfans nahmen das Angebot dankbar an. Ich hätte noch etliche Kästen mehr an Getränken verkaufen können, wenn wir nur welche gehabt hätten.

Jochen Rindt gewann im Übrigen den ersten Formel-1-Grand-Prix in Hockenheim. Leider verunglückte er nur wenige Wochen später beim Grand-Prix von Italien in Monza tödlich.

Examen, Hochzeit und beruflicher Neubeginn

Die Nachricht von Rindts tödlichem Unfall vernahmen Margarete und ich am Neusiedler See. An diesen hatte uns unser erster gemeinsamer Urlaub geführt, der eine knappe Woche dauerte. Über Wien waren wir nach Neusiedel am See gefahren, wo wir bei Privatleuten wohnten und wunderschöne Tage verbrachten. Sie blieben nicht ohne Folgen. Margarete überraschte mich einige Wochen danach mit der freudigen Nachricht, dass sie guter Hoffnung sei. Mit 26 bzw. 28 Jahren waren wir beide zwar schon alt genug zur Familiengründung, doch mein Studium war noch nicht abgeschlossen. Ich befand mich aber bereits im letzten Semester.

Am 9. Februar 1971 legte ich nach sieben Semestern an der FH-Ludwigshafen mein Examen erfolgreich ab. Zum Abschluss erhielt ich eine Graduierungsurkunde. Meine Examensnote konnte sich sehen lassen. Ich hatte als Einziger meines Semesters den Abschluss mit der Gesamtnote „sehr gut" gemacht.

Einige Zeit später wurde ich, wie alle Graduierten, im Zuge der Hochschul-Harmonisierung diplomiert. Aus dem „Betriebswirt graduiert" wurde ein „Diplom-Betriebswirt FH".

Obwohl von einer Diplomierung in der Endphase meines Studiums noch keine große Rede war, hatte ich eine Diplomarbeit zu verfassen. Ihr Thema war „Die Maßgeblichkeit der Handelsbilanz für die Steuerbilanz". Es hatte sich aus meinem Wahlpflichtfach „Steuerberatung" ergeben, das ich neben dem Wahlpflichtfach „Unternehmensführung" gewählt hatte. Letzteres lehrte uns Frau Prof. Dr. Hedwig Braun, deren Vater, Georg Braun, zu den bekannten Hockenheimer Volksschullehrern meiner Schulzeit zählte. Er unterrichtete unter anderem die Bubenklasse meines Jahrgangs vom 5. bis 8. Schuljahr.

Steuerberatung hatte ich deshalb gewählt, weil ich als Berufsziel den Wirtschaftsprüfer im Auge hatte. Gegen Ende meines Studiums liebäugelte ich noch damit, vier weitere Semester Jura an der Uni Mannheim anzuhängen und mit dem 1. juristischen Staatsexamen abzuschließen. Dies hätte mir den Einstieg in die Laufbahn eines Wirtschaftsprüfers erleichtert. Doch erstens kommt es anders, und zweitens als man denkt!

Am 17. Februar 1971, also nur wenige Tage nach meinem Examen, heirateten Margarete und ich. Unsere Eheschließung vollzog Viernheims Bürgermeister Hans Mandel, den Margarete kannte. Trauzeugen waren mein Freund Karl-Ernst Weiß sowie Margaretes Onkel Karl Bauer aus Viernheim. Die Traurede Mandels beeindruckte mich insofern, als er einen Bogen vom unendlichen Universum bis zu Margarete und mir schlug.

Nach einem gemeinsamen Mittagessen im Café Kurpfalz mit unseren engsten Familienangehörigen und Trauzeugen fuhren Margarete und ich in den Odenwald, wo wir nach einem trüben verregneten Hochzeitstag auf der Burg Hirschhorn übernachteten. Am Abend leisteten wir uns dort ein köstliches Menü mit einem tollen Rotwein.

Für Flitterwochen fehlte uns die Zeit und mir am Ende meines dreieinhalbjährigen Studiums auch das Geld. Zudem stand die Gründung einer Familie an. Deshalb kehrten wir bereits am anderen Tag zurück, besuchten aber über Mittag noch das „Sole Doro" in Heidelberg, ein bekanntes italienisches Restaurant, das leider schon lange nicht mehr existiert.

Am 1. März 1971 trat ich wieder - nun als graduierter Betriebswirt - in meine alte Firma, die „Sunlicht", ein. Mein Arbeitsplatz befand sich nach wie vor in der Kalkulationsabteilung.

Einen Monat nach meiner erneuten Anstellung bezogen Margarete und ich eine Dreizimmerwohnung in der nach Alex Möller, dem ehemaligen Vorstandsvorsitzenden der Karlsruher Lebensversicherung AG und SPD-Politiker benannten Straße und Wohnanlage in Hockenheim. Zuvor mussten Möbel angeschafft und ein Kinderzimmer eingerichtet werden. Eine große Bücherwand fürs Wohnzimmer baute ich in Eigenregie. Außerdem polierte ich einige ältere familiäre Möbelstücke auf.

Am 13. Mai 1971 erblickte unser Töchterchen Alexandra gesund das Licht der Welt. Margarete und ich hatten binnen eines Vierteljahres eine abwechslungsreiche und spannende Zeit erlebt.

❋

Kapitel 2: Am Hockenheimring (1972 - 1978)

Bei jeder Wendung deiner Lebensbahn,
Auch wenn sie glückverheißend sich erweitert
Und du verlierst, um Größres zu gewinnen:
– Betroffen stehst du plötzlich still, den Blick
Gedankenvoll auf das Vergangene heftend;
Die Wehmut lehnt an deine Schulter sich
Und wiederholt in deine Seele dir,
Wie lieblich alles war, und dass es nun
Damit vorbei auf immer sei, auf immer!

EDUARD MÖRIKE

Neue Epoche meines Lebens

Im Spätsommer 1971 hatte die Hockenheim-Ring GmbH die Stelle eines kaufmännisch-betriebswirtschaftlichen Leiters ausgeschrieben, die mit Prokura ausgestattet werden sollte. Ich fand diese interessant, bewarb mich und erhielt von
insgesamt achtundzwanzig Bewerbern den Zuschlag. Mit diesem neuen Arbeits-
verhältnis begann für mich ab dem 1. Januar 1972 eine völlig neue Epoche meines
Lebens, eine echte Herausforderung, wie sich bald zeigen sollte. Ich befand mich
im dreißigsten Lebensjahr.

Beim Hockenheimring wurden zum Zeitpunkt meines Stellenantritts die Räume
unterhalb der Haupttribüne ausgebaut, ein Vorhaben, das im Zuge des Motodrombaus aus finanziellen Gründen zurückgestellt worden war. Daran hatte sich
die Hockenheim-Ring GmbH nun auch deshalb gewagt, weil der Test- und Veranstaltungsbetrieb in den Anfangsjahren des Motodroms besser als erwartet lief. Zudem spülte die Ausrichtung des Formel-1-Weltmeisterschaftslaufs im Jahre 1970
unerwartet viel Geld in die Kasse.

Die architektonische Federführung des Haupttribünenausbaus - geschaffen wurden das Hotel Motodrom sowie Büro-, Veranstaltungs- und Lagerräume - oblag
Fritz Kraft, dem langjährigen Stadtbaumeister Hockenheims. Er hatte sich schon
beim Bau des Motodroms engagiert und verdient gemacht. Kraft ließ sich im Hinblick auf die neue Aufgabe, die ihn voll beanspruchte, von der Stadtverwaltung
vorzeitig in den Ruhestand versetzen.

Die positive Entwicklung des Hockenheimrings erforderte eine neue Manage-
mentstruktur. Um den kaufmännisch-betriebswirtschaftlichen Bereich zu stärken,
wurde die von mir besetzte neue Stelle geschaffen. Daneben waren die beiden Ge-

schäftsführer Wilhelm Herz und Erwin Fuchs für den sportlich-technischen Bereich zuständig und verantwortlich.

Erwin Fuchs war wie ich fest angestellt, während Wilhelm Herz, der auch als Präsident dem Badischen Motorsport-Club e.V. (BMC) vorstand, das Amt des für den Motorsport zuständigen Geschäftsführers nebenamtlich versah. Seinen Lebensunterhalt verdiente er damals noch hauptsächlich mit seiner NSU-Vertretung in Ludwigshafen.

Ein Geschenk zum Reiten

Wilhelm Herz war als erfolgreicher Motorradrennfahrer und Weltrekordmann auf zwei und vier Rädern nicht nur in der Welt des Motorsports ein Begriff. Am 18. Januar 1972 feierte er seinen 60. Geburtstag. Zu diesem Anlass hatte er viele Persönlichkeiten aus der Region und aus dem Motorsport in den Pfalzbau nach Ludwigshafen geladen. Unter ihnen waren Sepp Herberger sowie Georg Meier, der legendäre BMW-Motorradrennfahrer, auch als der „Gusseiserne Schorsch" ein Begriff. Er hatte als erster Nichtbrite 1939 die berühmt-berüchtigte Tourist-Trophy auf der Isle of Man gewonnen. Im Jahre 1949 wurde er in Deutschland aufgrund seiner motorsportlichen Erfolge zum Sportler des Jahres gewählt.

Die Geburtstagsfeier war die erste Veranstaltung, die ich in meinem neuen Arbeitsumfeld erlebte. Sie beeindruckte mich zugleich. Zur Feier nahm mich Bürgermeister Dr. Buchter in seinem Dienstwagen mit, den sein Fahrer Franz Bamberger chauffierte. Bamberger, eine „treue Seele", die bei Bedarf rund um die Uhr zur Verfügung stand, hatte schon Dr. Buchters Amtsvorgänger Franz Hund gefahren.

Da ich beim Einsteigen in den städtischen Mercedes kein Geburtstagsgeschenk sah, fragte ich Dr. Buchter danach. Er meinte, das sei alles schon geregelt. Während der Geburtstagsfeier bat er mich, mit ihm ins Freie zu gehen, um das Geburtstagsgeschenk zu holen. Zu diesem Zeitpunkt wusste ich immer noch nicht, um was für ein Geschenk es ging.

Vor dem Pfalzbau wartete auf uns ein Mann mit einem ausgewachsenen Reitpferd – das Geburtstagsgeschenk der Hockenheim-Ring GmbH für Wilhelm Herz! Dr. Buchter nahm es am Zügel und führte es zu meinem Erstaunen durch einen langen schmalen Gang sowie über Platten- und Parkettböden, die auf beschlagene Pferdehufe wie Glatteis wirkten, in den Saal des Pfalzbaus, in dem die Geburtstagsfeier veranstaltet wurde. Das war eine gefährliche Angelegenheit, denn das Pferd fand mit seinen Hufeisen kaum Halt, rutschte mehrmals und wäre beinah gestürzt. Zudem hinterließ es auf dem Parkettboden seine Spuren.

Dieses „lebende" Geschenk überraschte und beeindruckte natürlich alle Geburtstagsgäste. Nachdem es von Dr. Buchter mit einigen launigen Worten an Herz übergeben worden war, musste es über denselben gefährlichen Weg wieder aus dem Pfalzbau geführt werden. Nicht auszudenken, was alles hätte passieren können, wenn das Pferd gestürzt und/oder in Panik geraten wäre. Doch letztlich ging alles gut.

Ein solches Geburtstagsgeschenk stellte schon etwas Besonderes dar. Als Neuling in der Hockenheim-Ring GmbH gewann ich deshalb von dieser Firma einen weiteren, sehr positiven Eindruck. Wer konnte schon mit einem solch großzügigen Geschenk aufwarten, das einige tausend Mark kostete? Außerdem bekam ich das Gefühl, dass Dr. Buchter für Überraschungen gut war. Dieser Eindruck sollte sich in meinem späteren Leben noch des Öfteren bewahrheiten.

Der Rattenfang

In der damaligen Zeit befanden sich die Verwaltungsräume der Hockenheim-Ring GmbH noch im Ernst-Wilhelm-Sachs-Haus. Dieses, im Zuge des Motodrombaus von der Firma Fichtel & Sachs finanzierte Gebäude, steht im Innenbereich des Motodroms. Mein Schreibtisch befand sich im gleichen Büroraum wie der von Erwin Fuchs. Er hatte mir gegenüber den Vorteil, schon einige Jahre für den Ring zu arbeiten und das Geschäft zu kennen. Außerdem fungierte er seit vielen Jahren als sportlicher Leiter des BMC.

Neben uns beiden waren drei weitere kaufmännische Angestellte beschäftigt, während der gesamte Streckenbetrieb sowie einfachere Unterhaltungsarbeiten mit sieben oder acht Rentnern abgewickelt wurden. Deren Primus war Felix Gräter, ein ehemaliger Metzger. Bei Großveranstaltungen waren oft über tausend Personen im Einsatz, die zumeist vom BMC und einigen Hockenheimer Vereinen gestellt wurden.

Eines Vormittags - Wilhelm Herz weilte gerade bei uns - kam der Rentner Ludwig Kosel ganz aufgeregt ins Büro und rief: „Herr Fuchs, eben ist eine riesige Ratte in den großen Saal gerannt!" Mit seinen Händen deutete er gleichzeitig deren Größe von mindestens einem halben Meter an. Darauf reagierte Wilhelm Herz spontan mit den Worten: „Was, eine Ratte? Die fang' ich mit der Hand!" Diese Aussage des rennerfahrenen Haudegens beeindruckte mich zunächst sehr und ich fragte mich: „Mein Gott, was muss denn der Herz für ein »Kerl« sein?"

Zwischenzeitlich hatte auch Felix Gräter von der Ratte gehört und ging mit Fuchs, Herz, Kosel und mir in den großen Saal, der sich gleich neben unserem Büro befand. Dort suchten wir nach ihr. Von der Ratte war aber nichts zu sehen. Wir drei von der Geschäftsleitung hielten uns dann vor der Saaltheke auf, während Gräter und Kosel in der dahinter befindlichen Küche nach dem Nager fahndeten. Er konnte sich nur noch dort befinden. Die beiden Rentner rückten den Kühlschrank und den Herd nach vorne – und tatsächlich, dahinter hatte sich das Tier verkrochen.

Als es der Ratte an den Kragen ging, wollte sie in Richtung des großen Saals fliehen. Gräter schrie aufgeregt: „Gebt acht, sie rennt in den Saal!" Um dorthin zu kommen, musste die Ratte aber erst an uns dreien vorbei. Im gleichen Augenblick, indem wir Gräters Warnschrei hörten, machte Herz, der sie zuvor noch mit der Hand hatte fangen wollen, aus dem Stand einen Satz – und schwuppdiwupp saß er auf der Theke! Doch diese Vorsichtsmaßnahme wäre gar nicht nötig gewesen, denn die Rentner hatten noch in der Küche mit der Ratte kurzen Prozess gemacht.

Studierender und promovierender Bürgermeister

Schon in den ersten Monaten meiner Tätigkeit bei der Hockenheim-Ring GmbH beeindruckte mich Dr. Buchter immer wieder. Der „Selfmademan" hatte im Jahr 1956 das Begabtenabitur gemacht, bei dem man ohne Schulbesuch über das Schreiben eines Aufsatzes und eine mündliche Prüfung zum Abi kommen konnte. Schreiben war für ihn kein Problem, arbeitete er doch seit 1948 als Redakteur an Tageszeitungen. Im Jahre 1956 begann er ein Studium der Volkswirtschaftslehre an der Universität Heidelberg. Nach fünf Jahren schloss er dieses mit dem Diplom an der Universität Erlangen ab. Da er 1958 zum Bürgermeister der Stadt Hockenheim gewählt wurde, studierte er drei Jahre parallel zu seiner Amtszeit.

Auch seine Doktorarbeit schrieb er als Bürgermeister. Er promovierte im November 1968 an der Philosophischen Fakultät der Friedrich-Alexander-Universität zu Erlangen mit einer Arbeit über das Thema:

> „Die Landkreise als die Träger des interkommunalen Finanzausgleichs und als letzte Stufe des kommunalen Finanzausgleichssystems (Eine Untersuchung vor dem Hintergrund der Sozialstaatlichkeit und des räumlichen Ungleichgewichts)".

Mit diesem Metier hatte er als Kreisrat und Bürgermeister seit 1958, also bereits seit zehn Jahren, zu tun.

Aus meiner Sicht war dieser wissenschaftliche Weg auch deswegen beeindruckend, weil unter seiner Ägide als Bürgermeister zur gleichen Zeit viele Projekte in der Stadt, nicht zuletzt der Bau des Motodroms, umgesetzt wurden.

Andererseits ist mir später klar geworden, dass er sich im Rathaus auf eine Riege bester Amtsleiter und Mitarbeiter verlassen konnte, die ihm den Rücken freihielten. Dadurch musste er sich nicht um den täglichen Kleinkram kümmern. Außerdem zogen die verschiedenen Gemeinderatsgremien mit ihm meistens am selben Strang. Wie dem auch sei, zollte ich seinem Engagement großen Respekt.

Eine für mich kostspielige Bauparty

Zwei Vorfälle im Jahre 1972, also gleich in meinem Anfangsjahr am Hockenheimring, gaben mir zu denken. Der eine betraf meinen Kollegen Erwin Fuchs. Er wurde, wie im Übrigen auch ich, von Dr. Buchter des Öfteren ins Rathaus zitiert, oder er hatte selbst um einen Termin nachgesucht. Von zwei Terminen dieser Art kam er mit Tränen in den Augen in unser gemeinsames Büro zurück. Er rückte zwar mir gegenüber nicht konkret über das Vorgefallene heraus, klagte aber bitterlich über die Art, wie der Amtschef mit ihm umgegangen sei.

Am 5. Dezember 1972 sollte auch ich davon zum ersten Male etwas spüren. Die Hotelbauarbeiten waren in dieser Zeit zügig vorangeschritten. Weil kein Richtfest gefeiert werden konnte, wollte man den Baufirmen und ihren Handwerkern als Ersatz eine Bauparty bieten. Zu dieser hatten wir zahlreiche Persönlichkeiten des öffentlichen Lebens sowie die Amtsleiter der Stadt Hockenheim in einen der noch im

Rohbau befindlichen Säle des Hotels eingeladen. Die Einladungsliste war von mir erstellt worden, doch vor Versand der Einladungen hatte ich sie noch mit Dr. Buchter im Detail abgestimmt. So weit so gut.

Die Party begann am späten Vormittag. Nach der offiziellen Begrüßung der Gäste durch Dr. Buchter und der Beschreibung des Vorhabens, gab es ein zünftiges Mittagessen. Dieses nahm ich am Tisch von Dr. Buchter ein. Unsere Tischgäste waren Landespolizeipräsident Heinz Gerecke sowie das Vorstandsmitglied der Grünzweig und Hartmann AG, Rudolf Klingholz. Beide gehörten dem Verwaltungsbeirat der Hockenheim-Ring GmbH an.

Beim Essen fauchte mich Dr. Buchter plötzlich im Beisein der beiden Herren an: „Was bilden sie sich denn ein? Wie kommen sie dazu, den technischen Leiter der Stadtwerke einzuladen?" Ich kam mir vor wie ein vom Schlag Getroffener bzw. wie der letzte Blödel und erwiderte ihm, er habe doch zur Einladungsliste sein Okay gegeben. Doch dies interessierte ihn nicht. Was aber konnte ich dafür, dass zwischen dem Versand der Einladung und der Bauparty der Werkleiter in Dr. Buchters Ungnade gefallen war? Diese Art mich abzukanzeln, noch dazu im Beisein von honorigen Dritten, schockierte und verletzte mich. Ich fühlte mich ungerecht behandelt. Meine Stimmung sackte gegen null.

Doch die Party war zu dieser Zeit noch lange nicht zu Ende. Besonders einige Vertreter der Polizeidirektion Nordbaden, mit denen wir bei Großveranstaltungen eng zusammenarbeiteten, sowie Lokalredakteure und nicht zuletzt die Handwerker, nutzten das kostenlose Angebot aus Küche und Keller und feierten kräftig bis in den Abend hinein.

Als die Bauparty schließlich zu fortgeschrittener Stunde endete und sich ein kleines Häuflein Verbliebener, zu dem Erwin Fuchs und ich zählten, auf den Heimweg machen wollte, blieb dieser mit seinem Mercedes im losen Bausand vor der Haupttribüne stecken. Deshalb forderten wir einen Abschleppdienst an, der nach wenigen Minuten kam und den Wagen freizog. Solange blieb ich noch bei meinem Kollegen. Danach machte auch ich mich mit meinem Ford auf den Weg nach Hause. Da ich tagsüber kaum alkoholische Getränke genossen hatte, war dies unproblematisch.

Vom Motodrom aus fuhr ich in die Ernst-Wilhelm-Sachs-Straße, die ungerechtfertigte Kritik Dr. Buchters immer noch nicht verkraftend. Mit diesen Gedanken belastet, schenkte ich dem angeschwemmten Sand, der sich am rechten Fahrbahnrand gleich nach der Autobahnunterführung angesammelt hatte, nicht die notwendige Aufmerksamkeit. Zudem fuhr ich recht flott. Durch den Sand schleuderte mein Ford plötzlich nach rechts. Ich versuchte, ihn abzufangen und zog ihn nach links. Dadurch aber geriet er quer zur Fahrbahn, überschlug sich einmal und landete danach wieder auf seinen vier Rädern.

Ich hatte Glück im Unglück. Obwohl ich nicht angeschnallt war, überstand ich den Unfall unverletzt. Außerdem war, außer an meinem nun schrottreifen Pkw, kein weiterer Schaden entstanden.

Kaum, dass ich aus dem Wagen gestiegen war, stand auch schon der Abschleppunternehmer neben mir, der hinter mir hergefahren und Zeuge des Überschlags geworden war. Er lud meinen Ford im Handumdrehen auf seinen Abschleppwagen und transportierte ihn ab.

Vor meiner missglückten Heimfahrt hatte ich mitbekommen, dass sich einige Unentwegte noch im Contigebäude, das sich am Ende der Boxenstraße befand, zu einem „Absacker" treffen wollten. Zu ihnen gesellte ich mich zu später Stunde und berichtete von meinem Pech. Unter ihnen war auch der örtliche Polizeichef, der vermutlich am frühen Morgen Dr. Buchter informierte.

Am Tag nach dem Unfall war ich wie gewohnt um acht Uhr im Büro. Wenige Minuten danach betrat dieses Dr. Buchter. Das war in den elf Monaten zuvor noch nie der Fall gewesen. Er fragte gleich nach meinem Wagen. Anscheinend wollte er meine Aufrichtigkeit testen. Ich berichtete ihm von dem Unfall – und damit schien die Sache für ihn erledigt zu sein. Für mich war dies natürlich noch nicht der Fall, denn ich musste mir kurzfristig ein anderes Fahrzeug beschaffen.

Wenige Wochen zuvor war mein Jugendfreund Karl-Ernst Weiß völlig unerwartet im Alter von nur 29 Jahren an einem Infarkt verstorben. Er hatte einen 2-CV hinterlassen. Dieser Citroën, auch „Ente" genannt, war seinerzeit das typische Studentenfahrzeug, das nicht nur in akademischen Kreisen einen Kultstatus genoss. Ich konnte das Fahrzeug kurzfristig erwerben, doch glücklich bin ich mit ihm nie geworden. Es war heillos untermotorisiert. Bei starkem Gegenwind kam es vor, dass mich auf der Autobahn Lastkraftwagen überholten, obwohl ich mit voller Pulle fuhr. Das bescherte mir jedes Mal ein mulmiges Gefühl.

Einige Zeit später bot sich mir die Gelegenheit, den Dienstwagen Dr. Buchters, einen Mercedes, zu kaufen. Dies musste ich mir nicht zweimal überlegen. Der Mercedes war für mich auch insofern etwas „standesgemäßer", als die Pkw-Versuchsabteilung von Daimler-Benz damals das ganze Jahr über, an vier bis fünf Tagen pro Woche, auf dem Hockenheimring testete, unter anderem auch den Wankelmotor. Dass die Mitarbeiter der Versuchsabteilung von einem Mitglied der Geschäftsführung der Hockenheim-Ring GmbH natürlich eher einen Mercedes als einen 2-CV erwarteten, ist verständlich.

Hotelpächter Paul und Toni Kerschensteiner

Zu meinen besonderen Aufgaben im ersten Beschäftigungsjahr bei der Hockenheim-Ring GmbH zählte die Vorbereitung des Hotel-Pachtvertrags. Das Ehepaar Paul und Toni Kerschensteiner stand zwar bereits als Pächter des neuen Hotels unter der Haupttribüne fest, doch vertraglich musste alles erst noch fixiert werden. Die Kerschensteiners hatten schon viel Erfahrung in der in- und ausländischen Hotellerie gesammelt. Zudem stammte Paul Kerschensteiner aus einer in der Region bekannten Gastronomenfamilie.

Bis ins Jahr 1972 betrieben beide die Gaststätte der Welde-Brauerei am Kaiser-ring in Mannheim. Dort lernte ich sie schon vor meinem offiziellen Arbeitsbeginn, kurz vor Weihnachten 1971, kennen. In ihrem Lokal fand die Jahresschlusssitzung der Gesellschafterversammlung der Hockenheim-Ring GmbH statt, zu der mich Dr. Buchter eingeladen hatte.

Mit dem Ehepaar Kerschensteiner verstand ich mich auf Anhieb und konnte in-sofern der Zusammenarbeit am Hockenheimring zuversichtlich entgegensehen. Auch bezüglich des Pachtvertrags gab es zwischen uns keine unüberbrückbaren Probleme. Den Vertragsentwurf hatte ich mit Dr. Buchter abzustimmen, der sich gerade in dieser Phase zur Kur in Freudenstadt befand, wo ich ihn aufsuchte. Auch nach seiner Kur zog es ihn noch regelmäßig in die Kurstadt im Schwarzwald. Hin und wieder bat er mich, ihn zu fahren, was ich meinem Chef natürlich nicht ab-schlagen konnte. Im Übrigen bot mir die Fahrt immer Gelegenheit, das eine oder andere Problem der Hockenheim-Ring GmbH anzusprechen.

Das Hotel Motodrom wurde Mitte der zweiten Aprilwoche 1973 eingeweiht und dem Pächterehepaar Kerschensteiner offiziell übergeben. Es war für mich eine der turbulentesten Wochen, die ich bis dahin am Hockenheimring erlebt hatte. Am Ende dieser Woche fand zusätzlich das Jim-Clark-Gedächtnisrennen statt. Dessen Hauptrennen war ein Europameisterschaftslauf der Formel 2, der für ein volles Haus sorgte. Im Großen und Ganzen brachten Erwin Fuchs und ich die Hotel-einweihung sowie das Rennen aber gut über die Runden.

Plötzlicher Todesfall

Erwin Fuchs nahm montags nach der Großveranstaltung noch an einem Treffen der Formel-2-Veranstalter in Walldorf teil, fühlte sich aber bei diesem bereits nicht wohl. Am Dienstagmorgen suchte er, weil es ihm nicht gut ging, seinen Hausarzt auf. Dadurch kam er später als sonst zur Arbeit, obwohl ihm der Hausarzt geraten hatte, nach Hause zu gehen und vorsorglich das Bett zu hüten. Als er in unserem Büro erschien, telefonierte ich gerade.

Beim Telefonieren sah ich ihm zu, wie er einige Medikamente auf seinen Schreibtisch stellte. Mit einem Medikamentenfläschchen verließ er dann das Büro. Vermutlich wollte er sich Wasser besorgen, um die Arznei einzunehmen.

Kurze Zeit danach kam er zurück. Doch kaum hatte er den Raum erneut betre-ten und die Tür hinter sich geschlossen, fiel er, wie von einem Schlag getroffen, auf den Boden. Im ersten Moment war ich geschockt, sprang zu ihm und wollte ihm auf die Beine zu helfen. Doch er war bereits ohnmächtig und atmete schwer. Ich schlug Alarm. Zwei Sanitäter der Johanniter-Unfallhilfe, die gerade eine Veranstal-tung am Ring betreuten, waren gleich zur Stelle und versuchten mit Herzmassagen das Schlimmste abzuwenden. Doch es war vergeblich. Erwin Fuchs verstarb bin-nen weniger Minuten mit nur einundfünfzig Jahren an einem Herzinfarkt.

Das war für seine Familie ein schwerer Schicksalsschlag. Er hinterließ seine Gattin sowie eine Tochter und einen Sohn, die sein Ein und Alles waren. Außerdem lebte noch seine Mutter, die nun ihren einzigen Sohn verloren hatte.

In all den Jahren am Ring hatte Fuchs mit vielen Leuten zu tun. Er war beliebt, in der Stadt bekannt und an der Rennstrecke sowie als Sportleiter des BMC eine Institution. Außerdem hatte er sich für den Ring in unermüdlicher Weise eingesetzt. Deshalb war verständlich, dass seine Beerdigung zu den größten jener Zeit in Hockenheim zählte. Sie war mit löblichen Nachrufen verbunden, auch von jener Seite, die ihm hin und wieder die Freude an der Arbeit vergällt hatte.

Dass das Leben am Hockenheimring auch ohne Erwin Fuchs weitergehen musste, bekam in erster Linie ich zu spüren. Von heute auf morgen hatte ich mich nun auch noch um sein Aufgabengebiet zu kümmern, mit dem ich bisher nur wenig zu tun hatte. Es umfasste beispielsweise die Planung der Streckenbelegung, Verhandlungen mit Groß- und Kleinveranstaltern, Kontaktpflege zu den Motorsportverbänden sowie die Organisation der erforderlichen Instandhaltungsmaßnahmen. Von denen fiel bereits in jener Zeit eine Menge an. Aber auch die Großveranstaltungsorganisation und das Kioskgeschäft lasteten nun ausschließlich auf meinen Schultern.

Unerwartete Mehrkosten beim Ausbau der Haupttribüne

Im Mai 1973 zeichnete sich ab, dass die für den Ausbau der Haupttribüne mit rund zweieinhalb Millionen Mark veranschlagten Baukosten überschritten würden. Zunächst war von Mehrkosten in Höhe von 50.000 Mark die Rede. Mittel dafür waren nicht vorhanden, weshalb mich Dr. Buchter bat, bei der Volksbank Hockenheim wegen eines kurzfristigen Darlehens in dieser Höhe nachzufragen.

Ich wandte mich an Otto Eichhorn, den damaligen Direktor der Volksbank. Er wollte wissen, welche Sicherheiten wir bei einer Darlehensgewährung zu bieten hätten? Damit hatte ich nicht gerechnet. Ich antwortete ihm: „Eigentlich nichts als den guten Ruf unseres Unternehmens!" Dazu meinte er: „Auf diesen kann ich nichts geben!" Damit war ich fürs Erste bedient.

Als zweite Option gab es aber noch die Bezirkssparkasse Hockenheim mit Direktor Georg Fuchs. Der zählte wie Otto Eichhorn zu den Jugendfreunden meines Vaters, verstand sich aber mit seinem Konkurrenten von der Volksbank überhaupt nicht mehr.

Ihn suchte ich gleich anschließend auf, erzählte ihm, wie es mir gerade in der Volksbank ergangen war, und fragte ihn, ob uns die Sparkasse ein kurzfristiges Darlehen gewähren könne? Er schrie mich zunächst über den Schreibtisch an: „Was, ihr wollt ein Darlehen?" Ich befürchtete schon die nächste Abfuhr. Doch dann sagte er gelassen „Moment", griff ans Telefon und erkundigte sich in seiner Kreditabteilung, in welcher Höhe der Hockenheim-Ring GmbH ein Darlehen ohne Sicherheiten gewährt werden könne? Dies konnte die Kreditabteilung natürlich nicht auf Anhieb beantworten. Doch wenige Minuten danach erfuhr ich, dass unser Kreditrahmen 750.000 Mark ohne Sicherheiten betrug. Damit fiel mir ein Stein vom Herzen.

Über den Sommer erhöhten sich die Ausbaukosten entgegen aller Kostenvoranschläge von Tag zu Tag. Bis Ende 1973 beanspruchten wir, um nicht zahlungsunfähig zu werden, den in Aussicht gestellten Kredit der Bezirkssparkasse in Höhe von 750.000 Mark in voller Höhe. Mit dieser Entwicklung hatte niemand gerechnet, auch nicht der Architekt. Es wäre aber gerade dessen Aufgabe gewesen, den Bauherrn rechtzeitig über die Kostenentwicklung zu informieren.

Zu all dem kam im Spätjahr 1973 noch die erste Ölkrise mit den Sonntagsfahrverboten hinzu. Die Organisation der Erdöl exportierenden Länder (OPEC) hatte nach dem Jom-Kippur-Krieg die Ölförderung gedrosselt. Sie wollte damit die westlichen Länder wegen ihrer Unterstützung Israels unter Druck setzten. Niemand wusste so recht, wie es mit dem Motorsport im kommenden Jahr weitergehen würde.

Erfreulicherweise ging es weiter, sogar besser als wir erwarteten. Der Hockenheimring war 1974 gut ausgelastet und die Großveranstaltungen lockten viele Besucher an. Dadurch war es möglich, den kurzfristigen Kredit der Bezirkssparkasse binnen eines Jahres in voller Höhe zurückzuzahlen. Für die Bezirkssparkasse war das Darlehen natürlich ein gutes Kreditgeschäft, aber auch bei den künftigen Bankgeschäften der Hockenheim-Ring GmbH war sie nun unser Ansprechpartner Nummer eins.

Interview mit der Bildzeitung

Apropos Sonntagsfahrverbote und Motorsport. Nach dem ersten Sonntagsfahrverbot rief mich ein Reporter der Bildzeitung an und wollte wissen, wie es mit dem Hockenheimring weiterginge, wenn künftig kein Motorsport mehr betrieben werden könne? Ich sagte ihm, dass uns dann die Einnahmen zur Finanzierung unserer Fixkosten fehlen würden. Dadurch könne das Unternehmen in Schwierigkeiten geraten.

Auf unserem Gespräch basierend verfasste der Reporter, wie er mir später sagte, einen eine DIN-A4-Seite umfassenden Artikel, den er an die Sportredaktion der Bildzeitung in Frankfurt weiterleitete. Diese habe den Bericht um die Hälfte gekürzt und an die politische Redaktion nach Hamburg geschickt. Der aber der Artikel immer noch viel zu lang. Deshalb habe sie ihn auf eine Zeitungsspalte mit nur einer Handvoll Zeilen zusammengestrichen. Die Überschrift war ein echter Knaller. Sie lautete: „Pleitegeier über dem Hockenheimring." Darunter stand dann noch sinngemäß, dass ich den Konkurs befürchten würde, wenn keine Rennen mehr stattfänden. Dies war zwar sehr vereinfacht, aber nicht mal unkorrekt.

Die Überschrift aber hatte es in sich. Mehrere Kunden, die im Jahre 1974 den Ring buchen wollten, riefen mich aufgeregt an und erkundigten sich, was bei uns denn los sei? Ich konnte sie aufklären und beruhigen.

In späteren Jahren machte ich mit einem Sportreporter der Bildzeitung, mit dem ich mich von Zeit zu Zeit, zumeist vor Formel-1-Rennen, ausführlich unterhielt, wesentlich positivere Erfahrungen.

Im Krankenhaus

Das Jahr 1973 zählte für mich persönlich nicht zu den besten. Vom Beruflichen her musste ich mich, auch und gerade durch das Ableben von Erwin Fuchs, vielen zusätzlichen Aufgaben stellen. Außerdem bekam ich im Juni gesundheitliche Probleme.

Eines Morgens wachte ich auf und traute meinen Augen nicht, als ich meine Füße aus dem Bett streckte: Sie waren gelb gefärbt. Damit war nicht zu spaßen und die Einlieferung ins Heinrich-Lanz-Krankenhaus in Mannheim unvermeidlich. Dort stellte man mich auf den Kopf, vermutete, meine Gelbfärbung käme von der Galle, fand aber trotz x-fachen Röntgens keine Ursache. Die behandelnden Ärzte diagnostizierten schließlich eine Entzündung meiner Gallengänge und behandelten mich mit Penicillin. Rückblickend kann ich nicht ausschließen, dass das häufige Röntgen zu dem bösartigen Tumor führte, der mir 27 Jahre später eine schwere Operation bescherte.

In den vier Wochen, die ich im Krankenhaus verbrachte, hatte ich mich, so gut es ging, um den Hockenheimring gekümmert. Im Krankenhaus erledigte ich beispielsweise die ganze Post und machte die Gehaltsabrechnungen. Mir blieb nach dem Tod von Erwin Fuchs und bei der dünnen Personaldecke der Hockenheim-Ring GmbH nichts anderes übrig.

Während meines Krankenhausaufenthalts besuchte mich meine Frau mit unserem zweijährigen Töchterchen Alexandra täglich, brachte mir die zu erledigende Geschäftspost und nahm die bearbeitete wieder mit. Sie fuhr regelmäßig mit der Bahn und nahm insofern auch noch beachtliche Fußwege in Kauf. Eine tolle Leistung und enge Verbundenheit, für die ich ihr sehr dankbar war.

Überfällige Entscheidungen

Aufgrund meiner Erkrankung und den zusätzlichen beruflichen Belastungen stellte ich meine Planungen zum Bau eines Einfamilienhauses um ein Jahr zurück. Wichtiger erschien mir, die personellen Strukturen am Hockenheimring zu verbessern, denn mit der Rentnerbrigade allein konnte man den betrieblichen Anforderungen nicht mehr gerecht werden. Deshalb verlangte ich die Einstellung eines Streckenmeisters sowie eines Schlossers und Malers. Da auch die Toilettensituation im Tribünenbereich zu wünschen übrig ließ, drängte ich auf den Bau neuer Toilettenanlagen.

Die Entscheidung über solche Maßnahmen oblag der Gesellschafterversammlung der Hockenheim-Ring GmbH. Anfang der 1970er Jahre gehörten ihr der Bürgermeister als Vorsitzender sowie Vertreter der Gemeinderatsfraktionen an. Die städtische Seite, die 51 Prozent der Gesellschaftsanteile besaß, wurde noch durch

Erich Eichhorn, den Kämmerer der Stadt, komplettiert. Vonseiten des BMC, dessen Stammkapital an der Hockenheim-Ring GmbH 49 Prozent betrug, waren Wilhelm Herz als Präsident sowie bis zu seinem Ableben auch Sportleiter Erwin Fuchs Mitglied der Gesellschafterversammlung. Später kamen noch Vizepräsident Paul Dosch aus Mannheim sowie der jeweilige Schatzmeister des Clubs hinzu.

Von der Kopfzahl her war der BMC zwar unterrepräsentiert, doch dies war sekundär, denn bei Entscheidungen konnte jeder Gesellschafter ohnehin nur mit einer Stimme votieren. Beim BMC bestimmte Wilhelm Herz wo es lang ging. Und der wollte keine weiteren Vertreter seines Clubs in der Gesellschafterversammlung haben.

Im Übrigen gab es - zumindest in der damaligen Zeit - bei Abstimmungen nie Meinungsverschiedenheiten zwischen den beiden Gesellschaftern, deren dominierende Persönlichkeit der Vorsitzende der Gesellschafterversammlung war: Hockenheims Bürgermeister Dr. Buchter.

Von der Novelle zum Nobelpreisträger

Einige Wochen nach meinem Krankenhausaufenthalt erlebte ich mit Dr. Buchter eine nette Geschichte, die es aber in sich hatte. Wegen einiger Unterschriften hatte ich mich zu ihm ins Rathaus begeben. Als ich sein Amtszimmer betrat, saß ihm Rudi Hesselmeier, einer seiner Mitarbeiter und späterer Bürgermeister von Untermünkheim gegenüber. Dr. Buchter bat mich, neben Hesselmeier Platz zu nehmen. Sodann legte ich ihm den Schriftwechsel zur Unterschrift vor.

Beim Unterzeichnen kritisierte er bei einem Schreiben den Stil – und das im Beisein Hesselmeiers! Nun zählte ich noch nie zu den Zeitgenossen, die Kritik, sofern sie berechtigt ist, nicht vertragen konnten. Vor einem Dritten aber hielt ich sie für unangebracht und grollte in mich hinein. Doch damit nicht genug. Dr. Buchter meinte in meine Richtung weiter: „Ich würde ihnen empfehlen, Novellen zu lesen." Okay, wenn sie meinen, dachte ich und schwieg.

Während er weitere Briefe unterzeichnete, fragte er mich beiläufig: „Wissen sie überhaupt, was eine Novelle ist?" Obwohl nun mein Blutdruck weiter stieg, reagierte ich auch auf diese Frage nicht. Da ich nicht antwortete, frotzelte er weiter: „Ich würde ihnen empfehlen, Novellen von Nobelpreisträgern zu lesen." Auch auf diesen Rat hätte ich verzichten können, weshalb ich mich weiter in Schweigen hüllte.

Schließlich stellte er mir die Frage: „Wissen sie überhaupt, was ein Nobelpreisträger ist?" Damit kam er mir nun aber gerade recht. Ich antwortete ihm selbstbewusst: „Ich habe schon Nobelpreisträger gelesen, die sie nicht mal dem Namen nach kennen!" Damit hatte er wohl nicht gerechnet. Nach einer Verschnaufpause verlangte er, ihm einen zu nennen. Ich antwortete: „Ist ihnen Rabindranath Tagore ein Begriff?" Er verneinte, worauf ich innerlich frohlockend fortfuhr: „Tagore, ein Inder, erhielt 1913 den Nobelpreis für Literatur. Ich habe ihn gelesen und kann ihnen nur empfehlen, ihn auch mal zu lesen!" Diese Empfehlung saß!

Als Hesselmeier und ich sein Zimmer verlassen hatten, meinte der zu mir: „Mein lieber Mann, hast Du es dem heute gesteckt!"

In den Monaten danach zollte mir Dr. Buchter - wohl aufgrund des Vorfalls – deutlich mehr Respekt.

Folgen eines „clubschädigenden Verhaltens"

In der damaligen Zeit war Dr. Buchter Mitglied des Kegelclubs „Wanderfreunde". Es handelte sich um einen Freundeskreis, der sich regelmäßig zum Kegeln, aber auch zum Wandern mit Damen traf. Zu ihm gehörten auch mehrere „Neubürger", darunter Helmut B. Holle, der damalige Verkaufsleiter der Henkell-Sektkellerei in Wiesbaden. Dieses Unternehmen belieferte den Hockenheimring, einschließlich Hotel Motodrom, mit Sekt und Spirituosen.

Holle kritisierte des Öfteren die Vereinsführung des BMC, meinte damit natürlich in erster Linie den autoritären Führungsstil, den Präsident Wilhelm Herz an den Tag legte, aber auch die Vereinspolitik, die ihm zu antiquiert erschien. Darin bestärkte ihn Dr. Buchter, wie ich aus der einen oder anderen Unterhaltung mitbekam.

Die Aktivitäten des Verkaufsleiters gingen schließlich soweit, dass er 1974 um das Präsidentenamt des BMC kandidieren, also Wilhelm Herz aus dem Sattel heben wollte. Als dieser von Holles Absicht erfuhr, warf er ihn kurzerhand aus dem Club, indem er ihm einfach die Mitgliedschaft entzog. Als Grund gab er „ein den Club schädigendes Verhalten" an. Die Satzung des BMC sah diese Möglichkeit zwar vor, doch darunter war wohl kaum eine Gegenkandidatur zu verstehen.

Holle nahm den „Rausschmiss" aus nachvollziehbaren Gründen nicht hin und erwirkte beim Amtsgericht eine einstweilige Verfügung. Mit dieser gewappnet, machte er sich auf den Weg zur Generalversammlung des BMC, um sich bei der Präsidentenwahl gegen Herz zu stellen. Es nützte ihm jedoch nichts, denn einige auf ihn angesetzte Clubmitglieder hinderten ihn am Betreten des Versammlungsraums.

Nun wurde Herz ohne Gegenkandidat per Akklamation als Präsident einstimmig wiedergewählt. Im Übrigen glaube ich nicht, dass Holle bei der Präsidentenwahl auch nur den Hauch einer Chance gehabt hätte. Gegen den Nimbus von Wilhelm Herz wäre wohl auch jeder andere Kandidat kaum angekommen.

Für Holle war die Sache aber noch lange nicht ausgestanden. Aufgrund des Vorgangs suchten Herz und Dr. Buchter die Geschäftsleitung der Henkell-Sektkellerei in Wiesbaden auf und beschwerten sich vor Ort über deren Verkaufsleiter Holle. Außerdem untersagte Herz in seiner Eigenschaft als Geschäftsführer der Hockenheim-Ring GmbH Holle das weitere Betreten des Hockenheimring-Geländes – er erteilte ihm also Hausverbot. Damit war Holle am Hockenheimring kaltgestellt.

Warum aber machte Dr. Buchter dies mit? Herz gestand mir später einmal, er habe ihm die Pistole auf die Brust gesetzt und von ihm eine klare Entscheidung gegen Holle verlangt, anderenfalls hätte er das Kriegsbeil ausgegraben. Und dies hätte für die Zusammenarbeit in der Hockenheim-Ring GmbH problematisch werden können.

Die Fahrt zu Henkell zeigte Wirkung. Holle schied kurz danach aus der Sektkellerei aus und machte sich selbständig. Er eröffnete in Hockenheim einen Wein- und Spirituosen-Großhandel für den Gastronomiebereich. Ich glaube nicht, dass sein Geschäft so lief, wie er sich das vorgestellt hatte.

Jahre später bezog Holle eine kleine städtische Mietwohnung.

Kommunalpolitische Kapriolen

Im Spätjahr 1973 empfahl mir Dr. Buchter, mich kommunalpolitisch zu betätigen. Dies war für mich nachvollziehbar, da Bürgermeister und Gemeinderat als Vertreter des Hauptgesellschafters die Unternehmenspolitik der Hockenheim-Ring GmbH bestimmten. Doch in welche Partei sollte ich gehen?

Dr. Buchter empfahl mir, obwohl ich damals auch die SPD recht sympathisch fand, die FDP. Diese regierte seinerzeit als der kleinere Partner in der sozialliberalen Koalition in Bonn mit. Außenminister war Walter Scheel (FDP), der die neue Ostpolitik des Dialogs und die Überwindung des kalten Kriegs mit zu vertreten hatte. Dieser Entspannungspolitik stimmte ich damals zu. Außerdem imponierten mir das Erscheinungsbild und die Programmatik der liberalen FDP. Auch vom Elternhaus her lag mir die FDP nahe.

Warum aber hatte mir Dr. Buchter als eingefleischter Sozialdemokrat zu dieser Partei geraten? War sein Hintergedanke, den kommunalpolitischen Einflussbereich der Hockenheim-Ring GmbH auch in Richtung FDP zu verbreitern? Vordergründig meinte er zur örtlichen SPD wortwörtlich – und dies nicht zuletzt aufgrund seiner unerfreulichen Erfahrungen mit dem eigenen Genossen Kurt Kreutzenbeck: „In diesen Sauhaufen können sie nicht gehen!"

Kreutzenbeck war im Jahre 1971 zum Vorsitzenden des SPD-Ortsvereins gewählt worden. Zusammen mit einigen anderen hatte er sich mit den etablierten Genossen in der Stadt, darunter Bürgermeister Dr. Buchter, immer wieder angelegt. Die zumeist jüngeren SPD-Anhänger um Kreutzenbeck, der als Lehrer an der Hockenheimer Hartmann-Baumann-Schule unterrichtete, hatten es bei der Kandidatennominierung zur Gemeinderatswahl 1975 sogar fertiggebracht, keinen der amtierenden SPD-Stadträte zu berücksichtigen. Bei diesen handelte es sich größtenteils um erfahrene Kommunalpolitiker sowie um altgediente Genossen. Dass diese das Feld nicht kampflos räumten, war verständlich. Auch für Dr. Buchter stand einiges auf dem Spiel, denn mit Leuten wie Kreutzenbeck im Gemeinderat wäre für ihn das Arbeiten für die Stadt schwieriger geworden.

Dr. Buchter brachte es in kurzer Zeit fertig, siebzig neue Mitglieder, darunter zahlreiche städtische Bedienstete, in die SPD aufzunehmen. Außerdem schafften es seine Mitstreiter, noch weitere Hockenheimer für die örtliche SPD und gegen Kreutzenbeck zu gewinnen. Mit dieser gestärkten Hausmacht gelang es schließlich, eine neue Kandidatenliste durchzusetzen, auf der sich weder Kreutzenbeck noch einer seiner Gefolgsleute befanden. Die Auseinandersetzung mündete in einem Parteiausschlussverfahren gegen Kreutzenbeck. Der trat später den Grünen bei, für die er während meiner Amtszeit als Bürgermeister einige Jahre im Gemeinderat saß.

Diese parteiinterne Auseinandersetzung der SPD, die selbst vor Handgreiflichkeiten nicht zurückschreckte, schlug auch in der Presse hohe Wellen. Sogar die Stuttgarter Zeitung berichtete am 17. April 1975 über den Hockenheimer Genossenkonflikt. Allein die Überschrift des Artikels sprach für sich. Sie lautete:

> „Die Hockenheimer SPD ist heillos zerstritten: Ein »unbelehrbarer Fanatiker« wird mit »krankhaftem Hass« verfolgt."

Die Bezeichnung „unbelehrbarer Fanatiker" stammte von Dr. Buchter; sie charakterisierte seinen SPD-Rivalen Kreutzenbeck schlagwortartig aus seiner Perspektive.

Vom Silvesterball zur Aufnahme in die FDP

Am 31. Dezember 1973 organisierte das Pächterehepaar Kerschensteiner zum ersten Mal einen Silvesterball im Hotel Motodrom. An diesem nahmen auch Margarete und ich teil. Der Zufall wollte es, dass wir am Silvesterabend das Hotel gleichzeitig mit Dr. Buchter und Armin Hampel sowie deren Gattinnen betraten. Hampel war bei der örtlichen FDP engagiert.

Dr. Buchter sprach ihn wegen mir an, stellte mich vor und empfahl mich für die FDP. Dieser Ankündigung folgte wenige Tage danach meine Aufnahme in die FDP.

Mitte Januar 1974 hatte die örtliche FDP zu einer öffentlichen Mitgliederversammlung eingeladen. Als neues Mitglied des FDP-Ortsverbands besuchte ich diese. Zum einen wollte ich wissen, wer sonst noch Mitglied war, und zum anderen interessierten mich die aktuellen kommunalpolitischen Themen.

Der FDP-Abend verlief solange harmonisch, bis ein mir gegenüber sitzendes FDP-Mitglied begann, massiv über den Hockenheimring herzuziehen. Es handelte sich um Adolf Härdle. Schon bei unserer ersten Begegnung gewann ich den Eindruck, dass er etwas gegen den Hockenheimring hat. In all den Jahren bewies er mir nur selten das Gegenteil.

Mit einem solchen Angriff aus heiterem Himmel hatte ich natürlich nicht gerechnet, doch ich fasste mich schnell und bot ihm Paroli. Damit aber legte ich zugleich den Grundstein für ein gespanntes Verhältnis. Auf diese erste Auseinandersetzung mit Härdle folgten später leider noch viele weitere, vor allem im Gemeinderat. In dieses Gremium war er 1980 über die „Grüne Liste Hockenheim" als erster Kandidat der Grünen eingezogen. Diese Partei, deren Wurzeln in die 68er Protestbewegung reichten, kam seiner politischen Anschauung, aber auch seiner Art zu opponieren, wohl eher entgegen.

Gute Nachfrage nach Groß- und Kleinveranstaltungen

Im Frühjahr 1974 spürte man in Deutschland von der ersten Ölkrise kaum noch etwas. Obwohl die Energiekosten gestiegen und auch der Sprit teurer geworden waren, hielt dies die Motorsportfans nicht ab, den Hockenheimring zu besuchen. Jedenfalls ließ das Veranstaltungsgeschäft nichts zu wünschen übrig.

Zu den treuen Kunden zählten schon damals die schweizerischen Motorsport-verbände und -clubs, die den Ring in jeder Saison über mehrere Wochenenden im Jahr belegten. Dem neuen Hotel Motodrom garantierten sie eine gute Auslastung, denn Veranstaltungsteilnehmer aus der Schweiz mussten bei einer Zweitagesveran-staltung - und das waren die meisten - wenigstens einmal in Hockenheim oder in der Region übernachten. Davon profitierte in erster Linie das Hotel Motodrom. Auch deshalb bemühte ich mich um ein gutes Verhältnis mit den Veranstaltern aus der Schweiz, waren sie doch aus wirtschaftlicher Sicht viel interessantere Kunden als beispielsweise ein Motorsportclub der Region.

Abgesehen vom Motorrad-Grand-Prix, den der BMC alle zwei Jahre veranstalte-te, zählte das jeweils im April durchgeführte Jim-Clark-Gedächtnisrennen zu den Publikumsrennern. Dessen Veranstalter war der Wiesbadener Automobilclub, ein Kooperativclub des Automobilclubs von Deutschland (AvD). Hauptlauf der seit den 1970er Jahren veranstalteten Jim-Clark-Gedächtnisrennen war immer ein Formel-2-Rennen, das zur Europameisterschaft zählte. An diesen Rennen durften damals noch Formel-1-Piloten teilnehmen. Da diese das Fahrerfeld enorm aufwer-teten, verpflichtete der Veranstalter regelmäßig weitere namhafte Rennfahrer wie Emerson Fittipaldi, Carlos Reutemann, Jochen Maas, Hans-Joachim Stuck und andere. Sie sorgten für ein volles Haus und finanziellen Erfolg. So auch das im April 1974 veranstaltete Jim-Clark-Gedächtnisrennen, das mir noch in bester Er-innerung ist.

Am frühen Morgen des Rennsonntags inspizierte ich den Außenbereich des Mo-todroms, um festzustellen, ob organisatorisch alles reibungslos verlief. Da damals die Tribünenplätze noch nicht nummeriert waren, reisten viele Fans schon sehr früh an, um sich einen guten Platz zu sichern. Die Zuschauermassen strömten von allen Seiten zur Südtribüne, auf der sich die besten Plätze des Motodroms befin-den. Hier stießen sie aufeinander und ballten sich zusammen. Für eine gewisse, viel zu lange Zeit, ging es weder vor noch zurück. Diese gefährliche Situation beängs-tigte nicht nur mich. Männer hielten kleinere Kinder über ihren Kopf, um ihr Erdrücken durch die Masse zu verhindern. Wie durch ein Wunder passierte nichts.

Die Formel 2 füllte die Ränge des Motodroms in diesen Jahren häufig besser als später die Formel 1. Bei dieser schreckten viele die hohen Eintrittspreise ab, be-sonders als sich Deutschland in der Krise befand und so mancher Fan um seinen Arbeitsplatz bangte. Dennoch ist nicht auszuschließen, dass damals das Interesse an Rundstreckenrennen generell größer war als heute.

Der 1904 gegründete Wiesbadener Automobilclub zählte in den 1970er Jahren bereits zu den renommierten und traditionsreichen deutschen Automobil-Sportclubs, mit Sitz in der hessischen Landeshauptstadt Wiesbaden, dem mondänen Bade- und Kurort. Ob darauf der Dünkel zurückzuführen war, den mehrere seiner damaligen Sportfunktionäre pflegten, sei dahingestellt. Auch in der Sportabteilung des Automobilclubs von Deutschland, mit Sitz in Frankfurt am Main, saßen einige auf einem hohen Ross. Dies belastete hin und wieder unsere ansonsten gute Zusammenarbeit.

Erfreulicherweise lernte ich im AvD sowie im Organisationsteam des Wiesbadener Automobilclubs auch äußerst nette und kooperative Leute kennen, wie beispielsweise das Ehepaar Dahlhausen.

Wohnhausbau – einmal im Leben

Eigentlich hatten meine Frau und ich schon 1973 vor, ein eigenes Haus zu bauen. Doch mein Krankenhausaufenthalt und die personelle Situation des Hockenheimrings machten uns einen Strich durch die Rechnung. Deshalb wagten wir uns erst im Jahr darauf an das Abenteuer, ein zweigeschossiges Reihenhaus mit integrierter Garage zu errichten.

Als Bauplatz nutzten wir den Hausgarten meiner Großtanten Lisette Blechert und Kätchen Getrost, der an die Leopoldstraße angrenzte. Stadtbaumeister Ussmann hatte im Rahmen seiner Nebentätigkeit den Plan gezeichnet, Bauingenieur Helmut Lansche von der Baufirma Jakob Hermann Fuchs die Bauleitung übernommen. Den Rohbau erstellte eine kleine Hockenheimer Baufirma, während ich im Innenausbau teilweise selbst Hand anlegte.

1972 hatte die ARD die dreiteilige deutsche Familiensatire „Einmal im Leben – die Geschichte eines Eigenheims" ausgestrahlt, bei der sich wohl viele private Bauherren wiederfanden. Entsprechend riesig war die Zuschauerresonanz. Auch meine Frau und ich verfolgten als angehende Bauherren die Story mit großem Interesse. Soviel wie beim Hausbau der Fernsehfamilie Semmeling lief dann bei unserem Haus zwar nicht schief, gesunde Nerven waren aber auch bei uns vonnöten.

Ein Fiasko erlebten wir beispielsweise mit den Fenstern und Außentüren aus Aluminium. Wir hatten sie, weil sie recht preiswert erschienen, von einem Hockenheimer Unternehmen erworben, das auch einen „Fachmann" zum Einbau stellte. Doch der war mit dieser Aufgabe überfordert. Kaum ein Fenster oder eine Tür ließen sich ohne weiteres öffnen oder schließen. Erst der versierte Hockenheimer Schlossermeister Georg Orians brachte die Sache so gut es ging auf die Reihe. Am Ende aber mussten wir alle Fenster und Außentüren schon nach wenigen Jahren austauschen. Ein für uns kostspieliges Unterfangen.

Orians, der auch das Treppengeländer unseres Hauses geschmiedet und eingebaut hatte, zählte zu den fleißigsten Menschen, die ich je kennengelernt habe. Er leistete als Handwerker auch am Hockenheimring Vorbildliches.

Kurz vor Weihnachten 1974 zogen wir in unser neues Haus ein. Der Umzug bedeutete auch für unser dreieinhalb Jahre altes Töchterchen Alexandra eine Zäsur. Sie wäre lieber in unserer bisherigen Dreizimmerwohnung in Hockenheims

Alex-Möller-Siedlung geblieben. Doch schon nach kurzer Zeit hatte auch sie sich akklimatisiert und fühlte sich im Neubau mit ihrem neuen Kinderzimmer recht wohl.

Anfang der 1980er Jahre ließen wir das Dachgeschoss ausbauen, 2003 den inzwischen vergrößerten Garten neu angelegen und 2008 gemeinsam mit unserer Nachbarfamilie Staub eine an unseren Garten angrenzende geräumige Doppelgarage erstellen. Sonst aber besitzen wir - trotz gegenteiliger Annahmen Dritter - weder im Inland noch im Ausland irgendwelche Immobilien.

Untragbare Veranstaltungs- und Lärmprobleme

Zu den sportlichen Großereignissen zählte im Mai 1975 der Motorrad-Grand-Prix, den der BMC veranstaltete. Das Rennen zog wie in den Jahren zuvor wieder Massen an Motorradsportbegeisterten an. Tausende campierten im Wald zwischen dem Motodrom bzw. der Autobahn und der Stadt. Sie entfachten bis in die Wipfel der Bäume lodernde Lagerfeuer, sodass man Angst um den sehr trockenen Wald haben musste. Außerdem enthemmte der reichliche Alkoholgenuss viele Fans, die sich in den Nächten vor dem eigentlichen Rennen austobten.

Schon damals karrten einige Chaoten Motoren an, die sie solange aufheulen ließen, bis sie schließlich barsten. Rücksichtslose Banausen schossen die ganze Nacht Feuerwerkskörper wie am Jahreswechsel ab. Die Polizei stand diesem Treiben im Großen und Ganzen machtlos vis-à-vis. Die nächtlichen Zustände waren besonders für die nahe am Ring gelegenen Wohngebiete eine Zumutung.

Am Wochenende, das auf diese chaotische Veranstaltung folgte, fand ein schweizerisches Rennen statt, an dem viele Rennwagen ohne Schalldämpfung teilnahmen. Es herrschte Hochdruckwetter mit Ostwind. Dadurch war der Rennlärm stärker, als üblich, in der Stadt zu hören.

Das schöne Wetter verleitete an diesem Sonntagnachmittag viele Hockenheimer zum Spazierengehen. Als ich zum Hockenheimring fuhr, stellte ich nahe dem Stadtwald Heerscharen von Fußgängern fest, die vom Rennlärm belästigt wurden. Diese Ruhestörung war auch für einen der Verantwortlichen des Hockenheimrings, wie mich, alles andere als angenehm. Sie brachte schließlich das Fass zum Überlaufen. Zahlreiche erboste Bürger, vor allem aus dem Stadtteil Birkengrund, gingen auf die Barrikaden und gründeten eine Bürgerinitiative gegen den Ring.

Die meisten von ihnen hatten noch den Werbeprospekt des Bauträgers in Erinnerung, mit dem ihnen beim Kauf eines Eigenheims der neue Hockenheimer Stadtteil Birkengrund als „eine Oase der Ruhe" angepriesen worden war. Davon konnte aber schon seit Jahren keine Rede mehr sein. Auch der von den neuen Autobahnen A 6 und A 61 mit dem Autobahndreieck Hockenheim ausgehende Verkehrslärm sorgte im Birkengrund, der im rechtsverbindlichen Bebauungsplan als ein reines Wohngebiet ausgewiesen ist, für alles andere als eine beschauliche Ruhe.

Die Bürgerinitiative traf sich zu einer Protestveranstaltung im Gasthaus „Zum Löwen". Zu der wagte ich mich als alleiniger Vertreter der Hockenheim-Ring GmbH.

Rund 50 Personen waren gekommen. Sie beschwerten sich massiv über die unhaltbaren Zustände beim Motorrad-Grand-Prix und die Entwicklung, die ihnen mehr und mehr die Wochenendruhe nahm. Außerdem forderten sie mehr Rücksichtnahme und einen besseren Schutz des in unmittelbarer Nähe ihrer Häuser befindlichen Stadtwalds. In dieser Situation wurde mir erst so richtig klar, dass es so wie bisher nicht mehr weitergehen konnte.

Die Bürgerinitiative erreichte zahlreiche Verbesserungen. So wurde der Stadtwald im Umfeld des Motodroms eingezäunt, in Parzellen unterteilt und nur noch nach Bedarf zum Campen freigegeben. Die sanitären Verhältnisse wurden verbessert und ab sofort Campinggebühren verlangt. Das brachte der Hockenheim-Ring GmbH, aber auch dem Ski-Club und dem FV 08 Hockenheim, denen der Betrieb der Campingbereiche übertragen worden war, recht erkleckliche Summen in die Kassen.

Motorsportliche Großveranstaltungen wurden pro Jahr auf maximal sechs beschränkt, was aber ohnehin gängige Praxis war. Die Verantwortlichen des Hockenheimrings wussten nämlich, dass das Zuschauerpotenzial begrenzt war. Fast in jeder Saison hatte es bereits die eine oder andere Großveranstaltung mit nur mäßigem Besuch und finanziellen Defiziten für die Veranstalter gegeben. Da die Hockenheim-Ring GmbH in dieser Zeit nicht selbst veranstaltete, sondern nur als Anlagenvermieterin in Erscheinung trat, hatte sie zwar kein unmittelbares Veranstaltungsrisiko, jedoch schmälerte ein schlechtes Geschäft auch ihre umsatzbezogenen Einnahmen.

Bei Kleinveranstaltungen legte die Hockenheim-Ring GmbH ab sofort Wert auf mindestens zwei lärmfreie Sonntage im Monat. Zudem beschränkten wir den werktäglichen Testbetrieb mit Fahrzeugen ohne Schalldämpfung erheblich. Das brachte viel.

Parallel dazu bemühten wir uns bei den nationalen und internationalen Motorsportbehörden um eine Schalldämpfung bei Rennfahrzeugen. Wie sich herausstellte, war der Rennlärm nicht nur am Hockenheimring, sondern auch bei vielen anderen europäischen Rennstrecken zu einem Problem geworden. Selbst italienische Rennstrecken wie Monza und Imola hatten mit erheblichen Lärmproblemen zu kämpfen, wie mir deren Management mitteilte.

Unser gemeinsames Anliegen führte zum Erfolg. Zunächst schrieb der internationale Motorradverband bei allen Rennmaschinen Schalldämpfer vor. Später verlangte auch der internationale Automobilverband bei einigen Rennserien den Einbau von Schalldämpfern.

Das Maßnahmenpaket wirkte und verringerte die vom Veranstaltungsbetrieb des Hockenheimrings ausgehenden Immissionen. Trotz der Betriebseinschränkungen waren die Gewinn- und Verlustrechnungen der Hockenheim-Ring GmbH ab Mitte der 1970er Jahre überwiegend positiv.

Meine Erkenntnis: Eine Motorsportanlage wie der Hockenheimring wird sich nie völlig problemlos betreiben lassen. Motorsport wird immer einen gewissen „Sound" mit sich bringen, der für die einen wie Musik in den Ohren klingt, von anderen aber als Belästigung empfunden wird. Außerdem wird es immer Rennbesucher geben, die sich nicht zu benehmen wissen.

Wichtig ist deshalb, dass die Veranstaltungsorganisation alles unternimmt und nichts unterlässt, damit sich die Belastungen für die in der Nähe des Rings Wohnenden noch in einem einigermaßen vertret- und zumutbaren Rahmen bewegen. Die Zukunft des Hockenheimrings kann nur in einer „friedlichen Koexistenz" mit den Bewohnern der benachbarten Wohngebiete liegen. Die aber erfordert neben den vorbeugenden Maßnahmen auch von beiden Seiten eine gewisse Toleranz.

Aktiv im neugegründeten Verkehrsverein

Im August 1975 bereitete Bürgermeister Dr. Buchter die Gründung eines Verkehrsvereins vor. Zu diesem Zweck hatte er ein Dutzend jüngerer Leute aus unserer Stadt zu einem Vorgespräch ins Hotel Motodrom eingeladen, darunter auch mich. Mit etwas Verspätung erschien dazu ein Herr namens Jürgen Emmering, der bis auf Dr. Buchter niemandem in der Runde bekannt war. Wie sich herausstellte, war der studierte Jurist Emmering ein Beamter des höheren Dienstes. Er war beim Regierungspräsidium in Karlsruhe beschäftigt, davor im Landratsamt in Heidelberg. Seit Kurzem wohnte er mit seiner Familie im Birkengrund.

Als es um die Besetzung der Vorstandspositionen beim Verkehrsverein ging, schlug Dr. Buchter, der den Vorsitz für sich reklamierte, was sinnvoll war, nicht nur zu meiner Überraschung Jürgen Emmering als stellvertretenden Vorsitzenden vor. Er begründete dies mit den „logischen" Worten: „Wir können die Vorstands-Ämter nicht nur mit Einheimischen besetzen, sondern brauchen auch einen Vertreter der Neubürger!"

Wenige Tage danach machte mich Heinz-Henning Schimpfermann, der damalige Lokalredakteur der Hockenheimer Tageszeitung, darauf aufmerksam, dass der Neubürger Emmering Mitglied der SPD sei, bei der kommenden Bürgermeisterwahl, die in zweieinhalb Jahren anstand, Ambitionen haben und den Vorstand des Verkehrsvereins als Sprungbrett nutzen könnte. Es zeichnete sich nämlich zu dieser Zeit bereits ab, dass Dr. Buchter nach Ablauf seiner Amtszeit von zwanzig Jahren nicht mehr antreten würde. Schimpfermann hatte den Braten als Erster gerochen – und er lag mit seinem Spürsinn, wie sich später herausstellte, nicht daneben.

Bei der Gründung des Verkehrsvereins, dessen Satzung Dr. Siegfried Heiden, Richter am Oberlandesgericht Karlsruhe, gründlich vorbereitet hatte, wurde ich zum Geschäftsführer des Vereins gewählt. Damit hatte ich eine zusätzliche ehrenamtliche Aufgabe, die mich zwar oft forderte, aber auch viel Freude bereitete.

Der Verkehrsverein sah seine Aufgaben zwar auch in der Tourismusförderung, mehr aber noch in der Förderung des städtischen Zusammenlebens. In diesem Sinne initiierte und veranstaltete er am zweiten Maisamstag 1976, in Zusammenarbeit mit den örtlichen Vereinen, Gewerbetreibenden und Schulen zum ersten Mal das Straßenfest „Hockenheimer Mai". Dieser mobilisierte auf Anhieb zehntausende von Besucher. Auch ein strahlend blauer Himmel trug zum erfolgreichen Premierenverlauf bei. Zu den Höhepunkten des Straßenfestes zählte in den ersten Jahren seiner Durchführung noch die Wahl einer Maikönigin und zweier Maiprinzessinnen.

Neben dem Hockenheimer Mai organisierte der Verkehrsverein in den folgenden Jahren auch Kunstausstellungen im Rathaus, Weinproben im Hotel Motodrom, Vortragsveranstaltungen in der Aula der Realschule zu aktuellen Themen der Zeit sowie Fahrsicherheitstrainings am Hockenheimring. Viele Vorstands- und Beiratsmitglieder des Verkehrsvereins engagierten sich im Rahmen dieser Veranstaltungen. Dank ihres vorbildlichen bürgerschaftlichen Einsatzes wurde in dieser Zeit einiges in der Stadt bewegt.

Erst kam Ecclestone, dann die Formel 1

Im Jahre 1976 erfolgte am Hockenheimring eine entscheidende Weichenstellung, die ihm drei Jahrzehnte zugute kommen und ihn in den motorsportlichen Olymp heben sollte. Im Mai erhielt ich einen Anruf von Bernie Ecclestone, der damals schon die Formel 1 managte. Er bekundete das Formel-1-Interesse am Hockenheimring und stimmte mit mir einen Besichtigungstermin ab.

Zunächst konnte ich dies kaum glauben, doch wenige Tage danach war er vor Ort, sah sich alles genau an und ließ Wilhelm Herz und mich wissen, dass er vorhabe, im kommenden Jahr den Formel-1-Weltmeisterschaftslauf nicht mehr am Nürburgring, sondern in Hockenheim auszurichten. Die Nordschleife des Nürburgrings war nach dem Formel-1-Boykott von 1970 vom Land Rheinland-Pfalz zwar mit weiteren 20 Millionen Mark modernisiert worden, doch für die Königsklasse des Motorsports erwies sie sich immer noch als viel zu lang und zu gefährlich.

Ecclestone hatte unsere Boxenanlage zu beanstanden. Deren Boden war beim Bau des Motodroms nach den Vorstellungen von Wilhelm Herz um circa einen halben Meter tiefer gelegt worden. Außerdem befand sich noch ein Mäuerchen zwischen den Boxen und der Boxenstraße. Es war also nicht möglich, einen Rennwagen in den Boxen abzustellen. Deshalb musste das Hindernis entfernt und der Boxenboden auf das gleiche Niveau wie die Flächen vor und hinter den Boxen angehoben werden.

Die Formel 1 in Aussicht, akzeptierte die Hockenheim-Ring GmbH diese Forderungen. Damit war der Weg für die höchste Rennserie im wahrsten Sinne des Wortes geebnet. Zum Abschluss seines Besuchs sagte Ecclestone noch Herz und mir per Handschlag verbindlich zu, mit der Formel 1 ab 1977 in Hockenheim zu fahren.

Wenige Wochen später verunglückte Niki Lauda beim Großen Preis von Deutschland am Nürburgring schwer. Sein Formel-1-Wagen knallte in die Leitplanken, fing Feuer, und um ein Haar wäre er verbrannt. Mit schweren Brandverletzungen wurde er in allerletzter Sekunde gerettet und zur Unfallklinik nach Ludwigshafen-Oggersheim gebracht, die auf solche Verletzungen spezialisiert ist. Dort genas er erstaunlich schnell, konnte bald wieder Rennen fahren, blieb aber durch die Verbrennungen am Kopf für immer gezeichnet.

Obwohl wir uns mit Ecclestone schon Wochen vor Laudas schrecklichem Unfall auf Hockenheim als Austragungsort des Formel-1-Rennens 1977 geeinigt hatten, berichten seitdem alle Medien, dass dafür der Lauda-Unfall ursächlich gewesen sei. Wir versuchten zwar vielfach, dies richtig zu stellen, doch wen schon interessierte unsere Version?

Neben den Boxen kamen auf den Hockenheimring im Hinblick auf die Formel 1 noch weitere Änderungsmaßnahmen zu. Auch die für den internationalen Autorennsport zuständige „Fédération Internationale de l'Automobil" (FIA) inspizierte die Rennstrecke. Sie verlangte aus Sicherheitsgründen den Einbau anderer Randsteine an den Innen- und Außenseiten der Kurven. Zudem forderte sie zahlreiche Fangzäune in den Sturzräumen der Kurven sowie Zäune zum Schutz der Zuschauer.

Doch damit nicht genug. Es mussten auch rund zehn Kilometer Doppelleitplanken umgebaut werden, die nach dem tödlichen Unfall Jim-Clarks 1968 im Hardtwald rings um die Strecke installiert worden waren. Sie waren seinerzeit nicht wie in der Welt des Motorsports üblich vertikal übereinander, sondern nach den Angaben von Wilhelm Herz so angebracht worden, dass die Untere um etwa zehn Zentimeter nach innen versetzt war. Das sollte im Falle des Touchierens einer Rennmaschine mit den Leitplanken verhindern, dass die seitlich abstehenden Kompressoren oder Fußrasten an die unteren Leitplanken stießen und es dadurch zum Sturz kam.

Mir leuchtete diese Konstruktion ebenso wenig ein wie den Verantwortlichen der FIA, die der Motorradrennsport ohnehin nur am Rande interessierte. Sie forderten, die Leitplanken so umzubauen, dass sich beide mit einem Zwischenraum von maximal drei Zentimetern gleichmäßig übereinander befinden. Das kostete einige zig Tausender.

Ähnlich verhielt es sich bei den Kurvensteinen. Diese waren ebenfalls nach den Vorstellungen von Wilhelm Herz hergestellt und eingebaut worden, entsprachen aber leider nicht den Vorgaben der FIA. Deshalb mussten sie durch andere ersetzt werden. All dies trug dazu bei, dass allein die Umbaumaßnahmen an der Strecke etwa zwei Millionen Mark gekostet haben.

Im Juli 1976, also exakt ein Jahr vor Beginn des von Ecclestone geprägten Formel-1-Zeitalters in Hockenheim, sahen sich die Verantwortlichen der Hockenheim-Ring GmbH sowohl auf Drängen des Forstes als auch aus eigener Überzeugung und Verantwortung gegenüber der Natur genötigt, das traditionsreiche Südwest-Pokal-Rennen abzusagen. Grund war der heiße Sommer. Wochenlang hatte es nicht geregnet und der Hardtwald ums Motodrom war trocken wie Zunder. Eine unachtsam weggeworfene Kippe hätte schnell zu einer Brandkatastrophe führen können. Insofern war die Entscheidung, der das Südwest-Pokal-Rennen zum Opfer fiel, zwar ein Novum, aber richtig.

Diese Erfahrung, und da man künftige Formel-1-Rennen mit ihrer weltweiten Resonanz nicht wegen einer Waldbrandgefahr absagen konnte, veranlasste die Hockenheim-Ring GmbH, die Wasserleitung von der Nordtribüne bis zur rund zwei-einhalb Kilometer entfernten Ostkurve zu verlängern. So war man im Falle eines Brandes an der Strecke und im Wald besser gewappnet. Der Wasserstrang kam aber auch den neuen Zuschauertoiletten am Hardtbachdamm sowie an der Ostkurve zu-gute, die im Hinblick auf die Formel 1-Besucher gebaut wurden.

Die Wasserleitung verlegten Mitarbeiter der Stadtwerke außerhalb ihrer regulären Arbeitszeit. Angeführt wurde der Arbeitstrupp von deren Vorarbeiter Günther Lan-sche. Der zählte einmal zu den erfolgreichen Amateurboxern unserer Stadt und zur legendären Staffel des 1955 gegründeten Boxclubs Hockenheim, die es in ihrer Glanzzeit mit jeder europäischen Boxriege aufnehmen konnte.

Mit dem Verlegen der Leitung und den anderen wegen der Formel 1 notwendigen Maßnahmen, wie das Setzen von Zäunen und Toren, vollbrachte das Arbeitsteam um Günther Lansche in relativ kurzer Zeit eine eindrucksvolle Leistung.

Seit den vorbereitenden Arbeiten zur Formel 1 bin ich mit Günther Lansche und seiner Gattin Doris, mit der ich in die gleiche Mittelschulklasse ging, befreundet.

Insgesamt musste die Hockenheim-Ring GmbH etwas mehr als drei Millionen Mark aufwenden, um die Strecke sicherer zu machen und das Umfeld des Rings für die Formel 1 herzurichten. Diese Investitionen lohnten sich, profitierten doch in der Folgezeit sowohl die Stadt Hockenheim als auch die Hockenheim-Ring GmbH von der Formel 1 erheblich.

Nach der Formel-1-Premiere 1970 stand dem Hockenheimring im Jahre 1977 zum zweiten Mal ein Formel-1-Weltmeisterschaftslauf ins Haus. Die Rechte zur Durchführung des Rennens - und zwar sowohl in sportlicher als auch in wirtschaftli-cher Hinsicht - hatte damals noch der AvD. Dessen Präsident war Paul-Alfons Fürst von Metternich, ein Mann mit einem großen Namen, der einige Jahre auch der FIA vorstand. Sportpräsident des AvD war Huschke von Hanstein, ein honoriger „Her-renfahrer", doch das Sagen im AvD hatte dessen starker Mann, Hauptgeschäftsfüh-rer Hans-Jürgen Linden. Der entschied über alle wesentlichen wirtschaftlichen Fra-gen in Verbindung mit der Durchführung des Rennens, auch was die Höhe der Ein-trittspreise anbelangte. Und auf diese Entscheidung musste die Hockenheim-Ring GmbH, die den gesamten Kartenverkauf zu organisieren hatte, viel zu lange warten.

Ich erinnere mich noch gut an die zigtausenden von Kartenbestellungen, die uns vorlagen, durch die späte Festlegung der Eintrittspreise aber erst in den letzten vier Wochen vor der Veranstaltung bearbeitet und versandt werden konnten. Das war für die relativ kleine Verwaltung der Hockenheim-Ring GmbH eine riesige Herausforde-rung. Letztlich wurde der Vorverkauf aber noch einigermaßen gemeistert.

Was die Organisation des Personals für die Zuschauerbereiche, das Park- und Zeltplatzgeschäft, die Kioske sowie die Zusammenarbeit mit Polizei, Feuerwehr und Rotem Kreuz anbelangte, liefen die Fäden bei mir zusammen. Die Streckenorganisa-tion oblag zwar dem AvD, doch der BMC stellte, wie im Übrigen bei allen anderen Großveranstaltungen auch, die Streckenposten.

Am Rennsonntag reisten die meisten Fans sehr früh an, um sich einen guten Tri-bünenplatz zu sichern. Ein Manko war, dass die Tribünenplätze nicht nummeriert waren. Deshalb beanspruchten viele Besucher mehr Platz, als ihnen eigentlich zustand, während andere das Nachsehen hatten.

Aufgrund dieser Erfahrung schlug ich nach dem Rennen die Nummerierung der Betonstufen vor – für Sitzplätze aus Kunststoffschalen reichten unsere Mittel aber noch nicht. Die Nummerierung sollte auch den Kartenverkauf in geordnetere Bahnen lenken.

Sonst aber verlief der Formel-1-Grand-Prix des Jahres 1977 recht erfolgreich. Niki Lauda, von seinem schweren Unfall am Nürburgring genesen, hatte ihn auf Ferrari souverän gewonnen.

Der AvD, im Vorfeld des Motodrombaus als Gesellschafter der Hockenheim-Ring GmbH ausgeschieden, war schon seit Jahren auf den Nürburgring programmiert. Deshalb gewöhnte er sich an Hockenheim nur langsam. Im Jahre 1977 ahnten die Verantwortlichen des AvD auch noch nicht, dass ihnen Ecclestone bald die wirtschaftlichen Veranstaltungsrechte des Großen Preises von Deutschland streitig machen würde. Wir werden später noch mehr darüber erfahren.

Zimmerkapazität des Hotels erweitert

In den Jahren 1976/77 wurde das „Hotel Motodrom" um einen Bettentrakt mit 24 Zimmern erweitert. Dies geschah durch einen Anbau vor bzw. über dem Hoteleingang, den die SÜBA in schlüsselfertiger Bauweise errichtete. Es handelte sich um eine sinnvolle Investition, die runde 800.000 Mark kostete.

Auf die Erweiterung hatte das Pächterehepaar Kerschensteiner gedrängt, weil die Zimmerkapazität nicht reichte, um fünfzig Einzelpersonen unterzubringen. Wollte man aber mit Busunternehmen ins Geschäft kommen, musste man wenigstens fünfzig Zimmer anbieten können. Zudem bestand ein Missverhältnis zwischen dem zu geringen Übernachtungsangebot und der Kapazität an Tagungsräumen. Mit den neuen Zimmern verbesserte sich zwar die Relation, doch es scheiterten immer noch Tagungen wegen der zu geringen Bettenzahl.

Diese Erkenntnis, aber auch die zunehmende Konkurrenzsituation in der Region, führte in späteren Jahren zu weiteren Ausbauplanungen des Hotels.

Wer zuletzt lacht, lacht am besten

Zu den Ärgernissen jener Zeit zählte für die Verantwortlichen des Hockenheimrings, dass der Nürburgring, Hauptkonkurrent in Sachen Formel 1, immer wieder Millionen von der öffentlichen Hand bekam. Kein Wunder – waren dessen Hauptgesellschafter doch der Bund und das Land Rheinland-Pfalz.

Angesichts dieser Steuersubventionen musste sich der Hockenheimring, der sich aus seiner eigenen Ertragskraft zu finanzieren hatte, nicht nur ständig benachteiligt fühlen, sondern er war es definitiv. Daran hat sich auch später nichts geändert, besonders wenn ich an das Mammutprojekt „Erlebniswelt Nürburgring" denke, das weit über 300 Millionen Euro gekostet haben soll. Deshalb bemühte sich bereits Dr. Buchter in seiner Amtszeit über die Bundes- und Landesschiene nicht nur um mehr Verständnis für die Belange des Hockenheimrings, sondern auch um mehr ideelle und materielle Unterstützung.

Auf diese Weise lernte ich Mitte der 1970er Jahre Gerhard Weiser kennen, mit dem mich später einmal ein freundschaftliches Verhältnis verbinden sollte. Er war damals bereits Landtagsabgeordneter der CDU. Daneben hatte er in der Verbandsversammlung des Regionalverbands Unterer Neckar den Vorsitz. Sowohl in unserer Region als auch in Stuttgart hatte seine Stimme ziemliches Gewicht. Weiser lebte in Mauer und war von zu Hause aus Landwirt. Was man hinter ihm zunächst nicht vermutete, war seine Bildung und rhetorische Begabung. Von Letzterer war ich gleich bei meiner ersten Begegnung im Hotel Motodrom beeindruckt.

Dr. Buchter hatte Weiser zu einem Gespräch ins Hotel Motodrom eingeladen und neben Wilhelm Herz und einigen Stadträten auch mich gebeten, daran teilzunehmen. Im Rahmen seiner Begrüßung wartete Dr. Buchter mit ironisch spitzen Bemerkungen gegenüber Weiser auf und demonstrierte damit seine außergewöhnlichen rhetorischen Fähigkeiten. Doch Weiser konterte dermaßen geschickt, dass nach meinem Empfinden am Ende nicht er, sondern Dr. Buchter alt aussah.

Es zeigte sich für mich schon damals, dass man von maßgeblichen Politikern in der Regel kaum etwas erwarten kann, wenn man sich über sie lustig macht, geschweige denn provoziert.

Eine ähnliche Situation, wie die mit Weiser, ist mir noch mit dem damaligen Präsidenten des Badischen Sparkassen- und Giroverbands, Dr. Wolfgang Klüpfel, in Erinnerung. Er war, obwohl er unter einer schweren Thrombose des linken Beins zu leiden hatte und kaum laufen konnte, zum Empfang anlässlich des fünfzigjährigen Arbeitsjubiläums von Sparkassendirektor Georg Fuchs ins Hotel Motodrom gekommen.

Dr. Buchter begrüßte die Anwesenden in seiner Eigenschaft als Vorsitzender des Verwaltungsrats der Bezirkssparkasse Hockenheim und hieß Dr. Klüpfel als „fußlahmen Sparkassenpräsidenten" willkommen. Damit sorgte er bei einem Teil der Gäste für Heiterkeit. Andere - und schon gar nicht der auf diese Art verunglimpfte - fanden dies überhaupt nicht lustig.

Deshalb ließ es sich Dr. Klüpfel zu Beginn seiner Laudatio auf Georg Fuchs nicht nehmen, Dr. Buchter mit einigen launigen Worten zu parieren. Soweit ich mich noch erinnere, verglich er ihn mit einem durchs Land ziehenden Kardinal in purpurner Robe - wohl auf Dr. Buchters SPD-Parteibuch anspielend - und entpuppte sich auch sonst als ein Rhetoriker von Format. Die von ihm mit feinem Florett ausgeteilten Stiche saßen alle. Am Ende hatte er die Lacher auf seiner Seite.

Wertvolle Kontakte

Mit dem damaligen Justizminister Baden-Württembergs, Dr. Traugott Bender, hatte die Geschäftsführung der Hockenheim-Ring GmbH ein sehr gutes Verhältnis. Er besuchte des Öfteren die eine oder andere Großveranstaltung und zeigte als Badener in der Landesregierung viel Verständnis für unsere Belange. Er war ein sehr netter Mann, der leider im Spätjahr 1977 völlig unerwartet verstarb.

In dieser Zeit knüpften wir auch mit Lothar Späth die ersten Kontakte. Bevor er im Februar 1978 Karl Schiess (CDU) als Innenminister unseres Landes ablöste, war er schon sechs Jahre Vorsitzender der CDU-Fraktion im Landtag von Baden-Württemberg. Bereits als Fraktionschef hatte er einige Großveranstaltungen am Hockenheimring besucht und die Bedeutung unserer Anlage für das Land erkannt. Auch nach seiner Wahl zum Ministerpräsidenten Baden-Württembergs im Jahre 1978 kam er des Öfteren nach Hockenheim.

Neben der Landesprominenz machten hin und wieder auch Vertreter der Bundesregierung einen Abstecher zum Hockenheimring. Noch sehr gut erinnere ich mich an Prof. Dr. Werner Maihofer (FDP), den ich im Februar 1976 im Motodrom begrüßen konnte. Maihofer, ein hoch angesehener und respektierter Staatsrechtsprofessor, war in der von Bundeskanzler Helmut Schmidt geführten Regierung Bundesminister des Innern. Er kam in Begleitung einiger lokaler FDP-Größen zum Ring, für die sein Besuch ebenfalls kein alltäglicher war. Immerhin zählte Maihofer zu den Aushängeschildern der sozialliberalen Koalition. Neben den FDP-Größen Karl-Hermann Flach und Walter Scheel war er einer der Väter der Freiburger Thesen, die Anfang der 1970er Jahre einen reformorientierten sozialen Liberalismus forderten.

Während des Maihofer-Besuchs testete die Versuchsabteilung von Daimler-Benz einen Pkw über einen längeren Zeitraum auf dem kleinen Kurs. Bei dem Dauerlauf wurde der Pkw mit der höchstmöglichen Geschwindigkeit gefahren, sodass schon nach jeweils rund 50 Kilometern die Reifen abgefahren waren und gewechselt werden mussten. Maihofer kam bei der Besichtigung der Rennstrecke mit den Testfahrern ins Gespräch und nahm deren Einladung zu einer schnellen Mitfahrrunde trotz der Bedenken seines Personenschutzes an. Es waren dann zwei Runden, die der Minister als Beifahrer im Testwagen erlebte. Wie erwartet, stieg er am Ende kreidebleich aus. Eine so rasante Fahrt hatte er wohl noch nie erlebt.

Maihofer, eine Persönlichkeit, die mich sehr beeindruckte, interessierte sich für die Belange des Hockenheimrings und zeigte viel Verständnis, als ich auf das un-

gerechte Wettbewerbsverhältnis zwischen dem ständig mit Steuergeldern aufge-
päppelten Nürburgring und dem von Bund und Land stets stiefmütterlich behandelten Hockenheimring einging, der ohne staatliche Hilfen auskommen musste.
Bei einem Liberalen wie ihm rannte ich damit natürlich offene Türen ein, doch
letztlich konnte auch er nicht viel mehr als Verständnis für uns aufbringen.

Zur weiteren Politprominenz in jenen Jahren am Ring zählte Gerhart Rudolf
Baum (FDP), ebenfalls Bundesminister des Innern sowie Dr. Martin Bangemann,
damals FDP-Vorsitzender, später dann Bundeswirtschaftsminister und danach
EU-Kommissar.

Mit Wirkung vom 1. Januar 1970 hatte die Hockenheim-Ring GmbH einen
Verwaltungsbeirat sowie einen Public-Relations-Beirat - kurz PR-Beirat genannt -
bestellt. In den Verwaltungsbeirat wurden namhafte Persönlichkeiten aus der Wirtschaft und des öffentlichen Lebens, unter anderem der Jurist und spätere Vertreter
des Landes am Verwaltungsgerichtshof Baden-Württemberg, Prof. Dr. Harald
Fliegauf, Landespolizeipräsident Heinz Gerecke sowie Forstdirektor Hans-Egbert
Gihr berufen.

Vorsitzender des Verwaltungsbeirats war Hubert Motter, damals Verkaufsdi-
rektor der Firma Eternit in Leimen. Diese Firma hatte beim Motodrombau die
Tribünendächer geliefert. Später erwarb Motter den Bedachungs-Fachgroßhandel
Küne + Sehringer in Philippsburg-Rheinsheim und machte sich selbständig.

Motter war auch parteipolitisch aktiv. Er zählte zu den Mitbegründern der
CDU-Mittelstandsvereinigung Rhein-Neckar und war deren Vorsitzender. Außerdem war er Mitglied des Gaiberger Gemeinderats. Für mich, den wesentlich jüngeren, war er ein Vorbild. Er hatte Format und die Zusammenarbeit mit ihm verlief
immer sehr harmonisch. Leider verstarb er allzu früh.

1987 übernahm Dr. Kurt Buchter und 1993 Hans Brandau, der Vorstandsvorsitzende des Badischen Gemeinde-Versicherungs-Verbands, den Beiratsvorsitz.
Ihn hatte Prof. Dr. Robert Schwebler vorgeschlagen, der Vorsitzende des Vorstands der Karlsruher Lebensversicherung. Auch mit Brandau ließ die Zusammenarbeit im Beirat nichts zu wünschen übrig.

Der PR-Beirat wurde von Kurt W. Reinschild aus Dietzenbach geleitet, einem
erfahrenen PR-Mann und Journalisten, der sich zudem noch über einen Berater-
vertrag um die Öffentlichkeitsarbeit der Hockenheim-Ring GmbH kümmerte.
Reinschild war über viele Jahre geschäftsführender Vorsitzender des Motor-Presse-
Clubs, kannte viele einflussreiche Motorjournalisten, von denen er einige für den
PR-Beirat gewinnen konnte, und hatte beste Kontakte zu den großen deutschen
Automobilherstellern und deren Zulieferfirmen. Auch zu ihm hatte ich ein ausge-
sprochen gutes Verhältnis.

Die beiden Beiratsgremien tagten regelmäßig zweimal pro Jahr. Im Rahmen dieser Sitzungen beriet der PR-Beirat die Geschäftsführung im Hinblick auf die Öffentlichkeitsarbeit und Werbung sowie die Beziehungen zum Sport und zur Kfz-
Wirtschaft. Besonders nützlich waren uns die vielfältigen Verbindungen der Beiratsmitglieder, die dem Hockenheimring oft zugute kamen.

Der Verwaltungsbeirat beriet uns in allen bedeutenden, rechtlichen, wirtschaftlichen und unternehmenspolitischen Angelegenheiten. Des Weiteren hatte er noch die Aufgaben, der Gesellschafterversammlung der Hockenheim-Ring GmbH die Höhe der an deren Mitglieder zu zahlenden Sitzungsgelder und an die Geschäftsführung zu zahlenden Tantiemen zu empfehlen.

Apropos Tantiemen. Bei meiner Einstellung zum 1. Januar 1972 wurde mir alljährlich die Zahlung einer Tantieme schriftlich zugesichert. Ihre Höhe sollte von der Gesellschafterversammlung entsprechend des Geschäftsergebnisses festgelegt werden. Doch darüber entschied die Gesellschafterversammlung nie! Vielmehr segnete sie Mitte der 1970er Jahre das ab, was schon seit dem Jahre 1970 gang und gäbe war. Sie übertrug das ihr nach der Firmensatzung zustehende Recht zur Festlegung der Tantiemen an den Verwaltungsbeirat und zwar von Anfang an! Weder davor noch danach wussten also die Mitglieder der Gesellschafterversammlung, was an Tantiemen für die Herren Dr. Buchter und Wilhelm Herz sowie für mich beschlossen und bezahlt wurde.

In diesem Zusammenhang muss man wissen, dass ein Wahlbeamter wie Hockenheims Bürgermeister bei einer von der Rechtsaufsichtsbehörde genehmigten Nebentätigkeit nach der Nebentätigkeitsverordnung Baden-Württembergs maximal 10.800 Mark brutto pro Jahr zusätzlich vereinnahmen durfte. Darüber hinausgehende Beträge hätte er an die Anstellungskörperschaft, also die Stadt Hockenheim, abliefern müssen! Im Übrigen hatte der Wahlbeamte sämtliche Nebentätigkeitsvergütungen alljährlich der Rechtsaufsicht anzuzeigen.

Diese Vorschriften galten während meiner Amtszeit, aber auch schon zuvor. Ihnen gemäß korrekt verhielt ich mich als Bürgermeister. Als Vorsitzender der Gesellschafterversammlung der Hockenheim-Ring GmbH habe ich nie eine Mark an Tantiemen bezogen.

❋

Bürgermeisterwahl 1978

Wer nicht wagt, der nicht gewinnt.

Deutsches Sprichwort

Schon im Spätjahr 1976 zeichnete sich ab, dass Dr. Buchter mit Ablauf seiner zweiten Wahlperiode zum 31. März 1978 aus dem Bürgermeisteramt ausscheiden würde. Während der Ortsverband der CDU schon zu jener frühen Zeit auf Stadtrat Karl-Heinz Lansche, den 1. Stellvertreter Dr. Buchters, als Bürgermeisterkandidat setzte, hatten sich die anderen politischen Kräfte in der Stadt noch nicht offiziell zur Bürgermeisterwahl geäußert. Über ihre Kandidaten konnte man deshalb allenfalls spekulieren.

Auch für mich stand Ende 1976 noch nicht fest, ob ich mich um das Amt des Bürgermeisters bewerben würde – allerdings beschäftigte mich dieses Thema. Bis August 1977 bestärkten mich einige Ereignisse, einer Kandidatur näher zu treten. Auf sie sei im Folgenden eingegangen.

Gründe für die Kandidatur

Ich bin mir zwar nicht mehr ganz sicher, doch meine ich, es war im Spätjahr 1976, als ich mich zu einem Termin mit Dr. Buchter ins Rathaus begeben hatte. Dort lief mir Georg Fuchs, der Vorstandsvorsitzende der Bezirkssparkasse Hockenheim, über den Weg. Er war gerade aus Dr. Buchters Amtszimmer gekommen. Fuchs hatte bis zu seiner Pensionierung nur noch eine Dienstzeit von wenigen Monaten – und wegen seiner Nachfolge, so berichtete er mir, hatte er sich gerade mit Dr. Buchter auseinandergesetzt. Der habe ihn informiert, dass er erwäge, Vorstandsmitglied bzw. Direktor der Bezirkssparkasse Hockenheim zu werden. Mit einer gewissen Süffisanz teilte mir Georg Fuchs mit, habe er daraufhin Dr. Buchter geantwortet: „Bürgermeister kann jeder werden, aber Sparkassendirektor nicht!"

Angesichts dieses Disputs befürchtete ich, Dr. Buchter mit vermiester Laune anzutreffen. Doch das Gegenteil war der Fall. Er hatte ein von ihm verfasstes Schreiben vor sich liegen, das er an das Bundesaufsichtsamt der Banken in Bonn gerichtet hatte. Was Fuchs mir gegenüber andeutete, bestätigte mir Dr. Buchter. Er wollte mit dem Schreiben definitiv klären lassen, ob er die Voraussetzungen zur Leitung einer Sparkasse erfülle.

In dem Schreiben, das er mir vorlas, hatte er seinen Werdegang mit Studium der Volkswirtschaftslehre und Promotion sowie seine fast zwanzigjährige Bürgermeistertätigkeit angeführt, in der er auch als Vorsitzender des Verwaltungsrats und des Kreditausschusses der Bezirkssparkasse Hockenheim Verantwortung zu tragen hatte. In diesen Funktionen hatte er in der Tat bis in die 1970er Jahre, und zwar bis zur Einführung der neuen Vorstandssatzung im Sparkassenwesen, ein entscheidendes Wort bei allen wesentlichen Personalentscheidungen und Kreditvergaben der Bezirkssparkasse mitzusprechen.

Mit der neuen sogenannten Vorstandssatzung wurden die Zuständigkeiten und Kompetenzen des Sparkassenvorstands erheblich erweitert und zugleich dessen Besoldung auf ein neues, wesentlich höheres Niveau angehoben. Das machte eine Vorstandsposition noch interessanter, lag doch nun das Gehalt eines Sparkassendirektors wesentlich über dem eines Bürgermeisters von Hockenheim.

Die Stellungnahme des Bundesaufsichtsamts der Banken ließ nicht lange auf sich warten. Deren Inhalt erfuhr ich allerdings nicht von Dr. Buchter, sondern von Georg Fuchs, dem eine Kopie des Antwortschreibens zugegangen war. In diesem wurde Dr. Buchter kurz und bündig mitgeteilt, dass er, weil ihm die praktischen Voraussetzungen zur Leitung eines Kreditinstituts fehlen würden bzw. er nie in einem Kreditinstitut an verantwortlicher Stelle tätig gewesen sei, nicht als Vorstand bestellt werden könne.

Nachdem für Dr. Buchter ein Wechsel vom Bürgermeisteramt in die Direktion der Bezirkssparkasse Hockenheim nicht in Betracht kommen konnte, richtete er seine Ambitionen auf die Geschäftsführung der Hockenheim-Ring GmbH. Da die Stadt über 51 Prozent des Stammkapitals dieser Gesellschaft verfügte und insofern das Sagen hatte, konnte der Gemeinderat noch während Dr. Buchters Amtszeit eine entsprechende Weichenstellung vornehmen.

Um dies entsprechend seinen Vorstellungen in die Gänge zu bringen, hatte Dr. Buchter den Gemeinderat zu einer nicht öffentlichen Sondersitzung ins Motodrom, und zwar ins Ernst-Wilhelm-Sachs-Haus, eingeladen. Kurz nach der Sitzung informierte mich ein Mitglied des Gemeinderats über deren Verlauf.

Dr. Buchter hatte dem Gemeinderat seine Geschäftsführerbestellung mit der Notwendigkeit begründet, mich erst noch in die „großen Geschäfte" der Hockenheim-Ring GmbH einarbeiten zu müssen. Es ginge ihm auch nicht ums große Geld. Er soll sich eine monatliche Entschädigung vorgestellt haben, die ich, als ich sie hörte, recht bescheiden fand. In dieser Sitzung beschloss der Gemeinderat, ihn nach Ablauf seiner Amtszeit als Bürgermeister zum Geschäftsführer der Hockenheim-Ring GmbH zu bestellen.

Über die Höhe der Geschäftsführervergütung hatte später aber nicht der Gemeinderat, sondern die Gesellschafterversammlung der Hockenheim-Ring GmbH zu entscheiden. Die segnete einen wesentlich höheren Betrag als den ab, der mir nach der damaligen Sitzung im Ernst-Wilhelm-Sachs-Haus genannt worden war.

Mit dem Beschluss, Dr. Buchter zum Geschäftsführer zu bestellen, drängte sich mir aufgrund meiner bisherigen Erfahrungen die Frage auf, was ich bei einer Zusammenarbeit unmittelbar am Ring - als sein Handlanger sozusagen - zu erwarten hätte? Außerdem machte ich mir über seine Argumentation, mich in die „großen Geschäfte" einarbeiten zu müssen, meine Gedanken.

Leitete ich denn nicht bereits seit gut fünf Jahren die Verwaltungsgeschäfte der Hockenheim-Ring GmbH? Kannte ich denn nicht den Betrieb aus jahrelanger praktischer Erfahrung bestens, und hatte ich denn in dieser Zeit nicht alle wichtigen Verträge über alle großen Geschäfte vorbereitet und umgesetzt?

Je mehr ich darüber nachdachte, desto mehr reifte in mir die Absicht, entweder die Flucht nach vorne anzutreten und das Bürgermeisteramt anzustreben, oder mich über kurz oder lang auf einen Arbeitgeberwechsel einzustellen. Außerdem hoffte ich, durch eine Kandidatur als Bürgermeister, selbst wenn sie nicht erfolgreich verliefe, ein besseres Renommee in der Stadt als auch am Hockenheimring zu erlangen. Im Übrigen hätte ich mich nach einer verlorenen Bürgermeisterwahl immer noch nach einem anderen Job umsehen können.

Was mich noch bestärkte

Beim Hockenheimer Mai 1997 kam Armin Hampel von der örtlichen FDP wegen der Bürgermeisterwahl auf mich zu und wollte wissen, ob ich mich schon mit dem Gedanken einer Kandidatur befasst hätte? Er meinte, dass ich gute Voraussetzungen mitbrächte, durchaus eine Chance hätte und er sich in der FDP für mich einsetzen würde. Ich erklärte ihm, darüber schon nachgedacht, aber noch keine endgültige Entscheidung getroffen zu haben. Mit Hampels Anfrage kam Bewegung in die Sache.

Ich wusste, bei einer Kandidatur besser aufgestellt zu sein, wenn mich nicht nur die relativ kleine FDP, sondern auch die Freie Wählervereinigung (FWV) unterstützen würde. Vorsitzender der FWV war Volksbankdirektor Otto Eichhorn. Auf ihn ging ich zu. Eichhorn zeigte spontan Verständnis für mein Anliegen und stellte mir eine kurzfristige Klärung mit seinen politischen Weggefährten in Aussicht.

Letztlich war die FWV bereit, mich neben der FDP zu unterstützen. Damit hatte sich für mich eine weitere wesentliche Voraussetzung zur Bürgermeisterkandidatur erfüllt.

Zum Ende der Sommerpause 1977 zog Karl-Heinz Lansche, der hoch favorisierte Kandidat der CDU, seine Kandidatur aus gesundheitlichen und persönlichen Gründen zurück. Auch diese Entwicklung bestärkte mich zu kandidieren, sah ich nun auch noch die Chance, einen Teil seiner potenziellen Wähler auf meine Seite zu ziehen.

Der Sommer 1977 war für mich aber nicht nur wegen der kommenden Bürgermeisterwahl ein besonderer. Am 17. August 1977 bekamen Margarete und ich unser zweites Töchterchen, das wir Claudia nannten. Außerdem wurde Anfang September 1977 unsere Alexandra in die Pestalozzi-Schule eingeschult. Insofern war Margarete als Mutter mehr denn je gefragt. Sie meisterte diese Zeit in eindrucksvoller Weise und sagte mir nach anfänglicher Skepsis zu, mich bei meinen Ambitionen als Bürgermeister ohne Wenn und Aber zu unterstützen. Mit dieser familiären Rückendeckung verkündete ich im September 1977 meine Kandidatur.

Zuvor hatte ich Dr. Buchter informiert, der meinte, dass ich eine reelle Chance hätte. Nun begannen sechs harte Wahlkampfmonate, in denen ich mich mit mehreren Kandidaten auseinandersetzen musste.

Gegenkandidaten und Wahlkampf

Anstelle von Karl-Heinz Lansche setzte die örtliche CDU nun ihre Hoffnungen auf Adolf Stier, der seine Kandidatur erklärte. Er war Vorsitzender der CDU-Gemeinderatsfraktion, Kreisrat und Handlungsbevollmächtigter bei einer Versicherung. Die SPD hatte - wie nach der Gründung des Verkehrsvereins schon vermutet - Oberregierungsrat Jürgen Emmering auserkoren. Weitere Kandidaten waren Oberstudienrat Günter Deckert (NPD) sowie Assessor Florian Burlafinger. Letzterer hatte bereits bei vielen Bürgermeisterwahlen erfolglos kandidiert und versuchte nun auch in Hockenheim sein Glück. Ernst zu nehmen hatte ich aber aufgrund ihrer Stammwähler nur die von der örtlichen CDU und SPD nominierten Kandidaten.

Eine große Unterstützung war mir während des Wahlkampfs mein engeres Wahlkampfteam. Zu ihm zählten

- von der FWV Gerhard Butz, Otto Eichhorn, Hans Treutlein und Edgar Zahn,
- von der FDP Armin Hampel, Arno Kammer, Günther Müller und Manfred Neuberger sowie
- die parteilich Ungebundenen Klemens Eustachi, Georg Fuchs, Michel Gelb, Gertrud Röder, geb. Burgmeier, Gerhard Schwinn und Horst Winge.

Mit diesem Team stand mir ein beachtliches Potenzial an Erfahrung, Intelligenz und Tatkraft zur Seite. Von diesen Persönlichkeiten erhielt ich so manchen nützlichen Tipp und Rat. Außerdem stimmte ich mit ihnen meine Wahlkampfaktivitäten ab.

Leider standen nicht alle FDP-Mitglieder hinter mir. So drohte mir Adolf Härdle, damals noch FDP-Mitglied, den ich auf einer Wahlkampftour in der Schwetzinger Straße traf, einen Leserbrief in der Zeitung an, in dem er dazu auffordern wolle, mich nicht zu wählen. Enttäuscht entgegnete ihm dazu nur: „Dann tun Sie halt, was Sie nicht lassen können". Letztlich beließ er es aber bei der Drohung.

Bevor es zum ersten Wahlgang am 19. Februar 1978 kam, hatte ich zig Veranstaltungen von Vereinen und Kirchengemeinden in der Stadt besucht sowie eigene Wahlveranstaltungen in verschiedenen Gaststätten wie im „Stadtpark", im „Löwen", in der „Eintracht" und der „Bahnhofsrestauration" durchgeführt. Daneben verteilte ich tausende von Prospekten mit meinen Zukunftsvisionen zur Stadtentwicklung und ließ Plakate mit meinem Konterfei und dem Slogan „Hockenheim in gute Hände" aufstellen.

Anfang Dezember 1977 traf ich Bernie Ecclestone und Max Mosley im Frankfurter Flughafen, um mit ihnen das eine oder andere in Sachen Formel 1 zu besprechen. Sie hatten sich am gleichen Tag auch mit Vertretern des AvD getroffen. Der Automobilclub beanspruchte damals noch sämtliche Rechte am deutschen Formel-1-Grand-Prix für sich. Dies passte Ecclestone, dem Vorsitzenden der Formel-1-Konstrukteursvereinigung (FOCA), natürlich nicht.

Mosley war Rechtsanwalt, einer der Mitbegründer des March-Rennstalls und nun Ecclestones juristischer Beistand. Seine Mutter stammte aus einer der bekanntesten englischen Adelsfamilien, während sein Vater vor dem Zweiten Weltkrieg Englands Faschistenführer gewesen war. 1993 wurde Mosley zum Präsidenten der FIA gewählt.

Vor dem Treffen mit den beiden hatte ich mir bereits ihre Zustimmung für ein gemeinsames Foto eingeholt. Eine von mir beauftragte Frankfurter Fotografin schoss dann einige Schwarz-Weiß-Fotos von uns Dreien, von denen ich eines im Wahlprospekt verwendete. Mit solch bekannten Persönlichkeiten aus der Formel-1-Szene vermochten meine Konkurrenten nicht aufzuwarten.

Des Weiteren veröffentlichte ich Anzeigen mit den Namen von zig Wählern in der HTZ, die sich für mich aussprachen, führte einen Korso durch die Stadt mit Ansagen über einen auf einen Pkw montierten Lautsprecher durch, den mir mein Freund Karlheinz Baumann zur Verfügung stellte, und nahm an der Kandidatenvorstellung teil. Zu dieser hatte die Stadt im Rahmen einer Bürgerversammlung in die bis auf den letzten Platz besetzte Festhalle eingeladen.

Kandidatenvorstellung in Eppelheim

Wenige Tage vor der Hockenheimer Kandidatenvorstellung fand auch eine solche in Eppelheim statt. Dort begab sich Bürgermeister Peter Böhm (SPD) in den Ruhestand, der seit dem Jahre 1954 die Entwicklung der früher als „Maurerdorf" bezeichneten Gemeinde erfolgreich gestaltet hatte. Um seine Nachfolge bewarben sich Hugo Giese (SPD), der in Eppelheim Beigeordneter war, sowie Bernd Schmidbauer, der spätere CDU-Bundestagsabgeordnete und Staatsminister in der Regierung Kohl. Schmidbauer war damals Mitglied des Eppelheimer Gemeinderats und des Kreistags.

Die FDP hatte Reinhold Fink aufgeboten, einen gebürtigen Nußlocher und Kämmerer der Stadt Wiesloch. Mit ihm arbeitete ich einige Jahre später kollegial in der FDP-Fraktion des Kreistags zusammen. Neben diesen Dreien hatten sich noch zwei weitere Kandidaten beworben, die keiner politischen Gruppierung angehörten, denen aber von vornherein kaum Chancen eingeräumt wurden, was sich dann auch bestätigte.

Ich besuchte die in Eppelheims Rhein-Neckar-Halle veranstaltete Kandidatenvorstellung mit einigen meiner Wahlhelfer, um zu sehen, wie so etwas abläuft. Schätzungsweise waren über tausend Interessierte gekommen, die einen abwechslungsreichen und informativen Abend erlebten. Da ich damals noch keinen der

Kandidaten kannte, konnte ich die Kandidatenvorstellung völlig unvoreingenommen verfolgen und mir als neutraler Beobachter ein Bild von den Bewerbern und dem Verlauf einer solchen Veranstaltung machen.

Nach der Kandidatenvorstellung hatten meine Begleiter und ich das Gefühl, dass Hugo Giese aufgrund seiner ruhigen und sachlichen Art die meisten Punkte gesammelt hatte. Bernd Schmidbauer, rhetorisch und kommunalpolitisch beschlagen wie kein anderer, hatte in der Fragerunde einige Fragesteller, die wohl nicht zu seinem Lager zählten, mehr oder weniger abgekanzelt. Ich vermute, dass ihn dies einige Stimmen kostete.

Reinhold Fink hatte sich zwar wacker geschlagen, doch nach unserem Empfinden war es ihm an diesem Abend nicht gelungen, sich als echte Alternative zu Giese und Schmidbauer zu präsentieren. Mit unserer Einschätzung lagen wir nicht schief; Giese wurde zum Eppelheimer Bürgermeister gewählt.

Erfolgreich in zwei Wahlgängen

Der Hockenheimer Wahlkampf war bis zum Wahlsonntag im Großen und Ganzen fair verlaufen. Dies mag auch an den Wahlprogrammen der drei von den örtlichen Parteien unterstützten Kandidaten gelegen haben, die inhaltlich nicht wesentlich voneinander abwichen. Insofern ging es weniger ums Programm als um die zu wählende Person.

Der Wahltag verlief reibungslos, die Wahlbeteiligung betrug 76,5 Prozent, und nach Schließung der Wahllokale waren natürlich nicht nur die Kandidaten auf das Ergebnis gespannt. Auf mich entfielen 40,6, auf Jürgen Emmering 33,7, auf Adolf Stier 24,1, auf Günter Deckert 1,3 sowie auf Florian Burlafinger 0,2 Prozent der Stimmen. Damit hatte keiner der Bewerber die zur Wahl erforderliche absolute Mehrheit erreicht und erst der zweite Wahlgang am 5. März 1978 musste entscheiden, wer die Nase vorne hatte.

Aufgrund seines relativ schlechten Abschneidens verzichtete Adolf Stier auf eine erneute Kandidatur. Damit stellte sich automatisch die spannende Frage, für wen sich seine Wähler entscheiden, sofern sie auch am zweiten Wahlgang teilnehmen würden? Für jeden Kandidaten hieß deshalb die Devise, möglichst viele von Stiers Wählern zu gewinnen.

Leider wurde nun der bisher faire Wahlkampf ruppiger. Wenige Tage vor der erneuten Wahl berichtete beispielsweise die HTZ über eine Wahlveranstaltung Emmerings. Der Artikel trug die Überschrift: „Die Stadt darf kein Familienbetrieb werden". Damit wurde mir, obwohl jeder konkrete Anhaltspunkt fehlte, im Falle meiner Wahl unterstellt, eine „Vetternwirtschaft" betreiben zu wollen. Außerdem kochte, wie bei Bürgermeisterwahlen oft üblich, die Gerüchteküche.

Am Vorabend des zweiten Wahlgangs klingelte es kurz vor 23 Uhr an unserer Haustür. Zu so später Stunde und vor der entscheidenden Wahl bedeutete dies nichts Gutes. Als ich nachschaute, stand ein Mitarbeiter des städtischen Bauhofs vor unserem Haus, der mich sprechen wollte. Er hatte zuvor das Klubhaus des

Fußballvereins VfL besucht. Dort hatte man über mich hergezogen und mir einiges unterstellt. Da er dies nicht glauben konnte, wollte er von mir noch in der Nacht persönlich wissen, ob etwas daran sei? Vermutlich hatte ihm der bereits genossene Alkohol diesen Schritt erleichtert.

Obwohl ich ihn nicht näher kannte, bat ich ihn ins Haus und hörte mir an, was über mich verbreitet wurde. Es war bereits Mitternacht, als er uns verließ, nun davon überzeugt, dass nichts von den Gerüchten stimmte. Der unerwartete nächtliche Besuch dämpfte aber Margaretes und meine Erwartungen bezüglich der Wahl. Er wirkte sich auch auf unsere Nachtruhe nicht positiv aus.

Am anderen Morgen, nachdem wir einige Stunden darüber geschlafen hatten, sah die Welt für uns beide wieder optimistischer aus. Das Wahlergebnis, das in der voll besetzten Festhalle bekannt gegeben wurde, bestätigte schließlich unsere Zuversicht.

Die Wahlbeteiligung war nochmals leicht auf 78 Prozent gestiegen – für eine Bürgermeisterwahl relativ hoch. Auf mich entfielen 53,3, auf Emmering 44,3, auf Deckert 1,0 und auf Burlafinger 0,2 Prozent der Stimmen. Damit war das Rennen um das Bürgermeisteramt Hockenheims zu meinen Gunsten gelaufen. Ich war erleichtert und glücklich, mir aber auch der großen Verantwortung bewusst, die bald auf mich zukommen würde.

Dass der Wahlsieg nach einigen harten Wochen des Wahlkampfs gebührend gefeiert wurde, versteht sich von selbst. Mit meinen Wahlhelfern, Sympathisanten sowie meiner Familie und Verwandtschaft feierte ich bis spät in die Nacht bei meiner Tante Irma in der Bahnhofsrestauration.

Gratulationen – eine mit Bauplatzwünschen

Am Morgen nach der Wahl - ich hatte noch nicht recht ausgeschlafen, und die Hand schmerzte noch ein bisschen vom vielen Händedrücken - klopften bei uns zu Hause zwei weitere Gratulanten an. Sie wollten mich zudem noch wegen einer Grundstückssache sprechen!

Es handelte sich um ein im Ruhestand befindliches Ehepaar, das jahrzehntelang eine Bäckerei in Hockenheim betrieben hatte. Sie besaßen im Gewann Birkengrund, unmittelbar beim Autobahndreieck Hockenheim, ein größeres Ackergrundstück, das ursprünglich mal Baugelände werden sollte. Mit den Jahren hatte die Stadt davon aber Abstand genommen, da dieser Bereich als Parkgelände für den Hockenheimring benötigt wurde. Im Falle einer Baulandumlegung hätte die Polizei wegen fehlender Parkplätze die Durchführung von Großveranstaltungen in Frage gestellt.

Durch diese Entwicklung fühlte sich das Ehepaar von der Stadt benachteiligt. Vor allem die Ehefrau, die das Wort führte, beklagte sich über die Verantwortlichen der Stadt mit fast weinerlicher Stimme. In mir, dem tags zuvor Gewählten, sahen beide nun den Hoffnungsträger, der ihnen den Weg zu mehreren Bauplätzen ebnen sollte. Obwohl ich es unmöglich fand, mich wenige Stunden nach der Wahl mit so einem Anliegen zu konfrontieren, von dem ich zudem noch keine Ahnung haben konnte, sagte ich ihnen zu, mich darum zu kümmern, sobald ich im Amte sei.

Als ich dieses angetreten hatte, stellte ich fest, dass das Verhalten der Stadtverwaltung völlig korrekt gewesen war. Auch ich sah keine Möglichkeit, ihr Ackergelände in wertvollere Bauplätze umzuwandeln oder dies irgendwann in Aussicht zu stellen. Dies teilte ich dem Ehepaar schriftlich mit. Es war über meine Stellungnahme natürlich enttäuscht und nach wie vor nicht bereit, seine relativ große Ackerfläche dem Hockenheimring als Parkfläche zu überlassen. Dadurch hätte die Familie über die Jahre einige tausend Mark als Ackerpacht ohne Aufwand einnehmen können.

Am Morgen nach der Wahl, kaum waren die ersten „Gratulanten" mit ihrem Anliegen gegangen, wurde es plötzlich laut vorm Haus. Als ich nachsah, standen einige städtische Mitarbeiter des Bauhofs sowie Gerhard Geiger, unserer Revierförster, vor unserer Tür. Sie überraschten mich mit einer schön gewachsenen, haushohen Kiefer aus dem Stadtwald. Es war der „Bürgermeisterbaum", verziert mit einem Kranz aus Tannenzweigen und farbigen Bändern, der vor unserem Haus aufgestellt wurde. Eine schöne Geste, über die ich mich sehr gefreut habe, und die mit einer Runde Schnaps zünftig begossen wurde.

Nach der Bürgermeisterwahl vermochte ich ein insgesamt positives Resümee zu ziehen. Viele Menschen hatten mich unterstützt und mir ihre Sympathie bekundet. Ich empfand dies sehr erfreulich und es bestärkte mich auf dem vom Wahlkampf geprägten Weg bis zur Wahl. Andererseits polarisierte diese aber auch. Sie weckte Emotionen und führte zu Enttäuschungen, beispielsweise über Personen, mit denen ich jahrzehntelang ein gutes Verhältnis pflegte, nun aber feststellen musste, dass sie sich - sei es aus parteipolitischen oder anderen Gründen - öffentlich für einen anderen Mitbewerber eingesetzt hatten.

Die meisten meiner unmittelbaren Wahlkampfhelfer und zahlreichen Unterstützer engagierten sich für mich in wirklich uneigennütziger Weise. Dies nahm ich dankbar zur Kenntnis. Leider musste ich aber nach der Wahl auch andere Erfahrungen machen. Jedenfalls ließ die eine oder andere Unterstützung vermuten, dass ihr Eigeninteressen bzw. gewisse Erwartungen mir gegenüber zugrunde lagen. Für mich gab es von Anfang an aber nur einen, nämlich den korrekten Weg – und der führte zwangsläufig zu einigen Enttäuschungen.

Als Bürgermeister hatte ich bald mit vielen Menschen zu tun. Neue Freundschaften entstanden. Dass davon die eine oder andere eine „Nutzenfreundschaft" war, sollte mir leider erst nach dem Ende meiner Amtszeit bewusst werden.

❋

Kapitel 3: Erste Amtszeit (1978 - 1986)

Alles, was im Menschen tüchtig ist, wird gesteigert,
gibt er sich einer großen Aufgabe hin.

GUSTAV FREYTAG

Amtseinführung und Verpflichtung

Am 1. April 1978 begann meine Amtszeit als Bürgermeister. Es war ein Samstag, an dem im Rathaus nicht gearbeitet wurde. Deshalb trat ich mein Amt
erst am darauf folgenden Montag an.

In der Woche zuvor hatte mir Dr. Buchter bereits seinen Schreibtisch übergeben. Viel war es nicht, was er mir zu überreichen bzw. zu sagen hatte. Aus einer
der Schubladen holte er eine Akte und meinte: „Auch damit müssen Sie sich befassen." Es handelte sich um die Flächennutzungsplanung der Verwaltungsgemeinschaft Hockenheim, zu der neben der Stadt Hockenheim noch die Gemeinden Altlußheim, Neulußheim und Reilingen zählen. Dieses Planwerk war damals über einen ersten Entwurf noch nicht hinausgekommen.

An meinem ersten Arbeitstag fand vormittags meine Amtseinführung im Bürgersaal des Rathauses statt. Daran nahmen nur wenige Personen teil, unter anderem mein Amtsvorgänger Dr. Buchter sowie Landrat Albert Neckenauer, über
dessen Kommen ich mich besonders gefreut habe. Mit dem Landrat sollte ich
künftig noch viel zu tun haben, insbesondere wegen unseres Krankenhauses.

Die Amtseinführung oblag Jakob Schinke, dem an Jahren ältesten Mitglied des
Gemeinderats. Er gehörte der CDU-Fraktion an und betrieb einen landwirtschaftlichen Betrieb, der sich unmittelbar neben dem Lutherhaus in der Oberen Hauptstraße befand. Zwei Tage später, und zwar in der ersten öffentlichen Gemeinderatssitzung, die ich zu leiten hatte, verpflichtete mich Schinke als Bürgermeister.
Außerdem vereidigte er mich als Wahlbeamter. Verpflichtet wurde ich mit folgenden Worten:

> „Ich gelobe Treue der Verfassung, Gehorsam den Gesetzen und gewissen-
> hafte Erfüllung meiner Pflichten. Insbesondere gelobe ich, die Rechte der
> Gemeinde gewissenhaft zu wahren und ihr Wohl und das ihrer Einwohner
> nach Kräften zu fördern."

Daneben hatte ich als Wahlbeamter unter Erheben der rechten Hand folgende Ei-
desformel nachzusprechen:

> „Ich schwöre, dass ich mein Amt nach bestem Wissen und Können führen,
> das Grundgesetz für die Bundesrepublik Deutschland, die Landesverfassung

und das Recht achten und verteidigen und Gerechtigkeit gegen jedermann üben werde. So wahr mir Gott helfe."

Am folgenden Morgen traf ich mich zu einer ersten Gesprächsrunde mit den Rektoren der Hockenheimer Schulen. Es ging um neuen Schulraum, konkret um sogenannte Fachklassenräume, die in der Theodor-Heuss-Realschule benötigt wurden. Dies war schon ein Wahlkampfthema, weshalb ich die Sache gleich in die Hand nahm. Einen Monat später bestätigte das Oberschulamt den zusätzlichen Bedarf an Schulräumen und sagte zu, die Investitionskosten zu bezuschussen. Damit war der Weg geebnet, um den Architekten Brettel aus Karlsruhe zu beauftragen. Er hatte schon in den 1960er Jahren die neue Realschule geplant.

Der Erweiterungsbau kostete rund drei Millionen Mark und wurde im Februar 1981 fertig gestellt. Damit war das örtliche Schulraumproblem fürs Erste gelöst.

❋

Generationswechsel im katholischen Pfarramt

Im Jahre 1978 kam es nicht nur zu einem Führungswechsel im Hockenheimer Rathaus, sondern auch an der Spitze der katholischen Kirchengemeinde. Pfarrer Johannes Beykirch übergab aus Altersgründen den Stab an Pfarrer Siegfried Vögele.

Johannes Beykirch – eine rheinische Frohnatur

Einer meiner ersten öffentlichen Auftritte als Bürgermeister fand am 9. April 1978 beim 50-jährigen Priesterjubiläum des katholischen Stadtpfarrers und Geistlichen Rats Johannes Beykirch statt. Wie bei ihm nicht anders zu erwarten, feierte er seine goldene Primiz gebührend, zunächst mit einem Festgottesdienst in der Sankt-Georgs-Kirche und anschließend im Rahmen eines Empfangs in der Festhalle. Zu diesem waren fast alle seiner achtundzwanzig Kapläne gekommen, die er im Laufe seiner Dienstzeit betreut hatte. Aber auch sonst war eine große Zahl an kirchlicher und kommunaler Prominenz vertreten.

Der Jubilar war eine typisch rheinische Frohnatur. Er stammte aus Grevenbroich, wuchs im badischen Rheinfelden auf und wurde am 11. März 1928 in Sankt Peter, dem Priesterseminar der Erzdiözese Freiburg, zum Priester geweiht. Als Kaplan wirkte er in Durmersheim und Mannheim. Bevor er 1938 die Pfarrstelle in Brühl antrat, war er am Städtischen Klinikum Mannheim als Krankenhausseelsorger tätig. Von Brühl wechselte er 1953 nach Hockenheim. Das ehemalige Dekanat Schwetzingen leitete er von 1967 - 1976.

Durch sein regionales Engagement war Beykirch eine weit über die Grenzen der Stadt Hockenheim hinaus bekannte und geachtete Persönlichkeit. In seine Ägide fielen der Bau der Kindergärten Sankt Josef und Sankt Maria sowie die Renovierung der Sankt-Georgs-Kirche und anderer kirchlichen Einrichtungen. Deshalb bezeichnete er sich auch gerne als Baumeister. Zudem war er der Hausherr der

Festhalle, dem katholischen Gemeindezentrum, das seit Jahren die Funktion einer Stadthalle hatte. In deren Küche sorgte seine Haushälterin Therese Diller mit ihrem Team bei vielen Veranstaltungen für das leibliche Wohl. Im Hinblick auf diese gastronomische Versorgung sprach Beykirch gerne vom „Haus der guten Qualitäten".

Für seine vielfältigen Verdienste war Beykirch bereits mit dem Bundesverdienstkreuz ausgezeichnet worden, und der Hockenheimer Gemeinderat hatte wenige Wochen vor Beginn meiner Amtszeit beschlossen, ihn zum Ehrenbürger zu ernennen, die höchste Auszeichnung, die eine baden-württembergische Stadt vergeben kann. Mit der Ehrenbürgerwürde wurde übrigens auch Dr. Buchter Ende März 1978 ausgezeichnet, als er vor großem Publikum in der Festhalle als Bürgermeister verabschiedet worden war.

Bei Beykirchs Jubiläumsfeier hatte ich als Vertreter der Stadt die Aufgabe übernommen, ihn zu würdigen und ihm die Ehrenbürgerurkunde zu überreichen. Neben mir traten noch zahlreiche andere ans Mikrofon, um ihm zu gratulieren und zu danken. Erster Gratulant überhaupt war mein Vorgänger Dr. Buchter, der in einer exzellenten Rede die zwanzigjährige Zusammenarbeit mit Beykirch Revue passieren ließ, eine Zeit, zu deren Beginn beide auch mal den Vergleich mit Don Camillo und Peppone auszuhalten hatten.

Zum Schluss des offiziellen Teils ergriff Beykirch selbst das Wort, bedankte sich für alles und überraschte seine Gäste auch bei diesem Anlass mit einem humorvollen Wort. Er berichtete, dass er gefragt worden sei, was er denn getan hätte, um mit nahezu 75 Jahren noch so rüstig zu sein. Darauf habe er geantwortet: „Morgens früh das Bett leer, mittags die Suppenschüssel leer und abends die Flasch' leer"! Seine Hausmarke war „Durbacher Weißherbst", ein badischer Wein, den er regelmäßig als „Milch des Alters" genoss.

Nach diesem für Beykirch typischen Spruch, der für Erheiterung sorgte, lud er seine Gäste zum Mittagessen ein, das unter der Leitung seiner Haushälterin Therese Diller vorbereitet worden war.

Am 15. Oktober 1978 verabschiedete die katholische Kirchengemeinde ihren langjährigen Pfarrer Johannes Beykirch 75-jährig in den verdienten Ruhestand. Seinen Lebensabend verbrachte er in Hockenheim.

In den letzten Jahren seiner Amtszeit hatte er den Wunsch, seine letzte Ruhestätte einmal in der „Fatimakapelle" zu finden, die sich im Souterrain zwischen der katholischen Kirche und dem Pfarrhaus befindet. Beykirch selbst hatte diese kleine Kapelle einrichten und mit einer Gruft versehen lassen. Er weihte sie am Palmsonntag 1960 mit einer von ihm beschafften 1,80 Meter hohen Madonnenstatue aus Fatima ein. Für eine Beisetzung in der Gruft benötigte er eine Ausnahmegenehmigung sowohl von kirchlicher als auch von kommunaler Seite, die nicht ohne weiteres zu bekommen war. Doch wie bei ihm nicht anders zu erwarten, wurde sie ihm erteilt.

Was er zu der Zeit aber nicht bedacht hatte, war die abgeschiedene Lage der Fatimakapelle, die das Jahr über von relativ wenigen Menschen aufgesucht wurde. Als ihn sein Nachfolger, Pfarrer Siegfried Vögele, darauf aufmerksam machte, änderte er seine Meinung und zog eine Beerdigung auf dem Hockenheimer Friedhof vor. Pfarrer Vögele ließ sich dies von ihm schriftlich bestätigen und legte das Schriftstück in eine Kassette, die er in der für Beykirch vorgesehenen Gruft der Fatimakapelle deponierte.

Johannes Beykirch starb am 17. Juni 1992 im gesegneten Alter von fast 89 Jahren. Seine letzte Ruhestätte fand er am Hauptweg des Friedhofs. Das war eine exponiertere Stelle als die Fatimakapelle.

Mit Siegfried Vögele kam ein Anderer

Am 12. November 1978 trat Pfarrer Siegfried Vögele die Nachfolge Beykirchs in der Sankt-Georgs-Gemeinde mit den Worten an: „Es kommt ein Anderer, er ist ein Anderer und er hat das Recht, ein Anderer zu sein!" Damit wollte er gleich zu Beginn seiner Amtszeit verdeutlichen, dass nun ein von seiner Art her anderer Mensch und Pfarrer der katholischen Gemeinde vorstand.

Vögele war 1929 geboren, stammte aus Ersingen bei Pforzheim und wurde 1959 in Karlsruhe zum Priester geweiht. Danach war er Kaplan in Furtwangen und Karlsruhe sowie Pfarrer in Markdorf. Die Hockenheimer Pfarrei führte er von 1978 bis 1989.

In dieser Zeit entwickelte sich zwischen uns ein freundschaftliches Verhältnis, das auch nicht zu leiden hatte, als er Pfarrer in Grötzingen wurde. Margarete und ich trafen uns dort des Öfteren mit ihm und Roswitha Hambsch, seiner Haushälterin. Unsere Freundschaft endete erst mit seinem Ableben am 23. Februar 2007.

Bei Siegfried Vögele schätzte ich seine Aufrichtigkeit, seinen Intellekt und Humor sowie seine nette Art. Aber auch bei seinen politischen und gesellschaftlichen Einschätzungen hatte ich das Gefühl, dass wir oft ähnlich dachten. Mit Wolf Blüthner, dem evangelischen Pfarrer Hockenheims, verband ihn bald eine enge Freundschaft, die zu einem vorbildlichen ökumenischen Miteinander in unserer Stadt führte. Bei seinen Predigten, die er grundsätzlich frei hielt, spürte man sein fundiertes theologisches Wissen sowie seine tiefe Verbundenheit mit den Menschen, für die er sich engagierte.

Mit Siegfried Vögele brachte ich das Altenheim „St. Elisabeth" im Ebertpark auf den Weg, das nach seiner Fertigstellung zu den vorbildlichsten Einrichtungen dieser Art zählte. Mit seinen fünfundneunzig Betten, zumeist Pflegebetten, ist das Heim, das mitten in der Stadt und dennoch im Grünen liegt, eine soziale Einrichtung, deren Wert für alte und gebrechliche Menschen nicht hoch genug einzuschätzen ist.

✳

Körperliche Schwachstelle beseitigt

Beim goldenen Priesterjubiläum von Johannes Beykirch hatte seine Haushälterin Therese Diller mit ihrem Küchenteam für ein vorzügliches Mittagessen gesorgt. Leider bekamen mir der saftige Braten und die knusprigen Kroketten überhaupt nicht. Meine Galle streikte.

Ausgerechnet an Beykirchs Festtag entpuppte sich dieses Organ erneut als meine körperliche Schwachstelle. Hatte ich während meines Studiums schon einmal mit einer entzündeten Gallenblase kolikartige Beschwerden, bescherte mir diese 1973 sogar einen mehrwöchigen Krankenhausaufenthalt. Ich berichtete bereits darüber. Danach ließ sie mich einige Jahre in Ruhe. Nun aber machte sie mir mit einer Kolik schwer zu schaffen.

In den folgenden Tagen wollte ich genau wissen, was mir fehlte. Ich vertraute mich Dr. Heino Ital, einem in Mannheim praktizierenden Internisten an, der mich an eine röntgenologische Praxis in Mannheim überwies. Die diagnostizierte in meinem Hauptgallengang mehrere erbsengroße Gallensteine, schön aneinandergereiht, wie bei einer Perlenkette. Die Ärzte rieten mir, die Steine so schnell wie möglich entfernen zu lassen, was ich beherzigte.

Dies war alles andere als ein guter Beginn meiner Amtszeit. Erfreulicherweise verlief der operative Eingriff gut, den Dr. Friedrich Dittmar, Chefarzt des Kreiskrankenhauses Schwetzingen, im Juni 1978 durchführte. Danach war ich wieder relativ schnell auf den Beinen.

✳

Gutes Verhältnis zu Bürgermeisterkollegen

Neu im Amte, war es mir ein Anliegen, mit den Bürgermeistern der benachbarten Kommunen ein gutes und vertrauensvolles Verhältnis aufzubauen. Dies galt auch und besonders für die Bürgermeister von Altlußheim, Neulußheim und Reilingen, mit denen ich in verschiedenen Gremien zusammenzuarbeiten hatte. Darüber hinaus tangierten damals überörtliche Planungen unseren Raum oder kündigten sich an. Sie erforderten eine interkommunale Abstimmung und ein gemeinsames Auftreten nach außen.

Angenehme Zusammenarbeit in der Verwaltungsgemeinschaft

Die Verwaltungsgemeinschaft Hockenheim, im Zuge der Gemeindereform in Baden-Württemberg 1975 gegründet, besteht aus den südlich von Hockenheim gelegenen Gemeinden Altlußheim, Neulußheim und Reilingen. Erfüllende, also die „federführende" Gemeinde, ist die Stadt Hockenheim. Sie hat die der Verwaltungsgemeinschaft per Gesetz übertragenen Aufgaben wie die vorbereitende Bauleitplanung (Flächennutzungsplanung) oder die Aufgaben des Trägers der Straßenbaulast für die Gemeindeverbindungsstraßen gegen eine angemessene Entschädigung durch das Land zu erledigen.

Zu Beginn meiner Amtszeit war Hermann Kief Bürgermeister in Reilingen, Ewald Butz in Neulußheim und Gerhard Zahn in Altlußheim. Leider verstarb Kief im Frühjahr 1981 nach kurzer schwerer Erkrankung. Zu seinem Nachfolger wählten die Reilinger Helmut Müller, der für die Geschicke seiner Gemeinde 16 Jahre lang verantwortlich zeichnete.

Mit den Kollegen aus der Verwaltungsgemeinschaft hatte ich auch regelmäßig im Kreditausschuss und Verwaltungsrat der Bezirkssparkasse Hockenheim zu tun. Außerdem waren Altlußheim, Neulußheim und Reilingen sowie die Stadt Hockenheim die Gewährträger dieses Geldinstituts.

Weitere Bereiche der kommunalen Zusammenarbeit waren die gemeinsame Flächennutzungsplanung.

Außerdem entsorgte Reilingen seine Abwässer über die Kläranlage Hockenheim. Insofern hatte ich mich auch auf diesem Gebiet hin und wieder mit Reilingens Bürgermeister abzustimmen.

Ewald Butz – ein auf Ausgleich bedachter Kollege

Zwischen Ewald Butz, dem parteilosen Neulußheimer Bürgermeister und mir entwickelte sich bald ein besonders gutes kollegiales Verhältnis. Dazu trugen auch die Planungen der Deutschen Bundesbahn bei, die Neulußheim und Hockenheim erheblich tangierten. Aus diesem Grund sind wir der Bahn gegenüber oft gemeinsam aufgetreten, um die Belange unserer Kommunen mit dem nötigen Nachdruck geltend zu machen. Butz erreichte es beispielsweise, dass die geplante Führung der neuen B 36 über die Bahntrasse, die mit einem weiteren riesigen Brückenbauwerk verbunden gewesen wäre, in eine Unterführung umgewandelt wurde.

Der Neulußheimer Bürgermeister hatte durch seinen aus Hockenheim stammenden Vater und dessen Geschwister auch Hockenheimer Wurzeln. Leider musste er gegen Kriegsende als Jugendlicher erleben, wie seine Familie mit mehreren Geschwistern durch eine Fliegerbombe ums Leben kam. Trotz dieses schweren Schicksalsschlags hatte der gelernte Verwaltungsfachmann aber ein frohes Gemüt, war sehr kollegial und vor allem in Konfliktsituationen, auch innerhalb der Verwaltungsgemeinschaft, ein auf Ausgleich und Harmonie bedachter Mensch, der überzeugte. Das schätzte ich an ihm besonders.

Solange er in Neulußheim die Ratssitzungen leitete, gelang es ihm, mit viel diplomatischem Geschick die Parteipolitik aus der Gemeindepolitik herauszuhalten und die unterschiedlichen kommunalpolitischen Kräfte im Interesse der Gemeinde zu zügeln und zu bündeln. Auch deshalb blühte in seiner 28-jährigen Amtszeit das kleine Gemeinwesen Neulußheim auf.

Nach seinem Ableben (2008) benannte die Gemeinde eine Ortsstraße nach ihrem Altbürgermeister und Ehrenbürger Ewald Butz.

Kurt Waibel – Schwetzingens „kurfürstlicher" Repräsentant

Wenige Wochen nach meinem Amtsantritt suchte ich mit dem Schwetzinger Bürgermeister Kurt Waibel den Dialog. Er war eine stattliche Erscheinung mit grauen Haaren und einer dicken dunklen Hornbrille. Im Jahre 1962 erstmals zum Bürgermeister gewählt, bestätigten die Schwetzinger ihn Ende 1969 erneut als ihren Bürgermeister. Kurz vor Ablauf seiner zweiten zwölfjährigen Amtsperiode erlag Waibel einer heimtückischen Krankheit. Zu seinen Ehren benannte die Spargelstadt eine Förderschule nach ihm.

Waibel hatte es stets meisterhaft verstanden - und darin sah er wohl eine seiner Hauptaufgaben - die Stadt Schwetzingen nach außen zu repräsentieren. Den Rücken dazu hielt ihm sein Beigeordneter Wilhelm Heuss frei, der im Hintergrund als der starke Mann der Schwetzinger Stadtverwaltung galt.

Es erschienen nur wenige Ausgaben der Schwetzinger Zeitung ohne einen Bericht mit einem Foto von Waibel. Auch seine Nachfolger Gerhard Stratthaus und Bernd Kappenstein präsentierten sich in der Lokalzeitung in ähnlicher Weise. Gab es einmal eine Zeitungsausgabe ohne das Konterfei dieser Amtsträger, musste man sich schon fragen, ob ihnen etwas zugestoßen sei?

Obwohl Waibel wie mein Amtsvorgänger Mitglied der SPD war, hatten beide nicht das beste Verhältnis. Dies lag wahrscheinlich daran, dass Schwetzingen schon durch Kurfürst Carl Theodor als Amtsstädtchen auserkoren worden war. Das privilegierte die Spargelstadt auch in der Folgezeit und verschaffte ihr gegenüber Hockenheim gewisse Standortvorteile durch Landes- und Kreiseinrichtungen. Im Hockenheimer Rathaus war man über diese Entwicklung natürlich nicht begeistert. Zudem spielten wohl auch persönliche Dinge zwischen Dr. Buchter und Waibel eine gewisse Rolle.

Landesbehörden wie das Amtsgericht und das Finanzamt, die Rechtspflegeschule, aber auch die Berufsschulen des Kreises, die Kfz-Zulassungsstelle, das neue Kreiskrankenhaus und nicht zuletzt das vom Land unterhaltene Schloss mit dem Rokokotheater und dem Schlossgarten waren zentralörtliche Einrichtungen, aufgrund derer Schwetzingen in der Landes- und Regionalplanung als Mittelzentrum ausgewiesen wurde.

Im Gegensatz dazu hatten die Landesplaner das von der Einwohnerzahl her nur wenig kleinere, wirtschaftlich aber wesentlich stärkere Hockenheim mit seiner weltbekannten Rennstrecke nur als Unterzentrum eingestuft. Der ständige Ausbau der Kreiseinrichtungen in Schwetzingen wurde im Hockenheimer Rathaus auch deshalb recht kritisch verfolgt, weil die Rennstadt ab Mitte der 1960er Jahre aufgrund ihrer Steuerkraft wesentlich mehr zur Finanzierung des Kreishaushalts beizutragen hatte als Schwetzingen.

Das Verhältnis zwischen Dr. Buchter und Waibel belastete auch eine Aussage Dr. Buchters auf einer Veranstaltung der Hockenheimer SPD in den 1970er Jahren, über die die HTZ berichtete. An deren aufsehenerregenden Artikel erinnere ich mich auch deshalb noch so gut, weil er die alte Rivalität zwischen Hockenheim und Schwetzingen auf ein bisher in dieser Form nicht bekanntes persönliches Niveau abgleiten ließ. Die Segnungen Schwetzingens mit zentralörtlichen Einrichtungen und wohl auch dessen Bürgermeister im Blick, soll Dr. Buchter gesagt haben: „Den Seinen gibst der Herr im Schlaf – und manchen im Tiefschlaf!" Wie dies in Schwetzingen und insbesondere bei Waibel ankam, kann man sich denken.

Trotz allem hatte sich Waibel wenige Tage nach Dr. Buchters Ausscheiden aus dem Amt über dessen Einladung zu einem Spargelessen ins Hotel Motodrom gefreut. Dem sei er gerne gefolgt, wie er mir bei meinem Antrittsbesuch berichtete. Das Essen sei, so Waibel, sehr harmonisch verlaufen und habe ihn von einem ab sofort versöhnten Verhältnis träumen lassen.

Zwei Tage nach dieser für Waibel sehr erfreulichen Begegnung traute er aber seinen Augen nicht, denn mit der Post wurde ihm vom Hotel Motodrom die Rechnung über das Spargelessen zugestellt. Darauf hin rief er, wie er mir sagte, den Hotelier Kerschensteiner an und erklärte ihm, dass er von Dr. Buchter doch eingeladen gewesen wäre und es sich deshalb mit der Rechnung um ein Versehen handeln müsse. Kerschensteiner habe ihn aber gleich eines Besseren belehrt. Er war nämlich von Dr. Buchter ausdrücklich gebeten worden, die Rechnung ins Schwetzinger Rathaus zu schicken!

Waibel fühlte sich von Dr. Buchter einmal mehr vorgeführt. Letztlich habe er aber, so seine Aussage, zu diesem unerfreulichen Spiel eine gute Miene gemacht und bezahlt.

Siegwald Kehder – ein erfahrener kollegialer Ratgeber

Zu meinen Kollegen aus der unmittelbaren Nachbarschaft, die ich seit dem ersten Kennenlernen schätzte, zählte Siegwald Kehder aus Oftersheim. Er hatte das Bürgermeisteramt der Hardtwaldgemeinde wenige Jahre vor meiner Amtszeit angetreten, verfügte als Verwaltungsfachmann über viel Kommunalerfahrung und war mir immer ein interessanter Gesprächspartner. Mit ihm traf ich mich hin und wieder zum Erfahrungsaustausch, jedoch nicht so häufig wie mit meinen Kollegen aus der Verwaltungsgemeinschaft Hockenheim, mit denen ich Kraft meines Amtes vielfach zu tun hatte.

Von Kehder erfuhr ich, dass man auch in Oftersheim die Renngeräusche des Hockenheimrings häufig höre und sie störend empfände, besonders bei den vorherrschenden Südwestwinden. Dadurch hatte sich mit den Jahren in Oftersheim eine gewisse Aversion gegen die mit Rennlärm verbundenen Veranstaltungen und den Hockenheimring überhaupt aufgebaut.

In seiner 24-jährigen Amtszeit hatte Kehder in seiner Hardtwaldgemeinde viele neue Akzente gesetzt und sie behutsam aber stetig weiterentwickelt. Große Verdienste erwarb er sich bei der Sanierung dörflich geprägter Bereiche und im kommunalen Wohnungsbau. Ihm ist zu verdanken, dass einige ältere Gebäude im Kern der Gemeinde nicht dem Abbruch zum Opfer fielen, sondern restauriert und gemeinnützigen Zwecken zugeführt wurden. Überhaupt lagen ihm immer das Bewahren Alt-Oftersheims und das Aufarbeiten dessen Geschichte am Herzen.

Die Hardtwaldgemeinde dankte ihm für seine erfolgreiche Amtszeit mit der Verleihung des Ehrenbürgerrechts. Außerdem benannte sie die ortsnahe Wohnanlage der Gemeinde, mit 49 altengerechten betreuten Wohnungen und einer Seniorenbegegnungsstätte, nach Siegwald Kehder.

✳

Erste Bürgerversammlung und die Gleichheit vor dem Gesetz

Während meines ersten Amtsjahrs war es für viele Autofahrer, vor allem aus den südöstlichen Stadtteilen, längst schon eine gängige Praxis, über die Wirtschaftswege zu den beiden Tank- und Rastanlagen „Am Hockenheimring" und dann weiter auf die Autobahn A 6 oder umgekehrt von dieser in die Stadt zu fahren. Dies entsprach aber nicht den Vorschriften, nach denen es nur über amtlich gekennzeichnete Zu- und Ausfahrten gestattet ist, auf Autobahnen zu- oder abzufahren.

Ausgenommen von dieser Regel sind Großveranstaltungen am Hockenheimring. Bei ihnen lenkt die Verkehrspolizei die anfahrenden Besucher über die Tank- und Rastanlagen direkt auf die Parkplätze, um den Veranstaltungsverkehr zu verteilen und die Stadt zu entlasten. Sonst aber ist die Zu- und Abfahrt über die Wirtschaftswege nur für die Lieferanten und Bediensteten der Tank- und Rastanlagen sowie für Dienstfahrzeuge frei. Entsprechend waren die Wirtschaftswege schon immer beschildert, doch das ignorierten viele, hin und wieder auch ich.

Der Sache kam entgegen, dass die Polizei jahrelang nicht kontrollierte. Das war im Sinne der Stadt, denn jeder über die Tank- und Rastanlagen ein- oder ausfahrende Pkw entlastete die innerstädtischen Hauptstraßen sowie die Wohngebiete, durch die sonst der Ziel- und Quellverkehr geflossen wäre. Deshalb hoffte ich als junger Bürgermeister, die Zu- und Abfahrt über die Tank- und Rastanlagen würde wenigstens solange geduldet oder gar mit dem amtlichen Segen versehen, bis das örtliche Straßennetz verbessert und die bevorstehenden Neutrassierungen der B 39 und B 36 abgeschlossen sein würden.

Leider begann die Autobahnpolizei zu Beginn meiner Amtszeit hin und wieder zu kontrollieren und Bußgelder zu verhängen. Das erzeugte Unmut, den auch ich häufig zu hören bekam. Überhaupt bewegte die Angelegenheit damals viele Hockenheimer.

Am 7. Dezember 1978 hatte ich zur ersten Bürgerversammlung meiner Amtszeit in die Festhalle eingeladen, bei der ich auch die Zu- und Abfahrt über die Tank- und Rastanlagen thematisierte. Darüber hatte ich zuvor schon mit den zuständigen Behörden gesprochen. Die empfahlen mir, mich an Dr. Trudpert Müller, den Präsidenten des Regierungspräsidiums Karlsruhe zu wenden. Wenn überhaupt, so wurde mir bedeutet, hätte nur er die Zuständigkeit und Kompetenz, darüber zu entscheiden. Deshalb bat ich Dr. Müller, an der Bürgerversammlung teilzunehmen und den Hockenheimern Rede und Antwort zu stehen. Dazu war er bereit.

In der gut besuchten Bürgerversammlung begründete ich nochmals das Hockenheimer Anliegen. Trotz meiner Fürsprache vermochte ich nicht, das Hochkochen von Emotionen zu verhindern. Erregt forderten einige Mitbürger, die Zu- und Abfahrt über die Tank- und Rastanlagen endlich zu legalisieren.

Der Regierungspräsident hörte sich dies alles an und beeindruckte dann wohl nicht nur mich, wie er in sachlich ruhiger und besonnener Weise Stellung bezog. Als ehemaliger OB von Kehl war er kommunalpolitisch natürlich recht erfahren. Am Ende stellte er zur Freude aller die Öffnung in Aussicht. Das besänftigte schlagartig die Gemüter.

Doch wir hatten uns zu früh gefreut. Schon am folgenden Tag musste er einen Rückzieher machen. Die Landespolizeidirektion Nordbaden hatte ihn darauf hingewiesen, dass seine Zusage nicht mit dem Bundesfernstraßengesetz in Einklang zu bringen sei. Über dieses könne auch er sich nicht hinwegsetzen! Deshalb rief mich Dr. Müller an und bedauerte, sein uns gegebenes Wort nicht halten zu können.

Dass diese Botschaft in der Stadt nicht gut ankam, kann man sich wohl denken. Aber vor dem Gesetz sind wir nun mal alle gleich. Und auch ein Regierungspräsident ist nur ein Mensch, der sich mal irren kann!

❋

Drum prüfe, wer sich ewig bindet

Zu Beginn meiner Amtszeit besuchte ich an der Akademie für Personenstandswesen in Bad Salzschlirf einen Grundkurs für Standesbeamten, die Voraussetzung, um als Standesbeamter bestellt zu werden. Darauf legte ich Wert, denn als Bürgermeister wollte ich auch die eine oder andere Trauung vornehmen. Obwohl ich mich dieser Aufgabe nur unregelmäßig stellte, dürften es am Ende doch über zweihundert Eheschließungen gewesen sein, die ich vollzogen habe.

Das Standesamt leitete während meiner Amtszeit Sigrid Brüning. Bei ihr lag dieses Amt in guten Händen. Sie war eine tolle Fachkraft und zählte - da bin ich mir sicher - zu den besten und versiertesten Standesbeamtinnen des Landes.

Leider scheinen nicht alle Brautleute meine Ratschläge für eine gute Ehe befolgt zu haben. Sonst wäre es nicht zu der einen oder anderen Scheidung gekommen. Eine der ersten von mir getrauten Ehen soll sogar nie vollzogen worden sein. In diesem Falle hatte sich die Braut erst unmittelbar nach der Hochzeit ein Herz gefasst und ein Verhältnis mit einem anderen eingeräumt, den sie über alles liebte. Kaum ausgesprochen, brach sie aus der taufrischen Ehe aus – und der gerade angetraute Gatte hatte das Nachsehen.

Für den „Gehörnten" sowie für seine und ihre Familienangehörigen war dies natürlich eine peinliche Situation. Da es sich aber bei dem Bräutigam um einen guten Katholiken handelte, hatte sogar der Papst ein Einsehen. Er annullierte die von der Kirche gesegnete Ehe. So schnell ließ sich aber die nach dem Recht des Personenstandswesens geschlossene Ehe nicht scheiden. Doch auch dies war letztlich nur noch eine Formsache. Es dauerte auch nicht allzu lange, bis sich der unglückliche Bräutigam mit einer anderen tröstete.

Bei Trauungen von mir gut bekannten Paaren zitierte ich oft ein Wort des französischen Essayisten und Philosophen Michel de Montaigne in Bezug auf die Ehe, das lautet:

> „Der scheint, verstand viel, der einst sagte, dass es eine gute Eh' nur zwischen einer blinden Frau und einem tauben Manne geben kann!"

Einige mögen das Zitat im ersten Moment als despektierlich empfunden haben, doch auch sie überzeugte schließlich sein tieferer Sinn, den man bei ein wenig Nachdenken von selbst erfassen kann.

❋

Überörtliche Planungen machten zu schaffen

In den ersten Jahren meiner Amtszeit beschäftigten mich mehrere überörtliche Planungen. Es handelte sich um die Neutrassierungen der B 36 und B 39, der Rheintalbahn sowie die Neubaustrecke der Deutschen Bundesbahn. Sie tangierten die Gemarkungen der Verwaltungsgemeinschaft und führten zu Flurbereinigungsverfahren.

Schwierige Trassenfindung bei der B 39

Ende der 1970er Jahre verlief die alte B 39 von Walldorf nach Speyer noch mitten durch Reilingen, Neulußheim und Altlußheim. Da das Verkehrsaufkommen immer stärker wurde und darunter besonders unsere südlichen Nachbarn zu leiden hatten, drängten sie auf die Verlegung nach außen. Aber auch wegen einer besseren Anbindung der Stadt Hockenheim und des Hockenheimrings an die A 5, an den Raum Walldorf/Wiesloch sowie an Speyer, befürworteten wir den Straßenneubau.

Der erste Planungsabschnitt der B 39 erstreckte sich von der Brücke über die A 6 bis zur B 36 (Südbrücke). Davon waren primär die Gemarkungen von Hockenheim und Reilingen tangiert. Obwohl unsere südliche Nachbargemeinde wesentlich mehr von der Ortsumgehung der B 39 profitierte, wollte sie die neue Trasse möglichst weit von ihrem Ortsetter entfernt in Richtung Hockenheim geplant wissen. Meinerseits aber wurde nicht eingesehen, dass die neue Straße überwiegend auf Hockenheimer Gemarkung platziert werden sollte.

Es ging einige Zeit hin und her, bis man sich schließlich auf den Kompromiss verständigte, die Trasse entlang der Gemarkungsgrenzen zu führen. Nicht nur bei diesem Geschacher gewann ich den Eindruck, dass der uralte Grenzstreit zwischen den Reilingern und Hockenheimern wegen des Gewanns „Holzrott" immer noch auf der Seele einiger Reilinger Kommunalpolitiker lastet.

Anfang des 19. Jahrhunderts hatte Hockenheim beim Bezirksamt Schwetzingen beantragt, zwei Drittel des auf Reilinger Gemarkung liegenden Gewanns „Holzrott", die von Hockenheim seit Jahrhunderten erst als Eichenwald, dann landwirtschaftlich genutzt wurde, auf seine Gemarkung zu übertragen. Vom Faktischen her war dies ein logisches Ansinnen. Das Amt und der Reilinger Ortsvogt waren dafür, doch Reilingens Bürgerschaft, aufgewiegelt von zwei Gemeinderäten, war dagegen. Deshalb verweigerte die badische Regierung den Gemarkungswechsel.

So blieb bei der „Holzrott" alles beim Alten. Deren Nutzen hat Hockenheim, doch das Gewann ist ein Teil der Gemarkung von Reilingen. Weil aber Reilingen die Feldhut zu stellen, die Wege instand zu halten sowie die Obstbäume zu pflegen hatte, kam es, trotz der dafür von Hockenheim an Reilingen zu zahlenden Umlage, hin und wieder zu Konflikten. Obwohl sich dies alles schon vor langer Zeit abspielte, scheint es in manchen Reilinger Köpfen bis heute präsent zu sein.

Wie dem früher auch gewesen sein mag, durch die Einigung mit Reilingen bei der Trassenführung stand nun dem Bau der B 39 nichts mehr im Wege. So konnte der erste sich von der A 6 bis zur Südbrücke Hockenheims erstreckende Bauabschnitt Mitte 1985 für den Verkehr freigegeben werden.

Beim zweiten Planungsabschnitt handelte es sich um das Stück von der Südbrücke bis zum Rheindamm Richtung Speyer. In diesem Bereich, in dem die neue Straße primär auf Hockenheimer, Altlußheimer und Neulußheimer Gemarkungen trassiert wurde, verliefen die Abstimmungen glatter. Dies hing zwar mit dem Verlauf des ersten Trassenabschnitts zusammen, der durch die Südbrücke ein Stück weit vorgegeben war, doch nicht nur an diesem.

Mit der Verkehrsfreigabe des zweiten Bauabschnitts der B 39 im Jahre 1987, wurden die drei südlichen Nachbargemeinden Hockenheims endlich vom Durchgangsverkehr befreit. Dadurch eröffnete sich für sie die große Chance, die alte B 39 als Ortsstraße, ganz oder teilweise, umzugestalten und aufzuwerten. Dies ist den Reilingern unter der Federführung von Bürgermeister Helmut Müller besonders gut gelungen. Das mit dem Straßenbau einhergehende Flurbereinigungsverfahren beschäftigte die zuständigen Gemeindeverwaltungen noch einige Jahre.

Neue B 36 sollte erst zweispurig werden

Durch die Neubaustrecke der Deutschen Bundesbahn musste die alte B 36 völlig neu trassiert werden. Obwohl ihr vierspuriger Ausbau im Raum Hockenheim planfestgestellt war, kam die Straßenbaubehörde im Vorfeld der Bauarbeiten plötzlich auf die Idee, die Straße zunächst nur mit zwei Spuren bauen zu wollen und den vierspurigen Ausbau auf spätere Jahre zu verschieben. Dies rief mich gleich auf den Plan, denn so hatten wir uns das Projekt nicht vorgestellt.

Ich reagierte mit einem geharnischten Brief und verdeutlichte nochmals, auch im Hinblick auf die Großveranstaltungen auf dem Hockenheimring, wie dringlich der vierspurige Ausbau sei. Dies wirkte offensichtlich, denn danach waren die Überlegungen zum nur zweispurigen Ausbau ein für alle Mal vom Tisch. Im Nachhinein bestätigte das hohe Verkehrsaufkommen diese Entscheidung.

Bevor die ähnlich einer Autobahn ausgebaute neue B 36 dem Verkehr übergeben wurde, musste die Hockenheimer Verkehrsbehörde noch die zulässige Höchstgeschwindigkeit festlegen. Meine zuständigen Mitarbeiter kamen deswegen auf mich zu und baten um eine Entscheidung. Wir verständigten uns auf eine zulässige Höchstgeschwindigkeit von 120 km/h.

Da zahlreiche Zeitgenossen lieber 100 km/h gesehen hätten, ernteten wir mit dieser Entscheidung nicht überall Beifall. Die Leserbriefspalten der HTZ quollen mit kritischen Stellungnahmen geradezu über. Doch auch dieser Sturm verebbte bald und die Praxis bewies in all den Jahren, dass sich die angeordnete Geschwindigkeitsbegrenzung in einem vernünftigen Rahmen bewegte. Es bestätigte sich auch in diesem Falle der Spruch: „Recht tun jedermann, ist ein Ding, das niemand kann."

Trinkwasser aus dem Hockenheimer Rheinbogen

Eine weitere überörtliche Planung, die in erster Linie Hockenheim und Altlußheim Sorgen bereitete, waren die Ambitionen des Wasserzweckverbands Kurpfalz, den Hockenheimer Rheinbogen als Trinkwasserreservoir unter Schutz stellen zu lassen. Dem Verband gehörten Mannheim und Heidelberg sowie Schwetzingen an. Vor allem die Großstädte, die einen Teil ihrer Wasserschutzgebiete aufgegeben und in diesen dann Gewerbe- und Wohnbauflächen ausgewiesen hatten, wollten zukünftig über den Zweckverband bis zu 45 Millionen Kubikmeter Trinkwasser pro Jahr auf Altlußheimer und Hockenheimer Gemarkung fördern. Ein Teil davon sollte aus Uferfiltrat des Rheins gewonnen werden.

Da wir dies als einen massiven Eingriff in unsere Planungshoheit empfanden und eine für die Natur schadhafte Grundwasserabsenkung befürchteten, brachten wir gegen die vom Landratsamt erlassene Rechtsverordnung ein Normenkontrollverfahren beim Verwaltungsgerichtshof Baden-Württemberg in Gang – am Ende leider erfolglos.

Der VGH wies unsere Anträge mit Urteil vom 7. März 1983 als nicht begründet zurück und stellte fest, dass die von uns angegriffene Wasserschutzverordnung mit höherrangigen Normen vereinbar und daher gültiges Recht sei. Auch das Verfahren zum Erlass der Rechtsverordnung, der das Wohl der Allgemeinheit und der Schutz des Hockenheimer Rheinbogens zugrunde liegen, war nach Feststellung des Gerichts ohne Fehler durchgeführt worden.

Tröstlich ist bis heute, dass das Gebiet zwar schon rund dreißig Jahre unter Schutz steht, aber der Wasserzweckverband Kurpfalz immer noch kein Trinkwasser aus dem Hockenheimer Rheinbogen benötigt. Da sich die Raumordnungsplanung längst von einem starken Bevölkerungswachstum verabschiedet und immer mehr Wasser, sei es in der Industrie oder in den Haushalten, gespart wird, rechne ich wohl auch in der kommenden Zeit nicht mit einer Wasserentnahme aus dem Hockenheimer Rheinbogen.

Neubaustrecke der Deutschen Bundesbahn

Schon vor meiner Amtszeit hatten sich der Gemeinderat und die Stadtverwaltung mit den Planungen der Deutschen Bundesbahn auseinanderzusetzen, deren Neubaustrecke von Mannheim nach Stuttgart unsere Stadt an ihrem westlichen Rand massiv tangierte. Im Jahre 1973 kamen die ersten Planungen des Projekts auf den Tisch. Es führte von Anfang an zu heftigen Auseinandersetzungen, einerseits mit der Bahn, andererseits aber auch mit einer Bürgerinitiative. In dieser hatten sich zahlreiche Hockenheimer engagiert, die durch die Neubaustrecke eine geringere Wohnqualität und/oder Nachteile für ihre Immobilien befürchteten.

Dr. Buchter hatte in den 1970er Jahren an mehreren Fronten zu kämpfen. Am Ende gelang es ihm, von der Bahn einige Zugeständnisse zum Vorteil der Stadt, beispielsweise in Sachen Lärmschutz, abzutrotzen. Andererseits hatte die Stadt über Jahre hinweg unter den Planungen der Bahn gelitten und bei ihrer städtebaulichen Entwicklung erhebliche Nachteile in Kauf nehmen müssen.

So stagnierte die Bauleit- und Verkehrsplanung Hockenheims. Da die Stadt damals keine neuen Baugebiete erschloss, wanderten viele Bauwillige nach Reilingen ab. Das hatte genügend Bauplätze zu bieten. Während Reilingens Einwohnerzahl von Jahr zu Jahr erheblich wuchs, schrumpfte Hockenheim entsprechend.

Nach meinem Amtsantritt war bei dem Projekt Neubaustrecke noch über einige grundsätzliche Planungsfragen sowie über fast alle Detailplanungen zu entscheiden. Es ging beispielsweise auch noch um die Neuplanung der B 36 mit ihren drei Anbindungen an die Stadt, die geplanten Brückenbauwerke über die Verkehrsstränge auf unserer Gemarkung sowie den neuen Bahnhof mit der Vorplatzgestaltung. Zu klären waren aber auch noch Straßen- und Brückenbaulasten, Rekultivierungs- bzw. Bepflanzungsmaßnahmen, Grundstücksentschädigungen etc.

Der Gemeinderat hatte bereits vor meiner Zeit einen Schnellbahnausschuss gebildet, bei dem ich nun als Bürgermeister den Vorsitz hatte und der häufig tagte. Außerdem hatte ich mich, assistiert von meinen zuständigen Mitarbeitern des Bauamts, in vielen Gesprächen mit den Projektleitern und anderen Mitarbeitern der Bahn auseinanderzusetzen.

Schließlich kam es zum Planfeststellungsverfahren, dem der Gemeinderat am 20. Januar 1982 zustimmte. Mit dem Planfeststellungsbeschluss lagen die rechtlichen Voraussetzungen zur baulichen Umsetzung des Großprojekts vor. Dies verhinderten auch einige Hockenheimer Grünen um Adolf Härdle nicht. Sie hatten gegen die Planungen geklagt, vor Gericht jedoch den Kürzeren gezogen. Letztlich blieben sie auf den nicht unerheblichen Verfahrenskosten sitzen.

Der Fall „Ranco"

Zu den negativen Erfahrungen jener Zeit muss ich auch den „Fall Ranco" zählen, deren Firmengelände durch die Planungen der Bahn erheblich tangiert wurde. Deshalb verlangte die Firma von der Bahn eine angemessene Entschädigung und von der Stadt Ersatzgelände für die Umsiedlung. Zu diesem Zweck hielten wir für sie über mehrere Jahre ein rund fünf Hektar großes Ersatzgrundstück im Talhaus vor.

Da sich die Entschädigungsverhandlungen zwischen der Bahn und der Ranco sehr lange hinzogen, ohne dass es zu einem Ergebnis kam, bat mich der Geschäftsführer der Firma, bei der Bahn zu intervenieren und sie bei ihrem Verlangen nach einer „ordentlichen" Entschädigung zu unterstützen. Ich schaltete mich in diesem Sinne ein, und nach einigem Hin und Her kam es zur Einigung zwischen den beiden Parteien. Der Ranco wurde schließlich eine „satte" Entschädigung zugestanden.

Kaum, dass sie diese - nicht zuletzt durch meine Unterstützung - unter Dach und Fach hatte, teilte mir ihr Geschäftsführer mit, dass seine Firma ihren Betrieb nicht in Hockenheim umsiedeln, sondern nach Speyer verlegen werde. Das war auch insofern ein „Hammer", als das Land Rheinland-Pfalz im strukturschwachen Speyer noch eine beachtliche Ansiedlungshilfe in Aussicht stellte. Die konnte in Baden-Württemberg nicht geboten werden. Im Endeffekt aber finanzierte das Land Baden-Württemberg die Ansiedlungshilfe über den horizontalen Länderfinanzausgleich mit, von dem Rheinland-Pfalz damals als „Nehmerland" profitierte.

Für Speyer sprachen aus Sicht der Ranco auch die günstigeren Tarifverträge. Die Benachteiligten waren die rund dreihundert Beschäftigten, zumeist Frauen aus Hockenheim und Umgebung.

Auch ich war maßlos enttäuscht. Doch was interessierten die ausländischen Eigentümer der Ranco die jahrelangen städtischen Bemühungen, geschweige denn die Interessen der Mitarbeiter? Es ging ihnen in erster Linie ums Geld – und das floss bei diesem Deal mit der Bahn und der Stadt Speyer nun reichlich! Natürlich belastete die Sache auch das sonst gute Verhältnis zur Speyerer Verwaltungsspitze.

Das freiwerdende Firmengrundstück der Ranco erwarb zunächst die Deutsche Bundesbahn. Während das Betriebsgebäude der Bahntrasse zum Opfer fiel, blieb das Büro- und Laborgebäude stehen. Als sich die Landesgartenschau abzeichnete, übernahm es die Stadt Hockenheim. Diese stellte es unter anderem dem Land für den „Treffpunkt Baden-Württemberg" zur Verfügung. Vor dem Gebäude wurde im Hinblick auf die Landesgartenschau die „Lamellenhalle" errichtet.

Seit dem Jahre 1992 beherbergt das ehemalige Ranco-Gebäude den Parkkindergarten sowie Räume für Vereine. Insofern kommt es nun auf andere Weise den Menschen unserer Stadt zugute.

Kontaminiertes Gaswerkgelände

Zwischen dem schienengleichen Bahnübergang am Ende der Karlsruher Straße und der alten B 36 befand sich das alte Gaswerk. Um die Jahrhundertwende errichtet, war es seit den 1960er Jahren durch den Bezug von Ferngas außer Betrieb, diente aber noch den Gas- und Wassermonteuren der Stadtwerke als Betriebshof.

Nun wurde das Areal für die Neubaustrecke benötigt. Deshalb erwarb es die Deutsche Bundesbahn von den Stadtwerken. Der Abbruch der alten Gebäude zählte zu den ersten Baumaßnahmen. Danach begannen die Bagger, das Gelände abzutragen. Hierbei stießen sie zunächst und unerwartet auf eine Grube mit einem schwarzen Teergemisch, das als Sonderabfall entsorgt werden musste. Die Kosten dafür übernahm die Bahn noch ohne Widerspruch.

Weitaus schwieriger aber war es mit der Kostenübernahme, als eine mehrere Meter tiefe Verseuchung des Erdreichs mit giftigen Zyaniden festgestellt wurde, die sich in blauen Streifen schichtweise im Sandboden abgelagert hatte. Bei der In-augenscheinnahme kam mir ein sehr unangenehmer, nach Kokereigas riechender Duft entgegen. Die eingeschalteten Gutachter verlangten den Abtrag einiger hundert Kubikmeter kontaminierter Erde und ihren Transport auf eine Sondermülldeponie. Das war ein teures Unterfangen, das sechsstellige Beträge kostete.

Zunächst versuchte die Bahn, alles auf den früheren Eigentümer, die Stadtwerke, abzuwälzen. Doch im Kaufvertrag hatte man vereinbart, dass der Verkäufer für Mängel am Grundstück nicht haftet. Mit dem Haftpflichtversicherer der Stadtwerke kam es schließlich zu einem Kompromiss, der für beide Seiten akzeptabel war.

Durch diesen Vorgang gab mir eine andere Sache im Nachhinein zu denken. In meiner Kindheit und Schulzeit dienten die feinen anthrazitfarbenen Schlacken des Gaswerks als Oberbelag der Hauptwege des Friedhofs sowie der Aschenbahn des HSV. Mit diesem Material konnte man sicher sein, dass so schnell kein Gras mehr wuchs. Außerdem dufteten die so behandelten Wege immer ein wenig nach Kokereigas. Auch die Aschenbahn roch danach. Da es niemand beanstandete, wurde auch nie untersucht, ob der Gestank gesundheitsschädlich war. Fiel man auf den Schlacken einmal hin, führte dies in der Regel zu schmerzhaften Schürfwunden, die zudem sehr schlecht verheilten.

Der Verdacht, dass auch dieses Schlackenmaterial kontaminiert gewesen sein könnte, drängte sich mir angesichts der Verseuchung des Erdreichs durch das Gaswerk geradezu auf. Da sich aber weder die Besucher des Friedhofs auf den Wegen noch die Sportler auf der Aschenbahn lange aufhielten, dürften die gesundheitlichen Beeinträchtigungen wohl gering gewesen sein.

✳

Konkurs der Firma Bordne

Die überörtlichen Planungen der Deutschen Bundesbahn bremsten nicht nur die städtische Entwicklung, sondern bescherten der Rennstadt, wie berichtet, auch noch den Wegzug der Firma Ranco nach Speyer. Der damit verbundene Verlust vieler Arbeitsplätze wog umso schwerer, zumal in dieser Zeit, und zwar im September 1982, auch noch die Hockenheimer Fleisch- und Wurstwarenfabrik Bordne in Konkurs geriet. Sie hatte ihre Büro- und Produktionsräume in der IV. Industriestraße. Als das aus Schönau im Odenwald stammende Unternehmen noch florierte, beschäftigte es rund 300 Personen.

Ursachen des Konkurses waren die Firmenpolitik mit zig Filialen in der Region, die sich nur zum Teil rentierten sowie ein veränderter Markt, auf den sich das Unternehmen nicht schnell genug einzustellen vermochte. Nicht zuletzt fehlte es an der notwendigen finanziellen Substanz, um die Krise zu überwinden.

Dieser Entwicklung stand die Stadtverwaltung, wie auch späteren Firmenpleiten, über die ich noch berichten werde, machtlos gegenüber. Das ist auch verständlich, denn in einer freien Marktwirtschaft kann das unternehmerische Risiko, von staatlichen Bürgschaften wie beim Export von Waren und Gütern einmal abgesehen, in der Regel nicht die Allgemeinheit bzw. die öffentliche Hand übernehmen.

Auch wenn sich andere Firmen auf dem Betriebsgelände der Firma Bordne in Hockenheim niederließen, war ihr Konkurs zumindest in der damaligen Zeit auch für die Stadt ein herber Verlust.

❋

Der „Patient" Hockenheimer Krankenhaus

Neben den Planungen zur Neubaustrecke der Bahn, beschäftigte mich seit meinem Amtsantritt auch das Hockenheimer Krankenhaus. Bereits in meiner ersten Arbeitswoche fand im städtischen Krankenhaus ein Gespräch mit Eckhard Kullmann statt, dem zuständigen Dezernenten des Landratsamts. Es ging um die Zukunft des Hauses im Allgemeinen und um dessen Betrieb im Besonderen. Mit Kullmann, dem erfahrenen Krankenhausspezialisten des Kreises, hatte ich in den ersten Jahren meiner Amtszeit noch oft in Sachen Krankenhaus zu tun.

Angesichts der Probleme mit dem Hockenheimer Krankenhaus, reifte in mir schon damals der Entschluss, 1979 für den Kreistag zu kandidieren, zumal zu dessen Entscheidungsbereich auch die Kreiskrankenhäuser zählten. Noch in der Amtszeit Dr. Buchters hatte der Gemeinderat beschlossen, das städtische Krankenhaus in die Obhut des eigentlich zuständigen Rhein-Neckar-Kreises zu übergeben. Die Übernahme verzögerte sich aber. Sie wurde erst am 1. April 1980 vollzogen. Danach kooperierte das Haus eng mit dem wesentlich größeren Kreiskrankenhaus Schwetzingen.

Als ich ins Bürgermeisteramt kam, war das Hockenheimer Krankenhaus rund dreißig Jahre in Betrieb. Bürgermeister Franz Hund hatte es am Jahresende 1948 offiziell seiner Bestimmung übergeben. Zu dieser Zeit hatte es bereits eine wechselvolle Geschichte hinter sich. Um 1900 als Zigarrenfabrik in Betrieb genommen, erwarb es 1928 der Landkreis, der es umbaute und in ihm 1929 eine Wanderherberge eröffnete. Im Dritten Reich wurden in dem Haus statt der Wandergesellen junge Mädchen untergebracht, die nicht mehr schulpflichtig waren, ihr sogenanntes Landjahr zu machen hatten und zu diesem Zweck im Raum Hockenheim den Gemeinden und Gehöften als Arbeitskräfte zugewiesen wurden.

Unmittelbar nach dem Zweiten Weltkrieg diente das Haus als Franzosen- und Polenlager. Im November 1945 richtete in ihm der Landkreis Mannheim in Zusammenarbeit mit der Stadt Hockenheim ein Hilfskrankenhaus für Vertriebene ein, die zunächst in den Hockenheimer Sammellagern untergebracht worden waren. Wir haben dazu bereits Näheres im Kapitel „Flüchtlinge und Vertriebene – unschuldige Opfer" erfahren.

Aus hygienischer Sicht machte die damalige Wohnungsnot auch den Bau einer Leichenhalle unumgänglich. Durch die beengten Wohnverhältnisse war es kaum noch möglich, Verstorbene bis zur Beerdigung zu Hause aufzubahren.

Bürgermeister Hund soll sich in dieser wirtschaftlich äußerst schlechten Zeit mit Nachdruck für das Krankenhaus und den Bau der Leichenhalle engagiert haben.

Ab Mitte 1947 wurde der Weg für ein städtisches Krankenhaus endgültig geebnet und das Haus entsprechend umgestaltet. Auch wenn durch die vorhandene Bausubstanz viele Kompromisse einzugehen waren, erwies sich das Krankenhaus, das eine medizinische Grundversorgung gewährleistete, sehr schnell als ein Segen für die Bewohner des Raumes Hockenheim.

Das Haus hatte 17 Zimmer mit 50 Betten. Für die medizinische Abteilung zeichnete Dr. Fischer und für die chirurgische Dr. Oestreicher verantwortlich. Als Frauenfacharzt war Dr. Battenstein bestellt. Neben dem Wirtschaftspersonal waren acht Schwestern tätig, die zum Diakonissenmutterhaus Wertheim-Reinhardshof gehörten. Die Gesamtkosten für den Umbau des Hauses in ein Krankenhaus beliefen sich auf circa 75.000 Reichsmark sowie circa 62.000 Deutsche Mark.

Damals hätten einige in der Stadt lieber einen Krankenhausneubau gesehen. Der aber hätte ein Mehrfaches, voraussichtlich rund 800.000 Deutsche Mark verschlungen. Ob ein Neubau in dieser Zeit kurzfristig zu realisieren und zu finanzieren gewesen wäre, ist eine ganz andere Frage. Deshalb war den Verantwortlichen im Hockenheimer Rathaus der Spatz in der Hand doch lieber als die Taube auf dem Dach.

In meiner Kinder- und Jugendzeit gehörte das Krankenhaus zu meinem unmittelbaren Wohnumfeld. Nur einen Steinwurf entfernt befand sich mein Elternhaus in der Rathausstraße. Unsere Bäckerei hatte im Wechsel mit den anderen örtlichen Bäckereien regelmäßig Brot ins Krankenhaus zu liefern. Als Kind zählte es häufig zu meinen Aufgaben, das bestellte Brot im Souterrain des Krankenhauses abzuliefern, wo sich die Küche und Lagerräume befanden. Dadurch, sowie durch die Blinddarmoperation meiner Großmutter Anfang der 1950er Jahre, und den längeren durch den Schlaganfall bedingten Aufenthalt meiner Mutter, entwickelte sich bei mir relativ früh ein mentaler Bezug zu diesem Hause. Auch diese Erinnerungen spornten mich als Bürgermeister an, diese Einrichtung im Interesse der Patienten unseres Raumes so lange wie nur möglich am Leben zu halten.

Renovierung oder Schließung

Im Mai 1978 informierte mich Dr. Ulrich Hartung über die unhaltbaren sanitären und hygienischen Zustände auf den Stationen des Hockenheimer Krankenhauses.

Der Chirurg war kurz zuvor zum Chefarzt bestellt worden. Seiner Meinung nach musste schnell gehandelt werden. Er zeigte mir zwei Alternativen auf. Die eine war, die Flucht nach vorne anzutreten und zu investieren, die andere, das Krankenhaus zu schließen. Letztere kam natürlich nicht in Betracht. Deshalb bat ich Stadtbaumeister Julius Ussmann, ein Sanierungsprogramm aufzustellen. Er legte es nach wenigen Tagen vor – Größenordnung eine halbe Million Mark. Der Gemeinderat stimmte dem kurzfristig zu.

Im Zuge der Sanierung wurden beispielsweise einige Krankenzimmer für neue Toiletten geopfert. Dadurch reduzierte sich die zwischenzeitlich durch einen Anbau erhöhte Zahl von 55 Planbetten auf 41. Ob 55 oder nur 41 Planbetten – es waren viel zu wenige, um auf Dauer einen wirtschaftlichen Krankenhausbetrieb zu gewährleisten.

Zu dieser Zeit sah die Krankenhausplanung des Landes bereits das Streichen von rund 5.000 Betten vor. Auch deshalb stand es um die längerfristige Zukunft des Hockenheimer Krankenhauses ohnehin nicht zum Besten. Doch weder das Land noch die Krankenkassen als Kostenträger trauten sich angesichts der kurzfristig investierten Mittel, eine Schließung zu fordern. Ein solches Ansinnen hätte die meisten Einwohner der Stadt und auch mich auf die Barrikaden gebracht, denn das Krankenhaus gewährleistete, auch durch seine chirurgische Ambulanz, seit Jahrzehnten eine patientennahe Versorgung an allen Tagen des Jahres, und zwar rund um die Uhr. Es war eine Anlaufstelle für alle Notfälle, und solche ereigneten sich tagtäglich.

Leider lief die Zeit gegen unser Krankenhaus. Die Renovierung bescherte uns zwar einen zeitlichen Aufschub, doch mit Verbündeten für einen langfristigen Erhalt war nicht zu rechnen, weder bei den Kostenträgern, beim Land noch beim Landratsamt und Kreistag des Rhein-Neckar-Kreises. Im Gegenteil.

Die Großen Kreisstädte Eberbach, Schwetzingen, Sinsheim und Weinheim hatten bereits ihre Kreiskrankenhäuser. Für die aus diesen Städten stammenden Kreisräte, wie auch für jene aus dem Raum Wiesloch, die damals noch von einem eigenen Kreiskrankenhaus träumten, ging es in erster Linie um die Stärkung ihrer eigenen Krankenhausstandorte. Wenn schon ein Bettenabbau im Kreis ins Auge gefasst werden musste, dann in Hockenheim.

Besonders deutlich ließ mich dies der Weinheimer Oberbürgermeister und Kreisrat Theo Gießelmann (FWV) wissen, den ich wenige Wochen nach meiner Wahl besuchte. Ich hatte gehofft, bei ihm auf Verständnis für den Erhalt unseres Krankenhauses zu stoßen. Doch er riet mir ungeniert, es so schnell wie nur möglich zu schließen!

Auch die Krankenhausplaner des Landes gaben unserem Krankenhaus keine lange Überlebenschance. Anfang der 1980er Jahre fuhren Landrat Neckenauer und ich ins Sozialministerium nach Stuttgart, um die Chancen für den Krankenhauserhalt auszuloten. Doch auch dieser „Gang nach Canossa" brachte überhaupt nichts. Vielmehr wurde uns vom zuständigen Krankenhausplaner unverblümt und barsch die Notwendigkeit des Bettenabbaus vorgehalten und darauf hingewiesen, dass es nicht darum gehe, da oder dort zehn Betten abzubauen, sondern kleinere Einheiten wie unser Krankenhaus zu schließen.

Um diese Erkenntnisse bereichert, schwanden bei mir immer mehr die Hoffnungen, das Haus längerfristig halten zu können. Dank der im Jahre 1978 durchgeführten Renovierung stand uns das Krankenhaus aber immerhin noch bis Juni 1992, also weitere vierzehn Jahre zur Verfügung, ehe es dem Neubau der geriatrischen Rehabilitations- und Pflegeeinrichtung weichen musste.

✳

Nachrufe eigener Art

Schon in der Anfangsphase meiner Amtszeit blieb es mir nicht erspart, bei Beerdigungen von amtierenden oder früheren Stadträten sowie von Mitarbeitern Nachrufe im Namen der Stadt zu sprechen. Diese Obliegenheiten zählten nicht zu meinen angenehmsten.

Eine meiner ersten Aufgaben dieser Art hatte ich Ende Mai 1979 zu erledigen, als der langjährige SPD-Stadtrat Willi Keller (sen.) zu seiner letzten Ruhestätte geleitet wurde. Ich hatte ihn schon von Kindesbeinen an gekannt. Seine Söhne Friedhelm und Willi zählten zu meinen Kinder- und Jugendfreunden.

Willi Keller (sen.), Jahrgang 1919, war das Opfer eines Herzinfarkts geworden. Der ehemalige Marinesoldat hatte sich nach dem Kriege neben seinem Ehrenamt als Stadtrat auch große Verdienste als Vorsitzender der örtlichen Arbeiterwohlfahrt erworben. Zudem engagierte er sich viele Jahre als Betriebsrat im Stahlwerk Rheinau. In dieser Funktion setzte er sich tatkräftig für seine Kollegen, darunter zahlreiche Hockenheimer ein und erreichte für sie vieles, notfalls auch unter Inkaufnahme des einen oder anderen Streiks.

Als das Stahlwerk in den 1970er Jahren seinen Betrieb stilllegte, stellte ihn mein Vorgänger bei der Stadtverwaltung Hockenheim als Schulhausmeister der Gustav-Lesemann-Schule ein. Insofern zählte der Stadtrat auch noch zur städtischen Belegschaft.

Nach seinem Ableben trat sein Sohn Willi in seine kommunalpolitischen Fußstapfen. Er kandidierte bei der Gemeinderatswahl 1980 erstmals auf der Liste der SPD und wurde auf Anhieb direkt in den Hockenheimer Gemeinderat gewählt. So begann der Junior eine lange, nicht immer konfliktfreie kommunalpolitische Karriere, die ihm nach dem Ausscheiden Arthur Weibels (1994) den Vorsitz der SPD-Fraktion einbrachte.

Im Mai 1981 wurde Altstadtrat Josef (Seppl) Gärtner beerdigt. Bei der Trauerfeier wurde ein Nachruf gesprochen, der eigentlich büttenreif war.

Gärtner hatte an der Fortunakreuzung, und zwar an der Ecke Untere Haupt- und Karlsruher Straße, ein Textilgeschäft betrieben. Er zählte zu den kommunalpolitisch engagierten Männern der unmittelbaren Nachkriegszeit. Als CDU-Mann gehörte er dem Gemeinderat von 1945 bis 1971 an und führte lange Jahre die CDU-Gemeinderatsfraktion, die immer die stärkste war.

Als ich im Jahre 1972 zur Hockenheim-Ring GmbH kam, war er, wie auch Wilhelm Jakobi von der SPD, noch Mitglied der Gesellschafterversammlung, obwohl beide dem Gemeinderat nicht mehr angehörten. Mit der Delegation in die Gesellschafterversammlung der Hockenheim-Ring GmbH hatte der Gemeinderat den beiden um die Stadt verdienten Altstadträten noch für den Zeitraum einer Wahlperiode eine besondere Reverenz erwiesen.

Josef Gärtners Tochter Hildegard wurde Jahre später ebenfalls in den Gemeinderat gewählt. Sein Sohn Eberhard zählte zu meinem Schuljahrgang. In den ersten vier Jahren unserer Schulzeit besuchten wir die gleiche Klasse. Seine Klassenkameraden hatten ihm den Kosenamen „Gärtner-Seppl" verpasst, den er angesichts seines bekannten Vaters mit einem gewissen Stolz akzeptierte. Nach der Schulzeit ließ er sich zum Textilkaufmann ausbilden und zog später, als er geheiratet hatte, von Hockenheim weg.

An Gärtners Beerdigung hatten einige hundert Personen teilgenommen. Entsprechend voll war die Trauerhalle, in der ich gerade noch einen Stehplatz fand. Gegen Ende der Trauerfeier nahm ich als Erster die Gelegenheit wahr, einen Nachruf zu sprechen. Da ich später noch einen Kranz am Grab niederzulegen hatte, blieb ich, nachdem ich den Nachruf gesprochen hatte, vorne neben dem Rednerpult stehen, um mich beim Auszug aus der Trauerhalle gleich hinter den Angehörigen einreihen zu können.

Meinem Nachruf folgten noch weitere, darunter der bereits zuvor erwähnte. Diesen gab der Vertreter des VfL Hockenheim, ein bereits älterer, eigentlich netter Herr, zum Besten. Er sprach damals bei vielen Beerdigungen Nachrufe, zumeist für den VfL, aber auch für andere Vereine und Gruppen. Hin und wieder trug er seine Nachrufe in gereimter Form vor, jedoch textlich nicht immer geglückt.

Bei seinem Nachruf auf Josef Gärtner stand ich nur etwa einen Meter neben ihm und konnte seine Ansprache und Physiognomie aus unmittelbarer Nähe beobachten. Zunächst nannte er den Verstorbenen kameradschaftlich und mit melodischer Stimme „unseren Seppl" und wies darauf hin, dass Gärtner nach dem Kriege Gründungsmitglied und Motor des VfL gewesen sei. Dann stellte er mit seiner rauen und relativ lauten Stimme fest:

> „Wenn er nicht schon so viele Pöstchen gehabt hätte, wäre er sicher auch noch VfL-Vorsitzender geworden!"

Als er das Wort „Pöstchen" zum Besten gab, spitzte er den Mund wie ein Posaunenengel und betonte dadurch die erste Silbe noch besonders. Seine Mimik, aber auch seine Worte, brachten mich beinah aus der Fassung. Ich musste mich mit aller Gewalt zusammenreißen, um das Lachen zu unterdrücken. Gott sei Dank gelang es mir gerade noch, die Contenance bei diesem an sich traurigen Anlass zu wahren.

Bei einer anderen Beerdigung steigerte sich der „Nachrufspezialist" sogar noch etwas. Der Todesfall hing mit der Dienstagskegelgesellschaft zusammen, die im Jahre 1978 ihr 75-jähriges Jubiläum im Hotel Motodrom feierte und mich dazu eingeladen hatte. Mein Jubiläumsgeschenk war ein Wanderpokal, um den einmal im Jahr unter meiner Beteiligung gekegelt werden sollte.

Bei einem dieser Kegelabende um den Bürgermeisterpokal konnte ich aufgrund einer anderen Verpflichtung nicht gleich zu Beginn anwesend sein. Als ich kam, empfingen mich alle Kegler mit betroffenen Mienen. Vor meinem Eintreffen war ein älterer Kegelbruder plötzlich zusammengebrochen und mit dem Rettungsdienst ins Krankenhaus gebracht worden, wo sein Ableben aber leider nicht verhindert werden konnte.

Bei der Trauerfeier ließ es sich der auf Nachrufe abonnierte Kegelbruder natürlich nicht nehmen, für die Dienstagskegelgesellschaft zu sprechen. Dass er dabei Bezug auf den tragisch verlaufenen Kegelabend nahm, ist verständlich. Als ihm aber die Worte „anstelle des Bürgermeisters kam der Schnitter Tod" über die Lippen gingen, hatte er sich doch zu einem recht makabren Vergleich hinreißen lassen.

Der „Nachrufspezialist" hatte im Übrigen noch ein anderes Steckenpferd. Am 6. Dezember konnte man ihn auch als „Nikolaus" buchen. In dieser Funktion hatte er in der Kinderzeit unserer beiden Töchter auch den einen oder andern Auftritt in unserer Familie. Als „Nikolaus" glänzte und überzeugte er stets mit viel Einfühlungsvermögen, Witz und Humor.

❈

Grüne gewinnen 1980 erstmals ein Gemeinderatsmandat

Aus der Gemeinderatswahl vom 22. Juni 1980 war die CDU mit neun Mandaten als stärkste Fraktion hervorgegangen. Etwas kurios war, dass Heinz Weibel, der auf der CDU-Liste kandidierte, mit 3.391 Stimmen gewählt wurde, das Mandat aber nicht antreten konnte. Die Gemeindeordnung ließ damals nicht zu, dass Onkel und Neffen zugleich dem Gemeinderat angehörten. Heinz Weibels Hinderungsgrund war sein Onkel Arthur Weibel, der auf der SPD-Liste mit 4.788 Stimmen ebenfalls direkt gewählt wurde. Da er mehr Stimmen erzielte, hatte Heinz Weibel das Nachsehen. Für ihn zog Josef Diller als erster Ersatzkandidat in den Gemeinderat ein.

Die SPD hatte mit sieben Mandaten ihre Position als zweitstärkste kommunalpolitische Kraft untermauert, die FWV erzielte drei Mandate, die FDP zwei und die Grünen erstmals eines.

Aufgrund der Neuwahl des Gemeinderats schieden sechs Stadträte aus dem Gemeinderat aus. Es handelte sich um Friedrich Itschner (FDP), der dem Gemeinderat 28 Jahre angehörte, Jakob Schinke (CDU) 25 Jahre, Horst Dorn (CDU)

12 Jahre, Volker Scheer (CDU) 9 Jahre sowie die beiden Nachrücker Hans Riedel (CDU) 2 Jahre und Ernst Diehm (SPD) ein Jahr.

Im Gegenzug zogen folgende Mandatsträger in den Gemeinderat ein: Von der CDU Manfred Christ, Josef Diller und Alfred Rupp, von der SPD Willi Keller, von der FDP Udo Huss und von den Grünen Adolf Härdle.

Friedrich Itschner – Stadtrat, Ahnenforscher, Kunsthandwerker

Zu den kommunalpolitischen Schwergewichten Hockenheims zählte der Liberale Friedrich Itschner, der in der Stadtpolitik seit den 1950er Jahren mitredete. Gemeinderat, Stadtverwaltung und die FDP Hockenheim erlebten den Postoberamtsrat oft als kritischen Kommunalpolitiker, dessen Weg so kerzengerade wie sein Mittelscheitel war. Er war ein Mann von Charakter, nicht immer leicht zu nehmen, stand aber zu seiner Meinung, ob sie dem einen oder anderen gefiel oder nicht. Das Fähnchen in den Wind hängen, war nicht seine Sache.

Itschner hatte sich im Gemeinderat jahrelang als Sprecher der FDP-Fraktion und als Mitglied des Bauausschusses profiliert. Außerdem engagierte er sich im Hockenheimer Vereinsleben, sei es beim Fußballverein FV 08, dessen 1. Vorsitzender er einige Zeit war oder beim Obst- und Gartenbauverein, den er viele Jahre als Vorstand führte. Geehrt wurde er mit dem Bundesverdienstkreuz und der großen Verdienstmedaille der Stadt Hockenheim.

Obwohl mir Itschner schon von Kindesbeinen an ein Begriff, und ich in der Jugendzeit mit seinem Sohn Helmut befreundet war, lernte ich ihn erst als Mitglied der Gesellschafterversammlung der Hockenheim-Ring GmbH näher kennen. Das war schon vor meiner Zeit als Bürgermeister. Im Gemeinderat arbeiteten wir dann noch über zwei Jahre recht gut zusammen.

Itschner besaß kunsthandwerkliche Fähigkeiten. Er war ein begnadeter Holzschnitzer, wovon die von ihm aus Lindenholz geschnitzten Stadtwappen Hockenheims und seiner Partnerstädte zeugen, die den Bürgersaal des Rathauses zieren.

Zu seinen Hobbys zählte auch die Ahnenforschung. So manchen Stammbaum Hockenheimer Familien, auch der meinen, erforschte er akribisch und brachte ihn zu Papier. Dass er sich im schon hohen Alter noch an die Bedienung eines PCs wagte, zeugt von der geistigen Beweglichkeit, dem Interesse und dem Wagemut dieser in seiner Art einmaligen Persönlichkeit.

✻

75-jähriges SPD-Jubiläum mit politischer Prominenz

Im Jahre 1981 feierte die älteste Hockenheimer Partei, die SPD, ihr 75-jähriges Bestehen. Einige Jahre später fand Willi Keller heraus, dass die Sozialdemokraten nicht erst seit 1906, sondern schon acht Jahre früher, also seit 1898, in Hockenheim organisiert gewesen sein mussten. Wie dem auch sei, die SPD hatte in der Kommunalpolitik Hockenheims immer einen bedeutenden Stellenwert.

In der Hitlerzeit unterdrückt, bestimmte sie nach 1945 den rasanten Auf- und Ausbau Hockenheims wesentlich mit. Sozialdemokraten wie die beiden Bürgermeister Franz Hund (1945 - 1958) und Dr. Kurt Buchter (1958 - 1978) sowie Arthur Weibel, der dem Gemeinderat über 43 Jahre angehörte und die SPD-Gemeinderatsfraktion rund 35 Jahre führte, prägten die Entwicklung der Rennstadt maßgeblich mit.

Zur Jubiläumsfeier am 12. Dezember 1981 hatte der SPD-Ortsverein Hans-Jürgen Wischnewski, den stellvertretenden Bundesvorsitzenden der SPD, als Festredner gewinnen können. Wischnewski war einer der renommiertesten Sozialdemokraten jener Zeit. Während des RAF-Terrors spielte er unter Kanzler Helmut Schmidt als Staatsminister im Bundeskanzleramt eine wichtige Rolle. Außerdem verbesserte er das Verhältnis der Bundesrepublik Deutschland zu zahlreichen arabischen Staaten und setzte sich für das Selbstbestimmungsrecht der Palästinenser und den Frieden im Nahen Osten ein. Darauf spielte auch sein Spitzname „Ben Wisch" an.

Wischnewski war eine Persönlichkeit von Format. Sein Auftreten im Fernsehen war stets makellos und überzeugend. Mit seiner sonoren Stimme und der geschliffenen Rhetorik zog er die Zuhörer in seinen Bann. Er besaß aber auch viel Charme. Meine Frau beispielsweise war von ihm und seiner Ausstrahlung sofort begeistert.

Die Jubiläumsveranstaltung fand im großen Saal des Gasthauses „Zum Stadtpark" statt. Zuvor hatte ich Wischnewski gemeinsam mit der SPD-Gemeinderatsfraktion sowie den Mitgliedern des SPD-Vorstands im Bürgersaal des Rathauses empfangen, wo er sich ins Goldene Buch der Stadt eintrug.

An der Jubiläumsfeier nahmen noch der damalige SPD-Bundestagsabgeordnete unseres Wahlkreises, Prof. Dr. Hartmut Soell, Prof. Gert Weisskirchen (MdB), seinerzeit SPD-Kreisvorsitzender sowie der langjährige SPD-Landtagsabgeordnete des Wahlkreises Schwetzingen-Hockenheim, Karl-Peter Wettstein, teil. Soell und Weisskirchen übermittelten ebenso wie ich Glückwünsche.

Durch das Programm führte Jürgen Emmering, mein Gegenkandidat bei der Bürgermeisterwahl. Es war wohl sein letzter öffentlicher Auftritt in Hockenheim. Er verließ Hockenheim mit seiner Familie und zog, da er beim Regierungspräsidium in Karlsruhe arbeitete - in die Nähe seines Arbeitsplatzes.

*

Neue Projekte der Daseinsfür- und -vorsorge

In einer vitalen Stadt wie Hockenheim sind permanent viele Aufgaben und Probleme zu lösen. Ihnen hat sich in erster Linie die Stadtverwaltung mit dem Bürgermeister an der Spitze zu stellen. Die Verantwortlichen im Rathaus einschließlich des Gemeinderats sollten sich aber auch neuen Ideen und Projekten nicht verschließen, sofern sie breiten oder bestimmten Bevölkerungsschichten von Nutzen sind. Beispielhaft dafür sind verschiedene Projekte der Daseinsfür- und -vorsorge in den ersten Jahren meiner Amtszeit, auf die ich in den folgenden Kapiteln eingehen werde.

Kinderferienprogramm

Am 31. Juli 1979 gab ich erstmals den offiziellen Startschuss für ein städtisches Kinderferienprogramm. Es stieß gleich auf große Resonanz, bewährte sich über Jahrzehnte und über meine Amtszeit hinaus. Für die in den Ferien daheimgebliebenen Kinder bietet es immer wieder ein attraktives Angebot zur sinnvollen Freizeitgestaltung.

Schon im ersten Jahr des Kinderferienprogramms begleitete ein mobiler Spieltreff in Form eines aufgemöbelten alten Bauwagens die meisten Veranstaltungen. Die Kinder hatten ihn bemalt und als „Spiel-Töfftöff" getauft. In ihm wurden die verschiedensten Spielutensilien aufbewahrt, sodass sie bei Bedarf immer gleich bei der Hand waren. Auch heute noch ist das „Spiel-Töfftöff" beim Kinderferienprogramm unverzichtbar.

Dessen Träger ist zwar die Stadt, deren dafür zuständige Mitarbeiterinnen und Mitarbeiter es in all den Jahren mit neuen Ideen und mit Engagement belebten und attraktiv gestalteten. Jedoch ebenso löblich ist, wie sich Vereine und politische Gruppierungen in vorbildlich ehrenamtlicher Weise in das Programm von Anfang an eingebracht haben. Dass ein solches Programm nicht zum Nulltarif zu haben ist, war nicht nur mir, sondern auch dem Gemeinderat klar.

Die eigentliche Anregung, in Hockenheim ein Kinderferienprogramm durchzuführen, kam von Stadträtin Helma Stegmaier. Sie hatte diese Idee von einer anderen Stadt außerhalb unserer Region aufgegriffen.

Helma Stegmaier war die erste Stadträtin Hockenheims. 1974 auf der SPD-Liste in den Gemeinderat gewählt, gehörte sie diesem Gremium bis zu ihrem berufsbedingten Wegzug im Jahre 1985 an. Soziale Belange, besonders Kinder betreffend, waren ihr Steckenpferd. So zählte sie auch zu den Initiatorinnen des freien Kindergartens, der in den 1970er Jahren in einer Wohnung im sogenannten Alex-Möller-Block eröffnet und einige Jahre auf privater Basis betrieben wurde.

Mit ihrem Vorschlag rannte sie bei mir offene Türen ein. Auch alle Fraktionen des Gemeinderats zogen sofort mit, als ich ihnen vorschlug, ein Kinderferienprogramm anzubieten und sie um die dafür erforderlichen Mittel im Haushalt ersuchte.

Was also im Jahre 1979 begann, entwickelte sich zu einer echten Erfolgsge-schichte für Kinder in unserer Stadt. Im Übrigen war Hockenheim eine der ersten, wenn nicht sogar die erste Kommune im Rhein-Neckar-Kreis, die ein solches Pro-gramm realisierte.

Gründung des Vereins Volkshochschule Hockenheim e.V.

Am 22. September 1979 gründeten die Vertreter von Hockenheim, Altlußheim, Neulußheim und Reilingen den Verein „Volkshochschule Hockenheim e.V.". Dies war insofern bedeutend, als damit die vier Gemeinden des Verwaltungsraums Ho-ckenheim erstmals eine gemeinsame Plattform für eine flächendeckende Volks-hochschule (VHS) schufen. In den neuen Verein, der die Stadt Hockenheim als al-leinigen Träger ablöste und seine Arbeit am 1. Januar 1980 aufnahm, wurde auch die Sing- und Musikschule der Stadt Hockenheim integriert.

Mit der Vereinsgründung erfüllten wir auch einen Wunsch des Landes, das uns eine flächendeckende Lösung empfahl. Diese wurde aber auch vom Volkshoch-schulverband Baden-Württemberg, und nicht zuletzt vom Rhein-Neckar-Kreis un-terstützt. Diesen Anregungen folgend, hatte ich rechtzeitig Kontakte mit den Nachbargemeinden aufgenommen, überzeugte in mehreren Gesprächen meine Bürgermeisterkollegen und bereitete die Vereinsgründung vor.

Zu den Gründervätern des Vereins „Volkshochschule Hockenheim e.V." zähl-ten die vier kommunalen Gebietskörperschaften sowie deren vier Bürgermeister. Es waren dies Gerhard Zahn aus Altlußheim, Ewald Butz aus Neulußheim, Her-mann Kief aus Reilingen sowie meine Wenigkeit. Mit vier juristischen und vier na-türlichen Personen waren mehr als die zur Vereinsgründung erforderlichen min-destens sieben Personen vorhanden. Die Gründungsversammlung wählte mich zum Vereinsvorsitzenden – und diese Funktion behielt ich bis zu meiner Pensio-nierung im September 2004.

Zum Zeitpunkt der Vereinsgründung bestand die Volkshochschule Hockenheim schon seit fast drei Jahrzehnten. Sie war im Jahre 1950, zunächst als Zweigstelle der Abendakademie und Volkshochschule Mannheim, unter der Leitung des städti-schen Mitarbeiters Theo Böhler ins Leben gerufen worden. Der hatte sie kontinu-ierlich ausgebaut und im Jahre 1954 einen eigenen Arbeitsplan vorgelegt, mit dem sie sich von Mannheim unabhängig machte. Mit der Selbstständigkeit dehnte die VHS ihre Arbeit auch auf Altlußheim, Neulußheim und Reilingen aus, jedoch un-ter der ausschließlichen Trägerschaft Hockenheims.

Als Böhler im Jahre 1968 verstarb, folgte ihm Rektor Willi Kern als VHS-Leiter. Er setzte die Erwachsenenbildung des Raumes Hockenheim in bewährter Weise bis zu seinem Ableben im Oktober 1978 fort. Sigrid Brüning, der langjährigen Lei-terin des Hockenheimer Standesamts, oblag seinerzeit auch noch die Leitung des städtischen Kulturamts. In dieser Funktion leistete sie nach Kerns Tod auch noch einen Großteil der VHS-Arbeit. Sie organisierte das Kursprogramm und Karl Auer die Vortragsveranstaltungen und Reisen. Dieser anspruchsvollen Aufgabe stellte sich Auer in vorbildlicher ehrenamtlicher Weise.

Die Erfolgsgeschichte der Hockenheimer Sing- und Musikschule begann im Jahre 1967, als private Initiatoren eine Singschule und eine Jugendmusikschule gründeten, deren Leiter und Motor Kantor Ludwig-Günther Mohrig wurde. Beide Institutionen gingen drei Jahre später als Sing- und Musikschule in die Trägerschaft der Stadt Hockenheim über.

Mohrig kam aus der Schule des berühmten Dresdner Kreuzchors, hatte bereits viel kirchenmusikalische Erfahrung gesammelt und brachte auch ein hervorragendes Können als Chorleiter mit. Seine Gattin Christa, eine ausgebildete und engagierte Sängerin, nahm sich vor allem des Nachwuchses als Stimmbildnerin an. Sie war ihrem Mann auch sonst eine große Stütze. Beide erwarben sich erhebliche Verdienste um die musikalische und gesangliche Ausbildung von Kindern und Jugendlichen und bereicherten auch jahrzehntelang das musikalische Leben Hockenheims.

Als der Verein Volkshochschule e.V. die Sing- und Musikschule übernahm, hatte sie dank der Mohrigs und anderer Lehrkräfte einen ausgezeichneten Ruf. Ihr Angebot wurde nun auch auf Altlußheim, Neulußheim und Reilingen ausgedehnt.

Als neuen Leiter der Volkshochschule Hockenheim e.V. bestellten wir, auch aufgrund einer Empfehlung des Volkshochschulverbands Baden-Württemberg, den damals 41-jährigen Betriebswirt Josef Diller. Er hatte bereits als Referent in Seminaren der Wirtschaft und dem Bildungszentrum Heidelberg sowie als Leiter des katholischen Bildungswerks Erfahrungen gesammelt. Diller stürzte sich auf seine neue Aufgabe und es gelang ihm in relativ kurzer Zeit, neue Akzente zu setzen und das Bildungsangebot des Raumes Hockenheim deutlich auszuweiten.

Bei seinen Aktivitäten und Ambitionen musste er sich aber immer wieder nach der ihm von den Trägerkommunen vorgegebenen finanziellen Decke strecken. Dies betraf weniger die VHS, deren Kurse und Exkursionen meist kostendeckend abgewickelt wurden, als vielmehr die Sing- und Musikschule. Bei dieser verursachen die Unterrichtskosten pro Schüler in der Regel Defizite, die von den Kommunen abzudecken sind. In wirtschaftlich guten Zeiten, die sich positiv auf die Finanzlage der Gemeinden auswirken, führt dies relativ selten zu Diskussionen. Leider mussten wir in den Jahrzehnten, die dem Gründungsjahr 1980 folgten, auch andere erleben.

Dennoch war die Vereinsgründung eine wichtige und richtige Entscheidung, bereichert sie seitdem doch das Bildungsangebot des Raumes Hockenheim und das kulturelle Zusammenleben in beachtlichem Maße. Zudem fördert sie die Zusammenarbeit der vier Gemeinden, die gegen örtliche Interessen und Egoismen leider nie ganz gefeit ist.

Erste von mir initiierte Bauprojekte

Kurz vor der Bürgermeisterwahl 1978 hörte ich im Vorübergehen, wie sich eine Hockenheimer Mitbürgerin laut fragte, ob denn überhaupt noch etwas in der Stadt zu tun sei, angesichts dessen, was Dr. Buchter in seiner Amtszeit alles gemacht habe? In der Tat, mein Vorgänger war ein „Macher", der vieles bewegt hatte. Einige

„Baustellen" hinterließ er mir aber dennoch. Zudem hatte ich im Vorfeld der Wahl klar zum Ausdruck gebracht, wo ich in der Zukunft neue Entwicklungspotenziale für die Stadt sehen würde.

Noch zu Dr. Buchters Amtszeit hatte der Gemeinderat drei Bauvorhaben beschlossen, die erst in meiner Amtszeit realisiert wurden. Jedem dieser Bauvorhaben lag ein dringender Bedarf zugrunde. Es handelte sich um die Sporthalle für die Hubäckerschule, die Stadtbibliothek beim Gymnasium sowie den städtischen Bauhof und den Betriebshof für die Stadtwerke in einem gemeinsamen Komplex am Ende der Schwetzinger Straße.

Mit dem Bezug des Bau- und Betriebshofs konnte das bisherige, völlig unzulängliche Bauhofareal, das sich in alten Gemäuern zwischen der Oberen Hauptstraße und Ottostraße neben dem Einzelhandelsgeschäft von Heinz Eichhorn befand, abgeräumt und eine weitere Straßenverbindung zwischen der Oberen Hauptstraße und Luisenstraße sowie ein Parkplatz mit über zwanzig Stellplätzen geschaffen werden. Diese kamen den dortigen Geschäften zugute.

Zu den ersten Projekten, die ich als Bürgermeister ankurbelte, zählten die Erweiterungen der Realschule und der Trauerhalle im Friedhof. Letztere hatte sich bei vielen Beerdigungen als viel zu klein erwiesen. Stadtbaumeister Fritz Kraft hatte sie in der unmittelbaren Nachkriegszeit geplant und trotz der kargen Notzeit ein architektonisches Meisterwerk geschaffen. Wegen ihrer Architektur und Bausubstanz galt es, mit einem Anbau subtil umzugehen. Dies gelang Krafts Nachfolger, Stadtbaumeister Julius Ussmann. Er entwarf einen Seitentrakt mit rund sechzig zusätzlichen Sitzplätzen und sorgte für eine schnelle Realisierung. Seitdem reicht der Platz bei den meisten Beerdigungen.

Hohe Investitionen in die Abwasserreinigung

Unsere Stadt musste durch die Planungen der Bahn schon vor meiner Amtszeit Entwicklungsverluste hinnehmen. Viele Einwohner waren mangels Baugeländе weggezogen, runde sechshundert allein nach Reilingen. Über die Gründe erfuhren wir bereits in einem früheren Kapitel mehr.

Für den Zentralort Hockenheim, der auch für die Reilinger eine gewisse Infrastruktur, beispielsweise im schulischen Bereich, vorzuhalten hat, wirkte sich der Einwohnerverlust auch finanziell nachteilig aus. Mit den wegziehenden Einwohnern büßte die Stadt nicht nur Kaufkraft ein, sondern verlor auch die Pro-Kopf-Zuschüsse des Landes aus dem Finanzausgleich. Und diese Mittel fehlten zur Finanzierung der städtischen Infrastruktur.

Diesen für Hockenheim nachteiligen Trend galt es, durch neue Baugebiete zu stoppen und umzudrehen. Es ging zunächst um Birkengrund III. Dieses geplante Neubaugebiet rief aber sogleich das Wasserwirtschaftsamt auf den Plan. Es wollte der städtebaulichen Erweiterung nur noch zustimmen, wenn die im Jahre 1967 in Betrieb genommene und zwischenzeitlich an ihre Kapazitätsgrenzen gestoßene Kläranlage erweitert, ihr Wirkungsgrad verbessert und zudem noch mehrere Regenüberlauf- und Regenrückhaltebecken gebaut würden. Diese wasserwirtschaftlichen Ansprüche wurden aber auch im Hinblick auf neue Gewerbeflächen im Talhaus gestellt. Außerdem hing dort die weitere Erschließung vom vierspurigen Ausbau der Talhausstraße ab, den die Verkehrsbehörde forderte.

Um die Stadtentwicklung nicht noch weiter zu verzögern, musste also möglichst bald das Problem der Abwasserentsorgung gelöst werden. Mit ihm begann Ende der 1970er Jahre das größte Bauvorhaben, das die Stadt bis zu dieser Zeit zu meistern hatte. Die Kläranlage wurde unter Berücksichtigung der Reilinger Abwässer sowie der gewerblichen und industriellen Abwässer auf ein Leistungsvermögen von 55.000 Einwohner-Gleichwerten ausgebaut.

Der Fachbegriff Einwohner-Gleichwert bezeichnet eine Relativgröße zur Definition von gewerblichen und industriellen Abwasserlasten. Als dessen Basis dienen jeweils die spezifischen Abwasser-, Schmutzstoff- und Schlammmengen, verursacht von Personen, die im Einzugsbereich der Kläranlage wohnen.

Die erweiterte Kläranlage wurde im Jahr 1982 in Betrieb genommen. Sie kostete rund 20 Millionen Mark – eine stolze Summe. Davon trugen das Land, der Kreis sowie Reilingen 11,4 Millionen Mark, den Rest die Stadt Hockenheim.

Die Kostenentwicklung zur Klärwerkserweiterung zählte zu den ersten größeren Enttäuschungen, die mir in meiner Amtszeit einige Architekten oder Bauingenieure bereiteten. Erst kurz vor Abschluss der Bauarbeiten stellte sich heraus, dass das mit der Planung und Bauleitung beauftragte Ingenieurbüro die Baukosten um sage und schreibe fünf Millionen Mark zu niedrig kalkuliert hatte! Dies hing einerseits mit dem Umbau der alten Anlage zusammen, andererseits aber ließ die zeitnahe Kostenkontrolle durch das Ingenieurbüro erheblich zu wünschen übrig. Die unerwarteten Mehrkosten mussten vom Gemeinderat nachträglich bewilligt werden. Dass vor dieser Beschlussfassung einige Mitglieder des Gemeinderats aus der Fassung gerieten, ist verständlich.

Zu einem weiteren Eklat kam es, als bekannt wurde, dass das Büro, das die Baukosten falsch eingeschätzt sowie die Kostenentwicklung erst viel zu spät erkannt hatte, auch noch zehn Prozent Honorar von den Mehrkosten kassierte. Dies führte bei einigen Stadträten einmal mehr zu Blutdrucksteigerungen. Auch mich hat dieser Honoraraufschlag gewaltig geärgert, musste die Stadt nun auch noch die unbefriedigende Leistung des Büros mit einem kräftigen Batzen zusätzlich vergüten. Aber aufgrund der von und für Architekten und Fachingenieure gemachten „Gebührenordnung für Leistungen" hatte die Stadt dem nichts entgegenzusetzen.

Auf dem Gelände der Kläranlage war zusätzlich noch ein Regenrückhaltebecken für rund 2,0 Millionen Mark gebaut worden. Weitere 7,5 Millionen Mark kostete das im Ebertpark, unmittelbar an der Kaiserstraße errichtete Regenrückhalte- und Regenüberlaufbecken. Ein weiteres unterirdisches Regenrückhaltebecken wurde gegenüber dem Friedhof auf dem späteren Festplatz gebaut. Insgesamt investierte die Stadt damals circa 32 Millionen Mark in die Abwasserentsorgung – ein gewaltiger Betrag, der jedoch im Interesse der Stadtentwicklung und biologischen Abwasserreinigung unverzichtbar war.

Städtebauliche Rahmenplanung

Schon in den ersten Monaten meiner Amtszeit wurde mir mehr und mehr bewusst, dass einer geordneten und zielgerichteten Stadtentwicklung eine städtebauliche Rahmenplanung zugrunde liegen sollte. Ohne diese konnten die Verantwortlichen der Stadt allenfalls vermuten, welche Stadtquartiere städtebaulich im Argen lagen oder wo sich weitere Entwicklungspotenziale befanden. Es gab zwar eine Generalverkehrsplanung, die aufgrund der überörtlichen Planungen an der westlichen Peripherie der Stadt überarbeitet werden musste, doch weder für den ruhenden Verkehr, für öffentliche Grünanlagen noch zur städtebaulichen Entwicklung existierten Konzepte, an denen sich die städtischen Entscheidungsträger orientieren konnten.

In Sachen Stadtsanierung war - von der zähen Entwicklung des Fortunaareals in der Stadtmitte einmal abgesehen - vor meiner Zeit nicht allzu viel passiert. Da noch keine förmlich festgelegten Sanierungsgebiete nach dem Städtebauförderungsgesetz gebildet worden waren, floss auf diesem Sektor vor meiner Amtszeit nicht eine Mark an öffentlichen Mitteln nach Hockenheim. Andere Städte im Lande hatten aufgrund ihrer Sanierungskonzepte bereits zig Millionen an Städtebauförderungsmitteln abgeschöpft. Vorbildliches in Sachen Stadtsanierung war in jener Zeit bereits in Städten wie Ladenburg, Wiesloch oder Ettlingen realisiert worden.

Auf diesem Gebiet bestand also in Hockenheim ein immenser Nachholbedarf, galt es doch, den alten, noch bäuerlich geprägten Stadtkern Hockenheims nach und nach zu modernisieren sowie zeitgemäße Wohn- und Lebensbedingungen zu schaffen. Dazu bedurfte es aber eines überzeugenden Konzepts – eine Voraussetzung, um an öffentliche Sanierungsmittel zu kommen.

Mit der Erarbeitung einer städtebaulichen Rahmenplanung beauftragten wir zunächst ein renommiertes Stuttgarter Planungsbüro. Was dessen zuständige Mitarbeiter dann aber als Entwicklungskonzept ablieferten, überzeugte meine zuständigen Mitarbeiter und mich in keinster Weise. Deshalb beendeten wir enttäuscht die Zusammenarbeit.

Neue und verwertbare städtebauliche Entwicklungsimpulse vermittelte uns dann aber die Architektengruppe „ARU-Plan" unter der Leitung von Prof. Dr.-Ing. Hans Dennhardt aus Kaiserslautern, mit der wir ab Ende 1982 zusammenarbeiteten. Die Planungsarbeit vor Ort oblag in erster Linie Diplom-Ingenieur und Stadtplaner Klaus Meckler. Er ging auf die städtebaulichen Schwachstellen Hockenheims ein und unterbreitete uns einen Katalog von Verbesserungsvorschlägen.

Bei der Stadthalle schieden sich die Geister

Seit 1975 bestand für das Gelände zwischen Feuerwehrgerätehaus und Friedhof ein rechtsverbindlicher Bebauungsplan. In diesem Bereich war eine Fläche für den Neubau einer Stadthalle ausgewiesen. Bisher hatte die im Eigentum der katholischen Kirchengemeinde befindliche Festhalle die Funktion einer Stadthalle inne.

Diesem Anspruch konnte sie aber aufgrund der räumlich unzulänglichen Gegebenheiten nur bedingt gerecht werden. Deshalb warb ich schon im Bürgermeisterwahlkampf für einen Stadthallen-Neubau.

Im September 1978 - ich war gerade ein halbes Jahr im Amt - brachte ich die Sache ins Rollen. Auf meinen Vorschlag hin bildete der Gemeinderat einen Ad-hoc-Ausschuss „Stadthalle", der innerhalb kurzer Zeit über zwanzig Stadthallen besichtigte und sich dadurch ein umfassendes Bild über solche Einrichtungen machte.

Im März 1981 unterbreitete der Ausschuss dem Gemeinderat einen Vorschlag zum Raumprogramm, das später im Wesentlichen verwirklicht wurde. Doch damals kam für die Verantwortlichen der Stadt nur der Standort beim Friedhof in Betracht; an einen zentralen Standort in der Stadtmitte dachte noch niemand.

Erst als der Ausschuss die neue Stadthalle im badischen Rheinfelden besichtigt hatte, wurde den meisten Mitgliedern und auch mir bewusst, dass eigentlich mehr für einen Standort in der Stadtmitte als an der Peripherie spräche. In Rheinfelden hatte uns dessen OB Herbert King überzeugend dargestellt, warum bei deren Stadthallenbau ein ursprünglich peripherer Standort zugunsten eines in der Stadtmitte gelegenen aufgegeben worden war. Er sagte wortwörtlich: „Eine Stadthalle als Treff- und Mittelpunkt der Bürgerschaft verdient, mit genau denselben Ansprüchen in der Stadtmitte gebaut zu werden wie das Rathaus und die Kirchen". Diese zutreffende Feststellung brachte das Festhalten am alten Standort beim Friedhof ins Wanken.

Just zur selben Zeit riet uns auch die ARU-Plan, die mit der städtebaulichen Rahmenplanung vorangekommen war, den peripheren Standort aufzugeben und stattdessen die Stadthalle ins Zentrum der Stadt zu bauen. Sie sah darin eine einmalige Chance, den zurückgebliebenen Bereich in der Mitte der Stadt nach vorne zu entwickeln und das Zentrum als pulsierendes Herz eines Gemeinwesens zu stärken.

Innerhalb der Stadtverwaltung bestärkte mich besonders Erich Eichhorn, der erfahrene Finanzbeamte und Kämmerer, die Idee einer zentral gelegenen Stadthalle weiterzuverfolgen. Auch er erkannte die Vorteile, die sich für die innerstädtische Entwicklung boten und empfahl, das Projekt so zu planen, dass es dem künftigen Bedarf nicht nur Rechnung tragen, sondern auch architektonische Akzente setzen würde.

Die stichhaltigen Argumente überzeugten letztlich den Gemeinderat. Er entschied im Dezember 1983, die Stadthalle in der Stadtmitte zu errichten und damit die Neugestaltung der Innenstadt zu verbinden.

Gegen diesen, in meinen Augen in einer Sternstunde der Kommunalpolitik gefassten Beschluss, regte sich zugleich Widerstand, der in lebhaften Auseinandersetzungen mündete. Hinzu kam, dass es Pfarrer Vögele und seinem katholischen Pfarrgemeinderat ohnehin lieber gewesen wäre, wenn die Stadt auf den Neubau einer Stadthalle verzichtet und stattdessen die Festhalle erworben und modernisiert hätte. Mit einem entsprechenden schriftlichen Antrag der katholischen Kirchengemeinde hatte sich die Stadt zu befassen.

Damit bekam die Stadthallenfrage auch noch eine konfessionelle Dimension, denn zahlreiche Katholiken wollten auf ihre Festhalle nicht verzichten, und nicht wenige aus dem evangelischen Lager sagten: „Es ist doch nicht einzusehen, dass die Stadt der katholischen Kirchengemeinde die alte Festhalle abkauft!"

Gegen die Festhalle sprach auch, dass ihr Turm aus dem Jahre 1490 und ihre alte Fassade unter Denkmalschutz standen. Darauf hätte man bei einem Umbau wohl Rücksicht nehmen müssen. Außerdem hätte die enge Lage nie den großen Wurf ermöglicht. Eine andere Frage wäre gewesen, wie es mit der Innenstadtsanierung im Bereich zwischen katholischer und evangelischer Kirche weitergegangen wäre, wenn die Festhalle zur Stadthalle umgebaut worden wäre?

Auch aus dem Lager der Grünen machte sich Widerstand gegen den Stadthallenbau breit. Deren Sprachrohre waren Kurt Kreutzenbeck, der frühere Ortsvorsitzende der SPD sowie Bernhard Franke, ehedem ein Anhänger des „Kommunistischen Bund Westdeutschland". Sie initiierten mit ihren Mitstreitern ein Bürgerbegehren gegen das Stadthallenvorhaben, sammelten eifrig die erforderlichen Unterschriften und erreichten schließlich, dass ein Bürgerentscheid durchgeführt werden musste. Statt aber über den Platz am Friedhof abstimmen zu lassen, der von einem nicht unbeachtlichen Teil der Bürgerschaft immer noch favorisiert worden war, hatten sie das Bürgerbegehren mit dem Satz auf den Weg gebracht:

„Sind Sie gegen den Neubau einer Stadthalle und für den Ankauf der Festhalle von der katholischen Kirchengemeinde sowie einen Umbau derselben zur Stadthalle unter Beteiligung der Bürger bei der Umbauplanung?"

Darüber musste beim Bürgerentscheid am Sonntag, dem 8. April 1984, mit Ja oder Nein abgestimmt werden. Es war im Übrigen der erste Bürgerentscheid in der langen Geschichte der Stadt Hockenheim.

Rund zwei Drittel der am Bürgerentscheid Beteiligten beantworteten die Frage mit Nein. Damit fiel eine große Last von meinen Schultern, die im Übrigen auch der breiten Mehrheit des Gemeinderats zu schaffen gemacht hatte. Nun stand dem Stadthallenstandort in der Stadtmitte - durch einen erneuten Gemeinderatsbeschluss nochmals bekräftigt - nichts mehr entgegen.

Auch wenn Franke und Kreutzenbeck ihr Ziel mit dem Bürgerentscheid nicht erreichten, bot ihnen die öffentliche Auseinandersetzung eine Plattform, sich kommunalpolitisch zu profilieren. Ein halbes Jahr später, am 29. Oktober 1984, gelang den beiden der Sprung über die Grünen-Liste in den Gemeinderat. Adolf Härdle, der in der Periode zuvor für die Grünen als Einziger im Gemeinderat saß, war dieses Mal nur noch auf der Kreistagsliste der Grünen angetreten.

Rückblickend reihe ich die öffentliche Auseinandersetzung um die Stadthalle in die Rubrik „Höhen und Tiefen der Kommunalpolitik" ein, bei der ich mich als Stadtoberhaupt auf dem kommunalpolitischen Prüfstand befand. Es waren gute Nerven gefragt. Ein anderer Ausgang des Bürgerentscheids wäre nicht in meinem Sinn gewesen und hätte wohl auch mein kommunalpolitisches Renommee beschädigt. Als Demokrat hätte ich aber einen anderen Mehrheitsbeschluss der Bürger-schaft akzeptiert und mich dann in Sachen Stadtentwicklung anders orientiert.

Nach dem Bürgerentscheid nahm das Stadthallenprojekt seinen Lauf. Zunächst wurde das dafür vorgesehene Quartier in der Stadtmitte als Sanierungsgebiet aus-gewiesen und in das Städtebauförderprogramm aufgenommen. Dadurch finan-zierten der Bund und das Land einen Großteil der erheblichen Grunderwerbs-kosten, die sich auf rund fünf Millionen Mark beliefen.

Beim Grunderwerb verfuhren wir nach Prinzipien, die uns OB King bei der Besichtigung der Rheinfeldener Stadthalle angeraten hatte. Die Rheinfeldener entschädigten nach dem Prinzip neu für alt. Danach erhielt jeder Grundstücksei-gentümer als Ersatz ein gleich großes, baureifes Grundstück. Bei den Gebäuden wurde jeweils die Baumasse ermittelt und der Neuwert entschädigt. Zu diesem Zweck wurde jeder Kubikmeter mit dem Wert multipliziert, der erforderlich war, um ein ebenso großes, neues Gebäude zu errichten.

Diese Entschädigung war großzügig. Andererseits mutete die Stadt den Eigen-tümern zu, ihre Grundstücke, die sich in den meisten Fällen seit Generationen im Familienbesitz befanden und ihre ureigene Heimat darstellten, zugunsten eines öffentlichen Projekts aufzugeben. Dass sich dabei niemand schlechter als bisher stellen wollte, ist verständlich. Durch die großzügigen Angebote gelangten die Rheinfeldener relativ schnell an alle erforderlichen Grundstücke. In Hockenheim verlief dies nicht anders.

Programm zur Wohnungsrenovierung

Schon kurz nachdem ich mein Amt angetreten hatte, machte mich Stadtbaumeis-ter Ussmann auf den unzulänglichen Zustand vieler städtischer Mietwohnungen aufmerksam. Beispielsweise waren die Wohnungen in der Luisenstraße weder mit Bädern oder Duschen, geschweige denn mit Toiletten ausgestattet. Die WCs be-fanden sich in separaten Räumchen, die an die Treppenhäuser angebaut waren. Aber auch sonst war in all den Jahren zuvor kaum eine städtische Mietwohnung renoviert worden. Insofern bestand ein erheblicher und dringender Handlungs-bedarf, auch aus energetischer Sicht, den die Stadt nicht mehr länger vor sich herschieben konnte.

Angesichts dieser unhaltbaren Zustände stellten wir mit Beginn meiner Amts-zeit für Wohnungsrenovierungen jährlich jeweils zwischen einigen Hunderttau-send und einer Million Mark bereit. Auch in meinen folgenden Amtsperioden stellten wir immer wieder Mittel in dieser Größenordnung in den Haushalt ein. Insgesamt wurden während meiner Amtszeit rund 10 Millionen Euro in die städ-tischen Wohnhäuser gesteckt. Dies trug nicht nur zu deren Werterhalt, sondern auch zu erheblichen Energieeinsparungen bei.

Im Jahre 2004, meinem letzten Amtsjahr, belief sich das Defizit, das die rund zweihundert städtischen Wohnungen verursachten, auf 538.000 Euro. In diesem Betrag waren kalkulatorische Kosten wie Abschreibungen und Verzinsung des

Eigenkapitals in Höhe von 674.000 Euro enthalten. Ohne die kalkulatorischen Kosten hätten die städtischen Wohnungen zu einem Überschuss von 136.000 Euro geführt. Dieses Ergebnis war natürlich nicht berauschend. Andererseits aber liegen der städtischen Wohnungspolitik auch noch andere als pure Rendite-gesichtspunkte zugrunde.

Zu Beginn meiner Amtszeit waren die meisten städtischen Wohnungen von kinderreichen und/oder ärmeren deutschen Familien bzw. Personen belegt. Die Mieter ausländischer Herkunft waren noch an einer Hand abzuzählen. Als ich nach 26 Jahren aus dem Rathaus schied, betrug der Anteil städtischer Mieter mit Migrationshintergrund bereits 55 Prozent. Diese Entwicklung resultierte aus dem Druck der permanenten Zuwanderung nach Deutschland seit den 1980er Jahren. Der kommunalen Wohnungspolitik blieb keine andere Wahl, als sich auf diese Fakten einzustellen.

Dies ging in der Regel zulasten von einkommensschwächeren deutschen Familien, denen die Stadtverwaltung in früheren Jahren oft noch mit einer preisgünstigen Sozialwohnung helfen konnte.

Stadtkernsanierung mit neuer Sparkasse

Am 21. August 1981 wurde die neue Hauptstelle der Bezirkssparkasse Hockenheim an der Fortuna-Kreuzung eingeweiht. Damit wurde ein schwieriges Kapitel der Stadtkernsanierung abgeschlossen, auf das ich im Folgenden eingehe.

Über viele Jahre hatte das mitten im Herzen der Stadt brachliegende Areal, auf dem früher die Brauerei Kreh mit der Brauereigaststätte Fortuna standen, ein trostloses ruinenhaftes Bild abgegeben. Unmittelbar neben der Fortuna befand sich das 1690 erbaute Fachwerkhaus „Güldener Engel", das älteste Hockenheimer Wohnhaus. Es ist das Stammhaus der bekannten Engelhorn-Dynastie, aus der die Gründer der BASF sowie von Boehringer & Söhne Mannheim hervorgegangen sind.

1975 wurde das alte Fachwerkhaus unter Denkmalschutz gestellt. Infolgedessen musste ein rechtsverbindlicher Bebauungsplan für die Stadtmitte, der an der Ecke Heidelberger und Untere Hauptstraße eine Hochhausbebauung vorsah, aufgegeben und stattdessen ein neues städtebauliches Konzept erarbeitet und in einen geänderten Bebauungsplan eingebracht werden. Ziel dieser Neuplanung war, die vorgegebene Charakteristik der Hauptstraße und insbesondere die Wirkung des Güldenen Engels zu unterstützen und damit eine dem Wesen der Stadt entsprechende räumliche Mitte zu erreichen.

Mit dem neuen Bebauungsplan alleine war aber noch lange keine Bebauung gewährleistet. Langwierige Verhandlungen mit Grundstückseigentümern und privaten Bauinteressenten erforderten viel Geduld. Mein Vorgänger stellte beispielsweise die Verhandlungen mit einem Grundstückseigentümer ein, weil er mit diesem auf keinen gemeinsamen Nenner kam.

Da dieser Grundstückseigentümer über ein größeres Schlüsselgrundstück verfügte, ohne das die gemeinschaftlich zu planende und zu finanzierende Tiefgarage nicht zu realisieren gewesen wäre, nahm ich gleich nach meinem Amtsantritt die Grundstücksverhandlungen wieder auf. Sie kosteten auch mich eine Menge an Geduld. Es fehlte nicht viel, und auch der erneute Anlauf wäre gescheitert. Doch am Ende kam es zu einer einvernehmlichen Lösung. Nun erst war der Weg zur Neubebauung der Stadtmitte zwischen Fortuna-Kreuzung und Hirschstraße geebnet.

Im Zuge dieser Grundstücksverhandlungen gelang es der Stadt, den Güldenen Engel zu kaufen, dessen baulicher Zustand sehr zu wünschen übrig ließ. Kurze Zeit nach dem städtischen Erwerb wurde das alte Fachwerkhaus an den Architekten Volker Grein in Erbpacht übergeben. Er unterzog es einer Generalsanierung, fand dabei sechsundzwanzig Münzen aus dem Zeitraum zwischen 1650 und 1690 und schuf Räume für eine Gaststätte. Seitdem wird - Volker Grein sei Dank - das ehemalige Schildwirtshaus „Güldener Engel" seiner einstmaligen Bestimmung erneut gerecht.

Die erste Anregung zum Bau einer neuen Hauptstelle der Bezirkssparkasse Hockenheim kam im Jahre 1973. Damals hielt man es noch für überlegenswert, die bisherige Hauptstelle an der Ecke Karlsruher und Wilhelm-Leuschner-Straße abzureißen und an gleicher Stelle einen Neubau zu errichten.

1974 wurde von städtischer Seite, wohl auch wegen der Neugestaltung der Stadtmitte, vorgeschlagen, die neue Hauptstelle auf dem Fortuna-Gelände zu bauen. Von der Lage her gab es in Hockenheim kein zentraleres Grundstück. Doch alle Grundstücke befanden sich in Privateigentum. 1975 erwarb die Sparkasse zwar eines der Grundstücke, doch es reichte bei Weitem nicht für das geplante Bauvorhaben.

Im Jahr darauf fanden permanente Grundstücksverhandlungen mit der Erbengemeinschaft Kreh/Neuschäfer statt, der das Fortuna-Gelände gehörte. Deren Verhandlungsführer war Alfred Neuschäfer, der Gatte meiner Cousine Gisela. Ihn zeichnete ein gesunder Menschenverstand aus. Als rund zehn Jahre Jüngerer diskutierte ich mit ihm gerne über politische, geschichtliche oder gesellschaftliche Aspekte. Ich schätzte ihn und wir beide verstanden uns sehr gut.

Bürgermeister Dr. Buchter wusste von dieser Beziehung. Deshalb bat er mich in einer festgefahrenen, dem Scheitern nahen Phase der Grundstücks-Verhandlungen um Vermittlung. Die führte schließlich zu einer Einigung. Insofern trug ich schon vor meiner Zeit als Bürgermeister zum Zustandekommen eines wichtigen Grundstücksgeschäfts bei.

Damit standen die zum Bau der Sparkassenhauptstelle benötigten Grundstücke zur Verfügung. Im März 1977 beschloss der Verwaltungsrat der Bezirkssparkasse Hockenheim den Neubau und beauftragte ein Jahr später das Architekturbüro Seger & Partner aus Worms mit der Planung und Durchführung.

Dank der neuen, modernen Sparkassenhauptstelle blühte in Hockenheims Stadtmitte „neues Leben aus Ruinen". An der Fortunakreuzung war ein optisch ansprechendes Gebäude entstanden. Außerdem finanzierte die Sparkasse noch den Brunnen zwischen dem Haupteingang und dem Güldenem Engel.

Mit der neuen Hauptstelle wurden die Weichen für eine weitere Aufwärtsentwicklung des Geldinstituts gestellt. Es begleitete besonders seit dem Zweiten Weltkrieg die rasante städtebauliche und gewerbliche Entwicklung des Raumes Hockenheim und verstand sich dabei auch immer als Partner der Gemeinden.

Mehr als zwei Jahrzehnte hatte ich als Vorsitzender des Verwaltungsrats und des Kreditausschusses mit den Sparkassen-Direktoren Klaus Heidrich und Robert Becker zu tun. Mit beiden verband mich eine sehr angenehme und erfolgreiche Zusammenarbeit, wie im Übrigen auch mit dem Kreditausschuss und Verwaltungsrat der Bezirkssparkasse. Dem Kreditausschuss gehörten die Bürgermeister von Altlußheim, Neulußheim und Reilingen an, und im Verwaltungsrat saßen neben den Bürgermeistern noch andere Persönlichkeiten unseres Raumes.

Anfang der 1990er Jahre empfahl der Badische Sparkassen- und Giroverband den kleineren badischen Sparkassen, wie Hockenheim, mit größeren Instituten zu fusionieren. Diese Fusionspolitik betrieb ein Jahrzehnt später auch der Baden-Württembergische Sparkassenverband. Wir werden darüber noch mehr erfahren.

✳

Kreis und Regionalverband – beides unbekannte Wesen

Z u den über den Kommunen angesiedelten Instanzen der öffentlichen Verwaltung zählen die Landkreise. Sie erfüllen als untere Verwaltungsbehörde sowohl staatliche Aufgaben und als Selbstverwaltungsorgan auch Aufgaben nach den Grundsätzen der gemeindlichen Selbstverwaltung. An ihrer Spitze steht ein Landrat, der vom Kreistag auf acht Jahre gewählt wird. Der Landrat leitet die Kreisverwaltung, ist Vorsitzender des Kreistags und seiner Ausschüsse und steht zugleich der kommunalen Rechtsaufsicht vor.

Zum Rhein-Neckar-Kreis, mit über 500.000 Einwohnern der größte in Baden-Württemberg, zählen 54 Kommunen. Unter ihnen befinden sich die finanzstärkeren Städte und Gemeinden in der Rheinebene sowie der finanzschwächere, ländlich geprägte Raum im Kraichgau und Odenwald.

Die meisten Kreiseinwohner haben mit dem Landratsamt relativ selten oder nie zu tun. Da sich das Landratsamt des Rhein-Neckar-Kreises in Heidelberg befindet, fehlt auch der räumliche Bezug wie beim Rathaus vor Ort. Wer kennt schon alle Zuständigkeiten des Landratsamts? Deshalb kommt der Spruch „der Kreis, das unbekannte Wesen" nicht von ungefähr. Er ist schon seit vielen Jahren ein geläufiges Wort, das auch gerne von Kreisräten und solchen, die es werden wollen, zitiert wird.

Auch für mich war der Kreis lange ein Buch mit sieben Siegeln. Das änderte sich erst, als ich am Hockenheimring ständig mit dem Verkehrs- und Umweltamt des Kreises zu tun hatte. Zu dieser Zeit wusste ich lediglich, dass der Kreis Träger von Berufsschulen und Krankenhäusern ist. Seine sonstigen Zuständigkeiten wie die Abfallentsorgung oder die Sozial- und Jugendhilfe wurden mir erst als Bürgermeister so richtig bewusst.

Mitte März 1978 besuchte ich erstmals eine öffentliche Kreistagssitzung. Bei der stand die Verabschiedung des Kreishaushalts für das Jahr 1978 auf der Tagesordnung. Als künftiger Bürgermeister interessierte mich dies auch insofern, als über die Höhe der von den kreisangehörigen Kommunen zu entrichtenden Kreisumlage entschieden wurde. Mit dieser finanziert der Kreis die Sozial- und Jugendhilfe, die Kreiseinwohnern zugute kommt.

Während der Sitzung, die Landrat Albert Neckenauer leitete, bezog jede Kreistagsfraktion Stellung zum Haushaltsplan. Für die SPD sprach deren haushaltspolitischer Sprecher Dr. Buchter. Zu Beginn seiner Haushaltsrede kritisierte er mit wohlfeilen Worten die erneut verspätete Verabschiedung des Haushalts zur Osterzeit. Er sagte wortwörtlich: „Herr Landrat, ich höre schon wieder Osterglocken läuten!" Diese Kritik war von der Sache her berechtigt, denn nach der Kommunalordnung haben sowohl die Landkreise als auch die Städte und Gemeinden ihre Haushaltspläne vor Beginn eines Haushaltsjahres, also bis Ende Dezember des Vorjahres, zu beschließen.

Für den Haushaltsplan 1978 der Stadt Hockenheim zeichnete zu dieser Zeit noch Dr. Buchter verantwortlich. Doch der Hockenheimer Gemeinderat hatte über das städtische Planwerk ebenfalls noch nicht entschieden! Das wusste aber der Landrat nicht. Deshalb schluckte er die Buchter'sche Kritik ohne Kommentar. Sonst hätte er auf diese Chuzpe natürlich anders reagiert, wie er mir später, als er die Fakten kannte, einmal sagte.

Am 28. Oktober 1979 wurde ein neuer Kreistag gewählt. Da die Stadt Hockenheim schon mit ihrem alten Krankenhaus genug Probleme hatte, die ohne Kreis nicht zu lösen waren, entschied ich mich zur Kandidatur. In der damaligen Zeit konnte es mir als Bürgermeister auch sonst nicht ganz gleichgültig sein, was im Kreis beschlossen wurde.

Als Mitglied der FDP kandidierte ich auf deren Liste. Bei der Wahl erreichte ich mit Abstand die meisten Stimmen unseres Wahlkreises, rund 500 mehr als Dr. Buchter, der auf der Liste der SPD erneut angetreten war. Am Morgen nach der Wahl rief er mich an und teilte mir mit, dass es ihm sehr weh täte, dass ich mehr Stimmen als er erhalten hätte! Mit einem solchen Geständnis hatte ich nicht gerechnet.

In der konstituierenden Sitzung des neuen Kreistags wählte man mich als Mitglied der FDP-Fraktion zu einem der Stellvertreter des Landrats. Dieses Amt hatte ich auch in den folgenden Perioden inne, doch kam ich in zwanzig Jahren kein einziges Mal zum Einsatz.

Vom Kreistag wurde ich auch in die Versammlung des Regionalverbands Unterer Neckar delegiert. In dieser avancierte ich zum Sprecher der dreiköpfigen FDP-Fraktion. Diese vertrat ich auch im Planungsausschuss des Regionalverbands. Der hatte zu allen wichtigen Planungsvorhaben in der Region Stellung zu nehmen und ihre Kompatibilität mit dem Regionalplan zu prüfen. Dies betraf auch die kommunalen Flächennutzungspläne, die nur genehmigt wurden, wenn sie den Vorgaben und Zielen der Regionalplanung entsprachen.

Es lag in der Natur der Sache, dass kommunale Interessen nicht immer mit der Regionalplanung übereinstimmten. Da diese aber verbindlich war, zogen die

Kommunen zumeist den Kürzeren, es sei denn, es handelte sich um ein Oberzentrum wie Mannheim, über dessen Anliegen auch die Regionalplanung nicht ohne weiteres hinweggehen konnte. In Mannheims Interesse wurde dann schon mal der Regionalplan geändert.

Konkret erinnere ich mich an die Erweiterung des Maimarktgeländes im Mühlfeld, die einen regionalen Grünzug tangierte. Bis dahin war es ein ehernes Planungsprinzip, Bauvorhaben in festgelegten Grünzügen abzulehnen. Dass man auf Dauer nicht immer darauf pochen konnte, ist verständlich, denn die Entwicklung einer Region ist ein kontinuierlicher Prozess, der auch von den Planungsbehörden eine gewisse Beweglichkeit verlangt.

Anfang der 1980er Jahre standen unter anderem die Fortschreibung des Regionalplans sowie die Aufstellung eines Landschaftsrahmenplans auf der Tagesordnung. Auch insofern wollte ich mit meiner Mitarbeit in den regionalen Gremien einen Beitrag zur Entwicklung der Region leisten, bei der aber die kommunalen Ansprüche soweit wie nur möglich berücksichtigt werden sollten.

Der Verbandsversammlung und dem Planungsausschuss des Regionalverbands Unterer Neckar gehörte ich zwei Wahlperioden an, insgesamt also zehn Jahre. Danach stellte ich mich für diese Gremien - primär aus zeitlicher Beanspruchung, aber auch aus anderen Gründen - nicht mehr zur Verfügung. In Hockenheim forderten mich die Vorbereitung der Landesgartenschau sowie der Bau der Stadthalle mehr und mehr. Außerdem hatte ich die Erfahrung machen müssen, dass die Verwaltung des Regionalverbands mit ihrem versierten Verbandsdirektor Dr. Gottfried Schmitz gegenüber den Verbandsgremien fast allmächtig war, und ein einzelnes Mitglied, dazu noch in der kleinsten Fraktion, kaum etwas zu bewirken vermochte.

Im Regionalverband hatte ich es mit zwei gestandenen Landespolitikern zu tun. Der eine war Willibald Kimmel (CDU), der langjährige Vorsitzende des ständigen Ausschusses im Landtag. Er hatte den Vorsitz in der Verbandsversammlung inne, die er stets souverän leitete.

Der andere war Mannheims Ehrenbürger Walter Krause, eine faszinierende Persönlichkeit und ein Politiker von Format, der der SPD-Fraktion vorstand. Er hatte einige Jahre zuvor als Innenminister des Landes die umfassende kommunale Gebietsreform Baden-Württembergs sowie das Regionalverbandsgesetz auf den Weg gebracht, aus dem zwölf öffentlich-rechtliche Planungsverbände hervorgingen. Auch insofern verfügte er über einen riesigen Erfahrungsschatz auf dem Gebiet der Landes- und Regionalplanung.

❋

Zeitliche Begrenzung von kommunalpolitischen Mandaten

B ei der Kreistagswahl 1999 verzichtete ich nach einer 20-jährigen Mitgliedschaft im Kreistag auf eine erneute Kandidatur. Damit wurde ich meiner
mit den Jahren gewonnenen Überzeugung gerecht, wonach ein kommunales Ehrenamt in der Regel nicht länger als 20, maximal 25 Jahre ausgeübt werden sollte.
Warum? Weil die Kommunalpolitik ebenso wie die Landes- und Bundespolitik
immer wieder mit neuen Ideen und frischem Wind belebt werden muss. Personeller Wandel ist insofern unerlässlich.

Jahrzehntelange kommunalpolitische Engagements führen hin und wieder zu
Verkrustungen oder gar zu „Erbhöfen", von denen man sich nur schwer trennt.
Zu lange Mandatszeiten schaden dann dem Gemeinwesen eher, als sie ihm nützen.
Außerdem schwindet mit dem Alter und zu langer Amtszeit nicht nur die Bereit-
schaft, sich auf Neues einzulassen, sondern häufig auch noch die Vitalität.

Dennoch habe ich auch Persönlichkeiten erlebt, die sich mehr als drei Jahrzehnte in der Kommunalpolitik engagierten und noch in ihren letzten Amtsjahren Vorbildliches leisteten. Bei ihnen handelte es sich aber um rühmliche Ausnahmen, die
meine Überzeugung, kommunalpolitische Mandate nicht zulange auszuüben, nicht
erschütterten.

Gleiches gilt auch für die Amtszeit von Bürgermeistern und Landräten. Bis Anfang der 1970er Jahre betrug deren erste Wahlperiode 8, die zweite 12 und jede
weitere wieder 8 Jahre. Nach zwei Amtsperioden, also nach 20 Jahren, begaben
sich damals viele Bürgermeister in den Ruhestand. Damit hätte auch ich mich anfreunden können. Doch als ich ins Amt kam, dauerte jede Wahlperiode nur noch
8 Jahre.

Da Wahlbeamte ihr Amt während einer Amtsperiode nicht nach Belieben aufgeben können, es sei denn, sie sind schon 65, habe ich meine Lebensplanung auf
maximal drei volle Amtsperioden, also auf 24 Jahre ausgerichtet. Selbst nach 20
Amtsjahren hätte ich mir noch nicht vorstellen können, einmal in eine Lage zu
kommen, die mich veranlassen würde, meinen seit langem gefassten Vorsatz zu
ändern und für eine vierte Amtszeit zu kandidieren. Wir werden noch erfahren,
warum es dazu kam.

❋

Der Hockenheimring beschäftigte mich fast täglich

I n Hockenheim werden Rennen seit 1932 veranstaltet. Bis es zum ersten Rennen
kam, mussten einige hohe Hürden genommen werden. Ernst Christ, der „Vater
des Hockenheimrings", beschrieb dies ausführlich in seinem Buch „Wie Hockenheim zu einer Rennstrecke kam".

Ohne das Votum der Verantwortlichen der Stadt zu Beginn der 1930er Jahre,
hätte das Rennstreckenprojekt nicht verwirklicht werden können. Seitdem war die

Stadt in den verschiedenen Rennstreckengesellschaften immer maßgeblich beteiligt und hatte das letzte Wort. Insofern konnte sich ein Bürgermeister am Ring seiner Verantwortung nie entziehen. Mit anderen Worten: Wer auch immer in Hockenheim Stadtoberhaupt ist, muss sich, ob gewollt oder nicht, dem Metier Rennstrecke als bedeutender Teil der Rennstadt stellen.

Mein Vorteil als Bürgermeister war, dass ich dieses Geschäft und dessen Hauptakteure bestens kannte. Mir konnte also niemand ein X für ein U vormachen. Im Folgenden werden wir erfahren, was sich in meiner ersten Amtsperiode am und um den Ring abspielte.

Lothar Späth und Franz-Josef Strauß an der Rennstrecke

Besonders gut ist mir aus der Anfangsphase meiner Amtszeit ein Besuch Lothar Späths als Innenminister unseres Landes in Erinnerung. Er kam am 31. Juli 1978 zum Formel-1-Grand-Prix. Ich war gerade mal seit vier Monaten Bürgermeister und freute mich, ihn begrüßen zu können.

Späth traf sich an der Rennstrecke mit Franz-Josef Strauß, der selbst seine Maschine von München nach Karlsruhe geflogen hatte und von der Landespolizei ins Motodrom geleitet wurde. Für mich war es als junger Bürgermeister schon etwas Besonderes, neben Späth noch den bekannten bayerischen Politiker am Hockenheimring willkommen heißen zu können.

Vor dem Rennen begleitete ich die beiden, eskortiert von Sicherheitsbeamten und zahlreichen Pressefotografen, durchs Fahrerlager, wo wir Station in einem der VIP-Zelte machten. Strauß war an diesem Tag gut aufgelegt. Im Gespräch mit ihm stellte ich fest, dass er auch recht gute Kenntnisse von der Motorsportszene und -geschichte hatte. Es war ein heißer Sommertag, der nicht nur Strauß die Schweißperlen auf die Stirn trieb und durstig machte. Respektabel fand ich, wie der schwergewichtige Vollblutpolitiker aus Bayern zwei Maß Bier mit lediglich vier kräftigen Zügen leerte.

Späth wurde zu der Zeit schon als der künftige Ministerpräsident Baden-Württembergs gehandelt. Die Presse hatte sich in den Wochen zuvor bereits massiv auf Ministerpräsident Hans Filbinger wegen seiner Tätigkeit als Marinerichter im Zweiten Weltkrieg eingeschossen. Filbinger hielt diesem Druck nicht länger stand und trat am 8. August 1978 als Ministerpräsident zurück, also wenige Tage nach Späths Hockenheim-Besuch. Am 30. August 1978 wählte der Landtag Späth zu seinem Nachfolger. Auch Strauß wurde noch im gleichen Jahr, und zwar am 7. November 1978, als bayerischer Ministerpräsident vereidigt.

Dass diese beiden hochkarätigen Politiker ihr Treffen am Hockenheimring zum politischen Meinungsaustausch nutzten, ist verständlich. Zu diesem Zweck hatten sie sich kurz in eine Ecke des VIP-Zelts zurückgezogen. Danach verfolgten sie das Formel-1-Rennen von der Haupttribüne aus und verabschiedeten sich anschließend aus dem Motodrom. Für mich zählte die Bekanntschaft mit den beiden zu den besonderen Erlebnissen im Amte.

Zuschuss des Landes mit Bedingungen

Zu Späths Zeit als Ministerpräsident erhielt die Hockenheim-Ring GmbH immerhin einen Landeszuschuss für verschiedene Ausbaumaßnahmen in Höhe von 500.000 Mark. Dafür hatte sich auch Dr. Lothar Gaa (CDU) eingesetzt, der Landtagsabgeordnete unseres Wahlkreises. Dr. Gaa brachte es in diesen Jahren zum Vizepräsidenten und schließlich zum Präsidenten des Landtags von Baden-Württemberg. Eine tolle politische Karriere, die aber vorzeitig mit dem Rücktritt endete.

Das Land knüpfte den Zuschuss an die Bedingung, dass sich auch die Region erkenntlich zeigt und noch weitere 100.000 Mark beisteuert. Nun war der Rhein-Neckar-Kreis gefordert. Obwohl dessen Verwaltungs- und Finanzausschuss die regionale Bedeutung des Hockenheimrings bejahte, lehnte er den Zuschussantrag mehrheitlich ab! Von regionaler Verbundenheit war also einmal mehr nichts zu spüren.

Letztlich brachte die Stadt die geforderten 100.000 Mark auf. Dies geschah auf eine elegante Weise, indem eine alte städtische Forderung in etwa gleicher Höhe verrechnet wurde. Es handelte sich um Waldwertersatz aus der Anfangsphase des Motodrombaus. Diese Verbindlichkeit stand seit Jahren in den Büchern der Hockenheim-Ring GmbH, doch niemand wusste so recht, wie sie zustande gekommen und ob sie überhaupt berechtigt war. Mit ihrer Verrechnung wurden die Bücher bereinigt; außerdem stand nun der Auszahlung des Landeszuschusses nichts mehr im Wege.

Im Vergleich zu den zig Millionen, die dem Nürburgring in den Jahren zuvor vom Bund und dem Land Rheinland-Pfalz zugeflossen sind, war eine halbe Million Mark natürlich recht bescheiden.

Am Ende floss sogar noch ein dicker Wermutstropfen in den Becher der Freude. Der Landeszuschuss musste in der Gewinn- und Verlustrechnung der Hockenheim-Ring GmbH als außerordentlicher Ertrag verbucht werden. Das erhöhte den zu versteuernden Gewinn entsprechend. Dadurch floss ein Teil des Zuschusses wieder als Körperschaftssteuer ans Land zurück!

Erste Modernisierungsplanungen

Im Jahre 1978 befasste man sich am Nürburgring mit konkreten Planungen für einen neuen, wesentlich kürzeren Grand-Prix-Kurs, der die überlange, gefährliche Nordschleife ablösen sollte. Das Hauptziel dieser Planung war, die Formel 1 in die strukturschwache Eifel zurückzuholen. Wieder einmal sollte die Strukturschwäche für Subventionen in zig Millionen Höhe herhalten!

Obwohl die Finanzierung des neuen Nürburgrings von den Gesellschaftern noch nicht abgesegnet und insofern das Projekt nicht spruchreif war, machten auch wir uns ernsthafte Gedanken über eine Modernisierung des Hockenheimrings. Es ging um weitere Zuschauerplätze, eine verbesserte Infrastruktur sowie um neue Kurven, die die langen Geraden im Wald entschärfen und die Grand-Prix-

Strecke für Fahrer und Zuschauer attraktiver machen sollten. Damit hofften wir, dem Nürburgring Paroli zu bieten und die Formel 1 längerfristig halten zu können.

Außerdem wollten wir endlich den lang gehegten Wunsch nach einer zweiten Querspange realisieren, welche die langen Geraden im Wald verbinden sollte. Sie hätte zu zwei von einander unabhängigen Rundkursen und einer besseren Auslastung des Rings geführt. Dass bei fast allen Veranstaltungen entweder nur der große oder der kleine Kurs zu befahren war, hatte sich schon kurz nach der Inbetriebnahme des Motodroms gezeigt. Damals hatte man noch von 32 verschiedenen Nutzungsvarianten geschwärmt. Diese gab es zwar auf dem Papier, doch in der Praxis erwiesen sie sich als reine Theorie.

Alles in allem umfasste das Modernisierungspaket 20 Millionen Mark. Es stellte sich allerdings schnell die Frage, ob sich diese Vorhaben, die einen Eingriff in den Hardtwald bedeuteten, kommunalpolitisch überhaupt umsetzen ließen und ob sich die öffentliche Hand bei der Finanzierung beteiligen würde? Die Gespräche mit Ministerpräsident Späth, einigen Landesministern und Dr. Gaa ließen uns zunächst hoffen. Parallel dazu klopften wir auch bei der Bundesregierung in Bonn an.

Während sich Dr. Buchter über die SPD-Schiene ein Entree bei dem Stuttgarter Ernst Haar verschaffte, dem parlamentarischen Staatsekretär im Ministerium für Verkehr und das Post- und Fernmeldewesen, gelang es mir, im November 1978 ein Gespräch mit Wolfgang Mischnick zu arrangieren. Der war Vorsitzender der FDP-Bundestagsfraktion. Damals bildete die FDP zusammen mit der SPD die sozialliberale Bundesregierung. Mischnick hatte in Bonn viel Einfluss und sein Wort hatte Gewicht.

Auch wenn diese Gespräche die Hoffnung keimen ließen, dass auch der Bund das Modernisierungsprojekt des Hockenheimrings fördern könnte, kam es dazu leider nie. Dafür sorgte wohl auch die rheinland-pfälzische Lobby in Bonn, die von keinem geringeren als Helmut Kohl angeführt wurde. Im Gegensatz dazu standen die baden-württembergischen Bataillone alles andere als geschlossen hinter dem Hockenheimring. Leider musste ich auch in späteren Jahren, als es erneut um Landeshilfen ging, ähnliche Erfahrungen machen.

Oftersheimer Veto gegen zweite Querspange

Aber auch von kommunalpolitischer Seite gab es Widerstand gegen den Eingriff in den Wald. Den Bau einer zweiten Querspange hatte bereits das Landratsamt bau- und immissionsschutzrechtlich genehmigt, doch legte die Nachbargemeinde Oftersheim überraschenderweise ihr Veto ein. Aus Hockenheimer Sicht wurde der Oftersheimer Einspruch auch deshalb nicht mit Freude registriert, weil sich die Hockenheim-Ring GmbH von Anfang an verpflichtet hatte, mit einer zweiten Querspange weder zusätzliche Rennveranstaltungen durchzuführen noch mehr Lärm zu produzieren. Doch dem traute der Oftersheimer Gemeinderat nicht.

Von Oftersheims politischen Parteien stand die SPD an der Spitze der Abwehrfront. Zu der zählte auch noch der evangelische Kirchengemeinderat, der sich in der Öffentlichkeit dagegen wandte! Auch ein Gespräch mit Bürgermeister

Siegwald Kehder und den Fraktionssprechern des Oftersheimer Gemeinderats führte nicht weiter. Die Oftersheimer blieben bei ihrer Ablehnung.

Zudem erwies sich auch die Finanzierung des Querspangenprojekts als schwierig. Außerdem musste zunächst anderen Baumaßnahmen am Ring eine höhere Priorität eingeräumt werden. Deshalb schlug ich vor, das Querspangenprojekt zwar nicht aufzugeben, es aber zurückzustellen. Dem folgte die Gesellschafterversammlung der Hockenheim-Ring GmbH. Insofern blieb es dem Regierungspräsidium erspart, über den Oftersheimer Einspruch zu entscheiden. Dadurch wurde das auf Verwaltungsebene gutnachbarliche Verhältnis zwischen Oftersheim und Hockenheim nicht weiter belastet.

Im Übrigen stellten wir auch die Kurvenplanungen im Hardtwald aufgrund der zu erwartenden Widerstände zurück. Sie wären ohnehin nur mit erheblichen staatlichen Zuschüssen zu finanzieren gewesen. Außerdem gingen die Meinungen darüber unter den Rennsportexperten weit auseinander. Auch Ecclestone machte Vorschläge, die aber noch mehr Wald beansprucht hätten. Dies hätte die ablehnende Haltung durch gewisse Kreise in der Stadt und der Region nur noch bestärkt.

Einnehmendes Wesen der Forstverwaltung

Auch die zuständige staatliche Forstverwaltung war von diesen Kurvenplanungen nicht angetan. Mit ihr kam es schon beim Bau des Motodroms, Mitte der 1960er Jahre, für den eine Menge Wald gerodet werden musste, und auch danach immer wieder zu Reibereien. Selbst bei kleineren Eingriffen in den Hardtwald, beispielsweise wenn es um größere Sturzräume in den Kurvenausläufen ging, wurde in der Regel nichts ohne Kniefälle vor den Herren des Forstes erreicht. Außerdem verlangten sie dann finanzielle Entschädigungen, die sich an der Obergrenze des Zumutbaren bewegten, oder die Hockenheim-Ring GmbH musste sich auf kostspielige Kompensationsgeschäfte einlassen, wie den Ausbau oder die Instandsetzung von Waldwegen.

Auf diese Weise ist der Forst auch zu der rustikalen Hütte am Baggersee, nahe dem Autobahndreieck Hockenheim, gekommen. Sie wurde vom Hockenheimring als Ersatz für eine Bretterbude am Ketscher Weg finanziert, die beim Bau der Sicherheitsstreifen weichen musste!

Die starke Position der Forstverwaltung hatte mit den Eigentumsverhältnissen des Waldes zu tun. Außer dem Motodrom mit dem kleinen Kurs befand sich der gesamte Rennstreckenbereich auf Staatsgebiet, also im Eigentum des Landes. Dazu zählten die langen Geraden im Wald sowie die Ostkurve. Abgesehen vom Ameisenweg, dem Hardtbachdamm und dem Außenbereich der Ostkurve, hatte der Forst entlang der Strecke Sperrzonen zum Schutz des Waldes durchgesetzt. Auch im Innenring durften sich keine Veranstaltungsbesucher aufhalten, was im Hinblick auf die Unvernunft vieler Fans und die Waldbrandgefahr sogar noch verständlich war. Letztlich führten aber die Sperrzonen dazu, dass viele Bereiche entlang der Rennstrecke für Zuschauer tabu waren.

So viele Sperrzonen für Zuschauer wie der Hockenheimring hatte keine andere Rennstrecke. Obwohl Sperrzonen auch vorteilhaft sein können, sind für sie doch weder Personal, Investitionen in die Infrastruktur noch eine intensive Unterhaltung erforderlich, schränkten sie letztlich die Vermarktungsmöglichkeiten ein. Deshalb hätten neue Kurven in Sperrbereichen zwar die Strecke für Fahrer und Fernsehübertragungen interessanter werden lassen, doch den Rennbesuchern nichts gebracht.

Für das im Wald befindliche Rennstreckengelände musste die Hockenheim-Ring GmbH alljährlich eine Pacht in fünfstelliger Höhe an die Landesforstverwaltung bezahlen. Als das Formel-1-Geschäft gut lief, erhöhte der Forst die Pacht. Zudem ließ er sich noch die Werbemöglichkeiten im Wald vergüten. Dadurch kassierte er in der zweiten Hälfte der 1990er Jahre pro Jahr 168.000 Mark vom Ring!

Im Pachtvertrag hatte sich der Forst an allen Montagen einen Holzabfuhrtag über die Rennstrecke ausbedungen, bei Bedarf auch noch freitags. Erfreulicherweise machte er davon aber so gut wie nie Gebrauch, sonst wäre an diesen Tagen die Ringnutzung erheblich eingeschränkt gewesen.

Abgesehen von Großveranstaltungen mit Zuschauern, hatte die Hockenheim-Ring GmbH bei einer Nutzung des großen Kurses zu gewährleisten, dass der Ketscher Weg, der im Hardtwald über den Hockenheimring führte, für Waldbesucher stets offen war. Dazu musste an den beiden Übergängen Kontrollpersonal postiert werden. Auch wenn dafür Rentner eingesetzt wurden, verursachte dies alljährlich Kosten von rund 50.000 Mark.

Wenn bei Großveranstaltungen die Ostkurve und/oder der Hardtbachdamm für Zuschauer geöffnet und bewirtet wurden, hatte die Hockenheim-Ring GmbH für das Befahren der Waldwege mit Kraftfahrzeugen, sei es wegen des Belieferns mit Waren oder des Einsatzes von Rettungsdiensten, Wegbenutzungsgebühren an den Forst zu zahlen. Zusätzlich musste vom Hockenheimring aber auch noch das Personal vergütet werden, mit dem der Forst bei Großveranstaltungen einige Zufahrtswege zum Wald kontrollierte. Dieser Aufgabe, die regelmäßig für einen schönen Nebenverdienst sorgte, kamen Angehörige von Forstbeamten nach!

Das Verhältnis zum Forst normalisierte sich erst, als sich die Zuständigkeit für das Waldgebiet um den Hockenheimring im Forstamt Schwetzingen änderte.

Im Zuge der Verkürzung der Rennstrecke zu Beginn der 2000er Jahre eröffnete sich für den Hockenheimring die Chance, endlich unabhängig vom Forst zu werden. Wir nutzten sie natürlich konsequent.

Besichtigung anderer Rennstrecken – ein Pflichtprogramm

Mit der Inbetriebnahme des Motodroms im Jahre 1965 rückte der Hockenheimring als Veranstaltungsstätte international bedeutender Veranstaltungen immer mehr ins öffentliche Bewusstsein. Dazu trug auch in erheblichem Maße das Fernsehen bei, insbesondere durch die Übertragung der Formel-1-Rennen. Zu den öffentlich-rechtlichen Fernsehanstalten mit ihren Monopolsendern ARD und ZDF, kamen ab Mitte der 1980er Jahre noch zahlreiche private Fernsehanstalten hinzu, die die deutsche Medienlandschaft völlig veränderten. Doch auch im Ausland entstand eine neue Medienwelt, von der der Sport insgesamt sowie Formel-1-Vermarkter Bernie Ecclestone besonders profitierte.

Die von Ecclestone dominierte Formel 1 entwickelte sich innerhalb weniger Jahre zu einem wahren „Global Player", und deren Weltmeisterschaftsläufe pro Saison werden seitdem in fast allen Kontinenten ausgetragen. Hatte sich die Formel 1 noch in den 1970er und 1980er Jahren schwerpunktmäßig auf europäische Rennstrecken konzentriert, orientierte sich Ecclestone mit den Jahren immer mehr im asiatischen Raum. Dort bestehen für die Automobilindustrie, deren Image- und Werbeträger die Formel 1 nun mal ist, die größten Wachstumschancen. Ab etwa dem Jahre 2000 kamen noch die mit Petrodollars finanzierten Grand-Prix-Rennstrecken in den arabischen Scheichtümern hinzu.

Wer immer am Hockenheimring in der Verantwortung steht, sollte wissen, was sich an anderen Rennstrecken, auf denen Weltmeisterschaftsläufe der Formel 1 oder Motorräder veranstaltet werden, abspielt. Mit diesen befindet sich der Hockenheimring in einer gewissen Konkurrenzsituation. Dessen Ausstattung und Standards überprüfen die internationalen Motorsportbehörden regelmäßig. Inspektionen werden auch nach schweren Unfällen durchgeführt. Sie führen oft zu neuen Sicherheitsforderungen, die ins Geld laufen können. Deshalb nützt es, sich frühzeitig ein Bild von anderen Pisten zu machen. Es vermittelt einen Eindruck über das Niveau der eigenen, lässt frühzeitig erkennen, was andere besser machen, auch im Hinblick auf die Vermarktung, und wo man nachrüsten sollte oder sogar muss.

Als ich beispielsweise in den 1970er und 1980er Jahren die eine oder andere Rennstrecke außerhalb Deutschlands im Rahmen von Tagungen des internationalen Rennstreckenverbands besichtigte, sammelte ich immer wieder neue Erkenntnisse. Damals zählte unser Motodrom noch zu den modernsten Anlagen, was sich jedoch in den 1990er Jahren änderte.

Da man von anderen immer wieder lernen kann, sollte der Besuch anderer Grand-Prix-Rennstrecken zum Pflichtprogramm des Ring-Managements zählen. Für Auslandsreisen benötigt man aber Zeit. Und die gibt das Tagesgeschäft oft nicht her.

Einladung der FOCA zum Grand Prix nach Rio

Im März 1981 lud die „Formula One Constructors Association" (FOCA), bei der Bernie Ecclestone den Vorsitz inne hatte, die Ring-Geschäftsführer Dr. Buchter und Wilhelm Herz sowie mich zum brasilianischen Formel-1-Grand-Prix nach Rio de Janeiro ein. Promoter des Rennens war Ecclestone.

Es interessierte uns natürlich schon, wie die Südamerikaner mit der Organisation eines Formel-1-Rennens zurechtkommen und was für ein Niveau der dortige Formel-1-Kurs bietet. Deshalb nahmen wir die Einladung an.

Herz hatte mir vor der Reise wegen der hohen Kriminalität empfohlen, einen Brustbeutel zu besorgen, um mit diesem Taschendieben vorzubeugen, die es auf Geldbeutel abgesehen hätten. Ich folgte seinem Rat. Dass Rio ein kriminelles Pflaster ist, hatte uns im Vorfeld unseres Besuchs auch Max Mosley mitgeteilt. In manchen Jahren werden in dieser faszinierenden Metropole bis zu 7000 Menschen ermordet! Mosley empfahl uns deshalb, immer eine 50-Dollar-Note parat zu haben. Dies sei das Mindeste, was Räuber bei einem Überfall erwarten würden. Fänden sie dagegen nichts, müsse man um sein Leben fürchten.

Gleich am Abend unserer Ankunft in Rio machten wir die erste Bekanntschaft mit Kriminellen. Als wir den mehrere Meter breiten, mit Mosaik gestalteten Gehweg der berühmten Copacabana entlang spazierten - ich lief meinen beiden Begleitern einige Meter voraus - passierten wir drei auf den ersten Blick weibliche Wesen, die zusammenstanden. Es waren zwei Schwarze sowie eine blondierte Weiße. Letztere war ein gefährlicher Transvestit, wie wir Tage später, als wir die Person erneut sahen, von einem Taxifahrer erfuhren.

Alle drei strahlten mich an, als wäre ich der erste Mann, den sie seit langer Zeit sahen. Mir schwante nichts Gutes und ich dachte mir gleich, hoffentlich kommen auch meine beiden Begleiter an diesen „netten" Damen gut vorbei. Dem war leider nicht so. Die eine Schwarze stürzte sich auf Herz, die Blonde auf Dr. Buchter und die Dritte, deren breites Gesicht eine erbsengroße Warze auf dem rechten Augenlid zierte, steuerte auf mich los.

Während die Damen meine beiden Begleiter fest umklammerten - Herz schrie verzweifelt: „Lass mich los, hau ab", Dr. Buchter ergab sich still seinem Schicksal - drohte ich der Schwarzen, die es lächelnd auf mich abgesehen hatte, mit eindeutigen deutschen Worten, falls sie sich getrauen sollte, mich anzurühren. Dazu machte ich eine finstere Miene und zeigte ihr die Faust. Dies wirkte; sie hielt Distanz.

Der ganze Spuck währte nur wenige Sekunden. Dann stürzten die Drei in einen am Straßenrand stehenden VW-Käfer mit offenen Türen und laufendem Motor, an dessen Steuer bereits eine weitere Person saß. Es ging alles husch, husch, Türen zu, und weg waren sie.

Danach meinte Herz zu Dr. Buchter: „Kurt, mein Geldbeutel ist weg"! Und Dr. Buchter antwortete lakonisch: „Wilhelm, mach' dir nichts draus, meiner auch"! Es soll sich um größere Beträge gehandelt haben, die auf diese ungewöhnliche Art die Besitzer wechselten. Warum aber hatte gerade Herz sein Geld nicht in einem Brustbeutel verwahrt?

Nach diesem Überfall suchten Herz und ich - Dr. Buchter verzichtete gleich darauf - die nächste Polizeistation auf, um die Sache anzuzeigen. Es dauerte dort eine gewisse Zeit, bis sich endlich ein Polizist fand, der Englisch sprach. Als er hörte, was gerade geschehen war, drückte er uns ein Formular einer brasilianischen Bank in die Hand, mit dem wir anderntags umgerechnet 25 Mark auf ein Konto einzahlen sollten. Erst bei Vorlage des Einzahlungsbelegs wollte sich die Polizei der Sache annehmen. Wir waren uns gleich einig, dass wir dies nicht tun würden, weil sonst wohl auch noch dieses Geld weg gewesen wäre. Andere Länder, andere Sitten!

In Rio hatte uns Ecclestone im „Rio Palace" untergebracht, einem der Nobelhotels an der Copacabana. Er selbst residierte in der mondänen Präsidentensuite des Hotels „Intercontinental Rio", das sich am weltberühmten Strand von Ipanema befindet.

Dort besuchte ich ihn mit einem Aktenkoffer, um das Bargeld zur Bezahlung unserer drei Rückflüge sowie unserer Hotelrechnung abzuholen. Als Promoter hat er zwar Millionen an Cruzeiros eingenommen, konnte die Landeswährung aber aufgrund der brasilianischen Ausfuhrbestimmungen nicht ohne weiteres umtauschen und ausführen. Deshalb versuchte er, so viele Ausgaben wie möglich mit Cruzeiros zu bezahlen.

Mit dem brasilianischen Bargeld suchten wir drei dann das Büro der Lufthansa in Rio auf, um die Rückflugtickets nach Frankfurt zu kaufen. Die Dame am Schalter traf beinahe der Schlag, als ich ihr eröffnete, dass ich nicht mit Dollars oder Mark, sondern mit Cruzeiros bezahlen würde. Ähnliches erlebte ich an der Hotelkasse. In beiden Fällen beanspruchte das Geldzählen eine längere Zeit.

Vom Büro der Lufthansa aus nahmen wir uns ein Taxi zur Rennstrecke. Der Taxichauffeur sprach angeblich nur portugiesisch. Obwohl wir es versuchten, ließ er sich partout nicht darauf ein, mit uns einen Fahrpreis auszuhandeln. Das sollte sich rächen. Der Herr Chauffeur erlaubte sich nämlich, bevor er uns ins Fahrerlager kutschierte, mindestens zweimal um die weit außerhalb Rios gelegene Rennstrecke zu fahren. Am Ziel endlich angekommen, verlangte er die utopische Taxigebühr von umgerechnet rund 300 Mark. Mir platzte beinah der Kragen.

Während meine beiden Begleiter beim Taxi warteten, holte ich mir im Boxenbereich Verstärkung. Dort vermittelte mir der Bad Dürkheimer Günter Schmid, Chef des ATS-Teams, einen deutschen Manager von VW do Brasil. Der sprach gut portugiesisch und begleitete mich zum Taxi. Nach langem Palaver, und nachdem schon einige Polizisten auf uns aufmerksam geworden waren und unsere Auseinandersetzung mit grimmiger Miene verfolgt hatten, einigten wir uns schließlich auf rund 180 Mark. Immer noch eine stolze Summe, doch darunter war nichts zu machen.

Die Rennstrecke glich im Übrigen einem Hochsicherheitstrakt. Sie war von einer etwa fünf Meter hohen Mauer umgeben und an den Zugangstoren waren zur Kontrolle einige Hundertschaften von Polizei und Militär postiert, alle mit Maschinenpistolen bewaffnet. Ohne Zugangsberechtigung bzw. Eintrittskarte hätte es allenfalls ein Geist geschafft, hineinzukommen.

In einer Trainingspause konnten wir in einem Streckensicherungsfahrzeug mitfahren und uns ein Bild von der Rennstrecke machen. Von den architektonisch ansprechenden Boxen, der relativ breiten Strecke und den üppigen Auslaufzonen abgesehen, gab es aber nur wenig, was uns beeindruckte.

Da sich in unmittelbarer Nähe der Rennstrecke bereits zahlreiche Wohnblocks befanden und noch weitere gebaut wurden, stellte ich mir die Frage, wie dieses Wohnviertel auf Dauer mit einem Rennstreckenbetrieb in Einklang zu bringen wäre? Möglicherweise empfinden die Brasilianer Motorenlärm wie andere Musik.

Ein weiteres Erlebnis in Rio, das ich nie vergessen werde, hing mit der Besichtigung einer kleinen Kapelle zusammen. Sie war mir aufgrund ihrer exponierten Lage auf der Fahrt vom Stadtteil Copacabana in Rios Zentrum aufgefallen. Das Kirchlein befand sich auf einem Hügel gegenüber dem Marinedenkmal, das nach dem Zweiten Weltkrieg am Rande des Parque do Flamengo (Park Flamengo) errichtet worden war. Diese Parkanlage hatte Roberto Burle Marx, der berühmte brasilianische Gartenbauarchitekt, entworfen. Er konzipierte auch die Parkanlagen in Brasiliens Hauptstadt Brasilia sowie andere bedeutende Grünbereiche Brasiliens.

Die Kapelle, ein architektonisches Kleinod, hatte einen reich mit Blumen geschmückten und mit vielen christlichen Figuren, Bildern und Ornamenten verzierten Altar sowie eine bunte Innenausstattung. Sie ähnelte vom Stil her barocken iberischen Kirchen. Ein roter Teppich, der sich vom Eingang bis zu den Altarstufen zwischen den dunkelbraunen, mit geschnitzten Ornamenten versehenen Holzbänken erstreckte, rundete das farbenprächtige Gesamtbild dieses Gotteshauses ab.

Zum Brasilienbesuch hatte mir ein Freund eine wertvolle Canon-Kamera geliehen, mit der ich von der Terrasse der Kapelle aus zahlreiche Fotos machte. Wunderschöne Motive boten mir der Park und der Stadtteil Flamengo sowie die Guanabara-Bucht, die eine vierzehn Kilometer lange Brücke überspannt. Zudem sorgte eine vom wolkenlos blauen Himmel strahlende Sonne für ein ideales Fotowetter.

Vor lauter fotografieren bemerkte ich erst durch den Wink des Kirchendieners, der gerade das Umfeld der Kapelle säuberte, dass mich einige jüngere Männer beobachteten und sich mir allmählich näherten. Sie hatten es offensichtlich auf die Kamera abgesehen. Da ich mir diese aber nicht entreißen lassen wollte, suchte ich fluchtartig das Weite. Ich rannte, so schnell ich konnte, die andere Seite des Kapellenhügels hinunter. An dessen Fuß schmiegte sich eine „Favela" an, ein Elendsviertel! In diesem fand ich mich nun wieder.

Wie es schien, war ich vom Regen in die Traufe gekommen. Doch ich hatte Glück. Ein Taxifahrer, der gerade vorbeifuhr, nahm mich mit. Er sprach sehr gut Englisch und erklärte mir gleich, dass ich mich soeben in einer der kriminellsten Ecken Rios befunden hätte. Aus dieser seien bisher nur wenige Fremde ungeschoren herausgekommen.

Sonst aber nahm ich von Rio auch angenehmere Eindrücke mit nach Hause. Es ist eine vom Klima gesegnete Metropole mit einem reizenden landschaftlichen Umfeld. Dazu zählen unter anderem der Zuckerhut, der Corcovado mit Rios Wahrzeichen, der 38 Meter hohen Christusstatue, die Strände von Copacabana und Ipanema sowie moderne Stadtviertel. Einen starken Kontrast dazu bilden aber die Elendsviertel – Nährboden der relativ hohen Kriminalität. Außerdem prägen die warme Durchschnittstemperatur sowie die südamerikanische leichte Lebensart den Charakter dieser Weltstadt, deren Karneval weltberühmt ist.

Auch die Tage vor dem Formel-1-Rennen waren angenehm warm. Der zu Ende gehende südamerikanische Sommer sorgte im März noch für Temperaturen um die 30 Grad Celsius, aber kräftige kurze Schauer waren an jedem Tag die Regel, so auch am Rennsonntag. Halb Brasilien fieberte dem Sieg von Nelson Piquet entgegen, dem neuen brasilianischen Star der Formel-1-Szene. Doch Regenschauer beeinflussten den Rennverlauf. Piquet hatte sich beim Reifenpoker verzockt und Carlos Reutemann, der temperamentvolle Argentinier, der bereits in den 1970er Jahren bei Formel-2-Rennen in Hockenheim beeindruckt hatte und von der Presse mit einem wilden Pampa-Stier verglichen worden war, gewann mit seinem Williams.

In seinem Buch „Hockenheim in Raum und Zeit" fasste Dr. Buchter das gemeinsam und das nur von mir Erlebte, also zwei Ereignisse, die überhaupt nichts miteinander zu tun hatten, wie folgt zusammen:

> „Nur einmal drohte ihm (Anm.: gemeint war ich) Gefahr, als er an der Copacabana in Rio um sein Leben laufen musste, als ihm Gangster seinen Fotoapparat entreißen wollten. Er lief wie ein geölter Blitz einige Kilometer auf dem heißen Sand der Copacabana entlang und entrann so der drohenden Gefahr. Ich selbst, der ich dieses Schauspiel als Zuschauer verfolgte, bin weniger glücklich davongekommen, weil mir auf eine sanftere Art und bei völligem Bewegungsstillstand die Geldbörse geklaut wurde, und zwar in einem meisterhaften Stil, wie ich zugeben muss. Da die Polizei unsere Anzeigen erst aufgenommen hätte, wenn wir 80 DM vorausbezahlt hätten, haben wir darauf verzichtet. So war uns die freundliche Einladung der FOCA teuer zu stehen gekommen."

Ernst Christ – der Vater des Hockenheimrings

Nach der Gemeindeordnung Baden-Württemberg ist jede Gemeinde berechtigt, Personen, die sich besonders verdient gemacht haben, das Ehrenbürgerrecht zu verleihen. Es handelt sich um die höchste Auszeichnung, die eine Kommune vergeben kann.

Das vom Gemeinderat zu beschließende Ehrenbürgerrecht ist eine reine Ehrenbezeugung. Es sind damit keinerlei Privilegien wie Steuerermäßigungen, freie Eintritte in kommunale Einrichtungen, Veranstaltungen etc. verbunden. In Hockenheim ist es allerdings Brauch, Ehrenbürgern im Falle ihres Ablebens ein Ehrengrab zur Verfügung zu stellen. Von der Ehrenbezeugung posthum einmal abgesehen, handelt es sich hierbei um eine kostenlose Grabstätte.

Im 50. Jubiläumsjahr des Hockenheimrings, also 1982, folgte der Gemeinderat einstimmig meinem Vorschlag, Ernst Christ, den Vater des Hockenheimrings, mit der Ehrenbürgerwürde auszuzeichnen. Er hatte Anfang der 1930er Jahre die Idee zum Bau einer Rennstrecke im Hardtwald mit Nachdruck verfolgt. Auch in späteren Jahren hatte Christ in Sachen Hockenheimring viel geleistet.

Christ, der 1909 geboren wurde, hatte seinen Vater im Ersten Weltkrieg verloren. Die Hungerjahre danach verbauten ihm den Besuch einer höheren Schule – Brot verdienen und die Existenz sichern waren das Vorrangige. Er lernte deshalb das Emaillieren. Darunter versteht man das Aufbringen eines fest haftenden anorganisch-oxidischen Überzugs (der sogenannten Emaillierung) in einer oder mehreren Schichten auf Metall oder Glas. Über diesen Beruf bekam Christ erste Kontakte mit dem Motorsport. Im Jahre 1931 war er es, der zusammen mit Gleichgesinnten den Motorfahrer-Club Hockenheim gründete.

Vor Jahren hatte mir eine Arztwitwe aus Mannheim Unterlagen aus dem Nachlass ihres Mannes zukommen lassen, darunter ein gut erhaltenes Exemplar der Hockenheimer Zeitung vom Samstag, dem 28. Mai 1932, also dem ersten Rennwochenende in Hockenheim. In dieser Ausgabe wurde die Entstehungsgeschichte der Rennstrecke detailliert beschrieben. Eigenartigerweise verfügten weder das städtische Archiv noch die Hockenheim-Ring GmbH über ein solches Exemplar. Deshalb ließ ich von Klaus Weinmann 100 Stück nachdrucken.

Den mehrseitigen Zeitungsartikel über die Vorgeschichte des ersten Rennens hatte Fritz Büchner verfasst. Er war ein Hockenheimer Motorsportfan jener Zeit, der es nach dem Kriege bei der Stadt zum Ratschreiber und bei der Hockenheim-Ring GmbH zum Geschäftsführer gebracht hatte. Aus diesem Artikel zitiere ich einige wenige Passagen, weil sie verdeutlichen, welche Rolle Ernst Christ damals gespielt hat:

> „»Wir sollten auch so eine Sache in Hockenheim haben« so beginnt die eigentliche Geschichte der Erstellung der Hockenheimer Rennstrecke für Motorräder. Zwei Motorsportler standen eines Tages beisammen und unterhielten sich über ihre Eindrücke aus dem kurz vorher besichtigten Rennen auf dem Nürburgring. Beide, Herr Ernst Christ und Herr Theodor Krämer, sind eifrige Motorsportanhänger und von der Tatsache überzeugt, dass eine Sache, wie sie der Besitz einer Rennstrecke bedeutet, ein wirtschaftlicher Vorteil für die besitzende Stadt ist, konnten sie doch schon oft anlässlich des Besuchs der Rennveranstaltungen auf allen Bahnen diese feststellen. Darum nahmen sie beide die Sache auch reichlich ernst und vertieften sich immer mehr in den Gedanken, in Hockenheim eine solche Sache aufzuziehen."

Dann schildert Büchner weiter, wie man den ADAC zur sportlichen Ausrichtung des Rennens gewinnen wollte, sich aber eine Absage einhandelte. Büchner weiter:

> „Damit schien das Projekt gescheitert. Jetzt aber erst tritt der junge Sportenthusiast Christ wieder auf den Plan. In den Reihen seiner Sportfreunde macht er Stimmung; er setzt sich mit der Reichsleitung des DMV in Verbindung, die wenig Begeisterung für ein solches Projekt in Süddeutschland aufbringt, wohlwollend aber auf die Landesgruppe Südwest des DMV verweist."

Die konnte schließlich von Christ für ein Rennen in Hockenheim gewonnen werden. Natürlich wäre dies ohne das Einvernehmen mit Bürgermeister Philipp Klein (1928-33) und dem Gemeinderat sowie deren Interesse und Bereitschaft, das Projekt zu realisieren, nicht möglich gewesen. Büchner beschreibt in seinem Artikel aber unmissverständlich, dass es kein anderer als Christ war, der nicht locker ließ, als bereits alles verloren schien. Er stellte die sportlichen Weichen zum ersten Rennen.

Die damalige Rennstrecke hieß Kurpfalzring und war ein rund 12 Kilometer langer Dreieckskurs, der sich zu neunzig Prozent im Hardtwald befand. Er führte entgegen dem Uhrzeigersinn von der Stadtkurve, wo sich heute das Feuerwehrgerätehaus befindet, über die verlängerte Heidelberger Straße bis zur Kreisstraße von Walldorf nach Oftersheim (die heutige B 291). Dieser folgte der Kurs dann bis kurz vor den Oftersheimer Friedhof. Von dort mündete er über eine Spitzkehre in den Fuhrmannsweg, über den es dann durch den Hardtwald und die heutige Ernst-Wilhelm-Sachs-Straße zurück bis zur Stadtkurve ging. Start und Ziel befanden sich ungefähr in dem Bereich, wo heute der aus dem Wald kommende Grenzweg auf die Südtribüne stößt.

Da es von Jahr zu Jahr schwieriger wurde, die Kreisstraße für Rennen zu sperren, erfolgte im Jahre 1938 der erste Umbau der Rennstrecke. Der Dreieckskurs bis Oftersheim wurde aufgegeben. Stattdessen wurden die beiden Rennstreckenschenkel, die V-förmig von der Stadtkurve in den Hardtwald führten, bis zur neu gebauten Ostkurve verlängert. Dadurch entstand ein von der Kreisstraße unabhängiger, auf 7,7 Kilometer verkürzter ovaler Hochgeschwindigkeitskurs. Die Idee zur neuen Streckenführung soll ebenfalls Ernst Christ geliefert haben.

1946 erfolgte die Neugründung des Motorfahrer-Clubs, nun in Badischer Motorsport Club e.V. umbenannt, und von Christ bis ins Jahr 1954 als Präsident geleitet. Christ war auch einer der ersten Geschäftsführer der 1947 gegründeten Hockenheim-Ring GmbH. Von 1947 bis 1953 stand er als Rennleiter an der Spitze des Teams, das die ersten Nachkriegsrennen organisierte.

Daneben zählte er 1946 zu den Begründern der Arbeitsgemeinschaft des Deutschen Motorsports, aus der sich dann 1947 die Oberste Motorradsportkommission entwickelte, deren langjähriges Mitglied er war. 1954 trat Christ, inzwischen bei der Mannheimer Firma Fuchs Mineralstoffe in leitender Funktion, aus „gesundheitlichen Gründen" - so die offizielle Version - von seinen Ämtern am Hockenheimring zurück. Sein Nachfolger wurde Wilhelm Herz.

Als sich dann aber in den 1960er Jahren durch den Bau der Bundesautobahn A 6 die Zukunft des Hockenheimrings verdunkelte, stellte er sich erneut zur Verfügung. An der Umplanung der alten Rennstrecke in das moderne Motodrom war er maßgeblich beteiligt. Aufgrund seines Engagements wurde er mit der großen Verdienstmedaille der Stadt Hockenheim, der Graf-Berghe-von-Trips-Medaille sowie mit dem Bundesverdienstkreuz am Bande geehrt.

Im Ruhestand beschrieb er die Chronik des Hockenheimrings aus seiner Zeit, eine knapp 100-seitige und 1978 vom BMC herausgegebene Dokumentation unter dem Titel „Wie Hockenheim zu einer Rennstrecke kam".

Dass Christ zu Beginn der 1930er Jahre der junge Motorsportler war, der maßgeblich zum ersten Rennen in Hockenheim beigetragen hatte, bestätigte nicht nur Fritz Büchner im zuvor zitierten Zeitungsartikel von 1932. Auch mein Zahnarzt und väterlicher Freund Werner Krieger, einer der maßgeblichen Männer bei der Gründung der Hockenheimer Carnevalsgesellschaft und deren langjähriger Präsident, sowie Otto Gieser, erklärten mir dies als zutreffend. Beide hatten 1931 den

Motorfahrer-Club Hockenheim mitgegründet sowie die Anfangszeit und spätere Entwicklung der Rennstrecke miterlebt. Sie blieben dem BMC und dem Hockenheimring bis zu ihrem Ableben treu verbunden.

Mit der Ehrenbürgerschaft würdigte die Stadt Ernst Christs große Verdienste um den Hockenheimring. Der Lokalpatriot hatte ein bedeutendes Kapitel der Hockenheimer Stadtgeschichte mitgeschrieben.

Fehleinschätzung des Finanzamts

Zählte die Auszeichnung eines verdienten Mannes wie Ernst Christ zu meinen angenehmen Amtshandlungen, gab es aber leider auch andere. Zu den für mich aufregendsten Vorgängen während meiner ersten Amtsperiode, die mir zahlreiche Stunden Schlaf raubten, zählte der steuerliche Konflikt, den das Finanzamt mit der „Quira" hatte, einer Briefkastenfirma in Panama! Mit der wickelte Ecclestone Anfang der 1980er Jahre die Formel-1-Rennen in Hockenheim ab, nachdem er sich Ende der 1970er Jahre zu unserer Überraschung mit dem AvD über die Ausrichtung der Veranstaltung geeinigt hatte. Nun trat Ecclestone als Formel-1-Promoter auf.

Für die Abwicklung vor Ort hatte er Max Mosley eingesetzt, mit dem wir dadurch häufiger zu tun hatten. Mosley, der gut deutsch spricht, trat immer als ein Gentleman auf. Kein Wunder – seine Mutter stammte aus einem der vornehmsten Adelshäuser Englands. Im Gegensatz zu manch anderem im Metier Motorsport hatte er Format. Wir schätzten ihn als gebildeten und in seiner Art sehr angenehmen und höflichen Menschen. Es bereitete uns allen viel Freude, mit ihm zusammenzuarbeiten.

Vertragspartner der Hockenheim-Ring GmbH war die „Quira". Sie hatte den Hockenheimring in Sachen Formel 1 gemietet. Die steuerrechtlichen Angelegenheiten der „Quira" erledigte eine Steuerberatungsgesellschaft, die neben Genf noch einen Sitz in München hatte. Mit dieser Gesellschaft hatte die Hockenheim-Ring GmbH nie direkt zu tun.

1984 rief mich der zuständige Sachgebietsleiter des Finanzamts Schwetzingen an und empfahl mir, als Vertreter der Stadt Hockenheim, Haftungsbescheide wegen ausstehender Gewerbesteuern in Höhe von einer Million Mark gegen die „Quira" sowie deren Steuerberater zu erlassen! Nach der Abgabenordnung kann eine Steuerbehörde die Haftung des Steuerschuldners durch einen Haftungsbescheid festsetzen.

Der Finanzbeamte informierte mich außerdem darüber, dass auch das Finanzamt Haftungsbescheide wegen ausstehender Körperschaftssteuer - es ging um mehrere Millionen - ausstellen werde. Als Grund für den Erlass der Haftungsbescheide nannte er mir nicht versteuerte bzw. nachträglich zu versteuernde Gewinne aus dem mehrjährigen Formel-1-Engagement in Hockenheim. Kurz danach erhielt die Stadt vom Finanzamt auch noch die schriftliche Aufforderung zum Erlass der Haftungsbescheide in Sachen Gewerbesteuer.

Bei diesem Sachverhalt - das war mir gleich bewusst - handelte es sich um ein heißes Eisen, bei dem ich mir schnell die Finger verbrennen konnte. Einerseits konnte ich mir ausrechnen, wie Ecclestone auf den Erlass der städtischen Haftungsbescheide gegen die „Quira" und deren Steuerberater reagieren würde. Er musste sich brüskiert fühlen. Mit Sicherheit wären dann unsere Karten in Sachen Formel 1 nicht mehr die besten gewesen.

Andererseits konnte ich die Aufforderung des Finanzamts nicht einfach ignorieren. Sonst hätte ich mich dem Verdacht ausgesetzt, mit Ecclestone und seiner „Quira" steuerrechtlich nicht korrekt zu verfahren oder gar noch mit ihm unter einer Decke zu stecken. Aber was tun?

Ich musste der Sache auf den Grund gehen. Deshalb begab ich mich ins Finanzamt Schwetzingen und bat dort um Einblick in die Unterlagen, aufgrund derer die Stadt die Haftungsbescheide erlassen sollte. Dies wurde mir gewährt.

Was ich dann aber zur Kenntnis nehmen musste, konnte ich nicht recht glauben. Das Finanzamt hatte viele Kosten der „Quira", wie beispielsweise die an die Hockenheim-Ring GmbH bezahlte Streckenmiete, nicht als Betriebsausgabe anerkannt. Das führte zu hohen fiktiven Gewinnen, auf die nach Ansicht des Finanzamts Körperschafts- und Gewerbesteuern nachzuzahlen waren.

Aufgrund des Sachverhalts war ich davon überzeugt, dass das Finanzamt nicht korrekt handelte und die hohen Steuerforderungen an die „Quira" nicht haltbar sein würden. Deshalb wies ich die städtische Finanzverwaltung mit gutem Gewissen an, die Frist, innerhalb der die Haftungsbescheide erlassen werden konnten, verstreichen zu lassen. Die Stadt Hockenheim verzichtete also auf den Erlass der Haftungsbescheide gegen die „Quira" und deren Steuerberater. Dies hatte aber für mich unangenehme Konsequenzen.

Die Gemeindeprüfungsanstalt Baden-Württemberg (GPA) überprüft in der Regel alle drei Jahre, ob sich eine Kommune in allen ihren wesentlichen Verwaltungshandlungen gesetzeskonform verhalten und die Verwaltungsvorschriften beachtet hat. Beanstandungen münden in einen Prüfungsbericht, der auch der kommunalen Rechtsaufsichtsbehörde vorgelegt wird. Bei kreisangehörigen Kommunen ist dies das Landratsamt, bei Großen Kreisstädten das Regierungspräsidium.

Natürlich erhält auch die Gemeindeverwaltung den Prüfungsbericht. Sie muss ihn binnen weniger Wochen nach seinem Eingang dem Gemeinderat in öffentlicher Sitzung zur Kenntnis bringen.

Wenn sich eine Gemeindeverwaltung oder deren Bürgermeister nicht korrekt verhalten haben und der Kommune dadurch ein Schaden entstanden ist, stellt sich der Rechtsaufsicht sofort die Frage nach Schadensersatz. In aller Regel wird dieser am Verwaltungschef, also dem Bürgermeister, festgemacht.

Dieses Damoklesschwert schwebte nun plötzlich über mir, als die GPA unsere Stadtverwaltung bzw. deren steuerliche Vorgänge überprüfte. Der Prüfer musste nicht lange suchen, um auf die nicht erlassenen Haftungsbescheide in Höhe von einer Million Mark zu stoßen, was ich allein zu verantworten hatte. Meine Begründung in der Sache nahm er zwar zur Kenntnis, doch sie interessierte ihn nicht weiter. Er ging vielmehr von einer „vorsätzlichen Unterlassung" aus, die im Prüfungs-bericht der GPA ihren angemessenen Eintrag fand.

Obwohl ich kein schlechtes Gewissen hatte und meine Entscheidung gut be-gründen konnte, machte mir der Prüfungsbericht insofern zu schaffen, als er mir wenige Wochen vor der im Januar 1986 stattfindenden Bürgermeisterwahl zuge-stellt wurde. Bei der stand ich zur Wiederwahl an.

Aus formaler Sicht hätte ich ihn noch vor der Wahl dem Gemeinderat in öffent-licher Sitzung zur Kenntnis bringen müssen. Dann aber hätte ich damit rechnen müssen, dass die notorischen Gegner des Hockenheimrings die Sache ausschlach-ten würden. Landesweite Schlagzeilen wären mir wohl sicher gewesen, wenn man mir kurz vor der Wahl die Veruntreuung von städtischen Steuergeldern angehängt bzw. unterstellt hätte, der Formel 1 ein steuerliches Millionengeschenk auf Kosten der Stadt gewährt zu haben. Eine solche Kampagne hätte mich vermutlich Sympa-thie und Stimmen gekostet.

Deshalb entschied ich mich in Abstimmung mit der Kämmerei, die sich mir ge-genüber loyal zeigte, den GPA-Prüfungsbericht dem Gemeinderat erst nach der Bürgermeisterwahl zu präsentieren. Als diese zu meinen Gunsten gelaufen war, in-formierte ich den Gemeinderat über den Prüfungsbericht der GPA und erläuterte mein Verhalten in Sachen „Quira". Es wurde ohne große Diskussion mit viel Ver-ständnis zur Kenntnis genommen.

Im Glauben, dass die Stadt Hockenheim die Haftungsbescheide erlassen habe, teilte das Finanzamt einige Wochen nach Vorlage des GPA-Prüfungsberichts der Stadt Hockenheim schriftlich mit, die Steuerforderungen gegen die „Quira" seien nicht haltbar und deshalb die Haftungsbescheide zurückzunehmen. Meine Ein-schätzung und Entscheidung hatte sich also als richtig erwiesen.

Dass diese unberechtigten Forderungen geeignet gewesen wären, sich auf meine Wiederwahl als Bürgermeister auszuwirken, interessierte am Ende weder einen Fi-nanzbeamten noch einen Prüfer von der GPA.

In späteren Jahren leistete die Formel 1 durchaus noch beachtliche Gewerbe-steuerzahlungen an die Stadt Hockenheim. Diese waren aber nicht das Ergebnis fi-nanzamtlicher Einschätzungen, sondern korrekter Gewinn- und Verlustrechnungen.

Heftiger Kampf um die Formel-1-Promoterrechte

In der Phase, in der mir der GPA-Prüfungsbericht schlaflose Nächte bereitete, tob-te bereits ein Machtkampf zwischen dem Automobilclub von Deutschland (AvD) und der FOCA. Es ging um die Frage, wem beim Formel-1-Weltmeisterschaftslauf in Deutschland die Promoterrechte zustünden?

Der AvD wähnte sich im Glauben, diese Rechte auch künftig inne zu haben. Bezüglich des deutschen Formel-1-Grand-Prix übte er in Deutschland schon im-mer die Sporthoheit aus, gestützt von der FIA, in der AvD-Obere in den letzten Jahrzehnten viel zu sagen hatten. Er unterstellte, dass er mit der Sporthoheit auch automatisch das Recht habe, die Formel 1 in Deutschland zu vermarkten. Ecc-lestone mit seiner FOCA bewertete die Rechtefrage jedoch ganz anders. Er reklamierte die wirtschaftlichen Rechte an der Formel 1 ausschließlich für die FOCA bzw. für sich.

Unser Problem war, diesen Machtkampf richtig einzuschätzen und entsprechend zu handeln. Die Materie war jedoch kompliziert und kostete auch mich einige Nerven. Für Hockenheim stand nämlich in Sachen Formel 1 einiges auf dem Spiel.

Der Konflikt schwelte schon länger. Seit 1979 kam es immer wieder zu Streitereien zwischen der FOCA und der Fédération Internationale du Sport Automobile (FISA), einer Unterorganisation der FIA, die für den sportlichen Bereich zuständig war. Zwischen den beiden ging es zwar auch um sportlich-technische Regularien, doch primär um die Promoter- und Fernsehrechte bei der Formel-1-Weltmeisterschaft. Im Jahre 1981 einigten sich die Kontrahenten am Place de la Concorde in Paris, wo die FIA ihren Sitz hat. Die getroffene Vereinbarung wurde deshalb als „Concorde Agreement" bezeichnet.

Danach verpflichtete sich die FOCA, mit ihren Teams an der Formel-1-Weltmeisterschaft der FIA teilzunehmen. Im Gegenzug räumte die FIA der FOCA mehr Rechte ein, unter anderem das Exklusivrecht für die weltweiten Fernsehübertragungen. Die FOCA vermietete diese Rechte an Ecclestones Firma „Formula One Promotions and Administration" (FOA) weiter. Damit war der Grundstein für dessen Reichtum gelegt.

Anfang der 1980er Jahre zeichnete sich der Neubau des Nürburgrings ab. Hauptgesellschafter der Nürburgring GmbH waren der Bund und das Land Rheinland-Pfalz, die die erforderlichen zig Millionen Mark lockermachten. Der Bund gab für den Neubau 40 Millionen Mark, stieg aber zugleich als Gesellschafter am Ring aus. Das Land Rheinland-Pfalz steuerte einen ähnlichen Betrag bei, ganz abgesehen von den Millionen, mit denen die Verkehrsinfrastruktur um den Nürburgring wesentlich verbessert wurde. Mit solchen Geldgebern im Rücken war es kein Problem, eine der modernsten Rennstrecken der Welt zu bauen. Diese Entwicklung verfolgten wir Hockenheimer natürlich mit gemischten Gefühlen, wurde doch mit öffentlichen Mitteln ein Konkurrent aufgerüstet, der uns vor allem in Sachen Formel 1 Paroli bieten würde.

Als der Neubau des Nürburgrings beschlossene Sache war, ließen wir den AvD, der nach wie vor mit der Rennstrecke in der Eifel sympathisierte, unmissverständlich wissen, dass wir uns nicht in der Lückenbüßerrolle für den Nürburgring sähen. Unterstellt, dass der AvD auch künftig das Recht besäße, über das Formel-1-Rennen in Deutschland alleine zu entscheiden - was zu der Zeit aber keinesfalls sicher schien - forderten wir von ihm die vertragliche Zusicherung, die Veranstaltung künftig zumindest im jährlichen Wechsel zwischen dem Hockenheimring und dem Nürburgring auszurichten. Darauf ließ sich der AvD ein. In diesem Sinne schloss die Hockenheim-Ring GmbH mit dem AvD Anfang Juli 1984 einen langfristigen Formel-1-Vertrag. Doch, und dies war die entscheidende Frage, würde der AvD auf Dauer überhaupt in der Lage sein, die vertragliche Zusicherung zu erfüllen?

Ecclestone reklamierte die Promoterrechte schon für den im Jahre 1986 stattfindenden deutschen Formel-1-Grand-Prix für sich. Dem aber stellte sich der AvD vehement entgegen. Wir Hockenheimer wussten anfänglich nicht so recht, wie wir uns verhalten sollen? Schließlich wollten wir am Ende nicht zwischen allen Stühlen sitzen.

Die Hockenheim-Ring GmbH holte sich juristischen Rat, und zwar von Dr. Siegfried Walena, einem versierten Wieslocher Rechtsanwalt, der sich auch im angelsächsischen Recht gut auskannte sowie von Dr. Siegfried Heiden, einem erfahrenen, in Hockenheim wohnenden Richter. Auch aus deren Sicht erwies sich die rechtliche Beurteilung des Sachverhalts als äußerst kompliziert.

Es ging hin und her. Jede Seite war sich sicher, nach den Statuten der FIA im Recht zu sein. Kurz vor Weihnachten 1985 rief mich beispielsweise „Rennbaron" Huschke von Hanstein, der AvD-Sportpräsident, an. Er meinte, Ecclestone habe keinerlei Befugnis, die Promoterrechte an sich zu reißen. Wortwörtlich sagte er: „Ecclestones Methoden sind »gangsterhaft«. Er ist der größte Bluffer der Welt".

Von Hanstein stellte klar, dass es im Jahre 1986 kein deutsches Formel-1-Rennen geben werde, wenn der AvD nicht als Promoter auftreten könne. Ansonsten müsse dann die FOCA dem AvD Schadensersatz leisten.

Dem entgegen hatte mir Ecclestone, mit dem ich in dieser Zeit zigmal korrespondiert und telefoniert hatte, kurz zuvor noch unmissverständlich mitgeteilt, dass seine Formel-1-Teams in Hockenheim nur antreten würden, wenn er Promotor sei. Dies ließ ich von Hanstein wissen und fragte ihn vor diesem Hintergrund, ob der AvD den mit uns abgeschlossenen Vertrag überhaupt erfüllen könne? Seine Antwort: „Ohne AvD als Promoter wird die FOCA keinen deutschen Grand Prix veranstalten". So heftig also ging es in diesem Machtkampf hin und her, in den wir geraten waren.

Juristisch gut beraten setzten wir schließlich auf Ecclestone, der am Ende den Konflikt für sich entschied. Unser entscheidendes Gespräch mit Ecclestone fand am 19. Februar 1986 statt. Dabei sicherte er uns sogar zu, eventuelle Schadensersatzansprüche zu übernehmen, falls diese der AvD gegenüber dem Hockenheimring erheben würde. Diese Zusage erleichterte es uns, mit ihm den Formel-1-Vertrag abzuschließen. Das konnten wir auch deshalb guten Gewissens tun, weil der mit dem AvD abgeschlossene Formel-1-Vertrag in erster Linie nur diesen verpflichtete, in Hockenheim zu veranstalten, sofern er das Recht dazu hätte. Doch hatte er dies?

Ein Coup Ecclestones war außerdem, Andreas Meyer, der bisher als AvD-Geschäftsführer für die Organisation der Formel-1-Rennen mitverantwortlich zeichnete, auf seine Seite zu ziehen. Meyer stieg beim AvD aus und wurde Geschäftsführer der neu gegründeten Formel Eins Gesellschaft für Motorsport GmbH, die im Sinne Ecclestones als Promoter agierte und mit der die Hockenheim-Ring GmbH im März 1986 einen Fünfjahresvertrag zur Ausrichtung des Formel-1-Grand-Prix in Hockenheim abschloss.

Der AvD hatte in Sachen Promotereigenschaft den Kürzeren gezogen, und zwar auf Dauer. Immerhin aber blieb ihm die sportliche Abwicklung des Formel-1-Grand-Prix – und diese ließ sich der AvD vom Promotor alljährlich recht hoch vergüten.

Doch auch die Nürburgring GmbH, die alle Register gezogen und ihre politischen Verbindungen eingeschaltet hatte, um wenigstens von einem jährlichen Wechsel der Formel 1 zu profitieren, hatte mit ihrem neuen Grand-Prix-Kurs das Nachsehen. Dies sorgte bundesweit für Schlagzeilen, wurde doch der neue Nürburgring auch und gerade wegen der Formel 1 gebaut. Es dauerte viele Jahre, bis die Formel 1 wieder in die Eifel zurückkehrte.

❋

Aquadrom als Freizeitbad erweitert

Die städtischen Einnahmen aus dem Renngeschehen erleichterten die Finanzierung der Investitions- und Folgekosten des im September 1977 in Betrieb genommenen Aquadroms. Mit den beiden Solebecken, der Kneippanlage und den Saunaanlagen mit den irisch-römischen Dampfbädern ist es ein Gesundheitsbad und mit seinem 25 Meter langen Schwimmerbecken ein Sportbad, das die Infrastruktur Hockenheims und die Badeszene der Region bereichert.

Das architektonisch schöne Bad hatte Dieter Arnold aus Stuttgart entworfen. Realisiert wurde es primär nach Dr. Buchters Vorstellungen, die er aufgrund seiner Aufenthalte in Kur- bzw. Badeorten gewonnen hatte. Abgesehen vom Planschbecken, war es ein Bad, das in erster Linie Erwachsenen Rechnung trug.

Zu Beginn meiner Amtszeit wurden im Tagesdurchschnitt lediglich 340 Besucher registriert, während man von Anfang an mit 600 Besuchern gerechnet hatte. Das erste volle Betriebsjahr 1978 führte zu einem Defizit von rund einer Million Mark, über das im Rathaus niemand glücklich war.

Was waren die Gründe? Die Besucherzahlen ließen von Anfang an ein Missverhältnis zwischen Erwachsenen sowie Kindern und Jugendlichen erkennen. Letztere machten nur ein Viertel der Besucher aus.

Da ein echtes Nichtschwimmerbecken fehlte, mussten die beiden Solebecken mit ihren Wassertiefen von 0,90 und 1,35 Metern eine entsprechende Ersatzfunktion übernehmen. In diesen kam es immer wieder zu Konflikten zwischen Erwachsenen, die ihre Ruhe haben wollten und Kindern, die sich in den Solebecken tummelten.

Da ein zu langer Aufenthalt im Solewasser den Kreislauf belastet, waren sie auch alles andere als ideale Nichtschwimmerbecken. Für die kleineren Kinder, die noch nicht schwimmen konnten, erwiesen sich außerdem die Solebecken als zu tief. Aus all diesen Erkenntnissen drängte sich die Forderung nach einem separaten Nichtschwimmerbecken geradezu auf.

Erfreulicher hatte sich der Besuch der beiden Saunaanlagen mit den römisch-irischen Dampfbädern gestaltet. Sie waren im Winterhalbjahr dem Besucherandrang oft nicht gewachsen. Um Baukosten einzusparen, hatte die Stadt das ursprünglich größer geplante Raumprogramm im Saunabereich reduziert.

Wie die Erfahrungen in den meisten Freizeitbädern zeigen, sollten Saunaanlagen nie zu kleinlich konzipiert sein. Gerade solche Bereiche rechtfertigen in aller Regel die Investitionskosten und sorgen, wie auch im Aquadrom, dafür, dass ein Bad insgesamt wirtschaftlicher betrieben werden kann.

Ein weiteres Handicap der beiden Saunabäder war, dass sie an einigen Wochentagen entweder als Damen-, Herren- oder als gemischte Sauna betrieben wurden. Dieser ständige Wechsel führte zur Erkenntnis, eine weitere Saunaanlage zu schaffen, um permanent getrennte Saunen für Damen und Herren sowie eine gemischte Sauna anbieten zu können.

Während die Pläne reiften, das Badeangebot zu ergänzen, trat die Stadt mit dem Aquadrom dem internationalen Bau-Betriebsforschungswerk „Funktionsgerechte und wirtschaftliche Bäder, Sport- und Freizeitbauten" bei – eine zentrale Beratungsstätte für den kommunalen Sportstättenbau. Die verfügte über umfassende Erfahrungen im Bäderbau. Mit ihr wurden die Erweiterungsabsichten sorgfältig abgestimmt. Sie regte beispielsweise an, zusätzlich ein Springerbecken vorzusehen, das sich besonders für junge Badebesucher und den Schulsport positiv auswirken könnte.

In die Beratung wurde auch die Oberfinanzdirektion eingeschaltet. Sie riet beispielsweise davon ab, eine medizinische Abteilung in das Programm aufzunehmen, weil damit voraussichtlich keine Kostendeckung zu erzielen sein würde. Apropos Kostendeckung. Als studierter Betriebswirt, der jahrelange praktische Erfahrungen in der Kostenrechnung eines Industriebetriebs und theoretisches Fachwissen während des Studiums gesammelt hatte, war es mir bei allen städtischen Planungen - auch und gerade beim Aquadrom - ein Anliegen, das Kosten- und Nutzenverhältnis zu optimieren. Dass sich dies nicht immer mit den zu großzügigen Vorstellungen der Planer deckte, lag in der Natur der Sache.

Den meisten öffentlichen Freizeitbädern ist es ohnehin nicht möglich, eine volle Kostendeckung zu erzielen. Das hängt mit ihrem, den Familien gerecht werdenden Angebot, und der nach sozialen Gesichtspunkten geprägten Tarifstruktur zusammen. Private Bäderbetreiber nehmen darauf in der Regel weniger Rücksicht. Für sie ist eine langfristige Kostendeckung wichtig. Doch auch bei städtischen Investitionen bedarf es der kritischen Bewertung des Investitionsprogramms, der Folgekosten sowie des wirtschaftlichen Betriebs. Zu beurteilen sind zuvor aber ebenfalls die Konkurrenzsituation und das Nachfragepotenzial an Badegästen.

Deshalb verfolgten wir um das Jahr 1980 die Pläne unserer rund acht Kilometer entfernten Nachbarstadt Schwetzingen, ein weiteres Freizeitbad, das Bellamar, zu bauen, mit einer gewissen Skepsis. Es war zu befürchteten, dass sich das Bellamar negativ auf den Besuch des Aquadroms auswirken würde, insbesondere wenn in der Hockenheimer Badeeinrichtung alles beim Alten bliebe.

Der zweite Bauabschnitt

Die Schwetzinger Pläne waren für den Hockenheimer Gemeinderat und auch für mich ein nicht unwesentlicher Aspekt, aber nicht der ausschlaggebende Grund, im August 1981 eine Programmerweiterung in die Wege zu leiten. Sie wurde im September 1982 nach relativ kurzer Bauzeit und noch rechtzeitig vor der Eröffnung des Bellamars fertig gestellt. Sie umfasste im Wesentlichen

- eine Badelandschaft mit einem Nichtschwimmerbecken,
- einen Springerbereich mit Dreimeterturm und Einmeterbrett,
- eine 54 Meter lange Wasserrutsche,
- einen Mutter-Kind-Bereich sowie
- eine dritte Saunaanlage mit zwei Kabinen, einem Dampfbad und einem großzügigen Außenbereich mit einem 12,5 x 4,0 Meter großen Kaltwasserbecken.

Dieser ebenfalls von Architekt Dieter Arnold entworfene Anbau führte zu mehr als einer Verdoppelung der Besucherzahlen. Waren es zuvor durchschnittlich 650 Besucher pro Tag, erhöhte sich danach ihre Zahl auf rund 1.400. Selbst das neu eröffnete Schwetzinger Bellamar trübte diese positive Entwicklung nicht. Mit dem Aquadrom hatte die Stadt ein weiteres Aushängeschild.

Mehrere Umfragen unter den Besuchern bestätigten auch die regionale Bedeutung des Aquadroms. Fast 90 Prozent der Badegäste kamen aus der Region. Offensichtlich war es gelungen, mit dem Anbau neue Besucherkreise aus dem Umland, nicht zuletzt aus dem linksrheinischen Raum zu gewinnen. Einige Stammbesucher nahmen sogar Anfahrten von über 50 Kilometern in Kauf. Die auswärtigen Besucher leisteten mit ihren Eintrittsgeldern einen wichtigen Kostendeckungsbeitrag.

Erstaunlich war die Resonanz bei Jugendlichen. Lag die höchste Besuchszahl Jugendlicher 1981 bei rund 56.000 pro Jahr, erhöhte sie sich in 1983, dem ersten vollen Betriebsjahr nach Fertigstellung des Erweiterungsbaus, auf über 137.000.

Der gute Besuch wirkte sich auch auf das Betriebsergebnis positiv aus. Unter Berücksichtigung der steuerlichen Vorteile konnten 1982 und 1983 alle Betriebskosten des Aquadroms, mit Ausnahme der Abschreibungen, gedeckt werden. Auch insoweit war die Investition in den 2. Bauabschnitt mit rund 9 Millionen Mark aufgegangen.

Blockheizkraftwerk spart nicht nur Energie

Bereits im Januar 1982 wurde beim Aquadrom ein Blockheizkraftwerk (BHKW) in einem eigens dafür errichteten Gebäude in Betrieb genommen. Dessen Gasmotoren treiben Generatoren an, die Strom erzeugen. Dabei fällt Wärme an, die an den meisten Tagen des Jahres ausreicht, um das Aquadrom zu beheizen.

Die Anregung dazu kam von der örtlichen FDP, die auf diesem Gebiet mit dem Fachhochschulprofessor Armin Hampel einen Fachmann in ihren Reihen hatte. Mit diesem Vorschlag rannte die FDP bei mir offene Türen ein, war es mir doch seit meinem Amtsantritt ein Anliegen, die Wirtschaftlichkeit des Bades zu verbessern. Auch der Gemeinderat ließ sich von den Vorteilen eines BHKWs schnell überzeugen.

Das BHKW führte zu Energieeinsparungen in der Größenordnung zwischen 250.000 und 300.000 Mark pro Jahr. Zum anderen bewirkte es ertragssteuerliche Einsparungen. Durch die Stromerzeugung des BHKWs war es möglich, das Aquadrom in die Betriebsregie der Hockenheimer Stadtwerke zu übergeben. Durch den Betriebsverbund lässt sich der ungedeckte Aufwand des Aquadroms, der sich auch durch Abschreibungen und Finanzierungskosten ergibt, mit den Gewinnen der Stadtwerke verrechnen. Dies mindert zwar den Gewinn der Stadtwerke, ebenso aber auch die zu zahlende Körperschaftssteuer.

Auf diese Weise amortisierten sich die Investitionskosten des BHKWs in Höhe von rund 2 Millionen Mark in relativ kurzer Zeit. Seit 1982 summieren sich die Energie- und Steuereinsparungen, die sich in fast allen Jahren auf einige hunderttausend Mark bzw. Euro beliefen, auf viele Millionen Mark bzw. Euro.

Zahn der Zeit nagte am Freibad

In den 1980er Jahren zeichneten sich beim 1961 eröffneten städtischen Freibad größere Sanierungsbedarfe an den Becken und im Technikbereich ab. In diesem Zusammenhang stellte sich die Grundsatzfrage, ob eine Sanierung 1:1 erfolgen solle, oder ob es nicht sinnvoller wäre, eine attraktivere Einrichtung zu schaffen und diese an das Aquadrom anzubinden?

Nach Abwägung aller Vor- und Nachteile erschien mir eine moderne neue Anlage sinnvoller als die reine Sanierungslösung. Dies sah auch der Gemeinderat so. Da aber am 28. Oktober 1984 die nächste Gemeinderatswahl anstand, wollte der alte Gemeinderat eine so weittragende Entscheidung dem neuen Gemeinderat überlassen. Diese Haltung konnte ich nachvollziehen. Erst wenige Wochen zuvor hatte der Bürgerentscheid über die Stadthalle die Wogen in der Stadt hochschlagen lassen. Auch in Sachen Freibad gingen die Meinungen auseinander und hätten vor der Wahl nur für weiteren kommunalpolitischen Zündstoff gesorgt.

Dennoch tat sich beim Aquadrom noch einiges. 1984 wurde ein neuer Parkplatz mit rund 100 Stellplätzen fertig gestellt. Damit hatte die an Tagen mit Spitzenbesuchen übliche Parkplatznot ein Ende.

※

Altenheim „St. Elisabeth" im Ebertpark

Zu Beginn der 1980er Jahre erfuhr ich von den Neulußheimer Ambitionen, ein Altenpflegeheim durch die Arbeiterwohlfahrt bauen und betreiben lassen zu wollen. Zu dieser Zeit war das Thema Altenheim auch in Hockenheim aktuell. Der Gemeinderat hatte bereits Ende 1979 grundsätzlich grünes Licht zur

Errichtung eines Alten- und Altenpflegeheims in der Rathausstraße, neben dem städtischen Krankenhaus, gegeben.

Da damals der Bau solcher Heime noch mit öffentlichen Zuschüssen gefördert wurde, oblag es dem Kreis, Prioritäten bei der Standortwahl zu treffen, also zwischen Hockenheim und Neulußheim zu wählen. Im Landratsamt machte ich mich natürlich für Hockenheim stark. Letztlich stellte das Landratsamt dem Zentralort Hockenheim die Bezuschussung von rund 70 Betten in Aussicht. Neulußheim hätte im Bedarfsfalle erst später zum Zuge kommen können.

Um die Bau- und Betriebsträgerschaft der Senioreneinrichtung hatten sich die Katholische Kirchengemeinde Hockenheim sowie der Kreisverband der Arbeiterwohlfahrt (AWO) beworben. Die Bewerbung der AWO war Stadtrat Manfred Hoffmann zu verdanken, dem Vorsitzenden der Hockenheimer Arbeiterwohlfahrt. Hoffmann engagierte sich seinerzeit ebenfalls sehr stark für den Bau eines Altenheims in Hockenheim. Bei der Abstimmung im Gemeinderat entschied sich eine knappe Mehrheit für die Kirchengemeinde.

Doch dem Bauvorhaben stand noch einiges im Wege. Das neben dem Krankenhaus befindliche Grundstück erwies sich als zu klein. Deshalb versuchte die Stadt, noch das mit einem Wohnhaus bebaute Nachbargrundstück zu erwerben. Leider scheiterten die Kaufverhandlungen. Insofern musste die an sich sinnvolle Altenheimplanung am Standort neben dem Krankenhaus ad acta gelegt werden.

Als Alternative kam nur ein größeres Gelände in Betracht, das nicht irgendwo am Stadtrand, sondern innerhalb der Stadt lag. Damit sollte gewährleistet werden, dass sich die Heimbewohner nicht abgeschoben fühlten. Letztlich erwies sich der zwischen der Karlsruher Straße und Kaiserstraße liegende Ebertpark als ein idealer Standort. An der Stelle, wo das Altenheim errichtet werden sollte, stand aber noch ein älteres Gebäude der AOK. Die hatte es an Dr. Viktor Djandji vermietet, der in ihm seine Arztpraxis betrieb. Mit beiden mussten einvernehmliche Lösungen gefunden werden, was mir kurzfristig gelang.

Dr. Djandji wurde ein Bauplatz auf dem Gelände des ehemaligen Gasthauses „Grüner Baum" in der Hirschstraße verkauft, das die Stadt kurz zuvor erworben hatte. Dort erstellte er ein Wohnhaus mit Arztpraxis. Parallel dazu kaufte die Stadt das AOK-Grundstück und sorgte für den Gebäudeabbruch.

Eine zusätzliche Hürde, die nicht ohne weiteres zu nehmen war, stellte ein im Ebertpark liegender Abwasserkanal dar. Es handelte sich um einen Hauptsammler, der auf Kosten der Stadt verlegt werden musste. Erst danach war das Grundstück für den Bau des Altenheims frei.

Nun kam die Katholische Kirchengemeinde unter der Federführung von Pfarrer Siegfried Vögele zum Zuge. Sie beauftragte in ihrer Eigenschaft als Bau- und Betriebsträgerin den Architekten Volker Grein mit der Planung des Altenheims „St. Elisabeth". Ihm gelang sowohl von der Architektur als auch von der Innenraumgestaltung ein überzeugender Entwurf.

Eröffnet wurde das Haus mit seinen 95 Betten am 1. Dezember 1986. Es war von Anfang an voll belegt. Bei der Einweihung wähnte ich mich noch im Glauben, damit sei der Bedarf an Altenheimplätzen in der Stadt wohl langfristig gedeckt. Schon wenige Jahre danach wurde ich jedoch eines Besseren belehrt.

Zu den Baukosten von rund 12,5 Millionen Mark gewährte die Stadt einen Zuschuss von 25 Prozent. Auch der Kreis bezuschusste das Projekt. Außerdem stellte die Stadt das Grundstück kostenlos zur Verfügung. Weitere Kosten in Höhe von über 600.000 Mark, die von der Stadt getragen wurden, betrafen den Ebertpark, der nach dem Bau neu angelegt werden musste.

Immens und vorbildlich war die private Spendenbereitschaft für St. Elisabeth. Knapp 400 Hockenheimer unterstützten dessen Förderverein über einen längeren Zeitraum mit monatlichen Spenden von 5 bis 100 Mark. Weitere Spenden sammelten hiesige Vereine über Feste, Konzerte und andere Veranstaltungen. Allein die Arbeiterwohlfahrt stellte 20.000 Mark aus dem Erlös von Papiersammlungen zur Verfügung. Auch zahlreiche Firmen spendeten. So floss binnen zwei Jahren die stattliche Summe von über 210.000 Mark in den Spendentopf für das Altenheim.

Ein Antrag von Pfarrer Vögele, im neu angelegten Ebertpark eine Elisabeth-Figur aus Bronze aufzustellen, führte am 13. Januar 1988 zu einer Auseinandersetzung im Gemeinderat. Ich hatte dieses Ansinnen von Anfang befürwortet, stieß aber im Gemeinderat auf beträchtlichen Widerstand. Damit hatte ich nicht gerechnet.

Würde der Ebertpark bzw. dessen Namensgeber, der erste Reichspräsident und Sozialdemokrat Friedrich Ebert, durch eine Statue der Heiligen Elisabeth herabgewürdigt? Ich konnte mir dies nicht vorstellen. Doch nicht alle Mitglieder des Gemeinderats sahen dies so. Hing dies noch mit der Vergabe der Bau- und Betriebsträgerschaft des Altenheims zusammen, bei der die Arbeiterwohlfahrt nicht zum Zuge gekommen war?

Da auch die Aussprache im Gemeinderat die Gegner nicht überzeugte, kam es zur Kampfabstimmung. Bei der musste ich mit meiner Stimme für die notwendige Mehrheit sorgen, sonst wäre der Antrag zur Aufstellung des Kunstwerks abgelehnt worden. Dafür bedankte sich Pfarrer Vögele im Pfarrblatt. In diesem stellte er außerdem treffend fest:

> „Der Name St. Elisabeth stand und steht in Hockenheim geradezu symbolisch für das gemeinsame soziale Engagement der Stadt und der katholischen Kirchengemeinde – in der Hirschstraße und im Ebertpark. Das Altenheim St. Elisabeth im Ebertpark wird dafür ein bleibendes Zeugnis geben."

✳

Kulturelle Ereignisse und Projekte

S chon seit Jahrzehnten zeichnete sich Hockenheim durch ein reges und viel-schichtiges kulturelles Leben aus. Neben den kommunalen Bildungsstätten für Kinder, Jugendliche und Erwachsene trugen dazu noch in erheblichem Maße die kulturtragenden Vereine und die christlichen Kirchengemeinden bei. Ohne sie hätte man sich das kulturelle Miteinander ohnehin nicht vorstellen können.

In den 1980er Jahren wurde das kulturelle und gesellschaftliche Angebot in der Stadt um Veranstaltungsstätten und Museen erweitert. Auch eine beliebte Fernseh-sendung wurde live aus Hockenheim gesendet.

Der „Blaue Bock" in Hockenheim

War Hockenheim als Rennstadt bereits in Deutschland ein Begriff, rückte es am 26. Mai 1984 auch durch eine Fernseh-Unterhaltungsshow in den Blickpunkt der deutschen Öffentlichkeit. Es handelte sich um die sehr erfolgreiche Sendung „Zum Blauen Bock" mit Heinz Schenk und Lia Wöhr.

Der Hessische Rundfunk produzierte den Blauen Bock seit 1957, hin und wie-der auch in einer Stadt außerhalb Hessens. Ausgestrahlt wurde er an Samstagaben-den im 1. Programm der ARD. Dass das badische Hockenheim als Produktionsort des Blauen Bocks ausgewählt wurde, verdankten wir den Verbindungen des gebür-tigen Hockenheimers Manfred Adelmann, der beim Süddeutschen Rundfunk für Sendungen aus dem kulturellen Bereich verantwortlich zeichnete. In der Rund-funk- und Fernsehbranche war er weit über den süddeutschen Raum hinaus bekannt.

Adelmann, ein Sohn des früheren Hockenheimer Rektors Robert Adelmann, er-lernte die Schauspielkunst und gastierte auf einigen Bühnen, bevor er seine Karrie-re beim Süddeutschen Rundfunk begann. Ich lernte ihn über seinen Neffen Klaus Weinmann kennen. Wir beide pflegten schon seit Jahren im Vorstand des Ver-kehrsvereins eine ausgezeichnete Zusammenarbeit und arrangierten zusammen be-reits einiges für die Stadt.

Der sich mit seiner Heimatgemeinde stets sehr verbunden fühlende Adelmann informierte mich Monate zuvor über die Möglichkeit, den Blauen Bock nach Ho-ckenheim zu holen. Damit rannte er bei mir sofort offene Türen ein. Auch in spä-teren Jahren konnten wir immer wieder auf ihn zählen, beispielsweise als Hocken-heim im Jahre 1995 das Jubiläum „100 Jahre Stadtrechte" feierte. Darüber erfahren wir in einem späteren Kapitel noch mehr.

Für den Blauen Bock stellten wir die Rudolf-Harbig-Halle, Hockenheims größte Sporthalle, zur Verfügung. Diese wurde innerhalb weniger Tage für die Live-Sendung hergerichtet. Der gesamte Stab der Fernsehleute - Adelmann zählte zum Redaktionsteam - umfasste rund hundert Personen! Nichts durfte bei der Sendung schief gehen – bei der gesamten Darbietung musste alles zweihundertprozentig stimmen. Darauf legten Heinz Schenk und Lia Wöhr allergrößten Wert.

Bereits einige Wochen zuvor drehte ein Fernsehteam mit Heinz Schenk am Ho-ckenheimring. Bei der Gelegenheit lernte ich den Moderator persönlich kennen.

Am Freitag vor der Sendung fand eine Probe statt, an der fast alle künstlerischen Gäste teilnahmen. Die Generalprobe war am Samstagmittag und die Live-Sendung dauerte abends von 20.15 bis 21.45 Uhr. Sie begann mit einem Einspielfilm als Vorspann, in dem Heinz Schenk in einem Oldtimer über den Hockenheimring fuhr und unter anderem sang: „Machen Sie mal Halt in Hockenheim ..." In diesem Zusammenhang stellte er kurz die Rennstadt vor.

An diesem Abend hatte ich als Bürgermeister meinen Fernsehauftritt. Schenk begrüßte mich auf seine typische Art mit den humorvollen Worten: „Sie sind der aufgeräumteste Schrank, den ich je gesehen habe!" Alle Achtung, auf einen solchen Vergleich war zuvor noch niemand gekommen.

Da wir uns mitten in der Spargelsaison befanden, überreichte ich ihm zur Erinnerung ein Körbchen mit dem königlichen Gemüse sowie eine Goldmünze der Stadt. Der Blaue-Bock-Bembel, den er mir im Gegenzug aushändigte, ist eine schöne Erinnerung an diese tolle Sendung.

Es trat eine geballte Prominenz an Schauspielern und Interpreten auf. Aus der Damenwelt waren dies Monika Dahlberg, Margot Eskens, Greetje Kauffeld und Angelika Milster, die gerade mit dem Musical „Cats" ihren Durchbruch gefeiert hatte und vor einer großen Karriere stand. Von den Herren hatten Herbert Fux, Ricky King, Gunther Philipp, Gerhard Riedmann, Hugo und Thomas Strasser sowie Christian Wolff ihren Auftritt. Hinzu kamen noch Ernst Christ, der Vater des Hockenheimrings sowie ein Stammtisch mit prominenten Rennfahrern, der sich um ein „Schnauferl" scharte. Zu ihnen zählten Wilhelm Herz, Karl Kling, Hermann Lang, Wilhelm Noll, Hans Joachim Stuck und Prinz Leopold von Bayern.

Die musikalische Leitung oblag Rolf-Hans Müller, der mit seiner Band für die musikalische Begleitung sorgte und die Künstler bei ihren Gesangsdarbietungen begleitete. Da alles perfekt sitzen musste, wurden sämtliche Gesangseinlagen vor der Sendung aufgezeichnet und als „Playback" eingespielt.

Am Blauen Bock durften einige Hundert Gäste, die meisten aus Hockenheim, teilnehmen. Für sie war dies die einmalige Gelegenheit, eine Fernsehsendung live mitzuerleben. Da die Nachfrage riesig war, verlosten wir die Eintrittskarten unter notarieller Aufsicht bereits Wochen vor der Sendung im Bürgersaal des Rathauses. Die Lose zog unsere damals dreizehnjährige Tochter Alexandra. Vor der Sendung mussten sich die Kartengewinner lediglich damit einverstanden erklären, dass von ihnen Fernsehaufnahmen ohne besondere Vergütung gesendet werden dürfen.

Mit dem Blauen Bock war Hockenheim einmal mehr positiv ins öffentliche Rampenlicht gerückt.

Jugend- und Kulturhaus Pumpwerk

Vor meiner Amtszeit hatte ein von Jugendlichen selbst verwalteter Jugendtreff für Zündstoff und Diskussionen gesorgt, weil er sich als alles andere als ein „Hort der Jugend" entpuppt hatte. Deshalb sprach ich mich schon vor der Bürgermeisterwahl für ein von hauptamtlichen Mitarbeitern betreutes Jugendhaus aus.

Darin wurde ich nach meiner Wahl zum Bürgermeister bestärkt, als ich mit Horst Winge, der mich bei der Bürgermeisterwahl unterstützt hatte, ein städtisches Jugendhaus in Mannheim besichtigte. Winge, der mit dem Leiter des Jugendhauses, einem erfahrenen Sozialpädagogen, bekannt war, hatte den Termin vermittelt. Der Jugendhausleiter riet uns von einem Jugendhaus in Selbstverwaltung dringend ab. Ein solches leide, wie er erklärte, häufig unter einer durch Ausbildung, Studium oder Beruf bedingten Fluktuation der verantwortlichen Jugendlichen. Dadurch entstehe ein personelles Vakuum, das dem Betrieb nicht zugute komme. Personelle Kontinuität sei aber wichtig, und eine gute Jugendarbeit lasse sich in der Regel nur mit Hauptamtlichen gewährleisten, die gegenüber dem Träger verantwortlich seien.

Dies sah auch die breite Mehrheit des Gemeinderats so. Sie fasste am 11. Juli 1979 den Grundsatzbeschluss, ein städtisches Jugendhaus, das von hauptamtlichem Personal betreut würde, zu errichten. Offen blieben noch das Raumprogramm sowie die Standortfrage. Und gerade Letztere war nicht einfach zu beantworten.

Das Bauamt nahm unter der Federführung von Stadtbaumeister Ussmann zunächst ein unbebautes städtisches Grundstück am Stöcketweg, unmittelbar neben der Rudolf-Harbig-Halle, unter die Lupe. Auf diesem hätte ein Jugendhaus ohne weiteres errichtet werden können. Das hätte aber einiges gekostet. Deshalb suchten wir nach einer günstigeren Lösung. Die ergab sich 1980 mit dem alten städtischen Pumpwerk. Hier musste die Wasserförderung wegen zu hoher Nitratbelastung eingestellt werden. Das eröffnete die Chance, das stillgelegte Pumpwerk zum Jugendhaus umzubauen. Dem stimmte der Gemeinderat Ende 1980 zu.

Leider kostete der Umbau wesentlich mehr als veranschlagt. Der beauftragte freie Architekt kalkulierte mit 350.000 Mark, doch die endgültige Abrechnungssumme belief sich auf mehr als das Doppelte! Das sorgte natürlich für viel Unmut im Gemeinderat. Auch ich war darüber nicht glücklich.

Schon vor der offiziellen Übergabe des Pumpwerks an die Jugend, das war am 10. März 1983, hatte die Stadtverwaltung mit Gisela Post-Marker, einer Pädagogin und Lothar Blank, einem Dipl. Sozialarbeiter, zwei Hauptamtliche zur Betreuung der Jugend eingestellt. Beide begleiteten den Pumpwerk-Umbau und brachten gute Ideen ein. Außerdem engagierten sich unter ihrer Aufsicht zahlreiche Jugendliche bei der Einrichtung des Hauses.

Blank, der nach dem Ausscheiden seiner Kollegin das Pumpwerk über zwei Jahrzehnte leitete, ließ ich bei seiner Arbeit stets freie Hand. Er verstand es, neben der eigentlichen Jugendarbeit noch ein speziell auf Kleinkunst ausgerichtetes Kulturprogramm auf die Beine zu stellen. Fast alle namhaften deutschen Kabarettisten und Komödianten sowie viele Musikgruppen gastierten auf der kleinen Pumpwerkbühne und bereicherten das kulturelle Leben Hockenheims. Durch die Kleinkunst wurde das Haus zu einem Begriff in der ganzen Region und der deutschen Kleinkunstszene überhaupt.

Trotz des Kulturprogramms kam die Jugendarbeit nicht zu kurz. Neben dem offenen Treff für Kinder und Jugendliche, bot das Haus unter anderem Back-, Bastel- oder Töpferkurse an. Auch Kinofilme wurden vorgeführt. Zudem organisierten die Mitarbeiter des Pumpwerks das städtische Kinderferienprogramm. Dies alles war nur möglich, weil der Gemeinderat hinter der Jugend- und Kulturarbeit stand und Jahr für Jahr die erforderlichen Mittel bewilligte.

2008 verließ Blank das Pumpwerk, um sich beruflich neu zu orientieren. Er hinterließ ein gut bestelltes Jugend- und Kulturhaus, einen Aktivposten der Stadt, dessen Potenzial es auch in Zukunft optimal zu nutzen gilt.

Städtische Grillhütte

Am gleichen Tag wie das Pumpwerk, wurde auch die benachbarte städtische Grillhütte ihrer Bestimmung übergeben. Bei deren offiziellen Inbetriebnahme stellte ich im Hinblick auf das von Stadtbaumeister Friedrich-Karl Bangert konzipierte Gebäude etwas ironisch fest: „Eigentlich wird der Begriff »Hütte« diesem schönen Bauwerk nicht gerecht."

Das architektonisch ansprechende, überwiegend aus Holz errichtete, rustikale Haus, bot an zehn hölzernen Sitzgarnituren Platz für rund 100 Personen. Ein entsprechend dimensionierter, in der Mitte des zweiachsigen Gebäudes befindlicher „Kanonenofen" gewährleistete auch eine Nutzung in den Wintermonaten. In der Sommerzeit konnten die beiden Flügeltore geöffnet oder gleich im Freien gefeiert werden, wo sich zusätzliche Sitzgruppen, Spielgeräte und ein Schwenkgrill befanden.

Da wir mit der Grillhütte weder den örtlichen Vereinen bei ihren Waldfesten noch der Gastronomie Konkurrenz machen wollten, erließ der Gemeinderat Nutzungsbestimmungen, die eine kommerzielle Nutzung untersagten. Gedacht war vielmehr an die Anmietung durch Hockenheimer Familien für private Feiern oder durch Vereine für interne Feste.

Auch wenn später die Grillhütte wegen des heranrückenden Neubaugebiets Hockenheim-Süd zu Nutzungskonflikten führte und deshalb verlegt werden musste, fand sie in all den Jahren regen Zuspruch. In ihr wurden so manche Festchen, vom runden Geburtstag über Schülertreffen bis zu Hochzeiten, gefeiert.

Tabakmuseum zeugt von Wirtschafts- und Sozialgeschichte

Zu Beginn meiner Amtszeit dachte man in Hockenheims Gemeinderat und Stadtverwaltung noch an die Errichtung eines Heimatmuseums. In diesem Zusammenhang hatte ich die Idee, dafür das Gebäude in der Oberen Hauptstraße 8 zu verwenden. In diesem hatte einst die Firma Albert Lewison und später die Firma Dr. Adam Eckert aus Stuttgart eine Zigarrenfabrik betrieben. 1980 erwarb die Stadt das Anwesen.

In den 1960er und 1970er Jahren engagierte sich bereits Eduard (Edi) Cermak, mein ehemaliger Zeichenlehrer, in Sachen Heimatmuseum und trug zum Erwerb vieler Exponate bei. Einige davon restaurierte er mit viel Geschick. Er zählte während Hockenheims 1200-Jahrfeier (1969) auch zu jenen aktiven Mitbürgern, die eine Heimatausstellung im Bürgersaal des Rathauses auf die Beine stellten. Zu diesem Anlass hatte Cermak - assistiert von seinen Schülern - auch ein größeres Modell der Stadt mit den markanten Gebäuden in der Stadtmitte, der Altstadt und den Neubaugebieten gebastelt. Es befand sich lange im Bürgersaal und später im Eingangsbereich des Rathauserweiterungsbaus.

Mein damaliger erster Stellvertreter war Stadtrat Josef Hauck (CDU). Auch für ihn waren schon seit vielen Jahren das Heimatmuseum und die Heimatgeschichte ein besonderes Anliegen. Zusammen mit Hauck führte ich ein Gespräch mit Dr. Neuffer vom Landesdenkmalamt, der für nicht-staatliche Museen zuständig war. Er empfahl uns, statt einem Heimatmuseum, wie allerorts üblich, ein Museum zu konzipieren, das sich auf den Tabakanbau und die -bearbeitung konzentrieren und der auf diesem Gebiet speziellen Vergangenheit unserer Stadt Rechnung tragen würde. Also ein Tabakmuseum!

Hauck und ich waren von diesem Gedanken gleich angetan und es gelang uns, davon auch den Gemeinderat zu überzeugen. Im Hinblick auf Hockenheims Tabakgeschichte, die für die wirtschaftliche Entwicklung des Gemeinwesens lange Zeit bedeutend war, rannten wir damit fast überall offene Türen ein.

Das Konzept für das Tabakmuseum im Dachgeschoss der ehemaligen Zigarrenfabrik Dr. Eckert erstellte Josef Hauck. Er richtete es auch federführend ein. Zur Ausstattung zählte eine Sammlung mit rund 300 Pfeifen, die von einem Ulmer Frisörmeister erworben wurde, nachdem der Gemeinderat die Mittel von ca. 80.000 Mark bewilligt hatte.

Das Museum wurde am 7. Dezember 1984 eröffnet. Zu diesem Anlass kam als Ehrengast Paul Harro Piazolo, damals Staatssekretär im Bundesministerium für Bildung und Forschung. Er war ein Enkel des Gründers der ersten Hockenheimer Zigarrenfabrik. Bevor er Staatssekretär wurde, hatte er bereits in zwei baden-württembergischen Ministerien, und zwar im Kultusministerium sowie im Ministerium für Wissenschaft und Kunst, leitende Funktionen innegehabt. Er lobte das neue Hockenheimer Projekt, das ihn sehr beeindruckte.

In meiner Begrüßungsansprache dankte ich vor allem Hauck, der in Verbindung mit dem Museum viele Kontakte geknüpft und so manches Exponat und die eine oder andere Leihgabe beschafft hatte. Außerdem ging ich kurz auf die Geschichte des Tabakanbaus in der Kurpfalz sowie die Zigarrenherstellung in Hockenheim ein:

„Den Tabak brachten die aus Frankreich geflohenen Hugenotten in die Kurpfalz, wo er gegen Ende des 16. Jahrhunderts zunächst als Zier- und als Heilpflanze angebaut wurde. Als Konsum- und Handelsgut gewann er erst nach dem 30-jährigen Krieg an Bedeutung.

Zu Beginn des 19. Jahrhunderts lebte in Hockenheim eine bekannte und allseits geachtete Persönlichkeit: der Kannenwirt Philipp David Schwab. Er war ein erfahrener Land- und Gastwirt, hatte viele europäische Länder bereist und sich mit dem Wesen des Tabakanbaus vertraut gemacht. Bald bezeichnete man ihn als die »Koryphäe des badischen Tabakbauern«. Schwab ist es zu verdanken, dass Baden zum Hauptanbaugebiet für Tabak wurde und bei der bäuerlichen Bevölkerung für wirtschaftlichen Aufschwung sorgte.

Dem Tabakanbau folgte die Tabakverarbeitung. Die Hockenheimer Bürger Piazolo und Ikrath folgten Schwabs Rat und eröffneten im Jahre 1860 in der Karlsruher Straße neben der Zehntscheuer die erste Hockenheimer Zigarrenfabrik. Sie beschäftigte in ihrer Glanzzeit rund 80 Arbeiterinnen und Arbeiter.

Weitere Fabriken dieser Art wurden in Hockenheim nach und nach gegründet. Die mit Abstand größte war die in der Luisenstraße befindliche »GEG«, eine Niederlassung der Groß-Einkaufsgesellschaft Deutscher Konsumvereine. Hinter deren Jugendstilfassade arbeiteten in der Blütezeit rund 700 Personen, zumeist Frauen. Bald zählte Hockenheim zu den bedeutendsten Kommunen im Lande, in denen Tabak verarbeitet wurde. Es sollte diesen Stellenwert einige Jahrzehnte bewahren.

Vor dem Ersten Weltkrieg (1914), in der Blütezeit der Tabakverarbeitung, zählte die AOK Hockenheim in den hiesigen Zigarrenfabriken rund 1.900 Pflichtversicherte. Außerdem verdienten sich noch einige ihr Brot mit dem Herstellen von Zigarren in Heimarbeit.

Auch wenn die sozialen Bedingungen der Beschäftigten vielfach sehr zu wünschen übrig ließen - als typische »Tabakkrankheit« galt die Tuberkulose - war dem Anbau und der Verarbeitung von Tabak ein gewisser Wohlstand in der Stadt zu verdanken. Markante Bauwerke wie das Rathaus (1892), die barockisierte evangelische Jugendstilkirche (1907), das Hockenheimer Wahrzeichen, der Wasserturm (1910), die katholische Jugendstil-Kirche (1911) sowie die Pestalozzischule (1911), deren Fassade ebenfalls aus barockisierten Jugendstilelementen besteht, entstanden in dieser Zeit. Außerdem nahm die Stadt Anfang des 20. Jahrhunderts eine öffentliche Gas- und Wasserversorgung in Betrieb.

In der »Schieberzeit« nach dem Zweiten Weltkrieg spielte der in Hockenheim angebaute und verarbeitete Tabak als Tauschobjekt noch eine große Rolle. Doch ab den 1950er Jahren führten der zurückgehende Zigarrenkonsum, die Automatisierung sowie die günstiger produzierende Auslandskonkurrenz zum Niedergang der Zigarrenbranche.

Die letzte Hockenheimer Zigarrenfabrik betrieb die Schwetzinger Firma Neuhaus in der Bahnhofsstraße. Sie fiel im Jahre 1979 einem Großbrand zum Opfer und wurde danach nicht mehr aufgebaut. Seitdem besteht in Hockenheim lediglich noch mit der im Talhaus ansässigen Deutsch-Holländischen Tabakgesellschaft eine Verbindung zur Tabakbranche. Sie produziert Tabakfolien und Bandtabak."

Passend zur Tabakgeschichte referierte dann noch Dr. Clemens Zimmermann vom Institut für Sozial- und Zeitgeschichte der Universität Heidelberg bei der Museumseröffnung zum Thema:

„Zur Sozialgeschichte nordbadischer Tabakarbeiter. Leben und arbeiten in Hockenheim um die Jahrhundertwende."

Hauck leitete das Museum viele Jahre auf ehrenamtliche Weise. Er brachte auch den neuen Verein für Heimatgeschichte auf den Weg, dessen Gründungsversammlung ihn im April 1985 zum ersten Vorsitzenden wählte. Dieser Verein kümmerte sich von Anfang an intensiv um das Tabakmuseum. Durch dieses führte Hauck so manch interessierte Gruppe hindurch, machte sie mit der langen Tabakgeschichte vertraut und organisierte federführend Sonderausstellungen zum Thema Tabak. Auch dadurch entwickelte sich das Tabakmuseum zu einem der Aushängeschilder Hockenheims.

Haucks große Verdienste um das Tabakmuseum, die Heimatgeschichte und sein langjähriges ehrenamtliches Wirken als Stadtrat und als erster Bürgermeisterstellvertreter veranlassten mich 1994, dem Gemeinderat vorzuschlagen, ihn zum Ehrenbürger zu ernennen. Der Gemeinderat folgte meiner Empfehlung einstimmig.

Aushängeschild Motor-Sport-Museum

Am 27. November 1981 informierte mich Erwin Tragatsch, dass der in der niederösterreichischen Landeshauptstadt St. Pölten wohnende Walter Brandstetter seine Motorrad- und Motoren-Sammlung verkaufen wolle. Es handelte sich um eine einmalige Kollektion, die Brandstetter „Schnelle Motorräder und Motoren" nannte. In Fachkreisen war sie weit über Österreich hinaus ein Begriff.

Tragatsch war einer der bekanntesten Motorsportjournalisten jener Zeit und Autor zahlreicher Bücher über Motorräder und Automobile, darunter eine Typengeschichte aller Motorräder von 1894 bis 1981. Sein diesbezügliches Wissen war immens. Auf diesem Gebiet konnte ihm niemand das Wasser reichen. Zusammen mit Wilhelm Herz hatte Tragatsch die „Treffen der ehemaligen Rennfahrer" initiiert, die seit dem Jahre 1978 alljährlich beim „Historischen Rennmaschinen Grand Prix" im Hotel Motodrom veranstaltet wurden. Es waren jedes Mal gesellschaftliche Ereignisse, zu denen viele prominente Rennfahrer wie beispielsweise Schorsch Meier oder H.-P. Müller kamen. Bei diesen Treffen war Tragatsch die von allen geachtete graue Eminenz, obwohl kaum noch ein graues Haar seinen Scheitel zierte.

Walter Brandstetter war beruflich mit dem Automobil groß geworden. Als Generalvertreter von Ford in Österreich scheint er im Zuge der Motorisierung goldene Jahre erlebt zu haben, die es ihm ermöglichten, eine tolle Sammlung verschiedenster historischer Rennmaschinen und Motorräder sowie Motorradmotoren anzulegen. Die meisten Exponate hatte er selbst restauriert. Ihr Zustand war topp und ließ nichts zu wünschen übrig.

Als er in die Jahre kam und sein Haus bestellte, musste er zur Kenntnis nehmen, dass seine Kinder andere Interessen als alte Motorräder hatten. Obwohl er an der Sammlung hing, dachte er nun ernsthaft über deren Verkauf nach. Für ihn kam aber kein Einzelverkauf, sondern nur ein Verkauf der gesamten Kollektion an einen Käufer in Betracht. Der sollte ihm zudem noch den Bestand der Sammlung auf Dauer garantieren, um so sein Lebenswerk zu sichern.

Um es kurz zu machen: Ich sah mir mit den Geschäftsführern Dr. Buchter und Wilhelm Herz Brandstetters Sammlung an, die uns sehr beeindruckte. Anschließend wurden wir mit Brandstetter schnell handelseinig. Fraglich war nur, ob die Ausfuhr eines Kulturguts dieser Art genehmigt würde? Einige österreichische Experten wollten die Sammlung unbedingt im Lande halten und hatten deshalb Stimmung gegen den Verkauf nach Deutschland gemacht. Doch letztlich erhoben die Behörden von „Felix Austria" keinen Einwand.

Damit hatten wir einen tollen Grundstock für ein Motor-Sport-Museum am Hockenheimring, das aber erst noch errichtet werden musste. Da wir nicht unter Zeitdruck standen, prüften wir zunächst einmal verschiedene Varianten. Schließlich überzeugte uns Architekt Volker Grein, ein 50 x 30 Meter großes, relativ kostengünstiges Gebäude aus Stahlblech zu errichten. Schon im Hinblick auf die Werbung zur Autobahn hin, aber auch um bei Großveranstaltungen jederzeit eine freie Zugangsmöglichkeit zu gewährleisten, kam eigentlich nur ein Standort außerhalb des Motodroms in Betracht. Am idealsten erschien uns der freie Platz zwischen der Südtribüne und der A 6.

Leider führte die Auftragsvergabe der Bauarbeiten zu einem Konflikt. Zuvor war das Projekt beschränkt ausgeschrieben worden. Es wurden also mehrere Bieter ausgesucht und zur Angebotsabgabe aufgefordert. Bei der Submission lag das Angebot eines Hockenheimer Unternehmens rund dreißig Prozent über dem günstigsten, das ein auswärtiger Bieter abgegeben hatte. Um dennoch an den Auftrag zu kommen, bot uns das örtliche Unternehmen unmittelbar vor der Auftragsvergabe an, seinen Angebotspreis auf das Niveau des günstigsten Angebots zu senken. Angesichts des erheblichen Abschlags kamen beim Architekten aber Zweifel auf, ob darunter nicht letztlich die Bauqualität zu leiden hätte?

Außerdem bewerteten die Mitglieder der Gesellschafterversammlung dieses „Entgegenkommen" recht unterschiedlich. Während einige meinten, dass damit alle Hürden überwunden seien, die der Auftragsvergabe an das hiesige Unternehmen im Wege standen, hielten andere diese Vorgehensweise nicht für vertretbar. Ihr Argument: Alle Bieter seien doch nicht nur zum Preisvergleich, sondern zur Teilnahme an einem fairen Ausschreibungsverfahren aufgefordert worden. Außerdem stünde bei einem Bauvolumen von rund einer Million Mark doch auch für den günstigsten Bieter einiges auf dem Spiel.

Schließlich folgten die Vertreter der Stadt, die über die Abstimmungsmehrheit verfügten, der Empfehlung des Architekten und vergaben den Auftrag korrekterweise an das Unternehmen mit dem günstigsten Angebot. Darüber waren die Verantwortlichen des Hockenheimer Unternehmens natürlich nicht begeistert. Ob damit die geringeren Gewerbesteuerzahlungen des Unternehmens an die Stadt Hockenheim in den Folgejahren zu tun hatten?

Nach der Auftragsvergabe wurde das Projekt zügig umgesetzt. Der von mir detailliert erarbeiteten Museumskonzeption lagen folgende Ausstellungsschwerpunkte zugrunde:

- Die Geschichte des Motorsports.
- Die Geschichte des Hockenheimrings.

- Walter Brandstetters historische Motorrad- und Motorensammlung.
- Weitere Motorrad- und Wagenveteranen sowie Objekte aus dem Bereich des Motorsports.
- Neuzeitliche Rennmotorräder und Rennwagen.

Dazu verfasste Dieter Herz, der ältere Sohn von Wilhelm Herz, die Texte. Er besorgte auch die meisten Fotos für die Bild- und Texttafeln – größtenteils aus seinem eigenen Archiv. Viele Ideen, auch und gerade zur Innenausstattung, lieferte Volker Grein, der ohnehin das Museumsgebäude samt Galerie sowie den Eingangsbereich geplant hatte. Zum Angebot des Museums zählte auch eine Multimediaschau, die in einem speziell dafür geschaffenen Vorführraum präsentiert wurde.

Das Museum wurde am 25. April 1986 offiziell eröffnet. Seitdem wird am Hockenheimring neben der allgemeinen Entwicklungsgeschichte des Motorsports noch ein besonderes Kapitel der Hockenheimer Stadtgeschichte dargestellt. Es wird seit dem Jahre 1932 von der Rennstrecke geprägt, deren Bekanntheitsgrad auch den Namen der Stadt weit in die Welt hinausgetragen hat.

Lohnende Aufgaben der für das Museum Verantwortlichen sind interessante Objekte aus dem Bereich des Motorsports zu präsentieren, die lange und traditionsreiche Geschichte der badischen Rennstrecke aufzuarbeiten und darzustellen sowie bei der Vermarktung des Hockenheimrings unterstützend zu wirken. Voraussetzung für den Erfolg aber ist eine professionelle PR- und Pressearbeit. Auch in Zeiten knapper Kassen lässt sich mit Engagement und guten Ideen viel bewegen.

❋

Mit der Liedertafel in Katalonien

Der Männergesangverein Liedertafel 1874 e.V. ist einer der engagiertesten Kulturträger der Stadt. Zum traditionellen Männerchor, seit Jahren einer der besten der Region, kam 1980 noch ein Frauenchor hinzu, der sich musikalisch ebenfalls hervorragend entwickelte. Da auch die Kinder- und Jugendarbeit der Liedertafel vorbildlich ist und sich dadurch ganze Familien bei ihr wiederfinden, zählt sie zu den wenigen Gesangvereinen im Lande mit einer vielversprechenden Zukunft. Dass die Liedertafel auch ein musikalischer Botschafter ist, der die städtischen Fahnen würdig zu vertreten weiß, wurde mir 1985 bewusst, als ich sie gemeinsam mit meiner Frau zu einer Konzertreise nach Katalonien begleitete.

Es war nach 1982 bereits die zweite Spanienreise des Vereins. Dieses Mal war die Liedertafel unter der Leitung ihres Vorsitzenden Alfred Kühnle mit drei Bussen der Einladung des Partnerchors Orfeó Atlàntida nach Barcelona gefolgt, ein Spitzenchor Kataloniens. Meine Frau und ich zählten zu den rund zwei Dutzend, die das Flugzeug vorgezogen haben.

Bei mehreren Konzerten, die, dem katalonischen Lebensrhythmus Rechnung tragend, erst spät abends begannen und kurz vor Mitternacht endeten, stellten die

Chöre der Liedertafel unter der Leitung von Bernhard Riffel ihr Können unter Beweis. Untergebracht waren wir im rund vierzig Kilometer entfernten Sitges. Deshalb sorgten die späten Heimfahrten entlang der kurvenreichen, oft steil abfallenden Küstenstraße für so manchen Nervenkitzel und verkürzten die ohnehin kurzen Nächte.

Im Gegenzug offerierte der katalanische Bruderchor neben seiner herzlichen Gastfreundschaft noch ein mit Sehenswürdigkeiten gespicktes Programm, dessen formale Höhepunkte Empfänge des Stadtoberhaupts von Barcelona sowie der Generalität von Katalonien (Landesregierung) waren.

Bei einer Stadtführung durch Barcelona wurde mir klar, warum diese Stadt als eine der schönsten der Welt gilt. Wir sahen bedeutende, zum Weltkulturerbe der UNESCO zählende Bauwerke, wie Antoni Gaudis berühmte, immer noch im Bau befindliche Kirche Sagrada Familia, das Opernhaus Gran Teatre del Liceu, das Palau de la Música Catalana, ein ganz im Jugendstil errichteter Palast mit einem wunderschönen Konzertsaal sowie Jugendstilbauten Gaudis, wie sie sonst nirgends zu finden sind. Aber auch der von Mies van der Rohe zur Weltausstellung 1929 erbaute deutsche Pavillon, das spanische Dorf und vieles mehr vermittelten uns etwas vom Glanz dieser Weltmetropole, die im Jahre 1992 die Olympischen Sommerspiele organisierte.

Unvergesslich war auch der mittägliche Auftritt der Liedertafel in der bis auf den letzten Platz besetzten Kirche des Benediktinerklosters und Wallfahrtsorts Montserrat (zersägter Berg). Das Kloster schmiegt sich an eine bizarre Bergwelt an, die unser Herrgott bei der Schöpfung wohl mit der Säge bearbeitet haben muss. Neben der religiösen Bedeutung gilt Montserrat auch als Hort des katalanischen Nationalismus und der katalanischen Kultur.

Wallfahrtsort ist Montserrat wegen der aus dem 12. Jahrhundert stammenden Mariendarstellung „Unsere liebe Frau von Montserrat", im Volksmund La Moreneta (die Braune) genannt. Bei unserem Besuch lauschten wir auch dem täglich um 13 Uhr vom Knabenchor der Klosterschule gesungenen Marienlied. Der schon 1307 urkundlich erwähnte Knabenchor ist einer der ältesten Europas.

In einem sonnenreichen Land wie Katalonien wächst ein guter Wein. Deshalb zählte auch der Besuch einer großen Sektkellerei zum Programm. Als wir bei einer solchen mit den vier Bussen unserer Reisegesellschaft aufkreuzten, kam es zunächst für beide Seiten zu einer leichten Irritation. Wir waren nicht angemeldet. Wie konnte nur so ein Lapsus geschehen? Dennoch stellte sich die katalanische Großkellerei postwendend auf uns ein und führte uns in mehreren Gruppen durch ihre riesigen unterirdischen Anlagen. Dort reiften Millionen Flaschen Sekt, die wie Champagner mit der Hand bearbeitet wurden. Am Ende der Führung hatten wir noch Gelegenheit, den Sekt zu kosten.

In der Zwischenzeit wunderte sich eine andere Sektkellerei, bei der wir angemeldet waren, warum wir nicht kamen! Als sich die Verwechslung aufklärte, nahmen wir, obwohl einige bereits ihrem gerade noch unschädlichen Tagesquantum an Alkohol nahe gekommen waren, das gleiche Prozedere noch einmal in Kauf.

Bei der Abschiedsveranstaltung am Vorabend der Heimreise traten der Chor von Orfeó Atlàntida und die Chöre der Liedertafel gemeinsam auf. Dies führte am Ende der sehr erfolgreichen Konzertreise sogar noch zu einem musikalischen Höhepunkt.

Die Liedertafel hatte sich durch ihr Auftreten mit deutschem Chorgesang und auch sonst viel Sympathie erworben. Andererseits beeindruckte wohl alle die uns entgegengebrachte katalanische Herzlichkeit. Deshalb war es für den Vorstand der Liedertafel bei der Abschiedsveranstaltung nicht nur eine Pflichtübung, sondern auch ein Herzensbedürfnis, den katalanischen Bruderchor zum Gegenbesuch nach Hockenheim einzuladen.

Dank der Liedertafel erlebten meine Frau und ich einige unvergesslich schöne Tage. Wie wohl alle, kehrten wir mit vielen neuen Impressionen aus Katalonien zurück.

❋

Schwierige Verkehrs- und Straßenplanung

Zu den heikleren Aufgaben meiner gesamten Amtszeit zählten die innerstädtische Verkehrsplanung, der Bau neuer Straßen und die Modernisierung bestehender Straßen. Dieser Komplex erwies sich oft als problematisch und kostete mich manchen Nerv.

Ich hätte es beispielsweise nie für möglich gehalten, dass in einer Kleinstadt wie Hockenheim so viele „Verkehrsexperten" wohnten. Leider musste ich immer wieder zur Kenntnis nehmen, welch große Rolle der Eigennutz spielte. Eine innerstädtische Verkehrsplanung sollte sich aber nicht an persönlichen Interessen, sondern an objektiven Kriterien sowie am Wohl des Ganzen orientieren. Dies jedenfalls war immer mein Credo.

Die größten Straßenbauprojekte in meiner ersten Amtsperiode waren der Südring, die Verlängerung der Wasserturmallee von der Arndtstraße bis zum Südring, der weitere Ausbau des Hubäckerrings sowie der vierspurige Ausbau der Talhausstraße.

Bau des Südrings führte vor Gericht

Der Südring kostete rund 5,3 Millionen Mark; davon übernahm das Land allerdings 3,8 Millionen Mark. Allein für den Grunderwerb mussten rund 1,2 Millionen Mark aufgewendet werden. Da einige Eigentümer ihre Ackergrundstücke partout nicht verkaufen bzw. einen höheren Verkaufspreis erzielen wollten, kam es zu Enteignungsverfahren. Bei denen setzte die Enteignungsbehörde einen angemessenen Kaufpreis fest. Da auch dieser von den Grundstückseigentümern nicht akzeptiert wurde, kam es zur gerichtlichen Auseinandersetzung.

In der ersten Instanz, dem Landgericht Mannheim, obsiegten die Grundstückseigentümer. Wäre das Urteil rechtskräftig geworden, hätte die Stadt für den Grunderwerb noch rund eine Million Mark nachzahlen müssen. Es ging also um recht viel. Deshalb legte die Stadt beim Oberlandesgericht in Karlsruhe Berufung ein.

Vor Gericht vertrat uns Dr. Lothar Gaa. Er bat mich, am Gerichtstermin in Karlsruhe teilzunehmen, um gegenüber den Richtern die Angemessenheit der festgelegten Entschädigung sowie den für die Stadt Hockenheim hohen Stellenwert des Verfahrens zu verdeutlichen. Das OLG wies die Klage ab, entschied also im Sinne der Stadt. Es stellte in seinem Urteil fest, die ursprünglich angesetzten Grundstückspreise seien angemessen.

Dies war übrigens der erste Prozess, den ich in Sachen Stadt zu führen hatte. Leider musste ich in meiner Amtszeit noch häufiger vor Gericht. Ursächlich dafür war oft der ewige Konflikt zwischen privaten und öffentlichen Interessen.

Es mag vielleicht etwas überspitzt klingen, wenn ich rückblickend feststelle, dass eine Stadt in der Größenordnung Hockenheims nur dann ordentlich geführt ist, wenn sie permanent in einen Prozess verwickelt ist! Mit anderen Worten: Gibt eine Stadt zu oft klein bei, geht dies zu ihren Lasten – und damit zulasten der örtlichen Gemeinschaft!

Ausbau des Hubäckerrings fand nicht nur Beifall

Ein weiteres innerörtliches Straßenbauprojekt, das in meiner ersten Amtszeit realisiert wurde, war der Ausbau des Hubäckerrings. Bis Anfang der 1980er Jahre war das Teilstück zwischen der L 599 (später die Reilinger Straße) und dem Holzweg zwar trassiert, aber noch nicht ausgebaut. Dadurch hatten die Ring- und die Jahnstraße relativ viel Verkehr in Richtung Hubäckergebiet und Hockenheimring zu verkraften. Deshalb war es an der Zeit, den Hubäckerring zu komplettieren und als südliche Haupterschließungsstraße auszubauen.

Bei einigen Angrenzern in den Vogelwegen, die bisher nur den seltenen Kraftfahrzeugverkehr in ihren ruhigen Wohnwegen gewohnt waren, fand dieser Ausbau natürlich keinen Beifall. Aber auch in diesem Falle konnte den Einzelinteressen leider nicht Rechnung getragen werden.

Unkoordinierte Ampelanlagen sorgten für Geduldsproben

Gute Nerven waren beim vierspurigen Ausbau der Talhausstraße gefragt. In diesem Zusammenhang verlangte zunächst das Land, dass die Talhausstraße, die bisher eine Landesstraße war, zur Stadtstraße herabgestuft wurde. Damit drückte sich das Land vor der Straßenbaulast, die voll auf die Stadt überging. Diese Kröte musste die Stadt wohl oder übel schlucken, denn der vierspurige Ausbau war gerade auch durch die Ansiedlung des Massamarkts und das höhere Verkehrsaufkommen unvermeidlich.

Probleme bereiteten die Ampelanlagen der Knotenpunkte. Diese sollten umweltfreundlich aufeinander abgestimmt sein. Leider brachte das damit beauftragte Ingenieurbüro dies nicht auf die Reihe. Deshalb mussten die Verkehrsteilnehmer über einen längeren Zeitraum viel Geduld aufbringen. Doch wer hatte die schon? Erst als wir ein anderes Ingenieurbüro einschalteten, gelang eine dem Verkehrsfluss gerecht werdende Ampelabstimmung. – Heute kommt der vierspurige Ausbau der Talhausstraße dem ganzen Industriegebiet zugute.

Probleme mit der Karlsruher Straße

Am meisten beschäftigte mich in Sachen Verkehr die Karlsruher Straße. In ihr befinden sich zwischen der Fortuna-Kreuzung und der Schubertstraße zahlreiche Einzelhandelsgeschäfte. Obwohl die Straße sehr schmal ist, floss in ihr noch bis in die 1980er Jahre der Kraftfahrzeugverkehr in beide Richtungen. Auch die Linienbusse der Bahn befuhren sie.

Dieses Verkehrsaufkommen vertrug sich aber weder mit den permanent auf den Gehwegen parkenden Pkws noch mit den vielen Radfahrern und Fußgängern. Entsprechend wild ging es während der Hauptgeschäftszeiten zu. Die eigentlich schwächsten Verkehrsteilnehmer - Fußgänger und Radfahrer - zogen bei dieser Verkehrsdichte regelmäßig den Kürzeren. Dass es so nicht weitergehen konnte, lag auf der Hand.

Die Chance, einiges zu verbessern, ergab sich, als Anfang der 1980er Jahre die in der Straße verlegten Leitungen und Kanäle von Grund auf saniert werden mussten. Am Ende der Erneuerungsarbeiten und nach einer Versuchsphase entschied der Gemeinderat, nur noch eine Fahrtrichtung von der Fortuna-Kreuzung bis zur Schubertstraße zuzulassen, diesen Abschnitt komplett zu pflastern sowie die Straße mit den beiden Gehwegen und dem Radweg auf ein Niveau zu bringen. Leider ließ sich die Straße nicht durch Heinzelmännchen über Nacht sanieren, sondern nur tagsüber während der Geschäftszeiten. Deshalb kam es zu Konflikten mit dem Einzelhandel, aber auch mit Zulieferern und unvernünftigen Verkehrsteilnehmern.

Um die Bauarbeiten in der Straße scherten sich einige leider überhaupt nicht. Sie räumten die Absperrungen, die am Ende der täglichen Bauarbeiten aufgestellt worden waren, einfach zur Seite und fuhren mit ihren Pkws über den noch unfertigen Pflasterbelag. Das aber beschädigte den Pflasterverbund. Als dann die Straße fertig gestellt und für den Verkehr freigegeben wurde, lockerten sich, auch noch durch den Schwerlastverkehr, die nur im Kiesbett verlegten Pflastersteine. Von Tag zu Tag riss der Verkehr mehr Löcher im Straßenbelag auf. Dies beeinträchtige natürlich die Verkehrssicherung, für die die Stadt zu sorgen und letztlich zu haften hat. Im Endeffekt blieb nach Jahren des Ärgers nichts anderes übrig, als das Pflaster zu entfernen und die Fahrbahn zu asphaltieren.

Trotz der Umwandlung in eine Einbahnstraße war das Verkehrsaufkommen in der Karlsruher Straße noch viel zu hoch. Zählungen offenbarten, dass drei Viertel der Kraftfahrer die Straße nur zur Durchfahrt Richtung Lußheimer Straße benutzten, wo zwischenzeitlich mehrere Verbrauchermärkte eröffnet hatten. Um dies zu minimieren, fassten wir weitere Maßnahmen zur Verkehrsberuhigung ins Auge. Dagegen wehrten sich aber einige Geschäftsinhaber.

In deren Interesse beschloss der Gemeinderat, den Messplatz nicht mehr als Festplatz zu nutzen. Seitdem steht er an allen Tagen als reiner Parkplatz zur Verfügung. Zusätzlich stellte die Stadt eine Straßenverbindung zwischen Messplatz und Schubertstraße her. Daneben wurden an der Ecke Karlsruher und Schubertstraße sowie direkt hinter dem Hotel Kanne, und zwar in unmittelbarer Nähe zur Karlsruher Straße, neue Parkplätze mit zahlreichen Stellflächen für Pkw geschaffen. Allein für diese Maßnahmen, die teilweise aus dem Landessanierungsprogramm gefördert wurden, gab die Stadt mehrere Millionen aus. Dies kam primär dem innerstädtischen Einzelhandel zugute.

Andererseits konnte kein Verantwortlicher die Augen vor der nach wie vor problematischen Verkehrssituation der Karlsruher Straße zwischen Fortuna-Kreuzung und Messplatzzufahrt verschließen. Dort ist die Straße zu schmal, um allen Ansprüchen und gleichzeitig der Sicherheit der Verkehrsteilnehmer, insbesondere der Fußgänger und Radfahrer gerecht zu werden. Dennoch glaubten einige Anwohner und Geschäftsinhaber, dass es besser wäre, wenn alles beim Alten bliebe. Das erinnerte mich an den etwas abfälligen Begriff von der „Eier legenden Wollmilchsau"! Doch einer solch vergleichbaren Vielfalt vermochte dieser Straßenabschnitt schon seit Langem nicht mehr gerecht zu werden.

Deshalb folgte die Mehrheit des Gemeinderats meinem Vorschlag, die Zufahrt für Kraftfahrzeuge nur noch von der Unteren Hauptstraße aus zu ermöglichen. Es wäre wohl besser gewesen, gleich eine Fußgängerzone einzurichten, doch dafür gab es im Gemeinderat keine Mehrheit.

Mit der Zufahrtsbeschränkung reduzierte sich das Kfz-Aufkommen in der Karlsruher Straße schlagartig um rund zwei Drittel. Nun wurde sie den Radfahrern und Fußgängern sowie dem Anspruch einer verkehrsberuhigten Straße - als solche war sie ausgewiesen - eher gerecht. Es verlangte aber von Kraftfahrern, die von der Oberen Hauptstraße oder der Heidelberger Straße kamen und auf den Messplatz oder zur Post fahren wollten, die Inkaufnahme eines Umwegs über die Untere Hauptstraße, Kaiserstraße und Wilhelm-Leuschner-Straße. Dies verlängerte die Fahrzeit, wie ich mit dem Pkw selbst testete, um maximal zwei Minuten. Das aber war für viele eine Zumutung. Deshalb wendeten immer wieder Fahrer ihre Pkws in der Unteren Hauptstraße, um schneller in die Karlsruher Straße zu gelangen.

Die meisten OB-Kandidaten, die sich im Jahre 2004 um meine Nachfolge bewarben, gaben schon vor der Wahl dem Unmut einiger Kraftfahrer nach und versprachen, die Zufahrt in die Karlsruher Straße von der Oberen Hauptstraße und Heidelberger Straße wieder freizugeben. Entsprechend setzte dies mein Nachfolger Dieter Gummer mit dem ebenfalls im Jahre 2004 neu gewählten Gemeinderat um. Dass dies den Kraftfahrzeugverkehr auf Kosten der Sicherheit von Fußgängern und Radfahrern in alte Bahnen lenkte, spielte offensichtlich keine Rolle.

Doch trug diese Maßnahme zur Einkaufsqualität in der Karlsruher Straße bei und brachte sie dem Einzelhandel mehr Umsatz? Wenn ich mir vor Augen führe, wie viele Geschäftsräume dort immer wieder leer stehen, sind Zweifel angebracht.

Auch das „Falschparken" in der Karlsruher Straße ist seit Jahren ein Problem. Es zu unterbinden, käme für das Ordnungspersonal einer Sisyphusarbeit gleich. Abgesehen von den Überwachungskosten, würde dies ständig zu Konflikten mit Kraftfahrern führen.

Ob und welche Entscheidungen in Sachen Karlsruher Straße getroffen werden, sobald die schon in meiner Amtszeit geplante Verlegung des Kraichbachs - mit der neuen Zufahrt zum Messplatz über die Untere Mühlstraße - fertig gestellt sein wird, ist eine naheliegende Frage. Ich kann nur angesichts meines fortgeschrittenen Alters hoffen, dass ich die Fertigstellung dieses Projekts noch erlebe. Ob dann der Gemeinderat in seiner Mehrheit bereit sein wird, zumindest den oberen Teil der Karlsruher Straße völlig für den Kraftfahrzeugverkehr zu sperren und nur noch Lieferverkehr zu gewissen Zeiten zuzulassen? Man darf also gespannt sein.

Während meiner ersten Amtszeit wurde im Straßenbau und bei der Straßensanierung in Hockenheim viel investiert, wahrscheinlich mehr als in allen Wahlperioden davor oder danach. Dies war einerseits den großen überörtlichen Projekten, andererseits aber auch dem enormen Sanierungsbedarf sowie dem steigenden Verkehrsaufkommen in der Stadt geschuldet.

Glatte Wiederwahl als Bürgermeister

Meine erste Amtsperiode endete am 31. März 1986. Da ich meine Arbeit im Rathaus fortsetzen wollte, bekundete ich Anfang September 1985 gegenüber der Öffentlichkeit mein Interesse an einer erneuten Kandidatur. Meine Bilanz, die ich zum Ende meiner ersten Amtsperiode zog, konnte sich sehen lassen. Von 1978 bis 1985 hatte die Stadt Hockenheim über 90 Millionen Mark investiert. Hinzu kamen die Investitionen der Stadtwerke, die weitere 48 Millionen Mark betrugen. Dank einer relativ guten Finanzausstattung ist viel bewegt worden.

Zudem ließ die Zusammenarbeit im Gemeinderat mit den Fraktionen der CDU, SPD, FWV und FDP nichts zu wünschen übrig. Auch die Stadtverwaltung war gut aufgestellt und wurde ihrer Aufgabenstellung in jeder Weise gerecht. Zur Bürgerschaft und zu den örtlichen Institutionen hatte ich in den zurückliegenden Jahren viele Kontakte geknüpft und gepflegt. Außerdem waren unter meiner Ägide wichtige Weichen zur Stadtentwicklung gestellt worden, sodass es offenkundig war, wohin die städtische Reise mit mir gehen würde. Was also sollte gegen eine erneute Kandidatur bzw. meine Wiederwahl sprechen?

Nachdem als Wahltag der 19. Januar 1986 beschlossen worden war, wurde die Stelle des Bürgermeisters gemäß den Vorgaben in den Lokalzeitungen sowie im

Staatsanzeiger Baden-Württemberg ausgeschrieben. Die spannende Frage war, ob und mit welchen Gegenkandidaten zu rechnen sei? Erfreulich für mich war, dass sich die Gemeinderatsfraktionen der CDU, SPD, FWV und FDP öffentlich für meine Wiederwahl aussprachen und damit die bisherige Zusammenarbeit honorierten.

Von Seiten der Grünen wurde ebenfalls kein Gegenkandidat nominiert. Allerdings verkündete in der Woche nach der Wahl deren Stadtrat Kurt Kreutzenbeck über einen Leserbrief in der HTZ, dass sie sich ursprünglich einstimmig auf einen Gegenkandidaten geeinigt hätten. Dem sei aber kurz vor Meldeschluss die Courage abhandengekommen. In der Kürze der Zeit habe sich dann kein anderer Kandidat mehr finden lassen. Im Leserbrief formulierte er weiter:

> „Natürlich drängt sich da die Frage auf, warum ich dann nicht selbst als Gegenkandidat aufgetreten bin. Da kein anderer mehr zu finden war, wäre ich dazu gern bereit gewesen, bei der Frage der politischen Glaubwürdigkeit auch ohne Einverständnis der Grünen. Einige Tage vor Meldeschluss standen dem allerdings wichtige persönliche Gründe entgegen, nicht zuletzt auch berufliche Bedenken."

Doch auch ohne Gegenkandidat aus dem Lager der Grünen blieb es nicht bei einem Kandidaten. Aus dem württembergischen Remshalden-Geradstetten warf Helmut Palmer, der sich beruflich als Schriftsteller, Bürgerrechtler und Pomologe (das ist ein Fachmann im Obstbau) bezeichnete, den Handschuh in den Ring. Mit dieser Kandidatur erhielt diese Wahl plötzlich eine spannende Komponente. Palmer war nämlich als „Remstal-Rebell" kein Unbekannter im Land. Er war bereits bei vielen Bürgermeister-Wahlen angetreten und hatte im Jahre 1974 bei der OB-Wahl in Schwäbisch-Hall im ersten Wahlgang sogar 41 Prozent der Stimmen erreicht. Obwohl er dann knapp verlor, wurde er von seinen Anhängern gefeiert und der Sieger ausgebuht.

Wenige Wochen vor der Bürgermeisterwahl in Hockenheim wurde der aus Altlußheim stammende Gerd Zimmermann in Bad-Rappenau, nach Ablauf seiner ersten Amtsperiode, im Amt bestätigt. Auch dort hatte Palmer kandidiert und bei einer Wahlveranstaltung die Bürgerschaft wie ein Magnet angezogen. Ein Mitschnitt seiner langen Rede, den mir Zimmermann zukommen ließ, vermittelte mir einen guten Eindruck über seine rhetorischen Fähigkeiten und was bei der öffentlichen Kandidatenvorstellung in Hockenheim auf mich zukommen könnte. In teils rüder, teils lautstarker, aber recht origineller und unterhaltsamer Weise, hatte er vieles im Lande auf seine Art kommentiert. – Bei einigen seiner Wahlveranstaltungen hatte Palmer sogar Eintrittsgelder verlangt, um seine Auftritte zu finanzieren!

Jahre später, am 2. März 1999, schrieb der frühere Stuttgarter OB Manfred Rommel, der von Palmer trotz seiner Eskapaden viel hielt, über ihn in der Stuttgarter Zeitung unter anderem:

> „Bei Bürgermeisterwahlen war man regelrecht enttäuscht, wenn Palmer nicht kandidierte. Ein Kandidat, der im Wortgefecht mit Palmer einigermaßen bestehen konnte, wurde gewiss auch mit dem Gemeinderat und der unbotmäßi-

gen Bürgerschaft fertig. Freilich musste er darauf achten, dass er Palmer nicht reizte, etwa durch Zweifel an der Zurechnungsfähigkeit oder an der Fähigkeit, eine Sache beurteilen zu können. Achtete er darauf nicht, konnte er etwas erleben. Errang er aber Palmers Respekt und Sympathie, hatte er einen wichtigen Streitgenossen. Denn bei vielen Wahlen wollte Palmer gar nicht gewählt werden, sondern nur dafür sorgen, dass nicht alles unter Ausschluss der Öffentlichkeit abgekartet, sondern in der Öffentlichkeit ausdiskutiert wurde."

Ob er auch in Hockenheim nicht gewählt werden wollte, entzog sich natürlich meiner Kenntnis. Da er aber weder eine Wahlveranstaltung abhielt noch bei der öffentlichen Kandidatenvorstellung trotz Ankündigung auftauchte, war es naheliegend. Letztlich wählten ihn nur 173 Hockenheimer, gerade mal 2,75 Prozent.

Auf mich entfielen bei einer Wahlbeteiligung von 52,9 Prozent 6.287 Stimmen (97,25 Prozent). Damit wurde ich bereits im ersten Wahlgang erneut zum Bürgermeister gewählt. Da gegen die Wahl niemand Einspruch erhob, trat ich am 1. April 1986 meine zweite Amtsperiode an.

❋

Wesentliche Projekte in meiner ersten Amtsperiode

- Planfeststellung und Realisierung des Neubauprojekts der Deutschen Bundesbahn mit Verlegung und vierspurigem Ausbau der B 36
- Neutrassierung der B 39 zwischen Hockenheim und Reilingen, und zwar von der A 6 bis zur B 36

❋

- Fortschreibung der innerstädtischen Generalverkehrsplanung infolge des Neubauprojekts der Bahn und der überörtlichen Straßenbauprojekte
- Vierspuriger Ausbau der Talhausstraße*)
- Bau des Südrings*)
- Ausbau des Hubäckerrings zwischen Reilinger Straße und Holzweg
- Umsetzung eines umfangreichen Straßen- und Kanalsanierungsprogramms im älteren Stadtgebiet einschließlich des Gas-, Strom- und Wassernetzes

❋

- Gemeinsame Flächennutzungsplanung mit Altlußheim, Neulußheim und Reilingen
- Erstellung einer städtebaulichen Rahmenplanung
- Ausweisung des Sanierungsgebiets Stadtmitte und Aufnahme in das Landessanierungsprogramm

❋

- Erschließung der Neubaugebiete „Birkengrund III" und des 1. Abschnitts von „Neugärten-Biblis (16 ha)"
- Bereitstellung weiterer Ansiedlungsflächen im Gewerbe- und Industriegebiet Talhaus, unter anderem in den Gewannen „Viehtrieb, Schleifweg, Taläcker"

❋

- Ausbau der Kläranlage auf 55.000 Einwohnergleichwerte
- Bau eines Regenüberlauf- und Regenrückhaltebeckens im Stiegwiesenpark, eines Regenrückhaltebeckens beim Friedhof und bei der Kläranlage
- Reaktivierung des Gewässers „Alter Kraichbach" beim Flugplatz Auchtweid

❋

- Bau von drei „Notbrunnen" (beim Feuerwehrgerätehaus, bei der ev. Kirche und in der Berlin-Allee)
- Unterirdische Verlegung des örtlichen Stromnetzes
- Inbetriebnahme der erweiterten 110/20 kV-Umspannstation zur langfristigen Sicherung der Stromversorgung im Gewerbegebiet Talhaus

❋

- Bezug des neuen Bau- und Betriebshofs zwischen Schwetzinger- und Dresdner Straße*)

※

- Kauf und Umgestaltung des Anwesens Obere Hauptstraße 8 zum Verwaltungsgebäude der Stadtwerke und Ausbau des Kellers (Museumskeller) für Vereine

※

- Bau der neuen Hauptstelle der Bezirkssparkasse Hockenheim an der Fortuna-Kreuzung*)

※

- Erwerb des „Güldenen Engels" und städtebauliche Neuordnung des benachbarten Areals zwischen Unterer Hauptstraße und Hirschstraße mit Wohn- und Geschäftshäusern

※

- Errichtung eines Blockheizkraftwerks zur Energieeinsparung und Beheizung des Aquadroms
- Fertigstellung des 2. Bauabschnitts beim Aquadrom mit Nichtschwimmerbecken, Mutter-Kind-Bereich, Springerbereich, 54-m-Wasserrutsche sowie einer Saunaanlage mit Kaltwasserbecken (12,5 x 4 m).

※

- Gründung des Vereins Volkshochschule Hockenheim e.V.
- Sporthallenbau bei der Hubäckerschule*)
- Erweiterung der Theodor-Heuss-Realschule (Fachklassentrakt)
- Neubau der Stadtbibliothek*)
- Dach- und Fassadensanierung des Carl-Friedrich-Gauß-Gymnasiums

※

- Modernisierung des städtischen Krankenhauses
- Erweiterung der Leichenhalle
- Schaffung der Voraussetzungen zum Bau des Altenheims „St. Elisabeth" im Ebertpark durch die katholische Kirchengemeinde
- Beginn des langjährigen Sanierungs- und Modernisierungsprogramms bei den städtischen Wohnhäusern

※

- Einführung eines jährlich stattfindenden Kinderferienprogramms
- Umbau des alten Pumpwerks in ein Jugendhaus

※

■ Bau der Grillhütte gegenüber dem Pumpwerk

✻

■ Grundsatzentscheidung zum Bau einer neuen Stadthalle in der Stadtmitte und Durchführung des Bürgerentscheids

✻

■ Anschaffung eines Tanklöschfahrzeugs TLF 24/50, eines Stationswagens sowie eines Vorausgerätewagens für die Feuerwehr

✻

■ Eröffnung des Tabakmuseums und des
■ Motor-Sport-Museums am Hockenheimring

✻

*) *Dieses Bauvorhaben wurde bereits vor meinem Amtsantritt beschlossen und in meiner Amtszeit realisiert.*

Kapitel 4: Zweite Amtszeit (1986 - 1994)

Um ein öffentliches Amt glänzend zu verwalten,
braucht man eine gewisse Anzahl guter und – schlechter Eigenschaften.

MARIE VON EBNER-ESCHENBACH

Tschernobyl und Sandoz – zwei GAUs

Kaum, dass ich meine zweite Amtszeit am 1. April 1986 angetreten hatte, ereignete sich eine der schlimmsten Umweltkatastrophen der Neuzeit. Im ukrainischen Atomkraftwerk Tschernobyl, damals noch Teil der Sowjetunion, kam es am 26. April durch grundlegende Mängel in der Konstruktion des Reaktors sowie Planungs- und Bedienungsfehler zu einer Kernschmelze. Der Kernreaktor explodierte und große Mengen radioaktiven Materials wurden in die Luft geschleudert. Sie verseuchten zwar hauptsächlich die Region um das Atomkraftwerk, belasteten aber auch viele Gegenden Europas, darunter Baden-Württemberg.

Durch die restriktive Informationspolitik der Sowjets sickerte erst nach und nach durch, was sich ereignet hatte und mit welchen Folgen zu rechnen war. Mit einem solchen GAU hatte die Welt noch nie zu tun, auch nicht unsere staatlichen Stellen. Entsprechend unsicher verhielten sie sich. Niemand vermochte zunächst abzuschätzen, wie schlimm die Strahlenfolgen für uns werden würden.

Für die Atomkraftgegner, von denen es in Baden-Württemberg nicht zuletzt durch den Konflikt um das geplante badische Kernkraftwerk Wyhl schon sehr viele gab, und natürlich für die Medien, wirkte Tschernobyl fast wie ein Menetekel. Für wochenlange Schlagzeilen war gesorgt und die Stimmung gegen Atomkraft stieg von Tag zu Tag.

Wie zu erwarten, geriet nun auch die Landesregierung in die öffentliche Kritik. Der zuständige Landesminister, zu dessen Ressort Umweltangelegenheiten zählten, war kein Geringerer als Landwirtschaftminister Gerhard Weiser. An seinem Katastrophenmanagement hatte die Heerschar von „Experten" immer mehr auszusetzen. Doch Weiser war sturmerprobt und ließ sich auch nicht durch diesen Supergau zu unangemessenen Entscheidungen verleiten.

Als Lothar Späth am 30. August 1986 zum Ministerpräsidenten gewählt wurde, nahm er bei seiner Regierungsbildung Weiser aus der Schusslinie. Er berief Dr. Erwin Vetter, bis dahin Oberbürgermeister von Ettlingen, zum ersten Umweltminister des Landes. Er hatte nun die Tschernobylereignisse politisch aufzuarbeiten. Vetter war für mich kein Unbekannter. Wir hatten bereits einige Zeit im Kreditausschuss der Badischen Kommunalen Landesbank (Bakola) zusammengearbeitet.

Leider war Tschernobyl nicht der einzige Umwelt-GAU des Jahres. Am 1. November 1986 gelangten nach einem Brand in der Chemischen Fabrik Sandoz nahe Basel mit dem Löschwasser 20 Tonnen hochgiftige Insektenvernichtungsmittel und andere Schadstoffe in den Rhein. Auf einer Länge von 450 Kilometern starben die Fische und die Holländer mussten die Trinkwasserentnahme aus dem Rhein einstellen. Der umweltmäßig schon seit Jahren belastete und vernachlässigte Fluss wurde durch den Sandoz-Unfall zu einem Symbol der Umweltverschmutzung.

Im Endeffekt bewirkte die Rheinverseuchung noch viel Positives. Alle Anrainerstaaten verpflichteten sich, künftig solchen Katastrophen vorzubeugen. Sie einigten sich auf umfassende Sanierungs- und Schutzmaßnahmen. Es musste beispielsweise die Reinigungskraft sämtlicher Kläranlagen entlang des Rheins und seiner Zuflüsse verbessert werden. Auch unsere Kläranlage wurde nachgerüstet. Dadurch wurde der Fluss wieder relativ sauber. Dank der guten Wasserqualität kehrte sogar der Lachs zurück.

Als Jugendlicher badete ich oft bei Altlußheim im Rhein. Einige Male schwamm ich auch über ihn. Doch dann zog ich wegen des schmutzigen Rheinwassers das Schwimmbad vor. Auch wenn heute das Baden im Rhein aus hygienischer Sicht wieder vertretbar ist, liegen mir Bäder wie das Aquadrom näher. Sie sind auch wesentlich sicherer als der durch seine Strömung und Strudel berüchtigte Fluss.

❊

Wechsel im Amt des Landrats

Ende April 1986, kurz nach Tschernobyl, wurde Albert Neckenauer, der erste Landrat des neu gebildeten Rhein-Neckar-Kreises, im Schwetzinger Schloss in den Ruhestand verabschiedet. Mit ihm hatte mich als Bürgermeister und Kreisrat eine sehr angenehme Zusammenarbeit verbunden.

Neckenauer war Jurist. Er hatte seine Berufslaufbahn zunächst im Landratsamt Tauberbischhofsheim begonnen und danach im Landratsamt Mannheim fortgesetzt. Das Verwaltungsgeschäft, das er von der Pike auf gelernt hatte, war seine Sache. Deshalb war er zur Leitung der großen Kreisverwaltung geradezu prädestiniert.

Sein Verdienst als Landrat war, den Großkreis, der im Rahmen der Gebietsreform 1973 aus den alten Kreisen Mannheim und Heidelberg sowie teilweise aus dem Kreis Sinsheim gebildet worden war, zusammenzuführen. Bei dieser Aufgabe war ihm sein auf Harmonie ausgerichtetes Wesen zugute gekommen.

Als Landrat übte Neckenauer auch die Rechtsaufsicht über die Gemeinden aus. In dieser Eigenschaft hatte er regelmäßig mit den Bürgermeistern bzw. den Kommunen zu tun. Die Stadtverwaltung Hockenheim gab ihm aber nie Anlass zu Kritik oder gar zum kommunalrechtlichen Eingreifen. Doch es gab auch andere Fälle im Kreisgebiet.

Als ich mit ihm zu Beginn der 1980er Jahre in Sachen Hockenheimer Krankenhaus das Sozialministerium in Stuttgart aufsuchte, sagte er mir bei der Rückfahrt, dass ihm nun eine äußerst unangenehme Aufgabe bevorstehe. Es ging um die Schlussbesprechung nach einer Prüfung durch die GPA, und zwar bei einer Stadtverwaltung im nördlichen Kreisgebiet.

Dort hatte der Bürgermeister, der durch seine selbstherrliche Art auch unter seinen Kollegen ein Begriff war, einiges an ungesetzlichen Handlungen begangen. Neckenauer meinte zu mir, die Verfehlungen würden eigentlich ausreichen, um ihn seines Amtes zu entheben. Doch ich merkte ihm gleich an, dass er einen solch schwerwiegenden Schritt nicht wagen wollte. Umso mehr war ich gespannt, mit welchen Sanktionen der Bürgermeister zu rechnen hatte. Wie ich Neckenauer richtig einschätzte, zog er letztlich doch nicht die Reißleine. Er beließ den Bürgermeister im Amt. Ich nehme aber an, dass er ihm das Nötige gesagt hat.

Nachfolger Neckenauers wurde der Weinheimer Dr. Jürgen Schütz (CDU). Schütz, ebenfalls Jurist und als Historiker promoviert, arbeitete nach seinem Studium zunächst als parlamentarischer Berater im Landtag Baden-Württembergs sowie im Innenministerium. Von 1984 bis zu seiner Wahl zum Landrat bekleidete er die Position des Regierungsvizepräsidenten in Karlsruhe.

Bei der Landratswahl setzte sich Dr. Schütz gegen vier Mitbewerber erst im dritten Wahlgang durch. An dieser recht spannenden Wahl nahm ich als Mitglied des Kreistags teil.

Dr. Schütz verstand es in kurzer Zeit, neue Impulse zu setzen und den Kreis weiterzuentwickeln. Seine Arbeit wurde von allen Kreistagsfraktionen anerkannt.

Neckenauer war ein ausgleichender Typ, der bei den zu treffenden Entscheidungen möglichst viele mitnehmen wollte, was natürlich nicht immer gelang. Im Gegensatz dazu verstand es Dr. Schütz, die Sache gleich auf den Punkt zu bringen und durchzusetzen. Die CDU-Fraktion folgte ihm zumeist in treuer Weise, und mit den Freien Wählern konnte er in der Regel auch rechnen. Beide Fraktionen zusammen stellten stets die Mehrheit im Kreistag.

Auch mich verband mit Dr. Schütz, sei es als Bürgermeister oder Kreisrat, eine sehr gute Zusammenarbeit. Die Chemie zwischen uns stimmte.

❋

Kreispolitik stärkt die Mittelzentren

Leider wurde auch unter der Ägide von Landrat Dr. Schütz die Stärkung der Mittelzentren durch kreiseigene Einrichtungen wie Krankenhäuser und Berufsschulen fortgesetzt. Aus Hockenheimer Sicht konnte ich mich dieser Art Kreispolitik nicht immer anschließen. Auszurichten vermochte ich aber als „Einzelkämpfer", oder nur unterstützt von der kleinen FDP-Fraktion, in den meisten Fällen nichts.

Wenn es um zentralörtliche Einrichtungen im Kreis ging, waren sich die Vertreter der Mittelzentren im Kreistag einig. Zudem leisteten ihnen noch viele Vertreter aus den ländlichen Regionen Gefolgschaft.

Welch absurde Früchte eine auf die Mittelzentren ausgerichtete Kreispolitik zu tragen vermag, musste ich, bereits im Ruhestand, Mitte der 2000er Jahre feststellen. Die noch zu Neckenauers Zeiten erweiterte Louise-Otto-Peters-Schule in Hockenheim, deren Träger der Kreis ist, sollte nach den Vorstellungen der Kreisverwaltung, trotz gegenteiliger Ansicht der Schulleitung, geschlossen und im Gegenzug die Berufsschulen in Wiesloch und Schwetzingen gestärkt werden.

Dass die Kreisräte aus den Mittelzentren dem Vorschlag der Kreisverwaltung folgten, ist noch nachvollziehbar, nicht aber, dass auch Kreisräte aus dem Raum Hockenheim für die Schließung der Schule votierten! Wie zu befürchten, stimmte der Kreistag mit breiter Mehrheit für die Aufgabe des Berufsschulstandorts Hockenheim. Ein Aberwitz, wenn man bedenkt, dass künftig die Berufsschülerinnen und -schüler des Raumes Hockenheim die weiteren Wege nach Wiesloch oder Schwetzingen in Kauf nehmen müssten und dies auch noch den kostspieligen Einsatz zusätzlicher Busse erfordern würde.

Andererseits hätte die Verlagerung des Schulbetriebs zu einem leer stehenden Schulgebäude des Kreises in Hockenheim geführt, das nicht ohne weiteres zu veräußern oder zu nutzen gewesen wäre.

Auch insofern ist mir der mit der Aufgabe der Louise-Otto-Peters-Schule in Hockenheim verbundene Nutzen für den Kreis, selbst bei langfristiger Betrachtung, ein Rätsel. Fast alle in Hockenheim aufgegebenen Raumkapazitäten müssten an anderen Schulstandorten neu geschaffen werden. Logisch? Aus Sicht der Mittelzentren schon, profitieren sie doch einmal mehr von den Segnungen des Kreises!

Wie es scheint, wird aber in der Sache nicht so heiß gegessen wie gekocht. Auch Jahre nach dem Beschluss ist die Louise-Otto-Peters-Schule noch immer in Betrieb. Ich bin auch sehr gespannt, wie der neue, seit 2010 amtierende Landrat Stefan Dallinger zu dem Kreistagsbeschluss steht.

❋

Inbetriebnahme der neuen Bahntrasse

Am 1. September 1986 wurden im Raum Hockenheim der neue 6,4 Kilometer lange Abschnitt der Rheintalbahn, die neuen Bahnhöfe Hockenheim und Neulußheim sowie das im Bahnhof Hockenheim befindliche Stellwerk in Betrieb genommen.

An der ersten Zugfahrt auf der neutrassierten Rheintalbahn nahmen fast der ganze Hockenheimer Gemeinderat, die Amtsleiter der Stadtverwaltung sowie ich teil. An diesem Morgen fuhren wir kurz nach fünf Uhr mit dem Bus zum neuen, architektonisch gelungenen Bahnhof Neulußheim, der im Bahndeutsch allerdings nur noch als „Haltepunkt" bezeichnet wird. Damals ahnte noch niemand, dass dieses schöne Bauwerk binnen kurzer Zeit von Chaoten beschädigt und beschmiert werden sowie sich lange Jahre in diesem erbärmlichen, heruntergekommenen Zustand befinden würde.

Am Bahnsteig hatten sich bereits zahlreiche Menschen versammelt, darunter der Neulußheimer Gemeinderat mit Bürgermeister Ewald Butz. Auch Ewald Hestermann, Altlußheims Bürgermeister, war mit von der Partie. Alle blickten voller Erwartung Richtung Süden, von wo im Morgengrauen der erste Zug einfahren sollte.

Fast auf die Minute genau rollte der von einer Diesellokomotive gezogene Eilzug, der ausnahmsweise an jeder Station hielt, in Neulußheim ein. Im Führerstand der Lok wartete bereits Projektleiter Erich Fein auf uns, zu dem Kollege Butz und ich zustiegen. Von dieser exponierten Stelle aus verfolgten wir die fünfminütige Fahrt über die neue Strecke nach Hockenheim. Pünktlich um 6 Uhr erreichten wir den neuen Hockenheimer Bahnhof, wo bereits viele Pendler und eine stattliche Anzahl Neugieriger den Zug erwarteten. Hier endete für uns auch schon die erste Zugfahrt über den neuen Abschnitt der Rheintalbahn.

Anschließend hatte die Bahn die Verantwortlichen von Hockenheim und Neulußheim zu einer diesem Abschluss und Neubeginn gerecht werdenden Feier ins Hotel Motodrom eingeladen. Dort wartete das Pächterehepaar Paul und Toni Kerschensteiner mit einem opulenten Frühstücksbüfett auf. Abgesehen von dieser Stärkung hatte man guten Grund, gemeinsam auf das gelungene Werk anzustoßen.

116 Jahre war es her, seit auf der Rheintalbahn zum ersten Mal ein Zug gefahren war. Mit der neuen Trasse ging ein langes Stück Eisenbahngeschichte zu Ende – und eine neue Epoche begann. Ursache der Neutrassierung war die 100 Kilometer lange Neubaustrecke der Bahn zwischen Mannheim und Stuttgart, im Volksmund auch „Schnellbahn" genannt. Mit dieser wurden die Gleise der Rheintalbahn sowie die neue, auf vier Spuren ausgebaute B 36 zu einem Verkehrsstrang gebündelt und von der Wohnbebauung bis zu 130 Meter nach Westen abgerückt. Zudem wurden alle Gleise um über vier Meter tiefer gelegt und zwischen der neuen Rheintalbahn und der Schnellbahn Lärmschutzwände errichtet. Auch an der neuen B 36 wurde mit begrünten Erdwällen und Betonwänden für Lärmschutz gesorgt. Durch diese Maßnahmen wurden die Lärmimmissionen in den angrenzenden Wohngebieten um circa 20 Dezibel gesenkt. Das entspricht im Hörempfinden einer Verminderung um drei Viertel.

In Verbindung mit diesen Lärmschutzmaßnahmen hatte sich die Bahn verpflichtet, einen Dauerschallpegel von maximal 50 Dezibel und einen Spitzenpegel von 65 Dezibel nicht zu überschreiten und erforderlichenfalls für zusätzlichen Lärmschutz zu sorgen. Leider gelang es der Bahn bis heute nicht, die in einer öffentlich-rechtlichen Vereinbarung mit der Stadt Hockenheim sowie im Planfeststellungsverfahren garantierten Lärmwerte einzuhalten. Das Problem sind nicht die relativ leisen ICE- und S-Bahnzüge, sondern die Güterzüge. Deshalb wird die Bahn in Sachen Lärm über kurz oder lang nachrüsten müssen.

Das 3,7-Milliarden-Mark-Projekt „Neubaustrecke" wurde im Gegensatz zur Verlegung der Rheintalbahn erst einige Jahre später fertig gestellt. Im Rheintal zwischen Mannheim und Waghäusel, und damit auch im Bereich Hockenheim, waren die Bauarbeiten aber bereits im Jahre 1987 abgeschlossen. Von den immensen Gesamtkosten der Neubaustrecke wurden allein im Raum Hockenheim rund 350 Millionen Mark verbaut. Kein Wunder – war doch der Eingriff in Natur und Landschaft hier besonders gravierend.

Umfangreiche technische und organisatorische Vorbereitungen waren gerade in den Wochen vor der Umstellung von der alten auf die neue Trasse der Rheintalbahn erforderlich, bevor der erste Zug über die neuen Gleise fuhr. Das Bahnprojekt hatte die Stadtverwaltung und den Gemeinderat in den vergangenen 13 Jahren fast täglich beschäftigt und der Stadt zunächst nur Entwicklungsverluste beschert. Näheres darüber haben wir bereits in einem vorhergehenden Kapitel erfahren.

Bis der Bahnhofvorplatz, die Nordanbindung an die B 36, die Verbindungsstraße zwischen Dresdner- und Eisenbahnstraße sowie der Knoten B 36/B 39 fertig gestellt wurden, dauerte es noch weitere Monate. Diese, für die Verkehrsentlastung der Innenstadt bedeutenden Straßenbaumaßnahmen, kamen erst 1987 zum Abschluss.

Die vielfältigen Planungen in unserem Raum beanspruchten mich in den Anfangsjahren als Bürgermeister relativ stark. Hierbei galt es, sie zu überprüfen, die städtischen Interessen zu vertreten, Grundstücksverhandlungen zu führen und vieles mehr. Besonders mit dem Projektleiter, Bundesbahndirektor Horst Kiefert, der später Baubürgermeister in Offenburg wurde, sowie Bundesbahndirektor Dieter Krebs hatte ich oft zu tun. Letzterer war für die Rekultivierungs- und Begrünungsmaßnahmen zuständig.

Rückblickend erinnere ich mich sehr gerne an die Zusammenarbeit mit der Bahn und mit den für den Straßenneubau zuständigen Ämtern, war sie doch im Großen und Ganzen angenehm und konstruktiv.

Bahnhofsfeste in Hockenheim und Neulußheim

Am 14. September 1986 schließlich wurde die Inbetriebnahme des neuen Bahnabschnitts in Hockenheim und Neulußheim im Rahmen zweier Bahnhofsfeste mit der Bevölkerung gebührend gefeiert. Bei den neuen Bahnhöfen hatte man Festzelte errichtet. Den musikalischen Auftakt im Hockenheimer Festzelt hatte, wie so oft, der Fanfarenzug der Rennstadt Hockenheim übernommen. Dem folgte die Begrüßung der vielen Gäste durch die Vertreter der Bahn und durch mich.

Im Anschluss folgte eine Sonderfahrt mit einem InterCity von Hockenheim nach Neulußheim. Zu der hatte Heinz Bubel, der Präsident der Bundesbahndirektion Karlsruhe, und Erich Fein, der Leiter des Neubaustreckenprojekts eingeladen. Auf dem neuen Bahnsteig erwarteten uns viele Neulußheimer zusammen mit Bürgermeister Ewald Butz. Auch wenn im Neulußheimer Festzelt noch einige unvermeidliche Reden gehalten wurden, stand doch mehr das gemeinsame Feiern im Vordergrund. Die Neulußheimer schlugen sogar zwei Fliegen mit einer Klappe. Sie feierten auch das 275-jährige Bestehen ihres Ortes. Aber auch der Hockenheimer Sportverein 1886 e.V., Hockenheims größter Verein, feierte an diesem Wochenende in einem Festzelt auf dem Messplatz das Jubiläum seines 100-jährigen Bestehens.

Die Bahn hatte sich zu den Bahnhofsfesten einiges einfallen lassen. Zwischen Schwetzingen und Graben-Neudorf pendelten über den ganzen Tag Sonderzüge hin und her. Geboten wurden „Fahrpreise von gestern". Erwachsene zahlten für die Rückfahrkarte nur eine Mark, Kinder die Hälfte. Außerdem gab es auf Nebengleisen moderne und historische E-Loks und Triebwagen sowie Dampflokomotiven zu besichtigen. Auch an die Kinder hatte man mit einem kleinen Vergnügungspark, Luftballonwettbewerben und vielem mehr gedacht. In den Festzelten konnte man sich von den „Feststrapazen" erholen und die örtlichen Vereine sorgten rund um die Uhr für das leibliche Wohl und für die Unterhaltung der Besucher.

An diesem Tag hatte sogar der Wettergott ein Einsehen. Noch in der Nacht zuvor sah es aus, als würde alles ins Wasser fallen. Doch wie durch ein Wunder hörte es am Morgen auf zu regnen. Die Sonne strahlte den ganzen Tag und verlieh den Festveranstaltungen rund um die Bahn den nötigen Glanz. Das schöne Wetter trug zu dem erwarteten Massenandrang bei. Ein solches Jahrhundertprojekt konnte die Bevölkerung schließlich nur einmal feiern.

Mit dem TGV von Paris nach Lyon

Vor der Aufnahme des planmäßigen Fahrbetriebs der ICE-Züge hatte die Bahn auf dem Teilstück zwischen Mannheim und Graben-Neudorf einige Weltrekorde gebrochen. Mit einem Reisezugwagen wurden 305 km/h, mit einem Messwagen 360 km/h erreicht.

Eine der Weltrekordfahrten beobachtete ich von der Mörschbrücke aus. Es war atemberaubend, wie schnell der ICE an Hockenheim vorbeiraste.

Am 1. Mai 1988 erreichte ein ICE auf der Strecke Hannover-Würzburg sogar 406,9 km/h. Doch die Weltrekorde hatten nur kurzen Bestand. Sie wurden im Mai 1990 vom französischen Wettbewerber, dem „Train à Grand Vitesse" (TGV), deutlich überboten. Er erreichte auf der Strecke Paris-Tours eine Spitzengeschwindigkeit von 515,3 km/h. Im April 2007 brauste er zwischen Paris und Straßburg sogar mit 574,7 km/h über die Schienen!

Apropos TGV. Mitte der 1980er Jahre hatte die Deutsche Bundesbahn die Bürgermeister der Kommunen, die von der Neubaustrecke Mannheim-Stuttgart betroffen waren, zu einer Informationsfahrt mit dem TGV von Paris nach Lyon eingeladen. Ewald Butz und ich nahmen daran teil.

Zunächst fuhren wir mit der Bahn über Mannheim und Metz nach Paris. Von dort beförderte uns ein TGV in „nur" zwei Stunden über die 450 Kilometer lange Strecke nach Lyon. Übernachtet wurde in Mâcon, einer Station des TGV. Die burgundische Kleinstadt liegt an der Saône, und die nach ihr benannte Region ist durch ihre exzellenten Rot- und Weißweine ein Begriff. Doch zum Kennenlernen der Weinregion blieb uns keine Zeit. Schon am anderen Morgen fuhren wir mit dem TGV wieder nach Paris und von dort mit dem Eilzug in unsere Heimat.

Bei der Rückfahrt nach Paris hatten wir Gelegenheit, den Führerstand der TGV-Lok zu besuchen. In diesem wurde uns die hohe Geschwindigkeit dieses Zuges erst richtig bewusst. Er fuhr rund 250 km/h und überquerte die französische Hügellandschaft wie eine Berg- und Talbahn. Dazu erklärten uns die Begleiter der französischen Staatsbahn, vor dem Bau der Bahnstrecke sei mit Flugzeugen getestet worden, welche maximale Steigungs- und Gefällrate von einem Fahrgast noch gut vertragen würde. Auf diese Weise seien 3 Prozent ermittelt und das Gleisbett dementsprechend modelliert worden. Zum Vergleich: Nach der deutschen „Eisenbahn- Bau- und Betriebsordnung" darf die Steigung bzw. das Gefälle maximal 1,25 Prozent betragen.

Verantwortliche der französischen Staatsbahn ließen uns außerdem wissen, dass, nachdem der französische Staat die Bahntrasse von Paris nach Lyon als gemeinnützig festgestellt hatte, sie binnen eines halben Jahres im Besitz aller erforderlichen Grundstücke gewesen wären. Die Eigentümer hätten allenfalls noch das Recht gehabt, auf eine höhere Entschädigung zu klagen. Im Gegensatz dazu dauerte es in unserem Raum fast ein Jahrzehnt, bis das Planfeststellungsverfahren rechtskräftig wurde. Außerdem entschädigte die Bahn einige Hockenheimer Grundstückseigentümer recht großzügig. Im Rathaus bezeichnete man die „vom Glück Betroffenen" als die „durch die Bundesbahn »geschädigten« Millionäre".

Von Paris bis Lyon, einer allerdings dünn besiedelten Landschaft, war kein Meter Lärmschutz erforderlich. Dagegen mussten bei den 100 Kilometern von Mannheim nach Stuttgart an rund 80 Kilometer Tunnel gebaut oder Lärmschutzmaßnahmen vorgesehen werden. Diese Maßnahmen verteuerten natürlich das Projekt erheblich.

✻

Wenn's ums „Fressen und Saufen" geht …

Als Bürgermeister steht man nicht nur permanent im öffentlichen Rampenlicht, sondern hat es hin und wieder auch mit Mitbürgern zu tun, deren Benehmen zu wünschen übrig lässt. So erging es mir im November 1986. Josef Berlinghof, der Eigentümer des Hockenheimer Hotels „Zur Pfalz", hatte mich zur Eröffnung seines sehr schön renovierten Restaurants eingeladen. Da ich aber zur gleichen Zeit eine Gemeinderatssitzung zu leiten hatte, folgte ich seiner Einladung mit erheblicher Verspätung. Als ich eintraf, abgespannt von einer rund dreistündigen Gemeinderatssitzung, wartete bereits ein Pressefotograf, um mit der Familie Berlinghof und mir ein Foto für die HTZ zu schießen. Kaum, dass ich die Eigentümer begrüßt hatte, wurde mir auch schon ein Glas Sekt in die Hand gedrückt und das Foto gemacht.

Soweit, so gut. Das Foto von der Eröffnung wurde in der folgenden Freitagsausgabe der HTZ veröffentlicht. An diesem Freitag – für einige Hockenheimer war dies wohl ein schwarzer – hatten mehrere Anlieger eines gerade fertig gestellten Teilstücks der Arndtstraße eine Rechnung der Stadtverwaltung über Straßenanliegerkosten erhalten. Einer der Betroffenen, der in der Stadtverwaltung als „schwieriger Fall" bekannt war, hatte aufgrund seines relativ großen Grundstücks eine Rechnung über rund 25.000 Mark erhalten. Deshalb wollte er mich an diesem Freitagmorgen gleich telefonisch sprechen. Da ich aber unterwegs war, rief ich ihn erst über Mittag von zu Hause aus an. Mir schwante nichts Gutes, denn der hohe Rechnungsbetrag hätte wohl auch jedem anderen Anlieger zu schaffen gemacht. Insofern hatte ich Verständnis.

Als der Betroffene übers Telefon meine Stimme hörte, brüllte er gleich ohne jeden Gruß, anspielend auf das Zeitungsfoto, los: „Wenn's ums Fressen und Saufen geht, sind Sie vorne dran! Wenn's aber darum geht, einen Bürger zurückzurufen, lassen Sie sich stundenlang Zeit!" Das war frech und respektlos. Deshalb wurde ich ebenfalls laut und entgegnete ihm unmissverständlich: „Was glauben sie denn, wen sie vor sich haben? Wenn sie nicht sofort den Ton ändern, ist das Gespräch beendet!" Doch ihn juckte dies nicht, er schrie kräftig weiter. Nun platzte mir der Kragen und ich legte mit den Worten „sie können mich mal" den Hörer unsanft auf.

Das war auch von meiner Seite nicht die feine Art. Aber so, wie es in den Wald hineinruft, so schallt es zurück! Als Bürgermeister kann man mehr Respekt erwarten. Außerdem muss sich auch ein Bürgermeister nicht alles bieten lassen.

Meine Tochter Claudia, die damals neun Lenze zählte, erlebte die telefonische Auseinandersetzung mit. Sie war gerade von der Schule gekommen, freute sich eigentlich, mich zu sehen und erlebte nun erstmals, wie heftig und laut ihr Papa reagierte. Der aber war so auch noch nie angegangen worden.

❋

Freiwillige Feuerwehr – eine unverzichtbare Hilfseinrichtung

Zu den ältesten Bürgerinitiativen bzw. gemeinnützigen Vereinigungen im Lande zählen die freiwilligen Feuerwehren, so auch in Hockenheim. Im Jahre 1869 gegründet, ist sie heute als Stützpunktwehr eine für die Menschen des Raumes Hockenheim unverzichtbare und bedeutende städtische Hilfseinrichtung. Längst ist sie über die eigentliche Feuerbekämpfung hinaus gefordert, wenn Menschen oder Tiere gefährdet sind, bei Brandwachen am Hockenheimring, bei Firmenbränden mit chemischen Reaktionen, bei schweren Verkehrsunfällen auf den Fernstraßen um Hockenheim oder bei Unfällen in der Stadt.

Da die Feuerwehr an 365 Tagen des Jahres rund um die Uhr bereit ist und sich alle Einsätze auf freiwilliger Basis abspielen, zolle ich den aktiven Mitgliedern meinen größten Respekt. Sie verdienen, von der Allgemeinheit unterstützt und optimal ausgerüstet zu werden. Schließlich kommt dies jenen zugute, denen sie zu Hilfe eilt.

Während meiner Amtszeit zweifelte ich hin und wieder, ob die eine oder andere Ausrüstungsanforderung unserer Feuerwehr, auch im Hinblick auf die Kosten, angemessen sei. Von vielen Gesprächen mit Bürgermeisterkollegen wusste ich, dass es andernorts ähnlich lief und auch nicht ganz auszuschließen war, dass ein gewisses Prestigedenken die Feuerwehren leitete. Möglicherweise spielten auch noch Vertreter der Hersteller von Feuerwehrfahrzeugen und -geräten eine gewisse Rolle, die von den Wehren lebten und ihnen ihre neuesten Produkte schmackhaft machten.

Wurde dann aber unsere Wehr gerufen, um Menschenleben oder Hab und Gut zu retten oder zu schützen, stellte ich angesichts der Ernstfälle meine Bedenken immer zurück. Dann nämlich zahlte sich die optimale Ausstattung aus. Großeinsätze, die unserer Feuerwehr alles abverlangten, waren beispielsweise der Brand der Zigarrenfabrik Neuhaus in der Bahnhofsstraße, der Schwelbrand mit chemischen Reaktionen in den Produktionshallen der Firma Thermal im Talhaus oder das Feuer, das Reilingens Mannherz-Halle in Schutt und Asche legte.

Mit dem Aufbau einer freiwilligen Feuerwehr beschlossen die Gemeinde- und Gründerväter, alljährlich von allen männlichen Bewohnern Hockenheims, die sich bei ihr nicht aktiv betätigten, eine Feuerwehrabgabe zu verlangen. Dieses Scherflein, das vom Beginn der Volljährigkeit bis zum Alter von 60 Jahren zu erbringen war, sorgte im ersten Jahrhundert des Bestehens für den notwendigen Personalbestand, eine gewisse „Feuerwehrgerechtigkeit" sowie eine zeitgemäße Ausstattung.

Dennoch gab es im Jahre 1986 für den Gemeinderat einige triftige Gründe, die Feuerwehrabgabe abzuschaffen. Die Zeiten hatten sich geändert und die städtische Finanzausstattung längst gebessert. Zudem verursachte die Erhebung der Feuerwehrabgabe einen erheblichen Verwaltungsaufwand, der ihren Nutzen minimierte. Erfreulicherweise verminderte sich der Personalbestand der Aktiven ohne die Feuererwehrabgabe nicht. Ob dies mit den Einsätzen bei Großveranstaltungen am Hockenheimring zusammenhing, die für die Einsatzkräfte immer mit einer finanziellen Entschädigung verbunden waren?

Dass diese Entgelte an die Feuerwehrleute lohnsteuerpflichtig sind, war weder der Feuerwehr noch der Stadtverwaltung bekannt. Es stellte sich leider erst nach Jahren im Rahmen einer Außenprüfung des Finanzamts heraus. Das verlangte rückwirkend eine gesalzene Steuernachzahlung, die dem Jahreseinkommen eines gutverdienenden Angestellten entsprach. Die unerwartete Forderung stellte die Feuerwehr vor ein größeres finanzielles Problem, das schließlich nur mit Zuschüssen der Stadt und der Hockenheim-Ring GmbH zu lösen war.

Zu dem Zeitpunkt, als die Feuerwehrabgabe abgeschafft wurde, hatte der Gemeinderat auf Wunsch der Feuerwehr bereits beschlossen, das 1969 an der früheren Stadtkurve des Hockenheimrings errichtete Feuerwehrgerätehaus umzubauen und zu erweitern. Obwohl das Gebäude noch relativ neu war, musste es für rund eine halbe Million Mark saniert werden. Auch in den Folgejahren mussten im Feuerwehrgerätehaus weitere Sanierungsmaßnahmen durchgeführt werden, um das Gebäude in Schuss zu halten. Anscheinend ließ die Bausubstanz von Anfang an zu wünschen übrig.

Der An- und Umbau war durch den größeren Fuhrpark und die vielfältigen Aufgaben notwendig geworden. In den Jahren zuvor hatte die Stadt für die Feuerwehr mehrere neue Fahrzeuge angeschafft, was zu Engpässen bei deren Unterbringung führte. Außerdem reichten die Lager- und Übungsräume nicht mehr aus. Deshalb musste gehandelt werden. So kam es zu einem Anbau für weitere Fahrzeuge. Im Kellergeschoss entstanden Werkstätten, Lager sowie ein Lehrsaal, den auch die Stadtkapelle und andere Musikvereine als Übungsraum nutzen. Am bestehenden Feuerwehrgebäude wurde ein neuer Funkraum an- und die bisherige Werkstatt zu einem Lagezentrum umgebaut. Des Weiteren wurde ein größerer Umkleideraum geschaffen und der WC-Bereich umgestaltet. Zum Erweiterungsprojekt zählte noch ein Ausstellungsraum für historische Feuerwehrfahrzeuge und -geräte.

Im Juli 1988 wurde der 2,3 Millionen Mark teuere Erweiterungsbau der Feuerwehr eingeweiht. Damals waren ihr erster Kommandant Werner Hoffmann und ihr zweiter Kommandant Hans Köhler.

Werner Hoffmann und Hans Köhler prägten die Feuerwehr

Beide Kommandanten haben sich für die Belange ihrer Feuerwehr stets mit großem Engagement eingesetzt. Zugleich waren sie in ihren Ämtern jahrelang die Aushängeschilder der Wehr.

Werner Hoffmann, den ich als Gleichaltrigen schon von frühen Kindesbeinen an kannte, übte ein straffes Feuerwehrmanagement aus, das manch einer seiner Kameraden hart empfunden haben mag. Wer ihn aber näher kannte, wusste, dass es ihm als Verwalter städtischen Eigentums primär um die Sache, also um eine schlagkräftige und gut ausgestattete Feuerwehr als Schutz- und Hilfseinrichtung für die Menschen unseres Raumes ging.

Auch mit Hans Köhler war ich schon lange vor meiner Zeit als Bürgermeister gut bekannt. Wir beide fuhren in meiner Sunlichtzeit, in der er in einer benachbarten Firma in Mannheim-Rheinauhafen arbeitete, regelmäßig zusammen mit dem Zug zur Arbeit. Köhler war ebenfalls ein Feuerwehrmann von Format, wirkte intellektuell mehr im Hintergrund und verstand es in kompetenter Weise, die örtliche Feuerwehrpolitik maßgeblich zu beeinflussen. Er zählte auch zur Führungsriege des Kreisfeuerwehrverbands.

Beide Kommandanten haben sich um das Feuerwehrwesen und damit auch um unsere Stadt besonders verdient gemacht. Werner Hoffmann, der die Hockenheimer Feuerwehr dreiundzwanzig Jahre als Kommandant leitete, wurde vom Gemeinderat auf meinen Vorschlag hin mit der Ehrenmedaille in Gold der Stadt Hockenheim ausgezeichnet. Diese hohe Ehrung überreichte ich ihm anlässlich seiner Verabschiedung als Kommandant im Jahre 1998.

❀

1989 – ein bedeutendes Jahr, auch für die Stadt

Politik ist die Kunst des Möglichen.

OTTO VON BISMARCK

Markante, weltgeschichtliche Ereignisse spielten sich Jahr 1989 ab. Am 27. Juni inszenierten der ungarische Außenminister Gyula Horn und sein österreichischer Kollege Alois Mock für die Weltöffentlichkeit die Zerschneidung des Grenzzauns, der bisher Ost und West trennte. Am 9. November fiel die Berliner Mauer und der „Eiserne Vorhang" öffnete sich endgültig.

Dieses Jahr war aber auch für die Stadt Hockenheim bedeutend. Es wurden mehrere Projekte fertig gestellt. Außerdem ereignete sich einiges, was selbst in einer Kleinstadt wie Hockenheim nicht alltäglich ist.

- Im April nahm die Lebenshilfe ihre Werkstatt für Behinderte im Talhaus offiziell in Betrieb.
- Im Mai besuchte Bundeskanzler Kohl den Motorrad-Grand-Prix am Hockenheimring.
- Im Juni öffnete das neue Freibad seine Pforten.
- Im August fuhren 2.200 Hockenheimer mit zwei Sonderzügen nach Bietigheim-Bissingen, um dort den „Städtetag Hockenheim" auf der Landesgartenschau zu gestalten.
- Mitte August rasten die Dragster erstmals über ihre neue, separate Strecke im Motodrom.
- Im Oktober bezog die Stadtverwaltung den Rathauserweiterungsbau.
- Am 22. Oktober wurde ein neuer Gemeinderat gewählt.
- Am 9. November, also am gleichen Tag, an dem die Berliner Mauer geöffnet wurde, übergab die Stadt dem HSV die neue Jahnhalle.

❋

Werkstätte für Behinderte im Talhaus

Vor dem Bau der Werkstätte für Behinderte mit ihren rund 150 Arbeitsplätzen musste sich die Stadt erst um ein geeignetes Grundstück kümmern. Das ursprünglich vorgesehene städtische Gewerbegrundstück hatte sich als zu klein erwiesen, doch gelang es der Stadt, noch ein benachbartes Grundstück im Tauschwege zu erwerben. Dadurch war es möglich, der Lebenshilfe ein ausreichend großes Grundstück an der Speyerer Straße im Talhaus auf Erbpachtbasis zu überlassen. Außerdem bezuschusste die Stadt das Projekt noch mit 100.000 Mark.

Der eigentlichen Planung voran stellte die Lebenshilfe einen Architekturwettbewerb, zu dem sie mich als einen der Preisrichter eingeladen hatte. Entgegen meiner Überzeugung hatte das Preisgericht, bei dem ein namhafter Architekt der Region den Vorsitz innehatte und aus fachlicher Perspektive das Wort führte, einen anderen, hypermodernen Entwurf präferiert. Außerdem empfahl es der Lebenshilfe, den Verfasser dieses Entwurfs mit der Planung zu beauftragen. Auch diesem Vorschlag habe ich nicht zugestimmt.

Bei näherer Überprüfung und noch rechtzeitig vor der Planungsvergabe stellten die Verantwortlichen der Lebenshilfe fest, dass der Entwurf des ersten Preisträgers nicht allen Ansprüchen gerecht geworden wäre. Den Planungsauftrag erhielt schließlich das Architekturbüro Weber aus Weinheim, dessen Entwurf ich von Anfang an favorisiert hatte. Diese Entscheidung registrierte ich natürlich mit einer gewissen Genugtuung.

Bau- und Betriebsträger der Einrichtung war die „Lebenshilfe für geistig Behinderte Ortsvereinigung Heidelberg e.V.". In jener Zeit stand ihr Dr. Leonie Stollreiter vor, eine für die behinderten Menschen äußerst engagierte Persönlichkeit und vorbildliche Mitbürgerin. Vor dem Bau der Werkstätte in Hockenheim betrieb die Lebenshilfe bereits solche in Heidelberg und Sandhausen. Ihr Leiter war Dieter Günsch. Mit Dr. Leonie Stollreiter und Dieter Günsch führte ich mehrere Gespräche und brachte mit ihnen das Werkstättenprojekt in Hockenheim auf den Weg.

Rückblickend ist diese, auch architektonisch gelungene Einrichtung, eine Bereicherung unseres Raumes und für die heute rund zweihundert behinderten Menschen, die in ihr beschäftigt und betreut werden, ein Segen. Seit der Inbetriebnahme der Behindertenwerkstätte hat die Stadt Hockenheim diese immer wieder mit der Pflege von Grünanlagen beauftragt und somit zur Beschäftigung der Behinderten beigetragen.

✳

Bundeskanzler Kohl am Ring

Am Morgen des 28. Mai 1989 besuchte mit Dr. Helmut Kohl zum zweiten Mal ein Bundeskanzler unsere Stadt. Einige Jahre zuvor, im April 1968, weilte bereits Bundeskanzler Dr. Kurt Georg Kiesinger kurz in Hockenheim. Den Besuch des Bundeskanzlers hatten Wilhelm und Dieter Herz, wie Kohl in Ludwigshafen wohnend, eingefädelt. Anlass des Besuchs waren die Weltmeisterschaftsläufe für Motorräder um den Großen Preis von Deutschland, die der BMC an diesem Rennsonntag ausrichtete.

Als ich von Kohls Kommen ein oder zwei Tage vorher erfuhr, legte ich Wert auf einen kleinen Empfang im Hotel Motodrom mit Eintrag ins Goldene Buch der

Stadt. Dies wurde dann entsprechend arrangiert und es war mir eine Ehre, den Bundeskanzler am Hockenheimring namens der Stadt begrüßen und ihm diese nebst Rennstrecke in kurzen Worten vorstellen zu können.

Damals war mir längst bekannt, dass Kohl schon in seiner Amtszeit als Ministerpräsident des Landes Rheinland-Pfalz (1969 - 1976) voll hinter dem Nürburgring gestanden und alles Nötige in dessen Interesse getan hatte. Nachdem der Nürburgring 1970 von den Formel-1-Fahrern boykottiert worden war, machten die Rheinland-Pfälzer unter Kohl zusammen mit dem Bund spontan 20 Millionen Mark für Sicherheitsmaßnahmen locker, damit die Formel 1 wieder in die Eifel zurückkehren würde.

Nun also hatte Kohl als Bundeskanzler den Weg zum alten Nürburgring-Rivalen gefunden – und dessen Verantwortliche freuten sich sogar darüber. Nach dem Eintrag ins Goldene Buch der Stadt sprach Kohl noch einige Worte, bevor ihn das kleine Empfangskomitee, zu dem neben mir noch Dieter Herz und Stadtrat Adolf Stier (CDU) zählten, an die Strecke begleitete. Als er im bis auf den letzten Platz besetzten Motodrom von Streckensprecher Jochen Luck begrüßt wurde, hallte ihm ein schrilles Pfeifkonzert entgegen, das ich peinlich fand.

Bei Start und Ziel wurde Toni Mang, der fünfmalige Motorradweltmeister, dem Kanzler vorgestellt. Mang lud ihn zu einer Runde um den Hockenheimring ein – und Kohl sagte spontan zu. Das Transportmittel war aber keine standesgemäße Limousine, sondern ein knallrotes BMW-Serienmotorrad. Kohl wirkte mit seiner Körpermasse als Sozius hinter dem relativ kleinen und schmalen Mang wie ein Riese. Er überragte den aus Inning am Ammersee stammenden Motorradweltmeister um gut einen Kopf.

Während Mang seinen ledernen Rennanzug nebst Motorradhelm trug, war Kohl mit einem graublauen Anzug, Hemd und Krawatte bekleidet. Für die Runde um den Ring stülpte er lediglich noch einen Motorradhelm über. Insofern entbehrte dieses Duo nicht nur einer gewissen Komik, sondern auch noch eines großen Seltenheitswerts. Wer hat schon mal einen so stattlichen Bundeskanzler als Beifahrer auf einem Motorrad gesehen? Anderntags ging das Bild mit den beiden durch die Weltpresse.

Kohl hielt sich nach dieser Runde nicht mehr lange an der Strecke auf. Noch ein kurzer Gang durchs Fahrerlager und schwupp, so schnell wie er kam, war er auch schon wieder weg. Doch die Rennkarawane zog am Ring auch ohne ihn weiter.

Erst als die Bundeswehr den Kanzler im Oktober 1998 mit dem großen Zapfenstreich in Speyer verabschiedete - CDU und FDP hatten zuvor die Bundestagswahl verloren - sah ich ihn erneut aus der Nähe. Es war für meine Frau und mich eine in den Abendstunden ergreifende Veranstaltung mit Fackeln und Militärmusik.

❋

Verspäteter Rennabbruch nach schwerem Unfall

War Kohls Besuch für uns Hockenheimer recht erfreulich, überschattete danach noch ein schwerer Unfall den Rennsonntag. Ivan Palazzese, ein in Italien geborener, venezolanischer Grand-Prix-Pilot, stürzte beim Rennen der 125-ccm-Klasse zu Tode.

Das Unfallgeschehen verfolgte ich mit eigenen Augen. Ich hatte, nachdem uns der Bundeskanzler verlassen hatte, einen Rundgang um den Außenbereich des Motodroms gemacht um zu sehen, ob die Organisation funktionierte. Da der Start der Achtelliterklasse unmittelbar bevorstand und ich mir diesen einmal von der Südtribüne aus ansehen wollte, begab ich mich auf Block E. Von dessen Dammkrone bot sich mir ein fantastischer Blick auf den Innenbereich des Motodroms.

Der Start der 125-ccm-Klasse war reibungslos verlaufen. Es dauerte zweieinhalb bis drei Minuten, und das Fahrerfeld bog, von den langen Geraden im Wald kommend, ins Motodrom Richtung Sachskurve ein. Beim Abbremsen vor dieser touchierten zwei oder drei Fahrer, stürzten und überschlugen sich mit ihren Motorrädern. Sie landeten unmittelbar rechts der Fahrbahn im Sicherheitsstreifen, darunter Palazzese, der gleich regungslos liegen blieb. Der Pulk fuhr weiter.

Nun erlebte ich einige meiner aufregendsten und bangsten Minuten am Hockenheimring. Die Streckenposten vor der Sachskurve eilten den Unfallopfern zwar gleich zu Hilfe, doch der Rettungswagen mit Arzt wartete etwa zweihundertfünfzig Meter vom Unfallgeschehen entfernt am Streckenrand des Motodroms. Zum Einsatz bereit, gab ihm die Rennleitung, wohl weil das Rennen noch lief, kein grünes Licht, zu den Verunfallten über die Strecke zu fahren. Es dauerte und dauerte, doch nichts tat sich.

In einer solchen Situation werden Sekunden zur Ewigkeit. Auch die Zuschauer wurden immer unruhiger, weil der Rettungswagen nicht kam und ein Pfeifkonzert hob an – zu Recht. Ich konnte es zunächst selbst nicht glauben, was sich da gerade vor meinen Augen abspielte. Wie war so etwas nur möglich?

Das Fahrerfeld steuerte bereits zum zweiten Mal ins Motodrom, passierte die Unfallstelle, als wenn nichts geschehen wäre, und wurde erst danach, also viel zu spät, von der Rennleitung gestoppt. Nun erst war der Weg zur Unfallstelle für den Rettungswagen mit dem Rennarzt frei. Doch für Palazzese kam jede Hilfe zu spät. Beim Sturz hatte ihn eine durch die Luft geschleuderte Rennmaschine voll getroffen und wohl gleich erschlagen. Es hätte ihm wahrscheinlich nichts genützt, wenn der Unfallarzt einige Minuten früher bei ihm gewesen wäre.

Der unverständlich späte Einsatz der Rettungskräfte stellte der Rennorganisation alles andere als ein gutes Zeugnis aus. Rennleiter und für den Einsatz der Rettungskräfte verantwortlich war kein Geringerer als BMC-Präsident Wilhelm Herz. Warum reagierte er auf den Unfall nicht früher mit einem Rennabbruch? Fragen, die ihm später auch die Staatsanwaltschaft stellte, die den Rennunfall mit tödlichem Ausgang untersuchte. Herz war jedoch kein Verhalten nachzuweisen, das strafrechtliche Konsequenzen nach sich gezogen hätte.

Zu seiner Ehrenrettung muss ich einwenden, dass es zu dieser Zeit noch keine Fernsehüberwachung der Strecke gab. Deshalb konnte sich die Rennleitung unmittelbar nach dem Unfall noch kein genaues Bild von dem Geschehen machen. Sie war einzig auf die per Telefon und/oder Funk übermittelten Angaben des Streckenpersonals angewiesen. Dennoch hätte, wie zuvor bei Unfällen üblich, viel früher reagiert werden müssen.

Zum Zeitpunkt des Unfallgeschehens befand sich Wilhelm Herz bereits im 78. Lebensjahr. Seine motorsportlichen Erfolge und Weltrekordfahrten auf zwei und vier Rädern hatten ihm einen Nimbus beschert, von dem er bis ins hohe Alter zehrte. Auch für den Hockenheimring war dies vom Image her vorteilhaft, denn Wilhelm Herz war als Geschäftsführer und BMC-Präsident jahrzehntelang dessen sportliches Aushängeschild. Doch alles hat seine Zeit.

Als ich ihn durch meine Tätigkeit am Hockenheimring näher kennenlernte, befand er sich in den sechziger Jahren seines Lebens. Damals war er noch drahtig und rüstig. Doch ein Dutzend Jahre später hatte auch er dem Alter viel Tribut zu zollen. Wer ihn länger kannte, spürte, wie der Alterungsprozess an seiner Vitalität nagte. Er selbst wollte dies aber nicht wahrhaben.

Hinzu kam, dass er nie zu delegieren wusste. Er konzentrierte beim BMC alles Wesentliche auf seine Person. Ohne ihn konnte und sollte nichts laufen. Der ganze Club hatte nach seiner Pfeife zu tanzen. Er war im wahrsten Sinne des Wortes der „Chef im Ring" und sagte, wo es lang ging. Wer sich mit ihm anlegte, zog stets den Kürzeren. Deshalb blieb vielen Clubmitgliedern, die diese Dominanz nicht ertrugen, nichts anderes übrig, als zu gehen.

Im Fall Palazzese offenbarte das „Führungssystem Herz" nun seine organisatorischen Schwachstellen auf dramatische Weise. Doch trotz allem dachte Wilhelm Herz damals noch nicht daran, die Rennorganisation und sein Engagement am Hockenheimring in jüngere Hände zu legen. Dazu bedurfte es weiterer Anstöße, auf die ich noch eingehen werde.

Das neue Freibad – ein attraktiver Badepark

Vier Tage nach dem denkwürdigen Motorrad-Grand-Prix, am 1. Juni 1989, wurde mit der Einweihung des neuen Freibads ein „achtjähriger" Reife-, Planungs- und Realisierungsprozess abgeschlossen, der sich letztlich sehen lassen konnte. Vor Beginn der Planungen zu diesem Projekt, hatte der Gemeinderat zu entscheiden, ob das alte und in die Jahre gekommene Freibad saniert oder ob etwas völlig Neues realisiert werden sollte?

Das Ergebnis der jahrelangen, intensiven Überlegungen, Beratungen und Planungen war eine Konzeption, die dem steigenden Freizeitbedürfnis und den mit den Jahren veränderten Ansprüchen an ein Freibad Rechnung trug. Man wollte vom rein Sportlichen wegkommen, ohne es ganz zu vernachlässigen. Es wurde Wert auf neue Attraktionen gelegt. Den Badegästen sollte künftig eine Erlebnis- und Urlaubsatmosphäre vermittelt werden.

Mit Architekt Dieter Arnold hatte ich damals so manche Stunde diskutiert und seine Skizzen und Vorschläge, auch in finanzieller Sicht, kritisch unter die Lupe genommen. So landeten einige Ideen im Papierkorb. Am Ende präsentierte er einen Vorentwurf, der die Verantwortlichen der Stadt überzeugte und sie von der reinen Sanierungslösung, die im Endeffekt auch nicht viel weniger gekostet hätte, Abstand nehmen ließ.

Die Neugestaltung des Freibereichs bot zudem noch die Chance, ihn mit dem benachbarten Aquadrom zu betreiben. Ein technischer, organisatorischer und vor allem personeller Verbund drängte sich aus wirtschaftlichen Überlegungen geradezu auf.

Bevor aber der Gemeinderat im November 1985 entschied, hatte ich das Projekt noch in einer Bürgerversammlung präsentiert und zur Diskussion gestellt. Auch in der Diskussionsrunde mit der Bürgerschaft gewann ich den Eindruck, dass das geplante Programm die meisten überzeugte.

Schließlich wurde für 8,1 Millionen Mark ein attraktiver Badepark mit folgenden Einrichtungen geschaffen:

- Ein beheizbares Wellenbecken in den Maßen 50 x 25 Meter mit Lagune und Wasserpilz,
- ein beheizbares, durch einen Ausschwimmkanal direkt vom überdachten Aquadrom aus zu erreichendes und über einen weiteren Kanal zum Wellenbecken führendes Spaßbecken,
- ein Kinderbereich mit Planschbecken, Wasser-, Matsch- und Trockenbereich mit Kinderspielplätzen,
- eine Riesenrutschbahn mit über 70 Metern Länge,
- ein Verwaltungsgebäude mit integriertem Kiosk und einer großen Terrasse,
- 250 weitere Garderobenspinde im Untergeschoss des Aquadroms sowie
- eine größere Liegewiese und ein größerer Sauna-Außenbereich.

Die Vorteile der neuen Konzeption machten sich gleich in den ersten Betriebsmonaten bemerkbar, denn die vom Wetter abhängige Freibadesaison ließ sich nun um Wochen verlängern. Durch den Ausschwimmkanal erreichen die Badegäste auch an kühleren Tagen die außen befindlichen Becken, ohne zu frösteln. Außerdem ist das beheizte Spaßbecken über das ganze Jahr zu nutzen.

Mit den neuen Attraktionen zählt das Aquadrom zu den schönsten Familien- und Freizeitbädern Süddeutschlands. Das erweiterte Angebot erschloss ihm auch neue Besucherkreise. Dazu trug auch der „Hockenheimer Badepass" bei, der speziell den in Hockenheim Wohnenden die Möglichkeit eröffnete, während der Freibadesaison das gesamte Aquadromangebot zu ermäßigten Preisen zu nutzen.

Reilingens Gemeindeverwaltung hätte es begrüßt, wenn der Badepass auch den Reilingern zugute gekommen wäre. Dies wäre aber nur möglich gewesen, wenn sich die Nachbargemeinde am Aquadrom finanziell beteiligt hätte, wie beispielsweise Oftersheim am Schwetzinger Bellamar. Doch dies kam für Reilingen nicht in Betracht.

＊

Rathauserweiterungsbau kostete Nerven

Zu den Projekten, die mich bis zu ihrem Abschluss mehr als einen Nerv kosteten, zählte der Rathauserweiterungsbau an der Ecke Rathaus- und Ottostraße. Bereitete mir zunächst die Planungsphase so manch schlaflose Nacht, kam es leider nach Abschluss der Bauarbeiten noch zu gerichtlichen Auseinandersetzungen. Dabei ging es hauptsächlich um die Anerkennung und Bezahlung von Leistungen.

Dass das Rathaus im Leben einer jeden Gemeinde eine gewisse Bedeutung hat, hängt einmal mit den Ratsentscheidungen zusammen, die unter seinem Dach getroffen werden. Diese Entscheidungen bestimmen im Wesentlichen die Entwicklung einer Kommune. Zum anderen ist das Rathaus das Domizil, in dem die Stadtspitze residiert sowie die Stadtverwaltung arbeitet. Sie ist im Rahmen ihrer öffentlichen Dienstleistung für die Einwohner der Stadt tätig.

Das Rathaus charakterisiert und symbolisiert aber auch zu einem gewissen Grad das bürgerschaftliche Selbstbewusstsein und Verständnis eines Gemeinwesens. Es nimmt in Hockenheim wie auch anderswo seinen Platz neben den Kirchen mitten in der Stadt ein.

Schon in den 1970er Jahren konnte der Raumbedarf der wachsenden Verwaltung nicht mehr nur im Rathaus abgedeckt werden. Das Grundbuchamt und Sozialamt wurden deshalb ausgelagert. Das Bauamt war völlig beengt in einem Alt- bzw. Anbau an der Ecke Rathaus- und Ottostraße untergebracht. Es war also kein Luxus, mit einem Neubau Abhilfe zu schaffen und alle Ämter wieder unter einem Dach zu vereinen.

Die Überlegungen, das Rathaus zu erweitern, wurden durch das Bund-Länder-Sonderprogramm zur Ankurbelung der Bauwirtschaft beflügelt, das die Kohl-Regierung in der zweiten Hälfte der 1980er Jahre initiierte. Über dieses konnten staatliche Zuschüsse von rund 33 Prozent der förderfähigen Kosten erwartet werden. Die Sache hatte aber einen Haken. Mit den Investitionsmaßnahmen musste binnen eines Jahres begonnen worden sein, andernfalls würden die Zuschüsse verfallen. Und genau dieser Zeitdruck lastete wie ein Damoklesschwert über der geplanten Rathauserweiterung.

Nachdem der Gemeinderat vom Grundsätzlichen her grünes Licht für das Projekt gegeben hatte, musste noch entschieden werden, welcher Architekt es planen sollte? Stadtbaumeister Bangert hatte bereits einen Vorentwurf zu Papier gebracht, der für den Anbau ein Tonnendach vorsah. Doch je mehr wir uns mit dieser Konstruktion auseinandersetzten, desto mehr hegte auch ich Bedenken, ob diese Architektur in unsere Stadtmitte passen würde, in der das Satteldach typisch ist. Zwischen Rathaus und katholischer Kirche befand sich zwar einst das Gasthaus „Zur Rose", dessen großen Saal ein Tonnendach überspannte, doch die „Rose" war schon abgerissen – und dem alten Saal trauerte niemand nach.

In dieser Diskussionsphase bat mich Stadtbaumeister Bangert angesichts der sonstigen Projekte in der Stadt, die das Stadtbauamt beschäftigten, einen externen Architekten zu beauftragen. Dafür hatte ich Verständnis. Da schnell gehandelt werden musste, brachte ich die Architektenfrage zunächst vor den Technischen Ausschuss. Der sprach sich nach kurzer Diskussion einstimmig für den Hockenheimer Architekten Volker Grein aus. Ihm traute man aufgrund seines Könnens zu, das Projekt architektonisch und in der Kürze der Zeit umzusetzen. Auch für mich war Grein der dafür prädestinierte Mann. Letztlich aber musste der Gemeinderat über die Architektenfrage entscheiden.

Als sich der Punkt auf der Tagesordnung der folgenden öffentlichen Gemeinderatssitzung befand, bekundeten noch zwei weitere Hockenheimer Architekten ihr Interesse am Rathauserweiterungsbau. Trotz der eindeutigen Empfehlung des Technischen Ausschusses für Grein sprach sich der Gemeinderat in geheimer Wahl mehrheitlich für den Architekten Dieter Auer aus. Mit dieser Entscheidung hatten einige nicht gerechnet.

Wie sich danach herausstellte, hatte sich lediglich die SPD-Fraktion an die Empfehlung gehalten und für Grein votiert. Wie nur war ein solcher Gesinnungswandel innerhalb weniger Tage zu erklären? Als ich den einen oder anderen Stadtrat danach fragte, erhielt ich mehrmals die Antwort: „Der Grein muss in Hockenheim nicht alles machen!"

Nun also hatte Dieter Auer den Bangert'schen Entwurf zu überarbeiteten. Wie erwartet, blieb von dieser Ursprungsplanung nicht viel übrig.

Während der Umplanungsphase zog ich die Bauingenieure bzw. Architekten Meckler und Störtz vom Büro ARU-Plan beratend hinzu, um nach einem schwierigen und unter Zeitdruck stehenden Prozedere zu einem städtebaulich akzeptablen Endergebnis zu kommen. Sie gestalteten die Fassade und stellten den Neubau als ein solitäres Gebäude mit eigener Architektur dar, das sich harmonisch an das bestehende Rathaus anschließt. Als positiv erwies sich in der Bauphase auch die Einschaltung des Hockenheimer Architekten Adolf Fitterling als Baubetreuer, der dem bauleitenden Architekten sowie der Stadtverwaltung und mir zur Seite stand.

Letztlich entstand ein modernes, architektonisch ansprechendes, mit rotbraunen Steinen verklinkertes und im vorgegebenen Zeitrahmen fertig gestelltes Projekt. Dessen 35 neue Räume, die Platz für 60 moderne Arbeitsplätze bieten, wurden im Oktober 1989 bezogen. Es kostete rund 7,5 Millionen Mark. Städtebaulich war es ein weiterer Markstein zur Aufwertung der rückständigen Hockenheimer Stadtmitte.

❈

Gemeinderatswahl 1989 stärkte die Freien Wähler

Bei der Gemeinderatswahl am 22. Oktober 1989 erreichte die CDU zwar die meisten Stimmen, verlor aber zwei ihrer bisher neun Sitze. Mit sieben Mandaten zog sie mit der SPD gleich, die mit 47.285 Stimmen lediglich 2.137 weniger als die CDU verbuchte. Bei der SPD löste Dieter Paul Stadtrat Dieter Kesselring ab, der während der Wahlperiode für den verstorbenen Ernst Diehm nachgerückt war. Auch Diehm war fünf Jahre zuvor nicht direkt in den Gemeinderat gewählt, sondern erst nach dem Wegzug von Helma Stegmaier als Stadtrat verpflichtet worden.

Wahlgewinner waren die Freien Wähler. Sie verdoppelten ihre Mandate auf vier. Ihre zwei zusätzlichen Sitze fielen an Hubert Schotter und Heinz Seßler, die erstmals in den Gemeinderat einzogen. Die beiden Stadträte der Grünen (Bernhard Franke und Kurt Kreutzenbeck) sowie der FDP (Heinz Eichhorn und Udo Huss) hielten jeweils ihre Mandate.

Bei der CDU hatte sich Stadtrat Horst Dorn nicht mehr zur Wahl gestellt. Er war von 1968 bis 1980 im Gemeinderat, pausierte dann eine Periode und gehörte danach dem Gemeinderat von 1984 bis 1989 erneut an. Seinen Verzicht bekam die CDU zu spüren, denn der Geschäftsmann Horst Dorn war eine bekannte und beliebte Persönlichkeit. Bei Gemeinderatswahlen hatte er immer tolle Ergebnisse erzielt, 1968 und 1975 sogar von allen Kandidaten die meisten Stimmen auf sich vereint. Mit seinem kommunalpolitischen Engagement hatte er sich in die Fußstapfen seines Vaters und seines älteren, allzu früh verstorbenen Bruders Theophil Dorn begeben, die ebenfalls bekannte Hockenheimer Stadtratspersönlichkeiten und „Stimmenfänger" für die CDU waren.

Da die CDU-Kandidatenliste gegenüber der Kommunalwahl 1984 über 12.000 Stimmen und damit zwei Sitze weniger erhielt, verfehlte Karl-Heinz Auer den erneuten Einzug in den Gemeinderat. Er gehörte diesem Gremium 12 Jahre an und zählte, wie Horst Dorn, zu den ruhigeren, dennoch recht engagierten und pflichtbewussten Bürgervertretern. Nach der Gemeinderatswahl 1989 wurde deshalb Karl-Heinz Auer auf Vorschlag der CDU-Fraktion als sachverständiger Bürger in den Technischen Ausschuss gewählt. An die Zusammenarbeit mit ihm und mit Horst Dorn erinnere ich mich sehr gerne.

Karl-Heinz Auer war auch über ein Jahrzehnt Vorsitzender des ev. Kirchengemeinderats. Außerdem zählte er mit Manfred Hoffmann, Dieter Klaus und mir zum „Rennstadtvierer", der gemeinderätlichen Radsportgruppe, die im August 1982 mit Rennrädern nach Commercy, unserer lothringischen Partnerstadt, und von dort wieder zurück gefahren ist. Diese erste Partnerschaftstour per Rad begleitete Stadtrat Bernhard Fuchs als Coach mit dem Besenwagen. Sie war für alle Beteiligten ein unvergessliches Ereignis und zählte für mich zu meinen schönsten Radtouren überhaupt. Petrus hatte uns gutes und trockenes Wetter beschert, und am Ende der fünf Tage hatte jeder Radsportler rund 700 Kilometer in den Beinen.

❅

Der schwierige Weg zur kostengünstigen Jahnhalle

K am Volker Grein beim Rathauserweiterungsbau nicht zum Zuge, hatte er bei der neuen Großsporthalle, die in Zusammenarbeit zwischen Stadt und HSV neben dessen Vereinsgelände an der Continentalstraße errichtet wurde, mehr Glück. Doch der Auftrag hatte es in sich und forderte ihn in besonderer Weise. Ehe mit dem Bau der Sporthalle begonnen und sie schließlich an dem denkwürdigen 9. November 1989 offiziell ihrer Bestimmung übergeben wurde, mussten zuvor noch einige grundsätzliche Fragen, darunter die Finanzierung, geklärt werden.

Beim HSV spielten neben Leichtathletik und Turnen Ballspiele wie Handball schon immer eine große Rolle. In der unmittelbaren Nachkriegszeit dominierte der Feldhandball. Die erste Mannschaft zählte damals zur badischen Spitze. Heimspiele, die oft an Sonntagvormittagen durchgeführt wurden, lockten häufig einige tausend Zuschauer an den Hartplatz, der sich am damaligen Ende der Jahnstraße befand. Die Hockenheimer Fans standen, von einem ausgeprägten Lokalpatriotismus beseelt, hinter ihrer Mannschaft wie eine Eins. Landete ein Ball im gegnerischen Kasten, schrien tausend Kehlen „Gool". Stand der Wind entsprechend, hörte man dies sogar am weit entfernten Hockenheimer Bahnhof. Das waren noch Zeiten!

Mit den Jahren wurde Feldhandball immer unpopulärer und stattdessen stieg Hallenhandball in der Gunst der Zuschauer. Dazu bedurfte es aber größerer Hallenkapazitäten. Aus diesem Grund hatte der HSV bereits im Jahre 1968 eine eigene Sporthalle auf seinem Vereinsgelände erstellt. Diese war zwar für Trainingszwecke, weniger aber für Verbandsspiele mit Zuschauern geeignet. Deshalb nutzte der HSV zusätzlich die städtischen Sporthallen.

Da es mit den Jahren immer wieder zu Engpässen kam, liebäugelte der HSV schon seit Mitte der 1970er Jahre mit dem Bau einer größeren Ballspielhalle. Doch woher die 3,5 bis 4 Millionen Mark nehmen, die eine solche Großsporthalle kosten würde? Manfred Müller, der engagierte Vorsitzende des HSV, ließ dennoch nicht locker. Auch ihn, den „alten Handballer", drückte die Raumnot, unter denen der Spielbetrieb seines Vereins zu leiden hatte. Deshalb wärmte er dieses Thema immer wieder auf.

Als wir uns Mitte der 1980er Jahre einmal zufällig bei einer Großveranstaltung am Hockenheimring oben auf der Südtribüne trafen, sprach er mich deswegen erneut an. Sein Anliegen war eine weitere Halle für Trainingszwecke. Mit Blick auf das gerade eröffnete Motor-Sport-Museum, dessen Ausmaße mit einer großen Sporthalle vergleichbar sind und das „nur" rund eine Million Mark kostete, meinte ich zu ihm: „Wenn es Dir nur um eine reine Trainingshalle geht, müsste es doch möglich sein, eine solche, ähnlich wie das Museum, kostengünstig zu bauen!" Das überzeugte ihn, denn mehr wollte er für seinen HSV ja nicht.

Damit war der eigentliche Anstoß zum Bau einer Großsporthalle in den Maßen 45 x 27 Meter gegeben, die deutlich weniger als die anderen im Lande kosten sollte.

Wie es der Zufall wollte, nahm gerade in dieser Zeit ein im Sporthallenbau erfahrener Architekt aus dem Hessischen Kontakt mit mir auf. Der behauptete, eine

Großsporthalle für 2,5 Millionen Mark bauen zu können. Falls ihm dies nicht gelingen sollte, bot er an, die Mehrkosten mit seinem Honorar zu verrechnen. Unter anderem hatte er bereits in Bensheim eine solche Halle gebaut. Da ich sein Angebot interessant fand, aber die Katze nicht im Sack kaufen wollte, lud ich den Gemeinderat, die zuständigen Mitarbeiter der Verwaltung sowie Manfred Müller zur Besichtigung des Projekts nach Bensheim ein. Was wir dort sahen und von den Betreibern der Halle hörten, war nur positiv. Es war also möglich, eine Sporthalle in massiver Bauweise so kostengünstig zu errichten.

Eine noch zu nehmende Hürde stellte aber das Regierungspräsidium dar. Es entschied darüber, ob ein Sporthallenprojekt vom Bedarf und der Ausstattung her förderungsfähig ist. Nur mit dessen Okay wurden Landeszuschüsse gewährt. Ohne die wäre aber nichts gelaufen. Also machte ich mich auf den Weg nach Karlsruhe. Als ich den zuständigen Beamten erklärte, dass die Großsporthalle nur 2,5 Millionen Mark kosten würde, wollten sie mir dies nicht abnehmen. Sie waren aufgrund ihrer Erfahrungen davon überzeugt, dass eine Halle mit dem Spielfeld von 45 x 27 Metern sowie den notwendigen sanitären Räumen nicht unter 3,5 Millionen Mark zu bauen sei. Trotz dieser Zweifel gaben sie schließlich grünes Licht für eine Bezuschussung. Bedingung aber war, dass nicht der HSV, sondern die Stadt als Bauherr aufträte.

Mit dieser Zusage in der Tasche kam nun auch der Rhein-Neckar-Kreis aufgrund seiner Vergaberichtlinien nicht umhin, das Projekt zu fördern. Schließlich erklärte sich auch noch der HSV bereit, den für einen Verein stattlichen Betrag von 300.000 Mark beizusteuern und die fertige Halle zu den sonst üblichen städtischen Betriebskostenzuschüssen zu betreiben. Ansonsten hatte die Stadt den nicht durch Zuschüsse gedeckten Bauaufwand zu tragen.

Einige Zeit vor der Vergabe des Planungsauftrags durch den Gemeinderat im Mai 1988 kam Volker Grein auf mich zu. Er meinte, wenn ein Architekt aus Hessen in der Lage sei, das Projekt für 2,5 Millionen Mark zu bauen, dann sei er es auch. Zudem erklärte auch er sich bereit, für eventuell höhere als die veranschlagten Baukosten mit seinem Honorar zu haften. Unter diesen Prämissen hatte für mich der ortsansässige Architekt Priorität, der zudem noch sein Können bereits bei anderen Projekten unter Beweis gestellt hatte. Dies sah auch der Gemeinderat so, der schließlich Grein mit der Planung und Bauleitung beauftragte.

Mit der Ausschreibung der Bauarbeiten stieg auch bei mir die Spannung. Würden die anvisierten 2,5 Millionen Mark zu halten sein? Als mir Grein das Submissionsergebnis präsentierte, war ich leicht schockiert. Es lag mit rund 3,5 Millionen Mark weit darüber. Damit konnten wir uns nicht an die Öffentlichkeit wagen. Dies hätte auch Greins Ruf als Architekt geschadet, denn er hatte in Verbindung mit seiner Beauftragung angekündigt, die Halle für 2,5 Millionen zu bauen.

Auch ich, der Grein im Vertrauen auf diese Zusage als Architekt vorgeschlagen hatte, hätte nicht gut ausgesehen. Deshalb sagte ich ihm unmissverständlich: „Das Ausschreibungsergebnis ist inakzeptabel. Nimm bitte »dein Bündel«, und wenn du bei 2,5 Millionen Mark liegst, kannst du wieder kommen!" Gesagt, getan.

Grein enttäuschte mich letztlich nicht. Er schaffte es, in zähen Nachverhandlungen mit den Baufirmen die Kosten zu drücken, ohne nennenswerte Abstriche in der Qualität hinnehmen zu müssen. Später sagte er mir einmal, dass er sich auf eine solche Sache nie mehr einlassen würde, seien doch die Nachverhandlungen mit den Baufirmen dem Charakter von Vergewaltigungen nahegekommen! Doch dies war seine Sache.

Schließlich erreichte er mit 2,55 Millionen Mark in etwa den vorgegebenen Kostenrahmen. Hinzu kamen zwar noch die Anschlusskosten sowie die Kosten der Außenanlagen, doch diese waren von Anfang an separat kalkuliert worden. Insgesamt kostete die Halle 2,82 Millionen Mark. Davon hatte die Stadt 1,55 Millionen Mark zu tragen.

Im Endeffekt kam die neue HSV-Halle auch anderen Sportvereinen zugute. Mit ihr war es dem HSV möglich, Trainingsstunden, die er bisher in städtischen Sporthallen belegt hatte, an andere Vereine abzugeben. Ende gut, alles gut!

Natürlich gab es bei der offiziellen Übergabe der gelungenen und preisgünstigen Sporthalle an den HSV viele strahlende Gesichter. Am meisten aber dürfte sich der alte HSV-ler und Vereinsvorsitzende Manfred Müller gefreut haben. Dank seines zähen Sportsgeists war das Projekt auf den Weg gebracht und von der Stadt und Volker Grein erfolgreich zum Ziel geführt worden.

❋

DDR-Ende, Wiedervereinigung, Städtepartnerschaft

Jetzt wächst zusammen, was zusammengehört.

WILLY BRANDT

Fall der Berliner Mauer

Parallel zur offiziellen Übergabe der Sporthalle an den HSV, die am 9. November 1989 um 18.00 Uhr begann, geschah etwas Unerwartetes von besonderer weltpolitischer Tragweite. Es fiel die Berliner Mauer.

Um 18.57 Uhr gab Günter Schabowski vor der Presse und laufenden Kameras bekannt, dass die Bürger der DDR ab sofort Privatreisen ins „Ausland" (also auch in die Bundesrepublik und West-Berlin) beantragen könnten. Die Genehmigungen würden kurzfristig erteilt und die Ausreisen könnten über alle Grenzübergangsstellen der DDR zur Bundesrepublik erfolgen.

Diese Botschaft läutete die letzte Phase des Arbeiter- und Bauernstaates ein, dessen Volkswirtschaft unter den Jahrzehnten der sozialistischen Planwirtschaft schwer gelitten hatte und dem Bankrott nahe war.

Noch am gleichen Abend strömten Tausende aus der DDR an die Grenzen, wo die darauf unvorbereiteten Grenzsoldaten die Übergänge ohne Antragsgenehmigungen öffneten. Auch tags darauf gab es einen Ansturm von DDR-Bürgern in die grenznahen Städte der Bundesrepublik und vor allem in den Westteil Berlins. Bundeskanzler Kohl sprach am Abend des 10. November vor dem Schöneberger Rathaus auf einer Kundgebung vor 30.000 Teilnehmern aus Ost- und West. Bei diesem Anlass prägte Willy Brandt den Satz: „Jetzt wächst zusammen, was zusammengehört!" Bei einer weiteren Kundgebung am selben Abend im Westteil der Stadt wurde Kohl sogar von 150.000 Menschen begeistert empfangen.

Für mich - vermutlich erging es den meisten Deutschen ebenso - waren die Tage des Mauerfalls ergreifend. Mit einer solch positiven Entwicklung hatte noch unmittelbar zuvor kaum jemand gerechnet, obwohl das Regime in Pankow durch die Demonstrationen sowie die Flucht tausender DDR-Bürger über den Grenzzaun in Ungarn und in die bundesrepublikanische Botschaft in Prag spüren musste, dass seine Zeit abgelaufen war.

Schon wenige Wochen zuvor, am 6. und 7. Oktober 1989, als Kreml-Chef Michail Gorbatschow zur Feier des 40. Geburtstags der DDR nach Ost-Berlin gekommen war, hinterließ einer seiner Sätze eine gewaltige Wirkung. Er hatte, für alle überraschend, vor einer ARD-Kamera spontan ein längeres Statement abgegeben. Dabei sagte er mit Blick auf Honecker und Co. unter anderem: „Gefahren warten nur auf jene, die nicht auf das Leben reagieren".

Kurz danach charakterisierte Gerassimow, der sowjetische Außenamtssprecher, vor der Presse das Treffen Gorbatschow-Honecker mit den Worten: „Wer zu spät kommt, den bestraft das Leben". Obwohl von Gorbatschow nie so gesagt, wurde ihm das Zitat als das seine unterstellt. Es war ein Schlagwort, das die reformschwache oder -unfähige DDR-Nomenklatura charakterisierte, ihre Machtstellung unterminierte und insofern eine große Rolle in dieser Zeit des Umbruchs spielte.

❋

Reisen in den Arbeiter- und Bauernstaat DDR

In den 1980er Jahren hatte ich zweimal die Gelegenheit wahrgenommen, für einige Tage in die DDR zu fahren. Dadurch konnte ich mir selbst ein Bild von diesem Staat machen. Um einmal „nach drüben" zu kommen, bedurfte es einer persönlichen Einladung. Ausgesprochen hatte sie das Ehepaar Renate und Uli Krüger aus Kagel, einem kleinen Dorf östlich von Berlin.

Die Krügers hatten mir Anfang der 1980er Jahre in Begleitung von Pfarrer Wolf Blüthner und Karl-Heinz Auer, dem Vorsitzenden des evangelischen Kirchengemeinderats, einen Besuch im Rathaus abgestattet. Sie gehörten zur evangelischen Kirchengemeinde Kagel, einer der drei im märkischen Oderland beheimateten Partnergemeinden der evangelischen Kirchengemeinde Hockenheim. Die beiden anderen Partnergemeinden Hockenheims befanden sich in Kienbaum und Zinndorf. Kienbaum beheimatet die gleichnamige Sportschule, in der schon die DDR ihre Spitzenathleten trimmte.

Mit dem Ehepaar Krüger verstand ich mich auf Anhieb gut, weshalb ich ihre Einladung nach Kagel gerne angenommen habe. Hinter meiner Besuchszusage stand aber auch das Interesse, einmal einen Blick in den anderen Teil Deutschlands zu werfen.

Ende August 1983 trat ich meine erste Reise in die DDR an. Schon die ersten Kontakte mit diesem sogenannten „Staat der Werktätigen", die ich am Grenzübergang Herleshausen erlebte, vermittelten mir eine andere Welt. Als unsere kleine Reisegruppe, zu der auch noch Pfarrer Wolf Blüthner und seine Gattin Eva sowie das Ehepaar Karl-Heinz und Martha Auer zählten, den Eisernen Vorhang passierte, schränkte dichter Morgennebel unsere Sicht erheblich ein. Von der Grenzumgebung sah man so gut wie nichts, vernahm aber irgendwo aus der Nähe das laute Gebell von Wachhunden. Diese Szene wirkte beklemmend und gespenstisch.

Beim Eintritt in die DDR mussten wir pro Aufenthaltstag 25 D-Mark in DDR-Mark umtauschen. Dieser Zwangsumtausch war eine weitere Schikane der ostdeutschen Machthaber zur Auffüllung der maroden Staatskasse. Vermutlich ging es ihnen aber auch darum, den Westdeutschen Besuche in der DDR zu vergällen und die Gräben zwischen Ost und West zu vergrößern.

Wir erreichten unsere Gastgeber in dem kleinen Dorf Kagel über einen Abstecher nach Jena, wo Wolf Blüthner mit uns seine Verwandten besuchte. In Jena sah ich erstmals eine Menschenschlange vor einem Bäckerladen stehen! Unsere Ankunft in Kagel mussten wir gleich bei der zuständigen Polizeistelle in Rüdersdorf anmelden, bei der wir uns vor der Abreise wieder abzumelden hatten.

Die Krügers hatten vom sozialistisch-kommunistischen DDR-System schon lange die Nase voll. Darüber machte Uli Krüger uns gegenüber auch keinen Hehl. Nach außen hielt er sich natürlich zurück. Wie viele in der DDR, hatten sich die Krügers in ihrem Häuschen mit großem Garten und Karpfenteich schön eingerichtet. Außerdem hatten sie noch ein einfaches Appartement für Feriengäste angebaut.

Der Garten lieferte ihnen alles Notwendige an Obst und Gemüse. Er grenzte an einen schmalen Kanal, der zu dem benachbarten größeren Bauernsee führte. Dieser war mit dem Liebenbergersee verbunden, auf dem die Spitzenruderer der DDR trainierten. Die Krügers besaßen einen Spreewaldkahn. Mit ihm fuhren sie hin und wieder auf den See zum Baden oder Angeln. Auch wir hatten Gelegenheit, mit diesem Boot den größtenteils von Schilf eingerahmten See zu erkunden.

Fast die ganze Zeit, die wir in Kagel weilten, stand nahe Krügers Haus ein Pkw der Marke Wartburg, besetzt mit Herren in Zivil. Die Stasi ließ grüßen!

Als ich einige Jahre später erneut die Krügers besuchte, hatte sich in dieser Beziehung nichts geändert. Zu der Zeit hatte ich mir bereits mein Bild von diesem Staat gemacht, der die Grenze zum Westen mit dicken Mauern, meterhohen Zäunen, scharfen Hunden und schussbereiten Grenzsoldaten sichern musste. Sonst wären ihm jedes Jahr zig Tausende weggelaufen. Wer dennoch zu fliehen versuchte, riskierte sein Leben, denn es wurde sofort scharf geschossen. Das kostete vielen „Republikflüchtigen" das Leben.

Auch deshalb hatte die sozialistische Führungsclique der DDR bei mir moralisch wie politisch jeden Kredit verspielt. Deren Verhalten bestärkte mich in meiner Überzeugung, dass wir Westdeutsche die Verbindungen zu unseren Landsleuten in der DDR nicht abreißen lassen dürfen. Eingedenk dieses Credos war für mich die Wiedervereinigung, als sie endlich greifbar wurde, das Selbstverständlichste auf dieser Welt.

✳

Sächsische Rennstadt Hohenstein-Ernstthal

In der zweiten Hälfte der 1980 Jahre bemühte ich mich erstmals um eine freundschaftliche Verbindung mit einer Stadt in der DDR. Ich schrieb an den Bürgermeister der thüringischen Stadt Schleiz, bekannt durch ihr Dreiecksrennen. Doch der reagierte nicht. Nach der Wende erfuhr ich, dass es Städten, die an der Grenze zur Bundesrepublik lagen, untersagt war, Westkontakte zu knüpfen.

Wenige Wochen nach dem Mauerfall versuchte ich erneut, mit einer Rennstadt der DDR in Kontakt zu kommen. Dieses Mal war es das sächsische Hohenstein-Ernstthal. Dabei war mir Peter Busch behilflich, der aus Hohenstein-Ernstthal stammte und schon seit Jahren in Hockenheim wohnte. Kurz vor Weihnachten 1989 kam ich mit ihm ins Gespräch. Busch, der gerade Gäste aus Sachsen hatte, sagte mir, dass er über die Weihnachtszeit seine Mutter in der alten Heimat besuchen würde. Diese sei mit dem Bürgermeister bekannt. Wenn die Stadt bzw. ich Interesse an Kontakten hätte, könnte er über seine Mutter mal vorfühlen. Darum bat ich ihn.

Zwischen den Jahren kam er wieder zurück und berichtete mir, dass Hohenstein-Ernstthal einer Verbindung mit Hockenheim positiv gegenüberstehen würde. Im Vertrauen auf dieses Votum schrieb ich am 2. Januar 1990 an Gerhard Geipel, den Kollegen von Hohenstein-Ernstthal, unter anderem die folgenden Zeilen:

> „Ihre Stadt ist in der Welt des Motorsports ebenso ein Begriff wie meine Heimatstadt. Insofern liegt es nahe, wenn ich den Wunsch unseres Herrn Ministerpräsidenten Lothar Späth nach verstärkten kommunalen Kontakten zwischen baden-württembergischen Städten und Kommunen des Gebiets des früheren Landes Sachsen aufgreife und anfrage, ob auch Sie an einer kommunalen Verbindung interessiert wären.
>
> Aus meiner persönlichen Sicht wäre dies sehr zu begrüßen und ich bin davon überzeugt, dass auch unser Gemeinderat und die Bürgerschaft großes Interesse daran hätten. Ich würde mich jedenfalls sehr freuen, wenn ich auf meine Anfrage eine positive Antwort erhalten würde."

Die ließ nicht lange auf sich warten. Mit Schreiben vom 10. Januar 1990 bestätigte auch der Hohenstein-Ernstthaler Bürgermeister das Interesse an einer Kontaktaufnahme und verband dies mit einer persönlichen Einladung nach Hohenstein-Ernstthal. Der folgte ich am 10. und 11. Februar 1990. Georg Seiler von der Hockenheim-Ring GmbH begleitete mich.

In Hohenstein-Ernstthal empfing uns eine Delegation der Stadt vor dem Rathaus am Altmarkt. Ihr gehörten folgende Persönlichkeiten an:

- Bürgermeister Gerhard Geipel (SED),
- Stadtbaudirektor Arnd Pahling, Mitglied des Rats der Stadt,
- Martina Mittelstädt, Leiterin der Abteilung „Allgemeine Verwaltung" im Rathaus,
- Uwe Gleißberg, Mitglied des Rats der Stadt und Kreisvorstandsmitglied der Liberal-Demokratischen Partei Deutschlands (LPDP),
- Dirk Trinks, stellv. Ortsgruppenvorsitzender der Christlich-Demokratischen Union (CDU) sowie Bezirkstagsabgeordneter dieser Partei,
- Andreas Götze, provisorischer Kreissprecher der SPD und
- Günter Hering, Journalist der Freien Presse.

Bis zu diesem Besuch wusste ich nicht, dass es in der DDR eine vom System akzeptierte Christlich-Demokratische Union sowie eine Liberal-Demokratische Partei gab. Sie gehörten wie die Demokratische Bauernpartei Deutschlands und die

National-Demokratische Partei Deutschlands zu den Blockparteien, die unter der Führung der SED in der Nationalen Front der DDR eingebunden waren und nur über ein bestimmtes Kontingent von Mandaten in den Volksvertretungen verfügten. Bei den Volkskammerwahlen konnte die Bevölkerung allerdings nur der Einheitsliste der Kandidaten der Nationalen Front zustimmen.

Unsere Gastgeber führten uns zunächst durch ihre Stadt. Auf diese Weise erfuhren wir einiges über die Geschichte und die Besonderheiten der damals 17.000 Einwohner zählenden Rennstadt, in der volkseigene Betriebe der Textilbranche sowie des Anlagen- und Ingenieurbaus mit einigen tausend Arbeitsplätzen angesiedelt waren. Leider blieb von ihnen nach der Wiedervereinigung kaum einer übrig.

Der Bergbaugemeinde Hohenstein wurde bereits im Jahre 1510 das Stadtrecht verliehen. Im Jahre 1898 vereinigte es sich mit dem Nachbarort Ernstthal. In diesem hatte Karl May als Sohn eines armen Webers im Jahre 1842 das Licht der Welt erblickt. Hier ist er auch aufgewachsen.

Durch die zentrale Steuerung des DDR-Staats existierten weder auf sportlichem noch kulturellem Gebiet Vereine. Es gab aber eine sehr beengt untergebrachte und an westdeutschen Standards gemessen alles andere als gut ausgestattete freiwillige Feuerwehr sowie einen Ortsverband des Roten Kreuzes.

Zu den Aushängeschildern der Stadt zählte der Sachsenring. Der hatte eine lange Tradition, die im Jahre 1927 mit dem ersten Motorradrennen begründet wurde und ihre Fortsetzung in nationalen und internationalen Veranstaltungen fand. Die Rennen um die Motorrad-Weltmeisterschaft sowie die Radweltmeisterschaft (1960) zählten zu den bedeutendsten.

Der Kurs war rund acht Kilometer lang und führte über öffentliche Straßen, teilweise sogar durch Wohngebiete der Stadt und über die Autobahn Eisenach-Dresden. Bei Rennen musste deshalb die Autobahn gesperrt werden. Dies war alles andere als ein idealer Zustand. Recht bescheiden waren die Boxen, das Start- und Zielgebäude sowie die Holztribünen. Deshalb gab es schon zu DDR-Zeiten die Idee, eine neue und moderne Strecke zu bauen. Doch woher die Mittel nehmen?

Bei der Stadtbesichtigung ist mir auch gleich der enorme Instandhaltungsrückstand der meisten Häuser aufgefallen. Auch der Zustand der Straßen und das Stromnetz vermittelten keinen guten Eindruck. Ähnlich dürfte auch das Niveau der unterirdisch verlegten Ver- und Entsorgungsleitungen gewesen sein.

Es bestand also ein erheblicher Sanierungsbedarf, jedoch nicht etwa nur in Hohenstein-Ernstthal, sondern in der ganzen DDR. Dessen scheint sich Kanzler Kohl nicht so recht bewusst gewesen zu sein, als er kurze Zeit später von „blühenden Landschaften in drei bis fünf Jahren" schwärmte. Dagegen wusste jeder erfahrene Kommunalpolitiker, dass es weitaus länger dauern würde, bis die Infrastruktur auf Vordermann gebracht wäre.

Schon beim ersten Besuch Hohenstein-Ernstthals verspürte ich bei meinen Gesprächspartnern durch die sich anbahnende Umbruchsphase eine gewisse Verunsicherung. Keiner wusste so recht, was auf ihn zukommen würde. Der

Niedergang der DDR sowie der zu erwartende Wechsel in den politischen, wirtschaftlichen und sozialen Bereichen ließ viele Fragen offen, die es bald zu beantworten galt. Andererseits war ein weiterer Exodus aus der DDR zu befürchten, der in ganz Deutschland negative Spuren hinterlassen hätte.

Zum Zeitpunkt unserer ersten Visite ahnte auch noch niemand den nahenden politischen und wirtschaftlichen Zusammenbruch der Sowjetunion sowie des gesamten Ostblocks. Der kostete die DDR schlagartig ihre traditionellen osteuropäischen Märkte und beschleunigte ab den 1990er Jahren den wirtschaftlichen Niedergang dramatisch. Riesige Arbeitsplatzverluste folgten.

Zurückgekehrt aus Sachsen, informierte ich den Gemeinderat über meinen Besuch. Im April folgte der Gegenbesuch einer Delegation aus Hohenstein-Ernstthal, zu dem ich eingeladen hatte.

Am 6. Mai fanden in der DDR Kommunalwahlen statt, bei denen in Sachsen neben Gemeinde- und Kreisräten auch neue Bürgermeister gewählt wurden. In Hohenstein-Ernstthal trat Bürgermeister Gerhard Geipel, inzwischen aus der SED ausgetreten, nicht mehr an. Zu seinem Nachfolger wählte die Bürgerschaft Dirk Trinks (CDU), den ich bereits bei meinem ersten Besuch der sächsischen Stadt kennengelernt hatte. Er entpuppte sich als ein quirliges, engagiertes Stadtoberhaupt, das einiges anpackte und realisierte. Kein Wunder – lag dort doch vieles im öffentlichen wie privaten Bereich im Argen.

Wiedervereinigung und Städtepartnerschaft

Die endgültigen Weichen für eine Partnerschaft zwischen den beiden Rennstädten wurden bei einem Besuch Hohenstein-Ernstthals durch den Hockenheimer Gemeinderat im September 1990 gestellt. Besiegelt wurde die neue Städteverbindung am 3. Oktober 1990, dem Tag der Deutschen Einheit. An diesem Feiertag unterzeichneten wir Bürgermeister im Rahmen zweier Festakte die Partnerschaftsurkunden.

Am Morgen fand dieses Zeremoniell im Ratssaal von Hohenstein-Ernstthal statt. Zu diesem Anlass hatte ich mich mit meiner Frau schon am Vorabend auf den Weg in die künftige Partnerstadt gemacht. Nach dem Festakt in Sachsen fuhren wir gemeinsam mit Bürgermeister Trinks und seiner Frau Ulla die knapp 500 Kilometer nach Hockenheim, begleitet von der bangen Frage, ob wir angesichts der damaligen Straßenverhältnisse überhaupt rechtzeitig ankommen würden?

In Hockenheim war am frühen Abend eine festliche Sondersitzung des Gemeinderats mit weiteren Gästen im Bürgersaal anberaumt worden, die wir noch in der Zeit erreichten. In dieser bekräftigten wir Bürgermeister durch Ansprachen und Unterzeichnung der Partnerschaftsurkunden erneut den Willen zum partnerschaftlichen Miteinander.

Eine musikalische Besonderheit dieser Feierstunde, die dazu noch einen persönlichen Bezug zwischen Hockenheim und Hohenstein-Ernstthal hatte, stellte der Vortrag eines Heimatliedes über Hockenheim dar. Dessen Noten und Text waren auf einer Postkarte gedruckt, die mir kurz zuvor übergeben worden war.

Das Lied stammte von dem Hockenheimer Franz Askani, der, wie mir Stadtrat Werner Offenloch bedeutete, in Hockenheim auch unter dem Spitznamen „Meng-Geng" ein Begriff gewesen sei. Nach Hohenstein-Ernstthaler Informationen hatte er sich zu Beginn des 20. Jahrhunderts nach Hohenstein-Ernstthal verheiratet. Seine Gattin soll eine Nichte Karl Mays gewesen sein.

Vermutlich spielten Heimatliebe und Heimweh eine gewisse Rolle, als er die Hymne auf seine badische Heimatstadt komponierte, diese im Eigenverlag auf Postkarten drucken ließ und über diesen Weg veröffentlichte.

Gerhard Nussbaum, der Leiter der Hockenheimer Sing- und Musikschule, trug beim Festakt, begleitet von seiner Gattin Doris Pfeifer-Nussbaum am Flügel, Askanis „Heimatklänge aus Hockenheim", so nannte er sein vierstrophiges Lied, recht eindrucksvoll vor. Der Text lautet:

1) Wo das Rheintal sanft sich breitet / und Dir traute Mundart klingt / Dein Fuß im Walde schreitet / der Holz und Faser bringt / Wo von donnernden Motoren / in die Welt ein Echo schallt / bin als Deutscher ich geboren / zwischen Pfalz und Odenwald.

Kehrreim:
Wo der Hopfen blüht / wo man Tabak sieht / wo der Spargel schießt vom Keim / liegt im Bad'ner Land / an der Kraichbach Strand / unser sauberes Hockenheim.

2) Emsig regen sich die Hände / nach dem braunen Pfälzer Gold / Des Schaffens ist kein Ende / wo die Zigarre rollt / Trag' den Fleiß von unserm Stande / mit dem Ruf der Stadt hinaus / Wachstum aus dem Bad'ner Lande / bringe Segen uns ins Haus – Wo der Hopfen blüht …

3) Solltest Du ihn noch nicht kennen / geb' ich Dir's im Liede preis / Zum Tabakbau und Rennen / der Spargel zart und weiß / Seine Form hast Du von ferne / schon am Wasserturm erkannt / Volksgenossen esst ihn gerne! / seine Güte ist bekannt – Wo der Hopfen blüht …

4) Sind die Rennen ausgetragen / und die Sieger treten an / Der Kurpfalz-ring wird ragen / als Deutschlands schnellste Bahn / Mancher Kantus wird noch steigen / der das Vaterland schließt ein / In der Bad'schen Städte Rei-gen / wirst du bald ein Kleinod sein – Wo der Hopfen blüht …

Im Text bezeichnete Askani die Hockenheimer Rennstrecke als „Kurpfalzring". So wurde sie nur in ihren Anfangsjahren ab 1932 genannt. Deshalb komponierte er das Lied wohl in den 1930er Jahren. Da es sich auf eine längst vergangene Zeit bezieht, in der noch Hopfen angebaut und Zigarren produziert wurden, ver-schwand es nach dieser Aufführung zunächst wieder in der Versenkung, bis sich seiner der Verein für Heimatgeschichte annahm. Der ließ das einstimmige Lied vierstimmig setzen und Alfred Rupp, der Vereinsvorsitzende, bearbeitete es textlich neu. Die neue Version trug der gemischte Chor des Sängerbund-Liederkranzes erstmals bei der Einweihung der Zehntscheuer am 9. Juli 2010 vor.

Doch zurück zur Feierstunde im Bürgersaal. Zu deren Abschluss sangen wir noch, wie morgens auch in Hohenstein-Ernstthal, gemeinsam die dritte Strophe der Nationalhymne, was in Deutschland leider nicht allzu häufig der Fall ist. Auch insofern empfand ich die beiden Festakte anlässlich des Tags der deutschen Wiedervereinigung und des Beginns unserer deutsch-deutschen Städtepartnerschaft sehr ergreifend.

Aufbauhilfen verschiedenster Art

Der Stadtverwaltung von Hohenstein-Ernstthal standen einige meiner Mitarbeiter in den ersten Jahren nach der sogenannten Wende, als dort noch vieles neu zu organisieren und aufzubauen war, häufig zur Seite. Die Zusammenarbeit erfolgte auch auf dem Sparkassensektor, wo die Bezirkssparkasse Hockenheim der Sparkasse Hohenstein-Ernstthal Know-how durch Mitarbeiter übermittelte. Bei der Neustrukturierung des sächsischen Kreditinstituts wurde der Hockenheimer Klaus Scheibel Mitglied des Vorstands.

Auch unsere freiwillige Feuerwehr hatte bald gute Kontakte zu ihren Kollegen in der Partnerstadt, ebenso die Schachvereinigung 1930 Hockenheim. Nicht zu vergessen der Verkehrsverein, dessen Vorstand sich unter meinem Vorsitz Anfang der 1990er Jahre erstmals zu einem Erfahrungsaustausch mit dem dortigen Verkehrsverein in Hohenstein-Ernstthal traf. Seitdem wird diese Verbindung auf partnerschaftlicher Ebene weiter gepflegt.

Bekanntlich gelten die Sachsen als geschäftstüchtig und pfiffig. Auch im Hohenstein-Ernstthaler Rathaus verstand man es schnell, sich auf die neuen Verhältnisse einzustellen und seinen Teil am „Aufbau Ost" zu reklamieren. Außerdem ging Hohenstein-Ernstthal mit der niederrheinischen Stadt Rheinberg in Nordrhein-Westfalen gleich noch eine weitere deutsch-deutsche Städtepartnerschaft ein. Aus Rheinberg kommt der Magenbitter „Underberg". Dort ist auch Isabell Werth, die erfolgreichste deutsche Dressurreiterin zu Hause.

Nach Rheinberg war nach dem Kriege ein Textilfabrikant aus Hohenstein-Ernstthal gezogen – und mit ihm zahlreiche Mitarbeiter. Dadurch bestanden zwischen den beiden Städten schon seit Langem private Verbindungen, die nach der Wende zu einer Städtepartnerschaft führten.

Da aller guten Dinge drei sind, knüpfte Hohenstein-Ernstthal ab 1990 auch mit dem oberbayrischen Burghausen, einer alten Herzogsstadt mit der längsten europäischen Burganlage, freundschaftliche Kontakte. Sie mündeten Jahre später in einer weiteren offiziellen Städtepartnerschaft.

Über Hohenstein-Ernstthal lernte ich die Bürgermeister von Rheinberg (Claus Bechstein) und Burghausen (Hans Steindl) näher kennen. Mit dem Kollegen aus Hohenstein-Ernstthal haben wir drei einen guten Erfahrungsaustausch gepflegt und sogar eine gemeinsame Städtepartnerschaft mit einer russischen Kleinstadt in Erwägung gezogen. Nach dem Zusammenbruch der Sowjetunion lag auch dort vieles im Argen. Über ein gemeinsames Engagement hätten wir, was den demokratischen Aufbau sowie wirtschaftliche Fragen anbelangt, sicher sehr hilfreich sein können. In unserem Auftrag hatte Peter Kühn, der Hauptamtsleiter von Hohenstein-Ernstthal, mehrere russische Städte besucht und sich über sie näher erkundigt.

Mit Peter Kühn und Erich Homilius, der Dirk Trinks als Bürgermeister von Hohenstein-Ernstthal ablöste, nahm ich in Berlin an einem deutsch-russischen Forum teil. Bei diesem warb auch Bundespräsident Roman Herzog für einen intensiveren deutsch-russischen Dialog sowie für Städtepartnerschaften. Letztlich kam das gemeinsame Partnerschaftsprojekt aber nicht zustande. Möglicherweise hätte es unsere Städte auch personell und finanziell überfordert.

Tipp zur Modernisierung des Sachsenrings

Schon kurze Zeit nach der Wiedervereinigung dachten Dr. Eberhard Hempel, Landrat des Kreises Hohenstein-Ernstthal, und Bürgermeister Dirk Trinks ernsthaft über einen Neubau des Sachsenrings nach. Dank des Aufbaus Ost konnte man mit erheblichen Fördermitteln rechnen. Beide sprachen darüber auch mit mir, als sie mit einer kleinen Delegation den Hockenheimring besichtigten.

Ich hatte gute Gründe, ihnen vom Neubau einer reinen Rennstrecke abzuraten. Aufgrund meiner langjährigen Erfahrungen wusste ich, dass der knappe Veranstaltungsmarkt keine Gewähr für einen wirtschaftlichen Betrieb bieten würde. Internationale und zuschauerträchtige Großveranstaltungen wie Weltmeisterschaftsläufe oder die Läufe zur DTM lassen sich nicht beliebig vermehren. Stattdessen empfahl ich Dr. Hempel und Trinks, in Hohenstein-Ernstthal ein Fahrsicherheitszentrum zu bauen, das zudem noch die Möglichkeit für kleinere Motorsportveranstaltungen eröffnen würde. Das überzeugte sie. Am Ende setzten sie meinen Rat in die Tat um.

Jahre später wurde dann aber das Fahrsicherheitszentrum doch noch zu einer kompletten Rennstrecke erweitert, alles voll durch den Freistaat Sachsen finanziert! Insgesamt sollen auf diese Weise rund 75 Millionen Mark öffentliche Fördermittel in den neuen Sachsenring investiert worden sein. Von solch einem finanziellen Segen konnten die Verantwortlichen des Hockenheimrings allenfalls träumen.

Dass der Veranstalter des Großen Preises von Deutschland für Motorräder am Sachsenring jahrelang keine bzw. keine nennenswerte Streckenmiete zahlte und auch künftig wohl nicht mit hohen Mietkosten rechnen muss, war und ist natürlich ein echter Vorteil gegenüber Wettbewerbern wie dem Hockenheimring. Der musste seine Konditionen schon immer an der Kostendeckung orientieren.

❋

Landschaftsschutzgebiet „Hockenheimer Rheinbogen"

Ende Januar 1990 besuchte Umweltminister Dr. Erwin Vetter (CDU) Hockenheim und gab der Presse bekannt, dass das Land das Natur- und Landschaftsschutzgebiet „Hockenheimer Rheinbogen" unter Schutz stellen werde. Mit rund 2.500 Hektar war es damals das größte seiner Art in Baden-Württemberg.

Obwohl diese Maßnahme aus ökologischer Sicht sinnvoll und bedeutend ist, waren damit nicht alle glücklich. Einige Hockenheimer Landwirte protestierten, denn sie sahen durch die vorgesehenen Nutzungsbeschränkungen erhebliche wirtschaftliche Nachteile auf sich zukommen. Auch in diesem Falle offenbarte sich eine Diskrepanz zwischen öffentlichen bzw. ökologischen und privaten Interessen. Mit den Jahren stellten sich die meisten der betroffenen Bauern aber auf das Landschaftsschutzgebiet ein. Es blieb ihnen ja nichts anderes übrig. So ging die Zeit auch über diesen Nutzungskonflikt hinweg.

Die Sache hatte aber für die Stadt noch einen Haken. Durch die Unterschutzstellung wurde ein beachtlicher Teil der Hockenheimer Gemarkung faktisch der städtischen Planungshoheit entzogen. Da die meisten Flächen aber schon als landwirtschaftliche Vorrangbereiche und größtenteils auch als Wasserschutzzonen ausgewiesen waren, kamen sie für städtebauliche Planungen ohnehin nicht mehr in Betracht.

Solche gab es noch zu Beginn der 1960er Jahre. In den Zeiten des Wirtschaftswunders, als noch allgemein mit einem permanenten Bevölkerungs- und Wirtschaftswachstum gerechnet wurde, liebäugelten die Spitzen der Stadtverwaltungen von Hockenheim und Speyer, gemeinsam die Voraussetzungen für eine neue Stadt für rund 30.000 Einwohner im Hockenheimer Rheinbogen zu schaffen. Der Stadt- und Regionalplaner Speer aus Frankfurt hatte dazu einen Plan entworfen, auch „Speerplan" genannt, der aber dann doch nicht weiterverfolgt wurde.

Ich kann mir denken, dass der Realisierung gewichtige raumplanerische Gründe entgegenstanden. Außerdem verfügten beide Städte an ihrer Peripherie noch über größere Entwicklungsflächen für neue Wohngebiete. Zudem gingen die Geburtenraten in Deutschland ab Mitte der 1960er Jahre - wohl durch die Antibabypille und den Trend zu weniger Kindern - dramatisch zurück.

Da auch in Zukunft nicht damit zu rechnen ist, dass sich die Geburtenraten wesentlich erhöhen werden und die Grenzen des städtebaulichen Wachstums sich ohnehin schon seit Jahren abzeichnen, beurteile ich den faktischen Verlust der kommunalen Planungshoheit im Bereich des Landschaftsschutzgebiets „Hockenheimer Rheinbogen" nicht als Nachteil. Aus ökologischer Sicht konnte diesem Gemarkungsbereich Hockenheims ohnehin nichts Besseres passieren.

❋

Japan – eine andere Welt

E ine der interessantesten Reisen, die ich je unternommen habe, war im Oktober 1990 der Besuch des japanischen Grand Prix in Suzuka. Zu diesem Ereignis hatte die Formel 1 Georg Seiler von der Hockenheim-Ring GmbH sowie mich eingeladen.

Der Nachtflug nach Tokio mit Japan Airlines bot uns am frühen Morgen einen tollen Blick auf Japans höchsten und heiligen Berg, den Fuji. Mit seinen 3776 Metern gilt dieser letztmals im Jahre 1707 ausgebrochene Vulkan als einer der schönsten Berge der Erde. Und in der Tat beeindruckte der Feuerberg mit seiner schneebedeckten Spitze, der Ebenmäßigkeit seiner Hänge und der nahezu idealen Kegelform auch uns.

Nach einem kurzen Zwischenstopp ging es dann mit dem nächsten Jet weiter nach Nagoya. Am Flughafen der Zweimillionenstadt wurden wir abgeholt und mit dem Pkw zum rund 50 km entfernten Suzuka gefahren, einer Stadt mit rund 200.000 Einwohnern. Dort hatte man uns nahe der Rennstrecke in einem Gästehaus von Honda untergebracht.

Der japanische Autohersteller ist Eigentümer der Rennstrecke. Neben dieser befindet sich noch ein riesiger Vergnügungspark mit Fahrgeschäften etc., der damals schon rund drei Millionen Besucher pro Jahr anzog.

An der Rennstrecke verhandelten wir mit Patrick McNally, dem Organisator des Formel-1-Paddock-Clubs und Inhaber der Werberechte am Hockenheimring über verschiedene Vertragsangelegenheiten. Wir hatten auch Gelegenheit, über die rund sechs Kilometer lange Rennstrecke zu fahren sowie alle sonstigen technischen Einrichtungen unter die Lupe zu nehmen, die sich durchweg auf einem hohen Niveau befanden. Die Japaner hatten, im Gegensatz zum Hockenheimring, bereits ein Video-Kontrollzentrum, mit dem sie die gesamte Rennstrecke überblicken konnten. Zudem war innerhalb und außerhalb der Rennstrecke alles picobello.

Campingplätze mit der bei uns üblichen Begleitmusik suchte ich vergebens. Stattdessen nächtigten tausende Fans mit Schlafsäcken und Decken auf den rund sechs Meter breiten Zugangswegen, deren eine Hälfte dafür mit Pollern und Bändern abgetrennt worden war. Hier, auf dem harten Beton, ging alles sehr gesittet und ruhig zu. Als wir am Morgen vor dem Rennen die geräumten Nachtlager passierten, war weder eine Kippe noch eine leere Dose, geschweige denn ein Fetzchen Papier zu finden.

Unmittelbar nach dem Rennen machten sich rund 40 mit weißen Overalls und Handschuhen bekleidete Arbeiter daran, den spärlichen Müll von den Zuschauerplätzen einzusammeln. Obwohl das Rennen mit 150.000 Zuschauern ausverkauft war, gab es wenig aufzulesen. Im Vergleich dazu bleiben nach jedem Rennen am Hockenheimring und anderswo in Europa Massen an Müll liegen, die für teueres Geld entsorgt werden müssen.

Noch ein Wort zum Rennen. Es war wie in den Vorjahren das Finale, bei dem über die Weltmeisterschaft entschieden wurde. Alain Prost, in diesem Jahr für Ferrari fahrend, gewann den Start, kollidierte jedoch gleich in der ersten Kurve mit Ayrton Senna, der einen McLaren-Honda fuhr. Beide konnten das Rennen nicht fortsetzen.

Davon profitierte Senna, der Suzuka als Weltmeister verließ. Das Rennen selbst gewann Nelson Piquet auf einem Benetton-Ford.

Nach dem Grand Prix veranstaltete Honda eine große Party, bei der Georg Seiler und ich von der Honda-Geschäftsleitung begrüßt wurden. Die Gastfreundschaft der Japaner war nicht zu überbieten. Leider lernten wir auch andere Seiten kennen. Am Abend fuhren wir mit dem Taxi ins Zentrum von Nagoya. Die Taxigebühr war horrend, eigentlich eine Zumutung, aber landestypisch. In Nagoya gewannen wir den Eindruck, dass Weiße, von Ostasiaten auch ironisch als „Langnasen" bezeichnet, nirgendwo willkommen sind. In mehreren Lokalen, in denen wir etwas trinken wollten, fragte man uns beim Betreten gleich auf Englisch, ob wir Japanisch sprächen? Wir verneinten, und prompt erklang jedes Mal das nette englische Wort „closed" (geschlossen!) Ob die uns für US-Amerikaner hielten?

Unerfreulich war auch das Prozedere am Taxistand, als es um unsere Rückfahrt ging. Obwohl wir wegen der Schriftzeichen die Visitenkarte unseres Domizils vorzeigen konnten, kostete es uns einige Mühe, von rund zwei Dutzend Taxifahrern, die auf Kundschaft warteten, einen für unseren Rücktransport zu gewinnen.

Den Montag nach dem Rennen nutzten wir noch zu einem Abstecher mit dem japanischen Super-Schnellzug Shinkansen in die rund 200 km entfernte alte Kaiserstadt Kyoto. Im Zweiten Weltkrieg verschont, zählt die Millionenstadt heute mit ihren buddhistischen Tempeln, Shinto-Schreinen, Palästen und Gärten zu den touristischen Besonderheiten Japans. Leider konnten wir in der Kürze der Zeit nur einige wenige Tempel und Shinto-Schreine besichtigen. Dort trafen wir auf viele uniform gekleidete Schulklassen, die sich erstaunlich diszipliniert verhielten.

Kyotos Bahnhof, der wohl größte, den ich bisher gesehen hatte, irritierte uns mit seinen rund 200 Bahnsteigen über mehrere Etagen insofern, als wir nicht wussten, mit welchem Zug und an welchem Bahnsteig es nach Suzuka zurückging? Alle Fahrpläne bestanden nur aus japanischen Schriftzeichen. Auf Englisch angesprochene Japaner zeigten sich unwissend und konnten oder wollten uns nicht behilflich sein. Glücklicherweise entdeckten wir in unserer Orientierungslosigkeit in einem Prospekt das japanische Schriftzeichen für Suzuka. Nun erst fanden wir den Bahnsteig und den nächsten Zug nach Suzuka.

Beinah hätte es auch mit dem geplanten Rückflug nicht geklappt. Aus Unwissenheit hatten wir versäumt, der Fluggesellschaft rechtzeitig vor dem Abflug unsere Teilnahme zu bestätigen. Nach einigen bangen Minuten am Flugschalter klappte es schließlich doch. So flogen wir über Taipeh und Hongkong nach Frankfurt am Main zurück. – Mein Horizont hatte sich bei dieser Reise zwar wesentlich erweitert, aber auch die Erkenntnis verstärkt, dass Japan eine völlig andere Welt als die unsrige ist.

Wenige Tage nach unserer Asienreise hörte ich zufällig einen Rundfunkbericht über Japan, der auf die Reserviertheit gegenüber allem Fremden verwies. Selbst Japaner, die längere Zeit im Ausland zu tun hätten, würden bei der Rückkehr von den eigenen Leuten häufig wie unerwünschte Fremde behandelt und gemieden!

❊

Landesgartenschau 1991 – ein Jahrhundertereignis

Tauchen Sie ein ins Blütenmeer

WERBESLOGAN DER LGS HOCKENHEIM

Aalens Rückzieher – Hockenheims Chance

Kaum waren die letzten Arbeiten an der „Schnellbahntrasse" beendet, rüstete sich die Stadt für die Landesgartenschau. Es ging zum einen um die Veredelung eines rund zwanzig Hektar großen Kerngeländes, von dem noch ein Großteil planerisch zu gestalten, anzulegen und zu bepflanzen war. Zum anderen aber handelte es sich auch um die städtebauliche und ökologische Aufwertung der angrenzenden Stadtbereiche sowie um die Verzahnung des künftigen Gartenschauparks mit der Stadt.

Wie es zur Landesgartenschau kam, welche Zufälle eine Rolle spielten, wie wir die Chance konsequent ergriffen und realisierten, erfahren wir nun im Folgenden.

Am 12. September 1986, also zwei Tage vor den Bahnhofsfesten in Hockenheim und Neulußheim, besichtigte der FDP-Verkehrsausschuss des Landes das neue Verkehrsprojekt in unserem Raum. Vor der eigentlichen Besichtigung empfing ich die Mitglieder des Ausschusses im Rathaus und gab ihnen einige Informationen. Unter anderem wies ich auf das für eine Landesgartenschau geradezu prädestinierte Gelände hin und erklärte:

> „Mit einer LGS wäre es möglich, einmal zu demonstrieren, dass überörtliche Planungen nicht nur einen massiven Eingriff in Natur und Landschaft darstellen, sondern auch vorteilhaft sein können."

Im Anschluss daran gab mir der FDP-Landtagsabgeordnete Bergmann einen wertvollen Tipp. Er hatte kurz zuvor von Friedrich Haag, dem früheren FDP-Landtagsabgeordneten und Präsidenten des Württembergischen Gärtnereiverbands, erfahren, dass die württembergische Stadt Aalen voraussichtlich nicht in der Lage sein würde, die an sie vergebene Landesgartenschau im Jahre 1991 durchzuführen. Das Ganze hänge dort an einem größeren Straßenprojekt, das nicht in der erforderlichen Zeit fertig zu stellen wäre.

Schon im Jahre 1982, nachdem bereits in Ulm/Neu Ulm, Baden-Baden und Schwäbisch-Hall die ersten baden-württembergischen Landesgartenschauen erfolgreich durchgeführt worden waren, hatte ich an den im Land zuständigen Minister Gerhard Weiser geschrieben und ihm Hockenheim als künftige Landesgartenschaustadt empfohlen. Schon damals hatte ich den Geländestreifen zwischen Bahn und Stadtrand im Auge. Nunmehr nahm ich erneut einen Anlauf, dieses Mal aber einen ganz konkreten.

Ich telefonierte zuvor mit Haag, der zusammen mit dem ehemaligen Schwäbisch-Haller OB Friedrich Binder als einer der „politischen Väter" der Landesgartenschauen in Baden-Württemberg gilt. Er bestätigte mir den Sachverhalt. Danach schrieb ich unverzüglich an Minister Weiser und brachte Hockenheim zum wiederholten Male ins Spiel, falls sich Aalen von der Durchführung der Landesgartenschau verabschieden sollte.

Schon auf mein erstes Schreiben, das ich 1982 an Weiser richtete, hatte er sich positiv über unseren Wunsch geäußert und darauf hingewiesen, dass sich die Stadt offiziell um die Ausrichtung einer Landesgartenschau bewerben müsse. Damals aber waren die Landesgartenschauen bereits bis Mitte der 1990er Jahre vergeben, und für die Jahre danach lagen schon über zwanzig Bewerbungen vor. Unter diesen Gesichtspunkten hätte eine Hockenheimer Bewerbung nur Außenseiterchancen haben können. So gesehen bot der Aalener Rückzieher eine einmalige Chance. Andererseits passte 1991 auch vom Zeitlichen her. Umso gespannter war ich, wie der Minister auf meine erneute Anfrage reagieren würde.

Positives Signal durch Minister Weiser

Weisers Antwort ließ nicht lange auf sich warten. Er sagte sich zu einer Geländebesichtigung an, die kurzfristig zustande kam. Danach trafen wir uns im Bürgersaal des Rathauses zu einem abschließenden Gespräch, zu dem ich auch die Fraktionssprecher und einige Amtsleiter gebeten hatte. Weisers Resümee war eindeutig: Er hielt das Gelände für geeignet und stellte uns seine Unterstützung in Stuttgart in Aussicht, falls sich die Stadt um die Landesgartenschau bewerben würde. Ein positiveres Signal konnte uns der zuständige und in Stuttgart sehr einflussreiche Landesminister natürlich nicht geben. Nun also war der Gemeinderat gefragt.

Nach dem Ende der Besprechung, Weiser hatte uns bereits verlassen, lag noch eine schwarze, herrenlose Ledermappe auf dem Ratstisch. Niemand wusste, wem sie gehörte. In der Hoffnung, über ihren Inhalt den Eigentümer feststellen zu können, schaute ich hinein. Es war Weisers Mappe. Sie beinhaltete ein Exposé seines Ministeriums über eine Landesgartenschau in Hockenheim. Als ich einen Blick darauf warf, kam ich aus dem Staunen kaum heraus. Das Papier stellte im Grunde genommen nichts anderes als die eindringliche Empfehlung an den Minister dar, von einer Landesgartenschau in Hockenheim abzusehen. Die Stadt sei zu klein, sei nicht mal ein Mittelzentrum, verfüge nicht über die finanziellen Ressourcen, etc. Kurzum, Hockenheim wurde als nicht geeignet dargestellt!

Da Weiser sich nur wenige Minuten zuvor um diesen Inhalt nicht geschert, sondern gegenüber der Stadtspitze Hockenheims gerade das Gegenteil dessen in Aussicht gestellt hatte, stieg er natürlich schlagartig in meinem sowie im Ansehen derjenigen, die vom Inhalt des für uns negativen Exposés erfuhren. Leider vermochte ich nie zu klären, ob Weiser seine Mappe absichtlich hatte liegen lassen. Von diesem Verdacht konnte ich ihn jedenfalls nie ganz freisprechen.

Wie dem auch sei, spätestens mit Weisers positiver Wertung wurde das Thema Landesgartenschau als Folgeprojekt der Bundesbahn-Neubaustrecke brandaktuell. Damit eröffnete sich für die Stadt die einmalige Chance, für die Jahre stagnierender Entwicklung und Belastungen aufgrund verschiedenster Großbaustellen durch einen Entwicklungsschub entschädigt zu werden, der unter normalen Umständen erst in Jahrzehnten erreicht worden wäre.

Ministerrat stimmte Hockenheims Bewerbung zu

Nach Weisers Besuch nahm das Projekt Landesgartenschau seinen Lauf. Zunächst war der Gemeinderat gefragt, der sich mit nur einer Gegenstimme für eine Bewerbung entschied, allerdings unter dem Vorbehalt der finanziellen Machbarkeit. Der Hockenheimer Bewerbung stimmte der Ministerrat unseres Landes im Juni 1987 zu und unterbreitete der Stadt ein entsprechendes Angebot. Dies nahm der Gemeinderat im Dezember 1987 an.

Damit waren die Weichen zur Durchführung der Landesgartenschau endgültig gestellt. Bis zur Eröffnung im April 1991 blieben uns noch rund vierzig Monate, eine zwar relativ kurze Zeit, doch ausreichend, um das Projekt zu planen und zu realisieren.

Als vorteilhaft erwiesen sich in diesem Zusammenhang die von der Bahn durchgeführten Rekultivierungsmaßnahmen zwischen Bahnhof und Kraichbach sowie die Geländemodellierungen zwischen Kraichbach und Mittelanschluss an die neue B 36. Diese Bereiche sollten zum Kernbereich der Landesgartenschau werden, ebenso der Geländeabschnitt zwischen dem Mittel- und dem Nordanschluss an die B 36. Bisher stand für dieses Areal zwischen der Dresdner Straße und der Bahn ein Mischgebiet mit Wohnbebauung und Kleingewerbe zur Diskussion. Mit dem Beschluss Landesgartenschau kamen solche Überlegungen natürlich nicht mehr in Betracht.

Ideen- und Realisierungswettbewerb ausgelobt

Näheres zur künftigen Gestaltung musste aber erst der zur Landesgartenschau vorgesehene Ideen- und Realisierungswettbewerb bringen, der 1988 ausgeschrieben wurde. An diesem hatten sich sechzehn Garten- und Landschaftsarchitekten beteiligt. Über die Qualität ihrer Entwürfe entschied das von mir geleitete Preisgericht Ende August 1988.

Der erste Preis ging an den versierten Stuttgarter Garten- und Landschaftsarchitekten Hannes Schreiner, dessen Konzeption am meisten überzeugte. Sie wurde in einer Bürgerversammlung vorgestellt, im Dezember 1988 vom Gemeinderat abgesegnet und Schreiner mit der Planung beauftragt.

Damit war der Weg für die LGS und die daraus resultierenden Bauarbeiten frei, die in gut zweieinviertel Jahren, also spätestens im April 1991, abgeschlossen sein mussten. Darauf konzentrierten sich nun alle unsere Kräfte, auch die der Stadtverwaltung. Diese musste aber erst noch organisatorisch und personell auf das Großereignis eingestellt werden.

Organisatorische Weichenstellungen

Zunächst gründete die Stadt Hockenheim gemeinsam mit der „Förderungsgesellschaft für die Baden-Württembergischen Landesgartenschauen GmbH" die „Landesgartenschau Hockenheim 1991 GmbH", die im Januar 1989 ins Handelsregister eingetragen wurde. Gesellschafter der Förderungsgesellschaft waren der Verband Badischer Gartenbaubetriebe, der Verband Garten-, Landschafts- und Sportplatzbau Baden-Württemberg sowie der Württembergische Gärtnereiverband.

Zu den Geschäftsführern der Landesgartenschau Hockenheim 1991 GmbH wurden seitens der Stadt Werner Zimmermann, der Kämmerer, sowie Manfred Christ, der Hauptamtsleiter, bestellt. Mit ihnen verband mich schon seit Jahren eine sehr gute und vertrauensvolle Zusammenarbeit. Deshalb war ich mir sicher, dass sie diese neue Zusatzaufgabe bestens bewältigen würden. Zimmermann war zudem noch ein Garant für eine geordnete finanzielle Abwicklung und Christ gewährleistete den notwendigen Informationsaustausch mit der Stadtspitze, also mit mir.

Für beide war die Geschäftsführung eine von ihrer Beamtenlaufbahn völlig abweichende Herausforderung, der sie sich mit viel Engagement stellten und die sie letztlich sehr erfolgreich gemeistert haben. Für sie dürfte die Organisation, Vorbereitung und Durchführung der Landesgartenschau ebenso zu den Höhepunkten ihrer beruflichen Laufbahn gezählt haben wie für mich.

Ein Jahr später verdiente sich ein weiterer, noch relativ junger Geschäftsführer, den die Förderungsgesellschaft vorgeschlagen hatte, in Hockenheim seine ersten Meriten. Es war Volker Kugel, der später einmal als Direktor des „Blühenden Barock" in Ludwigsburg und als Pflanzenexperte über die vom SWR im Rundfunk und Fernsehen ausgestrahlten Gartensendungen wie „Grünzeug" im Lande und darüber hinaus bekannt werden sollte. Er ergänzte das Geschäftsführerteam vom Fachlichen her in idealer Weise, und die Zusammenarbeit mit ihm klappte von Anfang an bestens.

Als Aufsichtsorgan der Gartenschau GmbH fungierte ein Aufsichtsrat, dessen Vorsitz ich innehatte. Er war mit fünf Persönlichkeiten aus den Gärtnereiverbänden, zwei aus dem Ministerium für Ländlichen Raum, Ernährung, Landwirtschaft und Forsten sowie mit zehn Mitgliedern des Hockenheimer Gemeinderats besetzt.

Ratgeber mit viel Know-how

Durch die zehn Landesgartenschauen vor Hockenheim, die ich bis auf die erste in Ulm/Neu Ulm (1980) alle besucht hatte, entwickelte sich beim Landwirtschaftsministerium des Landes und bei den baden-württembergischen Gärtnereiverbänden viel Know-how, auf das wir zurückgreifen konnten. Insofern musste von uns das Pulver nicht neu erfunden werden.

Wertvolle Infos zum Aufbau und Ablauf unserer Landesgartenschau gaben uns in der Anfangszeit Ministerialrat Dr. Werner Mischke und später dessen Nachfolger, Landwirtschaftsdirektor Erwin Beyer sowie Heinrich Walser, Geschäftsführer des Verbands Badischer Gartenbaubetriebe. Sie waren in Sachen baden-württembergische Landesgartenschauen „alte Hasen" und ihr Expertenrat war uns sehr hilfreich. Letztlich aber galt es, eine Landesgartenschau mit einem einmaligen unverwechselbaren Konzept und eigenen Attraktionen zu entwickeln und den örtlichen Besonderheiten Rechnung zu tragen.

Renaturierung des Kraichbachufers

Als nun unsere Landesgartenschau in die Gänge kam, gab mir der Hockenheimer Franz Anton Bankuti einen wertvollen Tipp. Er betraf die im Jahre 1992 vorgesehene Landesgartenschau Pforzheim. Dort hatte sich das Land bereit erklärt, neben dem Zuschuss für die Landesgartenschau auch die Kosten für den Rückbau der einbetonierten Enz in einen naturnahen Zustand zu übernehmen. Parallel dazu gab uns auch ein Mitarbeiter der Wasserwirtschaftsabteilung des Regierungspräsidiums, der mit der Enz-Renaturierung zu tun hatte, einen diesbezüglichen Hinweis. Warum sollte das, was für die Enz und Pforzheim recht war, für den Kraichbach und Hockenheim nicht billig sein?

Konkret handelte es sich um die Renaturierung des fünfhundert Meter langen Kraichbachufers zwischen der Karlsruher Straße und der Bahnlinie. Dieser Bachabschnitt, in den 1930er Jahren aus Hochwasserschutzgründen einbetoniert, befand sich in einem desolaten und hässlichen Zustand. An den schmutzig-grauen Betonufern hatte der Zahn der Zeit bereits erheblich genagt, und größere Risse und Abbrüche hätten über kurz oder lang ohnehin zu einer kostspieligen Generalsanierung geführt.

Unsere diesbezügliche Intervention beim Land war schließlich nicht vergeblich. Es willigte in die Kraichbachrenaturierung ein und sagte uns die Übernahme des Großteils der damit verbundenen Kosten zu. Im Nachhinein erwies sich diese Maßnahme aus städtebaulichen und ökologischen, aber auch aus Gründen des Hochwasserschutzes, als ein großer Wurf.

Der Kraichbach charakterisierte schon immer einen Teil des Hockenheimer Stadtbilds. Außerdem stellte er mit seinem unmittelbaren Umfeld einen wichtigen Erholungsbereich, eine klimatisch wertvolle Frischluftschneise sowie ein Verbindungselement zwischen der Stadt und ihren grünen Randzonen dar.

Im Zuge der Renaturierung wurde das Ufer um rund einen halben Meter erhöht, das Bachbett verbreitert und dadurch dessen Stauraum erweitert. Zu diesem Zweck musste die Stadt von den rechts des Kraichbachs angrenzenden privaten Gartengrundstücken noch einen rund zehn Meter breiten Geländestreifen erwerben. Letztlich gelang es, alle Eigentümer von dieser ökologisch sinnvollen Maßnahme zu überzeugen.

Kunstobjekte für die Stadt und die LGS

Während einige der bisherigen Gartenschaustädte mit einer historischen Altstadt aufwarten konnten, waren die sehenswerten Baudenkmäler Hockenheims an ein paar Fingern abzuzählen. Das Aushängeschild Motodrom lag am anderen Ende der Stadt, also weit weg vom Gartenschaugelände. Das war auch gut so, denn eine Gartenschau hätte sich mit einem in unmittelbarer Nähe befindlichen Veranstaltungsbetrieb einer Rennstrecke wohl kaum vertragen.

Deshalb mussten wir uns im Hinblick auf Attraktionen, die als Besuchermagnet wirken sollten, sowohl innerhalb des Ausstellungsgeländes als auch in der angrenzenden Stadt einiges einfallen lassen. Bei einem dieser Themen handelte es sich um Kunst in der Natur bzw. in der Gartengestaltung. Außerdem war es mir ein besonderes Anliegen, die Innenstadt mit künstlerisch gestalteten Brunnenanlagen und Skulpturen aufzuwerten.

Was Kunst im öffentlichen Raum anbelangt, hatte die Stadt, abgesehen von der uralten Nepomukstatue an der Kraichbachbrücke in der Karlsruher Straße, nicht allzu viel vorzuweisen. Auf Kunstobjekte hatte man bisher, im Gegensatz zu Schwetzingen und vielen anderen Städten unserer Größenordnung, weniger Wert gelegt. Kunstwerke kosteten Geld – und dieses stand natürlich auch für die Landesgartenschau nur in begrenztem Maße zur Verfügung. Deshalb akquirierte ich - und dies nicht ohne Erfolg - private Spenden.

Im Oktober 1988 war der um das Altenheim St. Elisabeth neu gestaltete Ebertpark zwischen der Karlsruher Straße und der Kaiserstraße fertig gestellt worden. Geplant hatte ihn die ARU-Plan unter der Federführung des Garten- und Landschaftsarchitekten und Professors an der TU Kaiserslautern, Hanns Stephan Wüst. Im Ebertpark fand auch die Bronzestatue der Heiligen Elisabeth, deren Aufstellung zu einer Kampfabstimmung im Gemeinderat geführt hatte, den ihr angemessenen Platz.

Hinter dem Altenheim wurden eine Brunnenanlage installiert und ein Pavillon errichtet. Sie werten seitdem den Ebertpark auf, der vom Stiegwiesenpark - einem Teilbereich des Gartenschauparks - lediglich durch die Kaiserstraße getrennt ist. Mit dem Brunnen, den der Hockenheimer Bildhauer Elmar Reiche aus Sandstein gestaltete, und der Elisabethstatue setzte man schon vor der Landesgartenschau die ersten Akzente. Die Weichen dazu wurden aber schon zu einer Zeit gestellt, in der man mit der Landesgartenschau noch nicht rechnete.

Nachdem diese aber terminiert war, musste auf diesem Gebiet mehr als bisher geboten werden. Eine meiner Aufgaben sah ich darin, Künstler der Region auszuwählen und sie um geeignete Vorschläge zu bitten. Es galt außerdem, Sponsoren zu suchen und den Gemeinderat zu überzeugen, die Kunstprojekte abzusegnen und die sonst noch erforderlichen finanziellen Mittel zu bewilligen.
Drei Themen, die künstlerisch zu bearbeiten waren, drängten sich durch Hockenheims Geschichte geradezu auf. Es handelte sich um Mühlen, Tabak und Motorsport.

Der Schwetzinger Künstler Hans Zimmermann wurde mit der Gestaltung des Mühlenbrunnens in der Unteren Mühlstraße und Franz Müller-Steinfurth, ein Bildhauer aus Speyer, mit der Herstellung des Tabakensembles beauftragt. Dies wurde im Stiegwiesenpark bei der Kraichbachbrücke aufgestellt, die das Feuergässchen mit der Adlerstraße verbindet.

Einig wurden wir auch mit der aus Freisen im Saarland stammenden Künstlerin Isabelle Federkeil. Sie hatte einige Jahre zuvor im Auftrag eines Fanklubs eine Bronzebüste des Rennfahrers Stefan Bellof für das Motor-Sport-Museum geschaffen. Nun überzeugte sie mit dem Modell eines Motorradrennfahrers. Ihre Bronzeplastik fand zunächst am Ende der Bahnhofsstraße ihren Platz. Einige Jahre nach der Landesgartenschau wurde sie im Kreisel aufgestellt, der mit dem Bau des Nordrings am Ende der Schwetzinger Straße geschaffen worden war. 1993 fertigte die saarländische Künstlerin für die Hockenheim-Ring GmbH noch eine Bronzebüste von Jim Clark an, der 25 Jahre zuvor bei einem Formel-2-Rennen in Hockenheim ums Leben gekommen war.

Eine weitere Brunnenanlage schuf in der Karlsruher Straße, unmittelbar an der Kraichbachbrücke, der in Dallau lebende Rainer Scheithauer. Dieser Künstler – er verstarb 1992 - hatte in seinem Leben viele Brunnen gestaltet, darunter auch den großen, durch üppige Wasserfontänen geprägten auf dem Adenauerplatz in Heidelberg.

Am Rande des neuen Marktplatzes zwischen Stadthalle und Pestalozzi-Schule installierte Rüdiger Weinhold den Röhrenbrunnen. Für diese Anlage be- und verarbeitete der aus Lendsiedel im Hohenloheschen stammende Künstler rötlichen Granit, Edelstahlröhren, Plexiglas, farbiges Glas sowie Bronzeteile.

Neben der Pergola des Marktplatzes an der Parkstraße befindet sich der Schneckenbrunnen. Es ist ein etwas zierlicherer, aber durchaus attraktiver Brunnen aus Naturstein, dem durch seine Randlage relativ wenig Aufmerksamkeit zuteil wird. Meines Wissens hatte ihn Diplom-Ingenieur Eppinger, der Planer des Marktplatzes, besorgt.

Insgesamt kosteten diese Skulpturen und Anlagen 730.000 Mark. Davon übernahmen mehrere Sponsoren 230.000 Mark; allein die Familie des SÜBA-Bauunternehmers Hans Schlampp spendete 100.000 Mark! Ergo hatte die Stadt noch 500.000 Mark zu finanzieren. Weitere 250.000 Mark wurden für die Umsetzung des Kunstkonzepts in der Landesgartenschau bereitgestellt, das Heinz Gercke, der Direktor des Heidelberger Kunstvereins, sowie Ursula Pawlak vom Schwetzinger Kunstverein federführend erarbeitet hatten. Es konnte sich sehen lassen, wertete unsere Landesgartenschau enorm auf und wurde detailliert in dem Katalog „Kunst auf der Landesgartenschau Hockenheim 1991" beschrieben, den der Verlag Wunderhorn aus Heidelberg 1991 herausbrachte.

Leider konnte es sich die Stadt nicht leisten, alle ausgestellten Kunstwerke zu übernehmen. Nach der Gartenschau erwarb sie aber einige größere Skulpturen und beließ sie an ihrem Standort im Gartenschaupark.

Dazu zählen

- Rudolf Wachters fünf Meter hohe Stamm-Skulptur „Windbruch", gefertigt aus tropischem Dibutij-Holz, die sich auf dem Hügel zwischen Kraichbach und Überführungsbrücke befindet,
- des Japaners Keiji Uematsus „Triangle", bestehend aus zwei mächtigen grauen Granitblöcken, die durch rot gestrichene Vierkant-Eisenträger miteinander verbunden sind,
- Ursula Sax' sechs Meter hoher „Turm der Winde", der mit seinem filigranen, aus Stahlrohr geformten Konus und seinen farbigen im Wind flatternden Bändern an einen Mai- oder Richtbaum erinnert, sowie
- Klaus Simons „Zitterpappel".

Nicht zu vergessen das Replikat „Der frierende Winter", eine barocke Statue aus dem Schwetzinger Schlossgarten, die mit den „Historischen Gärten der Kurpfalz" als Teil der Daueranlagen im Gartenschaupark verblieben ist.

Zum Maskottchen der Landesgartenschau wurde der sympathische Frosch, dessen Name „Hopsi" über einen öffentlichen Wettbewerb ermittelt wurde. Ihm wurde bei der Kneippanlage ein Denkmal aus Bronze gesetzt, ein Kunstwerk, das meinem Geschmack jedoch nicht entspricht. Doch über Geschmack lässt sich nicht streiten. Die schöne Kneippanlage nebst dem Wasser speienden „Hopsi" ist auch nach der Gartenschau Teil des Stiegwiesenparks geblieben. Schade ist nur, dass sie kaum genutzt wird.

Riesenrad – das Wahrzeichen

Abgesehen von den Geländemodellierungen, die schon die Bahn in Auftrag gegeben hatte, war das Landesgartenschaugelände topfeben. Deshalb drängte sich geradezu die Frage auf, wie sich den Besuchern noch ein Überblick von oben verschaffen ließe? Bei einigen Gartenschauen mit ähnlich flachem Gelände hatte man Aussichtstürme errichtet. Andere, wie die Bundesgartenschauen Düsseldorf (1987) und Frankfurt (1989) hatten mit einem Drehlift aufgewartet, der eine an einem Stahlturm befestigte Besucherkanzel gut fünfzig Meter in die Höhe schraubte. Vom Besuch der im nordrhein-westfälischen Rheda-Wiedenbrück veranstalteten Landesgartenschau (1988) brachten wir die Idee eines Riesenrads mit nach Hause.

Im nordenglischen Gateshead fand 1990 ein Britisches Garden Festival statt, vergleichbar einer Bundesgartenschau. Kein Wunder, denn für die britischen Garden Festivals hatten die deutschen Bundesgartenschauen Pate gestanden. Über Gateshead hatten mich unsere walisischen Freunde aus Ebbw Vale informiert. In dieser früheren Bergbaustadt wurde 1992 ein weiteres Britisches Garden Festival organisiert, das auch der Rekultivierung von Abraumhalden einer stillgelegten Zeche diente.

Da die Infos über Gateshead vielversprechend waren, besuchten die Geschäftsführer der Landesgartenschau und ich das Garden Festival. Wir hofften, noch die eine oder andere zündende Idee aufzuschnappen, die für unsere Gartenschau interessant sein könnte. Der Flug über den Kanal lohnte sich. Eine der Hauptattraktionen war dort, ähnlich wie in Rheda-Wiedenbrück, ein Riesenrad. Es hatte einen Durchmesser von gut vierzig Metern und gewährleistete einen tollen Rundblick über das Gelände des Garden Festivals und die sich anschließende Region.

Auch wenn die Idee, ein Riesenrad zu stellen, schon ziemlich weit gereift war, überzeugte uns Gateshead endgültig. In der Folge bekam unsere Landesgartenschau ein weithin sichtbares Wahrzeichen mit einem Durchmesser von 44 Metern und 36 Gondeln, das dazu schon Monate vor der Eröffnung unserer Landesgartenschau aufgestellt worden war und für diese warb.

Über André Heller zu Roncallis historischem Jahrmarkt

Einen weiteren attraktiven Beitrag erhofften wir uns von dem österreichischen Künstler André Heller. Er hatte für die im japanischen Osaka im Jahre 1970 veranstaltete Expo Arrangements mit Blumen entworfen, die weltweit Aufsehen erregten. Ich erinnere mich an ein eindrucksvolles Gesicht aus Blumen, besser gesagt eine Fratze von einigen Metern Durchmesser, aus deren Mund ein mehrere Meter hoher Wasserfall herabstürzte. Solch bunte Motive gaben natürlich tolle Bilder ab, die Heller bekannt machten. Auch bei der Bundesgartenschau in Berlin (1985) realisierte Heller ein Blumenbild aus 40.000 Pflanzen. Wie in Osaka zog auch dieses Werk die Besucher an. Was also lag näher, als mit ihm den Kontakt zu suchen?

Gemeinsam mit Manfred Christ und Werner Zimmermann, den beiden LGS-Geschäftsführern, besuchte ich Heller in dessen Wiener Villa. Wir staunten nicht schlecht, als uns ein Diener in Livree empfing und in einen Raum führte, in dem sich nur Sitzmöbel, aber kein Tisch befanden. So blieb uns beim Gespräch mit dem Künstler nichts anderes übrig, als den großen Plan unserer Landesgartenschau auf dem Fußboden auszubreiten und ihm unser Projekt aus dieser ungewöhnlichen Perspektive zu erläutern.

Wir konnten uns ausrechnen, dass Heller nur für ein saftiges Honorar zu gewinnen sein würde. Doch was er sich finanziell vorstellte, ließ uns von dem Gedanken einer Zusammenarbeit schnell abrücken. Dennoch hätte ich die Begegnung mit diesem vielseitigen, weltbekannten Künstler nicht missen wollen.

Zu einer Zusammenarbeit kam es aber mit Bernhard Paul, einem früheren Partner Hellers. Paul, ein studierter Grafiker und ebenfalls aus Österreich stammend, hatte mit Heller im Jahre 1976 den Zirkus Roncalli eröffnet. Da Heller aber noch im Gründungsjahr aus dem Gemeinschaftsprojekt ausgestiegen war, führte Paul das Zirkusprojekt alleine und mit viel Erfolg weiter.

Neben dem Zirkus hatte Paul mit der Zeit noch eine Sammlung historischer Jahrmarktsattraktionen und Kuriositäten zusammengetragen. Diese war damals die größte ihrer Art in Deutschland, alle Einzelstücke schön restauriert und gangbar gemacht.

Zum Ensemble des historischen Jahrmarkts, der noch von nostalgischen Holzzäunen mit Fähnchen und Lichterketten umgeben war, gehörten:

- Eine uralte kleine russische Schaukel mit 8 Gondeln, die Vorläuferin des Riesenrads,
- eine über 70 Jahre alte Schiffschaukel mit gold- und elfenbeinfarbenen Gondeln,
- eine aus dem 19. Jahrhundert stammende „Bodenmühle", ein Karussell, auf dessen Bodenplatte sich ein kleine Arche Noah mit 12 Holzpferdchen, Eisbär und Löwe drehte,
- eine überdimensionale historische Orgel mit Putten und geschnitzten Ranken,
- ein Caféwagen, bestehend aus einem alten Zirkuswagen mit Sitzgelegenheiten aus den ersten Wagen der Pariser Metro sowie
- einige Verkaufsbuden im Zuckerbäckerstil.

Mit Paul verständigten wir uns nicht nur in Sachen historischer Jahrmarkt, sondern mieteten von ihm auch das Bistro „La belle Epoque" an. Es stammte aus dieser Zeit und verbreitete mit viel Glas und geschnitztem Holz die Atmosphäre einer nostalgischen Zirkuswelt. In diesem einmalig schönen Bistro konnte im wahrsten Sinne des Wortes eine Erlebnisgastronomie geboten werden. Es wurde nahe des Völkerkreuzes und der historische Jahrmarkt rechts des Kraichbachs an der Kaiserstraße aufgestellt. Dort war kurz zuvor noch ein fünfhundert Kubikmeter fassendes, unterirdisches Regenüberlaufbecken zur Entlastung des Kanalnetzes eingebaut worden.

Der historische Jahrmarkt stellte eine weitere Attraktion der Landesgartenschau dar, die nicht nur Kinder faszinierte. Doch für diese war er in erster Linie gedacht. Das Ensemble wurde zusätzlich um ein kleines Zirkuszelt ergänzt, ein ideales Forum für Kindertheater sowie verschiedenartigste Aktionen für und mit Kindern.

Mit Sonderzügen zu anderen Landesgartenschauen

In den Jahren vor Hockenheim haben die Städte Bietigheim-Bissingen (1989) und Sindelfingen (1990) Landesgartenschauen durchgeführt. Bei einem Informationsaustausch mit den Geschäftsführern der Landesgartenschau Bietigheim-Bissingen, bei dem auch der Ablauf des Städtetags Hockenheim auf deren Landesgartenschau besprochen wurde, erhielten wir den Tipp, mit einem Sonderzug statt mit Bussen anzureisen. Dieser Hinweis fiel bei uns gleich auf fruchtbaren Boden. Wir hofften, damit den Hockenheimern ein Gemeinschaftserlebnis bieten zu können und außerdem das Interesse für die eigene Landesgartenschau zu wecken.

Der Aufruf zur Fahrt mit dem Sonderzug nach Bietigheim-Bissingen löste in Hockenheim eine gewaltige Nachfrage aus. Nicht weniger als 2.200 Hockenheimer meldeten sich für den 5. August 1989 an, sodass am Ende sogar zwei Sonderzüge eingesetzt werden mussten. So viele Reisende waren in Hockenheim schon lange nicht mehr in einen Zug ein- bzw. aus einem Zug ausgestiegen. Da auch noch der

Wettergott bestes Reisewetter bescherte, entwickelte sich der Tag zu einem Riesenerlebnis. Den Städtetag in Bietigheim-Bissingen gestalteten im Wesentlichen unsere Vereine. Sie vertraten unsere Stadt erneut in recht toller Weise.

Im Jahr darauf, am 30. September 1990, fuhren nicht viel weniger Hockenheimer mit zwei Sonderzügen zum Schlusstag der Landesgartenschau nach Sindelfingen, damals noch dank der Gewerbesteuerzahlungen von Daimler-Benz eine der reichsten Städte Deutschlands. Dort übernahmen wir Hockenheimer im Rahmen des von uns veranstalteten Städtetags den Stab der Landesgartenschauen. Auch dieser Tag war ein unvergessliches Gemeinschaftserlebnis, das motivierte und die Erwartungen in die eigene Landesgartenschau steigerte.

Bei dieser liefen die Vorbereitungen auf Hochtouren. Es gab noch viel zu tun, aber die Weichen waren gestellt. Den Verantwortlichen und mir stand ein weiteres hartes Jahr bevor. Doch in uns allen loderte bereits die Landesgartenschauflamme und wir sahen dem Ereignis mit viel Freude und der Hoffnung entgegen, dass alles gut laufen würde.

Unerwartete, aber folgenreiche Spendenaktion

Einige Tage vor Eröffnung der Landesgartenschau fand im neuen Stadthallenrestaurant Rondeau eine Sitzung des Aufsichtsrats der Landesgartenschau GmbH statt, an die sich noch eine feuchtfröhliche Nachsitzung anschloss. Diese hatte es in sich, denn sie zeitigte Folgen, mit denen niemand gerechnet hatte.

Dem Aufsichtsrat gehörten von der Gärtnerseite unter anderem Siegfried Helmstädter, der Kreisgärtnermeister, sowie Andreas Huben, der Inhaber der Ladenburger Baumschule Huben an. Huben war für Heinz Otto, den Präsidenten des Verbandes Badischer Gartenbaubetriebe nachgerückt, der im August 1990 plötzlich und völlig unerwartet verstarb. Mit diesen Persönlichkeiten hatten wir eine tolle Zusammenarbeit.

Wie bei solchen Nachsitzungen üblich, wurde auch in dieser noch über dies und jenes diskutiert. Plötzlich kam die Frage auf, ob die örtlichen Mandatsträger und Aufsichtsratsmitglieder nicht mit gutem Beispiel vorangehen und einen persönlichen Beitrag zur Landesgartenschau leisten sollten? Soweit ich mich erinnere, stimmten dem einige spontan zu. Schließlich ging es um stabile Holzbänke, die Siegfried Helmstädter zum stattlichen Preis von weit über 1.000 Mark pro Stück im Angebot hatte. Solche Sitzgelegenheiten wurden im Gartenschaugelände sowie in den Grünanlagen der Stadt noch dringend benötigt.

Die Idee mit den Bänken zündete und die Bereitschaft, dafür zu spenden, machte Schule. In der Hochstimmung des Abends erhöhte sich die Anzahl der Bankspender von Sekunde zu Sekunde. Natürlich bin ich, der diese Diskussion angezettelt hatte, mit gutem Beispiel vorangegangen. Aber auch die beiden Geschäftsführer Manfred Christ und Werner Zimmermann ließen sich nicht lumpen.

Die Spendenaktion erfasste zuletzt auch noch den Gemeinderat. Zahlreiche Stadträte, die nicht dem Aufsichtsrat angehörten, erklärten sich ebenfalls zu

Bankspenden bereit, erwartungsgemäß aber nicht alle. Da ich meine Pappenheimer kannte, wusste ich schon im Voraus, wer sofort auf Durchzug schalten würde.

Insgesamt spendeten der Aufsichtsrat und der Gemeinderat rund zwanzig Bänke. Außerdem beteiligten sich auch einige Unternehmen an der Spendenaktion, sodass Helmstädter am Ende mehr als dreißig Bänke zu liefern hatte. Dadurch war es möglich, einige davon auch in öffentlichen Parkanlagen Hockenheims, beispielsweise im Umfeld der evangelischen Kirche, aufzustellen. An jeder Bank wurde eine Messingplakette mit dem Namen ihres Spenders angebracht.

Wegen des „Großauftrags" kam es noch in späteren Jahren zu Frotzeleien zwischen den Spendern und Helmstädter. Außerdem sorgte die Spendenaktion für ein langfristiges Nachspiel. Seit 1991 treffen sich die Bankspender mit Helmstädter und Huben jedes Jahr in der Spargelsaison zu einem „Bankspenderfest" in Hockenheim.

Eröffnung durch Ministerpräsident Erwin Teufel

In den Wochen vor der Landesgartenschau wollte sich der Frühling nicht so recht einstellen. Es war zu kalt, zu trocken, und die Gärtner mussten sich vor der Ausbringung des Frühjahrsflors in viel Geduld üben. Aber sonst herrschte überall im Gelände bis zur offiziellen Eröffnung reges Treiben. Der fieberten alle Verantwortlichen entgegen.

Die Eröffnungsfeier fand am Freitag, dem 19. April 1991, vormittags in der neuen Hockenheimer Stadthalle mit vielen Ehrengästen und weit über tausend Hockenheimern statt. Erwin Teufel, seit dem 22. Januar 1991 Nachfolger von Lothar Späth als Ministerpräsident Baden-Württembergs, war die offizielle Eröffnung vorbehalten. Er kam mit fast einer Stunde Verspätung. Grund war das schlechte Wetter. Der Winter hatte sich an diesem Morgen nochmals aufgebäumt; es war nasskalt und schneite überall im Lande. Teufel, der die Anreise nach Hockenheim mit dem Helikopter geplant hatte, musste notgedrungen auf seinen Dienstwagen umsteigen. Und mit diesem war er vor den damals schon üblichen Staus auf der Autobahn nicht gefeit.

In meiner Begrüßungsansprache wies ich darauf hin, dass mit der Landesgartenschau, der neuen Stadthalle und dem tags zuvor fertig gestellten Stadt- und Marktplatz ein langjähriges Kapitel der Stadtsanierung sowie der Stadtentwicklung einen gelungenen Abschluss gefunden habe. Deshalb bewertete ich diesen Tag als den Höhepunkt einer jahrzehntelangen Aufwärtsentwicklung, eingebettet in ein funktionierendes Wirtschaftssystem, aber undenkbar ohne das Engagement und den Willen der Hockenheimer Bürgerschaft.

Ministerpräsident Teufel lobte bei seiner Ansprache die Anstrengungen der Stadt Hockenheim. Außerdem bezeichnete er als „Schirmherr" den allzu feuchten Eröffnungstag als eine „misslungene Generalprobe", der aber mit Sicherheit eine umso gelungenere „Premiere" folgen werde. Er sollte recht behalten, denn bekanntlich folgt nach Regen immer Sonnenschein. Der stellte sich zwar erst ab Juli, aber dann so richtig ein. Dank eines stabilen Azorenhochs regnete es bis in den September hinein kaum. Dieses schöne Wetter kam der Landesgartenschau sehr zugute, trieb allerdings die Bewässerungskosten in unerwartete Höhen.

Nach dem offiziellen Akt in der Stadthalle führte der Fanfarenzug der Rennstadt Hockenheim den langen Korso der Eröffnungsgäste mit Fanfaren- und Trommelklang von der Stadthalle aus ins Gartenschaugelände. An dessen Eingang bei der Kaiserstraße durchschnitt Ministerpräsident Teufel ein Band und eröffnete die Landesgartenschau somit auch symbolisch.

Neues Stadtimage und bürgerschaftliches Wirgefühl

Am Sonntag, dem 6. Oktober 1991, schloss die Landesgartenschau mit dem Städtetag Pforzheim, einer Frühschoppensendung des Süddeutschen Rundfunks sowie der Schlussveranstaltung mit der Stabübergabe an Pforzheim ihre Pforten. 171 Tage Landesgartenschau bescherten der Stadt ein neues Image mit einer riesigen Breitenwirkung in der Region sowie im Lande. Aber auch innerhalb der Stadt hatte die Landesgartenschau viel Positives bewirkt und nicht zuletzt zu einem neuen „Wirgefühl" innerhalb der Bürgerschaft beigetragen.

Mit rund 1,1 Millionen Besuchern war unsere Landesgartenschau eine der bisher erfolgreichsten überhaupt. Zudem hatte Hockenheim trotz anfänglicher Bedenken in Stuttgart bewiesen, dass auch ein relativ kleines Gemeinwesen eine solche Herausforderung erfolgreich meistern konnte. Dies sorgte im Lande, besonders aber bei den Gärtnereiverbänden und bei der Landesregierung für viel Anerkennung. War dort Hockenheim, was anzunehmen ist, jahrzehntelang nur als Rennstadt bekannt, wurde sie nun auch noch als erfolgreiche Landesgartenschaustadt ein Begriff.

Mit einem gewissen Stolz, aber auch mit Wehmut, blickte man in Hockenheim auf das Vergangene zurück. Alle Mühen hatten sich gelohnt. Ein jungfräuliches Gelände, erst kurz zuvor durch die Planungen der Bahn entstanden, musste in der Rekordzeit von rund zwei Jahren in ein attraktives Landesgartenschaugelände umgestaltet werden. Dem Team um den Garten- und Landschaftsarchitekten Hannes Schreiner war es gelungen, den zwei Kilometer langen „Geländeschlauch" einschließlich Stiegwiesenpark mit einer Gesamtfläche von rund zwanzig Hektar in ein bewundernswertes „Blütenmeer" umzugestalten, in das es nach dem Slogan der Landesgartenschau einzutauchen galt.

Aber auch die Parkanlage mit 750 Hochstämmen, 450 Stammbüschen, fast 9.000 Sträuchern und rund 20.000 bodendeckenden Gehölzen konnte sich sehen lassen.

Professionelle PR- und Medienarbeit

Der Erfolg war auch der professionellen Werbung und Öffentlichkeitsarbeit, federführend durch die Schwetzinger Agentur für Werbung und Public Relations „Nassner & Geiss", zu verdanken. Auch deren Pressearbeit ließ nichts zu wünschen übrig. Dies bescheinigten uns auch mehrere Landespolitiker, an der Spitze Minister Weiser, der bei der Schlussfeier das Land vertrat. Für ihn hatte sich die

Landesgartenschau, die er häufig besuchte und nach besten Kräften unterstützte, fast zu einer zweiten Heimat entwickelt. Ihm hatten wir viel zu verdanken.

Minister Weiser hatten wir als Ersten gebeten, zur Landesgartenschau einen Baum, und zwar eine Baumhasel, zu pflanzen. Ihm folgten noch Mannheims OB Gerhard Widder, Heidelbergs OB Beate Weber, Staatssekretär Ludger Reddemann vom Ministerium für Ländlichen Raum, Karlsruhes OB Prof. Dr. Gerhard Seiler, Umweltminister Dr. Erwin Vetter, Regierungspräsident Dr. Karl Miltner, Staatssekretär a. D. Ventur Schöttle, der Präsident des Württembergischen Gärtnereiverbands Friedrich Haag sowie Fußball-Weltmeister Horst Eckel (1954) und Fußball-Europameister Hans-Peter Briegel (1980).

Bei allen Baumpflanzungen wirkte ich aktiv mit und leistete somit meinen Beitrag zu dieser „Prominentenallee" an der Eisenbahnstraße. Jede Baumpflanzung wurde natürlich über die Medien vermarktet.

Überhaupt berichtete die lokale, regionale und Landespresse viel über die Landesgartenschau und trug somit zu deren Erfolg bei. Auch der Süddeutsche Rundfunk engagierte sich in beachtlicher Weise. Er hatte im Herzen des Geländes ein Studio mit Bühne installiert, das Kurpfalzradio permanent nutzte. Aber auch besonders beliebte Sendungen, wie „Sie wünschen, wir spielen" oder Wolfgang Walkers „Um Antwort wird gebeten", wurden live von Hockenheim übertragen. Von der landesweiten Resonanz dieser Beiträge profitierte die Landesgartenschau enorm.

Zudem machte noch die vom SDR organisierte „Tour de Ländle" Anfang August in Hockenheim Station, wo den Radlern abends im Festzelt der Landesgartenschau ein interessantes Programm geboten wurde. Auch diese Veranstaltung stellte für unsere Landesgartenschau eine Riesenwerbung dar.

Tolles und vielseitiges Veranstaltungsprogramm

Für Leben und Stimmung im Gelände sorgten rund 1.200 Veranstaltungen, eine stattliche Zahl mit entsprechender Besucherresonanz. Mit zahlreichen Events wurden auch junge Menschen angesprochen, sei es das große Lichterfest mit 23.000 Besuchern oder das Herbstfest mit abschließendem Barockfeuerwerk, das fast ebenso viele anlockte. Es dauerte auch nicht lange, bis feste Veranstaltungsreihen wie Jazz-Matineen, die Klassikveranstaltungen „Open Flairs" oder Tanztees mit Stammbesuchern rechnen konnten.

Nicht zu vergessen die „Stoiber-Buam", zwei vollbärtige bayrische Originale mit Trachtenwesten, dreiviertellangen Lederhosen und hellgrauen Filzhüten. Niemand hatte sie verpflichtet. Sie waren einfach gekommen, trugen jeden Tag mit Gitarre und Ziehharmonika ihre Volksweisen an verschiedenen Plätzen vor und erfreuten so 171 Tage lang die Besucher.

Im Stiegwiesenpark hatte Hannes Schreiner nahe dem renaturierten Kraichbachufer einen kleinen See mit einer runden, siebzig Quadratmeter großen Bühne anlegen lassen. Sie ist von einem aus drei Teilen bestehenden, architektonisch gelungenen Glasdach überdeckt. Rund 350, im Halbrund angeordnete, terrassenförmig angelegte Sitzplätze, machten diesen Zuschauerbereich zu einer viel besuchten Veranstaltungsstätte. Hier luden die christlichen Kirchen Hockenheims jeden Mittwochabend zum „Abendlied". Diese boten außerdem jeden Sonntagvormittag Gottesdienste in der überdachten Lamellenhalle an, einem weiteren Veranstaltungsbereich mit einer Kleinbühne vor dem ehemaligen Ranco-Gebäude.

Zu den vielfältigsten Veranstaltungen trugen auch die kulturtragenden Hockenheimer Vereine in recht beachtlicher Weise bei. Nicht zu vergessen Lothar Blank, der Leiter des Pumpwerks. Er hatte als Verantwortlicher die Veranstaltungsfäden geknüpft und ein tolles Programm für den Gartenschaupark auf die Beine gestellt.

Auf der Seebühne, den Aktionswiesen, der Lamellenhalle und im Festzelt wurden 52 Städtetage mit rund 15.000 Aktiven durchgeführt. Nicht nur die Kommunen in Hockenheims unmittelbarer Nachbarschaft und unserer Region präsentierten sich, sondern auch weit entfernte Städte wie Biberach an der Riss, Oberndorf am Neckar oder Weil am Rhein. Sie gaben mit ihren Vereinen und kulturellen Einrichtungen ihre Visitenkarte ab und bereicherten mit ihren Auftritten unsere Landesgartenschau.

Selbstverständlich fanden sich auch unsere Partnerstädte mit musikalischen und anderen Beiträgen zu einem gemeinsam durchgeführten Städtetag ein. Bei diesem Anlass wohnte eine größere Delegation aus Commercy mit Bürgermeister François Dosé der Einweihung des Commercy-Platzes beim Völkerkreuz bei.

Auch unsere pfälzische Weinpatengemeinde Duttweiler präsentierte sich. Aus der neuen sächsischen Partnerstadt Hohenstein-Ernstthal hatte Bürgermeister Dirk Trinks eine großzügige Baumspende mit einer entsprechenden Gedenktafel aus Naturstein für den Gartenschaupark mitgebracht.

Die Geschäftsleitung und Verwaltung der Landesgartenschau residierte im ehemaligen Ranco-Gebäude. In diesem hatte das Land auch den „Treffpunkt Baden-Württemberg" eingerichtet und zu 15 Ausstellungen sowie über 150 Veranstaltungen eingeladen. Unvergesslich für mich war die viel bestaunte Wanderausstellung des weltbekannten Landschaftsarchitekten Roberto Burle Marx, den ich noch von meiner Brasilienreise in guter Erinnerung hatte. Im gleichen Gebäude präsentierte sich auch der Rhein-Neckar-Kreis mit zehn Veranstaltungen.

Die Lehr- und Versuchsanstalt für Gartenbau in Heidelberg vermittelte den Besuchern boden- und umweltschonende Anbaumethoden und analysierte mitgebrachte Bodenproben. Von den Landfrauen wurde ein Bauerngarten mit viel Liebe angelegt und betreut. Kein Wunder, dass er viele Besucher in seinen Bann zog. Auch das Landwirtschaftsamt Ladenburg engagierte sich. Es legte besonderen Wert auf die Darstellung der regionaltypischen Kulturen wie Spargel, Tabak und Hopfen. Zusätzlich war die Akademie für Natur und Umweltschutz Baden-Württemberg mit von der Partie. Sie informierte über das Thema „Lebensraum und Lebensraumveränderung".

Dass die Kunst einen hohen Stellenwert innehatte und ein Bestandteil der Ausstellung schlechthin war, wurde nicht nur in einschlägigen Kunstkreisen anerkannt.

In der Tat war es den Verantwortlichen gelungen, zwischen Kunst und Natur eine Symbiose herzustellen, die beeindruckte, die Fantasie anregte oder auch nur das Landschaftsbild verschönerte.

Einen Blickfang und Werbefaktor zugleich stellte das weithin sichtbare Riesenrad dar, mit dem rund 180.000 Personen fuhren, davon ein Drittel Kinder. Auch Roncallis historischer Jahrmarkt fand riesigen Zuspruch. Rund hunderttausend Fahrten auf diesem „Rummelplatz aus den Kinderzeiten unserer Großeltern" sprachen für sich.

Auch sonst war für Kinder eine Menge geboten. Bestens ausgestattete Spielplätze, von denen der größte und attraktivste bei der Überführungsbrücke neben dem Seebereich nach Kindervorstellungen errichtet worden war, eine Kletterwand, betreut von der Sektion Heidelberg des Deutschen Alpenvereins, ein Streichelgehege sowie spezielle Veranstaltungen haben das vielseitige Angebot für Kinder abgerundet. Nicht zu vergessen die Veranstaltungen im Zirkuszelt bei Roncallis historischem Jahrmarkt, die jeweils bis auf den letzten Platz gefüllt waren und insgesamt rund 20.000 Kinder begeistert haben.

Als ein Knüller entpuppte sich das Umweltklassenzimmer, das unter der pädagogischen Leitung von Günther Hettinger stand. Über 12.000 Schülerinnen und Schüler aus Baden-Württemberg und Rheinland-Pfalz drückten die „Umwelt-Klassenbänke", die sich im Forst-Pavillon, in einem Gewächshaus sowie im Grünen befanden. Förster, Gärtner sowie Examenskandidaten der Pädagogischen Hochschule Heidelberg vermittelten den Kindern und Jugendlichen einfache ökologische Zusammenhänge sowie umweltbewusstes Verhalten. Zudem informierten die Imker der Region in dem von ihnen betreuten Imkergarten naturnah und verständlich über das Bienenleben.

Ein Blumenmeer, zig Mustergärten und vieles mehr

Erfreulicherweise nahmen die gärtnerischen Beiträge den von vielen Besuchern erwarteten breiten Raum ein. Als der Frühjahrsflor dem Sommerflor weichen musste, stellten nicht weniger als achtundzwanzig badische Städte Mitarbeiter ihrer Gärtnereien zur Verfügung. Dank deren Hilfe konnten etwa 150.000 Pflanzen binnen einer Woche auf einem Areal von insgesamt 2.500 Quadratmetern eingebracht werden. Eingedenk dieser Fülle hatte man schon seit Monaten mit dem Slogan „Tauchen Sie ein ins Blütenmeer" geworben – und dem wurde man nun in der Tat mehr als gerecht.

Doch neben der bunten Blumenpracht konnten sich auch der Gemüseanbau, Balkonkasten- und Ampelbepflanzungen, Stauden, Obstgehölze und Kübelpflanzen, betreut von den Gartenbaubetrieben des Landes, sehen lassen.

Echte Anziehungspunkte stellten die vierzehn Sonderschauen dar, die in der Blumenhalle präsentiert wurden. Diese Ausstellungsmöglichkeit hatten wir dem Tennisclub zu verdanken, den ich im Vorfeld der Landesgartenschau nicht auf Anhieb davon überzeugen konnte, im Gartenschaugelände sein neues Domizil aufzuschlagen. Erst als ein neuer Vorstand mit Ewald Schmeckenbecher an der

Spitze die Zügel in die Hand nahm, wurde die einmalige Chance für die hiesigen „Tenniscracks" erkannt. Die neue Tennishalle ermöglichte tolle Sonderschauen mit Blumen, Pflanzen, Obst und Gemüse, während die Landesgartenschau-Gastronomie die Besucher im benachbarten Restaurant versorgte. Diese vernünftige Kooperation erwies sich für den Tennisclub als vorteilhaft.

Nicht zu vergessen die Mustergärten. Zu denen zählten neben den Efeu-, Fuchsien- und Staudengärten sowie den Themengärten noch acht Kleingärten, die bereits während der Landesgartenschau an Hockenheimer Familien verpachtet worden waren. Einen weiteren Garten hatte der Deutsche Siedlerbund angelegt. Mit ihm demonstrierte er zeitgemäße Anbautechniken für Obst und Gemüse sowie ein umweltgerechtes Verhalten.

Drei seniorengerechte, von der Fläche her kleinere Gärten, hatten die Gartenfreunde aus Hockenheim gestaltet. Auch der Hockenheimer Obst- und Gartenbauverein hatte seinen mit Obstbäumen gespickten, gepflegten Vereinsgarten am Kraichbach für die Besucher geöffnet. Doch auch die anderen privaten Gärten, die noch vor der Landesgartenschau mit einem einheitlichen und begrünten Zaun entlang des renaturierten Kraichbachufers versehen worden waren, befanden sich in Schuss und trugen somit zum guten Image bei, das unsere Landesgartenschau von Anfang an ausstrahlte.

Mit von der Partie waren auch sechs Baumschulen aus der Region, die mit ihren Ausstellungsbeiträgen nicht nur unterschiedliche und ungewöhnliche Baumformen, sondern auch Alleebäume, Wild- und Obstgehölze, Rosen, immergrüne Pflanzen sowie Nadelgehölze zeigten.

Außergewöhnlich und schön präsentierten sich die historischen Gärten der Kurpfalz, die unter der Federführung der Schlossverwaltung Schwetzingen und des Staatlichen Liegenschaftsamts Heidelberg konzipiert worden waren. Sie stellten eine Reverenz an die in Jahrhunderten gewachsene und bedeutende Gartenkultur der Kurpfalz dar.

Auch die vierzig Grabgestaltungsbeiträge der Friedhofsgärtner oder die Werkstatt der Bildhauer- und Steinmetzinnung Mannheim-Heidelberg fanden ihr interessiertes Publikum. Dies war beim Ausstellungsbereich „Die Straße" ähnlich. Auf rund 500 Metern der Eisenbahnstraße hatte man mit Hilfe der Betonindustrie vielfältige und variantenreiche Beispiele für eine Flächengestaltung im öffentlichen und privaten Raum, sei es in Fußgängerzonen oder vor der Haustür, angebracht und dazu in einem Pavillon Erläuterungen gegeben. Kein Wunder, dass sich hier viele Kommunalpolitiker, Architekten und Stadtplaner neben privaten Bauherren informierten.

Im dortigen Pavillon präsentierte sich auch die Bundesbahn mit der neuen Schnellbahntrasse von Mannheim nach Stuttgart. Ohne dieses Projekt wäre es wohl nie zu einer Landesgartenschau in Hockenheim gekommen.

Nicht zu vergessen der Treffpunkt Wind und Sonne. Mit ihm machten die Stadtwerke Hockenheim sowie das Badenwerk auf eine umweltschonende Energieversorgung durch Windkraft und Sonnenenergie aufmerksam. Einen weiteren

Beitrag stellte der 220-V-Express - die umweltfreundliche Landesgartenschaubahn - dar. Dieser elektrisch betriebene Bimmelzug beförderte zig tausende Besucher zwischen dem Bahnhof und dem Haupteingang im Norden. Dem gegenüber befand sich ein großer Parkplatz für 800 Pkw und 50 Busse.

Treff der Hockenheimer und vieler Gäste

Alles in allem waren die 171 Tage der Landesgartenschau für viele Hockenheimer und auswärtige Gäste auch Tage der Begegnung. Sie bescherten mir so manchen Kontakt mit Einheimischen sowie mit Besuchern von außerhalb. Durch die Städtetage lernte ich beispielsweise zahlreiche Kommunalpolitiker und Persönlichkeiten aus dem Lande und darüber hinaus kennen. Aber auch die von den Gärtnereiverbänden oder den Kirchen veranstalteten Events, wie der Kolpingstag, sorgten für neue Bekanntschaften.

Außerdem empfing ich die eine oder andere ausländische Delegation. Dazu zählten unsere Freunde aus dem walisischen Ebbw Vale, die ich Jahre zuvor über den FV 08 Hockenheim kennengelernt hatte. Mit ihnen trafen sich vier mit meiner Frau und mir befreundete Ehepaare aus Hockenheim und Ketsch von Zeit zu Zeit in Wales oder in Hockenheim, einmal sogar in der Bretagne. Auf diese Weise pflegten wir eine herzliche Freundschaft über Ländergrenzen hinweg.

Begrüßen konnte ich auch Hans Sandmeier, den Gemeindeammann (Bürgermeister) aus Seengen im Aargau, der mit seinem Gemeinderat und einigen Mitbürgern gekommen war. Ihn hatte ich über den Motorsport kennengelernt.

Große Freude bereitete es mir auch, den Gesangverein Orfeó Atlàntida aus Barcelona und das tschuwaschische Tanz- und Gesangsensemble aus Tscheboksary willkommen zu heißen. Beide waren schon seit Jahren mit der Hockenheimer Liedertafel freundschaftlich verbunden, die sie zur Landesgartenschau eingeladen hatte.

Begrüßen und durch die Landesgartenschau führen konnte ich auch Augusto Schrank Junior, den Bürgermeister von Nova Petropolis, einer brasilianischen Kleinstadt im Bundesstaat Rio Grande de Sul. Ihn hatte ich schon einige Jahre vor der Landesgartenschau kennengelernt. Damals war er mit einer Delegation brasilianischer Bürgermeister nach Baden-Württemberg gekommen. Als er hörte, dass es in Hockenheim einen Kollegen mit gleichem Nachnamen gäbe, besuchte er mich. Leider wusste er nicht so genau, aus welcher Region Deutschlands seine Vorfahren stammten. Möglicherweise bestand sogar eine Verbindung zu meinen Vorfahren aus Hockenheim. Ein in der Vorderpfalz wohnender Verwandter meines Großvaters war um 1880 nach Amerika ausgewandert. Er hatte Jahre später einmal meinem Großvater geschrieben. Der konnte ihm aber leider nicht antworten, da seine Anschrift nicht mehr zu lesen war. Deshalb ging die Spur nach Nord- oder Südamerika verloren.

1991 war der perfekt Deutsch sprechende brasilianische Bürgermeister erneut nach Deutschland gekommen, um in Darmstadt ein älteres, dort außer Dienst ge-

238

stelltes Feuerwehrfahrzeug in Empfang zu nehmen. Es war das erste überhaupt, das die Feuerwehr seiner Stadt bekam! Dies erstaunte mich umso mehr, als das von Deutschen gegründete Nova Petropolis eine Stadt in der Größenordnung Hockenheims ist.

Entwicklungsschub für die ganze Stadt

Von der Auslobung des Ideen- und Realisierungswettbewerbs für die Landesgartenschau erhofften wir uns konstruktive Vorschläge zur Gestaltung der an den Kernbereich angrenzenden Wohnquartiere, zur Verkehrs- und Wegekonzeption sowie zur Stadtökologie. Deshalb umfasste der Wettbewerb nicht nur das eigentliche Landesgartenschaugelände, sondern das gesamte Stadtgebiet mit seinen Randzonen.

Das Konzept von Hannes Schreiner sah vor, den Landesgartenschaupark mit dem Ortsetter durch naturnahe Gestaltungselemente wie das renaturierte Kraichbachufer, den neu gestalteten Stiegwiesenpark sowie die Gärten entlang des Kraichbachs zu verbinden. Weitere Verbindungsachsen stellten verkehrsberuhigte Straßen mit Baumpflanzungen und kleinere Grünanlagen dar, sei es die Berlin-Allee zwischen der Dresdner Straße und der Schwetzinger Straße, die Kollmerstraße, die Dresdner Straße, die Bahnhofsstraße oder die Wasserturmanlage und -allee.

Zu den sanierten und mit Grün aufgewerteten Straßen in unmittelbarer Nähe des Landesgartenschaugeländes zählten die Kaiserstraße sowie die Zähringerstraße. Außerdem wurden die Fahrbahnen der Unteren- und Oberen Hauptstraße im Stadtzentrumsbereich verschmälert, mit einer neuen Decke versehen sowie die verbreiterten Gehwege gepflastert und teilweise mit Bäumen bepflanzt. Da die Hauptstraßen damals noch zur Landesstraße 599 zählten, übernahm das Land die Hälfte der Baukosten von 1,3 Millionen Mark.

Weitere Zuschüsse aus dem Landessanierungsprogramm erhielt die Stadt für die Neugestaltung der Rathausstraße zwischen der Kirchenstraße und der Oberen Hauptstraße. Dort war es dank der SÜBA noch rechtzeitig vor der Landesgartenschau gelungen, anstelle des ehemaligen Fäth'schen Geschäftshauses, das sich vis-à-vis des Rathauses befand, ein neues Wohn- und Geschäftshaus zu errichten.

Als recht vorteilhaft für die Stadt sollte sich auch die Aufnahme des Bereichs zwischen der Karlsruher Straße und der Mittleren Mühlstraße in das Landessanierungsprogramm „Einfache Stadterneuerung" erweisen. Es war mit einem Förderrahmen von 2,5 Millionen Mark verbunden und ausschließlich der Landesgartenschau zu verdanken. Dadurch war es noch vor deren Beginn möglich, den Weg und die ihn begrenzenden hässlichen Zaunanlagen im Kleingartengebiet zwischen Friedrichsbad und Spargelhalle zu erneuern. Außerdem wurden noch die Untere Mühlstraße zwischen der Oberen Hauptstraße und dem Messplatz mit einem Pflasterbelag aufgewertet, der Platz um den Mühlenbrunnen angelegt sowie im Straßenbereich zwischen Kraichbach und Messplatz Bäume gepflanzt.

Mit dem Abbruch der damals noch im Eigentum der „Landwirtschaftlichen Einkaufsgenossenschaft" befindlichen alten Spargelhalle in der Unteren Mühlstraße klappte es vor der Landesgartenschau trotz intensiver städtischer Bemühungen nicht mehr. Sie fiel erst 1993 der Spitzhacke zum Opfer und machte den Platz für einen öffentlichen Kinderspielplatz frei.

Schreiners Empfehlung, mit der er auch bei mir gleich offene Türen einrannte, war, in den Jahren nach der Landesgartenschau die Renaturierung des südlich der Karlsruher Straße gelegenen Teils des Kraichbachs einschließlich des Kraichbachkanals fortzusetzen. Vor der Landesgartenschau, für deren Umsetzung ohnehin nur eine relativ kurze Zeit zur Verfügung stand, war aber eine Maßnahme dieser Dimension nicht mehr zu schaffen.

Auch wenn die oben beschriebenen Maßnahmen nicht gänzlich wiedergeben, was alles im Hinblick auf die Landesgartenschau forciert oder erst in Angriff genommen wurde, vermitteln sie doch einen gewissen Überblick über die vielfältigen Aktivitäten, denen sich die Stadtverwaltung zu stellen hatte. Am Ende bescherten die städtebaulichen Erneuerungen der Stadt binnen kurzer Zeit einen gewaltigen Entwicklungsschub. Einige wären ohne das Projekt Landesgartenschau erst Jahre später, andere vermutlich nie machbar gewesen.

Alles hat seinen Preis

Ein geflügeltes Wort lautet: „Das dicke Ende kommt danach". Dies kann sich auch auf das Finanzielle beziehen. Um es gleich vorwegzunehmen: Ein finanzielles Desaster ist uns bei der Landesgartenschau, dank einer realistischen Investitions- und Finanzplanung, erspart geblieben.

Dennoch, auch unsere Landesgartenschau hatte ihren Preis. Aber dieser war angesichts dessen, was sie uns während der Durchführung bescherte und was danach verblieb, relativ günstig. Andererseits wären die Verantwortlichen der Stadt wohl mit dem Klammerbeutel gepudert gewesen, wenn sie nach dieser einmaligen Jahrhundertchance nicht gegriffen hätten. Einige wenige Zahlen mögen dies verdeutlichen.

Zur Herstellung der Daueranlagen im Kerngelände waren Investitionen in Höhe von 11,5 Millionen erforderlich. Der Grunderwerb (darunter auch das Ranco-Gebäude) belief sich auf 2,1 Millionen Mark und die flankierenden Maßnahmen auf 2,6 Millionen Mark. Macht zusammen 16,2 Millionen Mark.

Darüber hinaus erbrachte die Bundesbahn Investitionsleistungen von 2,6 Millionen Mark und das Land übernahm die Kosten der Kraichbachrenaturierung, die sich auf 1,4 Millionen Mark beliefen. Insgesamt wurden also über 20 Millionen Mark investiert, von denen die Stadt nach Abzug des Landeszuschusses und des Kostenersatzes von Dritten mit 9,7 Millionen Mark nur knapp die Hälfte zu tragen hatte.

Dass die Stadt dank der Landesgartenschau in das Sanierungsprogramm „Einfache Stadterneuerung" mit einem Förderrahmen von 2,5 Millionen Mark aufgenommen wurde, erwähnte ich bereits.

Nach zähen Verhandlungen veräußerte die Bundesbahn den von ihr recht teuer erkauften, mehrere Hektar großen neuen Grüngürtel entlang der Bahnlinie für den symbolischen Preis von einer Mark an die Stadt, allerdings mit der Auflage, ihn künftig zu unterhalten! Ansonsten aber zahlte die Bahn der Stadt für die Unterhaltung der Grünanlagen eine Ablösesumme von 3,05 Millionen Mark. Auf diesen Betrag hatten wir uns nach einigem Hin und Her und mit Hilfe der GPA geeinigt, die das Zahlenwerk zuvor überprüft und zu unseren Gunsten korrigiert hatte.

Beim Durchführungshaushalt gab es zunächst eine Unbekannte. Es handelte sich um die Besucherzahl bzw. die Einnahmen aus Eintrittsgeldern. Eine gewisse Vorsicht war also bei diesem Haushaltsposten geboten. Erfreulicherweise lagen die Eintrittserlöse, auch dank des guten Wetters, am Ende deutlich über dem Soll. Mit rund 4,0 Millionen Mark erzielte die bisher kleinste Landesgartenschaustadt in etwa den Durchschnittswert der zehn Landesgartenschauen zuvor. Selbst die Landesgartenschauen in den Großstädten Ulm/Neu Ulm, Heilbronn und Freiburg hatten durchschnittlich nur 4,4 Millionen Mark an Eintrittsgeldern vereinnahmt. Insofern war das Hockenheimer Ergebnis mehr als respektabel.

Insgesamt beliefen sich die Durchführungskosten der Landesgartenschau auf 9,3 Millionen Mark. Nach Abzug der Eintrittsgelder, Spenden und sonstiger Einnahmen betrug der ungedeckte Aufwand nur noch 2,3 Millionen Mark, den die Stadt zu tragen hatte.

Danach ist viel geblieben

Schon während der Landesgartenschau befassten wir uns mit der Frage der Nachnutzung. Klar war, dass einige Bereiche wie der Ausstellungsbereich „Die Straße" zurückgebaut und die Eisenbahnstraße für den Verkehr wieder freigegeben werden musste. Auch beim Tennisclub waren längst die Weichen für den Umbau der Blumenhalle zur Tennishalle sowie für die Anlage von zehn Freiplätzen gestellt. Binnen kurzem entstand dort eine der schönsten Tennisanlagen im Lande.

Im ehemaligen Ranco-Gebäude fanden zunächst die kirchliche Sozialstation, später mehrere Vereine, und noch im Jahre 1991 der Park-Kindergarten geeignete Räume.

Mit etwas Wehmut musste auch ich den Abbau des Riesenrads verkraften. Alle Bemühungen, es in Hockenheim zu belassen, scheiterten letztlich an den Folgekosten, deren Deckung man ohne die Besucher der Landesgartenschau zu Recht bezweifelte.

Einige Zeit hegte ich die Hoffnung, das Riesenrad durch einen 25 bis 30 Meter hohen Aussichtsturm dauerhaft ersetzen zu können. Er hätte auch nach der LGS einen umfassenden Rundblick auf die westliche Peripherie der Stadt gewährleistet. Architekt Volker Grein hatte in dankenswerter Weise auch schon interessante Turmskizzen kostenlos angefertigt, doch am Ende scheiterte das Projekt an der Finanzierung. Die „goldenen Jahre" der kommunalen Finanzausstattung waren in den 1990er Jahren passé und ein oder mehrere private Spender nicht in Sicht.

Wo das Riesenrad stand, wurde ein Kinderspielplatz angelegt, der seitdem dem Park-Kindergarten zugute kommt. Außerdem entstand nahe der Kaiserstraße, wo Roncallis historischer Jahrmarkt sein Publikum gefunden hatte, ein öffentlicher Kinderspielplatz. Beim ehemals nördlichen Haupteingang wurde eine Minigolfanlage angelegt.

Von der zur Landesgartenschau aufgemöbelten Parkanlage entlang der Bahn sowie im Stiegwiesenpark blieb das Meiste erhalten. Auch Veranstaltungsbereiche wie die Seebühne, Lamellenhalle oder Festwiese zählen zum Bestand. Geblieben sind auch die „Historischen Gärten der Kurpfalz", die verpachteten Kleingärten, einige Mustergärten, der von den hiesigen Landfrauen weiter betreute Bauerngarten, der Forstpavillon sowie die reizende Seeanlage beim Mittelanschluss mit ihren Fontänen, der Wasserachse und dem benachbarten attraktiven Kinderspielplatz.

Zum Schutz der Anlagen beließ man bei einem Großteil des Kerngeländes die Umzäunung und verständigte sich darauf, dort nachts die Tore zu schließen. Trotz dieser Maßnahmen kommt es immer wieder zu Vandalismus.

Nach der LGS bezogen wir, als für das ehemalige Gartenschaugelände eine neue Bezeichnung gefunden werden musste, die Hockenheimer Bürgerschaft mit ein. Eine breite Mehrheit entschied sich für „Gartenschaupark".

Frühzeitig und einstimmig beschloss der Gemeinderat, die Landesgartenschau GmbH auch nach Abschluss der Landesgartenschau weiter bestehen zu lassen und sie mit der Pflege und Unterhaltung der Parkanlagen sowie der Durchführung von Veranstaltungen zu beauftragen. Wie sehr dieser Gartenschaupark der Bevölkerung bereits ans Herz gewachsen war, verdeutlichte die 1994 erfolgte Gründung des Fördervereins „Gartenschaupark". Doch dazu später mehr.

❋

Die Stadthalle – das neue Kulturzentrum in der Stadtmitte

A m 15. März 1991, rechtzeitig bevor die Landesgartenschau ihre Tore öffnete, wurde die neue Hockenheimer Stadthalle im Rahmen eines Festakts ihrer öffentlichen Bestimmung übergeben. Tags darauf führten unter der Leitung von Hans Dieter Kamm und Peter Risch die speziell für diesen Anlass gebildete Hockenheimer Chorgemeinschaft, das Sinfonische Orchester Heidelberg und die Solisten Josefa Kreimes, Sopran, Thomas Kiesling, Tenor und Jochen Schmeckenbecher, Bass, wesentliche Teile des Oratoriums „Die Jahreszeiten" von Joseph Haydn auf. Dieses eindrucksvolle Musikwerk war ein ergreifender musikalischer Auftakt, der die Konzertbesucher im ausverkauften großen Saal begeisterte.

Die für den Bau der Stadthalle Verantwortlichen hatten sich schon in der Planungsphase und noch mehr in der Bauzeit auf den vorgegebenen Eröffnungstermin konzentriert und ihn letztlich auch eingehalten. Näheres über das Bauprojekt erfahren wir im Folgenden.

Überzeugender Entwurf

Der Grunderwerb für die Stadthalle war von meinem zuständigen Mitarbeiter Heinz Kammer und mir im Großen und Ganzen reibungslos über die Bühne gebracht worden. Damit konnten die Planungen – der Gemeinderat hatte das Bauprogramm längst festgelegt - auf den Weg gebracht und das Projekt umgesetzt werden.

Zunächst bereitete das städtische Bauamt unter der Federführung des stellvertretenden Stadtbaumeisters Bruno Benz, dessen Herz ganz der Sache gehörte, einen Architekturwettbewerb vor. Dieser wurde 1987 öffentlich ausgelobt. An dem Wettbewerb hatten sich 42 Architekturbüros beteiligt, darunter auch Volker Grein als einziger Hockenheimer.

Den ersten Preis gewann die Architektengemeinschaft Hannes Hübner, Dietmar Erhard und Stanislaw Bomze aus Heidelberg. Diese erhielt auch den Planungsauftrag. Außerdem beauftragten wir noch die Baubetreuungs GmbH Heidelberg, die sich um die Bauarbeiten als Vertreter des Bauherrn kümmerte und somit das Stadtbauamt entlastete.

Der Entwurf der drei Architekten überzeugte – leider auch einen anderen Architekten! Der hatte sich kurze Zeit danach am Architekturwettbewerb für die Stadthalle in Wiesloch beteiligt. Statt aber mit einer eigenen Arbeit aufzuwarten, hatte er einfach vom Entwurf des Hockenheimer Preisträgers das Wesentliche abgekupfert und ihn als eigene Arbeit eingereicht.

Von der architektonischen Qualität beeindruckt, setzte das Wieslocher Preisgericht das Plagiat prompt auf den ersten Platz! Man kann sich vorstellen, welche Wogen es geschlagen hätte, wenn dies am Ende realisiert worden wäre. Zum Glück kamen die Wieslocher noch rechtzeitig vor der Vergabe des Planungsauftrags dahinter, dass die Hockenheimer Stadthalle Pate gestanden hatte. Sonst wäre das „Palatin" - so heißt die Wieslocher Stadthalle - wohl ein Duplikat der Hockenheimer Stadthalle geworden.

Baugrube tangierte alten Friedhof – mit unerwarteten Folgen

Dass die Planungen für ein so großes Projekt wie die Stadthalle ihre Zeit benötigten, ist verständlich. Dennoch konnte bereits am 9. Januar 1989 der erste Spatenstich getätigt und am 17. November 1989 das Richtfest gefeiert werden, in dessen Rahmen auch der Grundstein gelegt wurde. In diesen wurde eine Urkunde, handgeschrieben von Edi Cermak, sowie andere zeitgeschichtliche Dokumente eingemauert.

Kurz nach Baubeginn stellte sich heraus, dass ein Teil des Stadthallenbauplatzes einst zum städtischen Friedhof gehört hatte, der um 1880 aufgegeben worden war. Als die Baugrube ausgehoben und die Erdmassen am Südring zum Lärmschutzwall vor dem Wohngebiet Neugärten-Biblis aufgeschüttet wurden, kamen plötzlich Totenschädel und Gebeine zum Vorschein. Um den Bauzeitenplan nicht zu gefährden, musste kurzfristig eine vertretbare Lösung gefunden werden. Ich fühlte mich bei dieser Sache alles andere als wohl. Schließlich verständigten wir uns verwaltungsintern auf folgende Vorgehensweise: Alle ans Tageslicht geförderten Gebeine sollten sorgsam in einer Holzkiste gesammelt und dann auf dem Friedhof beigesetzt werden.

Wie sich einige Zeit später zeigte, war es gut, dass wir die Sache unter der Decke gehalten hatten. Als sich bei einem öffentlichen Bauvorhaben einer württembergischen Gemeinde dasselbe Problem offenbarte, hatten die Medien Wind von den beim Ausschachten ans Tageslicht geförderten Gebeinen bekommen und einen Rummel in der Öffentlichkeit veranstaltet. Im ganzen Land wurde darüber berichtet. Der Bürgermeister stand als pietätloser Mensch am Pranger, weil er die Bauarbeiten nicht eingestellt und eine fachgerechte Umbettung veranlasst hatte. Leider ließ sich beim Erdaushub für die Stadthalle nicht vermeiden, dass noch das eine oder andere Gebein mit den ausgehobenen Erdmassen zum Lärmschutzwall am Südring transportiert wurde. Als dort später einige angrenzende Grundstückseigentümer versuchten, ihre Gärten zu vergrößern, indem sie den auf öffentlichem Gelände befindlichen Lärmschutzwall anknabberten, stießen sie auf menschliche Überreste und schalteten die Kripo ein.

Der Verdacht, es könne sich hierbei um Verbrechensopfer handeln, war zwar schnell auszuräumen, jedoch ganz so ohne war das Wissen um die Gebeine für die unbefugten „Gartenvergrößerer" nun auch wieder nicht. Andererseits aber hatten sie alle vom kostenlosen Aushubmaterial profitiert. Hätte dieses anderweitig beschafft werden müssen, wären nicht nur der Lärmschutzwall wesentlich teurer, sondern auch die Erschließungskosten für jeden Eigentümer deutlich höher geworden.

Raumprogramm bietet viele Nutzungsmöglichkeiten

Die Baukosten des Stadthallenprojekts beliefen sich ohne Außenanlagen und Mehrwertsteuer, die größtenteils mit der Vorsteuer verrechnet werden konnte, auf rund 31 Millionen Mark. Dafür erhielt die Stadt ein Raumprogramm mit großem

Saal, wohl einer der schönsten weit und breit, kleine Säle, ein geräumiges Foyer sowie das Restaurant „Rondeau" mit Nebenzimmern und zwei Kegelbahnen. Damit eröffneten sich für den kulturellen und gesellschaftlichen Bereich Hockenheims neue Dimensionen und Perspektiven, an die bisher nicht zu denken gewesen war. Insofern sollte sich der Schlusssatz meiner Ansprache, die ich anlässlich der offiziellen Inbetriebnahme an die Gäste richtete, schon nach kurzer Zeit als richtig erweisen. Er bezog sich auf ein abgewandeltes Goethewort, das der Dichterfürst bei der Kanonade von Valmy zum Besten gegeben hatte und das lautete:

> „Von hier und heute geht eine neue Epoche der Hockenheimer Gesellschafts- und Kulturgeschichte aus, und wir können einmal sagen, wir sind dabei gewesen".

Zum Stadthallenprojekt gehörten noch eine Schulsporthalle (25 x 17 Meter), zwei Trainingsräume für Sportvereine (125 und 50 qm) sowie eine Tiefgarage mit 120 Stellplätzen.

Das neue kulturelle Zentrum Hockenheims, in den Anfangsjahren von Adolf Podkriznik kaufmännisch-betriebswirtschaftlich und von Lothar Blank veranstaltungsmäßig, später von Walter Rettl in Personalunion gemanagt, bot während der Landesgartenschau namhaften Künstlern wie Bill Ramsey, Matthias Richling, Konstantin Wecker, Helmut Zacharias und anderen ein Forum. Aber auch die Hockenheimer Gesangs- und Musikvereine nutzten die Stadthalle schon im Gartenschaujahr für vielbeachtete konzertante Aufführungen.

Architektur und Funktion sollten harmonieren

Zu Beginn der Planungsphase hatten uns die Architekten nur grobe Entwurfspläne vorgelegt. Aus diesen war leider nicht zu erkennen, dass sie für das Stadthallenrestaurant eine reine Glasfassade vom Boden bis zum Dach vorgesehen hatten. Ich bemerkte und monierte dies erst, als mir detaillierte Pläne vorgelegt wurden. Doch die Architekten ließen nicht mit sich reden. Sie verwiesen auf ihr Urheberrecht.

Bekanntlich ist Glas ein kaltes Material, unter dem oft die Raumatmosphäre leidet. An heißen Sommertagen ist es beispielsweise notwendig, eine zur Sonne ausgerichtete Glasfassade zu beschatten, sonst erhitzen sich die innen liegenden Räume zu stark. Obwohl dies geschah, musste das Restaurant „Rondeau" von Anfang an zusätzlich klimatisiert und die damit verbundenen Betriebskosten in Kauf genommen werden. Die Bezeichnung „Rondeau" hatte ich im Hinblick auf den runden Baukörper vorgeschlagen.

Architektonisch stellt das „Rondeau" zwar etwas Außergewöhnliches dar, doch wegen der riesigen Glasflächen bedurfte es bei der Innenausstattung einiger dekorativer Akzente, um den „Charme einer Eisdiele" zu vermeiden. Beispielsweise wurde statt der von den Architekten vorgeschlagenen blauen Steinplatten für den Fußboden ein wärmerer Teppichboden verlegt.

Auch die über zwei Geschosse reichende Höhe des Restaurants wirkt sich auf die Wohlfühlatmosphäre aus. Es wurde deshalb überlegt, den hohen Raum zu kaschieren bzw. die Höhe optisch zu verringern, beispielsweise mit abgehängten, offenen Deckenelementen aus Holz oder Tuch, oder gar nachträglich eine massive Decke einzuziehen. Letztlich scheiterte aber das Umsetzen dieser Maßnahmen an den Kosten.

In einer Kleinstadt wie Hockenheim hat es ein Gastronomiebetrieb in aller Regel schwer, wenn sein Restaurant von außen einzusehen ist. Es stört viele Gäste, auf dem Präsentierteller zu sitzen. Entsprechend verhalten sie sich. Dies bekam die Stadthallengastronomie gleich nach der Eröffnung zu spüren. Bei Dunkelheit wirkte sich beim Rondeau die Einsicht von außen, verstärkt durch die Innenraumbeleuchtung, nicht positiv aus. Wer betritt schon gerne als erster Gast ein leeres Restaurant, ohne genau zu wissen, ob noch weitere Gäste folgen werden? Und wer lässt sich - und dies gilt nicht nur für Hockenheim - schon gerne von außen auf den Teller schauen? Deshalb verkleidete man schließlich die Innenseiten der Fensterfront mit edlen Holzplatten und Vorhängen.

Benachbartes Hotel – eine sinnvolle Ergänzung

Aus betriebswirtschaftlicher Sicht erschien es sinnvoll, neben der Stadthalle noch ein Hotel zu errichten, das dem Tagungs- und Veranstaltungsgeschäft nützen sowie der Gastronomie zugute kommen würde. Deshalb machte ich mich in der Planungsphase der Stadthalle auf die Suche nach Hotel-Investoren.

Hans Schlampp, der Chef der SÜBA, vermittelte mir die Firma FIBEG aus Ludwigshafen, die zu dieser Zeit gerade die PAGE-Hotelgruppe in der Region aufbaute. Die FIBEG hielt das angebotene, zwischen der Stadthalle und der Heidelberger Straße liegende städtische Grundstück für geeignet, erwarb es und errichtete darauf ein Drei-Sterne-Hotel garni mit 80 Zimmern und Tiefgarage. Es wurde über einen überdachten Steg mit der Stadthalle verbunden. Das im September 1990 eröffnete Hotel betrieb zunächst die Page-Hotelbetriebs-Gesellschaft, die eng mit der neuen Stadthalle kooperierte. In späteren Jahren wechselten die Betreibergesellschaften des Hotels. Heute betreibt es die weltweit agierende Ramada-Hotelgruppe.

Neujahrsempfang – ein bürgerschaftliches Treffen

Mit dem großen Saal der Stadthalle verfügte die Stadt nun über einen repräsentativen Rahmen für einen städtischen Empfang zum Jahresbeginn. Zu einem solchen lud ich die Vertreter des öffentlichen Lebens und der örtlichen Vereine erstmals 1992 in die Stadthalle ein. Meiner Einladung mögen gut fünfhundert Gäste gefolgt sein. Ein besseres Forum hätte mir auch eine öffentliche Bürgerversammlung kaum bieten können. Deshalb nutzte ich die Gelegenheit, um mit einem Rück- und Ausblick ausführlicher als in den Jahren zuvor auf die aktuelle Situation der Stadt und deren künftige Vorhaben einzugehen.

Seit Mitte der 1950er Jahre waren Neujahrsgratulationscouren im Bürgersaal, in der Aula der Realschule oder in der Festhalle veranstaltet worden. Bei diesen Empfängen zum Jahresbeginn hatten sich immer die örtlichen Karnevalisten groß in Szene gesetzt. Sie waren zwar nun auch mit von der Partie, doch ohne ihre in den Vorjahren übliche Proklamation.

Auch andere städtische Veranstaltungen wie Seniorennachmittage oder Ehrungsabende wurden nun regelmäßig im großen Saal der Stadthalle durchgeführt.

*

Der denkwürdige Besuch des Bundespräsidenten

Das Jahr 1991 war für die Stadt und für mich als Bürgermeister aber nicht nur wegen der neuen Stadthalle und Landesgartenschau ein besonderes. Auch am Hockenheimring wurde ein Programm geboten, das sich sehen lassen konnte. Höhepunkte waren die Großen Preise von Deutschland für Motorräder Ende Mai sowie für Formel-1-Rennwagen Ende Juli. Dazwischen feierten wir noch in einem großen Festzelt das 25-jährige Jubiläum des Motodroms.

Ende Mai 1991 nahm die Deutsche Bahn im Rahmen eines in Kassel veranstalteten Festakts mehrere Neubaustrecken offiziell in Betrieb, darunter auch die Trasse von Mannheim nach Stuttgart. Zu diesem verkehrspolitisch historischen Ereignis kam auch Bundespräsident Richard von Weizsäcker.

Der Einladung nach Kassel war ich mit meiner Frau auch deswegen gerne gefolgt, weil mich das Neubauprojekt der Bahn von Beginn meiner Amtszeit an über viele Jahre hinweg tagtäglich beschäftigt hatte und schließlich zur Realisierung der Landesgartenschau führte. Die fahrplanmäßige Inbetriebnahme der ICEs markierte nun den endgültigen Abschluss dieser langen Phase. Auch Kollege Ewald Butz aus Neulußheim zählte mit seiner Gattin zu den geladenen Gästen. Wie nicht anders zu erwarten, erfolgte die Fahrt mit nagelneuen ICEs ab Mannheim.

Beim Festakt der Bahn sah ich zwar den Bundespräsidenten aus unmittelbarer Nähe, konnte aber nicht ahnen, dass er schon wenige Wochen später nach Hockenheim kommen würde. Anlass seines überraschenden Besuchs war das Formel-1-Rennen.

Von Weizsäcker befand sich in der Rennwoche zum Urlaub in Bad Wildbad. Anscheinend wurde er dort auf die Formel-1-Veranstaltung in Hockenheim aufmerksam und entschied sich kurzfristig, sie zu besuchen. Ich erhielt jedenfalls am Samstagnachmittag vor dem Grand Prix eine entsprechende Info. Außerdem sollte ich über eine bestimmte Telefonnummer Kontakt mit einem Mitarbeiter des Bundespräsidenten in Bad Wildbad aufzunehmen.

Im ersten Moment kam mir die Sache etwas spanisch vor. Doch mein Rückruf landete tatsächlich bei einem Mitarbeiter des Bundespräsidenten. Dieser bestätigte mir dessen inoffizielle Besuchsabsicht und verband sie zugleich mit der Bitte, sie nicht an die große Glocke zu hängen. Dies sicherte ich zu, bat aber darum, dass sich der Bundespräsident ins Goldene Buch unserer Stadt eintragen möge, was in Aussicht gestellt wurde.

Nun also war der Besuch des Bundespräsidenten amtlich. Da alle repräsentativen Räume des Hotels Motodrom durch das Rennen belegt waren, stand für den Eintrag ins Goldene Buch nur noch der kleinste Besprechungsraum zur Verfügung, den ich mir damals zu Formel-1-Rennen reservieren ließ. Er fasste kaum mehr als ein Dutzend Personen. Deshalb konnte ich zu diesem Anlass nur einige wenige Persönlichkeiten aus Politik und Motorsport einladen. Dazu gehörten neben Bernie Ecclestone noch Jean-Marie Balestre, der amtierende Präsident der FIA, der bereits am Hockenheimring weilte.

Balestre und Ecclestone hatten jahrelang um die Vorherrschaft in der Formel 1 gekämpft. Deshalb musste ich davon ausgehen, dass ihr Verhältnis nicht das allerbeste sei. Zudem hatten die Art und der autoritäre Führungsstil des französischen FIA-Präsidenten im Rennzirkus immer wieder für Unmut gesorgt. Da man an Balestre nicht ohne weiteres herankam, begleitete mich Ecclestone zu ihm in das für ihn eingerichtete Büro im Start- und Zielgebäude. Ich war sehr gespannt, was für eine Persönlichkeit Balestre wirklich sein würde.

Balestre empfing uns sehr höflich und bot uns gleich die beiden Stühle vor seinem Schreibtisch an. Kaum, dass ich ihn über das Kommen des Bundespräsidenten informiert hatte, fing er sofort an, mit vielen Worten ein Besuchsprogramm zu entwerfen und es gleich auf ein Blatt Papier zu skizzieren. Weder Ecclestone noch ich hatten zunächst die Chance, ihn in seinem Tatendrang zu bremsen. Erst als er einmal tief Luft holte, konnte ich ihm klar machen, dass das Organisatorische längst geregelt sei und ich ihn nur aufgesucht hätte, um ihn anderntags zu dem kleinen Empfang ins Hotel Motodrom einzuladen.

Nun sprach allein seine Mimik Bände. Wirsch knäuelte er das gerade beschriebene Blatt Papier zusammen und feuerte es mit Schwung in den Papierkorb. Das also war seine Antwort auf meine Einladung, der er, wie sich am nächsten Tag herausstellte, nicht folgte.

Mit seinem Vorgänger im Präsidentenamt der FIA, Paul Alfons Fürst von Metternich-Winneburg, Urenkel des bekannten österreichischen Staatsmanns Klemens Wenzel Lothar Fürst von Metternich-Winneburg, hatte ich mehr Erfolg. Fürst von Metternich war seit 1960 Präsident des Automobilclubs von Deutschland, dem die sportliche Ausrichtung des Großen Preises von Deutschland oblag. Ich begegnete dem Fürsten am Spätnachmittag und lud ihn mit seiner Gattin ein. Er nahm meine Einladung spontan an, worüber ich mich freute.

Am anderen Tag konnte ich den Bundespräsidenten wie angekündigt gegen Mittag begrüßen. Ich führte ihn, gefolgt von der kleinen Schar geladener Gäste, in den kleinen Salon, wo das Goldene Buch der Stadt zum Eintrag bereitlag. Dort nahm er Platz und trug sich ein. Danach wollte ich mich neben ihn setzen. Doch im selben Moment belegte die schon betagte Gattin des Fürsten, Tatiana von Metternich, eine geborene russische Großfürstin, die Rückenlehne des Stuhls mit ihren

Händen und sagte zu mir höflich aber bestimmt: „Junger Mann, der ist für mich reserviert!" Das überraschte mich sehr. Bisher hatte ich unter dem Spruch „Adel verpflichtet" in erster Linie eine Vornehmheit bzw. ein vornehmes Benehmen erwartet.

Einer hochadligen Dame, die darauf noch bestand, konnte ich natürlich den Platz neben dem adligen Bundespräsidenten nicht verweigern. Deshalb musste ich mich nach einem anderen Stuhl umsehen. Da nicht genügend Stühle zur Verfügung standen, gelang es mir gerade noch, den letzten zu ergattern. Sonst hätte ich wohl in einer Ecke stehen müssen.

Nach dem Eintrag ins Goldene Buch hieß ich den Bundespräsidenten herzlich willkommen und stellte ihm kurz die Stadt und den Ring vor. Danach begleitete ich ihn zu Start- und Ziel, wo er auf Balestre traf. Danach machte er eine kurze Visite im Boxenbereich, wo er sich mit einigen Formel-1-Piloten unterhielt.

Das Renngeschehen verfolgte er von der Haupttribüne aus. Dorthin hatte ich ihn mit Bernd Schmidbauer begleitet, damals Parlamentarischer Staatssekretär beim Bundesministerium für Umwelt, Naturschutz und Reaktorsicherheit. Der Rennlärm auf der Haupttribüne erreichte an diesem Nachmittag Werte, die man selbst mit Ohropax kaum ertragen konnte. Doch der Bundespräsident blieb standhaft. Um nicht mit dem abfließenden Besucherverkehr ins Gehege zu kommen, verließ er das Motodrom rechtzeitig vor dem Ende des Rennens, eskortiert von der Landespolizei.

Nun erst konnte ich mich um das Goldene Buch kümmern, das ich, mit der bedeutenden Unterschrift des Bundespräsidenten bereichert, im Empfangssalon liegen gelassen hatte. Als ich mir die Seite ansah, die wir für die Unterschrift des Mannes mit dem höchsten Staatsamt reserviert hatten, traute ich meinen Augen nicht. Neben der Unterschrift des Bundespräsidenten hatte auch noch Fürst von Metternich die Seine unbemerkt hinzugefügt, obwohl ich ihn dazu nicht aufgefordert hatte. Im ersten Moment empfand ich dies als einen Makel.

Andererseits wurde mir aber recht bald bewusst, dass wohl kaum ein Goldenes Buch einer Stadt mit der Unterschrift eines Fürsten von Metternich aufwarten kann. Deshalb habe ich ihm seine „unerlaubte Handlung" sehr schnell verziehen. Metternich segnete übrigens schon im Jahr darauf im Alter von 75 Jahren das Zeitliche. Da er keine Söhne hatte, erlosch mit seinem Ableben die Familie Metternich im Mannesstamm.

✳

Asylbewerber und Bürgerkriegsflüchtlinge

A m 26. September 1991, also kurz vor dem Ende der Landesgartenschau, veranstaltete der Gemeindetag Baden-Württemberg seine Jahreshauptversammlung in der neuen Stadthalle Hockenheims. Dafür hatte ich mich beim Vorstand des Gemeindetags eingesetzt. Zu der Veranstaltung waren Ministerpräsident Erwin Teufel und zahlreiche Bundestags- und Landtagsabgeordnete sowie einige hundert Bürgermeister unseres Landes gekommen.

In einer Podiumsdiskussion mit Vertretern der politischen Parteien ging es um den damals noch ungehinderten Zustrom von Asylbewerbern, der, als die staatlichen Unterbringungsmöglichkeiten überfüllt waren, im Wesentlichen von den Kommunen aufgefangen werden musste und überall Probleme bereitete. Das Beispiel Hockenheim mag dies verdeutlichen. Unserer Stadt wurden 1985 erstmals 35 Asylbewerber zugewiesen. In den Folgejahren stiegen die Zuweisungsraten bis auf 12,5 Personen pro 1000 Einwohner, also auf über 220 Personen.

Da die Stadtverwaltung bei der Unterbringung relativ schnell an ihre Grenzen gestoßen war und leerstehende private Wohnungen nicht requiriert werden konnten, musste kurzfristig ein Wohnheim im Talhaus gebaut und im Mörsch eine Wohncontaineranlage aufgestellt werden. Insgesamt gab die Stadt zur Wohnraumbeschaffung über drei Millionen Mark aus. Diese Summe sollte sich letztlich über die vom Kreis übernommenen Mieten amortisieren.

Apropos Kreis. Der wollte auf dem Höhepunkt der Zuwanderung die ehemalige, noch leerstehende Zigarrenfabrik GEG in der Luisenstraße von dem privaten Eigentümer mieten, um hunderte von Asylbewerbern unterzubringen. Das hätte mitten in der Stadt zu einer Gettobildung geführt, die vermutlich nicht nur die unmittelbare Nachbarschaft auf die Barrikaden gebracht, sondern auch der Entwicklung der Innenstadt nicht gut getan hätte. Deshalb wandte sich die Stadt dezidiert gegen das Vorhaben und verhinderte es.

Wie die Anerkennungsquote der Asylbewerber letztlich bewies, handelte es sich zu über 90 Prozent um Wirtschaftsflüchtlinge, die sich bei uns ein besseres Leben versprachen. Sie mussten bei der Einreise nach Deutschland lediglich das Wort „Asyl" in den Mund nehmen, und schon befanden sie sich im Asylverfahren, das ihnen über längere Zeit Subsidien und Unterkunft sicherte.

Von den nicht anerkannten Asylbewerbern konnten jene nicht in ihre Herkunftsländer abgeschoben werden, die bei der Einreise ihre wahre Identität verschleiert hatten und die Mitwirkung bei der Passbeschaffung verweigerten. Dies waren nicht wenige. Aber auch sonst kamen, trotz Abgeltung eines Teils der Kosten durch Bund und Land, auf den Landkreis und die Kommunen zusätzliche Ausgaben zu. Da die Sozial- und Jugendhilfe des Kreises über die kommunale Kreisumlage zu finanzieren ist, hatten die Städte und Gemeinden auch insofern die Kosten mitzutragen.

Asylrechtsänderung lange umstritten

Nach meiner Überzeugung nahm die deutsche Politik die Migrationsströme jahrelang ohnmächtig hin. Das viel zu liberale Grundgesetz bedurfte dringend einer Änderung. Doch dazu waren zunächst weder die SPD noch die FDP, geschweige denn die Grünen, bereit. Nur die CDU erkannte den überfälligen Handlungsbedarf, konnte aber, weil zur Grundgesetzänderung eine Zweidrittelmehrheit im Bundestag erforderlich war, allein nichts ausrichten. Die Kommunen traf die Zuwanderungsproblematik in voller Härte; sie fühlten sich von der hohen Politik im Stich gelassen.

Kirchliche und andere „Gutmenschen" unterstützten die Migration, trugen aber nur in den seltensten Fällen zur Unterbringung bei, ganz abgesehen von den damit verbunden Kosten. Einige Kirchengemeinden bzw. Pfarrer boten abgelehnten Asylbewerbern sogar kirchliches Asyl, um sie vor der Abschiebung zu bewahren.

Doch zurück zur Jahreshauptversammlung des Gemeindetags. Bei der Podiumsdiskussion zum Asylrecht wurde Rezzo Schlauch, Landtagsabgeordneter der Grünen, wegen seiner Haltung zum Asylrecht - ihm ging dieses noch nicht weit genug - mehrmals von den Zuhörern, zumeist Bürgermeistern, ausgebuht. Nach der Jahreshauptversammlung kam ich mit dem FDP-Bundestagsabgeordneten Roland Kohn ins Gespräch, der einige Monate zuvor zum FDP-Landesvorsitzenden gewählt worden war. Er sagte mir, dass es mit ihm nie eine Änderung des Asylrechts geben würde. Ich antwortete ihm: „Die Änderung wird kommen, entweder mit Ihnen oder ohne Sie! Wenn Sie dazu nämlich nicht bereit sind, werden Sie bei der nächsten Wahl von den Wählern weggefegt werden!"

Damals fanden die Republikaner mit ihren Parolen gegen die Zuwanderung bei Wahlen immer mehr Zuspruch und zogen sogar in den baden-württembergischen Landtag ein. Diese Entwicklung mobilisierte dann endlich die etablierten Parteien und veranlasste sie, zu handeln. Es ging doch im Grunde überhaupt nicht um die Abschaffung des Asylrechts. Das Ziel war, den Zustrom von sogenannten „Scheinasylanten" zu stoppen und nur solche Asylbewerber anzuerkennen, die unseren Schutz und damit unser Asyl wirklich benötigten.

Als die SPD bei Meinungsumfragen in Bayern sogar hinter den Republikanern lag, zog die damals frisch gekürte bayerische SPD-Landesvorsitzende Renate Schmidt die Reißleine. Auf ihr Drängen hin schwenkte die Bundes-SPD bei der Asylpolitik endlich um und öffnete somit den Weg zur Änderung des Asylrechts. Auch die FDP trug dieses nun mit.

Danach erst ebbte der Zustrom an Asylbewerbern ab. Doch ab dem Jahre 1991 tobte der jugoslawische Bürgerkrieg. Hunderttausende flohen, die meisten nach Deutschland. Viele der Flüchtlinge beantragten Asyl. Hinzu kamen noch rund 2,5 Millionen Aussiedler bzw. Spätaussiedler aus den Staaten der ehemaligen Sowjetunion.

Diese Zuwanderung, größtenteils aus völlig anderen Kulturkreisen, wirkte sich natürlich nicht nur auf die kommunalen Finanzen, sondern auch auf das kommunale Zusammenleben aus. Sie musste gesellschaftlich erst einmal verkraftet werden.

Darüber kam es auch nie zu einer umfassenden gesellschaftspolitischen Diskussion. Selbst wer sich mit dem Thema auf rein sachliche Weise auseinandersetzte, lief Gefahr, sich schnell in der rechten oder gar rechtsradikalen Ecke wiederzufinden. Daran änderte sich auch in späteren Jahren nicht viel.

Ich bin mir sicher, dass dieses Tabuthema viel zur Politikverdrossenheit beigetragen hat. Auch aus meinem durchweg toleranten Freundes- und Bekanntenkreis konnte dieser Entwicklung niemand etwas Positives abgewinnen.

Mit den Jahren sind auch erhebliche Integrationsdefizite, besonders in Ballungszentren, aber nicht nur dort, offensichtlich geworden. Deshalb kann man sich vom Eindruck einer gescheiterten Multikulti-Politik nicht ohne weiteres distanzieren. Es wird sich zeigen, ob die kostspieligen Integrationsbemühungen in Zukunft mehr fruchten. Doch will sich ein beachtlicher Teil der Zugewanderten überhaupt integrieren? Vielerorts entstandene Parallelgesellschaften sprechen nicht unbedingt dafür. Dennoch ist zu hoffen, dass die staatlichen Integrationsbemühungen im Interesse eines harmonischen Zusammenlebens erfolgreicher verlaufen.

Der jugoslawische Bürgerkrieg

Zu den Negativbeispielen für das Zusammenleben verschiedener Ethnien zählte Jugoslawien. Anfang der 1990er Jahre begann der Vielvölkerstaat auseinanderzubrechen. Zunächst hatten sich die Slowenen und danach die Kroaten für ihre Unabhängigkeit ausgesprochen. Dies führte schon im Frühjahr 1991 zu bewaffneten Konflikten zwischen Serben und Kroaten.

Einer der ersten Toten des beginnenden Bürgerkriegs war ein junger serbischer Panzersoldat, den eine aufgebrachte kroatische Menschenmenge lynchte. Als ich diese Bilder im Fernsehen sah, war ich entsetzt. Wie konnte so etwas in einem zivilisierten Land geschehen? Doch schon damals spürte man, dass die deutsche Politik und die Medien den Slowenen und Kroaten mehr Sympathie als den Serben entgegenbrachten, wie schon immer in der Geschichte.

In der Anfangsphase des Konflikts kam eine Kroatin zu mir ins Rathaus, die mit ihrer Familie schon längere Zeit in Hockenheim lebte. Sie forderte mich als Bürgermeister auf, eine öffentliche Initiative gegen die „bösen Serben" zu starten. Als ich ihr die Lynchszene schilderte und sie wissen ließ, dass ich mich hüten würde, ihrem Wunsch zu folgen, auch weil dies keine kommunale Angelegenheit sei, zog sie verärgert ab.

Ende 1991 gratulierte ich Heinrich Stroh, dem früheren geschäftsführenden Rektor unserer Schulen, zum 70. Geburtstag. Er stammte aus Jugoslawien, konnte aber nach dem Kriege nicht mehr in seine Heimat zurückkehren. Von ihm hoffte ich, über die Entwicklung in Jugoslawien, die für mich unverständlich war, mehr zu erfahren. Er, der in Jugoslawien seine Wurzeln hatte, stellte fest: „Im Balkan gelten andere Gesetze als bei uns. Außerdem werden dort jetzt alte Rechnungen beglichen!"

Der Konflikt in Jugoslawien hatte aber auch wirtschaftliche Gründe. Slowenen und Kroaten versprachen sich mit ihrer Selbstständigkeit mehr Freiheit und

Prosperität. Es gab aber auch noch einen weiteren Grund, über den ich erstmals durch einen Korrespondenten des SDR erfuhr. Er berichtete aus Athen, durch ganz Griechenland sei ein Aufschrei gegangen, als die EU Sanktionen gegen Serbien verhängt habe. Warum? Die Griechen seien wie die Serben orthodox und stünden zu ihren Glaubensbrüdern. Im Gegensatz dazu seien die Kroaten durchweg Katholiken, die sich als das letzte Bollwerk des Vatikans gegen den Islam bzw. die Muslime in Bosnien-Herzegowina sowie die Serbisch-Orthodoxen verstünden. Diese Glaubensunterschiede und verschiedenen Ethnien hätten schon oft zu Spannungen geführt. Letztlich spielten sie auch bei der aktuellen Auseinandersetzung eine nicht zu unterschätzende Rolle, meinte der Rundfunkreporter. Womit er sicher nicht daneben lag.

Soviel zu den Anfängen eines Bürgerkriegs, der noch Jahre dauern sollte, und letztlich durch die Flüchtlingsströme, die nach Deutschland kamen, auch an unserem Gemeinwesen nicht spurlos vorüber ging.

＊

Mehr Einwohner durch neue Baugebiete

Anfang der 1990er Jahre kamen auf den Ballungsraum Rhein-Neckar enorme wohnungspolitische Herausforderungen zu. Zuwanderer aus den neuen Bundesländern, Spätaussiedler aus der ehemaligen Sowjetunion, Asylbewerber und Emigranten aus vieler Herren Länder, vor allem aus der Türkei und dem Balkan, belasteten den Wohnungsmarkt. Auch in Hockenheim zeichnete sich eine große Nachfrage nach Wohnraum bzw. nach Bauplätzen ab. Deshalb wandten sich das Land und die zuständigen Landesplaner mit der Bitte an uns, die Bebauungsplanungen und Erschließungen von Baugeländen zu forcieren. Auf diesem Gebiet hatte die Stadt noch einiges zu bieten.

Geplant war bereits das Neubaugebiet Hockenheim-Süd mit über 300 Bauplätzen. Es ermöglichte den Bau von Einfamilienhäusern bis zum größeren Wohnblock, insgesamt mehr als 800 Wohneinheiten. Künftig sollte der neue Stadtteil mit seinen 28 Hektar einmal Wohnraum für über 2.000 Einwohner bieten.

Weitere Grundstücke für 24 Einfamilienhäuser wurden auf dem Gelände der ehemaligen Tennisanlage beim Aquadrom erschlossen. Mit dem Verkauf der Bauplätze finanzierte die Stadt die Umsiedlung des Tennisclubs in den Gartenschaupark.

Ein weiteres Bebauungsplanverfahren leitete die Stadt für die überlangen Hausgärten am Kraichbach zwischen der Bachstraße und der Oberen Mühlstraße ein. Für dieses Gebiet hatte bei einer Umfrage eine deutliche Mehrheit der betroffenen Eigentümer Interesse an einer Bebauung bekundet. Dort entstand um die Erschließungsstraße „Am Bachrain" ein zwar kleineres, aber attraktives stadtnahes Wohngebiet mit rund 40 Wohneinheiten.

Als ein weiterer interessanter innerstädtischer Bau- und Sanierungsbereich erwies sich nach einer städtebaulichen Analyse auch das Areal zwischen der Hirschstraße und Unteren Hauptstraße. Für dieses wurde ein Bebauungsplanverfahren in die Wege geleitet und beim Land die Aufnahme in das Landessanierungsprogramm beantragt. Gleichzeitig erließ die Stadt eine Veränderungssperre, um zu verhindern, dass die mit dem Bebauungsplan verfolgten städtebaulichen Ziele unterlaufen oder sogar unmöglich gemacht würden. Es dauerte aber durch das Verfahren sowie die Neuordnung der privaten Grundstücksverhältnisse einige Zeit, bis dort endlich grünes Licht für eine Bebauung gegeben werden konnte.

Schließlich wurde für das zwischen Südring und B 39 gelegene Ackergelände Biblis, 2. und 3. Gewann, ein städtebaulicher Wettbewerb in die Wege geleitet und mit dem Eigentümer der Flächen, dem Land Baden-Württemberg, eine Vereinbarung über die Erschließung und Kostenbeteiligung getroffen. Die Bebauungsplanung sah dort rund 500 Wohneinheiten vor, die je nach Bedarf abschnittsweise und über einen längeren Zeitraum erschlossen werden konnten.

Die Hockenheimer Landwirte bezeichneten den Biblis lange Zeit als ihr „Herzblut". Deshalb war er für eine Bebauung tabu. Kein Wunder! Nicht einer besaß dort ein eigenes Grundstück. Mit Grundstückserlösen war also nicht zu rechnen. Ob das „Herzblut" bei privaten Eigentumsverhältnissen nicht schon viel früher für eine Baulandumlegung geopfert worden wäre? In den 1990er Jahren hatte die Landwirtschaft nicht mehr den kommunalpolitischen Einfluss wie in den Jahrzehnten zuvor. Deshalb kam, als die Erschließung der Biblisgewanne aktuell wurde, keine große Diskussion mehr auf. Zudem war es möglich, den dortigen Pächtern Grundstücke in anderen Gewannen zu verpachten, die durch die altersbedingte Aufgabe von landwirtschaftlichen Betrieben frei geworden waren.

Der Bebauungsplan Biblis, 2. und 3. Gewann, sah am Südring von Anfang an den Bau von Verkehrskreiseln an der Einmündung zur Wasserturmallee sowie der Lußheimer Straße vor. Im Hinblick auf eine attraktive Gestaltung des Kreisels an der Wasserturmallee hatte ich den Einbau eines Wasserbeckens angeregt, von dessen Rand ein Kranz von Fontänen einen Wasserschirm zur Beckenmitte hin bilden sollte. Die Idee hatte ich vom niederbayerischen Bad Griesbach mitgebracht, wo mich ein solcher Brunnen beeindruckt hatte. Das Stadtbauamt nahm meinen Vorschlag zwar auf, realisierte jedoch nur eine geringe Anzahl von Fontänen, diese aber dafür umso kräftiger, sodass ihr mächtiger Strahl auch aus Feuerwehrschläuchen hätte stammen können. Geschmackssache! Dennoch kann sich der Kreisel mit den bunten Blumenarrangements um das Wasserbecken sehen lassen.

Noch ein Wort zu den Straßennamen: Für Hockenheim-Süd hatte sich der Gemeinderat auf deutsche Nobelpreisträger verständigt, während er für Biblis, 2. und 3. Gewann, meiner Empfehlung folgte und Namen von verstorbenen Rennfahrerpersönlichkeiten wählte, die einen besonderen Bezug zu unserer Rennstrecke hatten, wie Arthur Geiß und Wilhelm Herz, oder auf ihr mehrfach gesiegt haben.

Mit den Neubaugebieten in den 1990er Jahren wurde nicht nur der ab den 1970er Jahren einsetzende Bevölkerungsschwund Hockenheims gestoppt, sondern auch die Basis für einen kräftigen Anstieg der Einwohnerzahl geschaffen. Wohnten zu Beginn meiner Amtszeit rund 16.000 Personen in Hockenheim, erhöhte sich deren Zahl bis zum Ende der 1990er Jahre auf über 20.000. Damit erfüllte die Stadt die Bedingung, um vom Land in den Status einer Großen Kreisstadt erhoben zu werden. Dazu erfahren wir später noch mehr.

✳

Optimales Betreuungsangebot für Kinder

Eines meiner besonderen Anliegen während meiner gesamten Amtszeit war, zeitnah für genügend Kindergartenplätze zu sorgen. Daneben lag mir aber auch die Betreuung derjenigen Schulkinder am Herzen, deren Eltern oder Elternteile dies außerhalb der Schulzeiten nur begrenzt zu leisten vermochten. Auf diesem Gebiet zeichnete sich schon damals ein kontinuierlich steigender Bedarf ab.

Wie ich mich in Sachen Kinderbetreuung gemeinsam mit Hauptamtsleiter Manfred Christ engagierte, dem ich dafür innerhalb der Stadtverwaltung die Zuständigkeiten übertragen hatte, sei im Folgenden verdeutlicht.

Erster städtischer Kindergarten

Der erste kommunale Kindergarten Hockenheims nahm im Oktober 1986 im Seitentrakt der Hubäckerschule seine Arbeit auf. Zuvor zählten der Bau und Betrieb von Kindergärten ausschließlich zu den Domänen der evangelischen und katholischen Kirchengemeinden. Es war 1985, als die beiden Pfarrer Wolf Blüthner und Siegfried Vögele in konfessioneller Einmütigkeit der Stadtverwaltung mitteilten, dass sich ihre Kirchengemeinden künftig weder finanziell noch organisatorisch in der Lage sähen, einen weiteren Kindergarten zu bauen oder zu betreiben. Deshalb also war die Stadt gefordert.

Während meiner gesamten Amtszeit handelte ich nach dem Credo: „Kein Kind ab drei Jahre darf durch einen Mangel an Kindergartenplätzen benachteiligt werden." In diesem Punkt hat mich der Gemeinderat nie im Stich gelassen, sondern stets die dafür erforderlichen Mittel bewilligt.

Die Eröffnung des kommunalen Kindergartens in der Hubäckerschule hatte folgende Ursachen: Bei den katholischen Kindergärten war von der Caritas eine Überbelegung festgestellt worden, die nicht mehr zu vertreten war. Dadurch fehlten auf einen Schlag 45 Kindergartenplätze. Hinzu kam noch die Geburtenstatistik, aufgrund derer sich ein weiterer Bedarf konkret abzeichnete, für den aber erst Plätze geschaffen werden mussten. Als eine glückliche Fügung erwiesen sich damals die nicht benötigten Räume der Hubäckerschule, in denen zwei kommunale Kindergartengruppen eingerichtet wurden. Sie waren gleich mit 56 Kindern voll belegt.

Zuvor mussten aber erst Bedenken des Elternbeirats der Hubäckerschule ausgeräumt werden. Einige Eltern erwarteten wohl Nachteile für ihre Kinder im Grundschulalter, wenn in der Schule noch ein Kindergarten betrieben würde. Ob sie diese Bedenken auch dann noch vorgebracht hätten, wenn es um einen Kindergartenplatz für ihr eigenes Kind gegangen wäre?

Zu der Zeit konnte ich mir noch nicht vorstellen, dass in nur wenigen Jahren der Bau und Betrieb dreier kommunaler Kindergärten sowie ein Kindergarten der Lebenshilfe erforderlich werden würden.

Weitere Kindergärten in kommunaler Regie

Mit den neuen Baugebieten zogen viele junge Familien mit Kindern nach Hockenheim. Dies wirkte sich auch auf die Kindergärten aus. So hatte sich im Jahr der Landesgartenschau kurzfristig ein Fehlbestand von fünfzig Kindergartenplätzen ergeben, der nur zum Teil durch ein Provisorium in der Stadtbibliothek aufgefangen werden konnte. Dort hatte man im Souterrain einen größeren Raum für eine Kindergartengruppe freigemacht.

Da der Neubau eines Kindergartens eine längere Zeit beansprucht hätte, bot sich mit dem Umbau des früheren Rancogebäudes eine schnellere und kostengünstigere Lösung an. In dessen Erdgeschoss wurde bereits im Dezember 1991, also nur zwei Monate nach Beendigung der Landesgartenschau, der dreigruppige kommunale Park-Kindergarten in Betrieb genommen. In späteren Jahren wurden dort noch zwei weitere Gruppen untergebracht.

Die Lage dieses Kindergartens, mitten im grünen Gartenschaupark, konnte eigentlich kaum besser sein. Mit ihm verfügte die Stadt nun über genügend Kindergartenplätze und trug damit einem bedeutsamen sozialen Anliegen kurzfristig Rechnung.

Zugleich wähnte sich die Stadtverwaltung im Glauben, das Kindergartenplatz-Problem auf absehbare Zeit gelöst zu haben. Doch bereits ein Jahr später wurde sie eines Besseren belehrt – es fehlten erneut rund dreißig Plätze! Ein Glück, dass man wieder auf den Raum in der Stadtbibliothek zurückgreifen und dort mit einer neuen Gruppe den Fehlbedarf decken konnte.

Da sich aber zum Beginn des kommenden Kindergartenjahrs ein weiterer Bedarf von vierzig Plätzen abzeichnete, ließ die Stadt einen neuen Kindergarten im Schulzentrum schlüsselfertig bauen, und zwar zwischen der Arndtstraße und der Theodor-Heuss-Realschule. Er ist nach Friedrich Fröbel benannt, einem Schüler Pestalozzis, auf den die Bezeichnung „Kindergarten" zurückgeht. Der für rund 125 Kinder konzipierte Friedrich-Fröbel-Kindergarten - er kostete mit den Außenanlagen rund 2,6 Millionen Mark - wurde am 5. Januar 1994 eingeweiht und zugleich das Provisorium in der Stadtbibliothek aufgegeben.

Das Betreuungsangebot in den Kindergärten komplettierte seinerzeit noch der Heinrich-Bossert-Kindergarten. In diesem richtete die evangelische Kirchengemeinde in Abstimmung mit der Stadt eine Tagesstätte für vierzig Kinder ein.

Schülerhort und Kernzeitbetreuung

Zurück ins Jahr 1991, in dem noch ein weiteres bedeutendes Kapitel der Kinderbetreuung aufgeschlagen wurde. Im November weihten die Ortsgruppe des Deutschen Kinderschutzbunds und die Stadt einen Schülerhort in den ehemaligen DLRG-Räumen des Freibads ein. In ihm betreuen zwei pädagogische Fachkräfte außerhalb der Schulzeit maximal zwanzig Kinder im Alter bis zu zwölf Jahren und sorgen für ein warmes Mittagessen.

Für dieses Projekt hatte sich der Kinderschutzbund schon seit Mitte der 1980er Jahre starkgemacht und sich bereit erklärt, die Trägerschaft zu übernehmen. Auch wenn die Verantwortlichen des Kinderschutzbundes die eigentliche Triebfeder waren und viele Hebel in Bewegung setzten, damit das Projekt zustande kam, war es letztlich die Stadt, die den Umbau des Gebäudes übernahm, für die Einrichtung 30.000 Mark zur Verfügung stellte und mit über 100.000 Mark Zuschuss pro Jahr den wesentlichen Teil der Betriebs- und Personalkosten abdeckte.

Mit Beginn des Schuljahres 1993/94 wurde die Kernzeitbetreuung vor und nach dem Unterricht in der Pestalozzi- und der Hubäcker-Grundschule gestartet. Hatte man zu Beginn noch gewisse Zweifel, ob dieses Angebot auf Dauer von genügend Schulkindern angenommen würde, erfreute es sich schnell eines großen Zuspruchs. Als die Schulraumnot im Schulzentrum beseitigt war, wurde auch in der Hartmann-Baumann-Schule die Kernzeitbetreuung ab dem Schuljahr 1997/98 gestartet. Heute ist dieses Angebot aus dem Betrieb der Grundschulen, aber auch aus dem Leben vieler Familien, nicht mehr wegzudenken.

Neue Kinderkrippe an der Heidelberger Straße

Anfang der 1990er Jahre zählte Hockenheim neben Weinheim zu den einzigen Kommunen im Rhein-Neckar-Kreis mit einer Kinderkrippe. Diese Einrichtung konnte in unserer Stadt auf eine lange Tradition zurückblicken. Im Jahre 1920 von der katholischen Kirchengemeinde in St. Elisabeth in der Hirschstraße eröffnet und von den Gengenbacher Ordensschwestern geführt, war sie bald ein fester Bestandteil in der relativ aufwendigen Betreuung der Kleinkinder vom Säugling bis zu drei Jahren.

Bis 1982 trug die katholische Kirchengemeinde sogar das recht hohe Betriebskostendefizit alleine. Danach übernahm die Stadt auf Drängen der Kirchengemeinde einen Großteil des ungedeckten Aufwands. Die Alternative wäre, wie damals in den meisten Kommunen üblich, die Schließung gewesen. Dies aber wäre zulasten des Angebots an erforderlichen Betreuungsplätzen gegangen. Und damit hätte auch ich mich nicht abfinden können.

Als eine glückliche Fügung erwies sich die Bereitschaft der Bezirkssparkasse Hockenheim, ihre nicht mehr benötigte Zweigstelle in der Körnerstraße - ein Fertighaus - für die Kinderkrippe abzugeben. Zu diesem Zweck montierten Fachleute das Bankgebäude in der Körnerstraße ab und bauten es in der Heidelberger Straße, unmittelbar neben dem Heinrich-Bossert-Kindergarten, wieder auf.

Im Jahre 1993 zog die Kinderkrippe vom alten „St. Elisabeth" in der Hirsch-straße in dieses neue Domizil um, das Betreuungsplätze für 15 Kleinkinder bietet. Für Ordensschwester Rotraud, die die Kinderkrippe jahrelang für einen Gottes-lohn leitete, und für ihre Mitarbeiterinnen hieß es Abschied nehmen vom Schwes-ternhaus St. Elisabeth, das geschlossen wurde. Das Haus hatte in unserer Stadt über Generationen hinweg in vielfältiger sozialer Weise segensreich gewirkt.

Alles in allem hatten die Stadt, die evangelische und die katholische Kirchenge-meinde sowie der Kinderschutzbund ein Betreuungsangebot auf die Beine gestellt, das sich sehen lassen konnte.

❋

Alles hat seine Zeit

Schon seit Mitte der 1980er Jahre machte ich mir Gedanken über die Zukunft und künftige Führung des BMC. Mit einem Gesellschaftsanteil von 49 Prozent war er Partner der Stadt in der Hockenheim-Ring GmbH. Insofern konnte mir nicht gleichgültig sein, was im BMC passierte. Zudem war der Präsident des BMC auch gleichzeitig Geschäftsführer der Hockenheim-Ring GmbH.

Wilhelm Herz, zwischenzeitlich ein greiser Mann, regierte den Club nach wie vor in gewohnter Manier, seinen immer offenkundigeren Vitalitätsschwund ver-drängend. Die von ihm als Rennleiter beim Motorrad-Grand-Prix 1989 verspätet eingeleiteten Rettungsmaßnahmen nach dem Sturz Palazzeses waren für mich ein weiteres Indiz, das für einen baldigen Wechsel an der BMC-Spitze sprach. Doch nichts tat sich – das Clubschiff BMC tuckerte weiter gemächlich vor sich hin.

Die sonst für die Weiterentwicklung des Hockenheimrings Verantwortlichen waren sich dieser personellen Problematik durchaus bewusst. Doch zunächst war dies eine Angelegenheit, die allein der BMC auf die Reihe zu bringen hatte. Wer aber war dort schon bereit, der Katze die Schelle umzuhängen? Diesbezüglich herrschte Funkstille, nichts geschah.

Kurz vor Weihnachten 1990 führte die Gesellschafterversammlung der Ho-ckenheim-Ring GmbH ihre Jahresabschlusssitzung am Hockenheimring durch. Im Anschluss daran saßen wir zu einem gemütlichen Ausklang im Hotel Motodrom zusammen. Bevor wir auseinandergingen, wollte ich von Dieter Herz noch wissen, ob sein 79-jähriger Vater bei der im Frühjahr anstehenden Präsidentenwahl erneut antreten würde? Er meinte, ich solle ihn das doch selbst fragen. Ich erwiderte spontan und durch die Weinlaune wohl auch unüberlegt: „Wenn er nochmals kan-didieren sollte, überlege ich mir allen Ernstes, ob ich gegen ihn antrete? Eine weite-re Präsidentschaft ist dem BMC nicht zuzumuten!" Damit war an diesem Abend das Thema erledigt – es holte mich aber bereits am 14. Januar 1991 wieder ein.

An diesem Tag, nachmittags präzise um 15 Uhr, besuchte mich Wilhelm Herz im Rathaus. Über seinen unangemeldeten Besuch freute ich mich, denn es war sein erster überhaupt, den er mir im Bürgermeisteramt abstattete. Ich lud ihn zu einer Tasse Kaffee ein, wir sprachen über dies und jenes, bis ich ihm kurz vor 16 Uhr bedeutete, dass ich noch einen Termin außer Haus hätte und leider weg müsste. Nun erst kam er auf den eigentlichen Grund seines Besuchs zu sprechen: Es war meine Bemerkung bezüglich seiner erneuten Kandidatur. Er wollte wissen, wie ich dies gemeint hätte?

Im ersten Moment war ich etwas überrascht, denn ich hatte meine Worte gegenüber seinem Sohn fast schon vergessen. Nun aber kam die Sache auf den Tisch, und Herz erwartete von mir eine Stellungnahme. Ich antwortete ihm auf diplomatische Weise: „Lieber Herr Herz, als ich sie kennengelernt habe, sind sie gerade 60 Jahre alt geworden und waren noch ein dynamischer und vitaler Mann. Sie müssen doch zugeben, dass auch sie älter geworden und nun, nach fast zwanzig Jahren, nicht mehr derjenige sind, der sie damals waren!"

Er erwiderte: „Sie haben ja recht. Auch ich habe mir darüber schon meine Gedanken gemacht und mich entschlossen, an meinem 80. Geburtstag alle meine Ämter niederzulegen!" – „Das ist ein Wort", sagte ich zu ihm, stellte klar, dass ich gegen ihn ohnehin nie kandidiert hätte, und bedankte mich für seine Einsicht.

Wenige Wochen später, bei der Jahreshauptversammlung des BMC, wurde Wilhelm Herz erneut als Präsident bestätigt. Doch zugleich kündigte er an, dass er an seinem 80. Geburtstag alle seine Ämter am Hockenheimring aufgeben würde. Damit war seine Entscheidung publik.

Wenige Wochen vor seinem 80. Geburtstag am 18. Januar 1992, zu dem die Hockenheim-Ring GmbH einen Empfang in der Stadthalle ausrichtete, informierte mich Hartmut Tesseraux, der Pressesprecher des Hockenheimrings, über ein Interview, das er mit Herz im Hinblick auf dessen runden Geburtstag und die Aufgabe aller seiner Ämter gemacht hatte. Bei diesem hatte ihm Herz mitgeteilt, dass er es sich anders überlegt habe. Er denke nicht mehr daran, die Ämter niederzulegen, sondern werde sie weiterführen!

Im ersten Moment war ich über diese Kehrtwendung sprachlos und zweifelte, ob sie auch wirklich zuträfe? Deshalb rief ich Herz an und wollte von ihm wissen, was an der Sache dran sei? Er bestätigte mir seinen Rückzieher. Nun aber fühlte ich mich von ihm vorgeführt. Deshalb entgegnete ich ihm: „Lieber Herr Herz, sind Sie sich eigentlich bewusst, dass Sie in der Öffentlichkeit ihren Rücktritt angekündigt haben und auch mir gegenüber im Wort stehen? Wenn Sie nun davon nichts mehr wissen wollen, werden sich viele fragen, was Ihr Wort eigentlich noch gilt? Geben Sie acht, dass Sie nicht selbst den Meißel an den Sockel Ihres Denkmals ansetzen. Überlegen Sie sich das gut!" Das saß.

Kurze Zeit danach teilte er mir mit, dass es bei seiner ursprünglichen Entscheidung bliebe. Und diese bekräftigte er bei seiner Geburtstagsfeier in Hockenheims Stadthalle gegenüber den zahlreichen Gästen sowie der Presse erneut.

Amt des BMC-Präsidenten bleibt in der Familie

Im Frühjahr 1992 hatten die BMC-Mitglieder eine neue Führungsspitze zu wählen. Wilhelm Herz, seit 1954 BMC-Präsident, blieb bei seinem Wort und kandidierte nicht mehr. Zu seinem Nachfolger wurde Dieter Herz gekürt, der älteste Sohn von Wilhelm Herz.

Mit ihm hatte ich bereits zu tun, da er schon seit einiger Zeit zu den BMC-Vertretern in der Gesellschafterversammlung der Hockenheim-Ring GmbH zählte. Ich kannte ihn also und konnte davon ausgehen, dass wir gut zusammenarbeiten würden.

Dieter Herz, Jahrgang 1940, war bis zu seiner vorzeitigen Pensionierung im Jahre 1994 Studiendirektor am Frankenthaler Gymnasium. Der Grund seiner Frühpensionierung waren ernsthafte gesundheitliche Probleme, über die er mich allerdings erst in späteren Jahren informierte. Er sprach fließend Englisch und Französisch, war einige Jahre Präsident des Deutschen Veteranen-Kraftfahrzeug-Verbands sowie ein Kenner des Motorsports und dessen Geschichte. War sein Vater ein Mann der Tat mit autoritärem Führungsstil, der als Motorsportler einen großen Namen hatte, zeichnete er sich mehr durch seine intellektuellen Fähigkeiten und einen kooperativen Führungsstil aus.

Nach den Statuten der Hockenheim-Ring GmbH hatte der BMC das Recht, einen der Geschäftsführer zu stellen. Die Satzung des BMC sah vor, dass dieses Amt dem jeweiligen Präsidenten zustehen würde. Wilhelm Herz war seit 1954 auch Geschäftsführer der Hockenheim-Ring GmbH. Im Gegensatz zum Präsidentenamt beim BMC war die Geschäftsführertätigkeit keine ehrenamtliche mehr, sondern schon seit Jahren mit einer angemessenen Vergütung verbunden.

Etliche Monate nach seinem 80. Geburtstag war Herz, entgegen seiner Ankündigung, alle Ämter niederzulegen, immer noch Geschäftsführer und Mitglied der Gesellschafterversammlung der Hockenheim-Ring GmbH. Er machte auch keinerlei Anstalten, sich von diesen Ämtern zu trennen. Deshalb erinnerte ich den neuen BMC-Präsidenten Dieter Herz an die längst fällige Zusage seines Vaters.

Für den Sohn stellte sich die Situation natürlich alles andere als einfach dar. Er sagte mir: „Wenn schon mein Vater gehen muss, dann lege ich Wert darauf, dass auch Dr. Buchter nicht länger dem Verwaltungsbeirat der Hockenheim-Ring GmbH angehört." Der Altbürgermeister war damals schon vierzehn Jahre im Ruhestand, mischte aber am Hockenheimring immer noch mit. Außerdem hatte er mit Dieter Herz kein spannungsfreies Verhältnis.

Nach dem Gespräch mit Dieter Herz hoffte ich, dass nun endlich Bewegung in die Sache kommen würde. Doch es tat sich über weitere Wochen hinweg nichts. Deshalb fasste ich den Entschluss, die immer noch nicht eingelöste Zusage beim BMC-Präsidenten, also bei Dieter Herz, schriftlich anzumahnen. Wer schreibt, der bleibt! In meinem Brief brachte ich auch zum Ausdruck, dass ich mich nicht erinnern könne, dass sein Vater die Geschäftsführertätigkeit ausgeschlossen habe, als er bekannt gegeben hatte, alle Ämter am Hockenheimring niederlegen zu wollen. Außerdem räumte ich in dem Schreiben ein, dass es möglich sein müsse, auch mit

Dr. Buchter wegen dessen Ausscheiden aus dem Verwaltungsbeirat eine einvernehmliche Lösung zu finden.

Erst im Nachhinein wurde mir bewusst, was das Schreiben bewirkte. Ich hatte nicht bedacht, dass Dieter Herz mein Schreiben postwendend seinem Vater zeigen könnte. Das aber war wohl geschehen.

Wie ich Wilhelm Herz kannte, setzte er sich umgehend Dr. Buchter in Verbindung. Den Tenor des Gesprächs konnte ich mir ausmalen. Dass dies so gelaufen sein musste, spürte ich in der Folge. Das Verhältnis zwischen Dr. Buchter und mir trübte sich weiter ein.

Nun aber kam endlich Bewegung in die Sache. Wilhelm Herz legte zum 30. Juni 1993 auch das Amt als Geschäftsführer nieder, das er 39 lange Jahre innehatte. Natürlich wurde dem 81-jährigen noch eine würdige Verabschiedung bereitet. Bei der hob ich sein langjähriges Engagement für den Hockenheimring hervor und dankte ihm dafür.

Zu neuen Geschäftsführern der Hockenheim-Ring GmbH bestellte die Gesellschafterversammlung dann Dieter Herz sowie den langjährigen Prokuristen Georg Seiler, der sich in dieser Funktion bis dato bewährt hatte.

Obwohl Dieter Herz davon ausgegangen war, dass nun auch Dr. Buchter aus dem Verwaltungsbeirat der Hockenheim-Ring GmbH ausscheiden würde, gehörte jener diesem Gremium noch weitere vier Jahre an, also bis Mitte 1997.

Nach den Statuten hatte eine Bestellung in den Verwaltungsbeirat alle drei Jahre bzw. für drei Jahre zu erfolgen, jedoch nur, wenn die zu bestellende Person berufstätig war und das 70. Lebensjahr noch nicht vollendet hatte. Als Dr. Buchter ausschied, befand er sich aber schon im 75. Lebensjahr; den Chefsessel im Rathaus hatte er bereits vor über 19 Jahren verlassen!

Neben Dr. Buchter verlängerten wir, gemäß der Satzung der Hockenheim-Ring GmbH, auch für weitere Mitglieder des Verwaltungsbeirats das Mandat nicht mehr, weil sie schon lange aus dem Berufsleben ausgeschieden waren. Leider hatten dafür nicht alle Verständnis. Ob dies auch mit dem Wegfall der Sitzungsgelder zu tun hatte?

✻

Mit der Liedertafel in Tschuwaschien

Ende Mai 1993 unternahm der Männergesangverein Liedertafel 1874 e.V. wieder eine Konzertreise, und zwar zum zweiten Mal nach Russland. Er folgte wie im Jahr 1990 einer Einladung des tschuwaschischen Tanz- und Gesangensembles aus Tscheboksary, Hauptstadt der zur Russischen Föderation zählenden Republik Tschuwaschien. Mit diesem Ensemble pflegte die Liedertafel seit einigen Jahren eine freundschaftliche Verbindung.

Gerhard Kuhn, der damalige Vorsitzende der Liedertafel, musste mich nicht zweimal fragen, ob ich mitfahren wollte. Schon bei der Landesgartenschau in Hockenheim hatten mich das professionelle Auftreten des Ensembles sowie die Herzlichkeit seiner Mitglieder beeindruckt. Zudem wollte ich einen Teil des großen russischen Landes kennenlernen, in dessen Erde mein Vater ruht.

Die Anreise erfolgte in zwei Etappen, zuerst mit einem bereits in die Jahre gekommenen Jet der Aeroflot von Frankfurt/Main nach Moskau und von dort mit dem Bus nach Tscheboksary. Zwei Fahrer, begleitet von einigen Ensemblemitgliedern, hatten den Bus von der tschuwaschischen Hauptstadt nach Moskau gefahren, um uns am Flughafen abzuholen.

Der Bus war ein älteres Vehikel, das nicht gerade einen komfortablen Eindruck vermittelte. Außerdem war sein Kofferraum unter der Fahrgastzelle mit Spritkanistern gefüllt. Aus diesem Grund mussten wir unsere nicht wenigen Gepäckstücke im Fahrgastraum des Busses unterbringen. Das war dann eine größere Sache. Am Ende waren die Koffer nicht nur in den letzten Sitzreihen bis zur Decke gestapelt, sondern auch noch der Mittelgang total zugestellt. Dadurch vermochten wir uns kaum zu regen.

Es hätte mich nicht gewundert, wenn dies bei dem einen oder anderen Fahrgast zu klaustrophoben Zuständen geführt hätte. Für ein mulmiges Gefühl sorgten auch die unter unseren Füßen ruhenden Kanister mit Sprit – eine Ladung mit Brandbeschleunigern!

Dennoch war die Stimmung nicht schlecht. Karl Weimar, den ich schon von frühesten Kindesbeinen an kannte und schätzte, und der einer deftigen Brotzeit nie aus dem Weg gegangen ist, versorgte sich und einen Teil der Mannschaft mit einigen Dosen „Hausmacher Wurst" und Brot. Beides hatte er als Wegzehrung in weiser Voraussicht mitgenommen. Zur Verdauung hatte er noch selbstgebrannten Schnaps im Handgepäck. So ging es gut gerüstet und gestärkt auf die zweispurige, asphaltierte russische „Rollbahn", die fast durchweg mit geschotterten Standspuren verbreitert war. Die Entfernung zum südöstlich von Moskau gelegenen Tscheboksary betrug runde 800 Kilometer.

Glaubte ich, der Welt beste Rennfahrer längst zu kennen, belehrten mich die Busfahrer schnell eines Besseren. Ihr Fahrstil hätte einem Ayrton Senna alle Ehre gemacht. Was die Jungs aus der alten Kiste rausholten, und wie sie die Kurven schnitten, hätte ich mir nie träumen lassen. Erleichtert, dass alles gut gegangen war, erreichten wir im Morgengrauen Tscheboksary, die fast 500.000 Einwohner zählende Universitäts- und Industriestadt an der Wolga.

Unsere Unterkunft, ein Erholungsheim, befand sich in reizvoller Lage unmittelbar an der Wolga, sodass ich gleich einen Eindruck von dem längsten und wasserreichsten Fluss Europas gewinnen konnte. Hier hatte man ihn zwecks Stromgewinnung auf eine Breite von vier Kilometern aufgestaut. Das Flusswasser bestand aus einer graubraunen Brühe, mit der ich nur ungern in Berührung gekommen wäre. Welch ein Glück, dass das weit entfernte riesige Mündungsdelta der Wolga ins Kaspische Meer für eine natürliche Selbstreinigung sorgt.

Trotz der schlechten Wasserqualität des Flusses zählte auf ihm eine mehrstündige Fahrt mit einem Passagierschiff zu den unvergesslichen Erlebnissen. Dabei erfuhren wir, dass sich über den Fluss jeden Winter eine dicke und geschlossene Eisdecke spanne, die sogar die Überfahrt mit Pkws ermögliche.

Ging ich bisher davon aus, Schnaken gäbe es nur am Rhein, belehrte mich die Praxis gleich eines Besseren. Nur, und das war das Beängstigende, die Wolgaschnaken sind drei bis vier Mal größer als die dicksten Rheinschnaken. Eines dieser Kaliber hatte mich an der Wange erwischt, das reichte. Um weitere Einstiche zu vermeiden, veranstaltete ich vor dem Schlafengehen jedes Mal eine Kammerjagd, um nächtlichen Luftangriffen vorzubeugen. Das war keine große Sache, denn den Stechmücken war aufgrund ihres plumpen Flugs besser beizukommen als unseren heimischen Schnaken.

Musikalisch hatte der Männerchor unter der Leitung von Walter Muth, dem späteren Bürgermeister von Adelsheim und Östringen, den Tschuwaschen einiges zu bieten. In mehreren Konzerten begeisterten auch die beiden Solisten Armin (Pit) Krämer (Tenor) und Markus Schmeckenbecher (Bariton) das dankbare Publikum. Der völkerverbindende Charakter der Musik kam erneut recht deutlich zum Tragen.

Bei einem Auftritt in der Musikschule übergab ich eine Spende von 3.500 Mark für die Anschaffung von Musikinstrumenten. Weitere 3.500 Mark hatten die Liedertafel und die Hockenheimer Bevölkerung für notleidende Menschen in Tscheboksary gespendet.

Neben den offiziellen Empfängen durch den Ministerpräsidenten der Republik Tschuwaschien und die Stadtspitze Tscheboksarys hatte ich Gelegenheit, den im Lande bedeutenden Maler Praski Witti kennenzulernen, dessen Atelier sich im 17. Stock eines Hochhauses befand. Von dort oben bot sich ein fantastischer Blick auf die Stadt und die Wolga. Da mir Wittis Arbeiten gut gefielen, erwarb ich einige. Sie zieren heute den Eingangsbereich meines Wohnhauses.

Gemeinsam mit Gerhard Kuhn folgte ich auch der Einladung des Ensembleleiters Juri zu einem privaten Abendessen bei dessen Schwester und Schwager, einem mit Fünfzig bereits im Ruhestand befindlichem Offizier der Roten Armee. An diesem Abend konnten wir uns von der guten tschuwaschischen Küche überzeugen, bei der jahreszeitlich bedingt, Gurken und Tomaten eine große Rolle spielten. Außerdem setzten die Gastgeber unsere Leber einer größeren Belastung durch das russische Nationalgetränk Wodka aus, zu dem aber viel Wasser getrunken wurde. Im Endeffekt vertraten wir die deutsche Seite auch bei dieser Herausforderung nahe dem Wolgastrand nicht schlecht.

Hochinteressant war das uns gebotene Besichtigungsprogramm, von der Dieselmotorenfabrik „Dieselprom", bei der automatische Schmierölgeber, sogenannte Öler, der Hockenheimer Firma Vögele eingebaut wurden, bis hin zu einer riesigen, 5.700 Hektar umfassenden Kolchose. Sie erstreckte sich über vierzehn Dörfer, und erstaunlicherweise spielte bei ihr der biologische Landbau und Umweltschutz eine große Rolle.

In einem Freilichtmuseum mit einem uralten tschuwaschischen Bauernhof wurden wir, wie im Lande üblich, mit Brot und Salz herzlich empfangen und von einer Tanz- und Gesangsgruppe mit traditionellen Gesängen und Tänzen unterhalten. Dort wurden uns auch selbst gebrautes Bier, Honigwein und getrocknetes Pferdefleisch offeriert.

Die Stadt Tscheboksary, die nach dem 2. Weltkrieg kaum 50.000 Einwohner hatte, war seitdem in einem rasanten Tempo gewachsen. Durchschnittlich waren jedes Jahr rund zehntausend Einwohner in die neu errichteten Stadtviertel mit mehrstöckigen Blocks zugezogen. In den Neubaugebieten der letzten Jahre waren die Straßen aber nur teilweise asphaltiert. Dadurch bildeten sich auf den sandigen und ausgefahrenen Flächen bei Regenwetter überall riesige Pfützen. Mit diesen „Buckelpisten" hätte jeder deutsche Motocrossfahrer seine Freude gehabt.

Die Rückfahrt nach Moskau erfolgte im Schlafwagen der russischen Eisenbahn. Von Tscheboksary fuhr der Zug nach fünfzehn Stunden - Durchschnittsgeschwindigkeit circa 60 km/h - in den architektonisch eindrucksvollen Kasaner Bahnhof in Moskau ein. Untergebracht waren wir weit außerhalb Moskaus in einem recht guten Hotel.

Bei einer ganztägigen Stadtbesichtigung gewannen wir einen Eindruck von der Zehnmillionenmetropole, ihren imposanten Bauwerken im „Zuckerbäckerstil", dem Kreml und Roten Platz mit dem Lenin-Mausoleum, dem Warenhaus GUM und der Basiliuskathedrale, dem Wahrzeichen Moskaus. Eine Fahrt mit der Metro, die teilweise nur über unheimlich lange Rolltreppen zu erreichen und von palastartigen Bahnhöfen mit riesigen Kronleuchtern geprägt ist, gehörte ebenso zu unserer Besichtigungstour. Schließlich warfen wir noch einen Blick in die reich verzierte Nikolaikirche im Weberviertel, in der gerade ein orthodoxer Gottesdienst zelebriert wurde.

Nicht zu übersehen und zu fühlen war aber auch und gerade in Moskau, in welcher Umbruchphase sich das Land befand. Sie führte einerseits zu einem unermesslichen Reichtum von wenigen, andererseits aber zu großer Armut bei vielen. Durch den rasanten Zerfall des Rubels bekamen viele Russen existenzielle Probleme. So berichtete mir ein Germanistikprofessor, der an der Universität in Tscheboksary Deutsch lehrte, er würde 800 Rubel pro Monat verdienen. Zu Zeiten der Sowjetunion habe er mit diesem Verdienst pro Jahr zwei Urlaubsreisen mit seiner Familie auf die Krim finanzieren können. Nun aber reiche ihm das Geld nicht einmal mehr für die notwendigen Lebensmittel.

Durch diese postkommunistische Entwicklung spürte man überall die Spannung, die das Land überzog. Deshalb war ich erleichtert, als die Kontrolle meines Gepäcks mit den Gemälden Praski Wittis am Flughafen in Moskau zu keinen Beanstandungen führte, und unsere Maschine endlich vom russischen Boden in Richtung Frankfurt/Main abhob.

Trotz der sozialen und wirtschaftlichen Probleme, die Russland in jener Zeit zu schaffen machten, war mit dieser Reise viel Positives verbunden. Sie erweiterte meinen Horizont erheblich. Außerdem lernte ich nette Menschen kennen. Zudem beeindruckte mich die Liedertafel erneut. Sie vermittelte in Tschuwaschien deutsches Kulturgut und zeichnete sich auch dadurch einmal mehr als ein toller musikalischer Botschafter unserer Stadt aus.

＊

Der Vereinswelt stets verbunden

Neben der Liedertafel tragen natürlich auch noch zahlreiche andere Vereine, in denen sich viele Mitbürgerinnen und Mitbürger in vorbildlicher Weise ehrenamtlich engagieren, das gesellschaftliche Leben Hockenheims mit. Es ist ohne sie nicht vorstellbar. Sie fördern die Aktivitäten ihrer Mitglieder, ob Jung oder Alt, Alt- oder Neubürger, bieten Geselligkeit, bündeln die Interessen Gleichgesinnter, unterstützen die Integration und/oder setzen sich gemeinsam für andere ein. Ihr Wirken kommt also den Menschen und dem Zusammenleben in unserer Stadt zugute. Es schafft Identität und fördert das Miteinander.

Deshalb war es für mich immer selbstverständlich, die vitale Hockenheimer Vereinswelt ideell und materiell zu unterstützen. Im Hinblick auf ihre wertvolle Jugendarbeit, die Unterhaltung ihrer Vereinsanlagen und die Nutzung städtischer Einrichtungen, setzte ich mich stets für eine angemessene finanzielle Förderung bzw. akzeptable Nutzungsbedingungen ein. Aber auch der Arbeitseinsatz am Hockenheimring, der für einige Vereine eine wichtige Einnahmequelle darstellt, sei es der Betrieb eines Kiosks oder das Reinigen der Tribünen, kam häufig erst durch meine Anregung zustande. Großen Wert legte ich alljährlich auf die Ehrung der erfolgreichen Sportler, die zu den Aushängeschildern der Stadt zählen.

Außerdem folgte ich, was für ein Stadtoberhaupt eigentlich selbstverständlich sein sollte, regelmäßig den Einladungen unserer Vereine zu ihren Konzerten, Bällen, Leistungsschauen, klassischen Jubiläen oder Sportveranstaltungen besonderer Art. Mit meiner Anwesenheit dokumentierte ich meine persönliche Verbundenheit mit ihnen und ihre hohe Wertschätzung durch die Stadt.

＊

Erneute Kandidatur und Wiederwahl

Meine zweite Amtszeit endete am 31. März 1994. Für mich war schon lange vor ihrem Ablauf klar, dass ich erneut kandidieren würde. Ich fühlte mich gesundheitlich fit und motiviert, die städtischen Belange auch künftig in die Hand zu nehmen. Deshalb gab ich schon beim Neujahrsempfang 1993 meine erneute Kandidatur für das Bürgermeisteramt bekannt. Damals zeichnete sich bereits ab, dass das Jahr 1994 ein besonderes Wahljahr werden würde. Neben der Bürgermeisterwahl stand noch die Europawahl an. Außerdem mussten Gemeinde- und Kreisräte sowie schließlich noch ein neuer Bundestag gewählt werden.

Was die Bürgermeisterwahl betraf, hoffte ich auf die Unterstützung der Gemeinderatsfraktionen, mit denen ich bisher konstruktiv zusammengearbeitet hatte. Insofern wurde ich auch nicht enttäuscht. Die Fraktionen der CDU, SPD, FWV und FDP sprachen sich erneut öffentlich für meine Wiederwahl aus.

Für ein solches Votum waren die Hockenheimer Grünen nicht zu haben. Sie verzichteten aber auf einen eigenen Kandidaten und luden mich am Montag vor der Wahl zu einer öffentlichen Diskussionsveranstaltung ins Stadthallenrestaurant Rondeau ein. Dieser Einladung folgte ich mit gemischten Gefühlen, denn ich wusste ja nicht, was mich erwarten würde. Meinen Vorstellungen zur Stadtentwicklung folgte eine zum Teil kontroverse, aber recht sachliche Diskussion. An deren Ende bilanzierte ich eine interessante Wahlveranstaltung, die für mich wohl ganz gut gelaufen war.

Neben mir gab es noch zwei weitere Bewerber. Dennoch hatte der Gemeinderat beschlossen, auf eine öffentliche Kandidatenvorstellung zu verzichten. Diese Entscheidung erwies sich als vernünftig, denn gegen mich kandidierten der Weinheimer NPD-Bundesvorsitzende, Stadt- und Kreisrat Günter Deckert (54) sowie der Mannheimer Dauerkandidat Werner Tereba (52), der sich selbst als Schriftsteller, Textmetteur sowie Tier- und Menschenrechtler bezeichnete.

Deckert hatte bereits im Jahre 1978 bei der Bürgermeisterwahl in Hockenheim kandidiert. Wahrscheinlich hätte es bei einer Kandidatenvorstellung mit Deckert einigen Zoff gegeben, wie seine öffentliche Wahlveranstaltung im Stadthallenrestaurant „Rondeau" vermuten ließ. Zu der waren einige Demonstranten gekommen, die unter anderem „Deckert raus" oder „Nazi raus" skandierten. Kriminell aber war, dass in der Nacht davor mehrere Fensterscheiben des „Rondeau" eingeschlagen und im Lokal in großen Lettern der Satz „Kein Platz für Deckert und andere Nazis" an die Wand gesprüht worden war. Der Sachschaden war erheblich.

Nach der HTZ spielte sich Deckerts Wahlveranstaltung vor elf Personen ab, von denen die Hälfte zu seinem Umfeld gehörte. Dennoch wählten ihn am 16. Januar 1994 nicht weniger als 222 Personen. Auch Tereba, der in Hockenheim nie in Erscheinung getreten war, konnte 194 Stimmen verbuchen. Auf mich entfielen 5.567 Stimmen (92,6 Prozent). Darüber freute ich mich, denn dadurch lag die Wahlbeteiligung deutlich über 50 Prozent. Entsprechend wurde noch am Wahlabend, zu dem viele Hockenheimer, Bürgermeisterkollegen sowie Freunde und Verwandte in die Stadthalle gekommen waren, gefeiert.

Am anderen Morgen stellten Bauhofmitarbeiter einen Bürgermeisterbaum, eine von Förster Martin Geißler geschlagene, 16 Meter hohe Fichte, vor unserem Haus in der Leopoldstraße auf. Eine schöne Geste, über die ich mich sehr gefreut habe. Doch der Alltag hatte mich relativ schnell wieder eingeholt. Dennoch empfand ich diese Wiederwahl als eine Bestätigung meiner bisherigen Arbeit in und für Hockenheim.

❊

Hohe politische Besuche

K aum am 16. Januar 1994 wiedergewählt, befand ich mich in einer recht abwechslungsreichen Woche mit Neujahrsempfang, Gemeinderatssitzung, offizieller Übergabe eines neuen Tanklöschfahrzeugs an die Feuerwehr und einigen
anderen Verpflichtungen mehr. Eine davon war eine recht angenehme. Sie hatte
mit der Verleihung des „Fidelen Badeners" zu tun. Mit dieser Auszeichnung be-
dachte die Hockenheimer Carnevalsgesellschaft in der Fastnachtszeit seit Jahren
eine prominente Persönlichkeit.

Gerhard Mayer-Vorfelder – ein humorvoller „Fideler Badener"

Den ersten „Fidelen Badener", eine vom damaligen HCG-Präsidenten Rolf Klee
geschaffene Symbolfigur, erhielt im Jahre 1987 Minister Gerhard Weiser. Ihm folgten SV-Waldhof-Trainer Klaus Schlappner, die Mannheimer Sängerin Joy Fleming,
die Moderatorin Sigi Harreis, Minister Prof. Dr. Helmut Engler, die durch die
Mainzer Fastnacht bekannte Sängerin Margit Sponheimer, der Kammersänger
Heinz Hoppe sowie im Jahre 1994 Gerhard Mayer-Vorfelder, seinerzeit Finanzminister des Landes Baden-Württemberg und Präsident des VfB Stuttgart.

Mit der Preisverleihung erzielte die HCG regelmäßig eine beachtliche Medienre-
sonanz. Als dann Rolf Klee Jahre später sein Präsidentenamt zur Verfügung stellte,
kam es zu keiner weiteren Preisverleihung mehr. Doch zurück ins Jahr 1994, in
dem Mayer-Vorfelder ausgezeichnet wurde.

Einige Wochen zuvor hatte ich erfahren, dass Gerhard Weiser bei der Verlei-
hungsgala des Fidelen Badeners die Laudatio auf seinen Ministerkollegen halten
würde. Deshalb lud ich die beiden Minister und das engere Präsidium der HCG
vor Beginn der eigentlichen Veranstaltung zu einem Abendessen ins Restaurant
Rondeau ein. Beide Minister sagten zu, doch zum vereinbarten Termin erschien
nur Mayer-Vorfelder, den ich zunächst bat, sich im Goldenen Buch der Stadt Hockenheim zu „verewigen".

Weiser ließ ausrichten, er würde etwas später kommen. Er hatte an diesem
Nachmittag eine Veranstaltung der nordbadischen CDU zu leiten, bei der die
Kandidaten zur Europawahl nominiert wurden. Das Wahl-Prozedere dauerte aber
wesentlich länger, als er angenommen hatte.

Mit Mayer-Vorfelder hatten wir die Zeit durch eine nette Unterhaltung über-
brückt. Er entpuppte sich als ein sehr angenehmer und gebildeter Gesprächspartner mit Charme und Witz. Dadurch gewann ich von ihm ein völlig anderes Bild als
das von den Medien verbreitete.

Der Galaabend rückte immer näher, doch auf Weiser warteten wir vergebens.
Deshalb nahmen wir das Abendessen schließlich ohne ihn ein. Erst wenige Minuten vor Beginn des Galaabends stieß Weiser zu uns. Sogleich fragte ihn Mayer-
Vorfelder ironisch: „Lieber Gerhard, warum vergleichst du dich denn immer mit
dem lieben Gott?" Weiser stutzte wie alle Anwesenden, fasste sich aber schnell und

fragte zurück: „Wie meinst du denn das?" Mayer-Vorfelder: „Der liebe Gott kann gleichzeitig überall sein, du aber nicht!"

Damit hatte der gebürtige Mannheimer Mayer-Vorfelder die Lacher auf seiner Seite und einen Humor bewiesen, der eines Fidelen Badeners würdig war.

Gerhard Weiser stand immer zu uns

Ein weiterer Anlass, bei dem Mayer-Vorfelders Feststellung zu Minister Weiser und zum lieben Gott erneut angebracht gewesen wäre, ereignete sich wenige Wochen danach im März 1994. Es ging um die Freiwillige Feuerwehr Hockenheim, die im Jahre 1869, also vor 125 Jahren, gegründet worden war. Dieses stolze Jubiläum der bewährten und unverzichtbaren Selbsthilfeorganisation wurde mit einem Festakt in der Stadthalle gewürdigt.

Damals regierten CDU und SPD unser Land in einer großen Koalition. Der für die Feuerwehren im Lande zuständige Innenminister war Frieder Birzele (SPD). Ihn hatte ich rechtzeitig vor dem Feuerwehrjubiläum angeschrieben und angefragt, ob er die Festrede halten würde? Leider sagte er uns ab und vermied es zudem, als Festredner einen Staatssekretär oder hohen Beamten seines Hauses ins Gespräch zu bringen. Das hätte ich eigentlich erwartet.

Kurz danach traf ich zufällig Weiser, erzählte ihm von der gerade erhaltenen Absage und fragte ihn, ob er als Festredner einspringen würde. Er sagte mir spontan zu. Dann erst erkundigte er sich nach dem Termin. An diesem Tag hatte er nachmittags als Vorsitzender der nordbadischen CDU eine weitere Partei-Veranstaltung zu leiten. Ich bin mir nicht mehr sicher, doch ich meine, es ging um die Listenplätze zur Bundestagswahl. Jedenfalls hatte er nicht mit einer Terminkollision gerechnet. Wie dem auch gewesen sein mag, durch seine prompte Zusage war er in meiner ohnehin schon hohen Achtung noch ein Stück gestiegen.

Der Jubiläumsfestakt der Feuerwehr sollte um 19 Uhr beginnen. Der große Saal der Stadthalle war zu diesem Zeitpunkt bis auf den letzten Platz besetzt. Alle, die bei der Feuerwehr, sei es in der Stadt, in der Region oder darüber hinaus Rang und Namen hatten und viele andere, die sich mit der Feuerwehr verbunden fühlten, waren da, bis auf einen, den Festredner! Glaubte ich kurz nach 19 Uhr noch an sein baldiges Eintreffen, wurde ich von Minute zu Minute, die verstrich, unruhiger.

Da die Festrede der Höhepunkt der Jubiläumsveranstaltung sein sollte, hielt ich es vom Programmablauf her nicht für angebracht, die Veranstaltung ohne Weiser zu eröffnen. Deshalb zögerte ich die Begrüßung hinaus. Doch man spürte, wie die Spannung im Saale stieg. Zudem stellte diese unerwartete Situation für die vielen Festgäste, die pünktlich gekommen waren, mit jeder weiteren verstrichenen Minute eine größere Zumutung dar.

Kurz vor 20 Uhr begab ich mich ans Rednerpult und eröffnete den Festakt, indem ich zunächst um Verständnis für die Verzögerung bat. Als ich fortfahren wollte, um die Gäste, darunter auch Delegationen unserer Partnerstädte, willkommen zu heißen, sah ich, wie der Minister den Saal betrat. Nicht nur mir fiel ein großer Stein vom Herzen.

Nun wurde, wenn auch mit erheblicher Verzögerung, der Festakt noch gebühr-
rend über die Bühne gebracht. Weiser machte sein Zuspätkommen mit einer tollen
Festrede wett. Fast eine Stunde sprach er frei ohne einen Blick ins Manuskript zu
werfen, lobte die Feuerwehren im Lande im Allgemeinen, die unsrige im Besonderen, überbrachte die Glückwünsche der Landesregierung zum Jubiläum und zog
mit seiner Rhetorik die Zuhörer in seinen Bann.

Noch ein Wort zu Gerhard Weiser und seinem Engagement für Hockenheim.
Einige Jahre zuvor hatte uns die Formel 1 zu einem Neubau der Boxenanlage gedrängt. Deren Forderung war nicht unberechtigt, denn die alten Boxen waren für
die Teams in der Länge und Breite viel zu kurz, und die Deckenhöhe betrug
kaum zwei Meter. Außerdem war es eine offene Boxenanlage ohne Tore.

Die von Architekt Volker Grein konzipierte neue Anlage mit 200 Metern Länge, 22 Metern Breite und einem gepflasterten und begehbaren Flachdach sah ver-
schließbare Boxen mit Rolltoren, WCs und Waschbecken vor. Sie bot mehr als
das Doppelte der bisherigen Nutzfläche. Die Baukosten betrugen rund fünf Millionen Mark und bewegten sich damit in einer Größenordnung, die die Hockenheim-Ring GmbH nicht mit Eigenmitteln finanzieren konnte.

Deshalb hoffte ich, über Weiser an einen Landeszuschuss oder zumindest an
ein günstiges Darlehen zu kommen. Letzteres kam dann dank Weisers Hilfe zustande. Er arrangierte ein Gespräch mit Hans Dietmar Sauer, dem Vorstandsvorsitzenden der L-Bank in Karlsruhe, der es später bis zum Vorstandsvorsitzenden
der LBBW brachte.

Am Ende des Gesprächs mit Sauer hatten Weiser und ich die Finanzierungs-
zusage in der Tasche, und zwar zu Konditionen, die uns auf dem Kreditmarkt
keine Bank geboten hätte.

Stellvertretender russischer Verteidigungsminister zu Gast

Von der Jubiläumsfeier unserer Freiwilligen Feuerwehr bis zum Ablauf meiner
zweiten Amtszeit am 31. März 1994 waren es nur noch wenige Tage. Eine meiner
letzten Amtshandlungen war, den stellvertretenden russischen Verteidigungsmi-
nister Generaloberst Wladimir Toporow im Rathaus zu empfangen. Dieser besuchte die SÜBA, die im Zuge des russischen Truppenabzugs nach der Wiedervereinigung einen größeren Auftrag zum Bau von Gebäuden für das russische
Militär bei St. Petersburg erhalten hatte.

Im Jahr darauf erfuhr ich über die Presse, dass es kein Geringerer als Toporow
war, der die pompöse Siegesfeier anlässlich des 50. Jahrestages der deutschen
Kapitulation am 9. Mai 1945 mit einer großen Militärparade auf dem Roten Platz
in Moskau federführend organisiert hatte. Dazu hatten die Russen viele Staats-
männer, auch Kanzler Kohl, eingeladen. Dieser hatte die Einladung nach Moskau
zwar angenommen, sich aber von der Parade ferngehalten. Sein Nachfolger Gerhard Schröder sah dies bei den Feierlichkeiten zehn Jahre später nicht mehr so eng.

❄

Wesentliche Projekte in meiner zweiten Amtsperiode

- Einrichtung eines zweigruppigen kommunalen Kindergartens in der Hubäcker-schule sowie einer Kindergartengruppe in der Stadtbibliothek
- Bereitstellung der Räume für den Schülerhort in der Trägerschaft des Kinder-schutzbunds
- Einrichtung des fünfgruppigen kommunalen Parkkindergartens im ehemaligen Ranco-Gebäude
- Bau des kommunalen Friedrich-Fröbel-Kindergartens für rund 125 Kinder
- Umbau einer ehemaligen Sparkassenfiliale zur Kinderkrippe
- Einführung der Kernzeitbetreuung an Grundschulen

❋

- Abschaffung der Feuerwehrabgabe
- Anschaffung eines Vorausrüstwagens, eines Einsatzleitwagens sowie eines Löschgruppenfahrzeugs LF 16/12 für die Feuerwehr
- Sanierung und Erweiterung des Feuerwehrgerätehauses um eine Fahrzeughal-le, Werkstätten, Lagerräume, einen Ausstellungsraum (kleines Museum) sowie einen Übungsraum für Musikvereine

❋

- Fortführung des Kanal- und Straßensanierungsprogramms im alten Stadtge-biet einschließlich des Gas-, Strom- und Wassernetzes
- Bau von Verbindungsstraßen zwischen Dresdner Straße und Eisenbahnstraße entlang des späteren Gartenschauparks sowie
- von der Schubertstraße zum Meßplatz
- Einführung von Tempo-30-Zonen
- Bau eines Parkplatzes an der Ecke Karlsruher und Schubertstraße sowie
- zwischen Hirschstraße und Unterer Hauptstraße

❋

- Unterirdische Verlegung des Niederspannungsnetzes bei der Stromversorgung sowie Ausbau und Sanierung des Gas- und Wassernetzes durch die Stadtwerke
- Sicherung der Gasversorgung durch eine neue Übergabestation am Auweg

❋

- Aufnahme des Sanierungsbereichs zwischen Rathaus und Pestalozzi-Schule in das Landessanierungsprogramm sowie
- des Bereichs zwischen Karlsruher Straße und Mittlerer Mühlstraße in das Sa-nierungsprogramm „Einfache Stadterneuerung"
- Intensivierung der Sanierungsmaßnahmen zwischen Rathaus, Oberer Haupt-straße und Ottostraße mit Mitteln aus dem Landessanierungsprogramm

❋

270

- Fortführung des Renovierungsprogramms der städtischen Wohnhäuser

✳

- Bau von Asylantenwohnheimen im Mörsch und im Talhaus

✳

- Erschließung

  - des kleinen Wohngebiets „Birkengrund IV" (3 ha)
  - des Gewerbe- und Mischgebiets „Birkengrund V" (8 ha)
  - des 2. Bauabschnitts im Neubaugebiet „Neugärten-Biblis" (6 ha)
  - des restlichen Industrie- und Gewerbegeländes in den Gewannen „Viehtrieb-Schleifweg-Taläcker" (14 ha)

- Bereitstellung kleinerer Gewerbegrundstücke in den Gewannen „Ketscher Weg rechts" sowie „Altwingerten"

✳

- Verlegung des Tennisclubs in den Gartenschaupark und Umwandlung der ehemaligen Tennisanlage in ein Wohngebiet mit 24 Bauplätzen
- Erwerb und Abbruch der alten Spargelhalle in der Unteren Mühlstraße und Umgestaltung des Areals in einen Kinderspielplatz

✳

- Bau eines modernen Freizeitbads anstelle des alten Freibads mit Wellen- und Spaßbecken, Planschbecken, Riesenrutsche und Kinderspielbereich; Betriebsverbund mit dem Aquadrom
- Ausstattung des Blockheizkraftwerks mit neuer Technik

✳

- Bau einer Sporthalle (Jahnhalle) beim HSV
- Schaffung eines Raumes für Vereine im Keller der Pestalozzi-Schule

✳

- Erweiterung des Rathauses durch einen Anbau an der Ecke Rathaus- und Ottostraße

✳

- Bau des Stadthallenkomplexes mit Restaurant Rondeau, Tiefgarage, Sporthalle und weiteren Trainingsräumen für Vereine
- Initiative zum Bau des an die Stadthalle angrenzenden Hotels garni durch einen privaten Bauträger

✳

- Neugestaltung des Bereichs zwischen evangelischer Kirche und Pestalozzi-Schule zu einem verkehrsberuhigten Stadt- bzw. Marktplatz

❋

- Erweiterung und Neuanlage des Ebertparks um das Altenheim St. Elisabeth
- Renaturierung des Kraichbachufers zwischen Karlsruher- und Eisenbahnstraße

❋

- Aufwertung der Stadt mit Kunstobjekten wie dem Mühlenbrunnen, der Motorradfahrerskulptur und dem Tabakensemble

❋

- Durchführung der 11. baden-württembergischen Landesgartenschau unter Einbezug des neuen Grüngürtels zwischen der Neubaustrecke der Bahn und der westlichen Peripherie der Stadt sowie des Stiegwiesenparks

❋

- Erhöhung der Reinigungsqualität der Kläranlage durch Einbau einer Phosphor eliminierenden Vorrichtung

❋

- Verbesserung der Lebensbedingungen für die heimische Tier- und Pflanzenwelt durch Planung und Umsetzung eines Konzepts zur Biotop-Vernetzung auf Hockenheimer Gemarkung

❋

- Gründung der Städtepartnerschaft mit der sächsischen Rennstadt Hohenstein-Ernstthal am 3. Oktober 1991, dem Tag der deutschen Wiedervereinigung

❋

- Initiierung des 1. Hockenheimer Advents (Nov. 1993) auf dem Marktplatz und in der Stadthalle

❋

- Sicherstellung der medizinischen Erstversorgung in der chirurgischen Ambulanz an Wochenend- und Feiertagen durch städtische Zuschüsse

❋

- Bau einer separaten Dragsterstrecke im Motodrom
- Neubau der Boxenanlage im Hinblick auf die Formel 1

❋

- Open-Air-Konzerte am Hockenheimring:

  - Michael Jackson 1988
  - Zweitageskonzert mit Tina Turner, Chris de Burgh u. a. 1990
  - Genesis 1992

❊

Sonstige Projekte gemeinnütziger und privater Träger

- Bau einer Behindertenwerkstätte auf einem städtischen Erbbaugrundstück im Talhaus durch die Lebenshilfe Heidelberg

❊

- Bau von Mietwohnungen auf städtischen Erbbaugrundstücken durch einen privaten Bauträger mit einem zwanzigjährigen Belegungsrechts der Stadt in der Oberen Hauptstraße 7 und 9 sowie in der Schwetzinger Straße 72 und 74

❊

Kapitel 5: Dritte Amtszeit (1994 - 2002)

Enttäuschungen, Konflikte, Freuden

Am Karfreitag, dem 1. April 1994, begann meine dritte Amtszeit. Dass sie nicht nur mit Erfolgserlebnissen verbunden sein würde, war mir natürlich klar. Bei ihrem Beginn zeichnete sich bereits recht deutlich ab, dass sich die „goldenen" 1970er und 1980er Jahre nicht fortsetzen würden. Auch der für den Hockenheimring bedeutsame Motorsport unterlag gravierenden Veränderungen, nicht nur durch den Bau neuer Rennstrecken.

Motorrad-GP bescherte Probleme

Der 12. Juni 1994 war in Hockenheim ein Wahl- und ein Rennsonntag. Die Wählerschaft war zur Europa- und Kommunalwahl aufgerufen, und auf dem Hockenheimring fanden die Läufe zur Motorrad-Weltmeisterschaft statt.

Garantierte der Motorrad-Grand-Prix seit dem Jahre 1957 regelmäßig ein volles Haus, spielte er sich in diesem Jahr nur noch vor schwach besuchten Zuschauerrängen ab. Es sollte deshalb die letzte Veranstaltung dieser Art auf dem Hockenheimring sein. Doch damit rechnete an diesem Sonntag noch keiner der in Hockenheim Verantwortlichen. Die Weichen stellten andere. Wie kam es dazu, was waren die Ursachen, was die Folgen?

Vor 1992 hatte der in Genf sitzende Motorrad-Weltverband, die „Fédération Internationale de Motocyclisme" (FIM), die Sport- und Veranstaltungshoheit über die Motorrad-Weltmeisterschaft. Die FIM legte die sportlichen Regeln fest, bestimmte den Terminkalender, begutachtete die Rennstrecken auf ihre Sicherheit hin und übertrug die Ausrichtung der einzelnen Weltmeisterschaftsläufe an die nationalen Motorsport-Behörden. In Deutschland war dies damals die Oberste Motorradsportkommission (OMK), getragen vom ADAC und vom DMV.

Da die OMK nicht selbst veranstaltete, ließ sie die Weltmeisterschaftsläufe alternativ vom ADAC und vom DMV ausrichten. Während der ADAC zumeist am Nürburgring veranstaltete, kam beim DMV stets sein größter Kooperativklub, der Badische Motorsport-Club e.V., zum Zuge. Der BMC organisierte nicht nur die sportliche Durchführung, sondern als Promoter auch die gesamte Vermarktung. Ausgenommen waren ab 1993 die Rechte zur Fernsehübertragung, die von der FIM an die spanische TV-Agentur Dorna verkauft worden waren.

Für den BMC war die Rennveranstaltung nie ein schlechtes Geschäft, nicht zuletzt wegen der hohen Popularität dieses Sports, aber auch wegen der noch relativ bescheidenen Start- und Preisgelder der Fahrer. Was allerdings die professionelle Vermarktung betraf, waren dem BMC, wie übrigens den meisten anderen Veranstaltern auch, schon aufgrund der personellen und finanziellen Ausstattung Grenzen gesetzt. Dies hatten die Hauptakteure der Rennserie, die Fahrer und Teams, natürlich schon lange erkannt. Da ihnen die FIM aber kaum Gehör schenkte, organisierten die Teams ihre Interessen in der „International Road Racing Teams Association" (IRTA). Die forderte neben einer besseren Vermarktung vor allem mehr Geld. Das beste Beispiel bot ihnen Bernie Ecclestone, der die Promotion der Formel 1 optimiert hatte.

Entgegen der Erwartungen erreichte die IRTA bei der FIM aber nicht viel. Deshalb drohte sie, der FIM-Weltmeisterschaft mit einer eigenen Rennserie, der „World Series", Konkurrenz zu machen. Das hätte auch funktionieren können, denn die meisten namhaften Fahrer dieser Zeit waren zur gemeinsamen Sache mit der IRTA bereit. Kein Wunder – hätten sie davon doch erheblich mehr profitiert.

Im Jahre 1991 stieg Ecclestone in die Motorradszene ein. Er versprach sich davon ein weiteres lukratives Geschäft. Seine Firma „Two Wheel Promotions" handelte zunächst mit der IRTA einen Vertrag über die „World Series" aus. Parallel dazu sicherte sich Ecclestone zahlreiche Rennstrecken, auch die unsrige. Als die FIM davon erfuhr, drohte sie den „abtrünnigen" Rennstrecken mit einer zehnjährigen Sperre für alle internationalen Motorradrennen. Doch damit schoss sie über das Ziel hinaus. Wir drohten mit rechtlichen Schritten und selbst der OMK gingen die beabsichtigten Sanktionen der FIM zu weit.

Letztlich blieb der FIM, wollte sie wenigstens noch die Sporthoheit behalten, nichts anderes übrig, als die meisten ihrer bisherigen Rechte aus der Hand zu geben und die neuen Strukturen mit Ecclestone hinzunehmen. Nun bestimmten nicht mehr die FIM und ihre Landesverbände wie die OMK, auf welcher Rennstrecke gefahren wurde, sondern Ecclestone. Auf ihn hatten wir bei diesem Machtkampf von Anfang an gesetzt. Unser seit Jahren gutes Verhältnis wäre belastet worden, wenn wir für Ecclestones Gegner Partei ergriffen hätten. Das hätte uns die Formel 1 kosten können.

Ecclestone honorierte unsere Unterstützung mit einem lukrativen Fünfjahresvertrag, der uns von 1992 bis 1996 den Motorrad-Grand-Prix garantieren sollte.

Damit entfiel der bisher übliche jährliche Wechsel mit dem Nürburgring. Der hatte nun nicht nur bei der Formel 1, sondern auch beim Motorrad-Grand-Prix das Nachsehen. Das aber wollten die Verantwortlichen des Nürburgrings und ihre Unterstützer aus Politik und Motorradsport nicht hinnehmen. Sie zogen alle Register, um den Eifelkurs im Spiel zu halten. Noch bis Anfang März 1992 ging es hin und her. Erst dann stand endgültig fest, dass das Rennen in den kommenden fünf Jahren nur in Hockenheim laufen würde.

Hatte das monatelange Hickhack um die Ausrichtung des Motorrad-Grand-Prix schon so manchen Motorradfan verstört, waren wohl viele schockiert, als Ecclestones Promoter, die „Gesellschaft für Motorradrennsport mbH", die neuen Eintrittspreise bekannt gab. Sie waren durchweg verdoppelt worden. Lediglich bei den Preisen für Drei-Tages-Karten fiel die Erhöhung weniger hoch aus. Ob diese Rechnung aufgehen würde?

Bereits beim ersten Rennen im Jahre 1992 sind die Zuschauerzahlen deutlich zurückgegangen. Im Jahr darauf war der Einbruch noch wesentlich größer. Ecclestone selbst bezifferte in einem Interview mit der Zeitschrift „PS – Das Sport-Motorrad-Magazin" den 1993er Verlust seiner Firma auf 900.000 Mark.

Da im Folgejahr sogar noch mehr Fans wegblieben, muss sein Verlust siebenstellig gewesen sein. Deshalb wollte er den Promotor-Vertrag für den Motorrad-Grand-Prix in Hockenheim loswerden. Zudem beklagte er das Verbot der Tabakwerbung innerhalb der EU, das ihn ebenfalls Geld kostete. In Tschechien, das damals noch nicht zur EU zählte, finanzierte er bei den Rennen einen Großteil seiner Kosten über die Tabakwerbung.

Wenn uns damals Ecclestone wegen des Vertrags angesprochen hätte, der sich für ihn als eine immer größere Verlustquelle entpuppte, hätten wir sicherlich mit uns reden lassen. Doch sein Vertragsausstieg spielte sich auf eine andere Art und Weise ab.

Nach dem defizitären Motorrad-Grand-Prix 1994 schickte der ehemalige italienische Motorradrennfahrer Franco Uncini, zwischenzeitlich Sicherheitsbeauftragter der IRTA, an Ecclestone eine Stellungnahme bezüglich der Sicherheit des Hockenheimrings. Er monierte die zu geringen Sturzräume, die wegen des angrenzenden Waldes nicht vergrößert werden könnten. Außerdem meinte er, durch die Konstruktion unserer Rennstrecke mit ihren langen Geraden, die Hochgeschwindigkeiten zuließen, befürchteten die Reifenhersteller, dass es zu Reifenschäden kommen könne. Da diese Probleme nicht zu beheben seien, empfehle er, den Grand Prix nicht mehr in Hockenheim zu veranstalten! – „Nachtigall ick hör dir trapsen!"

Bisher galt der Hockenheimring nicht nur als eine der sichersten Motorradrennstrecken, sondern war auch von der zuständigen Sportbehörde noch am 27. April 1994, also kurz vor dem Rennen, anstandslos abgenommen worden. Während der Grand-Prix-Veranstaltung am 12. Juni 1994 hatte weder eines der Teams noch ein Fahrer etwas zu beanstanden. Zudem bestätigten uns Dunlop und Michelin, dass ihre Rennreifen die in Hockenheim gefahrenen Höchstgeschwindigkeiten ohne weiteres aushalten würden. Deshalb vermochten wir Uncinis Bedenken aus „strategischer Perspektive" gleich richtig einzuordnen.

Der Sache setzte dann „Two Wheel Promotions" noch eins drauf. Sie war inzwischen von Ecclestone an Dorna Sports, eine international agierende Sportmanagement und -marketinggesellschaft verkauft worden. Deren spanischer Geschäftsführer Carmelo Ezpeleta schrieb Anfang Oktober 1994 an Ecclestone unter anderem sinngemäß:

> „Aufgrund der Entwicklung des Motorrad-Grand-Prix in den letzten drei Jahren muss ich ihnen leider mitteilen, dass wir aus Sicherheitsgründen, aber auch aufgrund des schwachen Publikumsinteresses während der letzten drei Jahre, den Großen Preis von Deutschland nicht länger auf dem Hockenheimring veranstalten können."

Als mir Ecclestone dieses Schreiben zur Kenntnis brachte, verband er es mit dem entschuldigenden Hinweis, dass er nicht mehr Eigentümer von „Two Wheel Promotions" sei. Zudem sei dieses Unternehmen nach dem Vertrag, den es mit seiner „Gesellschaft für Motorradrennsport mbH" abgeschlossen habe, nicht verpflichtet, in Hockenheim oder in Deutschland ein Rennen zu veranstalten. Solange er Eigentümer von „Two Wheel Promotions" gewesen sei, habe dieser Passus nichts bedeutet, nun aber schon.

Ich antwortete ihm, dass ich nicht verstehen könne, wie sich eine Gesellschaft über einen bestehenden Vertrag hinwegsetze, in dem der Hockenheimring als Austragungsort festgelegt sei. Im Vertrauen darauf hätten wir doch den Fünfjahresvertrag mit seiner „Gesellschaft für Motorradrennsport mbH" abgeschlossen.

Natürlich monierten wir den angekündigten Ausstieg auch gegenüber unserem eigentlichen Vertragspartner, der „Gesellschaft für Motorradrennsport mbH". Doch nicht deren Geschäftsführer antwortete unmittelbar darauf, sondern eine Mitarbeiterin Ecclestones. Sie teilte uns in dessen Auftrag mit, dass der Terminkalender der Motorrad-Weltmeisterschaft von der FIM festgelegt werde. Wie es scheine, habe die FIM für 1995 eine andere Rennstrecke ausgesucht. Ecclestones Gesellschaft werde aber für den Fall, dass Hockenheim der Austragungsort der Veranstaltung sei, mit Freude den bestehenden Vertrag erfüllen. Zudem verwies sie noch auf das gute persönliche Verhältnis, das Herr Ecclestone mit mir habe. Er habe deswegen auch schon mehrere Gespräche mit Herrn Ezpeleta geführt, um das Problem zu lösen.

Zur FIM ist anzumerken, dass sie zu diesem Zeitpunkt lediglich noch die Rennstrecken zur Kenntnis nehmen konnte, die ihr von Dorna Sports vorgegeben wurden.

Im November 1994 bestätigte mir Ecclestone seine diesbezügliche Haltung bei einem Gespräch in London. Bei diesem ging es auch um den auslaufenden, für uns aber wesentlich bedeutungsvolleren Formel-1-Vertrag. Da uns Ecclestone eine Verlängerung zu besseren Konditionen in Aussicht stellte, verzichteten wir wegen des nicht erfüllten Motorrad-Vertrags auf weitere Forderungen. Alles andere hätte nur unsere Geschäftsbeziehungen belastet.

Vergessen konnte ich die Sache aber schon wegen der Art und Weise nicht, wie der Ausstieg inszeniert wurde. Spätestens dann, als der Formel-1-Vertrag mit Ecclestone ab dem Jahre 2004 dem Hockenheimring ähnliche Kalamitäten bescherte wie die Motorrad-Weltmeisterschaft, hätte ich ihn daran erinnert, wie er 1994/95 aus dem für ihn verlustreichen Geschäft ausgestiegen war. Gleichzeitig hätte ich auf einem adäquaten Entgegenkommen in Sachen Formel 1 bestanden. Doch am 1. September 2004 begann für mich der Ruhestand. Danach konnte ich meine langjährigen Erfahrungen nicht mehr einbringen – sie waren einfach nicht mehr gefragt. Wir werden darüber noch mehr erfahren.

Wie ging es mit dem Motorrad-Grand-Prix weiter? Er wurde ab dem Jahre 1995 auf den Nürburgring verlegt. Aber auch dort kam der Promoter nicht auf seine Kosten. Seit dem Jahre 1998 läuft das Rennen auf dem Sachsenring. Auf dieser Traditionsrennstrecke ist das Publikumsinteresse groß und die Kostensituation günstig. Deshalb veranstaltete der Promoter den Grand Prix auf Anhieb erfolgreich. Dazu trug bei, dass er zumindest in den Anfangsjahren so gut wie keine Streckenmiete bezahlen musste! Auch später dürfte ihn dieser Kostenfaktor nicht allzu stark belastet haben.

In den Jahren vor meiner Pensionierung versuchte ich immer wieder, teilweise mit Hilfe von Ex-Weltmeister Dieter Braun, einen zweiten deutschen Motorrad-Weltmeisterschaftslauf nach Hockenheim zu holen. Aus dem süddeutschen Raum, dem nahen Elsass und der Schweiz müsste es genügend Motorrad-Fans für einen solchen Rennbesuch geben.

Mein letztes am 18. Mai 2004 geführtes ausführliches Gespräch mit Ezpeleta ließ für die Jahre ab 2005 hoffen. Seinerzeit empfahl ich der Geschäftsleitung des Hockenheimrings, in der Sache nicht locker zu lassen und auch den ADAC, der bei der Vergabe mitzureden hat, für einen zweiten Lauf zur Motorrad-Weltmeisterschaft in Deutschland zu gewinnen. Dessen Sportabteilung hatte Bedenken gegen eine zweite deutsche Motorradveranstaltung im Rahmen der Weltmeisterschaft geäußert. Meines Erachtens hätten diese aber im Hinblick auf die räumliche Entfernung zum Sachsenring und den bis in die Schweiz und nach Frankreich reichenden Einzugsbereich des Hockenheimrings entkräftet werden können. Ich hätte jedenfalls nicht locker gelassen. Durch meinen Ruhestand hatte ich aber keine Karten mehr im Spiel.

2004 verlangte der Vermarkter des Motorrad-Grand-Prix pro Rennen zwei Millionen Euro vom Promoter. Dies war zwar viel Geld, doch bei entsprechender Vermarktung hätte sich dies rechnen müssen.

Andererseits waren die Nächte vor einem Motorrad-Grand-Prix in Hockenheim immer mit negativen Begleiterscheinungen durch campierende Fans verbunden. Das Abschießen von Feuerwerkskörpern im Minutenrhythmus, ohrenbetäubende Stereomusik, das Aufheulenlassen von Motoren mit und ohne Schalldämpfer bis zum Bersten, Alkoholexzesse und nicht zuletzt gefährliche Lagerfeuer waren die

Regel. Einige Chaoten kamen sogar nur wegen der Randale an den Ring und fuhren, nachdem sie „die Sau rausgelassen" hatten, am Sonntagmorgen vor dem eigentlichen Rennbeginn nach Hause.

Das Ordnungspersonal auf den Campingplätzen und die Polizei sahen dem Treiben in der Regel machtlos zu. Es abzustellen hätte wohl immer einige Hundertschaften schlagkräftiger Polizisten erfordert. Deshalb veranlasste ich, dass die stadtnahen Waldstücke, besonders das zwischen Friedhof und Autobahn sowie die Sportplätze an der Waldstraße, nicht mehr fürs Campen geöffnet wurden. Dadurch wurden die „Problemzonen" etwas weiter von der Stadt abgerückt.

Rückblickend waren die Begleitumstände des Motorrad-Grand-Prix für die an den Stadtwald angrenzenden Wohngebiete oft sehr belastend und im Grunde genommen eine Zumutung. Dennoch war die Veranstaltung für den BMC und die Hockenheim-Ring GmbH über viele Jahre hinweg eine bedeutende Einnahmequelle – in manchen Jahren sogar die wichtigste.

Ärger wegen Rennstreckenbesichtigung

Im Juli 1994 schaute sich die Gesellschafterversammlung der Hockenheim-Ring GmbH die italienischen Rennstrecken Monza, Imola und Mugello an. Leider belastete die Vorgeschichte zu dieser Fahrt mein persönliches Verhältnis zu Dr. Buchter weiter. Obwohl er schon lange nicht mehr der Gesellschafterversammlung angehörte, hatte ich ihn in Abstimmung mit der Gesellschafterversammlung noch zu den vorangegangenen Besichtigungsfahrten nach Silverstone (1990) und Barcelona (1991) eingeladen. Dieser Einladung war er jeweils gefolgt. Nun stand eine Begutachtung der norditalienischen Rennstrecken auf dem Programm. Deshalb fragte ich die Gesellschafterversammlung, ob dazu auch wieder der Altbürgermeister eingeladen werden sollte?

Daraufhin erklärte ein der Gesellschafterversammlung angehörender Stadtrat, er werde an der Fahrt nicht teilnehmen, wenn Dr. Buchter mitführe. Als Grund nannte er einen Vorfall, der sich wenige Monate nach der Besichtigung der Rennstrecke bei Barcelona abgespielt hatte. Bei diesem hätte Dr. Buchter ein Reiseerlebnis zum Besten gegeben, mit dem er den ältesten Reiseteilnehmer vor dessen Gattin und anderen Damen süffisant bloßgestellt habe. Dieses indiskrete Verhalten, noch dazu vor der Gattin des Betroffenen und anderen Unbeteiligten, empfand der Stadtrat als taktlos. Deshalb lehnte er es ab, weiterhin mit Dr. Buchter zu reisen.

Bis dato war mir dieses Geschehen nicht bekannt gewesen. Würde aber nun deswegen Dr. Buchter nicht mehr eingeladen, konnte ich mir denken, wie er reagieren würde, sobald er davon erführe. Andererseits bestand für die Gesellschafterversammlung der Hockenheim-Ring GmbH weder eine rechtliche geschweige denn eine moralische Verpflichtung, den Altbürgermeister, der sich schon über eineinhalb Jahrzehnte im Ruhestand befand, zur geplanten Fahrt einzuladen. Nach kurzer Diskussion stellte ich die Sache zur Abstimmung. Bei dieser entschied sich die Mehrheit gegen Dr. Buchters Teilnahme.

Um ihm aber noch etwas entgegenzukommen, beschloss die Gesellschafterversammlung auf meinen Vorschlag hin, ihm den Besuch des portugiesischen Formel-1-Grand-Prix zu finanzieren. Damit aber sollte sein Reisen auf Kosten der Hockenheim-Ring GmbH endgültig abgehakt sein.

Glaubte ich, diese Angelegenheit für Dr. Buchter doch noch einigermaßen zufriedenstellend gelöst zu haben, holte sie mich schneller ein, als ich dachte. Möglicherweise schon unmittelbar nach der Gesellschafterversammlung, spätestens aber am anderen Morgen, ist Dr. Buchter von einem Insider über den Verlauf der Sitzung informiert worden. Deshalb rief er mich im Rathaus an, kam gleich zur Sache und warf mir vor, dass ich, wenn ich gewollt hätte, seine Nichteinladung kraft meiner Stellung hätte verhindern können. Ergo sei ich der Verantwortliche, dem er dies zu verdanken habe. Was ihm damit angetan worden sei, könne nicht mit einer Million Mark aufgewogen werden!

Dann aber verstieg er sich zu der Aussage, ich sei ein „großer Heimtücker"! Auf diese beleidigende und kränkende Art reagierte ich, nachdem ich kurz tief Luft geholt hatte, mit angemessenen Worten. Danach beendete ich das unerfreuliche Gespräch, indem ich den Hörer weniger sanft als üblich auflegte.

Dieser Vorfall trübte natürlich unser ohnehin schon stark belastetes Verhältnis noch mehr, was ich im Grunde genommen bedauerte. Aber alles hat seine Grenzen.

Tolle Münchenreise dank Paul Dosch

Erfreulicherweise gab es aber nicht immer Knatsch, sondern auch schöne Momente, an die ich mich gerne erinnere. Einer hatte mit Paul Dosch zu tun, einem bekannten Mannheimer Unternehmer, der damals einen Zweigbetrieb in Hockenheims Industriegebiet Talhaus hatte. In diesem stellte er Wasserenthärtungsanlagen her.

Dosch, der Pferde und das Reiten liebte, war in den 1980er Jahren Vizepräsident des BMC und in dieser Eigenschaft Mitglied der Gesellschafterversammlung der Hockenheim-Ring GmbH. Er war eine Persönlichkeit von Format. Ausgestattet mit einem trockenen Humor und mit viel Witz, verstand er es, eine Gesellschaft bei guter Laune zu halten. Mit seinem silbergrauen lockigen Haar und seinem gepflegten und charmanten Auftreten war er, obwohl schon in den Jahren, ein attraktives Mannsbild.

Großzügig, wie er nun mal war, hatte er die Gesellschafterversammlung auf seine Kosten nach München eingeladen. Dort hatte er in der Nymphenburger Straße vis-à-vis der CSU-Zentrale seinen zweiten Wohnsitz. Für unseren Besuch hatte er ein interessantes München-Programm, unter anderem mit einem Besuch der „Kleinen Komödie" im Bayrischen Hof zusammengestellt. Dort sahen wir uns ein Lustspiel an, bei dem der bekannte Schauspieler Heinz Drache eine der Hauptrollen spielte.

Wie bei Dosch nicht anders zu erwarten, hatte er Karten für die erste Reihe besorgt. Somit hatten wir einen tollen Blick auf die Bühne. Es sei noch angemerkt, dass das Theater bis auf den letzten Platz gefüllt war.

Während des Stücks erschien Heinz Drache im Pyjama auf der Bühne. Als Dosch die blanken Waden Draches erblickte, konnte er nicht mehr an sich halten und stellte, an den neben ihm sitzenden Dr. Buchter gewandt, trocken, aber unüberhörbar und im reinsten Mannheimer Dialekt fest: „Ach Gott Kurt, hot der Krampfodere!"

Sogleich ging ein Raunen durchs Theater, Drache erstarrte einen Moment, fasste sich aber schnell und spielte weiter. Um so einen spontanen Publikumsbeitrag ist diese Komödie wohl selten bereichert worden. So originell war Paul Dosch. Dank ihm sahen wir von München, dieser Weltstadt mit Herz, einige ihrer schönsten Seiten.

✳

Personelle Zäsur im Gemeinderat

Ende August 1994 endete eine weitere fünfjährige Gemeinderatsperiode. Schied bei Neuwahlen des Gemeinderats immer der eine oder andere Mandatsträger aus, führte die Kommunalwahl vom 12. Juni 1994 zu einer echten Zäsur. Von den zweiundzwanzig Stadträten traten altersbedingt sechs nicht mehr an, während zwei nicht mehr genügend Stimmen zur Wiederwahl erreichten.

Die meisten der Ausscheidenden waren gestandene Kommunalpolitiker, die über verschiedene Gemeinderatsperioden hinweg die Stadtpolitik maßgeblich beeinflusst und mitgetragen hatten. In mehreren Gemeinderatswahlen hatte ihnen die Bürgerschaft immer wieder das Vertrauen ausgesprochen. Mit den Jahren mehrte sich ihr fundiertes kommunalpolitisches Wissen und auch ihr Gespür für das, was notwendig und machbar war. In ihrer Zeit hatte das Entscheidungsgremium Gemeinderat eine besondere Qualität.

Nun aber hatte ich einige seiner erfahrensten und klügsten Mandatsträger sowie Persönlichkeiten zu verabschieden, die ihr Fähnchen nicht nach jedem Wind drehten. Ihr Handeln als Kommunalpolitiker war vom Wunsch getragen, gute Entscheidungen für die Stadt zu treffen und in diesem Sinne mitzureden. Welchen Stellenwert bei ihnen Anerkennung und Prestige hatten, vermochte ich nicht zu bewerten. Dies war auch nicht entscheidend, denn für sie als Hockenheimer Lokalpatrioten hatte das Gemeinwesen Stadt und das, was dem Wohl aller Bürger nützte, unter Abwägung der unterschiedlichsten Interessen immer Priorität. In all den Jahren lernte ich sie als Bürgervertreter näher kennen und schätzen, die primär im Sinne der Verantwortungsethik, wie sie der Soziologe Max Weber postuliert hatte, handelten.

Sie gaben mir in schwierigen Entscheidungsphasen oft Orientierung und Halt. Hatte ich sie von einer Sache überzeugt, über die die öffentliche Meinung auseinanderging, stärkten sie mir kompromisslos den Rücken. Auch deshalb arbeitete ich mit ihnen sehr gerne zusammen.

Drei von ihnen, und zwar Josef Hauck, Adolf Stier und Arthur Weibel, wurden bei der Verabschiedung zu Ehrenbürgern der Stadt Hockenheim ernannt. Die Vergabe dieser höchsten städtischen Auszeichnung hatte der Gemeinderat auf meinen Vorschlag hin aufgrund ihrer langjährigen besonderen Verdienste einstimmig beschlossen.

Wenn ich mich nun im Folgenden mit der kommunalpolitischen Vita der Ehrenbürger befasse, dann sei mit Arthur Weibel begonnen, dessen kommunalpolitisches Engagement das Prädikat „einmalig" verdient. Er gehörte von den drei neuen Ehrenbürgern dem Gemeinderat am längsten an.

Arthur Weibel – ein kommunalpolitisches Schwergewicht

Weibels Elternhaus befand sich gegenüber dem meinen in der Rathausstraße. Dort wohnte er noch in den 1950er Jahren. Insofern kannte ich meinen siebzehn Jahre älteren Nachbarn schon als Kind.

Seine lange kommunalpolitische Karriere begann mit der Gemeinderatswahl des Spätjahrs 1950, bei der er erstmals direkt gewählt und im Februar 1951 als Stadtrat verpflichtet wurde. Er zählte damals gerade einmal 25 Lenze, hatte als junger Soldat den Krieg trotz eines Bauchschusses und eineinhalbjähriger russischer Kriegsgefangenschaft überlebt und war in der unmittelbaren und schwierigen Nachkriegszeit willens, sich als Mitglied der SPD für seine Heimatstadt zu engagieren.

Als er erstmals in den Gemeinderat gewählt wurde, war natürlich nicht vorherzusehen, dass er diesem Gremium einmal bis Ende August 1994, also sage und schreibe runde dreiundvierzigeinhalb Jahre, ununterbrochen angehören würde. Auch wenn nur ganz wenige im Lande eine so lange Amtszeit in einem Gemeinderat erreichen, bin ich mir in einem sicher: Einer Persönlichkeit wie Arthur Weibel konnte in seiner Zeit kaum einer das Wasser reichen. Im Grunde genommen lag seine Mutter Rosa nicht einmal so daneben, als sie ihn - er war ihr jüngstes von fünf Kindern - in meinem Beisein einmal ironisch als „Wunderknaben" bezeichnete.

Durch seine Intelligenz, seine rhetorischen Fähigkeiten und seinen gesunden Menschenverstand, aber auch durch sein politisches Talent, seine Überzeugungskraft, seine Fairness, Kompromissbereitschaft und nicht zuletzt sein Stehvermögen, brachte Weibel die besten Voraussetzungen für ein kommunales Ehrenamt mit. Ihn zeichneten aber auch Witz und Schlagfertigkeit aus, und wer sich mit ihm im Gemeinderat anlegte, oder wer ihn dort aufregte, bekam diese Qualitäten postwendend zu spüren.

Gegen den Strich ging ihm, wenn jemand ungerecht behandelt wurde oder aus seiner Sicht soziale Aspekte zu wenig Beachtung fanden. Dann lernte man den auf eine anständige Behandlung oder auf sozialen Ausgleich pochenden Betriebsratsvorsitzenden der Josef Vögele AG kennen. Diese Funktion hatten ihm seine Kolleginnen und Kollegen mehr als drei Jahrzehnte übertragen, kein Wunder, erreichte er doch in dieser langen Zeit durch eine vernünftige Sozialpartnerschaft vieles für sie.

Arthur Weibel zählte neben Friedrich Itschner und Jakob Schinke zu den einzigen Stadträten, die es nach dem Kriege im Gemeinderat mit drei Bürgermeistern, nämlich Franz Hund, Dr. Kurt Buchter und mir, zu tun hatten. Hund war übrigens derjenige, der 1952 den noch jungen Stadtrat als seinen Nachfolger im Vorsitz der Ortsgruppe des Deutschen Roten Kreuzes vorschlug, ein Amt, das Weibel schließlich ein Vierteljahrhundert lang innehatte.

Auch beim DRK setzte er so manches Zeichen, wie den Umzug der Geschäftsstelle von der Rathausstraße in das Heim in der Jahnstraße/Ecke Heidelberger Straße, und später von dort in das Domizil in der Heidelberger Straße. Als er den Vorsitz beim DRK abgab, das sich in seiner Zeit zu einem stattlichen Hockenheimer Verein mit rund 1.300 Mitgliedern entwickelt hatte, wurde er zum Ehrenvorsitzenden ernannt.

Aber noch wesentlich länger als das DRK, nämlich über fünfunddreißig Jahre, führte er die SPD-Fraktion des Gemeinderats. In seiner Zeit war die SPD bei den Gemeinderatswahlen stets als zweitstärkste Kraft hervorgegangen. 1989 erreichte sie sogar fast so viele Stimmen wie die CDU und zog wie diese mit sieben Mandaten in den Gemeinderat ein. Angesichts der verschiedensten Charaktere, die der SPD-Fraktion über Jahrzehnte hinweg angehörten, war das in den meisten Fällen nach außen geschlossene Auftreten in aller Regel nur seiner Moderation und Argumentation zu verdanken.

Kurz, nachdem ich im Jahre 1978 meine erste Amtszeit angetreten hatte, wurde Weibel zu meinem zweiten Stellvertreter gewählt. Zum ersten Stellvertreter avancierte damals Josef Hauck, der für mich in dieser Funktion, ebenso wie Weibel, ein Glücksfall war. Da Hauck meine Stellvertretung mit Herz und Seele ausfüllte, kam Weibel nur selten zum Einsatz. Kam er aber zum Zuge, repräsentierte er die Stadt stets in überzeugender Manier. Sein rhetorisches Auftreten war kaum zu toppen.

Ihn zeichnete aber auch noch eine andere Eigenschaft aus. Er war ein guter Gesellschafter und verstand es zu feiern. In vielen Nachsitzungen des Gemeinderats und von Gremien, in denen er als Vertreter seiner Fraktion saß, wie der Gesellschafterversammlung der Hockenheim-Ring GmbH oder dem Verwaltungsrat der Bezirkssparkasse Hockenheim, entfaltete er seine Qualitäten als Unterhalter und Kenner guter Weine. Für Jüngere wie mich war es auch immer hochinteressant, wenn er Anekdoten aus früheren Gemeinderatszeiten in der ihm eigenen, faszinierenden Art zum Besten gab.

Auf dem Sektor des Weins konnte ihm auch quantitativ nur selten einer etwas vormachen. Es ist mir nur ein einziger Fall in Erinnerung, bei dem er den Kürzeren gezogen hat. Dieser spielte sich in Hockenheims pfälzischer Weinpatengemeinde Duttweiler ab. Deren Ortsvorsteher und Ortsbeirat hatten den Hockenheimer Gemeinderat zu einer Weinprobe eingeladen. Bei der hatte sich Weibel auf eine Weinmensur mit einem Duttweilerer eingelassen, unwissend, dass sein schwergewichtiger hünenhafter Gegner mehr als Otto-Normalverbraucher wegstecken konnte. Der konsumierte regelmäßig ein Quantum zwischen acht und neun Vierteln Wein am Tag und war insofern auf größere Mengen „geeicht". Über die Folgen schweigt des Sängers Höflichkeit, noch dazu, als auch ich auf diesem Gebiet schon mein Waterloo erlebt habe. Alles in allem aber bewunderte ich Weibel wegen seiner außergewöhnlichen „Nehmerqualitäten"!

Sein Ausscheiden aus dem Gemeinderat war selbst nach so vielen Jahren ein Verlust, und nicht selten hätte ich es in den Jahren danach begrüßt, wenn ich noch Männer wie ihn an meiner Seite gehabt hätte. Aber leider hat alles seine Zeit. Zudem wird er sich nach einem so langen öffentlichen Engagement auf etwas mehr Ruhe in seinem Privatleben gefreut haben.

Wenn man sich vor Augen führt, was ein Stadtrat wie er in über vier Jahrzehnten allein an Zeit aufgewendet hat, um allen kommunalen Verpflichtungen gerecht zu werden, dann wird auch einem Außenstehenden ungefähr klar werden, welche ehrenamtliche Leistung von ihm erbracht wurde.

In Weibels Gemeinderatszeit tagte die Bürgervertretung in der Regel noch vierzehntägig. Hinzu kamen Ausschuss- und Fraktionssitzungen, Sitzungen des Kreistags, der Sparkasse und des Hockenheimrings, Vorbereitungen auf die Sitzungen sowie auch so manches persönliche Gespräch. Wenn ich durchschnittlich dreißig Stunden im Monat ansetze - wobei diese Zahl eher zu niedrig sein dürfte - dann kamen in rund zehn Sitzungsmonaten pro Jahr in dreiundvierzigeinhalb Jahren mehr als 13.000 Stunden zusammen. Davon erforderten die meisten Stunden eine volle gedankliche Konzentration sowie eine aktive Beteiligung, und Auseinandersetzungen, denen er sich stellen musste, lagen oft in der Natur der Sache. Es allen recht zu machen, vermochte ohnehin noch niemand.

Ein solches Engagement konnte familiär natürlich nur gut gehen, wenn die Gattin mitspielte, es also mit viel Verständnis begleitete oder, wenn man so will, ertrug. Ich weiß dies aus eigener Erfahrung, denn auch meine Frau musste so manchen Abend allein verbringen, und wenn ich dann oft erst spät abends und müde nach Hause kam, hatte ich nicht mehr den Kopf für eine große Konversation. Deshalb bin ich mir der ehelichen Zumutungen bewusst, die ein kommunalpolitisches Mandat mit sich bringen kann.

Spannt man den Bogen von 1950 bis 1994, dann waren dies die Jahre einer rasanten und eindrucksvollen Stadtentwicklung. Der Heimatforscher Ernst Brauch hatte deshalb allen Grund, Hockenheim in seinem Heimatbuch von 1969 als „Stadt im Auf- und Umbruch" zu bezeichnen. Ich bin mir sicher, dass es eine solche Prosperitäts- und Wachstumsphase auf lange Sicht nicht mehr geben wird. Dafür sorgen schon die veränderten Rahmenbedingungen, auf die wir uns in einer immer globalisierteren Welt einzustellen haben. Weibel hat diese lange und einmalige Entwicklungsphase als engagierter Stadtrat und Fraktionssprecher maßgeblich beeinflusst und begleitet. Darin liegt das große Verdienst dieses außergewöhnlichen Kommunalpolitikers.

Bliebe noch auf die zahlreichen Ehrungen zu verweisen, die ihm aufgrund seines Wirkens für das Gemeinwesen zuteil wurden. Auch auf diesem Gebiet hatte Arthur Weibel einen Spitzenplatz inne; die höchste war wohl das Bundesverdienstkreuz 1. Klasse.

Adolf Stier – Motor der Städtepartnerschaft mit Commercy

Mit dem Bundesverdienstkreuz 1. Klasse wurde auch Adolf Stier geehrt, der im Jahre 1954 als Vorsitzender der Jungen Union Hockenheim das öffentliche Rampenlicht betrat. Fünf Jahre später schaffte er über die CDU-Liste erstmals den Sprung in den Hockenheimer Gemeinderat, wo er im Dezember 1959 als Stadtrat verpflichtet wurde. Diesem Gremium gehörte er nahezu fünfunddreißig Jahre ununterbrochen an.

Mit dem rund einen Monat älteren Arthur Weibel verbanden ihn nicht nur das gleiche Alter, sondern auch die vom Krieg geprägte Jugendzeit. Aber auch sonst verstanden sich die beiden trotz gelegentlicher Meinungsverschiedenheiten immer sehr gut. Sie frozzelten auch gerne miteinander. Beispielsweise legte Stier, wenn er im Beisein von Weibel wegen des gleichen Alters angesprochen wurde, immer wieder Wert darauf, dass Weibel der „wesentlich Ältere" sei. Weibel dagegen nahm Stier gerne als „Schaffknecht" auf den Arm, wenn der über seine Gartenarbeit berichtete, die Weibel bezweifelte.

Über die Jahre hatte sich Stier, der als Versicherungskaufmann bei einer Mannheimer Versicherung beschäftigt war, ebenfalls zu einem Kommunalpolitiker von Format entwickelt. Rhetorisch begabt, ausgestattet mit einem aufrichtigen, gradlinigen und kompromissfähigen Wesen, spielte er innerhalb der CDU und deren Gemeinderatsfraktion sowie im Gemeinderat bald eine einflussreiche Rolle. Bei Landtagswahlen machte er sich im Wahlkreis als CDU-Zweitkandidat einen Namen. Außerdem war er, wie übrigens Weibel auch, über mehrere Perioden Mitglied des Kreistags und erster Stellvertreter des Landrats. Rund dreizehn Jahre, und zwar bis nach der Bürgermeisterwahl 1978, führte er die CDU-Fraktion des Gemeinderats.

Als sein Fraktionskollege Karl-Heinz Lansche im Jahre 1977 seine Kandidatur als Bürgermeister überraschend zurückzog, bewarb er sich um dieses Amt, offiziell von der CDU unterstützt. Doch die Wahl verlief nicht zu seinen Gunsten. Dennoch zeichnete ihn auch in der Folgezeit eine sachlich fundierte und wertvolle Mitarbeit in beschließenden und beratenden Ausschüssen des Gemeinderats aus. Dort hatte sein Wort Gewicht.

Auch unser persönliches Verhältnis ist durch den für ihn negativen Ausgang der Bürgermeisterwahl nicht belastet worden, ein Zeichen seiner Integrität und seines demokratischen Verständnisses.

Neben dem Partnerschaftsausschuss zählten in meiner Zeit als Bürgermeister noch der Friedhofsausschuss sowie der Rechnungsprüfungsausschuss zu seinen Steckenpferden. Bei Letzterem oblag dem stets auf eine sparsame und wirtschaftliche Haushaltsführung der Verwaltung achtenden Kommunalpolitiker alljährlich die Aufgabe, dem Gemeinderat über die Rechnungsprüfung zu berichten. Dabei zeichnete er sich durch kritische Anmerkungen und Empfehlungen regelmäßig als kommunaler Finanzexperte aus.

Diese Sachkunde brachte er auch in die Gesellschafterversammlung der Hockenheim-Ring GmbH und den Verwaltungsrat der Bezirkssparkasse Hockenheim ein. In diese Gremien hatte ihn der Gemeinderat als Vertreter seiner Fraktion über viele Jahre delegiert.

Stiers besonderes Engagement aber betraf den Aufbau und die Pflege der Partnerschaftsbeziehungen zu unserer französischen Partnerstadt Commercy. Angesichts der leidvollen deutsch-französischen Vergangenheit ging es ihm um einen persönlichen Beitrag für ein besseres, ein freundschaftliches Verhältnis.

Die ersten vorsichtigen Schritte dazu leitete im Jahre 1957 die Junge Union unter seiner Führung mit der Kontaktaufnahme und einer Fahrt nach Commercy ein. Daraus entwickelten sich Freundschaften, die schließlich im Jahre 1970 in einer offiziellen Städtepartnerschaft mündeten. Daran hatten Adolf Stier und sein französischer Freund, der Commercianer Apotheker Pierre Malard, maßgeblichen Anteil. Auf Malard werde ich in einem späteren Kapitel noch näher eingehen.

Lange schon vor Beginn der Städtepartnerschaft war es die Junge Union mit Adolf Stier an der Spitze, die im Jahre 1961 im Stiegwiesenpark das Völkerkreuz errichtete. Mit seiner versöhnenden Symbolik verbindet dieses christliche Mahnmal seitdem die beiden Nachbarvölker sowie die Städte Commercy und Hockenheim.

Im Jahre 1976 gründeten rund dreißig Rennstädter den Freundeskreis Hockenheim-Commercy und wählten Adolf Stier zu ihrem Präsidenten. Dieser Partnerschaftsverein fördert die deutsch-französische Verständigung. Seine Hauptziele sind freundschaftliche Bindungen zwischen Familien und Jugendlichen sowie generell die Begegnung zwischen den Partnerstädten zu fördern. In diesem Sinne agierte Adolf Stier als unermüdlicher Motor. Seit dem Jahre 1957 leistete er einen enormen Beitrag zu dem heute sehr freundschaftlichen und lebendigen Partnerschaftsverhältnis mit Commercy.

Mit der Verleihung der Ehrenbürgerwürde trug der Gemeinderat Stiers langjährigem Engagement auf kommunaler sowie partnerschaftlicher Ebene Rechnung.

Josef Hauck – große Verdienste um die Heimatgeschichte

Drei Jahre nach Adolf Stiers Gemeinderatsdebüt wurde Josef Hauck in den Gemeinderat gewählt und im November 1962 als Stadtrat verpflichtet. Er hatte sich freiwillig auf den letzten Platz der CDU-Gemeinderatsliste setzen lassen, um dem üblichen Gerangel bei der Auswahl der aussichtsreichsten Listenplätze zu entgehen. Obwohl seine Wahlchancen nach dem damaligen Auszählungsmodus als Schlusslicht der Liste nicht als besonders gut erschienen, ging seine Rechnung auf. Kein Wunder, denn der gebürtige Hockenheimer, „Schulsträßler" und Postbeamte war schon damals in der Stadt ein Begriff – und auch mir längst vom Schachklub her bekannt.

Zudem war Hauck zu Beginn der 1960er Jahre Elternbeiratsvorsitzender der Hockenheimer Schulen. In dieser Zeit musste das Hockenheimer Schulwesen von Grund auf modernisiert und erweitert werden. Dafür hatte sich der Vater von drei Kindern über Jahre hinweg engagiert.

Auch in der Vereinswelt war er kein Unbekannter. Seit dem Jahre 1948 schrieb er als freier Mitarbeiter für die Lokalzeitungen, weshalb so mancher Vereinsartikel aus seiner Feder stammte. Seine Popularität war auch durch seine nette und verbindliche Art zu erklären. Er konnte auf die Menschen zugehen, ihnen zuhören, und er kümmerte sich, wenn gewünscht, um ihre Anliegen.

Da er kein Auto fuhr, benutzte er in der Stadt immer das Fahrrad. Bei einem so stadtbekannten und beliebten Mann hatte dies Vor- und Nachteile. Vorteilhaft waren die damit verbundenen direkten Kommunikationsmöglichkeiten auf der Straße. Es konnte aber auch nachteilig sein, wenn er an fast jeder Ecke mit Worten gestoppt wurde, wie „Seppl, halt mal, ich will dich was fragen" oder „Seppl, gut, dass ich dich sehe …!" Dadurch hatte er oft Mühe, rechtzeitig die Sitzungen oder Veranstaltungen zu erreichen. Deshalb hängten einige seiner politischen Weggefährten an seinen Namen gerne noch ein „MdL" an, die sonst übliche Abkürzung für ein Mitglied des Landtags. In seinem Falle aber war mit der Abkürzung „Meist der Letzte" gemeint. Mit den Jahren ging dieser Titel immer mehr auf einen jüngeren Kollegen seiner Gemeinderatsfraktion über.

Hauck war Jahrgang 1918. Seinen Vater hatte er im Ersten Weltkrieg verloren, lernte ihn also, wie ich den meinen, nie kennen. Dadurch hatte uns beide, nur um eine Generation versetzt, ein ähnliches Kriegsschicksal getroffen. Es verband uns in gewisser Weise. Heute bin ich mir sicher, dass die Hungerjahre nach dem Ersten Weltkrieg für seine verwitwete Mutter mit ihren drei kleinen Kindern noch viel problematischer gewesen sein mussten als für meine Familie nach dem Zweiten Weltkrieg. Ausreichend zu essen hatten wir immer.

Im Zweiten Weltkrieg musste Hauck als Soldat bei der Infanterie von Anfang an mitmachen. Er berichtete mir oft über diese bittere Kriegszeit mit den eiskalten Wintern und heißen Sommern, die er überwiegend in Russland verbrachte, wo er beim Einmarsch und Rückzug mit der Truppe riesige Entfernungen zu Fuß überwinden musste. Glück hatte er, dass ihm die russische Kriegsgefangenschaft, ja die Kriegsgefangenschaft überhaupt, erspart geblieben war. Aber natürlich haben diese Jahre auch ihn geprägt. Dennoch war er kein verbitterter Mensch, im Gegenteil. Auch er konnte sehr lustig und witzig sein, und er feierte gern. Zudem war er mit einer geradezu verblüffenden Schlagfertigkeit gesegnet.

Ein Beispiel, das er mir einmal erzählte, mag dies verdeutlichen. Es hatte sich lange vor meiner Zeit als Bürgermeister abgespielt. Haucks Elternhaus stand gegenüber Dr. Buchters Elternhaus in der Schulstraße. Beide kannten sich also von Kindesbeinen an. Bei einer Bürgerversammlung - Hauck war noch nicht im Gemeinderat - hatte Bürgermeister Buchter wie üblich darum gebeten, dass sich jeder Bürger, der zu Wort kommt, zunächst mit seinem Namen vorstellt. Als nun Hauck an der Reihe war, unterließ er dies, weil ihn Buchter ja kannte. Doch der fragte ihn: „Wie heißen Sie denn?" Hauck: „Als Sie mich noch kannten, hieß ich Josef Hauck!"

Apropos Kurt Buchter und Josef Hauck. Ersterer war, bevor er zum Bürgermeister gewählt wurde, als Journalist bei der Allgemeinen Zeitung (AZ) tätig. Für diese Lokalzeitung schrieb auch Hauck hin und wieder. Aus dieser Zeit erzählte mir

Dr. Buchter einmal eine lustige Anekdote. Hauck sollte ihm früh morgens am Hockenheimer Bahnhof einen Artikel von einer Veranstaltung übergeben, die just am Abend zuvor stattgefunden hatte. Da Hauck aber nicht rechtzeitig aus den Federn gekommen wäre, hätte er den Artikel erst wenige Minuten vor Abfahrt des Zuges vollendet. Nun aber fehlte ihm die Zeit zum Ankleiden. Deshalb wäre er im „Schlafanzug" mit dem Fahrrad zum Bahnhof gefahren, um ihm das Manuskript in letzter Sekunde vor Abfahrt des Zuges zu übergeben!

Ich fand die Story mit dem Schlafanzug recht amüsant. Hauck ergänzte sie mir gegenüber in späteren Jahren aber noch um etwas Wichtiges, was Dr. Buchter nicht für erwähnenswert gehalten hatte. Er hatte über den Schlafanzug - das Ganze hatte sich im Winter abgespielt - noch seinen Wintermantel übergezogen!

Zwischen Hauck, der wenige Monate nach meinem Amtsantritt als Bürgermeister zu meinem ersten Stellvertreter gekürt worden war, und mir entwickelte sich eine vertrauensvolle Zusammenarbeit. Sie sollte rund sechzehn Jahre dauern. Fast immer, wenn ich ihn um meine Vertretung bat, war er zur Stelle. Obwohl er von seiner Statur her kein großer Mann war, machte er immer eine gute Figur, auch dank seiner Redegewandtheit, seiner kommunalpolitischen Erfahrung und Intelligenz.

Ich konnte mich auf ihn auch insofern blind verlassen, als er sich mir gegenüber immer loyal verhalten hat. Von ihm erhielt ich besonders in meiner Anfangszeit als Bürgermeister manch nützlichen Ratschlag. Kurzum: Zwischen uns stimmte die Chemie, wir vertrauten uns gegenseitig und gingen immer sehr offen miteinander um.

Leider geriet er bei einer Vertretung einmal in die Schlagzeilen, als er den Flugtag des Hockenheimer Sportfliegerklubs besuchte. Zu dem war auch Hans-Ulrich Rudel gekommen, den Walter Saam, der langjährige Vorsitzende des Sportfliegerklubs, eingeladen hatte.

Rudel war im Zweiten Weltkrieg aufgrund seiner Erfolge als Kampfflieger der höchstdekorierteste deutsche Soldat. Er hatte drei sowjetische Kriegsschiffe, darunter ein Schlachtschiff versenkt, über fünfhundert sowjetische Panzer abgeschossen und eine große Anzahl an gegnerischem Kriegsgerät zerstört. Nach dem Kriege unterstützte Rudel unter anderem die als rechtsextrem eingestufte Deutsche Reichspartei, für die er 1953 als Spitzenkandidat für den Bundestag kandidierte. Wegen seiner rechtsnationalen Überzeugung war er für die meisten Politiker und Medien der Bundesrepublik eine Persona non grata.

Weil sich Hauck nicht gleich von Rudel distanzierte und den Flugtag verließ, kritisierte ihn die Lokalpresse. Sonst aber blieben ihm Schlagzeilen erspart, im Gegenteil, er erntete durch seine souveräne Art bei allen Vertretungen nur Zustimmung.

Hauck war auch Mitglied der Gesellschafterversammlung der Hockenheim-Ring GmbH. Außerdem war er schon frühzeitig mit der Sing- und Musikschule verbunden. Dem Vorstand der Volkshochschule Hockenheim gehörte er seit der Vereinsgründung im Jahre 1980 an. Auch in diesen Gremien schätzte ich seine engagierte Mitarbeit immer sehr.

Besondere Verdienste hatte sich Hauck in Sachen Tabak-Museum und als Vorsitzender des Vereins für Heimatgeschichte erworben. Ich habe dies schon zuvor ausführlich beschrieben. Es war letztlich Haucks Verdienst, dass sich unser Tabak-Museum zu einem weiteren Aushängeschild unserer Stadt entwickelte. In dessen Aufbau und Betreuung hatte er eine Unmenge an Stunden investiert, und mit dieser vorbildlichen ehrenamtlichen Arbeit ein wichtiges Kapitel der Hockenheimer Wirtschafts- und Sozialgeschichte aufgearbeitet und transparent werden lassen.

Haucks vielfältige Verdienste um unser Gemeinwesen wurden auch schon vor der Ehrenbürgerschaft mit dem Bundesverdienstkreuz am Bande angemessen gewürdigt. Mit seinem altersbedingten Ausscheiden aus dem Gemeinderat - er befand sich schon im sechsundsiebzigsten Lebensjahr - endete eine Ära, die der Stadt und mir viel gebracht hatte, und an die ich mich immer gerne erinnern werde.

Weitere bedeutende Persönlichkeiten schieden aus

Neben den drei neuen Ehrenbürgern wurden am 31. August 1994 noch vier weitere langjährige Mitglieder des Gemeinderats verabschiedet. Zu ihnen zählte Emil Lösch. Der einst aktive Fußballer und ehemalige Vorsitzende des FV 08 Hockenheim gehörte dem Rat einunddreißig Jahre als Mitglied der SPD-Fraktion an und hatte sich, auch durch seine engagierte Mitarbeit in mehreren beschließenden Ausschüssen, bei seinen Kollegen und bei der Verwaltung viel Anerkennung erworben. In Jahren zuvor war er bereits aufgrund seiner Verdienste im öffentlichen Leben und als Betriebsrat der Vögele AG mit dem Bundesverdienstkreuz am Bande sowie der Ehrenmedaille in Gold der Stadt Hockenheim ausgezeichnet worden.

Mit der Ehrenmedaille in Gold verabschiedete ich auch Siegfried Renz, der seit dem Jahre 1978 die CDU-Fraktion führte, dem Gemeinderat seit dreiundzwanzig Jahren angehörte, aber wider Erwarten nicht mehr wiedergewählt wurde. Renz, der auch sonst noch auf ein breites bürgerschaftliches Engagement verweisen konnte, sei es bei der Jungen Union, der katholischen Kirchengemeinde, im Elternbeirat des Gymnasiums, beim Regionalverband oder im Kreistag, hatte sich um unser Gemeinwesen wirklich verdient gemacht. Dafür hatte auch er bereits das Bundesverdienstkreuz am Bande erhalten.

Mit ihm, dem Sprecher der größten Gemeinderatsfraktion, hatte mich eine sehr gute Zusammenarbeit verbunden. Wir verstanden uns auch vom Menschlichen her recht gut, weshalb ich sein Ausscheiden sehr bedauerte. Der aus Elsenz bei Eppingen stammende Volljurist, der bei der Landesversicherungsanstalt Baden in leitender Stellung tätig war, hätte aufgrund seiner erfolgreichen Gemeinderatsarbeit mehr Anerkennung durch die Bürgerschaft verdient. Doch wer kann schon die zeitintensive Kärrnerarbeit eines Fraktionsvorsitzenden einschätzen?

Auch bei früheren Kommunalwahlen hatten einige Fraktionsvorsitzende nicht gut abgeschnitten. Vom Persönlichen einmal abgesehen, hing dies sicher auch mit ihrer Stellung im Gemeinderat zusammen. Als die Exponenten ihrer Fraktion beziehen sie in der Regel zu den Tagesordnungspunkten einer Gemeinderatssitzung oder auch sonst zu kommunalpolitischen Themen in der Öffentlichkeit Stellung, auch zu kontroversen. Da auch sie es nicht allen recht machen können, kann das die Sympathie von Mitbürgern kosten.

Von der SPD-Fraktion verabschiedete ich noch Werner Offenloch, der nach sechzehn Amtsjahren nicht mehr kandidierte. Ihn, der für den aus gesundheitlichen Gründen ausgeschiedenen Stadtrat und Konrektor Wilhelm Schneider in den Gemeinderat nachgerückt war, hatte ich Anfang April 1978 als Stadtrat verpflichtet. Diese Amtshandlung war eine meiner ersten als Vorsitzender des Gemeinderats. In diesem Gremium hatte Offenloch als musischer Mensch, langjähriger Vorsitzender des Arbeitergesangvereins sowie Vorstandsmitglied der Volkshochschule einschließlich Musikschule, immer ein offenes Ohr für kulturelle Angelegenheiten. Beim Stadthallenbau legte er, der selbst schon auf vielen Bühnen im Lande gestanden hatte, großen Wert auf eine angemessene Bühnenausstattung und eine gute Akustik. Ansonsten schätzte nicht nur ich sein ruhiges und besonnenes Wesen.

Mit einem solchen war auch Udo Huss ausgestattet, der 1980 erstmals in den Gemeinderat gewählt wurde und gleich den Vorsitz der FDP-Fraktion übernahm. Huss, der Konrektor der Hartmann-Baumann-Schule war und sich auch einige Zeit als Mitglied des hiesigen evangelischen Kirchengemeinderats engagiert hatte, kannte und schätzte ich schon von meiner Hockenheimer Schulzeit her. Bei ihm hatte ich Werkunterricht.

Nun musste ich ihn, da er sich aus Altersgründen nicht mehr zur Wahl gestellt hatte, aus dem Gemeinderat verabschieden. Dies bedauerte ich, denn er hatte sich durch eine angenehme und konstruktive Zusammenarbeit im Gemeinderat ausgezeichnet. Deswegen zollten ihm auch die anderen Fraktionen viel Respekt und Anerkennung. Außerdem war der Hobbygärtner Huss eine nette Persönlichkeit. Über seine Lippen kam nie ein hartes Wort, geschweige denn eine Bemerkung, die andere verletzt hätte.

Ausgeschieden aus dem Gemeinderat ist damals auch Stadträtin Hannelore Schirra von der Fraktion „Die Grünen". Sie war im April 1990 für Bernhard Franke nachgerückt, den berufliche Gründe zum Wegzug von Hockenheim veranlasst hatten. Bei der Wahl am 12. Juni 1994 verpasste die Chemielaborantin den Wiedereinzug in den Gemeinderat nur knapp.

✳

Tricksen bei Open-Air-Konzerten führte zu Freiheitsstrafen

D er Krug geht solange zum Brunnen, bis er bricht. Dieses Sprichwort kam durch das Open-Air-Konzert mit der Supergruppe Pink Floyd im August 1994 im Motodrom zum Tragen. Veranstalter des Konzerts war Matthias Hoffmann, Inhaber der Mannheimer Konzertagentur. Er hatte zuvor bereits Michael Jackson (1988), das Zweitages-Open-Air mit Tina Turner, Simple Minds, Peter Maffay, Jethro Tull, Chris de Burgh, Gianna Nannini und andere (1990) sowie Genesis (1992) nach Hockenheim gebracht. Hoffmanns Konzert-Aktivitäten waren auch sonst beachtlich und bescherten dem Rhein-Neckar-Dreieck so manches künstlerische Glanzlicht.

Schon beim ersten Open-Air-Konzert mit Michael Jackson erwies sich das Motodrom als ideale Arena für ein großes Konzertpublikum. Doch das Fassungsvermögen des Motodroms hat seine Grenzen. Werden diese überschritten, kann es mit der Verkehrssicherheit innerhalb und außerhalb der Rennstrecke problematisch sowie mit den Parkplätzen eng werden.

Lief beim Jacksonkonzert vom Besuch her noch alles in geordneten Bahnen, platzte das Umfeld des Motodroms bereits beim zweitägigen Konzert 1990 aus allen Nähten. Nach den Auflagen des Ordnungsamts waren pro Veranstaltungstag maximal 100.000 Besucher zugelassen, davon 30.000 auf den Tribünen und 70.000 im Innenraum. Vermutlich waren es aber einige Tausend mehr, doch nachzuweisen war dies nicht. Einblick in das Geschäft des Kartenverkaufs hatten wir leider nicht, es lag in Hoffmanns Händen.

Aufgrund der Masse an Besuchern und der nächtlichen Ruhestörungen etc. - es waren zig Tausende, die am Motodrom campierten - beschloss der Gemeinderat im Interesse der Anwohner, künftig nur noch Eintageskonzerte zuzulassen und die Teilnehmerzahl auf 70.000 zu beschränken.

Trotz dieser Auflage schätzte die Polizeieinsatzleitung beim Genesis-Konzert weit über 100.000 Besucher. Diese Zahl deckte sich mit meiner Annahme. Helikopter-Piloten der Polizei, die das Umfeld mit den Parkplätzen und der Autobahn von oben begutachtet und wesentlich mehr als ich gesehen hatten, glaubten sogar an 170.000! Nach der Veranstaltung berichtete die Polizei Folgendes:

> „Die Besucher sind massiven Gefahren ausgesetzt gewesen. Sanitäter, Polizei usw. hatten sich nur auf 70.000 Besucher eingestellt. Die Zufahrt zu den Parkplätzen ist durch kilometerlange Staus versperrt gewesen. Tausende hatten ihre Pkws einfach auf den Autobahnen geparkt! Die Polizei hatte nur noch zusehen und hoffen können, dass nichts passiert."

Im Großen und Ganzen ging alles noch glimpflich ab. Doch unsere Zweifel, dass sich Hoffmann um die von der Stadt auferlegten Kapazitätsgrenzen erneut nicht geschert hatte, verstärkten sich. Beim nächsten Open-Air wollten wir es genau wissen.

Zunächst handelten wir, als sich das Pink-Floyd-Konzert im August 1994 im Motodrom abzeichnete, mit Hoffmann eine Vertragsstrafe in sechsstelliger Höhe aus, falls die maximale Besucherzahl von 70.000 nicht eingehalten würde. Außerdem vereinbarten wir vertraglich, unsererseits zusätzliche Kontrollen an den Eingängen durchführen zu können.

Da der Hockenheimring zwischenzeitlich eine Videoüberwachungsanlage für die gesamte Rennstrecke installiert hatte, nutzten wir diese, um an den beiden Eingängen in den Innenbereich des Motodroms die Besucherströme aufzuzeichnen. Hoffmann wusste davon zunächst nichts. Zusätzlich hatte die Hockenheim-Ring GmbH mit der Polizei vereinbart, dass die Verkehrspolizisten, die erst nach dem Konzertende zum Einsatz kamen, die Besucher an den Eingängen zählen.

Als mich Matthias Hoffmann am Nachmittag vor Beginn des Konzerts im Start- und Zielgebäude traf, geriet er wegen der Polizei außer sich. Er schrie mich an: „Das lasse ich mir nicht bieten, wir sind doch nicht in einem Polizeistaat!" Dann verlangte er, die Polizeikontrollen abzuziehen. Er beruhigte sich erst, als ich ihm dies zusicherte.

Mit der Polizei vereinbarte ich aber, dass sie die Eingangskontrollen von den benachbarten Tribünen aus weiterführen sollte. Als Hoffmann dies bemerkte, meinte er zu mir: „Sie glauben doch nicht im Ernst, dass ich die Kontrollen von einer solchen Entfernung aus anerkennen werde!" Das gab mir erst recht zu denken.

Auch wenn das Pink-Floyd-Konzert, bei dem die legendäre britische Rockband brillierte, friedlich und ohne Zwischenfälle über die Bühne ging, hegten die Polizei und auch ich gleich den Verdacht, dass es erneut mehr als 70.000 Besucher gewesen sein mussten. Die Zählungen der Polizei bestätigten dies. Doch um ganz sicher zu gehen, ließen wir die Videobänder von einer Mannheimer Firma, die sich darauf spezialisiert hatte, auswerten. Sie kam zum gleichen Ergebnis.

Doch Hoffmann stritt dies von Anfang an ab. In der Presse wies er alle Verdächtigungen sogar als „infame Verleumdungen" zurück! Um sein korrektes Handeln zu beweisen, ließ er unsere inzwischen kopierten Videobänder vom TÜV in Ludwigshafen überprüfen. Und siehe da, der TÜV ermittelte zu unserer Überraschung „nur" 57.000 Besucher. Ob er wohl alle Videobänder zur Verfügung hatte? Als dem TÜV die effektiven Zahlen bekannt wurden, hegte er entsprechende Zweifel.

Nachdem die vom Hockenheimring beauftragte Firma die Videobänder ein zweites Mal überprüft und die ermittelten Besucherzahlen bestätigt hatte, waren wir entschlossen, falls Hoffmann nicht einlenken würde, die Sache gerichtlich klären zu lassen. Doch eine unerwartete Zeitungsmeldung ersparte uns diesen Schritt. Am 31. März 1995, also nach siebeneinhalb Monaten, berichtete der Mannheimer Morgen:

> „Jetzt steht es fest: 89.000 zahlende Besucher sahen am 13. August 1994 das Pink-Floyd-Konzert in Hockenheim. Dies bestätigte der damalige bundesweite Tour-Veranstalter Mama Concerts & Rau unserer Zeitung auf Anfrage. Der

örtliche Veranstalter Hoffmann Konzerte hatte in der Öffentlichkeit die Zahl der verkauften Karten stets mit 70.000 angegeben."

Anscheinend hatte Hoffmann mit Mama Concerts & Rau korrekt abgerechnet. Deren Aussage bestätigte, dass Hoffmann gegenüber der Hockenheim-Ring GmbH getrickst hatte. Für mich war ein solches Verhalten als Geschäftspartner mehr als enttäuschend. Ich sagte ihm dies auch direkt ins Gesicht. Schließlich zahlte Hoffmann die zu wenig bezahlte Umsatzpacht sowie die vereinbarte saftige Vertragsstrafe an die Hockenheim-Ring GmbH. Doch damit war die Sache für ihn noch längst nicht ausgestanden.

Nun ermittelte auch die Polizei gegen ihn. Deren Zählung hatte Hoffmann nicht nur angezweifelt, sondern sich auch noch als Opfer einer Diffamierungs-Kampagne bezeichnet. Dies kommentierte der Polizeisprecher am 26. April 1995 im Mannheimer Morgen mit den Worten:

> „Hoffmann hat die Objektivität unserer Zählung in Frage gestellt. Er hat damit die Polizei in eine Ecke gestellt, wo sie nicht hingehört."

Doch wie die Mühlen Gottes, so mahlen auch die der Justitia langsam, aber fein. Nach gut zwei Jahren, im März 1997, befand sich Hoffmann wegen des Verdachts der Steuerhinterziehung mitten im Fadenkreuz der Staatsanwaltschaft. Ein gegen ihn erlassener Haftbefehl wurde nach Zahlung einer Kaution von fünf Millionen Mark außer Kraft gesetzt. Allein schon die Höhe der Kaution sprach für sich. Zu dieser Entwicklung schrieb die Rheinpfalz in ihrer Ausgabe vom 22. März 1997 Folgendes:

> „Überrascht hat der Haftbefehl gegen Matthias Hoffmann wohl kaum einen in der Branche. Der Mannheimer Konzertmanager von internationalem Rang gilt unter Kollegen und Geschäftspartnern als »Schlitzohr«. Zudem ist es nicht das erste Mal, dass sich die Staatsanwaltschaft für seine Geschäfte interessiert. So sorgte das Pink-Floyd-Konzert vom 13. August 1994 auf dem Hockenheimring für einen langen juristischen Nachhall."

Dann wurde in dem Artikel das Hin und Her mit den Zuschauerzahlen geschildert und schließlich resümiert:

> „Branchenkenner halten es durchaus für möglich, dass die öffentlichen Dissonanzen um die Besucherzahlen nicht nur die Staatsanwaltschaft, sondern auch die Finanzbeamten hellhörig gemacht haben könnten. Dies umso mehr, als bald darauf im Zusammenhang mit Hoffmanns Welttournee der drei Tenöre Domingo, Carreras und Pavarotti immer neue märchenhafte Gewinnzahlen gehandelt wurden."

Nach einem Bericht der Rhein-Neckar-Zeitung vom 25. Juli 1997 musste Hoffmann, der die ehemalige Villa des Oberbefehlshabers der US-Armee in Europa, General Frederick Kroesen, am Heidelberger Schloss für mehrere Millionen Mark erworben und für sich großzügig umgebaut hatte, die Kaution sogar auf 12 Millionen Mark aufstocken. Vor Gericht gab er zu, 7,3 Millionen Mark an „Schwarzgeld" gemacht zu haben.

Bei der Anlage des Schwarzgelds war ihm ein Mitarbeiter der Sparkasse Mannheim behilflich. Den kosteten diese Praktiken, als Hoffmann sie vor Gericht preisgab, nicht nur die Stellung, sondern brachten ihm auch noch drei Monate Untersuchungshaft ein.

Kurz vor Weihnachten 1998 endete der erste schlagzeilenträchtige Prozess gegen Hoffmann vor der Zweiten Wirtschaftsstrafkammer des Landgerichts Mannheim. Er wurde wegen Steuerhinterziehung von mehr als 15 Millionen Mark in einundfünfzig Fällen zu einer Freiheitsstrafe von fünf Jahren und acht Monaten verurteilt. Bei der Urteilsverkündung ging der Vorsitzende Richter auf Hoffmanns persönliche Bereicherung ein. Die Stuttgarter Zeitung berichtete darüber am 23. Dezember 1998 wie folgt:

> „Mehrere Millionen aus umfangreichen Schwarzgeldeinnahmen, die er mit dem Verkauf von Eintrittskarten und Programmheften erzielt habe, habe der Konzertveranstalter für Kauf und Renovierung seiner Villa in Heidelberg verwendet. In Mannheim, Speyer und Ludwigshafen habe er Liegenschaften im Wert von mehr als zehn Millionen Mark erworben, in St. Tropez habe er ein Ferienhaus im Wert von vier Millionen Mark gekauft. Für acht Millionen Mark habe er sich eine Bildersammlung zugelegt, und sein Fuhrpark sei »auch nicht gerade anspruchslos« gewesen. Für Existenzängste, die Hoffmann als Grund der Steuerhinterziehungen angegeben habe, habe die Kammer »keinen realen Hintergrund« erkennen können, meinte der Richter."

Anfang 2000 hoben der Bundesgerichtshof und später auch der Europäische Gerichtshof Teile des Urteils auf. Dadurch ermäßigte sich das Strafmaß für Hoffmann. Der komplexe Prozess hatte auch europäische Rechtsnormen berührt. Strittig war, wie die Konzerte der drei Tenöre Carreras, Pavarotti und Domingo steuerrechtlich zu bewerten und ob Steuervergehen verjährt seien.

Nach einem Artikel in der HTZ vom 15. Mai 2002 soll Hoffmann gut zweieinhalb Jahre hinter schwedischen Gardinen verbracht haben, bevor er wieder auf freien Fuß kam. Den Rest seiner auf vier Jahre und neun Monate verminderten Haftstrafe hatte das Oberlandesgericht Köln auf Bewährung ausgesetzt.

Am Ende war Hoffmann pleite. Er hatte wirtschaftlich und vom Image her viel verloren. Am 15. April 2000 berichtete die Stuttgarter Zeitung unter anderem:

> „Noch nicht abgeschlossen sind die Insolvenzverfahren früherer Hoffmann-Firmen. Nach Angaben des Konkursverwalters sind bei 60 Gläubigern noch Forderungen von 45 Millionen Mark offen."

Ich kann mir denken, dass Hoffmann die Untersuchungshaft, das Gerichtsverfahren, die Gefängnisstrafe sowie den damit verbundenen Medienrummel nicht ohne weiteres wegzustecken vermochte.

Die Betrugsanklage gegen Hoffmann im Zusammenhang mit dem Pink-Floyd-Konzert auf dem Hockenheimring wurde schließlich gegen die Zahlung von 4.500 Euro von der Staatsanwaltschaft zurückgezogen. Auch wenn er insofern recht glimpflich weggekommen ist, bin ich mir sicher, dass dieses Konzert die Lawine losgetreten hat, die Hoffmann als steuerhinterziehenden Konzertveranstalter erfasste, vor den Kadi und schließlich ins Kittchen brachte.

Ende 2005 kam Hoffmann mit „Afrika-Afrika" wieder groß ins Geschäft. Er organisierte, finanzierte und verkaufte die von André Heller mit afrikanischen Artisten in Szene gesetzte Show sehr erfolgreich. Einige Millionen Besucher sahen dieses Spektakel, das ihm als Produzenten aber nicht nur positive Schlagzeilen bescherte. In einem Fernsehbericht, den ich in der Landesschau des SWR sah, wurde ihm die Ausbeutung der Afrikaner vorgehalten. Dem aber widersprach er postwendend.

Noch ein Wort zu den Open-Air-Konzerten. Auch wenn Hoffmann als Veranstalter nicht mehr in Betracht kam, gastierten in meiner Amtszeit am Hockenheimring noch die Rolling Stones (1995), Marius Müller-Westernhagen (1996) und erneut Michael Jackson (1997). Im Jahre 2003 gaben die Rolling Stones, im Beiprogramm AC/DC, ein weiteres spektakuläres Konzert im Motodrom.

❊

Udo Jürgens und andere bekannte Interpreten in Hockenheim

Einen etwas anderen musikalischen Höhepunkt bot der Auftritt von Udo Jürgens, der 1994 im Rahmen seiner Tournee in die Hockenheimer Stadthalle kam. Sein Konzert war trotz hoher Eintrittspreise ruck, zuck ausverkauft. Es war eines der eindrucksvollsten, das in der Stadthalle bis dato über die Bühne gegangen war. Den Künstler begleitete bei seiner Tournee ein Koch, der auch in Hockenheim die Speisen für ihn und sein Team zubereitete.

Beim Eintrag ins Goldene Buch der Stadt unterhielt ich mich mit Udo Jürgens über Verschiedenes. Dabei wirkte er auf mich völlig normal ohne Allüren, sodass ich von ihm auch insofern einen sehr guten Eindruck gewann.

Bekanntschaft machte ich auch mit dem spanischen Jahrhunderttenor Plácido Domingo. Ihn lernte ich beim Formel-1-Grand-Prix 1996 im Motodrom kennen. Der weltberühmte Opernsänger war der Einladung von Bernie Ecclestone gefolgt, der uns beide miteinander bekannt machte. Am Ende des Rennens, das Damon Hill auf einem Williams-Renault gewann, traf ich den sympathischen Tenor wieder zur Siegerehrung auf dem Podium. Ein toller Mann.

Vom Musikalischen her hatte das dreitägige Motodromfest, das im September 1998 auf der mit einem Zeltdach überspannten Boxenanlage veranstaltet wurde, etwas Besonderes zu bieten. Die Hockenheim-Ring GmbH hatte eine Schlagerparade organisiert und dazu Stars wie Peggy March, Drafi Deutscher, Jürgen Drews, Michael Holm sowie Bata Illic verpflichtet. Auch diese bekannten Interpreten verewigten sich im Goldenen Buch der Stadt. Dabei lernte ich sie alle kennen. Mit Peggy March, Drafi Deutscher und Michael Holm unterhielt ich mich vor ihrem Auftritt auf recht nette Weise.

Obwohl die Eintrittspreise moderat waren, sorgte das nasskalte Wetter, das an einem tristen Novembertag kaum mieser sein konnte, nicht für den erhofften Besuch. Dennoch zählte auch dieses Konzert zu den einmaligen Top-Veranstaltungen im Motodrom.

Neben den bereits Genannten lernte ich noch zahlreiche andere Künstler persönlich kennen, darunter so bekannte Schlagersängerinnen wie Katja Ebstein und Ireen Sheer. Beide konnte ich sogar mehrmals in Hockenheim begrüßen. Ebstein verewigte sich auch im Goldenen Buch der Stadt, bevor sie in der Stadthalle ihr Chanson-Programm präsentierte.

❄

Förderverein Gartenschaupark gegründet

Im November 1994 gründeten 92 Hockenheimer den Förderverein „Gartenschaupark". Seit der Landesgartenschau waren nun mehr als drei Jahre vergangen. In dieser Zeit hatten sich Bäume, Sträucher und Pflanzen des achtzehn Hektar großen Gartenschauparks prächtig entwickelt. An der westlichen Peripherie der Stadt war ein hochwertiger Naherholungsbereich entstanden.

Trotz des nach der Landesgartenschau reduzierten Standards belief sich die Pflege und Unterhaltung des Parks per anno noch auf rund 600.000 Mark. Der neue Verein setzte sich deshalb zum Ziel, möglichst viel zu den Unterhaltungskosten beizusteuern und die Weiterentwicklung des Parks zu fördern. Zudem trat er als Gesellschafter der Landesgartenschau GmbH an die Stelle der ausscheidenden „Förderungsgesellschaft für die Baden-Württembergischen Landesgartenschauen mbH". Deren Gesellschafter, die Gärtnereiverbände, wollten nach Abschluss der Landesgartenschau ihr Engagement in Hockenheim verständlicherweise beenden. Zum Abschied spendeten sie als Dank für die gute Zusammenarbeit einen stattlichen Baum.

Zur Pflanzzeremonie beim Spielplatz Kaiserstraße kam auch der für Landesgartenschauen zuständige Staatssekretär Ludger Reddemann. Er war während der Landesgartenschau Mitglied im Aufsichtsrat der Landesgartenschau Hockenheim GmbH. Reddemann brachte bei der Baumpflanzung zum Ausdruck, dass die Hockenheimer Landesgartenschau eine der erfolgreichsten überhaupt im Lande gewesen sei.

Die Gründung eines Fördervereins hatte Karl Götzmann, ein engagierter Hockenheimer, der dem Veranstaltungsbeirat der Landesgartenschau angehörte, bereits vor deren Ende ins Gespräch gebracht. Gut Ding will aber Weile haben – und so dauerte es eine geraume Zeit, bis die Vereinsgründung spruchreif wurde.

Dem in Gründung befindlichen Verein kam entgegen, dass Siegfried Renz wenige Monate zuvor aus dem Gemeinderat ausgeschieden war. Ihn schlug ich zum 1. Vorsitzenden vor. Die Gründungsversammlung folgte meiner Empfehlung. Sie wählte Martha Keller zur 2. Vorsitzenden, Karl Götzmann zum Geschäftsführer, August Spengler zum Kassier, Martin Geißler zum Schriftführer sowie namhafte Persönlichkeiten aus der Stadt in den Beirat. Sie kürten mich zum Beiratsvorsitzenden.

Der neue Förderverein übernahm 10 Prozent des 100.000 Mark umfassenden Stammkapitals der Parkanlagen GmbH und spendete für den jungen Park gleich eine sechs Meter hohe Hängebuche, ein Baum, der bis zu zwanzig Meter Höhe erreichen kann. Auch in den Jahren danach ist der Förderverein seinen sich selbst gesteckten gemeinnützigen Zielen in vielfältiger Weise gerecht geworden. Schon ein Jahr nach der Gründung hatte er rund vierhundert Mitglieder und beachtliche 40.000 Mark zusammengetragen.

Mit dem Beitrags- und Spendenaufkommen finanziert er Unterhaltungsmaßnahmen. Auf seine Kosten legte er auch einen Bibelgarten und eine Streuobstwiese an. Vorbildlich finde ich auch, dass alljährlich im Frühjahr oder Spätjahr einige Mitglieder im Park im Rahmen von Pflegeaktionen selbst Hand anlegen und das eine oder andere gemeinsam richten. Auch bei Parkfesten ist der Förderverein immer mit von der Partie. Alles in allem kommt dieses bürgerschaftliche Engagement der Stadt zugute – und zu dieser zählen bekanntlich alle, die in ihr wohnen.

✳

Hundertjähriges Stadtjubiläum

D em im Jahre 769 erstmals urkundlich erwähnten Gemeinwesen Hockenheim verlieh Großherzog Friedrich I. von Baden 1895 das Stadtrecht. Da man bekanntlich die Feste feiern soll, wie sie fallen, begingen wir Hockenheimer 1995 unser einhundertjähriges Stadtjubiläum auf angemessene Weise.

Die Stadterhebung durch den Großherzog kam nicht von ungefähr, war Hockenheim doch in der letzten Dekade des 19. Jahrhunderts nach seiner Struktur und seinem Charakter über die rein dörfliche Siedlung längst hinausgewachsen. Es hatte 5.300 Einwohner, siebzehn Zigarrenfabriken, drei Mühlen, eine Sparkasse, ein Postamt, ein neues Rathaus, drei neue Schulhäuser, eine gewerbliche Fortbildungsschule sowie eine bereits gut ausgerüstete Feuerwehr mit einhundertzwanzig

Aktiven. Außerdem war es einer der bedeutendsten Handelsplätze für Hopfen und Tabak im Lande.

Deshalb ließ die Antwort auf das Gesuch vom 18. Juni 1895, Hockenheim zur Stadt zu erheben, nicht lange auf sich warten – der Erlass dazu kam sogar überraschend schnell. Schon am 30. Juli 1895 erreichte den damaligen Bürgermeister Louis Zahn ein Telegramm des Oberamtmanns Brecht aus Schwetzingen, das lautete: „Gratuliere herzlichst zur Stadt. Erlass eingetroffen. Brecht."

In den vergangenen einhundert Jahren entwickelte sich Hockenheim zu einem prosperierenden Wohnort mit hoher Infrastruktur, einem im Raum bedeutenden Gewerbe- und Industriestandort sowie zu einer Rennstadt mit Weltgeltung. Auch insofern hatte man allen Grund, der Stadterhebung zu gedenken und das Jubiläum gebührend zu feiern.

Das Jubiläumsjahr begann am 14. Januar mit einem Festakt in der Stadthalle. Von der Landesregierung war Minister Dr. Erwin Vetter gekommen, der die Festansprache hielt und die Grüße der Landesregierung übermittelte. Weitere Feierlichkeiten waren der dreitägige Markt der Jahrhundertwende vom 29. April bis 1. Mai auf dem Marktplatz sowie die Festwoche vom 30. Juni bis 9. Juli im Gartenschaupark.

Beim Markt der Jahrhundertwende wurde den rund 30.000 Besuchern anschaulich gezeigt, wie sich das Leben vor hundert Jahren zugetragen hat. Dabei standen das historische Handwerk im Vordergrund, aber auch alte Fahrzeuge, die vom Motor-Sport-Museum und der Feuerwehr präsentiert wurden. Letztere demonstrierte mit einer Feuerwehrübung im alten Stil die Brandbekämpfung zur Zeit der Stadterhebung, unterstützt durch die Polizei in Uniformen von damals. Außerdem verfolgten neben den vielen Zuschauern auch noch einige Damen in Kleidern aus jener Epoche das Geschehen.

Ehemalige Zigarrenmacherinnen führten ihr in Hockenheim ausgestorbenes Handwerk vor, eine Kutsche aus dem Nürnberger Postmuseum bot Stadtrundfahrten an sowie ein Karussell und eine Schiffschaukel aus alter Zeit erfreuten die Kinder.

Höhepunkt des Festes aber war die Inszenierung der Wiederkehr von Großherzog Friedrich I., der vor neunundneunzig Jahren die junge Stadt besucht hatte und ihr nun erneut seine Aufwartung machte. Die szenische Darstellung war eine gelungene Fiktion, zu der Manfred Adelmann, der gebürtige Hockenheimer und langjährige Produktionsleiter des SDR, auf meine Bitte hin den Text verfasst und den „Großherzog" verpflichtet hatte.

Unser damaliger Landesvater, den ein Schauspieler darstellte, trug einen langen grauen Vollbart sowie die mit Orden beschwerte großherzogliche Uniform. Sie bestand aus einem einreihig hochgeschlossenen und mit goldenen Knöpfen bestückten blauen Jackett, schwarzen Hosen und einem mit Gold verzierten silbernen Helm. Für seinen standesgemäßen Transport auf den Marktplatz hatte uns die Daimler-Benz-Niederlassung Mannheim eine moderne Nobelkarosse samt Chauffeur zur Verfügung gestellt.

Auf einer vor der evangelischen Kirche aufgebauten Bühne sprach der Großherzog zu seinen Landeskindern. Er blickte auf die Entwicklung der Stadt zurück und lobte die Hockenheimer für die Veränderungen seit seinem letzten Besuch im Jahre 1896. Dann verabschiedete ihn die Stadtkapelle mit dem Badener Lied. Das historische Spektakel, das sich an zwei aufeinanderfolgenden Nachmittagen, und zwar am Sonntag, dem 30. April sowie am Maifeiertag abspielte, erfreute jeweils eine große Menge begeisterter Schaulustiger.

Weniger historisch verlief die Festwoche im Gartenschaupark, die unter der extremen Sommerhitze zu leiden hatte. Sie bot auf der Seebühne, im großen Festzelt sowie in der Lamellenhalle ein breit gefächertes Veranstaltungsprogramm. Dazu zählten unter anderem:

- Ein bunter Abend mit bekannten Künstlern wie Tina York und Bata Illic, veranstaltet von der Bezirkssparkasse Hockenheim, die damit auch eine öffentliche PS-Auslosung verband,
- ein Sommernachtsfest, bei dem neben klassischer Musik noch Rock- und Popmusik sowie erstmals „Jazz im Park" geboten wurde,
- ein Tag der Hockenheimer Vereine, bei dem die örtlichen Kulturträger einen Querschnitt ihres breiten Repertoires zum Besten gaben, sowie
- ein Fest der Verwaltungsgemeinschaft Hockenheim, das von kulturtragenden Gruppen und Vereinen aus Altlußheim, Neulußheim, Reilingen und Hockenheim bestritten wurde.

Zum Jubiläum „100 Jahre Stadtrechte" ließ die Bezirkssparkasse Hockenheim Gedenkmünzen sowohl aus reinstem Silber als auch aus feinstem Gold prägen. Sie sind eine im wahrsten Sinne des Wortes „wertvolle Erinnerung" an das abwechslungsreiche Jubiläumsjahr 1995, das Jung und Alt viel geboten sowie das Miteinander in der Stadt gefördert hat.

❋

Sinnvolle Ersatzlösungen für das Krankenhaus

Wie ging es mit dem alten Hockenheimer Krankenhaus weiter? Es befand sich seit dem 1. April 1980 unter der Regie des Rhein-Neckar-Kreises, angegliedert an das Kreiskrankenhaus Schwetzingen. Das ging bis Ende der 1980er Jahre gut. Dann aber beurteilten die Gesundheitsbehörden die betriebstechnischen und baulichen Zustände als völlig unzureichend. Der Krankenhausbetrieb wäre nur dann noch zu halten gewesen, wenn grundlegende bauliche Änderungen durchgeführt worden wären. Dies hätte aber nicht nur die Bettenzahl von 41 auf 30 reduziert - viel zu wenig für einen wirtschaftlichen Krankenhausbetrieb -, sondern auch noch rund vier Millionen Mark gekostet.

Nun läutete das Sterbeglöckchen für das alte Krankenhaus wohl endgültig. Doch so mir nichts, dir nichts wollten wir eine Schließung dieser bewährten Gesundheitseinrichtung mit der rund um die Uhr geöffneten chirurgischen Ambulanz nicht hinnehmen. Erforderlichenfalls hätte ich für den Erhalt des Hauses oder für eine sinnvolle Nachnutzung mit allen gebotenen Mitteln gekämpft. Doch soweit kam es nicht.

Geriatrische Rehaklinik

Zu Beginn der 1990er Jahre empfahl das Land dem Kreis, geriatrische Rehabilitationseinrichtungen zu schaffen. Dies erwies sich als eine glückliche Fügung. Landrat Dr. Schütz nahm den Ball auf und brachte in Hockenheim eine Rehaklinik mit 40 Betten als Ersatz für das alte Krankenhaus ins Spiel, wiederum in enger Kooperation mit dem Kreiskrankenhaus Schwetzingen.

Doch zunächst legten sich die Kostenträger quer. Sie hatten andere Vorstellungen. Die AOK-Mannheim favorisierte einen Neubau mit 60 Betten, aber nicht in Hockenheim, sondern in einem Mittelzentrum des Kreises. Andere Kostenträger befürworteten den Bau von zwei Rehakliniken mit je 30 Betten unmittelbar bei den Kreiskrankenhäusern Schwetzingen und Sinsheim. Dies alles sah also nicht gut für Hockenheim aus.

In dieser Phase brachte ich im Interesse einer wirtschaftlicheren Perspektive einen Neubau mit 40 Rehabetten sowie 40 Pflegebetten ins Gespräch. Da die AOK als größte Krankenkasse auch bei den Ersatz- und Betriebskrankenkassen viel Einfluss hatte, setzte ich bei ihr den Hebel an. Vorsitzender der AOK Mannheim war damals Max Nagel, der Kreisvorsitzende des Deutschen Gewerkschaftsbundes Mannheim. Er war auch seit 1992 Mitglied der SPD-Landtagsfraktion Baden-Württemberg. Mit ihm vereinbarte ich einen Gesprächstermin.

Obwohl ich Nagel persönlich kannte, bat ich Stadtrat Arthur Weibel (SPD), den langjährigen Betriebsratsvorsitzenden der Vögele AG und alten Gewerkschafter, mich zu dem Gespräch zu begleiten und gemeinsam mit mir die Hockenheimer Position zu vertreten. Weibel und Nagel kannten sich natürlich über die Gewerkschaftsschiene recht gut. Meine Rechnung ging auf. Wir konnten Nagel von dem um 40 Pflegebetten erweiterten Rehaprojekt in Hockenheim überzeugen. Mit dem größten Kostenträger im Rücken wurden auch die anderen Hürden relativ schnell genommen.

In Gesprächen mit der Kassenärztlichen Vereinigung sowie der Ärztekammer Nordbaden musste zwar noch eine Menge Überzeugungsarbeit geleistet werden, doch am Ende stimmten auch diese Institutionen zu.

Letztlich segneten der Hockenheimer Gemeinderat und der Kreistag den Bau der geriatrischen Rehaklinik nebst Pflegeeinrichtung anstelle des alten Krankenhauses ab. Der Kreis finanzierte die Baukosten. Er war aber nur für die Rehabilitation zuständig. Für den Pflegebereich hatte die Stadt geradezustehen. Deshalb vereinbarten beide, dass die Stadt alljährlich den Anteil an den Baukosten des Pflegebereichs trägt, der nicht über den Pflegesatz gedeckt wurde. Der ungedeckte Aufwand sollte sich pro Jahr auf rund 120.000 Mark belaufen. Im Gegenzug erhielt die Stadt als Grundstückseigentümerin 34.000 Mark Erbpacht.

Landrat Dr. Schütz erwies sich auch bei diesem gemeinsamen Projekt als ein fairer und konstruktiver Verhandlungspartner.

Am 7. April 1995 nahm der Rhein-Neckar-Kreis die neue geriatrische Rehabilitationsklinik mit 40 Rehabetten, 40 Pflegebetten sowie 17 betreuten Altenwohnungen in Betrieb. Volker Grein hatte das 18 Millionen Mark teure und auf dem Grundstück des ehemaligen Hockenheimer Krankenhauses errichtete Bauwerk geplant. Dessen Entwurf hatte bei einem auf wenige Architekten beschränkten Wettbewerb am meisten überzeugt.

Im Juli 1995 besuchten Regierungspräsidentin Gerlinde Hämmerle sowie Ministerpräsident Erwin Teufel die neue Reha- und Pflegeeinrichtung. Beide waren sichtlich beeindruckt. Teufels Lob ging an die Adresse des Landrats, aber auch in meine Richtung, als er feststellte, er habe Hockenheim einmal mehr von seiner aufgeschlossenen Seite kennengelernt. Ich nehme an, dass er auch an unsere erfolgreiche Landesgartenschau dachte, die er offiziell eröffnet hatte.

Chirurgische Ambulanz gewährleistet Erstversorgung

Zum alten Krankenhaus zählte die chirurgische Ambulanz, die vor dem Abbruch des Hauses in ein anderes Domizil verlegt werden musste. Sie war im Zuge der Stilllegung des Krankenhauses zum 30. Juni 1992 vom beliebten Chefarzt und Chirurgen Dr. Ulrich Hartung sowie dessen langjährigem Arbeitskollegen Dr. Rüdiger Bauz als private Praxis weitergeführt worden. Im August 1992, also in einer Zeit, in der über die Verlegung zu entscheiden war, verunglückte Dr. Hartung beim Absturz mit einem Ultraleichtflugzeug tödlich. Dr. Bauz musste deshalb die schwierige Standortfrage alleine klären. Er verlegte die Praxis, nun mit dem Chirurgen Dr. Robert Weidmann als neuem Partner, in die Wilhelm-Maybach-Straße.

Die Stadt hätte es gerne gesehen, wenn die chirurgische Ambulanz in der neuen Rehaklinik eingerichtet worden wäre. Die ersten Pläne sahen dies auch noch vor. Doch letztlich scheiterte dies damals an den relativ hohen Umzugskosten, die ein zweites Mal angefallen wären.

Solange das Krankenhaus bestand, war die chirurgische Ambulanz an 365 Tagen des Jahres rund um die Uhr geöffnet. Damit waren alljährlich erhebliche Betriebskostendefizite verbunden – in den letzten Betriebsjahren jeweils über 150.000 Mark, die vom Krankenhausträger (seit 1980 der Kreis) getragen wurden. Ohne Krankenhaus und Kostenträger im Rücken beabsichtigte Dr. Bauz, die chirurgische Praxis nur noch tagsüber und nur an Werktagen zu betreiben, nicht aber an Wochenenden und Feiertagen. Wie die jahrzehntelange Praxis aber zeigte, war und ist die chirurgische Erstversorgung der Stadt an allen Tagen wichtig. Deshalb suchte ich mit Dr. Bauz im Interesse der Bewohner unseres Raumes eine vernünftige Lösung.

Im Endeffekt erklärte sich die Stadt bereit, den an Wochenenden und Feiertagen bis 18 Uhr ungedeckten Aufwand der Praxis, zumeist Personalkosten, zu übernehmen. Der belief sich in der Anfangszeit auf rund 80.000 Mark pro Jahr. Das gewährleistete tagsüber die Öffnung der chirurgischen Praxis, und zwar an allen Tagen des Jahres.

❋

Rezession der 1990er Jahre kostete viele Arbeitsplätze

Z u Beginn der 1990er Jahre erschloss die Stadt weitere 14 Hektar an neuen Industrieflächen im Industriegebiet Talhaus, und zwar in den Gewannen Viehtrieb, Schleifweg und Taläcker. Zahlreiche kleinere Firmen siedelten dort an. In diesen Jahren konnten auch Firmen wie die Spedition LTG sowie die Rhein-Bonar, ein Unternehmen, das Produkte aus Kunststoff produziert, ins Talhaus geholt werden. Doch diese Zeit war auch mit erheblichen wirtschaftlichen Problemen verbunden.

Der unerwartete Zusammenbruch der Sowjetunion und der anderen sozialistischen Länder, die im Warschauer Pakt und im Rat für gegenseitige Wirtschaftshilfe zusammengeschlossen waren, forcierte den Niedergang der Wirtschaft in den neuen Bundesländern rapide. Kein Wunder, denn die DDR hatte im Ostblock ihre wichtigsten Handelspartner. Wer schon sah diese Entwicklung voraus?

Aber auch aufgrund der enormen finanziellen Belastungen durch die deutsche Einheit, und nicht zuletzt durch die lahmende Weltkonjunktur, kam es in Deutschland Mitte der 1990er Jahre zur Rezession. Diese machte einigen Firmen im Talhaus erheblich zu schaffen und wirkte sich auch auf die städtischen Finanzen aus.

Aufgrund der Wiedervereinigung und des von der alten Bundesrepublik, und zwar von Bund, Ländern und Kommunen zu finanzierenden „Fonds Deutsche Einheit", kürzte das Land die Finanzausgleichszahlungen an die Städte und Gemeinden. Außerdem nahm Hockenheim infolge der Wiedervereinigung weniger Gewerbesteuer ein. Dies wirkte sich besonders krass bei der SÜBA aus, dem damals größten Hockenheimer Unternehmen. Über deren Entwicklung erfahren wir später noch mehr.

Die Rezession traf besonders auch die Kraftfahrzeugwirtschaft. Allein im Bereich der Industrie- und Handelskammer Rhein-Neckar wurden innerhalb eines Jahres rund zehntausend Arbeitsplätze abgebaut. Leider traf dieser Abwärtstrend auch Hockenheimer Unternehmen.

Aurepas Niedergang

Am 31. März 1995 schloss der Hockenheimer Betrieb der Industriewerke Saar (IWS), die frühere Aurepa, für immer seine Pforten. Rund 40 Beschäftigte wurden arbeitslos. Damit ging in Hockenheim die im Jahre 1962 begonnene und in den letzten Jahren leidvolle Geschichte der Firma Aurepa Fahrzeugwerk Heitger GmbH &

Co. KG zu Ende. Sie hatte als Hersteller von Fahrzeugaufbauten für Tank-, Chemie-, Gas- und Bundeswehrfahrzeuge einen guten Ruf.

Voll Wehmut erinnerte sich die seit Jahren schrumpfende Belegschaft an die einst boomenden Jahre des Unternehmens, dessen Standbeine neben der Bundeswehr auch der Export sowie die Transportwirtschaft waren. Anfang der 1970er Jahre benötigte die Aurepa in den Wintermonaten sogar einmal das Fahrerlager des Motodroms zum Abstellen von zig fertigen Tankfahrzeugen, die Teil eines großen Exportauftrags waren. In den 1980er Jahren führten massive Auftragsrückgänge, auch durch die Bundeswehr bedingt, schließlich zum Konkurs.

IWS, die saarländische Tochter des Nürnberger Diehl-Konzerns, Hersteller von Tank- und Spezialfahrzeugen, hatte die Aurepa im Oktober 1989 mit noch 180 Beschäftigten aus dem Konkurs übernommen und den Erhalt von 140 Arbeitsplätzen in Aussicht gestellt. Doch vom ehrgeizigen Plan für das Werk, dessen Produktpalette ausgebaut werden sollte, wurde nichts. Stattdessen verlagerte die IWS Produktion und Verwaltung scheibchenweise von Hockenheim ins Saarland. Diesem schleichenden Tod musste auch ich damals ohnmächtig zusehen.

In dieser Zeit führte ich mehrere Gespräche mit der Geschäftsleitung sowie mit Peter Toussaint und dessen Kollegen von der Bezirksleitung der IG-Metall in Mannheim, um gemeinsam mit dem Betriebsratsvorsitzenden Hans Jahn so viele Arbeitsplätze wie nur möglich zu retten. Dabei überraschte mich die konstruktive und vernünftige Haltung der Mannheimer IG-Metall auch insofern, als ich bereits andere Gewerkschafter aus einem Nachbarbezirk kennengelernt hatte, die sich wohl noch mitten im frühkapitalistischen Klassenkampf wähnten.

Leider vermochte am Ende weder die Belegschaft noch die IG-Metall, geschweige denn ich, die Stilllegung des Werks zu verhindern.

Ursachen und Folgen der Thermal-Insolvenz

Als die ehemalige Aurepa für immer ihre Tore schloss, befanden sich auch die Thermal-Werke Hockenheim in einer ihre Existenz bedrohenden Situation. Dieses, im Jahre 1922 von Josef Reiert in Walldorf gegründete Unternehmen, hatte 1966 seinen Betrieb nach Hockenheim verlagert. Geschäftsführende Gesellschafter waren der Diplom-Volkswirt Alfred Reiert und sein Schwager, der Ingenieur und Erfinder Albert Konanz. Später übernahm Alfred Reierts Sohn, Diplom-Kaufmann Achim Reiert, die Geschäftsführung.

Die Reiert-Unternehmensgruppe war auch noch mit 51 Prozent an dem Hockenheimer Bremsrohrhersteller Fulton-Rohr beteiligt, ein Unternehmen, das an sich immer recht gut lief. Zum 1. Januar 1995 verkauften die Reiert-Gesellschafter ihre Fulton-Rohr-Beteiligung an den anderen Gesellschafter des Unternehmens, die ITT Automotive Europe. Das hatte seine Gründe.

In den 1970er Jahren hatte die Reiert-Unternehmensgruppe fast zweitausend Personen beschäftigt, die meisten davon im Talhaus. Der Niedergang des einstigen Hockenheimer Vorzeigeunternehmens, das bis 1986 Radiatoren für Heizungsanlagen, danach nur noch Klimatechnikkomponenten für Pkws und Nutzfahrzeuge sowie für stationäre Anlagen herstellte, begann Anfang der 1990er Jahre.

Vorausgegangen waren jahrelange Konflikte zwischen den beiden gleichberechtigten Gesellschaftern bzw. Geschäftsführern, die erst bereinigt wurden, als einer der beiden Kontrahenten zum Ausstieg bereit war. Das soll aber zig Millionen Mark gekostet haben. Dass sich dies auf die finanzielle Substanz der Reiert-Unternehmensgruppe auswirkte, ist verständlich.

Alles andere als gut und mir von beiden Seiten mehrfach bestätigt, war auch das Verhältnis zwischen dem Betriebsrat und der Geschäftsleitung. Ohne die Bezirksleitung der IG-Metall Heidelberg ging auf der Arbeitnehmerseite so gut wie nichts, während die Geschäftsführung mit den Arbeitnehmervertretern nur im Beisein von Rechtsanwälten verhandelte. So warf der Betriebsrat, als das Unternehmen nicht mehr gut lief, der Geschäftsführung in aller Öffentlichkeit „typische Managementfehler", Gesellschafterstreit und Fehlinvestitionen vor, während die Unternehmensleitung mir gegenüber den eklatant hohen und das Unternehmen belastenden Krankenstand im Fertigungsbereich zwischen 16 und 17 Prozent beklagte. Was konnte in einem solchen Klima schon gedeihen?

Für das Unternehmen fatal war ein Großbrand, der am 3. Juli 1994 in der Fertigungshalle des sogenannten „Stationären Bereichs" ausbrach, in dem Hochleistungskondensatoren und Lüftungswärmetauscher produziert wurden. Er war für unsere Feuerwehr und die sie unterstützenden Nachbarwehren eine der bisher größten Herausforderungen. Als mich unsere Feuerwehr in den späten Abendstunden informierte, begab ich mich gleich zur Brandstelle. Erfreulicherweise gelang es dort den Brandbekämpfern, die gefährlichen Rauchschwaden einzudämmen. Sonst hätte noch mitten in der Nacht die Bevölkerung gewarnt und gebeten werden müssen, Fenster und Türen geschlossen zu halten.

Am Ende war eine Produktionsfläche von 10.000 Quadratmetern mit Dioxinen belastet. Sie konnte nur mit Schutzkleidung betreten werden. Die Produktion hätte erst nach einer kostspieligen Sanierung des Gebäudes und Reinigung der Anlagen wieder aufgenommen werden können. Doch dies ging nicht von heute auf morgen. Dadurch verloren die Thermal-Werke auf einen Schlag rund 40 Prozent ihres Umsatzes. Und dies in einer Zeit, in der die Auftragslage ohnehin nicht rosig war! Zehn Versicherungen über Gebäude, Sachschaden und Betriebsunterbrechung sollen sich außerdem alles andere als kooperativ verhalten haben. Die Liquiditätsprobleme des Unternehmens stiegen von Tag zu Tag. Eines kam zum andern.

In dieser kritischen Phase bat ich, um möglichst viele Arbeitsplätze zu retten, Wirtschaftsminister Dr. Dieter Spöri (SPD) um Hilfe. Trotz mehrerer Gespräche mit ihm und seinen zuständigen Mitarbeitern, an denen auch teils die Geschäftsführer, teils Vertreter des Betriebsrats und der IG-Metall, teils auch die Hausbanken von Thermal und der Landtagsabgeordnete Karl-Peter Wettstein (SPD) teilnahmen, kam am Ende nichts für das Unternehmen heraus. Das Land sah sich aus verständlichen Gründen nicht in der Lage, der hoch verschuldeten, notleidenden

Firma Eigenkapital zur Verfügung zu stellen oder Ausfallbürgschaften in Millionenhöhe gegenüber den Banken zu übernehmen.

Nun ging es Schlag auf Schlag. Ende 1994 entschied die Unternehmensleitung entgegen allen Vorschlägen des Betriebsrats, die Produktion in der durch den Brand in Mitleidenschaft gezogenen Halle nicht mehr aufzunehmen. Das Knowhow wurde an die GEA Happel Klimatechnik GmbH in Herne verkauft. Das bedeutete für 75 Arbeitsplätze das Aus. Aber auch in den Geschäftsbereichen Pkw- und Nutzfahrzeugklimatechnik wollte man bis Ende 1995 weitere 255 Arbeitsplätze abbauen.

Im Juni 1995 stellte das Thermal-Management einen Vergleichsantrag, der aber schon nach wenigen Tagen scheiterte. Daraufhin beantragte es den Konkurs. Alles Hoffen und Bemühen, auch von meiner Seite, diese Entwicklung abzuwenden, war vergebens.

Der Konkurs hatte auch für die Stadtwerke Hockenheim schlimme Folgen. Da gelieferte Energie und Frischwasser erst nach dem Verbrauch in Rechnung gestellt werden, und die Thermal-Werke einer der größten Abnehmer im Talhaus waren, mussten die Stadtwerke eine hohe Forderung aus Energie- und Wasserlieferungen abschreiben.

Doch manches Mal bietet ein Konkurs auch die Chance, den Betrieb mit einem anderen Investor erfolgreich weiterzuführen. Und die zeichnete sich ab, als der französische Automobilzulieferer Valeo, seinerzeit ein Konzern mit 28.000 Beschäftigten, die Thermal-Werke zum 1. Oktober 1995 mit noch knapp 500 Beschäftigten übernahm.

Wie bei der ehemaligen Aurepa, ging es auch mit Valeo nicht auf-, sondern weiter abwärts. Das Verhältnis zwischen der neuen Geschäftsleitung und den Arbeitnehmervertretern war wie bei Thermal alles andere als harmonisch. Für einen Außenstehenden wie mich war es natürlich schwer, Ursachen und Wirkung zu definieren. Jedenfalls bot dieses gespannte Verhältnis keine Basis für eine vertrauensvolle und konstruktive Zusammenarbeit.

Kaum ein Jahr in Hockenheim, verkaufte Valeo die Sparte Nutzfahrzeuge an die Firma Westinghouse (Thermo King). Diese Firma produzierte zunächst mit rund 50 Personen weiter, etwa der Hälfte der zuvor in dieser Sparte beschäftigten. Doch als Thermo King diesen Betriebsteil im April 2000 nach Tschechien verlagerte, wurden auch diese Mitarbeiter arbeitslos.

Im Januar 1997 gab Valeo bekannt, die Rundrohre nur noch in Frankreich zu fertigen und deshalb diesen Produktionszweig in Hockenheim einzustellen. Die Beschäftigten kämpften zwar um ihre Arbeitsplätze, doch es nützte nichts. Es kam sogar noch viel schlimmer. Im September 1998 informierte die Geschäftsleitung die Belegschaft, dass die Schließung des Valeo-Werks Hockenheim im ersten Halbjahr 1999 geplant sei. Lediglich der Forschungs- und Entwicklungsbereich mit einigen wenigen Beschäftigten würde am Standort Hockenheim verbleiben. Dieses endgültige Aus war für die verbliebenen rund 300 Mitarbeiter schockierend. Es löste heftige Proteste bis zu einer Demonstrationsfahrt in die Pariser Konzernzentrale aus.

Auch ich wollte diese Entscheidung nicht ohne weiteres hinnehmen. Deshalb schaltete ich erneut die Landesregierung ein und wandte mich auch direkt an Noêl Goutard, den Präsidenten der Valeo S.A. in Paris. Alle meine Bemühungen blieben leider ohne Erfolg.

Doch das dicke Ende kam noch viel schneller als erwartet. Drei Tage nach der Hiobsbotschaft, dass das Werk geschlossen würde, legte in den frühen Morgenstunden ein weiterer Großbrand in einer Halle fast die gesamte Produktion lahm. 110 Feuerwehrmänner mit 18 Fahrzeugen gelang es erst nach mehreren Stunden, das Feuer zu löschen. Da Brandstiftung nicht ausgeschlossen werden konnte, nahm die Kripo Ermittlungen auf. Soweit ich mich erinnere, ist dabei aber nichts herausgekommen.

Am 31. März 1999 schloss Valeo unwiderruflich das Werk Hockenheim und setzte damit weitere 260 Mitarbeiter auf die Straße. Der Hockenheimer Geschäftsleiter von Valeo rechtfertigte die Schließung gegenüber der Presse mit Betriebsverlusten von 30 Millionen Mark, die Valeo seit der Übernahme der Thermal-Werke entstanden seien! Dem entgegen war sich der Betriebsratsvorsitzende Karlheinz Unser sicher, dass das Valeo-Engagement in Hockenheim nur dazu gedient habe, an das Know-how sowie an die Kunden des Unternehmens heranzukommen.

Was auch immer die Gründe für die Schließung gewesen sein mögen, für die betroffenen Arbeitnehmer war dies hart und für den Industriestandort Hockenheim und den Arbeitsmarkt eine weitere negative Entwicklung. Binnen fünf Jahren hatte der Niedergang von Thermal/Valeo zu einem Verlust von rund 900 Arbeitsplätzen geführt. Dem war in der damals schwierigen Wirtschaftsphase zunächst nicht viel entgegenzusetzen. Umso mehr war mein Bestreben, eine aktive Ansiedlungspolitik mit geeigneten Gewerbeflächen zu betreiben.

Das freigewordene Valeo-Objekt im Talhaus mit einer Gesamtfläche von 77.000 Quadratmetern, bebaut mit Hallen-, Büro- und Sozialflächen, übernahm schließlich der Unternehmer Jürgen B. Harder. Er brachte dort seine Verwaltungsgesellschaft unter und vermietete ansonsten das Objekt. Zu Harders Beteiligungen und Unternehmungen zählten neben der Vermarktung und Betreuung von gewerblichen Großprojekten unter anderem noch die Handballprofis „Rhein-Neckar-Löwen" der SG Kronau-Östringen, der Golfklub Gut Neuzenhof bei Viernheim sowie die Harder Beta Filmproduktion GmbH & Co. KG - Filmprojekt „Andersherum".

Privat ist Harder mit Franziska van Almsick liiert, der ehemaligen Weltklasseschwimmerin. Die sympathische Sportlerin wurde im Dezember 2008 zur stellvertretenden Vorsitzenden der Deutschen Sporthilfe gewählt.

*

Ein Abendessen mit Sepp Blatter

Zu meinen Urlaubsorten zählte regelmäßig der Walliser Bade- und Kurort Leukerbad. Sein heilendes Thermalwasser und seine idyllische Lage auf rund 1.400 Metern, eingebettet in ein schmales, von der schroffen Gemmiwand und dem Torrenthorn begrenzten Hochtal, zogen schon immer die Menschen an. Auf das Walliser Dorf bin ich während meiner Studienzeit durch einen Artikel im Magazin „Bild der Wissenschaft" aufmerksam geworden, der sich mit der dortigen Rheumaklinik und den Heilerfolgen befasste. Doch es dauerte noch einige Jahre, bis ich den Badeort zum ersten Mal besuchte. Er faszinierte mich auf Anhieb.

Lockten dort im März regelmäßig die schon kräftige Hochgebirgssonne zum Langlauf auf die schneesicheren Loipen und anschließend das warme Thermalwasser in die Badelandschaft des Burgerbads, waren die Besuche im Oktober fast immer mit idealem Wanderwetter in der von gelben Lärchenwäldern, grünen Matten und grauen Felsen geprägten Hochgebirgslandschaft verbunden. Aber auch die schmackhafte Walliser Küche mit ihren verschiedenartigen Fondues und Raclettes sowie der an den Hängen des Rhonetals wachsende Fendant oder Pinot Noir unterstützten stets das sich in Leukerbad einstellende Wohlgefühl. Ähnlich erging es Günther Lansche, der mich regelmäßig im März ins Wallis begleitete oder unseren Frauen, die mit uns häufig im Herbst dort für einige Tage ausspannten.

Bei einem unserer ersten Urlaube in Leukerbad freundeten wir uns mit dem Gastronomen Beat Constantin und seiner Frau Ursula an. Beide stammten aus Salgesch, einem kleinen Weinort bei Sierre, unmittelbar an der deutsch-französischen Sprachgrenze gelegen, dem sogenannten „Röstigraben". Sie hatten in Leukerbad zunächst die „Walliser Kanne" bewirtschaftet, ehe sie in den 1980er Jahren das Restaurant „Vieux Valais" erwarben und betrieben.

Beat, wie ich Jahrgang 1942, war in seiner Jugend ein talentierter Fußballtorwart. Dieser Sport hatte es ihm aber auch noch danach angetan, ebenso die Formel 1. Bei Letzterer trafen sich also unsere gemeinsamen Interessen.

Beats Cousine war in erster Ehe mit keinem Geringeren als mit Sepp Blatter verheiratet, der aus der Walliser Kleinstadt Visp stammt. Blatter, von 1981 an Generalsekretär des Internationalen Fußball-Verbands (FIFA), wurde 1998 zu dessen Präsidenten gewählt. Eine der Grundlagen für diese große Karriere war wohl die Sprachgewandtheit Blatters, der mehrere Sprachen fließend spricht. Außerdem hätte er die hohe Karriereleiter ohne großes taktisches und diplomatisches Geschick wohl nie erklommen.

Eines Abends - es war in den 1980er Jahren - tauchte Blatter im „Vieux Valais" bei Beat auf, gerade als Günther und Doris Lansche sowie meine Frau und ich Platz zum Abendessen nehmen wollten. Beat machte uns gleich mit ihm bekannt und anschließend verbrachten wir gemeinsam den Abend bei einem Fondue und gutem Pinot Noir. Blatter entpuppte sich als eine sympathische und gebildete Persönlichkeit, mit der wir uns sehr nett unterhielten.

Obwohl er als Generalsekretär und Präsident in Sachen Fußball recht erfolgreich agierte, gibt es auf der Welt wohl keinen Sportfunktionär, an dem die Medien mehr zu kritisieren hatten. Kaum noch zu überbieten war beispielsweise eine Dokumentation des Schweizer Fernsehens (SF 1) vom 25. November 2010. In ihr wurde der Oberwalliser wie folgt charakterisiert:

> „Er lächelt wie Dalai Lama, tritt auf wie ein König und soll bestechen wie ein Mafioso – Sepp Blatter hat viele Gesichter!"

Das zeichnete von ihm ein übles Bild. Dass er dies nicht unwidersprochen hinnahm, ist verständlich. Wie immer er auch sein mag, unser gemeinsamer Abend gab für solche Beschreibungen nicht den geringsten Anlass.

Am anderen Tag besuchten meine Frau und ich das im Rhonetal gelegene Sierre. Dort sahen wir Blatter in der Hauptstraße Händchen haltend mit einer jungen Frau spazieren, die seine Tochter hätte sein können. Vermutlich war sie es auch. Da er uns aber nicht (mehr) erkannte und wir uns ihm in dieser Situation aus verständlichen Gründen nicht aufdrängen wollten, blieb es sein Geheimnis.

❋

Leukerbad und der „Ring-Jet"

Das Alpendorf geriet Ende der 1990er Jahre in die Schlagzeilen. Otto G. Loretan, der agile Gemeindepräsident (Bürgermeister), Anwalt und Notar sowie Nationalrat der Christlichdemokratischen Volkspartei (CVP) in Bern, wollte das 1.800-Seelen-Dorf binnen weniger Jahre zum größten Erlebnisparadies des Alpenraums aufpeppen. In seiner Zeit wurde in einer atemberaubenden Art und Weise in die Infra- und Wellnessstruktur investiert.

Doch Loretans Rechnung ging nicht auf. Das kleine Bergdorf war, als es im Tourismus nicht mehr gut lief, mit dem riesigen Schuldenberg von 346,5 Millionen Schweizer Franken weit überfordert. Deshalb stellte es der Kanton unter Zwangsverwaltung. Letztlich blieben die Gläubiger auf einem Großteil ihrer Forderungen sitzen.

Doch auch Gemeindepräsident Loretan kam nicht ungeschoren davon. Er hatte unter anderem den Bauboom seiner Gemeinde für sich genutzt und musste sich deshalb wegen persönlicher Bereicherung von mehreren Millionen Schweizer Franken vor Gericht verantworten. Das Kantonsgericht verurteilte ihn wegen Betrug, Steuerhinterziehung und anderer Delikte zu viereinhalb Jahren Zuchthaus. Diese schwerere Art des Strafvollzugs wurde in der Schweiz - im Gegensatz zu Deutschland - nicht abgeschafft. Nach einer staatsrechtlichen Beschwerde Loretans bestätigte das Bundesgericht am 16. Februar 2007 das Urteil des Kantonsgerichts (Walliser Bote 20. Februar 2007).

In Loretans Amtszeit wurde ich in Leukerbad auf den „Ring-Jet" aufmerksam. Die gemeindliche Buslinie beförderte Personen durchs Dorf und zwar schon lange bevor eine solche in Hockenheim eingerichtet wurde. Es handelte sich um einen Niederflurbus, der mit seiner stufenlosen Ausführung älteren Menschen und Personen mit Kinderwagen sehr entgegenkam. Der Ring-Jet fuhr in einem gewissen Takt über Leukerbads Ringstraße - deshalb wohl die Bezeichnung -, hielt an zentralen und peripheren Stellen der Gemeinde, und der Fahrgast zahlte pro Tag nur einen Schweizer Franken, unabhängig davon, wie oft er den Bus benutzte. Das war ein attraktiver Fahrpreis, der für Zuspruch sorgte.

Das Leukerbader Buskonzept überzeugte mich. Deshalb schlug ich bei der in Hockenheim einzurichtenden Stadtbuslinie einen Halbstundentakt und einen günstigen Fahrpreis von einer Mark pro Tag vor. Da Hockenheim auch noch einen (Hockenheim-) Ring hat, passte die Bezeichnung Ring-Jet sogar im doppelten Sinne. Die Hockenheim-Ring GmbH nutzte den „Hockenheim-Ring-Jet" als Werbeträger und trug mit dem jährlichen Werbekostenzuschuss von 100.000 Mark zur Kostendeckung bei.

Der Gemeinderat segnete das Konzept der Stadtbuslinie ab, sodass der Ring-Jet im Oktober 1995 seinen Betrieb aufnehmen konnte. Seitdem verbindet er an allen Werktagen Hockenheims periphere Stadtteile mit der Innenstadt. Das beauftragte Hockenheimer Busunternehmen Jahnke hatte dazu einen neuen, attraktiven Niederflurbus angeschafft.

Gleich im ersten Monat wurden 340 Fahrgäste, nach Ablauf des ersten Betriebsjahres schon 147.000, und in fünf Jahren über 700.000 Fahrgäste befördert. Das Ganze war also von Anfang an erfolgreich. So stand der kleine Walliser Kurort Leukerbad mit einer Idee Pate, die seit dem Jahre 1995 vielen Hockenheimern zugute kommt.

❋

Realschule und Gymnasium erweitert

D urch den Einwohnerzuwachs Hockenheims und seiner Nachbargemeinden zeichneten sich ab Mitte der 1990er Jahre steigende Schülerzahlen und ein zusätzlicher Bedarf an Schulräumen bei der Hartmann-Baumann-Schule, der Theodor-Heuss-Realschule sowie dem Carl-Friedrich-Gauß-Gymnasium ab. Bei der Realschule verschärften geänderte Unterrichtsprofile sowie neue Fächer wie Datenverarbeitung und Informatik die räumlichen Engpässe. Ähnlich wirkte die Oberstufenreform beim Gymnasium.

Wegen des Bedarfs schaltete ich das Oberschulamt ein, das für die Realschule zunächst neun zusätzliche Klassenzimmer ermittelte. Dafür plante das Stadtbauamt unter Federführung von Stadtbaumeister Stulken einen zweigeschossigen Anbau an das Hauptgebäude. Letztlich wurden in diesem acht neue Klassenzimmer, ein

Computerraum, ein Kunsterziehungsraum sowie zwei Lehrmittelräume geschaffen. Der Anbau kam auch der Hauptschule zugute, da nun sechs ihrer von der Realschule belegten Räume an sie zurückgegeben werden konnten. Edeltraud Keller, die Nachfolgerin von Realschulrektor Trudbert Greulich, mit dem das endgültige Raumprogramm festgelegt worden war, dankte bei der Einweihung des Erweiterungsbaus im September 1997 der Stadt als Schulträger für das konsequente Handeln.

Für das Gymnasium hatte das Oberschulamt aufgrund der Schülerzahlen einen Bedarf von neun zusätzlichen Klassenzimmern sowie einen Fachraum errechnet. Realisiert wurde schließlich in enger Zusammenarbeit mit Oberstudiendirektor Dr. Walter Weidner, dem Leiter des Gymnasiums, ein moderner Anbau mit zwölf neuen Klassenzimmern unmittelbar neben dem Haupteingang. Architekt Hans-Peter Breitmaier vom Stadtbauamt hatte ihn entworfen und die Bauarbeiten geleitet. Parallel dazu wurden im Altbau des Gymnasiums zwei Büroräume erweitert, ein Besprechungszimmer und ein Archiv in die Schulbibliothek integriert, ein großer Computerraum geschaffen, ein bestehendes Klassenzimmer vergrößert sowie ein weiterer Klassenraum im Verbindungtrakt zwischen Alt- und Neubau umgestaltet.

Bei der offiziellen Übergabe der neuen Räume ans Gymnasium im Juni 1998 lobte auch Dr. Weidner den Schulträger, der mit den neuen Räumen kräftig Flagge gezeigt und für optimale schulische Ausbildungsbedingungen in Hockenheim gesorgt hatte.

Bevor mit den Bauprojekten begonnen wurde, musste klar sein, wie sie finanziert werden sollten. Auch wenn mit erheblichen Zuschüssen vom Land zu rechnen war, stellte sich mir die Frage nach einem finanziellen Beitrag der Nachbargemeinden. Im Jahre 1996 lag der Anteil der auswärtigen Schüler bei der Theodor-Heuss-Realschule bei 48 Prozent und beim Carl-Friedrich-Gauß-Gymnasium bei 59 Prozent.

In Vorgesprächen mit den Bürgermeisterkollegen von Altlußheim, Neulußheim und Ketsch stieß ich zunächst auf viel Verständnis, doch in Reilingen schallte mir gleich ein kategorisches Nein entgegen. Leider schwenkten auch die anderen Kommunen auf die Reilinger Linie ein. Erst als uns das Land für beide Projekte zusätzliche Mittel aus dem Ausgleichsstock zusicherte, entschärfte sich das Finanzierungsproblem und eröffnete sich der Weg, sie ohne Zuschüsse unserer Nachbarn zu realisieren.

Ich hätte mir gerade im schulischen Bereich ein solidarischeres Handeln der Nachbargemeinden gewünscht. Am Ende hatte ihr ablehnendes Verhalten sogar noch einen positiven Aspekt. Hockenheim blieb als Schulträger weiterhin autark.

Die beiden Schulerweiterungsbauten kosteten mit Einrichtung und Außenanlagen 7,1 Millionen Mark. Der Landeszuschuss betrug 5,3 Millionen Mark, sodass letztlich 1,8 Millionen Mark bzw. 25 Prozent von der Stadt als Schulträger zu finanzieren waren.

❋

Folgenschwerer Realschulbrand

Als die Planungen für den Erweiterungsbau der Theodor-Heuss-Realschule bereits auf Hochtouren liefen, verursachte ein Brand beim Eingangsbereich der Schule einen erheblichen Sachschaden. Es war in jener Zeit nicht der erste Brand dieser Art, weshalb Brandstiftung nahe lag. Hinter vorgehaltener Hand wurde zwar gemunkelt, unsere Feuerwehr habe einen konkreten Verdacht, doch soweit mir bekannt ist, sind der oder die vermutlichen Brandstifter nie überführt worden.

Zufällig erlebte ich das Brandgeschehen im Wesentlichen vor Ort mit. An diesem Sonntagmorgen - es war der 9. Juni 1996 - befand ich mich kurz nach neun Uhr auf dem Weg zu einem Waldlauf. Als ich mit meinem Wagen von der Leopoldstraße in die Ottostraße einbog, sah ich in westlicher Richtung eine riesige schwarze Rauchwolke stehen. Obwohl ich nicht wusste, wo es und was brannte, schwante mir gleich nichts Gutes. Von der Richtung her vermutete ich den Brand im Schulzentrum oder Aquadrom. Deshalb folgte ich den himmelwärts steigenden Rauchwolken, die mich schließlich vor die Realschule führten. Unmittelbar vor deren gläserner Eingangsfassade stand ein grüner Wertstoffcontainer, dessen Inhalt brannte.

Kaum, dass ich meinen Wagen auf dem Parkplatz an der Fichtestraße abgestellt hatte, erschien auch schon unsere Feuerwehr mit dem ersten Löschwagen. Ein Poller versperrte aber die Zufahrt zum rund fünfzig Meter entfernten Brandherd. Im Glauben, der Poller könne für die Feuerwehr kein Hindernis sein, ging ich weiter zur Brandstelle, die sich zusehends vergrößerte. Einige Mitbürger, zwei Polizisten sowie Hausmeister Klemens Reuter waren bereits vor Ort und verfolgten das Geschehen aus sicherer Entfernung. Zu dieser Zeit hatte das Feuer die gläserne Eingangsfassade noch nicht beschädigt.

Derweil versuchte die Feuerwehr erfolglos, den Poller aus der Bodenhülse zu bekommen. Hausmeister Reuter rief deshalb den Feuerwehrmännern zu, wie das Hindernis zu beseitigen sei. Als dies immer noch nicht zum Ziel führte, rannte er zu ihnen und half, die Zufahrt freizumachen. Das alles kostete natürlich wertvolle Sekunden. In dieser kritischen Phase rief ein in der Nähe des Brandes wartender Feuerwehrmann seinen Kameraden zu: „Männer, braucht ihr noch lange?" Darauf erhielt er die ironische Antwort: „Es dauert noch zehn Minuten!"

In der Zwischenzeit waren das Feuer und die Rauchsäule größer geworden. Die Flammen schlugen bereits über das Dach des Schulgebäudes, die ersten Glasscheiben zersprangen, sodass Feuer und Rauch auch in das Innere der Schule gelangten. Endlich - in einer so kritischen Situation kommt einem jede Verzögerung wie eine Ewigkeit vor - befand sich die Feuerwehr mit dem Löschfahrzeug unmittelbar beim Brandort. Nun hoffte ich, die Brandbekämpfung würde endlich beginnen.

Der Feuerwehrschlauch war ausgerollt, ein Feuerwehrmann hielt die Spritze und wartete auf das Wasser. Doch dies ließ weitere bange Sekunden lang auf sich warten. Ich konnte es nicht fassen. Aufgeregt, und die riesige Feuersäule im Blick, rutschte mir der folgenschwere Satz über die Lippen: „Männer, wie lange wollt ihr noch aufs Löschen warten?"

Unmittelbar danach schoss endlich das Löschwasser aus der Spritze. In kurzer Zeit war das Feuer gelöscht. Doch damit war es für unsere Feuerwehr noch nicht getan. Die Aula und andere Räume der Realschule, in die sich in der Endphase des Brandes eine Menge Rauch hineingezogen hatte, mussten noch mit Hilfe von Gebläsen kräftig durchlüftet werden.

Wenige Stunden nach dem Geschehen ließ mir der Feuerwehrkommandant, der bei der Brandbekämpfung überhaupt nicht zugegen gewesen war und der es auch nicht für nötig gefunden hatte, mich vorher zu konsultieren, ein Schreiben überreichen. Mit diesem teilte er mir mit, dass meine Bemerkung zu einer erheblichen Verärgerung im Kameradenkreis der Feuerwehr geführt habe. Außerdem verwies er auf die möglichen demotivierenden Folgen einer derartigen Bemerkung.

Konnte ich insoweit seine Kritik und seine Bedenken noch verstehen, empfand ich den Schlusssatz seines Schreibens dann allerdings etwas respektlos. Er lautete:

> „Ich bringe indes Verständnis für die - auch psychischen - Belastungen Ihres Amtes auf, darf Sie dennoch gleichwohl unter Beachtung des Ihrem Amte gebührenden Respekts bitten, derartige Äußerungen zukünftig zu unterlassen."

Um nicht gleich noch weiteres Öl ins Feuer zu gießen, ließ ich mir mit der Beantwortung des Schreibens über zwei Wochen Zeit. Dann teilte ich dem Kommandanten in sachlicher Weise mit, was sich abgespielt hatte. Zum Schluss meines Briefes ging ich auf den Schlusssatz seines Schreibens wie folgt ein:

> „Für Ihr Verständnis für die - auch psychischen - Belastungen meines Amtes danke ich Ihnen. Umgekehrt sichere ich auch Ihnen jederzeit mein entsprechendes Verständnis zu."

Wie es schien, war damit die Sache abgehakt. Jedenfalls gewann ich danach nicht den Eindruck, dass mir vonseiten unserer Feuerwehr etwas nachgetragen wurde.

Nach dem Brand stellte sich heraus, dass nicht nur der Eingangsbereich der Schule erheblich beschädigt worden war, sondern auch der unmittelbar neben dem Eingang befindliche Hausmeisterraum. In diesem mussten alle technischen Steuerungseinrichtungen erneuert werden.

Ein großes Problem stellte auch der Ruß dar. Er hatte sich überall in der Aula und in einigen Klassenzimmern niedergeschlagen und musste im Rahmen einer gründlichen Reinigungsaktion entfernt werden. Dadurch fiel der Schulbetrieb für einige Tage aus.

Letztlich belief sich der von der Brandversicherung zu tragende Schaden auf rund 400.000 Mark.

✳

Raupenplage durch Eichenprozessionsspinner

War mir aus meiner Kindheit Anfang der 1950er Jahre noch eine gewaltige Maikäferplage in guter Erinnerung, sorgte im Jahre 1995 ein massenhaftes Auftreten des Eichenprozessionsspinners für eine gewisse Unruhe in Hockenheim. Die gefräßigen Raupen des Insekts hatten nahezu alle Eichen im Industriegebiet Talhaus sowie im Hardtwald um den Hockenheimring befallen. Und dies blieb nicht ohne Folgen.

Beim Eichenprozessionsspinner handelt es sich um einen graubraunen Schmetterling (Nachtfalter), dessen gesellig lebende Raupen gruppenweise, und zwar in einer Art „Gänsemarsch", auf Nahrungssuche gehen. Daher die Bezeichnung „Prozessionsspinner". Sie ernähren sich mit Vorliebe von Eichenblättern. Nicht selten fressen sie die befallenen Bäume kahl.

Abgesehen von den dadurch bedingten Baumschädigungen, verursachen die älteren Raupen des Eichenprozessionsspinners noch ein weiteres Problem. Sie ziehen sich zur Häutung in bis zu einem Meter lange Raupennester am Stamm oder in Astgabelungen von Eichen zusammen und entwickeln Gift- oder Brennhärchen mit Widerhaken, die ein für den Menschen gefährliches Nesselgift enthalten. Die Härchen brechen leicht und werden durch Luftströmungen über weite Strecken getragen.

Aber auch die abgestreiften, in den Nestern verbleibenden Häutchen, haben noch eine hohe Konzentration an Brennhärchen. Sie können ihre Umgebung über mehrere Jahre belasten, halten sich an Kleidern und Schuhen fest und lösen bei Berührungen stets neue toxische Reaktionen aus. Zudem sind sie kaum sichtbar, dringen leicht in die Haut und Schleimhaut ein und setzen sich dort fest. Die Folgen sind unerträgliches Jucken, Rötungen, Pusteln oder Bläschen sowie Reizungen der Augen und Atemwege. Unbehandelt halten sie oft ein bis zwei Wochen an. Bei überempfindlichen Personen kann es zu allergischen Schockreaktionen kommen.

Im Juli 1995 gingen die ersten der zuvor beschriebenen Beschwerden aus dem Talhaus im Rathaus ein. Bald klagte fast jede/r Zweite der Beschäftigten im Umfeld von Eichen über die Symptome. Deshalb setzten wir in Abstimmung mit dem Forstamt, dem Gesundheitsamt und dem Pflanzenschutzdienst des Landwirtschaftsamts alle Hebel in Bewegung, um Herr über die Plage zu werden.

Doch so einfach war dies gar nicht. Die mit der Beseitigung der Raupennester beauftragten Mitarbeiter des städtischen Bauhofs und der Fremdfirmen mussten Schutzanzüge und Gesichtsmasken tragen und gezielt von Baum zu Baum vorgehen. Mittels Leitern und Hubsteigern flämmten sie die Nester ab. Nach drei Wochen schweißtreibender Arbeit in sommerlicher Hitze waren die Ursachen der Plage im Großen und Ganzen beseitigt.

Die Bekämpfungsaktion kostete rund 100.000 Mark. Von diesem ungeplanten Aufwand hatte die Stadt Hockenheim 60.000 Mark zu tragen. 40.000 Mark übernahm die Hockenheim-Ring GmbH. Deren Campingplätze im Hardtwald waren im Hinblick auf den unmittelbar bevorstehenden Formel-1-Grand-Prix Ende Juli 1995 ebenfalls von den Raupennestern des Eichenprozessionsspinners befreit worden. Sonst hätte dies so manchem Camper den Rennbesuch vergällt.

Im Jahr darauf wappnete sich die Forstverwaltung frühzeitig gegen die Plage. Experten der Forstlichen Versuchsanstalt Freiburg hatten über Astproben von Eichen auf Hockenheims Gemarkung einen noch höheren Befall mit Eigelegen als zuvor ermittelt. Aber auch in anderen Bereichen der Region hatte der Eichenprozessionsspinner seine Spuren hinterlassen. Deshalb wurde ein biologisches Bekämpfungsmittel eingesetzt, das ein Hubschrauber versprühte. Diese Vorgehensweise war auch wesentlich kostengünstiger. Da im Jahre 1996 keine allergischen Erkrankungen bekannt wurden, verbuchte das Forstamt die Aktion als vollen Erfolg.

Ähnlich verlief es 1997. In diesem Jahr musste das Insekt zum dritten und letzten Mal gezielt bekämpft werden. Erneut kam ein Hubschrauber zum Einsatz. Dann endlich machten die giftigen Brennhärchen der Raupen niemandem mehr zu schaffen.

❋

Musical „Human Pacific"

Am 1. März 1996 ging im Mannheimer Rosengarten zum letzten Mal das Erfolgsmusical „Human Pacific" über die Bühne. Nach 16, fast immer ausverkauften Vorstellungen seit der Uraufführung am 2. Oktober 1995, verabschiedete es sich in Richtung Hockenheim. Mannheims Oberbürgermeister Gerhard Widder, der einst sein Amt mit dem hehren Ziel angetreten hatte, eine engere Zusammenarbeit mit der Region zu pflegen, kommentierte den Weggang im Mannheimer Morgen vom 4. März 1996 mit den Worten: „Es gibt Schicksalsschläge, die sind schwer wegzustecken". Des Weiteren berichtete diese Zeitung:

> „Zu oft schon hatten die Macher des Stücks auf Unterstützung seitens der Stadt und der MKT gehofft und waren immer wieder abgeblitzt – daher fielen Regisseur Rolf Hellinger bei der Danksagung auch nicht ausschließlich nette Worte ein: »Es ist schade, dass Sie das erst heute Abend sagen«, schloss er an die Worte des Oberbürgermeisters an. Bei einem entsprechenden Ambiente wären die Theaterleute durchaus bereit gewesen, mit dem Stück in Mannheim zu bleiben, sagte er – mit den Konditionen im Rosengarten war dies allerdings unmöglich."

Die neue, moderne Stadthalle Hockenheim war für das Musical nicht nur wie geschaffen, sondern auch vom Finanziellen her günstiger. Thorsten Riehle, der Geschäftsführer der Produktionsgesellschaft „Geri Music", berichtete bei der Pressevorstellung der Hockenheimer Inszenierung, „Human Pacific" sei hier nicht nur mit offenen Armen empfangen worden, sondern finde auch ein tolles Ambiente vor. Die Stadthalle habe genau die richtige Größe. Auch das Drumherum stimme.

Als damals die Anfrage wegen des Musicals auf meinen Tisch kam, war mir sofort bewusst, dass dies für Hockenheim eine große Sache werden könnte. Deshalb machte ich mich dafür sogleich stark. Anfang Januar 1996 stellte ich die Musicalpläne dem Aufsichtsrat der Stadthallen-Betriebs-GmbH vor. Auch dessen Mitglieder erkannten die damit verbundene Chance, das Image und den Bekanntheitsgrad Hockenheims zu fördern und die Stadthalle besser auszulasten. Dem Vertragsabschluss stimmte der Aufsichtsrat vorbehaltlos zu. Damit war der Weg für „Human Pacific" in Hockenheim geebnet.

Der eigentliche Vater des Musicals ist der Komponist Richard Geppert. Von ihm stammen Idee, Text und Liedtexte. Rolf Hellinger schrieb das Buch und führte auch in Hockenheim Regie.

Doch, welche Handlung liegt „Human Pacific" (frei übersetzt: Der Ozean der menschlichen Gefühle oder die unendliche Suche des Menschen nach Frieden) zugrunde? Sie bezieht sich auf die alttestamentarische Geschichte des jüdischen Volkes, und zwar auf die Babylonische Gefangenschaft bzw. den Propheten Daniel jedoch in moderner Form. Ein Volk hat einen Krieg verloren und soll versklavt werden. In dieser traurigen Situation tritt Dany (Daniel) auf, ein junger charismatischer Held. Unterstützt von treuen Freunden, gelingt es ihm, die Versklavung abzuwenden und sein Volk aus der Knechtschaft zu befreien.

Zuvor aber muss Dany in 2 Akten und 14 Bildern zahlreiche Widerstände und Verführungen durch seine Gegner, den bösen Oberst und den eitlen König Bel Zazar überwinden. Auch der Meder- und Perserkönig Darius, der Bel Zazars Reich erstürmt und Dany aufgrund einer Denunziation in die Löwengrube werfen lässt, ihn am nächsten Morgen, aber wie durch ein Wunder, lebend auffindet (wie Daniel in der Löwengrube!), muss erkennen, dass der Glaube des Menschen stärker ist als seine weltliche Macht. Letztlich entlässt er Danys Volk in die Freiheit. Somit nimmt das Musical ein glückliches Ende.

Am 17. Mai 1996 lief die Vorpremiere und zwei Tage danach die Premiere von „Human Pacific" im großen Saal der Hockenheimer Stadthalle. Zu den Hauptdarstellern zählten keine Geringeren als Xavier Naidoo (Dany) und Darius Merstein (Oberst). Während Naidoo später eine sehr erfolgreiche Solokarriere startete, machte sich Merstein als Musicalsänger einen Namen.

Waren schon bei der Vorpremiere die Besucher von den Darstellern, der Musik sowie der Inszenierung samt Choreografie begeistert und verlangten drei Zugaben, gab es bei der Premiere sogar Ovationen im Stehen. Das in Mannheim begonnene Erfolgsstück hatte auch in Hockenheim seine Fans gefunden. Es setzte in der noch jungen Geschichte der Stadthalle einen weiteren Markstein.

Zu meinem Bedauern wurden alle Songs in Englisch und nicht in unserer schönen Muttersprache gesungen. Hofften die Verantwortlichen, mit Englisch mehr Erfolg beim deutschen Publikum zu haben oder gar den internationalen Durchbruch zu erzielen? Zu Letzterem ist es meines Wissens trotz Englisch nie gekommen. Erst als sich schon das Ende des Musicals in Hockenheim abzeichnete, wurden einige Vorstellungen in deutscher Sprache präsentiert. Es ging also doch. Die zumeist aus der Kurpfalz stammenden Besucher werden darüber nicht unglücklich gewesen sein.

Im Jahre 1996 lief „Human Pacific" in der Hockenheimer Stadthalle 54 Mal und im Jahr darauf noch weitere 37 Mal, zusammen also 91 Mal. Rund 37.000 Besucher verfolgten die Aufführungen, ehe im Juni 1998 die Produktion eingestellt wurde.

Der wesentlichste Grund war der Verkauf der Aufführungsrechte. Es war aber auch die Zeit, in der die volkswirtschaftliche Situation viel zu wünschen übrig ließ und das Geld in den privaten Haushalten nicht mehr so locker saß. Andere, noch viel bekanntere Musicals in Deutschland, Österreich und der Schweiz verbuchten ebenfalls sinkende Zuschauerzahlen, einige gingen sogar Pleite. Die Goldgräberzeit der Musicalbranche schien ihrem Ende nahe zu sein, zumindest befand sich der Markt in einer Umbruchsituation.

Doch vor dem endgültigen Aus lebte „Human Pacific" im Spätjahr 1997 noch einmal in vier Galavorstellungen im Mannheimer Rosengarten auf. Einer dürfte sich darüber besonders gefreut haben: Mannheims OB Widder! Nun hatte er den Schicksalsschlag wohl endgültig überwunden, der ihn einst beim Wegzug des Musicals aus der Quadratestadt getroffen hatte.

Für die Stadthalle Hockenheim brachte „Human Pacific" einige Monate lang einen sicheren Umsatz und viel Publicity, die ihr auch bei anderen Veranstaltungen zugute kam. Ganz zu schweigen von der Stadthallen-Gastronomie und dem benachbarten Hotel, die ebenfalls vom Musical profitierten.

Aus all diesen Gründen kam in Hockenheim schon etwas Wehmut auf, als der letzte Vorhang von „Human Pacific" fiel.

❅

Grillhüttenbetrieb störte neues Wohngebiet

Musik wird oft nicht schön empfunden, weil sie stets mit Geräusch verbunden. Traf dieses geflügelte Wort von Wilhelm Busch zwar nicht auf das Musical „Human Pacific" zu, bewahrheitete es sich jedoch bei der städtischen Grillhütte gegenüber dem Pumpwerk. Deren Betrieb war häufig mit (zu) lauter Musik verbunden. Solange in ihrer Nähe niemand wohnte, störte dies keinen Menschen. Doch mit dem Neubaugebiet „Hockenheim-Süd" rückte die Wohnbebauung nahe an sie heran. Das konnte auf Dauer nicht gut gehen.

Schon bei der Aufstellung des Bebauungsplans für „Hockenheim-Süd" stellte sich die Frage, wie sich der Grillhüttenbetrieb mit den in reinen Wohngebieten vorgeschriebenen Immissionsrichtwerten von 50 dB(A) zwischen 6 und 22 Uhr und von 35 dB(A) zwischen 22 und 6 Uhr vertragen würde? Mit einem 3,5 Meter hohen Lärmschutzwall, mit Grünflächen und einer Gemeinschaftsgaragenanlage als Puffer zwischen Grillhütte und Wohnbebauung hofften Gemeinderat und Stadtverwaltung, den Lärmvorschriften Rechnung zu tragen. Außerdem änderte die Stadt die Nutzungsbedingungen: In den Sommermonaten wurde der Aufenthalt im Freien nur noch bis 22.00 Uhr erlaubt. Des Weiteren sollten die Nutzer ab 22.00 Uhr auch innerhalb der Grillhütte die Lautstärke der Musik drosseln.

Mit diesen Maßnahmen hoffte auch ich, einen Grillhüttenbetrieb gewährleisten zu können, der dem Ruhebedürfnis der Anwohner gerecht werden würde. Doch ließ nicht schon Goethe Mephistopheles im Faust I sagen: „Grau, teurer Freund, ist alle Theorie, und grün des Lebens goldner Baum."

Schon als die ersten Wohnungen nahe der Grillhütte bezogen waren, vermieste die von der Grillhütte ausgehende Musik den Bewohnern so manche Nachtruhe. Einige Benutzer scherten sich nicht den Teufel um die Auflagen. Zur Durchsetzung hätte die Stadtverwaltung einen „Aufseher" abstellen müssen, was natürlich illusorisch war. Im Übrigen ist leicht auszumalen, welcher Zoff einen solchen Aufpasser in alkoholgeschwängerter Grillhüttenluft erwartet hätte.

Es gab also immer wieder Ärger wegen des Grillhüttenbetriebs. Oft riefen die Anwohner zu nächtlicher Stunde die Polizei, und danach landeten die Beschwerden auch bei mir im Rathaus. Auf Dauer ließ sich die Nachtruhe in dem angrenzenden Wohngebiet nicht mehr gewährleisten.

Deshalb schlug ich dem Gemeinderat vor, die Grillhütte zu verlegen. Dies fiel mir insofern nicht leicht, als sie erst vor zwölf Jahren errichtet worden war, in einer Zeit allerdings, in der noch niemand die rasante Bebauung ihres Umfelds erwarten konnte. Außerdem hatte ich in der Grillhütte bereits so manch schöne Feier erlebt. Da auch schon die meisten Mitglieder des Gemeinderats mit den Klagen der Anwohner behelligt worden waren, war ein Verlegungsbeschluss reine Formsache. Es blieb ja nichts anderes übrig. Doch wohin mit dem „Störfaktor"?

Von den möglichen Alternativstandorten, sei es das „alte Fahrerlager" oder das Gewann „Auchtergrund", die alle weit weg von der Wohnbebauung sein mussten, erwies sich ein Platz im Gewann „Dänisches Lager" als der beste.

Da auch die stadtnahen Campingmöglichkeiten des Hockenheimrings immer wieder zu Ruhestörungen führten, schlug ich vor, neben dem neuen Grillhüttenplatz auch noch einen größeren Behelfs-Campingplatz auszuweisen. Dadurch kam die Hockenheim-Ring GmbH nicht umhin, einen Teil der Erschließungskosten zu übernehmen. Kostspielig war vor allem die Abwasserentsorgung, denn das rund 900 Meter vom Stadtrand entfernte Gewann „Dänisches Lager" hatte zwar einen Wasser-, aber keinen Kanalanschluss. In Verbindung mit der Kanalverlegung wurden auch die Anlagen des Vereins für Deutsche Schäferhunde sowie des Schützenvereins an das öffentliche Abwassernetz angeschlossen und somit einer geordneten Entsorgung zugeführt. Aus Sicherheitsgründen musste auch noch der Zufahrtsweg beleuchtet werden. Außerdem investierten die Stadtwerke in eine auch für die Camper sichere Stromversorgung.

Die unter der Federführung von Stadtbaumeister Stulken konzipierte neue Grillhütte wurde im September 1996 fertig gestellt. Sie bietet seitdem auf 132 Quadratmetern Nutzfläche maximal 100 Besuchern Platz. Grundriss und Baustil gleichen im
Wesentlichen zwar dem alten Gebäude, doch von den massiven Holztischen und
-bänken und dem Ofen einmal abgesehen, war bei dem Bauwerk so gut wie alles
neu. Beim Innenausbau (Wände und Decke) wurden statt der bisher rauen Hölzer
gehobelte und statt des Holzbodens Fliesen verwendet. Diese Maßnahmen führten
zu einer edleren Raumatmosphäre. Außerdem wurde die Toilettenanlage in das Gebäude integriert, was sich gerade in der kalten Jahreszeit als angenehmer erweisen
sollte. Im Außenbereich wurden ein schöner Grillplatz und ein kleiner Spielplatz geschaffen, ein Parkplatz befestigt, und mehrere große Bäume vom alten zum neuen
Standort verpflanzt.

Die Verlegungskosten beliefen sich auf 1,05 Millionen Mark, wovon allein 400.000
Mark auf die Erschließung fielen. Mit dem Abbruch der alten Grillhütte wurde der
Platz für den Bau des „Südstadt-Kindergartens" frei. Der sollte ursprünglich an einer
anderen Stelle des Neubaugebiets errichtet werden. Stattdessen wurden dort nun
Bauplätze geplant und mit deren Verkauf die gesamten Verlegungskosten finanziert.

Auch wenn der einst rustikale Charakter bei der neuen Grillhütte auf der Strecke
blieb, hat sie ihren Charme. In meinen Augen zählt sie zu den schönsten Einrichtungen ihrer Art. Und wie ich selbst schon vielfach feststellte, lässt sich auch in dem fei-
neren Ambiente tüchtig feiern. Weit weg vom Ortsetter, ist niemand mehr durch den
Grillhüttenbetrieb belästigt.

Im Übrigen setzte ich mich während meiner Amtszeit immer für eine moderate
Mietgebühr bei der Grillhütte ein, auch wenn dies zu einem relativ niedrigen Kostendeckungsgrad führte. Eine der Kostendeckung angemessene Miete hätte mindestens das Doppelte betragen müssen, vorausgesetzt es wäre bei rund 150 Belegungen
pro Jahr wie in den 1990er Jahren geblieben. In dieser Größenordnung - da war ich
mir sicher - wäre aber nur das Interesse an der Anmietung deutlich zurückgegangen,
nicht aber der ungedeckte Aufwand.

※

Unerwartete Radiomeldung

D as alte Sprichwort: „Wer den Schaden hat, braucht für den Spott nicht zu
sorgen" wurde mir an einem Morgen in der Woche vor dem Formel-1-
Grand-Prix des Jahres 1996 so richtig bewusst. Ich saß gerade beim Frühstück, als
der regionale Radiosender „Kurpfalzradio" eine Meldung über den Äther verbreitete, die mir fast die Kaffeetasse aus der Hand fallen ließ. Sie lautete:

> „Da gibt es doch in der Rennstadt Hockenheim eine Straße, die von einem
> größeren Loch verunziert wird. Dreimal schon hatte Bürgermeister Gustav
> Schrank angeordnet, dieses Loch aus Sicherheitsgründen zuzuteeren. Vergebli-

che Mühe: Der Belag senkte sich immer wieder ab. Und so kam es, wie es kommen musste: Beim letzten größeren Regenfall vor Wochenfrist in Hockenheim war das Loch mit Wasser gefüllt, mithin „bestens getarnt" – und wer tritt unglücklicherweise in das Straßenloch, knickt um und bricht sich das Bein? Die Frau des Hockenheimer Bürgermeisters, Margret Schrank!

Wer ist schuld daran? Ehemann und Bürgermeister Gustav Schrank, der das Loch in der Straße nicht akkurater beseitigen ließ? »Gemach, gemach«, sagt Bürgermeister Gustav Schrank, »erstens habe man das Loch immer wieder zugeteert, wenn auch ohne dauerhaften Erfolg. Und zweitens«, sagt der Privatmann Gustav Schrank, »hat es in diesem Fall ohnehin keinen Zweck, gegen die Rennstadt Hockenheim zu klagen. Da kommt man nicht mit durch.«

»Leidtragend sei er ohnehin«, sagt Gustav Schrank, denn weil Ehefrau Margret für lange Wochen im Gips bleibt, muss der Bürgermeister bügeln, kochen und waschen übernehmen …"

Der Reporter, der dies berichtete, war im Raum Hockenheim groß geworden. Er kannte die Entwicklung des Hockenheimrings aus nächster Nähe und war immer zur Stelle, wenn es über diesen etwas Neues zu berichten gab. Mit den Jahren war der Motorsport zu einem seiner beruflichen Steckenpferde geworden, das er auch regelmäßig in der Woche vor einem Grand Prix in Hockenheim ritt. Teils interviewte er mich dann mit einem Tonaufzeichnungsgerät fürs Radio, teils auch mit einem Kamerateam fürs Fernsehen, um aktuell über die Veranstaltung zu berichten. So auch im Juli 1996.

Da wir uns schon länger kannten und eigentlich immer ein angenehmes Verhältnis pflegten, unterhielt ich mich mit ihm nach dem Interview noch über dies und jenes, auch über das folgenschwere Missgeschick meiner Frau. Dass er aber aus dieser Sache hinter meinem Rücken eine Story stricken und diese ins Land hinausposaunen würde, hätte ich mir nie träumen lassen. Um eine Erkenntnis reicher, zog ich daraus die altbekannte Lehre: „Reden ist Silber, aber Schweigen ist Gold".

❋

Jüdische Schicksale

Ein Ereignis der deutschen Geschichte, der Umgang mit den Juden im Dritten Reich, ist für mich, der diese Zeit nicht miterlebte, besonders unverständlich. Leider wurde auch den wenigen jüdischen Familien, die seit Generationen in Hockenheim lebten, übel mitgespielt. Sie wurden diskriminiert und schließlich in ein Lager nach Gurs in Südfrankreich deportiert.

Wie konnte sich so etwas Barbarisches in einer hochgebildeten Kulturnation ereignen? Dies war wohl nur in einem totalitären Staat möglich, dessen Regime das jüdische Großkapital in den USA für den Verlust des Ersten Weltkriegs mitverantwortlich machte und konsequent antisemitisch agierte. Möglicherweise spielte in

Deutschland auch der „Untertanengehorsam" eine gewisse Rolle, der seit dem Mittelalter das Verhältnis vieler Menschen zur Obrigkeit prägte. Sich gegen Missstände aufzubäumen, zählt nicht zu den typisch deutschen Tugenden.

In der sogenannten „Reichskristallnacht" setzten aufgehetzte SA-Leute auch die Hockenheimer Synagoge in Brand. Meine Mutter berichtete mir einmal, mein Vater hätte an diesem Morgen Brötchen zur Lina Goth gebracht, die an der Ecke Rathausstraße/Ottostraße, vis-a-vis der Synagoge ein kleines Lebensmittellädchen betrieb. Bei der Gelegenheit hätte er einige der Brandstifter gesehen. Obwohl auch er Mitglied der SA war, hätte er für ihre Tat kein Verständnis gehabt. Ich kann mir denken, dass so wie er damals viele Deutsche fühlten. Doch wer traute sich in der Hitlerzeit schon, dagegen aufzubegehren?

Der Heimatforscher Ernst Brauch beschrieb in seinem Buch „Hockenheim – Stadt im Auf- und Umbruch" die Schicksale der Hockenheimer Juden. Zwei von ihnen lernte ich in meiner Amtszeit persönlich kennen. Die Gespräche mit ihnen gewährten mir einen Einblick in jene Zeit, in der sie und ihre Familien viel zu leiden hatten.

Anfang der 1980er Jahre besuchte mich Werner Loeb im Rathaus. Er kam in Begleitung seines ehemaligen Schulkameraden Karl Eisinger, der später einige Jahre dem örtlichen VdK vorstand. Beide zählten zum Schuljahrgang 1920.

Werner Loeb berichtete mir über sein bewegtes Leben. Sein Elternhaus stand in der Heidelberger Straße. Sein Vater Isak Loeb war im Ersten Weltkrieg auf deutscher Seite als Frontkämpfer ausgezeichnet worden. Nicht zuletzt auch deshalb war er in der Stadt - und wohl auch bei deren führenden Nazis - eine bekannte und geachtete Persönlichkeit.

Schon kurz nach Hitlers Machtergreifung sahen viele deutsche Juden in ihrem Heimatland keine Zukunft mehr. Wer es sich leisten konnte, wanderte aus. Jüdische Schulabgänger traf es besonders hart, denn ihnen wurde die berufliche Ausbildung verwehrt. Nicht wenige machten sich auch und gerade deshalb auf den Weg ins Ausland.

So auch Werner Loeb. Er kam als Jugendlicher nach New York. Dort lebte schon seit Jahren Walter A. Loeb, ein Bruder seines Vaters. Von dem erfuhr er nicht viel an Unterstützung. Deshalb musste er sich selbst durchschlagen, machte aber seinen Weg. Im Zweiten Weltkrieg wurde er in die U.S. Army einberufen und nach Kriegsende von der amerikanischen Militärregierung als Dolmetscher nach Deutschland versetzt. In dieser Funktion kam er 1945 als amerikanischer Soldat erneut nach Hockenheim.

Das Schicksal seiner zunächst in Hockenheim verbliebenen Familie wurde von der Judenverfolgung bestimmt. Auch dies beschrieb mir Werner Loeb, zunächst aber einen Unfall seines Vaters.

Der leistete hin und wieder Taxidienste mit einem Pkw. Anfang der 1930er Jahre nahm er den Auftrag an, drei namhafte Hockenheimer Nazis, darunter den späteren Bürgermeister Arthur Neuschäfer, nach Mannheim zu fahren. Einer der Fahrgäste war ein stadtbekannter Sportler. Dieser gab, obwohl er weder den Führerschein besaß noch über Fahrpraxis verfügte, keine Ruhe, bis ihn Isak Loeb zwischen Hockenheim und Schwetzingen ans Steuer ließ – mit schlimmen Folgen. Schon nach wenigen hundert Metern setzte er das Auto in den Straßengraben. Dabei verletzte sich Loeb am Brustkorb erheblich. Dennoch macht er davon kein Aufheben, was ihm bei den Oberen der örtlichen NSDAP weiteren Respekt verschaffte.

Der gleiche Sportsmann war später, bei Hitlers Machtergreifung, nachts am Blitzableiter des Wasserturms auf dessen Kuppeldach geklettert und brachte dort eine große Hakenkreuzfahne an. Am Morgen staunte darüber ganz Hockenheim. Für ein so mutiges und athletisch anspruchsvolles Unterfangen kam in der Stadt nur einer in Betracht. Ergo musste der „Täter" den Wasserturm erneut erklimmen und das Corpus Delicti herunterholen.

Als im Oktober 1940 die planmäßigen Deportationen der rund 6.500 badischen Juden ins südfranzösische Lager Gurs begannen, kam Bürgermeister Neuschäfer am Vorabend des Abtransports persönlich zu Isak Loeb und warnte ihn. Daraufhin rafften Werner Loebs Eltern und sein jüngerer Bruder das Notwendigste zusammen und flohen noch in der Nacht nach Holland. Von dort aus schafften sie es bis Argentinien, wo sie unter schwierigen Bedingungen versuchten, neu anzufangen. Dank ihres Sohnes in den USA, der sie finanziell unterstützte, kamen sie mehr schlecht als recht über die Runden. – Soweit die beeindruckende Schicksalsgeschichte der Familie Loeb, über die mich Werner Loeb informierte.

In der Folgezeit schickte ich Werner Loeb regelmäßig meinen Jahresrückblick mit einem persönlichen Schreiben nach New York. Auch einige andere ehemalige Hockenheimer Juden, die in den USA lebten, erhielten diese Drucksache regelmäßig. Während mir die meisten immer mit ein paar netten Zeilen antworteten und sich freuten, über ihre ehemalige Heimat informiert zu werden, hörte ich von Werner Loeb leider nie mehr etwas. Ob ihm etwas zugestoßen war?

Einen weiteren aus Hockenheim stammenden Juden lernte ich über ein Ehepaar aus Brühl kennen. Das besuchte im Sommer 1997 seine in Manchester studierende Tochter. Zu der Zeit wurde dort eine Ausstellung über Anne Frank veranstaltet, die sie gemeinsam besuchten. Als der die Ausstellung beaufsichtigende ältere Herr hörte, wie sie sich auf kurpfälzisch unterhielten, fragte er sie auf Deutsch: „Woher kommen Sie denn?" Sie antworteten ihm: „Aus Brühl bei Mannheim." „So", stellte er fest, „Sie sind von Ketsch, Brühl, Antwerpen!" Das verblüffte die Brühler, ist doch dieser Spruch in unserer Region nur unter Alteingesessenen geläufig.

Bei dem Kenner dieses Spruchs handelte es sich um den ehemaligen Hockenheimer Horst Baumgarten – ein Jude. Er hieß nun Barrett und ließ die Brühler wissen, dass er oft an seine alte Heimatstadt denke, die er gerne mal wieder sehen würde. Das teilte mir das Brühler Ehepaar mit. Daraufhin lud ich Barrett mit seiner Frau nach Hockenheim ein. Er sagte zu – und Mitte Juli 1997 konnte ich die beiden in Hockenheim begrüßen. Barretts Frau, ebenfalls eine Jüdin, stammte aus Köln. Sie war wohl, da sie kaum noch Deutsch sprach, schon in ihrer frühen Kindheit nach England gekommen.

Beim Abendessen im Rondeau erzählte Barrett meiner Frau und mir seine Lebensgeschichte sowie einiges über die Hockenheimer Juden. So erfuhr ich, dass seine Familie in der Schwetzinger Straße gewohnt hatte. In seiner Jugend sei die jüdische Gemeinde Hockenheims sehr klein gewesen. Zum Lesen der Tora in der Synagoge wären nie die erforderlichen zehn Männer zusammengekommen.

1939 hätten ihn seine Eltern zur Ausbildung nach England geschickt. Nach Kriegsbeginn sei er, da er Deutscher war, interniert und nach Australien gebracht worden. Dort habe er sich für die ihm anstelle des Internierungslagers offerierte Alternative, die britische Armee, entschieden und sich von da an „Barrett" genannt.

Er berichtete uns auch über den Dünkel, der den meisten deutschen Juden immanent gewesen sei. Sie hätten sich unter den europäischen Juden als die Crème de la Crème verstanden und auf osteuropäische Juden herabgeschaut. Heute sei es umgekehrt! Dies würde er häufig zu spüren bekommen, denn osteuropäische Juden stellten nun das größte Kontingent seiner jüdischen Gemeinde in Manchester. Insofern gehe ihm der Diskussionsstoff mit ihnen nie aus.

Ansonsten spürte ich, wie Barrett noch an seiner alten Heimat hing. Die Unterhaltung mit ihm - er sprach ein vom Kurpfälzer Dialekt gefärbtes relativ gutes Deutsch - war für mich eine äußerst interessante Lektion der jüdischen Geschichte Hockenheims.

✳

Konflikte in der SPD-Gemeinderatsfraktion und ihre Folgen

Z wischenmenschliche Konflikte gibt es seit Adam und Eva. Oft liegen ihnen natürliche Veranlagungen zugrunde. Bei den meisten Konflikten handelt es sich um dynamische Prozesse, die oft unbemerkt auf hinterhältige Weise, schleichend über die Jahre hinweg entstehen. Sie schaukeln sich hoch, bis sie gerade noch oder nicht mehr zu bewältigen sind. Dann kommt es in der Regel zum Knall. Weder Ehen, Familien, Freundschaften, Gruppen, geschweige denn die Politik - und zu der zählt auch die Kommunalpolitik - sind davor gefeit.

So entwickelte sich in den 1990er Jahren ein Konflikt innerhalb der SPD-Fraktion des Hockenheimer Gemeinderats, der zum Bruch der Fraktion führte und schließlich vor dem Kadi endete. Es bewahrheitete sich einmal mehr die bekannte Steigerung „Feind, Erzfeind, Parteifreund!" Doch der Reihe nach.

Im Jahre 1989 wurde Dieter Paul, Inhaber der Hockenheimer Firma Radio-Paul-Hifi-Video-Center GmbH, in den Gemeinderat gewählt. Dort zählte er zur siebenköpfigen SPD-Fraktion, die Arthur Weibel in seiner letzten Amtsperiode führte.

Mit Dieter Paul, der sich mit Manfred Hoffmann, dem damaligen Stimmenfänger seiner Partei, bestens verstand, wehte nun in der SPD-Fraktion ein frischer Wind. Weibel hatte Mühe, die Zügel in der Hand zu behalten. Sichtlich frustriert, meinte der erfahrene und altgediente Fraktionssprecher und Bürgermeisterstellvertreter einmal mir gegenüber: „Wenn die so weitermachen, werfe ich ihnen noch vor Ablauf meiner Amtszeit den Bettel hin." Wie es schien, lief innerhalb der SPD-Fraktion nicht mehr alles rund.

Wahlen führten zum fraktionsinternen Streit

Zum endgültigen Bruch innerhalb der SPD-Fraktion kam es in der Gemeinderatssitzung am 14. September 1994. Zuvor war ein neuer Gemeinderat gewählt worden, bei dem Arthur Weibel sich nicht mehr zur Wahl stellte.

Weibel hatte es bis zum Ablauf der Wahlperiode gerade noch verstanden, das Auseinanderdriften der beiden Ströme seiner Fraktion, zumindest nach außen hin, zu verhindern. Doch gegen die nicht stimmige Chemie zwischen den fraktionsinternen Kontrahenten hatte auch er kein Mittel. Anstelle von Weibel wählte die SPD-Fraktion nun Willi Keller zu ihrem Sprecher.

Durch die Neuwahl des Gemeinderats waren auch noch drei meiner Stellvertreter zu wählen. Der erste stand der CDU-Fraktion, der zweite der SPD-Fraktion und der dritte der FWV-Fraktion zu. Von der CDU-Fraktion wurde Alfred Rupp vorgeschlagen und vom Gemeinderat gewählt, und von der FWV-Fraktion Rolf Hoppner.

Nicht so glatt verlief die Wahl des zweiten Bürgermeisterstellvertreters. Noch zwei Tage zuvor hatte die SPD-Fraktion Manfred Hoffmann einstimmig zu ihrem Kandidaten auserkoren. Er hatte bei der Gemeinderatswahl 7.926 Stimmen erhalten, die mit Abstand meisten. Es zeigte sich einmal mehr, dass ein örtlicher Gewerbetreibender, der viel Kontakt mit der Bevölkerung hat, immer freundlich und hilfsbereit zu den Leuten ist, selbst dann noch bei Kommunalwahlen die besten Karten hat, wenn er eine Gewerbehalle ohne Baugenehmigung erstellte.

Manfred Hoffmann hatte sich in der Stadt seit Jahren vorbildlich engagiert. So erinnere ich mich an großzügige Spenden, die er als Wohltäter von Zeit zu Zeit gemeinnützigen Institutionen Hockenheims übergeben hat. Auch war er lange Jahre Vorsitzender des VfL Hockenheim, der in seiner Zeit aufblühte. Dem Ortsverein der Arbeiterwohlfahrt sowie dem Box- und Athletik-Club 1955 e.V. steht er seit langem vor.

Außerdem gründete und leitet er den gemeinnützigen Hilfsverein „Samba-Burkina Faso", der den Menschen dieser afrikanischen Region schon mit vielen Spenden unter die Arme gegriffen hat und Hilfe zur Selbsthilfe leistet.

Er selbst begibt sich in der Regel einmal pro Jahr auf eigene Kosten nach Afrika, um sich vor Ort ein Bild über die Hilfsprojekte zu machen. Dabei bereiten ihm seine Freunde in Westafrika bei der Ankunft jedes Mal einen großen Bahnhof. Im Jahre 2009 kürte ihn die Region Samba sogar zu ihrem Ehrenbürger.

Auch Willi Keller hatte ein respektables Wahlergebnis vorzuweisen. Er kam mit 5.252 Stimmen noch als einziger Kandidat über die 5.000er Marke. Keller brachte den Vorschlag der SPD-Fraktion, Hoffmann zum zweiten Bürgermeisterstellvertreter zu wählen, in den Gemeinderat ein. Doch kaum ausgesprochen, schlug Ingrid von Trümbach-Zofka, die neu gewählte Stadträtin und erste Vorsitzende des SPD-Ortsvereins, alternativ Willi Keller als zweiten Bürgermeisterstellvertreter vor. Später rechtfertigte sie ihr Verhalten einmal mit dem Hinweis, dass gegen Hoffmann ein schwer abschätzbares Strafverfahren im Raum gestanden habe (HTZ vom 22. Februar 1997). Soweit ich mich erinnere, hatte Hoffmann den unachtsamen Umgang von Asylanten mit dem neuen Wohnheim am Pfälzerring hart kritisiert und war deswegen angezeigt worden.

Dass von einer Fraktion zwei Vorschläge kamen, war nicht nur ein Novum, sondern wohl auch ein Zeichen innerer Zerrissenheit.

Nun musste sich der Gemeinderat für einen der beiden Vorgeschlagenen entscheiden. Einigen Mitgliedern dieses Gremiums schien dies nicht einmal so ungelegen gekommen zu sein, bot sich doch nun die Chance, alte Rechnungen zu begleichen. Am Ende wählte der Gemeinderat Willi Keller mit elf Stimmen zum zweiten Bürgermeisterstellvertreter – Manfred Hoffmann erhielt nur zehn. Doch damit noch nicht genug.

Nach den damaligen Gepflogenheiten stand der SPD-Fraktion das Recht zu, zwei Vertreter für die Gesellschafterversammlung der Hockenheim-Ring GmbH vorzuschlagen. Die SPD-Fraktion hatte sich zuvor mehrheitlich für Hoffmann und Paul ausgesprochen, zwei Stadträte, die mit dem Hockenheimring schon seit Jahren in geschäftlicher Verbindung standen.

Keller schlug zunächst die beiden vor, brachte sich dann aber als Fraktionssprecher noch selbst ins Spiel und wurde, gemeinsam mit Hoffmann, gewählt.
Paul hatte das Nachsehen.

Der Ausgang dieser Wahlen belastete die sich ohnehin schon nahe dem Null-
punkt befindliche Stimmung innerhalb der SPD-Fraktion noch weiter. Nun
konnte sich auch jeder Außenstehende denken, welche Konsequenzen dies für
deren Zusammenarbeit haben musste. Der Spaltpilz, mit dem die Fraktion schon
seit Längerem infiziert war, hatte an diesem Tag besonders reiche Nahrung gefunden.

Hoffmann monierte das Geschehen auch in einem Leserbrief der HTZ vom
1. Oktober 1994. Sein Fazit:

> „Die Frage sei erlaubt, ob sich Gemeinderatsfraktion sowie Ortsverein der
> SPD einen Fraktionsführer, der Beschlüsse der Fraktion missachtet und eine
> 1. Vorsitzende, die ihn dabei unterstützt, leisten kann. Ich bin um eine Erfah-
> rung reicher, werde aber gerade deshalb noch mehr Kraft und Energie für
> das Wohl unserer Stadt und ihrer Bürger einsetzen."

Nach ihrem Wahldebakel im Gemeinderat orientierten sich die Stadträte Hoffmann und Paul bei Abstimmungen nicht immer an der Haltung der Fraktion.
Das forcierte den fraktionsinternen Ärger; es wurde sogar mit Parteiordnungs-
verfahren gedroht. Dennoch dauerte es noch gut zweieinhalb Jahre, also recht
lange, ehe der Bruch auch formal vollzogen wurde.

Hoffmann und Paul wechselten mit Wirkung vom 18. Februar 1997 zu den Frei-
en Wählern. Das überraschte mich insofern, als in den Jahren zuvor das Verhältnis zwischen Stadträten der FWV und Hoffmann alles andere als spannungsfrei
gewesen war. Deshalb wurden beide auch nicht gleich mit offenen Armen aufgenommen. Schließlich klappte es, bot es doch der FWV die Chance, mit den beiden die zweitstärkste Fraktion im Gemeinderat zu stellen. Durch den Wechsel
kam die FWV-Fraktion nun auf sechs Mandatsträger, nur einen weniger als die
CDU, während die SPD-Fraktion auf fünf schrumpfte.

Der Übertritt von Hoffmann und Paul ging natürlich nicht ohne öffentlichen
Nachhall über die Bühne. Keller und Trümbach-Zofka warfen ihren „fahnen-
flüchtigen Genossen" eine Missachtung des Wählerwillens vor. Außerdem schalten sie ihre ehemaligen Fraktionskollegen als „Überläufer" und „Totengräber
demokratischer Spielregeln" (HTZ vom 22. Februar 1997).

Als ich dies las, musste ich unwillkürlich an die beiden Wahlen im Gemeinderat vom 14. September 1994 denken. Wurde man denn bei diesen allen bisher
in der Hockenheimer Kommunalpolitik üblichen demokratischen Spielregeln gerecht?

Nach dem, was zwischen den Kontrahenten gelaufen war, kam mir erneut die
bereits zitierte Steigerung etwas abgewandelt in den Sinn: „Feind, Erzfeind, ehemaliger Parteifreund".

Stein des Anstoßes – eine Auftragsvergabe

Diese Entwicklung zählte mit zu den Ursachen einer kommunalpolitischen Affäre, die einige Monate später in Hockenheim hohe Wellen schlug. In ihrer Art und ihrem Stil hob sie sich von allen kommunalpolitischen Konflikten ab, die zuvor in der Stadt Hockenheim ausgefochten worden waren. Da sie mit einem gerichtlichen Nachspiel endete und die SPD bei der Gemeinderatswahl im Jahre 1999 viele Stimmen kostete, war sie mehr als nur eine lächerliche Provinzposse. Sie belastete zudem die Zusammenarbeit im Gemeinderat und am Ende auch noch mich persönlich.

Welche Emotionen ihr auch immer zugrunde gelegen haben mögen, es müssen nach meinem Empfinden über Jahre aufgestauter Hass und die Absicht gewesen sein, dem politischen Kontrahenten schwer zu schaden. Ob auch fehlender Mut, den politischen Gegner in „offener Feldschlacht" zu stellen, eine gewisse Rolle spielten, sei dahingestellt.

Corpus Delicti war ein an zahlreiche Haushalte verteiltes anonymes Flugblatt. Obwohl es persönlich motiviert war, resultierte es aus den Konflikten, die sich in der SPD-Fraktion des Gemeinderats zusammengebraut und zu ihrem Bruch geführt hatten.

In der Sache ging es zunächst um den von den Stadtwerken Hockenheim ausgeschriebenen Jahresauftrag für Erdarbeiten, die zum Herstellen von Hausanschlüssen oder zur Reparatur beschädigter Leitungen erforderlich waren, und zwar vom 1. August 1997 bis 31. Juli 1998.

Diese Arbeiten hatte in den Jahren zuvor eine Hockenheimer Tiefbaufirma durchgeführt. Bei der erneuten Ausschreibung war sie rund 30.000 Mark teurer als der günstigste, aus Wiesloch stammende Bieter. Dieser hatte die Arbeiten für 655.700 Mark angeboten.

Der Inhaber des Hockenheimer Unternehmens sprach vor der Auftragsvergabe bei mir vor und bot der Stadt eine Spende von 30.000 Mark an, um dennoch an den Auftrag zu kommen. Dies wies ich zurück, denn nach den öffentlich-rechtlichen Vergabebestimmungen musste der günstigste Bieter den Auftrag erhalten, es sei denn, an seiner Qualifikation hätte es berechtigte Zweifel gegeben.

Der günstigste Bieter war den Stadtwerken nicht unbekannt. Er hatte für sie bereits einen größeren Auftrag ausgeführt, bei dem es sich um Erschließung von Baugelände handelte. Dabei wurden zwar einige Mängel bei der Abnahme der Bauarbeiten festgestellt, die er aber sofort beseitigt hatte. Das war bei der Hockenheimer Tiefbaufirma nicht anders, denn auch sie musste hin und wieder nachbessern.

Stadtrat Paul, der inzwischen als Mitglied der FWV-Fraktion im Werkausschuss saß, setzte sich dafür ein, dass der Auftrag in Hockenheim bliebe. Ob bei seiner Fürsprache persönliche Verbindungen zum Unternehmer eine Rolle spielten, vermag ich nicht zu beurteilen. Stimmen jener Art vernahm ich wohl.

Zunächst meldete Paul in der Vergabesitzung Zweifel an der Auslegung der Verdingungsordnung für Leistungen durch die Werkleitung an. Nach seiner Auffassung war es nicht zwingend, den preisgünstigsten Bieter bei der Auftragsvergabe zu berücksichtigen. Dem aber widersprach die Werkleitung sogleich – zu Recht!

Doch Paul legte nach. Er bat die Werkleitung um Auskunft, ob es zuträfe, dass dem günstigsten Bieter bei Leitungsbauarbeiten für die Stadtwerke gravierende Fehler unterlaufen seien? Zudem erklärte er sich im Besitz einer umfangreichen Mängelliste der Stadtwerke über Hausanschlussarbeiten in Hockenheim, die der günstige Bieter ausgeführt hatte. Daher war es für ihn äußerst fraglich, ob die Firma so mängelfrei, wie geschildert, arbeiten würde?

Da es nun um die Qualifikation der Bewerber en détail ging, verwies ich als Leiter der Werkausschusssitzung die Sache vom öffentlichen in den nicht öffentlichen Teil. In diesem äußerten sich einige Mitglieder, auch ich, recht verwundert über Pauls Besitz einer verwaltungsinternen Mängelliste, die er angeblich in seinem Briefkasten ohne Absender vorgefunden hatte. Die Werkleitung wurde gebeten zu ermitteln, wer Paul die Liste zugesteckt hatte.

Zugleich stellte die Werkleitung aber klar, dass die Mängel nicht schwerwiegend gewesen waren und kein Anlass bestehe, der Firma die Auftragsvergabe zu verweigern. Aufgrund dieser eindeutigen Stellungnahme der Werkleitung informierte ich den Werkausschuss, dass ich mich im Falle einer Vergabe an die teurere Hockenheimer Firma veranlasst sähe, dem Beschluss zu widersprechen. Sonst würde ich mich strafbar machen. Außerdem appellierte ich an das Entscheidungsgremium, mir einen solchen Schritt zu ersparen.

Des Weiteren wies ich darauf hin, dass der günstige Bieter Schadensersatz verlangen könne, wenn er bei der Auftragsvergabe den Kürzeren ziehen würde.

Trotz dieser Hinweise stimmten nur vier Mitglieder des Werkausschusses für den günstigsten Bieter. Zwei waren dagegen und drei enthielten sich.

Auch wenn mit den vier Ja-Stimmen eine nicht zu beanstandende Auftragsvergabe zustande gekommen war, hatte die Mehrheit nicht für den günstigsten Bieter votiert. Sie hätte also in Kauf genommen, dass ich der Auftragsvergabe widersprechen muss. Dafür hatte ich angesichts der Fakten und Rechtslage kein Verständnis.

Mitglied des Werkausschusses und aufmerksame Teilnehmerin der öffentlichen wie der nicht öffentlichen Sitzung war Stadträtin Ingrid von Trümbach-Zofka. Ich kann mir denken, dass sie ihren nicht dem Ausschuss angehörenden Fraktionsvorsitzenden Willi Keller bzw. ihre Fraktion ausführlich über den Sitzungsverlauf informierte, was ja auch ihr gutes Recht war.

Die zuvor beschriebene Auftragsvergabe hatte am 16. Juli 1997 stattgefunden. Exakt zwei Monate später, bei der ersten Werkausschusssitzung nach der Sommerpause, erkundigte sich Stadträtin von Trümbach-Zofka bei der Werkleitung, ob sie hätte ermitteln können, wer Stadtrat Paul das Schriftstück mit den Mängeln zugesteckt habe.

Die Werkleitung berichtete, alle in Betracht kommenden Mitarbeiter der Stadtwerke befragt zu haben, doch herausgekommen sei nichts. Mit dieser Stellungnahme - erwartet hatte ich eigentlich nichts anderes - hoffte ich, dass die Sache nun endlich ad acta gelegt werden könne. Doch es kam anders.

Anonymes Flugblatt führte vor den Kadi

Zwei Tage nach der Sitzung ging es erst richtig los. In einige Briefkästen der Stadt war ein anonymes Flugblatt gesteckt worden, das es in sich hatte (siehe Seite 328). Als ich es zum ersten Mal in Händen hielt, musste ich aufgrund der sprachlichen Ausdrucksweise sowie der grammatikalischen und orthografischen Besonderheiten nicht lange überlegen, aus welcher Richtung der Wind wehte. Auch die mir bekannte Schreibmaschinenschrift deutete in diese Ecke. Doch zunächst hielt ich mich mit diesen Verdachtsmomenten zurück.

Im Flugblatt wurde zwar gefragt, wie ich dazu stehe, doch angegriffen worden war nicht ich, sondern Stadtrat Paul. Der erstattete Strafantrag aus allen rechtlichen Gründen gegen Unbekannt, in erster Linie natürlich wegen übler Nachrede.

Da sich das anonyme Flugblatt auf die Auftragsvergabe der Stadtwerke bezog, äußerte sich dazu Reinhard Marquetant, der kaufmännische Werkleiter, am 26. September 1997 in der HTZ wie folgt:

> „Das ist eine ganz üble Geschichte, auch für die Stadtwerke, die dadurch in Misskredit kommen könnten."

Daneben stellte ich in diesem Zeitungsartikel klar, dass ich an einer Aufklärung interessiert sei, zumal auch ein Bestechungsvorwurf gegenüber einem städtischen Bediensteten, zwar mit einem Fragezeichen versehen, aber so doch in den Bereich des Möglichen gestellt worden sei. Im Übrigen distanzierte ich mich von der Sache, indem ich feststellte:

> „Wer etwas zu sagen hat, soll Ross und Reiter nennen und sich nicht hinter der Anonymität verschanzen."

Paul verdächtigte gegenüber der Polizei Willi Keller als Verfasser des Schriftstücks. Daraufhin untersuchte die Kripo Mitte Oktober 1997 Kellers Haus. Bei der Durchsuchung wurden außer mehreren Exemplaren des orangefarbenen Flugblatts und einer Kopie der bereits erwähnten Mängelliste auch zwei Schreibmaschinen sichergestellt. Eine kriminaltechnische Untersuchung der Landeskriminalpolizei Karlsruhe stellte eindeutig fest, dass auf einer der Schreibmaschinen ein Teil des Flugblatttexts geschrieben worden war.

Wer nun davon ausging, Willi Keller sei als Täter überführt worden, wurde bald eines Besseren belehrt. Anfang Januar 1998 bezichtigte sich plötzlich sein Bruder Friedhelm der Erstellung und Verbreitung des Flugblatts. Das überraschte nicht nur mich sehr.

Info-
FORUM LIVE:

Hockenheim

aktuell

Skandal im Hockenheimer Rathaus

Hat Stadtrat Paul von der Freie Wählervereinigung Hockenheim e.V. *einen
städtischen Bediensteten bestochen um an dienstlich vertrauliche
Verwaltungsunterlagen* ,im Zusammenhang einer 600000 DM-Auftrags-
vergabe der Stadtwerke zu gelangen.

Konfrontiert mit dieser Frage sahen sich

die Gemeindratsmitglieder des Stadtwerken-
ausschußes incl.Bürgermeister bei der letzten
Sitzung vor der Sommerpause anläßlich der o.g.
Auftragsvergabe!

Wollte Paul hier zugunsten eines ihm genehmen Firmenfreundes,eine
städtische 600000DM-Auftragsvergabe eines anderen günstigeren
Angebotsbieters (30.000DM) durch eine unseriöse Kampanie und
Manipulationsversuche einer Rufschädigung ausbooten.

Um dieses Ziel zu erreichen brachte
sich der Freie Wähler-Stadtrat Paul
in den Besitz einer früheren Mängelliste aus städtischen Verwaltungs-
akten die nur für den vertraulichen
Dienstgebrauch,sowie einem bestimmten
vertraulichem Personenkreis zugänglich sind.

Hier wurde von Paul gezielt,den Versuch gestartet,die o.g. Firma
mit dem günstigeren Angebot zu denunzieren und zu schädigen,um
seinem Spezi den 600.000 DM-Auftrag zu zuschustern.

Fragen hierbei sind zu Klären

Handelt es sich hier um eine strafbare Handlung ?

Hat **Stadtrat Paul einen städtischen Bediensteten bestochen**?

Wer ist der Maulwurf in der Stadtverwaltung?

Wie steht Bürgermeister Schrank zu diesem Vorfall?

Kann solch ein Gemeindevertreter im Gemeinderat noch
tragbar sein?

**Liebe Mitbürgerinnen
und Mitbürger,** Lehnen Sie solch eine Art von Volksvertretern
ab,die nur an ihre Vorteile denken,und hierbei
an Manipulationen und Bestechungen nicht zurück
schrecken.

Anonymes, in zahlreiche Haushalte der Stadt Hockenheim verteiltes Flugblatt

Friedhelm zählte zu meinen engeren Jugendfreunden. Deshalb kannte ich seine Mentalität und vermochte ihn auch intellektuell einzustufen. Er hatte damals schon Probleme mit dem Gehen und fuhr weder Auto noch Fahrrad. Insofern war mir auch nicht klar, wie er die Flugblätter in Hockenheim verteilt haben sollte? Doch darüber hatte zunächst das Amtsgericht Schwetzingen zu befinden.

Sofern seine Geschichte aber stimmte, musste ihn zuvor sein Bruder doch sehr ausführlich über die öffentliche und nicht öffentliche Werkausschusssitzung informiert haben! Zur Weitergabe von Informationen aus einer nicht öffentlichen Sitzung ist ein Stadtrat aber nicht berechtigt. Doch dies war eine andere Sache.

Schließlich verurteilte das Amtsgericht Friedhelm Keller am 11. März 1999 wegen Rufmords zu einer Geldstrafe von 5.000 Mark, sprach seinen Bruder Willi von der Mittäterschaft aber frei.

Die Staatsanwaltschaft, die Willi Keller nach wie vor als Täter im Visier hatte, wollte sich mit dem Urteil nicht abfinden und legte Berufung vor dem Landgericht Mannheim ein. Vor diesem wurde die Sache dann gründlich aufgerollt.

Auch vor dieser Kammer blieb Friedhelm Keller bei seiner den Bruder entlastenden Selbstbezichtigung, obwohl ihm ein Zeugnisverweigerungsrecht zustand. Das Gericht glaubte ihm aber durch seine widersprüchlichen Aussagen und auch deshalb nicht, weil er, durch einen Betriebsunfall schwer behindert und beinamputiert, von einer kargen Frührente lebte und völlig von der Gunst seines vermögenden Bruders Willi abhing (Urteilsbegründung des LG Mannheim vom 5. Oktober 1999).

Schwerwiegend für Willi Keller war, dass ihn Zeugen als den identifizierten, der ein Flugblatt in einen Briefkasten in der Hockenheimer Arndtstraße warf. Schließlich erachtete ihn das Landgericht nicht nur als Urheber der Schmähschrift gegen Paul, sondern hielt ihn auch als denjenigen überführt, der das dann vervielfältigte Flugblatt in Hockenheim verbreitet hatte.

Nach Abwägung aller für und gegen den Angeklagten Willi Keller sprechenden Gründe hielt die 12. Strafkammer eine Geldstrafe von 150 Tagessätzen à 200 Mark, also 30.000 Mark für gerecht und angemessen und verurteilte ihn entsprechend.

Ingrid von Trümbach-Zofka war in der Sache ebenfalls angeklagt worden. Sie wurde aber am 26. Mai 1999 sowohl vom Amtsgericht Schwetzingen als auch am 5. Oktober 1999 vom Landgericht Mannheim mangels Beweises freigesprochen.

Willi Keller legte gegen das Urteil des Landgerichts Revision ein. Mit der befasste sich das Oberlandesgericht Karlsruhe. Darüber berichtete die HTZ am 15. März 2000 unter anderem, das OLG habe in seinem Beschluss vom 23. Februar 2000 zum Ausdruck gebracht, dass zwischen der Erhebung der Anklage beim Amtsgericht Schwetzingen und dem Ablauf der Verjährungsfrist von sechs Monaten am 21. Juni 1998 keine verjährungsunterbrechende Handlung stattgefunden habe! Schon das Amtsgericht hätte daher das Verfahren wegen Verjährung einstellen müssen, ebenso das Landgericht.

In seinem Urteil brachte das OLG zur eigentlichen Tat Willi Kellers aber zum Ausdruck, dass ohne das Verfahrenshindernis die Verurteilung des Angeklagten rechtskräftig geworden wäre. Deshalb erschien es dem OLG unbillig, die notwendigen Auslagen des Angeklagten im ersten Rechtszug der Staatskasse zu überbürden.

Ein Freispruch erster Klasse war dies wohl nicht. Dennoch beklagte sich Willi Keller über einen eindeutigen Justizfehler, in dessen Folge ihm in vielfältiger Weise böse mitgespielt worden sei (HTZ vom 15. März 2000). Wenn ich dies richtig verstand, hielt er sich für ein Justizopfer!

Im gleichen Zeitungsartikel berichtete Pauls Rechtsanwalt, dass in Zusammenhang mit dem Fall „Keller/Paul" das Urteil der 7. Zivilkammer des Landgerichts Mannheim gegen Friedhelm Keller rechtskräftig geworden sei. Durch dieses sei der Bruder des Angeklagten zu einer Entschädigung in Höhe von 5.200 Mark wegen Verletzung des Persönlichkeitsrechts des geschädigten Dieter Paul verurteilt worden. Friedhelm Keller habe sowohl vor dem Amtsgericht als auch vor dem Landgericht betont, die seinem Bruder Willi zur Last gelegte Tat selbst begangen zu haben. Zwischenzeitlich sei der Betrag an Dieter Paul bezahlt worden, der ihn einem gemeinnützigen Zweck zuführen wolle. Soweit die Zeitungsmeldung.

Am Ende zahlte also Friedhelm Keller die Zeche.

Auswirkungen

Das ganze Hickhack zwischen den Kontrahenten hatte auch mich als Vorsitzenden des Gemeinderats beschäftigt. Die FWV-Fraktion wollte beispielsweise nicht mehr an Sitzungen des Technischen Ausschusses teilnehmen, wenn sie von Willi Keller, dem damals stellvertretenden Vorsitzenden, geleitet würden. Deshalb musste ich sie darauf hinweisen, dass ein Gemeinderat zur Sitzungsteilnahme verpflichtet sei.

Allein dieses Beispiel verdeutlicht, wie sehr die gemeinderätliche Zusammenarbeit belastet war, ganz zu schweigen von dem Bild, das sich nach außen darbot. Hans Schuppel, der Lokalredakteur der HTZ, bezeichnete die Affäre in einem Kommentar am 9. Oktober 1999 als Schmierentheater ohnegleichen und Komödienstadel. Außerdem brachte er sie mit den Worten auf den Punkt:

> „Durch persönliche Fehden zwischen ein paar Mitgliedern wurde das ganze Ratsgremium in Misskredit gebracht."

Am 24. Oktober 1999 wurde ein neuer Gemeinderat gewählt. Dieter Paul stellte sich nicht mehr zur Wahl, wohl aber Willi Keller. Er, der vor fünf Jahren noch beachtliche 5.252 Stimmen errungen hatte, bekam nur noch 2.531, büßte also mehr als die Hälfte ein. Überhaupt hatte die SPD-Liste empfindliche Stimmenverluste hinzunehmen. Von einst sieben Gemeinderatsmandaten erreichte sie gerade mal noch vier. Zu den SPD-Opfern dieser Wahl bzw. der Flugblattaffäre zählten Ingrid von Trümbach-Zofka und Gertrud Eisinger, die es nicht mehr in den Gemeinderat schafften.

Noch ein Nachspiel für mich

Die Prozesssache Paul gegen Keller bescherte mir noch eine unerfreuliche Auseinandersetzung mit Pauls Anwalt. Wie die HTZ berichtete, war bei einer der Gerichtsverhandlungen Kellers Anwalt davon ausgegangen, sein Mandant habe in einem Falle keine Flugblätter, sondern die Festschrift zum 100-jährigen Jubiläum der SPD verteilt. Beide Sachverhalte lagen zeitlich aber um Monate auseinander.

Darüber sprach ich mit einem FWV-Stadtrat und kritisierte, dass Pauls Anwalt nicht gleich den Sachverhalt richtiggestellt habe. Leider wusste mein Gesprächspartner danach nichts Besseres, als dies dem Anwalt brühwarm auszurichten. Der schrieb mir prompt, er sei wegen meiner Kritik enttäuscht und verlange von mir, eine von ihm vorbereitete „strafbewehrte Unterlassungserklärung" zu unterschreiben und an ihn zurückzuschicken. Deren Tenor war, dass ich über ihn nie mehr etwas Negatives verlauten lassen dürfe. Andernfalls hätte ich an ihn einige tausend Mark zu zahlen!

Mein Rechtsanwalt Paul Deblitz aus Mannheim meinte dazu: „Offensichtlich weiß der Kollege noch nicht, dass sich auch ein Rechtsanwalt Kritik gefallen lassen muss." Entsprechend informierte er ihn. Da ich danach nichts mehr zur Sache hörte, hatte sie sich damit wohl erledigt.

Bedarf an Kindergartenplätzen konsequent gedeckt

Auch wenn die zuvor beschriebenen Auseinandersetzungen die örtliche Kommunalpolitik jener Zeit tangierten und belasteten, hatte sich die Stadtverwaltung mit anderen Dingen zu befassen. Zu ihren vorrangigen Aufgaben zählte beispielsweise die Bereitstellung von genügend Kindergartenplätzen.

Schon bei der Einweihung des Friedrich-Fröbel-Kindergartens im Januar 1994 zeichnete sich durch die Neubaugebiete Neugärten-Biblis und Hockenheim-Süd ein Bedarf für einen weiteren Kindergarten ab. Zudem deuteten sich im Grundschulbereich Engpässe in den Klassenräumen an. Deshalb musste der in der Hubäcker-Grundschule eingerichtete dreizügige Kindergarten über kurz oder lang anderweitig untergebracht werden.

Insofern stellten sich Gemeinderat und Stadtverwaltung frühzeitig auf den Bau eines fünfgruppigen Kindergartens im neuen Stadtteil Hockenheim-Süd ein. Dieser wurde im Februar 1997 auf dem ehemaligen Grillhüttenplatz gegenüber dem Pumpwerk fertig gestellt und als Südstadt-Kindergarten benannt. Vom städtischen Bauamt geplant - das Einschalten eines privaten Architekten hatte ich abgelehnt - und in Holzständerbauweise schlüsselfertig erstellt, kostete er einschließlich Möblierung und Außenanlage 1,96 Millionen Mark.

Damals baute auch eine Nachbarstadt einen gleich großen Kindergarten für über 3,5 Millionen Mark! Dort hatte man ein freies Architekturbüro mit der Planung und Bauleitung beauftragt. Als ich mit dessen Inhaber ins Gespräch kam, wollte er mir die niedrigen Baukosten unseres Kindergartens nicht abnehmen. Ob er ein kostengünstigeres Bauen je in Betracht gezogen hatte?

Nun muss man wissen, dass sich das Architektenhonorar nach der Bausumme richtet. Zudem sind enge Kostenvorgaben im öffentlichen Bereich nicht überall selbstverständlich. Dass aber auch bei öffentlichen Bauten eine kostengünstige und dennoch ansprechende Architektur möglich ist, wurde beim Südstadt-Kindergarten bewiesen.

Ein Glück, dass dieser anfänglich nur mit drei Gruppen belegt werden musste. Zum 1. August 1998 schloss nämlich die evangelische Kirchengemeinde den zweigruppigen Lutherhaus-Kindergarten. Mit dieser Entscheidung konnte ich mich als Kirchenmitglied, das zu diesem Kindergarten eine sehr persönliche Beziehung hatte, nur schwer abfinden.

Zu dieser Zeit ist auch der Park-Kindergarten um zwei Gruppen sowie der Friedrich-Fröbel-Kindergarten um eine Gruppe erweitert worden. Auf diese Reserven musste schneller zurückgegriffen werden als ich glaubte. Schließlich wollte ich auch während meiner dritten Amtszeit meinem Credo gerecht werden, stets für genügend Kindergartenplätze zu sorgen. Da dies auch der Gemeinderat als das zuständige Entscheidungsgremium so sah, stand schnellen und einvernehmlichen Beschlüssen nie etwas im Wege.

Hauptamtsleiter Manfred Christ - ein Fachmann par excellence

Bei meinem Bemühen um ausreichende Kindergartenplätze unterstützte und entlastete mich Hauptamtsleiter Manfred Christ, dem ich das Ressort „Kindergärten" übertragen hatte. Er leistete eine überzeugende Arbeit, sorgte für das nötige Kindergartenpersonal - was in dieser Zeit oft problematisch war -, plante vorausschauend, koordinierte die kommunalen Kindertagesstätten und stimmte sich mit den konfessionellen Trägern ab. Auf ihn konnte ich mich stets 100-prozentig verlassen.

Die Zusammenarbeit mit ihm war aber auch auf allen anderen Gebieten sehr angenehm. Christ, der das Verwaltungsgeschäft von der Pike auf gelernt hatte, brachte es bis zum Oberverwaltungsrat. Er war ein Verwaltungsfachmann par excellence, kannte als gebürtiger Hockenheimer seine Pappenheimer und zählte in der Verwaltung zu jenen Stützen, die ein Bürgermeister braucht, um seinen Laden in Schwung zu halten.

Auf seine fundierte Meinung, die er sich aufgrund seines enormen Fachwissens und persönlicher Erfahrung bildete, legte ich stets großen Wert. Aber auch sonst hatte das Wort des sich parteipolitisch stets neutral verhaltenden Beamten innerhalb der Stadtverwaltung und des Gemeinderats viel Gewicht.

Als sich die Stadt mit der Organisation der Landesgartenschau 1991 befassen musste, machte ich Christ zu einer ihrer Geschäftsführer. Ihm, „meiner langjährigen rechten Hand", traute ich diese Herausforderung neben seinen nach wie vor bestehenden Aufgaben im Rathaus ohne weiteres zu. So kam es auch. Christ brachte das große Projekt zusammen mit den anderen LGS-Geschäftsführern,

Stadtkämmerer Werner Zimmermann und Volker Kugel, später Direktor des „Blühenden Barock Ludwigsburg", sowie in enger Abstimmung mit mir erfolgreich auf den Weg.

Wer bestellt, sollte auch bezahlen

Dass heute die Finanzlage der meisten Städte prekär ist, liegt hauptsächlich an zwei Faktoren. Zum einen ist es die den Kommunen zustehende konjunkturabhängige Gewerbesteuer, auch wenn von dieser, je nach Steuerkraft, ein nicht unbeträchtlicher Teil durch Umlagen abgeschöpft wird. Gerade in Krisenzeiten, in denen die kommunalen Soziallasten regelmäßig erheblich steigen, sinkt das Gewerbesteueraufkommen oft dramatisch. Dann driftet die Schere zwischen Einnahmen und Ausgaben weit auseinander.

Doch das konjunkturelle Auf und Ab nicht das alleinige Grundübel der kommunalen Finanznot. Noch schlimmer ist es zum anderen, dass den Gemeinden von oben immer wieder neue Aufgaben aufgebürdet werden, ohne für einen angemessenen finanziellen Ausgleich zu sorgen. Mit anderen Worten: „Wer bestellt, sollte die Rechnung nicht andere bezahlen lassen!"

Allein die vom Bund regulierte Sozialpolitik gräbt den Gemeinden mehr und mehr das Wasser ab. Einer dieser Bundesbeschlüsse wurde im Jahre 1992 gefasst. Danach sollte ab dem 1. Januar 1996 jedem Kind unmittelbar nach Vollendung des dritten Lebensjahrs ein Platz in einem Kindergarten garantiert werden. Die damit verbundenen relativ hohen Investitions- und Betriebskosten wurden den Ländern und Kommunen aufgebürdet. Für einige Länder bzw. deren Kommunen war dies aber finanziell nicht leistbar. Deshalb wurde übergangsweise eine Stichtagsregelung beschlossen.

In Hockenheim war eine solche bereits seit Jahren gemeinsam mit den konfessionellen Trägern praktiziert worden. Jedem Kind, das zum Stichtag 1. Juli das dritte Lebensjahr vollendet hatte, wurde ein Kindergartenplatz zur Verfügung gestellt. Insofern hatte jedes Kind die Chance, den Kindergarten drei volle Jahre zu besuchen.

Der vom Bundestag beschlossene erweiterte Rechtsanspruch auf einen Kindergartenplatz musste schließlich erst ab dem Jahre 1999 umgesetzt werden. Dies hatte zur Folge, dass in den Hockenheimer Kindergärten Plätze und Personal für durchschnittlich dreieinhalb statt bisher drei Jahre pro Kind vorzuhalten waren. Ausgehend von damals 27 Kindergartengruppen in Hockenheim, führte diese Vorgabe faktisch zu drei weiteren Gruppen.

Auch wenn der erweiterte Rechtsanspruch auf einen Kindergartenplatz im Hinblick auf den dreijährigen Erziehungsurlaub bzw. die Elternzeit vernünftig erscheint, belastet er bei einem durchschnittlichen Kostendeckungsgrad in den kommunalen Kindergärten von rund 20 Prozent die Kommunen finanziell zusätzlich – und dies natürlich auf Dauer.

❋

Verkehrsplanung muss sich am Ganzen orientieren

W enn es in Hockenheim um Verkehrsfragen ging, wunderte ich mich regelmäßig über das beachtliche Potenzial an Experten, das sich mit Vorschlägen oder Kritik zu Wort meldete. Bei näherem Hinsehen kristallisierte sich aber bei den meisten ein recht verengter Blickwinkel heraus, zumeist von sehr persönlichen Motiven bestimmt. Der Konflikt zwischen dem Gesamtinteresse und den Einzelinteressen brach sich zwangsläufig in vielen Diskussionen Bahn. Auch wenn dies die demokratische Auseinandersetzung belebte, gingen mir einige zu subjektive Stellungnahmen schon mal auf die Nerven.

Eine vernünftige städtische Verkehrsplanung muss sich am Ganzen orientieren. Nach diesem Leitbild handelte ich, wenn ich mich als Kommunalpolitiker der Verkehrsentwicklung stellte und Entscheidungen herbeiführte. Verständlich, dass mir dies nicht nur Pluspunkte einbrachte. Doch das Aussitzen von Problemen, nur um mir die mit Arbeit verbundene Argumentation bzw. die Auseinandersetzung zu ersparen, deckte sich nicht mit meinem Verständnis einer verantwortungsvollen Stadtpolitik.

Stagnierte Hockenheims Einwohnerzahl seit meinem Amtsantritt im Jahre 1978 fast ein Jahrzehnt lang bei 16.000, wuchs sie von 1988 an pro Jahr um einige Hundert. Parallel dazu stieg die Motorisierung aber überproportional. So waren in Hockenheim 1982 rund 8.600 Fahrzeuge zugelassen, 1997 aber bereits 13.600, also 58 Prozent mehr. Im gleichen Zeitraum wuchs die Stadt auf rund 19.300 Einwohner, also nur um 21 Prozent. Mehr Autos sorgten für mehr Verkehr. Außerdem war davon auszugehen, dass sich dieser Trend auch in den nächsten Jahren noch fortsetzen würde.

Durch diese Entwicklung wünschten sich viele ein verträglicheres Wohnumfeld sowie mehr Verkehrssicherheit. Anfang der 1990er Jahre schloss sich der Gemeinderat meinem Vorschlag an, den Generalverkehrsplan aus dem Jahre 1979 vom Planungsbüro Retzko + Topp und Partner aus Darmstadt überarbeiten zu lassen. Deren neues Konzept kam 1992 auf unseren Tisch. Kaum bekannt, gingen schon die Meinungen auseinander.

Die neue Generalverkehrsplanung empfahl, den Kernbereich der Stadt sowie die Wohnstraßen zu entlasten: Der von außerhalb einfahrende Zielverkehr und der von innen nach außen fließende Quellverkehr sollten peripher gesammelt und verteilt sowie die südliche und nördliche Anbindung an die B 36 stärker als bisher zur Entlastung der Innenstadt herangezogen werden.

Im Westen der Stadt sollte dies durch den vorhandenen Straßenzug Lußheimer-, Eisenbahn- und Dresdner Straße, im Süden durch den Südring, und im Nordosten der Stadt durch eine noch zu bauende Umgehungsstraße, die Nord-Ost-Umgehung, erfolgen. Von der versprachen sich die Planer auch eine Entlastung der Wohngebiete vom Verkehr des Hockenheimrings.

Hatte es schon vor dem Bau des Straßendurchstichs am Tiefen Weg heftigen Widerstand durch die Grünen und einige andere gegeben, war es leicht auszurechnen, zu welchem Zirkus ein weiterer Straßenbau führen würde, sofern ihn der Gemeinderat beschließen sollte. Doch bis dies soweit war, floss noch viel Wasser den Kraichbach hinunter.

Der Straßendurchstich am Tiefen Weg wurde Ende 1995 fertig gestellt. Seitdem entlastet er tagtäglich die Untere und Obere Hauptstraße, aber auch die Kaiser- und Karlsruher Straße.

Weitere Vorschläge der Verkehrsplanung, die in den 1990er Jahren realisiert wurden, waren im Wesentlichen:

- Die flächenhafte Einführung der Tempo-30-Zonen,
- die Parkraumbewirtschaftung in der Innenstadt,
- der Betrieb einer Stadtbuslinie (wie es zum Ring-Jet kam, erfuhren wir bereits),
- die Anbindung des Messplatzes an die Schubertstraße sowie
- die Optimierung des Fuß- und Radwegenetzes.

Heftigen Widerstand gab es im Gemeinderat vor dem Beschluss, die Untere Hauptstraße von der Friedrichstraße Richtung Kaiserstraße zur Einbahnstraße umzuwidmen. Einige der Stadträte sahen partout nicht ein, dass sich nur so der von Reilingen oder von Hockenheim-Süd kommende Verkehr vom direkten Weg Richtung Talhaus auf die längeren Umgehungsstraßen abdrängen ließ. Sie votierten stattdessen für „Freie Fahrt für freie Bürger!"

Für diese Kräfte im Gemeinderat war es Jahre später ein Leichtes, die Einbahnstraße zu kippen. Zu dieser Zeit befand ich mich allerdings schon im Ruhestand und hatte in Sachen Verkehrsplanung keine Karten mehr im Spiel.

Von der Festhalle zu St. Christophorus

Im Jahre 1984 ist in Hockenheim der erste mit vielen Emotionen verbundene Bürgerentscheid in Sachen Stadthalle durchgeführt worden. Eine Zweidrittelmehrheit votierte gegen den Erwerb der von der katholischen Kirche angebotenen Festhalle durch die Stadt und deren Umbau zur Stadthalle. Nach dieser Abstimmung stellte sich für die katholische Kirchengemeinde zwangsläufig die Frage, wie es mit der einst „altehrwürdigen guten Stube" Hockenheims, der Festhalle, weitergehen sollte? In deren großem Saal hatte sich jahrzehntelang ein wesentlicher Teil des gesellschaftlichen Lebens unserer Stadt abgespielt.

Doch in der Sache tat sich lange nichts. Erst Pfarrer Jürgen Grabetz brachte die kircheninternen Überlegungen Mitte der 1990er Jahre auf den Punkt. Unter seiner Ägide wurde die alte Festhalle zum neuen Gemeindezentrum „St. Christophorus" umgestaltet und im Dezember 1998 eingeweiht. Er selbst hatte bei dem Bauvorhaben kräftig mit Hand angelegt, was bei einem hochwürdigen Pfarrer, der sich sonst um das Seelenheil seiner Schäfchen zu kümmern hat, nicht selbstverständlich ist. Mir jedenfalls imponierte sein Engagement.

Die Modernisierung stellte für den beauftragten Architekten Volker Grein eine weitere Herausforderung dar, die er gekonnt meisterte. Einerseits waren die unter Denkmalschutz stehende Fassade sowie andere historische Bauteile der einst im Weinbrennerstil erbauten Kirche größtenteils zu erhalten, andererseits aber neue Gebäudeteile harmonisch einzufügen.

Der Innenbereich des Gebäudes wurde zunächst total entkernt, zwei Decken eingezogen und das Obergeschoss mit einem neuen Treppenhaus nebst Fahrstuhl erschlossen. Hinzu kam noch ein Anbau, in dem ein „Stübchen", ein kleinerer Aufenthaltsraum, eingerichtet wurde. Auf diese Weise entstand ein vielseitig nutzbares modernes Gemeindezentrum mit mehreren Räumen und einem Saalbereich für rund 280 Personen.

Seinerzeit stieß ich in den alten Festhallenakten des städtischen Bauamts auf Pläne aus den Jahren 1928/29, die von Stadtbaumeister Kober stammten. Er hatte schon damals das alte Kirchenschiff in zwei Ebenen unterteilt. In der unteren hatte er mehrere kleine Räume, in der oberen einen großen Saal mit Bühne vorgesehen. Es ist anzunehmen, dass seine Planung wegen der damals wirtschaftlich schlechten Zeit nicht umgesetzt werden konnte. Stattdessen hatte die Kirchengemeinde nur die einfache Lösung realisiert, die bis zum Umbau in St. Christophorus bestand. Mit diesem Bauvorhaben machte die Kirchengemeinde nun einen großen Schritt.

Vom Finanziellen her zählten viele private Spender sowie die Stadt Hockenheim zu den Geburtshelfern des 3,3 Millionen Mark teuren Modernisierungsprojekts. Der Gemeinderat hatte einen Zuschuss beschlossen, der zehn Prozent der Baukosten betrug. Dabei spielte die langjährige kostengünstige Nutzung der Festhalle durch die Stadt eine Rolle, die die gastronomische Versorgung zunächst einer griechischen Familie und danach dem Hockenheimer Jürgen Herold übertragen hatte.

Ein städtebauliches Ziel der Stadt war es, den aus dem Jahre 1490 stammenden und von Gebäuden eingerahmten gotischen Festhallenturm freizustellen. Deshalb erwarb die Stadt das um den Turm befindliche Grundstück mit dem Nebengebäude der Festhalle von der katholischen Kirchengemeinde. Das Nebengebäude wurde abgerissen und an seiner Stelle ein öffentlicher Platz geschaffen. Der öffnete die Obere Hauptstraße zu dem förmlich festgelegten Sanierungsbereich zwischen Unterer Mühlstraße und Karlsruher Straße, für den uns das Land Sanierungsmittel zugesagt hatte.

Zuvor mussten aber erst noch das benachbarte Geschäftshaus und der Turm unterfangen werden, dessen schwache Fundamente sonst das Schlimmste befürchten ließen. Insgesamt investierte die Stadt für den Grunderwerb, die Platzgestaltung sowie die Sicherung der Fundamente 740.000 Mark.

✻

Stadtsanierung – ein oft schwieriges Metier

Nicht ganz so glatt wie mit dem katholischen Pfarramt verliefen die Grundstücksankäufe unmittelbar hinter der Festhalle. Dort, wo sich einige ältere ein- und zweigeschossige Wohnhäuser sowie zwei kleinere Handwerksbetriebe befanden, lag städtebaulich viel im Argen. Es war ein typischer Sanierungsbereich. Ohne die ordnende städtische Hand hätte sich wohl kaum etwas verbessern lassen. Mit der Zeit gelang es der Stadt auch hier, mehrere private Grundstücke zu erwerben.

Deren Gebäude wurden abgebrochen und im Jahre 2000 ein öffentlicher Parkplatz mit dreißig Stellplätzen angelegt. Er konnte bald noch um weitere vierzehn Stellplätze erweitert werden. Dieses Parkplatzangebot kam dem Einzelhandel im oberen Teil der Karlsruher Straße sowie in der Oberen Hauptstraße zugute. Außerdem ging ich davon aus, dass nun eine weitere wichtige Voraussetzung gegeben sei, um den oberen Teil der Karlsruher Straße in eine Fußgängerzone umzuwandeln. Doch nach wie vor waren die meisten Gewerbetreibenden dagegen und verunsicherten den Gemeinderat in seiner Entscheidungsfindung. Zudem verlangte der Gewerbeverein nun auch noch eine direkte Verbindungsstraße von der Unteren Mühlstraße zum Messplatz, bevor einer Fußgängerzone näher getreten werden könnte! Auch wenn für diese Entlastungsstraße vieles sprach, war klar, dass über sie erst in Jahren der Verkehr fließen würde.

Allein für den Grunderwerb hinter St. Christophorus hatte die Stadt 2,6 Millionen Mark aufwenden müssen. Mit den Abbruchkosten sowie den Kosten für das Anlegen des Parkplatzes kamen insgesamt rund 3,5 Millionen Mark zusammen, von denen das Land eine Million Mark übernahm. Aber der Aufwand lohnte sich, war es damit doch gelungen, in der Sanierung des alten Stadtkerns erhebliche Fortschritte zu erzielen und mit den Parkplätzen den innerstädtischen Einzelhandel zu unterstützen.

Dem städtischen Engagement im rückwärtigen Bereich von St. Christophorus folgte rund ein Jahrzehnt später mit der Zehntscheune ein noch größeres. Doch mit diesem Projekt hatte ich nichts mehr zu tun. In meiner Amtszeit, und zwar im Jahre 2000, hatte der Gemeinderat den Erwerb und Ausbau der Zehntscheune aus Kostengründen - wir rechneten mit 3,5 bis 4,0 Millionen Mark - noch einstimmig abgelehnt. Deren Kauf, Abbruch, Neuaufbau einschließlich Erwerb der Grundstücke, die ihr weichen mussten sowie die Außenanlagen kosteten am Ende wohl weit mehr als das Doppelte!

Ein weiterer bedeutender Sanierungsschritt, der ohne katholische Kirchengemeinde nicht möglich gewesen wäre, wurde in der Ottostraße zwischen der katholischen Kirche und dem Rathaus vollzogen. Dort befand sich einst das traditionsreiche Gasthaus „Zur Rose". Die Stadt hatte das Anwesen in den 1970er Jahren erworben, später die Gebäude abgerissen und provisorisch einige Stellplätze angelegt. Neben dem ehemaligen Rose-Gelände stand noch ein Mehrfamilienhaus der katholischen Kirchengemeinde, das die Stadt in meiner Amtszeit ebenfalls erwarb.

Auch dieses fiel der Spitzhacke zum Opfer, denn das städtebauliche Ziel war, auf beiden Grundstücken einen öffentlichen, mit Kugelakazien begrünten Parkplatz für 35 Pkws anzulegen. Der wurde 1999 fertig gestellt. Parallel dazu wurde die an ihn angrenzende eintönige Fassade des Bürgersaals farblich neu gestaltet.

Durch die Gebäudeabbrüche für den Parkplatz wurde die kunsthistorisch bedeutende katholische Jugendstilkirche an ihrer Südflanke freigestellt, was auch mir ein großes Anliegen war. Seitdem kommt die architektonische Qualität und Größe dieses Bauwerks, das zu den imposantesten in der Region zählt, erst richtig zur Geltung. Die Gesamtkosten dieser Maßnahmen beliefen sich einschließlich des Grunderwerbs auf rund 1,15 Millionen Mark. Sie bildeten den Abschluss der ab der Mitte der 1980er Jahre begonnenen Sanierung des Hockenheimer Stadtzentrums, in deren Folge die Stadthalle und der Marktplatz geschaffen wurden.

Zu den Sanierungsmaßnahmen zählten auch der Bau von drei zweieinhalbgeschossigen Wohnhäusern durch das Stadtbauamt auf den Grundstücken in der Ottostraße 14, 16 und 17. Dort standen zuvor abbruchreife Wohn- und Nebengebäude aus dem 19. Jahrhundert. Die Stadt hatte diese Anwesen unter anderem von der Hockenheimer landwirtschaftlichen Ein- und Verkaufsgenossenschaft erworben, die dort einen kleinen Laden, auch „Milchlädchen" genannt, betrieben hatte.

Während sich für die beiden Wohnhäuser in der Ottostraße 14 und 16 gleich private Käufer fanden, behielt die Stadt das Anwesen Ottostraße 17 in ihrem Eigentum. Es war ursprünglich als Pächter- oder Personalwohnhaus der Stadthallengastronomie vorgesehen.

Alle drei Häuser werten das Straßenbild der Ottostraße ebenso auf wie die in den 1980er und 1990er Jahren renovierten Häuser privater Eigentümer.

Hilfreiches Landessanierungsprogramm

Besonderes Augenmerk widmete ich seit den 1980er Jahren der Sanierung von landwirtschaftlich geprägten Wohnvierteln im ehemals alten Dorfkern und der optimalen Ausnutzung innerstädtischer Flächen. Der Strukturwandel in der Landwirtschaft hatte in vielen rückwärtigen Bereichen der einst landwirtschaftlich genutzten Anwesen für leerstehende Stallungen und Scheunen gesorgt, die mit der Zeit verfielen. Sie abzureißen und in modernere Wohnbereiche umzuwidmen war das Ziel. Doch die hohen Kosten überforderten fast alle privaten Eigentümer. Ohne öffentliche Sanierungsmittel wäre deshalb nicht viel zu erreichen gewesen. Daran hat sich bis heute nichts geändert.

Städtebaulich war schon in den 1980er Jahren im Baublock zwischen Rathaus, Oberer Haupt- und Ottostraße sowie dessen Umfeld dank Landessanierungsmitteln viel geschehen. In einigen Fällen wäre man aber bei der städtebaulichen Neuordnung ohne den Grunderwerb durch die Stadt nicht weitergekommen – zumindest nicht in absehbarer Zeit. Gleichwohl erwies sich die Stadtsanierung in der Regel als ein „Bohren dicker Bretter", bei der ein langer Atem und häufig auch viel Überzeugungskraft vonnöten war.

Nach mehreren vergeblich gestellten städtischen Anträgen seit 1995, nahm das Land die städtebauliche Erneuerungsmaßnahme „Mittlere Mühlstraße/Untere Hauptstraße" 1998 endlich in das Landessanierungsprogramm auf. Zugesagt wurde eine Finanzhilfe von 4,2 Millionen Mark. Bei einem Fördersatz von 60 Prozent entsprach dies einem Förderrahmen von 7,0 Millionen Mark. Mit diesen doch recht stattlichen Landessanierungsmitteln war es möglich, bei privaten Wohnungsmodernisierungen 40 Prozent aus öffentlichen Mitteln beizusteuern. Gebäudeabbrüche wurden sogar zu 100 Prozent bezuschusst. Die sonstigen städtebaulichen Ziele in diesen Gebieten waren Erschließungen von Neubauflächen, Straßensanierungen sowie Umnutzungen von gewerblichen Flächen in Wohnbereiche, wie den ehemaligen Kunststeinbetrieb Wüst in der Hirschstraße.

Solche Sanierungsmaßnahmen ließen sich nur mit rechtsverbindlichen Bebauungsplänen umsetzen. Auch diese Verfahren brauchten ihre Zeit. Außerdem mussten die privaten Eigentümer mitmachen. Deshalb kam es auf eine umfassende Information, Beratung und Betreuung bei der Sanierung an, mit der wir eine erfahrene Kommunale Planungs- und Entwicklungsgesellschaft beauftragten. Mit deren Know-how wurden in den Folgejahren wesentliche Sanierungsziele erreicht.

❋

Gewerbliche Entwicklungen im Talhaus

Parallel zur innerstädtischen Sanierung und Verdichtung erschloss die Stadt, um der gestiegenen Nachfrage gerecht zu werden, an ihrer Peripherie neue Wohngebiete und im Talhaus weitere Gewerbeflächen. Dazu zählte der 11,5 Hektar umfassende erste Abschnitt des neuen Gewerbeparks „Mörscher Weg" mit der Mannheimer Straße. Dort siedelten sich 1997 die ersten Firmen an.

Da seinerzeit die Nachfrage nach Gewerbegrundstücken nichts zu wünschen übrig ließ, begann die Stadt schon im Jahr darauf, einen weiteren Abschnitt mit rund 13 Hektar zu erschließen. Auch bei der Landauer Straße stellte die Stadt in dieser Zeit neue Gewerbeflächen bereit. Dort nahm unter anderem die Deutsche Post eine größere Frachtzustellbasis in Betrieb.

Ende 1997 weihte das Autohaus Krauth seine BMW-Rover-Vertretung in der Mannheimer Straße ein. Doch auch andere interessante Firmen von außerhalb und aus Hockenheim wie Reifen-Sessler fanden in der Mannheimer Straße ein neues Domizil. Zu einigen von ihnen bzw. zu ihren Inhabern hatte oder habe ich einen besonderen Bezug. Darüber werden wir nun Näheres erfahren.

Reifen-Sessler – Seniorchef ist Motor und Seele

Im Jahre 1997 gründeten Heinz Sessler und sein Sohn Stephan die Firma Reifen-Sessler GmbH & Co. KG. Beide leiten das Familienunternehmen als geschäftsführende Gesellschafter.

Heinz Sessler - in der Stadt auch als „Kutscher" ein Begriff - hatte seinen kaufmännischen Berufsweg als Stift im Reifenhandel begonnen. In dieser Branche machte er sich schon in jungen Jahren in Hockenheim selbstständig, leitete später zusammen mit seinem Sohn die Hockenheimer Niederlassung der Reifenfirma Pneuhage, ehe die beiden ihren eigenen Reifenhandel eröffneten.

Den quirligen Geschäftsmann Heinz Sessler zeichnet seine nette und verbindliche, auf die Leute zugehende, humorvolle, und seine Mitarbeiter motivierende Art aus. Leider musste er schon einige kostspielige Einbrüche hinnehmen, bei denen seine Firma um wertvolle Reifen und Felgen erleichtert wurde. Dennoch ging er auch mit diesen Rückschlägen souverän um und ich bewunderte ihn, wie er sie wegsteckte.

Als Seniorchef ist Heinz Sessler der Motor und die Seele seines Unternehmens; sein Engagement - obwohl er sich schon längst im Rentenalter befindet - scheint nie zu erlahmen. Dem „ewig blonden Einmetersechzigmann", einst talentierter Feld- und Hallenhandballer, kommt eine erstaunlich gesunde Konstitution zugute, die er mit regelmäßigem Laufen konserviert.

Heinz Sessler kenne ich seit meinen frühen Kindheitstagen, als wir „Knirpse" in der alten Jahnhalle des HSV Hockenheim 1886 e.V. herumturnten. Schon damals verstand es der kleine Junge, die anderen für sich einzunehmen.

Seine große Popularität kam ihm auch bei der Gemeinderatswahl im Jahre 1989 zugute. Damals kandidierte er erstmals bei den Freien Wählern und wurde auf Anhieb in den Gemeinderat gewählt. In diesem und in anderen Gremien arbeitete ich mit ihm sehr gerne zusammen. Sein pragmatisches Denken und seinen gesunden Menschenverstand, die besten Eigenschaften für eine gute Gemeinderatsarbeit, schätzte ich immer. Im Gemeinderat spürte ich häufig, wie eng sich der „Lokalpatriot" mit seiner Heimatstadt und natürlich mit seinem Heimatverein HSV verbunden fühlt.

Freunde wie er sind rar. Umso mehr schätze ich Heinz. Mit seiner Frau Ursula erlebten meine Frau und ich schon so manch schöne Stunde, in der er oft auch als Stimmungskanone glänzte. Wir möchten keine der Stunden missen und freuen uns auf die kommenden.

Weidenhammer – eine Erfolgsstory

Arthur Weidenhammer hatte sein unternehmerisches Engagement Mitte der 1950er Jahre in Hockenheim begonnen. Beim 50-jährigen Firmenjubiläum berichtete er, in der Gründerzeit habe ihn Bürgermeister Franz Hund oft unterstützt, beispielsweise, wenn ihm die Bezirkssparkasse Hockenheim keinen Kredit gewähren wollte. Ein anderes Mal habe ihm Hund sogar seinen Dienstmercedes samt

Fahrer zum Besuch einer Firma in der Schweiz zur Verfügung gestellt, deren Geschäftsleitung er damit beeindruckte. Diese Art der kommunalen Wirtschaftsförderung zahlte sich für die Stadt Hockenheim später vielfach aus.

In meiner Ausbildungszeit zum Industriekaufmann in der „Sunlicht" Anfang der 1960er Jahre begegnete ich dort hin und wieder Arthur Weidenhammer. Damals befand sich unmittelbar neben dem Bürotrakt der „Sunlicht" eine Betriebsstätte, in der kleine Dosen, sogenannte Musterdosen, für das Scheuermittel „VIM" hergestellt und maschinell befüllt wurden. Sie dienten ausschließlich Werbezwecken. Die Anlage war technisch wohl nicht ausgereift, denn sie stand mehr als sie lief. Das verursachte der „Sunlicht" hohe Kosten. Weidenhammer bot ihr an, das Problemkind zu übernehmen und die Musterdosen in Hockenheim herzustellen und zu befüllen. Die „Sunlicht" willigte ein und Weidenhammer nutzte die Chance. Der für die Anlage zuständige Maschinenmeister in der „Sunlicht" war der Hockenheimer Manfred Neuberger. Er wechselte damals mit der Anlage zur Firma Weidenhammer.

Aus kleinen Anfängen heraus baute Weidenhammer sein Unternehmen mit Sitz in Hockenheim kontinuierlich auf. Dabei kam ihm auch die Geschäftsverbindung zur Sunlicht zugute, für die er dann Verpackungen wie beispielsweise Trommeln für Waschpulver produzierte. Mit den Jahren entwickelte die Firma Weidenhammer immer mehr Know-how auf dem Verpackungssektor. Heute zählt die seit einigen Jahren als „Weidenhammer Packaging Group" auftretende Firma zu den weltweit führenden Herstellern von Kombidosen, Kombitrommeln und Kunststoffbehältern.

Am 17. November 1995 feierte die Firma Weidenhammer ihr 40-jähriges Bestehen in Hockenheims Stadthalle. Dazu bekam ich als Bürgermeister eine Einladung, der ich gerne gefolgt bin. Mit der Einladungskarte wurde ich aber nicht nur zur Feier des Firmenjubiläums gebeten, sondern auch zur Hochzeitsfeier Weidenhammers. Da Weidenhammer bereits erwachsene Kinder hatte und ich mir nicht sicher war, ob es sich um seine Hochzeit oder um die eines Sohnes handeln würde, vergewisserte ich mich vorsichtshalber bei seinem Sekretariat. Das bestätigte mir die Hochzeit des Seniorchefs.

Seine Gattin, eine attraktive, schwarzhaarige und sehr nette junge Frau türkischer Herkunft lernte ich anlässlich der Feierlichkeiten in der Stadthalle kennen. In meiner Glückwunschadresse zum Firmenjubiläum hatte ich deshalb einen weiteren Grund, Arthur Weidenhammers Unternehmergeist zu loben, den er in vierzig Jahren und nun auch noch mit seiner jungen Frau bewiesen hat.

Im Jahr darauf übergab er die operative Leitung bzw. die Geschäftsführung seiner Firmengruppe an seinen Sohn Ralf, der sie seitdem erfolgreich weiterführt. Die positive Entwicklung und die künftigen Perspektiven veranlassten das Unternehmen, seine Europazentrale mit 1.300 Quadratmetern Büro- und Verwaltungsfläche in Hockenheim zu bauen. Außerdem entstand ein neues Technikum für Verpackungs- und Maschinenentwicklung. Diese Bauvorhaben waren ein klares Bekenntnis zum Standort Hockenheim. Dies würdigte ich während des ersten Spatenstichs im Talhaus, zu dem mich die Firma im Jahre 1998 eingeladen hatte. Bei dieser Gelegenheit dankte ich ihr für ihre Treue und ihr langjähriges Engagement in Hockenheim.

Anfang 2010 eröffnete das Unternehmen auch in Russland einen Betrieb. Dort beliefert es internationale Nahrungsmittelkonzerne wie Mars sowie lokale Marktführer. Im Jahr darauf produzierte es an zwölf Standorten und beschäftigte rund 1.000 Mitarbeiter (HTZ 18. Mai 2011).

Anlässlich seines 70. Geburtstags zeichnete ich Arthur Weidenhammer mit der städtischen Ehrenmedaille in Gold aus. Damit würdigten der Gemeinderat und ich seine große unternehmerische Leistung, von der die Stadt und hunderte von Arbeitnehmern seit Jahrzehnten profitieren. Die Firma Weidenhammer ist als bedeutender Arbeitgeber und Marktführer auf dem Verpackungssektor ein Aushängeschild Hockenheims und als Gewerbesteuerzahler ein Segen für die Stadt.

Sägen-Mehring – ein florierendes Familienunternehmen

Eine kontinuierliche Aufwärtsentwicklung prägte auch die Firma Sägen-Mehring, deren zweite Generation geschäftsführender Gesellschafter ich von Kindesbeinen an kannte. Das Unternehmen wurde vor dem Ersten Weltkrieg in Dresden gegründet. Im Jahre 1945 übernahm es Gerhard Döring. Er kam mit seiner Frau und seinen Söhnen Wolfgang und Christian vier Jahre später nach Hockenheim.

Christian war einer meiner Klassenkameraden. Sein älterer Bruder Wolfgang leitete Anfang der 1950er Jahre die Jungschargruppe „Konradin" der evangelischen Gemeindejugend, der auch ich angehörte. Später arbeitete ich mit Wolfgang lange Jahre im Vorstand des Verkehrsvereins zusammen. In der jüngeren Vergangenheit sorgte unser gemeinsames Hobby, der Radsport, für gelegentliche Treffen.

Gerhard Döring, der mit seiner Firma Sägebänder und -blätter herstellte und vertrieb, begann in Hockenheim in einer kleinen Werkstatt. Von hier aus baute er sein Unternehmen auf. Seine beiden Söhne traten nach Ausbildung und Studium in das prosperierende Familienunternehmen ein. Sie entwickelten es im Talhaus weiter, erwarben noch die Alfred Raith GmbH, ein führendes Unternehmen bei der Herstellung von Elektrogeräten und Werkzeugen zum Stanzen und Bohren. Mit weiteren Tochterunternehmen schufen sie eine Holding mit acht Standorten in Deutschland, Frankreich, der Schweiz, Ungarn, England und den USA, in der heute insgesamt 250 Personen beschäftigt sind.

Zwischenzeitlich führt Markus Döring, ein Sohn Wolfgang Dörings, das erfolgreiche Familienunternehmen, das ebenfalls zu den Hockenheimer Vorzeigeunternehmen zählt.

Theo Halter – unvergessen

Ein freundschaftliches Verhältnis verband mich mit dem Unternehmerehepaar Theo und Ursula Halter. Die beiden Schwetzinger hatten ihr auf Elektromotoren spezialisiertes Unternehmen im Jahre 1974, nachdem ihnen ihre Heimatstadt kein Gewerbegelände zu bieten hatte, im Talhaus angesiedelt und es von hier aus sukzessive ausgebaut. Während Theo Halter als Techniker seine Firma auch marketingmäßig erfolgreich managte, organisierte seine Gattin das Kaufmännische in versierter Weise.

Bei der Bürgermeisterwahl 1978 zählte Theo Halter zu meinen treuen Unterstützern. Obwohl wir parteipolitisch unterschiedlich verankert waren, haben wir uns politisch immer bestens verstanden. Theo war ein netter Mensch, geprägt von einem gesunden Menschenverstand. Er hatte viel Witz und in seiner Gesellschaft fühlten sich meine Frau und ich uns immer sehr wohl.

Als die Halters im Jahre 1999 ihr Unternehmen veräußerten, ahnte ich nicht, dass es um Theo gesundheitlich nicht zum Besten stand. Deshalb überraschte mich sein allzu frühes Ableben im Januar 2002 sehr. Meine Welt war um einen netten Menschen und Freund ärmer geworden. Mit seiner Frau Ursula blieben meine Frau und ich aber über seinen Tod hinaus freundschaftlich verbunden.

Am 60. Geburtstag meiner Frau, den wir im Juli 2004 in Hockenheims Stadthalle feierten, lernten sich Ursula Halter und Karlheinz Hartleif näher kennen und zogen kurz danach zusammen. Hartleif hatte zuvor viel Pech mit seiner jahrelang erfolgreichen Deckenfirma im Talhaus und vor allem mit deren Produktionsbetrieb in Ungarn. Nun gründeten beide gemeinsam eine neue Firma, mit der sie seitdem recht erfolgreich Metalldecken vertreiben.

Karlheinz Hartleif ist ein Fußballfan. Er stammt aus dem Westfälischen bei Dortmund. Obwohl sein Herz schon immer für Borussia Dortmund schlug, engagierte er sich einige Jahre als Vorsitzender des Fußballvereins FV 08 Hockenheim.

Dank ihm erlebte ich das eine oder andere Fußballspiel in Dortmund. Höhepunkt war am 19. August 2009 das Spiel anlässlich des 100-jährigen BVB-Jubiläums, das die Dortmunder gegen Real Madrid bestritten. Real war mit all seinen fußballerischen Weltstars angetreten, darunter der Portugiese Cristiano Ronaldo, für den die Madrilenen kurz zuvor die Rekordsumme von 94 Millionen Euro an Manchester United transferiert hatten! Gegen Reals Supermannschaft gab die Borussia zwar ihr Bestes, verlor aber am Ende glatt mit 4:1.

Druckerei Weinmann – Tradition und Fortschritt

Zu den traditionsreichsten Hockenheimer Unternehmen zählt die Druckerei Weinmann. Sie feierte im Jahre 2006 an ihrer Betriebsstätte im Talhaus ihr 100-jähriges Bestehen.

Gründer der Druckerei war Paul Weinmann. Er eröffnete sie im Jahre 1906 und brachte zugleich das „Hockenheimer Tageblatt" auf den Markt, damals die zweite unabhängige Hockenheimer Zeitung neben dem Generalanzeiger. 1936 ordneten die Nationalsozialisten die Fusion der beiden Zeitungen an. Gegen Ende des Dritten Reiches musste sie aber ihre Herausgabe einstellen.

Nach dem Zweiten Weltkrieg führte Oswald Weinmann - ein Sohn des Gründers - die Druckerei mit seiner Frau weiter und brachte im Oktober 1949 erneut eine Zeitung, die „Hockenheimer Tageszeitung" heraus. Jahre später wurde diese von der Schwetzinger Verlagsdruckerei übernommen und verlegt. Heute gehört sie zum Mannheimer-Morgen, der sich im Eigentum der Dr.-Haas-Gruppe befindet.

Nach Oswald Weinmanns Tod im Jahre 1978 übernahm sein Sohn Klaus den Betrieb, mit zwei Meisterbriefen als Schriftsetzer und Drucker prädestiniert für die unternehmerische Nachfolge. Er zog mit seiner Druckerei im Jahre 1993 von der Karlsruher Straße in ein neues modernes Betriebsgebäude am Pfälzer Ring im Talhaus um.

Mit Julia Weinmann-Klausmann, einer Diplom-Wirtschaftsingenieurin und Tochter von Klaus und Gisela Weinmann, ist seit 2001 bereits die vierte Generation der Familie Weinmann in der Geschäftsleitung tätig. Deren Mann Rouven Klausmann, ein Diplom-Ingenieur für Verpackungstechnik, ist ebenfalls in die Geschäftsführung eingebunden. Ich bin mir sicher, dass sie das traditionsreiche Familienunternehmen erfolgreich weiterführen werden.

Klaus Weinmann kenne ich schon seit meiner Jugendzeit, wo wir uns hin und wieder in der „Kanne" trafen. Später zählten wir beide zu den Gründungs- und Vorstandsmitgliedern des Verkehrsvereins. Als ich im Jahre 1978 den Vorsitz im Verkehrsverein übernahm, avancierte er zu meinem Stellvertreter. In diesen Funktionen haben wir über ein viertel Jahrhundert eng zusammengearbeitet, sei es für den Hockenheimer Mai, für den Hockenheimer Advent oder für so manch andere Veranstaltung des Verkehrsvereins. Nach der Wiedervereinigung knüpften wir über den Verkehrsverein bis heute bestehende Kontakte zum Fremdenverkehrsamt unserer sächsischen Partnerstadt Hohenstein-Ernstthal.

Seit vielen Jahren zählt Klaus Weinmann auch zu den Preisrichtern des Hockenheimer Fastnachtszugs, eine Veranstaltung, die immer am Fastnachtsamstag einige zig tausend Besucher mobilisiert. Außerdem ist er Vorsitzender des Ausschusses „Fastnachtszug" im Verein Lebendiges Hockenheim e.V., der die Organisation des Fastnachtszugs vom Fastnachtszugkomitee übernahm.

In vorbildlicher Weise setzte er sich auch für den Hockenheimer Gewerbeverein ein, den er viele Jahre führte. Er verstand es, diese heterogene Vereinigung mit ihren divergierenden Interessen regelmäßig in eine Richtung zu steuern, was häufig mit der Quadratur eines Kreises vergleichbar war.

An Klaus Weinmann schätze ich sein Engagement für Hockenheim, seine große Erfahrung, seine vernünftigen Ansichten und nicht zuletzt sein angenehmes und hilfsbereites Wesen. Deshalb freute ich mich, als ihm anlässlich des 100-jährigen Jubiläums seiner Firma wegen seiner vielfältigen Verdienste um Hockenheim die städtische Ehrenmedaille in Gold verliehen wurde.

Mit ihm und seiner Frau Gisela sind meine Frau und ich seit Jahrzehnten befreundet. Gemeinsam haben wir schon viele schöne Stunden erlebt und mit anderen befreundeten Ehepaaren auch schon so manche Reise unternommen. Ich hoffe, dass es uns vergönnt ist, die freundschaftlichen Begegnungen noch lange zu pflegen.

Andere erfolgreiche Unternehmen in meiner Amtszeit

Zu den unternehmerischen Erfolgsgeschichten Hockenheims zählen auch

- die ART Antriebs- und Regeltechnik GmbH,
- die Burgmeier-Firmengruppe mit dem VW- und Audi-Autohaus sowie der Bumat Bewegungssysteme GmbH & SYSCON Systemconstructionen GmbH,
- die Cornelius GmbH, Produzent Pfälzer Wurstspezialitäten,
- die ELREHA Elektronische Regelungen GmbH,
- die Krämer Pferdesport GmbH & Co. KG der Familie Schmeckenbecher,
- die Landauer Transportgesellschaft der Gebrüder Doll,
- der Kranken- und Altenpflege-Service von Manuela Offenloch oder
- die Unold AG mit ihrem Vertrieb und Service für elektrotechnische Produkte.

Sie alle fingen einmal klein an und entwickelten sich in einer Weise, der ich Respekt und Anerkennung zolle. Dank des Engagements der geschäftsführenden Inhaber behaupten sie sich erfolgreich im Wettbewerb, beschäftigen viele Menschen in der Stadt und darüber hinaus und tragen wesentlich zur Wirtschafts- und Finanzkraft Hockenheims bei.

✱

Zuwanderung und Integration

Das im Großen und Ganzen wohlhabende Deutschland und seine großzügige Sozialgesetzgebung zog in den 1980er und 1990er Jahren viele Migranten aus aller Welt wie ein Magnet an. Dazu zählten Asylbewerber, von denen sich die meisten als Wirtschaftsflüchtlinge entpuppten, aber auch Spätaussiedler sowie viele Menschen aus muslimischen Ländern, besonders aus der Türkei.

Diese Entwicklung machte auch vor Hockenheim nicht Halt und beschäftigte die Stadtverwaltung und mich. Wie, erfahren wir in diesem Kapitel. Zum Verständnis sei aber zunächst aufgezeigt, wie sich die Zuwanderung nach Deutschland entwickelte.

Ab Ende der 1950er Jahre strömten Millionen von „Gastarbeitern" nach Deutschland. Bis es 1973 zu einem Anwerbestopp kam, waren es bereits rund 14 Millionen. Von ihnen kehrten rund 11 Millionen wieder in ihre Heimatländer zurück, die anderen blieben und ließen ihre Familien nachziehen.

Obwohl Deutschland nie als ein typisches Einwanderungsland angesehen wurde, ist es im Grunde genommen schon seit den 1960er Jahren eines. Anfangs kamen überwiegend Italiener, Spanier, Portugiesen und Griechen, später mehr Jugoslawen und vor allem Türken.

Im Jahre 2008 lebten rund 1,7 Millionen Türken in Deutschland. Hinzu kamen noch solche mit deutschem und türkischem Pass sowie Türkischstämmige, die ausschließlich die deutsche Staatsangehörigkeit besitzen. Dem Auswärtigen Amt zufolge gab es im Mai 2008 bei uns rund 700.000 deutsche Staatsbürger türkischer Herkunft. Da in Deutschland geborene Kinder türkischer Staatsangehöriger seit dem 1. Januar 2000 automatisch die deutsche Staatsbürgerschaft erhalten, lässt sich nicht mehr genau feststellen, wie viele Türken und Deutsche türkischer Herkunft in Deutschland leben. Meiner Schätzung nach müssen es annähernd drei Millionen sein.

In jedem Falle stellen die Türken einschließlich der Deutschen türkischer Abstammung seit Jahren das größte Kontingent der nach Deutschland eingewanderten ausländischen Bevölkerungsgruppen dar.

Ab Mitte der 1980er Jahre kam durch Asylsuchende eine weitere Migrationswelle auf Deutschland zu. Ihre Zahl stieg von Jahr zu Jahr. Höhepunkt war das Jahr 1992 mit 438.000 Asylgesuchen, von denen letztlich nur 9.000 (zwei Prozent!) anerkannt wurden (Quelle: Bundesamt für Migration und Flüchtlinge). Von den nicht anerkannten Personen konnten aber viele nicht zurückgeschickt werden.

Wie schon berichtet, wurde 1993 dann endlich das Asylrecht geändert, das zu einer drastischen Reduktion der Asylbewerber führte. Im Gegenzug nahm aber die Zahl der illegalen Aufenthalte in Deutschland erheblich zu. Naturgemäß gibt es darüber keine genauen Zahlen. In einem Gutachten, das der Sachverständigenrat für Zuwanderung und Integration erstellen ließ, wird rund eine Million als „realistische Untergrenze" bezeichnet, andere Hochrechnungen gehen von 500.000 bis einer Million illegaler Migranten aus.

Seit 1988 wanderten auch rund drei Millionen Spätaussiedler in die Bundesrepublik Deutschland ein. Noch relativ jung ist die Zuwanderung von Juden aus den Nachfolgestaaten der ehemaligen Sowjetunion (GUS). Bis Ende 2007 waren es fast 200.000. Sie werden bevorzugt behandelt, was wohl auf das dunkelste Kapitel der deutschen Geschichte zurückzuführen ist.

Die dpa berichtete am 27. Januar 2010 im Mannheimer Morgen unter Berufung auf das Statistische Bundesamt, dass heute in Deutschland fast jeder fünfte Einwohner (19 Prozent der Bevölkerung) einen sogenannten Migrationshintergrund habe. Gezählt wurden Menschen, die als Ausländer, Aussiedler und Spätaussiedler seit 1950 nach Deutschland gekommen sind, sowie deren Nachkommen. Das waren im Jahre 2008 insgesamt 15,6 Millionen der 82,1 Millionen Einwohner.

Nach dem Statistischen Bundesamt sind zwischen 1991 und 2005 rund 11,1 Millionen Menschen nach Deutschland zugezogen, durchschnittlich rund 740.000 pro Jahr. Diese Zuwanderung rekrutierte sich nicht nur aus Spätaussiedlern, Asylbewerbern, Bürgerkriegsflüchtlingen etc., sondern auch aus den EU-Ländern.

Obwohl die Zuwanderung gesellschaftlich verkraftet und bewältigt werden muss und die Sozialsysteme belastet, gab es darüber im öffentlichen Raum noch nie eine umfassende und grundlegende politische Debatte. In allen Wahlkämpfen vor Bundestagswahlen war diese Thematik für die staatstragenden Parteien ebenso tabu wie für die Medien. Ich bin davon überzeugt, dass auch dies zum schwindenden Demokratieverständnis und zu steigenden Zahlen an Nichtwählern beigetragen hat.

Wer sich entgegen der „Political Correctness" dennoch traut, die mit der Zuwanderung verbundenen Probleme öffentlich zu thematisieren, findet sich schnell am öffentlichen Pranger und in der rechten Ecke wieder. Das beste Beispiel dafür bot der ehemalige Berliner Finanzsenator und Bundesbankvorstand Thilo Sarrazin.

Die Parallelgesellschaft funktioniert

Für die aus den abendländisch-christlich geprägten Kulturkreisen kommenden Zuwanderer, seien es Italiener, Spanier, Portugiesen, Griechen oder auch Russlanddeutsche der ersten großen Zuwanderungswelle, stellt die Integration ein weniger großes Problem dar als bei Zuwanderern aus der muslimisch geprägten Welt.

Während in den westlichen Demokratien das Individuum und die Freiheit des Einzelnen gegenüber der Gesellschaft betont werden, hat in der islamischen Welt die Gemeinschaft der Gläubigen stets Vorrang vor dem Individuum. Die in der Türkei geborene deutsche Soziologin und Buchautorin Necla Kelek brachte dies in einem Interview in der Zeitung Die Welt am 27. Januar 2010 wie folgt auf den Punkt:

> „Das große Problem ist, dass die westlichen Individualisten nicht nachvollziehen können, was der Islam ist. Sie denken, er sei nur eine Variante ihres Glaubens, eben eine mit Kopftuch. Der Islam ist aber ein System, das den Menschen als Sozialwesen und nicht als Individuum sieht, er fordert das Kollektiv."

Die religiösen bzw. weltanschaulichen Grundverschiedenheiten und Normen haben schon immer dort, wo sie aufeinandertrafen, zu Konflikten geführt. Am 22. November 2010 zitierte Die Welt Altbundeskanzler Helmut Schmidt:

> „Multikulti? Das sei doch »eine Illusion von Intellektuellen«, die meistens in den besseren Wohngegenden lebten. So hat es der ehemalige Bundeskanzler Helmut Schmidt schon 2004 gesagt. Die Mischung europäischer und außereuropäischer Kulturen sei bisher nirgendwo wirklich gelungen. Multikulturelle Gesellschaften funktionierten nur dort friedlich, wo es einen starken Obrigkeitsstaat gebe."

Türken sind auf ihre Nation besonders stolz. Atatürk, ihr Staatsgründer, schrieb ihnen dazu die passenden Worte ins Stammbuch: „Welch ein Glück ist es für den, der von sich sagt: Ich bin ein Türke." (Quelle: Mustafa Kemal Atatürk, ISBN: 975-9487-3-8)

Wahrscheinlich sind die meisten in Deutschland lebenden Türken, ob mit einem oder ohne einen deutschen Pass, in ihren Herzen Türken geblieben. Der türkische Ministerpräsident Recep Tayyip Erdoğan sprach seinen Landsleuten sicher aus der Seele, als er ihnen am 10. Februar 2008 in der Kölnarena zurief:

> „Niemand kann von Ihnen erwarten, dass Sie sich einer Assimilation unterwerfen. Denn Assimilation ist ein Verbrechen gegen die Menschlichkeit!"

Aber auch die Kinder und Kindeskinder der Türken stehen zum Türkentum. In dem oben erwähnten Interview antwortete Necla Kelek auf die Frage: „Wie erleben Sie heute den Alltag zwischen Muslimen und Nichtmuslimen in Deutschland?" wie folgt:

> „Die Parallelgesellschaft funktioniert. Dort werden fast nur Zeitungen aus der Heimat gelesen, wird das türkische TV-Programm empfangen ..."

Das Interesse vieler Türken, an unserem gesellschaftlichen Leben teilzuhaben, scheint also nicht sonderlich ausgeprägt zu sein. Da die Türken in der Regel recht kinderreich sind, die Deutschen dagegen immer weniger Kinder bekommen, kann man sich leicht ausrechnen, wohin sich unsere Gesellschaft mit den Jahren entwickeln wird.

Schwerwiegendes Integrationshindernis

Wichtigste Voraussetzungen zur Integration sind nach meiner Überzeugung aber nicht nur die deutsche Sprache, die Respektierung unserer Werte und Rechtsnormen, das Wissen um unsere Geschichte und Kultur sowie die Teilnahme am gesellschaftlichen Leben, sondern auch das Beerdigen verstorbener Familienangehöriger in deutscher Erde. Erst dann wird auch für Muslime unser Land zu ihrer Heimat. Carl Zuckmayer traf den Nagel auf den Kopf, als er feststellte: „Heimat ist der Ort, an dem ein Mensch begraben werden möchte." Es ist mir aber nicht bekannt, dass während meiner Amtszeit auch nur ein Muslim auf dem städtischen Friedhof Hockenheims beerdigt wurde.

Dazu muss man wissen, dass den muslimischen Bestattungsriten unser Bestattungsrecht entgegensteht. Beispielsweise verlangt die muslimische Tradition die schnellstmögliche Beisetzung innerhalb von 24 Stunden. Bei uns aber müssen mindestens 48 Stunden vergangen sein, bevor ein Toter beerdigt werden darf. Die Grabstätte eines Muslims muss sich gen Mekka richten. Außerdem darf sie nicht schon einmal für eine Bestattung verwendet worden sein. Sie muss die „ewige" Grabruhe gewährleisten. Liegefristen von 20 oder 25 Jahren sind also für Muslime nicht akzeptabel. Bisher nicht möglich ist bei uns auch die Bestattung im Grabtuch ohne Sarg.

Aufgrund dieser Hürden werden fast alle Muslime in ihrem muslimischen Heimatland bestattet. Solange diese Hemmnisse nicht beseitigt werden, kann die Integration nicht voll gelingen. Ob sie überhaupt im Sinne der Muslime gelockert werden können, ist eine berechtigte Frage. Dies müsste der Gesetzgeber entscheiden – zuständig für das Bestattungswesen sind die Länder.

Heiratspraxis unter Türken

Die Verbindung der türkischen Organisation Ditib mit der türkischen Regierung ist im Juni 2007 besonders deutlich geworden. Ditib steht für „Diyanet Isleri Türk Islam Birgili" und bedeutet soviel wie „Türkisch-islamische Union des Amtes für religiöse Angelegenheiten". Diese Organisation ist Teil der türkischen Staatsgewalt. Damals, als der Bundestag beschloss, für den Nachzug von Familienangehörigen ein Mindestalter von 18 Jahren und Deutschkenntnisse zu verlangen, protestierte die Ditib dagegen. Zu den Gründen schrieb der Mannheimer Rechtsanwalt Dr. Wolfgang Philipp in der Zeitung Junge Freiheit am 11. Januar 2008:

> „Offenbar hat diese Gesetzesänderung Zielsetzungen der Türkei ins Mark getroffen: Die Einwanderungspolitik der türkischen Regierung beruht unter Ausnutzung des von Deutschland großzügig zugelassenen Familiennachzuges in der Praxis darauf, minderjährige Türkinnen durch Zwangsheiraten nach Deutschland einzuschleusen, obwohl sie die deutsche Sprache nicht beherrschen, keinen Beruf haben und dem Sozialsystem zur Last fallen. Durch die daraus entspringenden Kinder wird der türkische Bevölkerungsanteil planmäßig vergrößert. Dass das Mindestzuzugsalter und das Verlangen nach deutschen Sprachkenntnissen der Integration dienen sollen, wird von der Türkei nicht akzeptiert: Sie will keine Integration, sondern die türkisch-islamische Kolonisierung Deutschlands.
>
> Der türkische Ministerpräsident Recep Tayyip Erdoğan hatte 1997, damals als Oberbürgermeister Istanbuls, öffentlich aus einem Gedicht des Vordenkers des türkischen Nationalismus Zija Gökalp zitiert: »Die Demokratie ist nur der Zug, auf den wir aufsteigen, bis wir am Ziel sind. Die Moscheen sind unsere Kasernen, die Minarette unsere Bajonette, die Kuppeln unsere Helme und die Gläubigen unsere Soldaten.«
>
> Das ist eine offene Kriegserklärung: In Deutschland sind die »Eingeborenen« zu missionieren und zu unterwerfen. Die Moscheen, in denen nicht nur gebetet wird, haben die Funktion von »Ordensburgen« mit gleichzeitig weltlichen und religiösen Zielsetzungen."

Ohne Zweifel erschwert die zitierte Heiratspraxis der Türken die Integration. Es ist außerdem davon auszugehen, dass das, was wir als Zwangsheirat einstufen, in anderen Kulturen völlig anders bewertet wird.

Über 90 Prozent der in Deutschland geborenen Türken führen eine Ehe mit Türken. (Statistisches Bundesamt, Wirtschaft und Statistik 4/2006). Eine Vermischung mit Deutschen oder anderen findet so gut wie nicht statt. Viele der in Deutschland lebenden jungen türkischen Männer und Frauen werden mit Bräuten bzw. Bräutigamen verheiratet, die aus der Türkei kommen, also einem völlig anderen Kulturkreis. Diesen Ritus vollzog auch eine mir bekannte türkische Familie. Dass sich die Sprachprobleme der Zugereisten auch auf ihre Kinder auswirken, die Suche nach einem Arbeitsplatz erschweren und der Integration nicht förderlich sind, ist nachvollziehbar.

Der Moscheebau hatte eine Vorgeschichte

Die A 61 verläuft von der A 6 bzw. dem Autobahndreieck Hockenheim durch Hockenheims Gewerbe- und Industriegebiet Talhaus, dann auf Hockenheimer Gemarkung bis zur an einem riesigen Pylon hängenden Rheinbrücke, und danach linksrheinisch bis zur holländischen Grenze bei Venlo. Im Gegenzug verbindet sie die Niederlande mit Hockenheim. Für Holländer und Belgier, aber nicht nur für diese, zählt die A 61 zu den stark frequentierten Rollbahnen Richtung Süden. Ihnen muss erstmals gegen Ende der 1990er Jahre beim Passieren Hockenheims die neben der A 61 gebaute Moschee nebst Minarett aufgefallen sein. Das Gebetshaus zählt seitdem zu den außergewöhnlich markanten Gebäuden an der rund 330 Kilometer langen Autobahn.

Auch Redaktionen überörtlicher Zeitungen muss die neue Moschee ins Auge gestochen sein, sonst hätten sie nicht über sie berichtet. Am 13. August 1999 beispielsweise in der Stuttgarter Zeitung. Sie brachte von ihr ein Bild, mokierte sich aber zugleich über ihren Standort im Gewerbegebiet. Der aber hatte seinen Grund.

Die in Hockenheim und Umgebung wohnenden Muslime hatten schon einige Jahre vor dem Bau der Moschee ein Haus in der Mittleren Mühlstraße angemietet und in diesem Gebets- und Nebenräume eingerichtet. Die Mittlere Mühlstraße zählt zu den ältesten Straßen Hockenheims. Sie hat keine Gehwege und ist so schmal, dass zwei Pkws gerade aneinander vorbeikommen. Durch die Enge wirkt sie noch besonders hellhörig. Dennoch lebten ihre Bewohner in aller Ruhe und Harmonie zusammen und akzeptierten zunächst auch den mit den Gebetsräumen verbundenen Betrieb. Doch der nahm von Jahr zu Jahr zu.

Mitte der 1990er Jahre, als wieder mal der Ramadan begonnen hatte - das ist der neunte Monat des islamischen Mondkalenders und Fastenmonat der Muslime - war es um den Frieden in der Straße geschehen. Doch was hatte dies mit Ramadan zu tun? In diesem Monat - er ist für viele Muslime der wichtigste im Jahr - fasten sie zwischen Morgendämmerung und Sonnenuntergang, also solange es hell ist. Ausgenommen vom Fasten sind aber die Nächte. In diesen treffen, feiern und stärken sie sich, wobei die letzte Mahlzeit vor Beginn des täglichen Fastens im letzten Drittel der Nacht einzunehmen ist.

Der Ramadan führte also jede Nacht zig Muslime aus Hockenheim und Umgebung in die Mittlere Mühlstraße. Erst im Morgengrauen gingen sie auseinander. Das lief aber nicht ohne Gespräche, Autotürenzuschlagen, Motorenstarten sowie andere Geräusche ab. Leidtragende waren die Anwohner in der Mittleren Mühlstraße. Sie wurden in aller Herrgottsfrühe aus dem Schlaf gerissen. Dass dies nicht lange gut gehen konnte, ist verständlich.

Da die Appelle um mehr Rücksichtnahme nicht bei allen Muslimen ankamen, machten die genervten Bewohner ihrem Unmut vor mir im Rathaus an mehreren Morgen lautstark Luft. Sie rannten bei mir zwar nicht gleich alle offene Türen ein, stießen aber auf viel Verständnis. Doch, ob und wie baldmöglichst verträglichere Lösungen zu finden waren, musste erst einmal ausgelotet werden.

Im Gespräch mit den Muslimen erfuhr ich von ihrem Interesse, eine eigene Moschee zu bauen. Mit ihr sollten künftige Störungen der Nachbarschaft vermieden werden. Deshalb konnte für einen Moscheebau nur ein Grundstück in Betracht kommen, das sich nicht mitten in einem Wohngebiet befand. Doch innerhalb der Stadt gab es kein geeignetes.

Schließlich verständigten wir uns auf ein an die A 61 angrenzendes städtisches Gewerbegrundstück im Talhaus. Auch über den für Gewerbegelände verlangten Kaufpreis waren wir uns bald einig. Bei der Grundstücksvergabe, über den der Gemeinderat zu entscheiden hatte, votierten zwar einige Stadträte für einen Preisnachlass, doch die Mehrheit des Gemeinderats lehnte dies ab. Einerseits gab es nichts zu verschenken, und andererseits hatte sich die muslimische Gemeinschaft bisher nie in der Stadt für andere engagiert, wie dies beispielsweise die evangelische und katholische Kirchengemeinde getan hatte. Zudem waren die Muslime mit dem Grundstückspreis einverstanden.

Ein weiteres Kriterium, auf das wir bei diesem Grundstücksgeschäft Wert legten, war das Verbot von Gebetsaufrufen vom Minarett aus. Auch das akzeptierten die Muslime, die sich in einem türkisch-islamischen Verein organisiert hatten. Ob dieses Verbot allerdings für immer und ewig Bestand haben wird, bleibt abzuwarten. Jahre später wurde beispielsweise in Rendsburg dem Muezzin des Islamischen Zentrums erlaubt, öffentlich vom Minarett aus zum Gebet aufzurufen. Doch dies war nicht einmal die erste Stadt im hohen Norden, die das erlaubte. Zuvor war dies schon in Schleswig und Neumünster geschehen. Auch in mehreren Städten Nordrhein-Westfalens wurden bereits Gebetsrufe dieser Art genehmigt. Man darf also gespannt sein, ob es auch noch im Süden Deutschlands soweit kommt?

Wie dem einmal auch sein mag, vor dem Moscheebau in Hockenheim waren die Muslime mit dem Verbot einverstanden. Dadurch stand dem Projekt nichts mehr im Wege.

Kurz nach der Grundstückszusage sah ich eine Fernsehsendung, in der berichtet wurde, wie in der muslimisch geprägten Türkei mit Christen umgegangen wird. So erfuhr ich erstmals, dass dort der Bau von christlichen Kirchen seit dem Jahre 1923 verboten ist. Ich konnte es kaum glauben! Zwischenzeitlich weiß ich, dass es in vielen Ländern, in denen Muslime an der Macht sind, keine Religionsfreiheit gibt. Zudem kommt es in muslimischen Ländern immer wieder zu Christenverfolgungen. Im Gegenzug ist die Religionsfreiheit heute in allen christlich geprägten Ländern selbstverständlich.

Der Fernsehbericht schilderte auch den Fall eines deutschen Lehrers in der Türkei, der mit einem Plakat auf eine Weihnachtsfeier aufmerksam gemacht hatte. Der türkische Staat wollte ihn deshalb ausweisen und sah davon erst ab, als das Auswärtige Amt Deutschlands protestierte.

Vielleicht war es gut, dass ich vor der Grundstücksvergabe von alldem nichts wusste. Andererseits bin ich mir natürlich unseres liberalen und fortschrittlichen Rechtsstaates bewusst, in dem die Religionsfreiheit, auch für Muslime, ein durch das Grundgesetz garantiertes Grundrecht darstellt. Zudem musste im Interesse der Bewohner in der Mittleren Mühlstraße baldmöglichst eine pragmatische Lösung gefunden werden.

Als die Moschee im Rohbau stand, sprach der Vorstand des türkisch-islamischen Vereins bei mir vor. Er berichtete von Finanzierungsproblemen, die die Fertigstellung verzögerten. Deshalb bat er entweder um einen städtischen Zuschuss oder um ein zinsloses Darlehen. Obwohl die türkischen Vorstandsmitglieder teilweise schon seit Jahrzehnten in Deutschland wohnten, waren sie nicht in der Lage, ihr Ansinnen ohne Dolmetscherin vorzutragen.

Ich erklärte ihnen, dass über ihre Wünsche nur der Gemeinderat entscheiden könne. Deshalb bat ich sie um einen schriftlichen Antrag, möglichst mit einer kurzen Begründung und um Vorlage eines Finanzierungsplans. Zugleich verdeutlichte ich ihnen, warum sich der Gemeinderat bei der Entscheidung schwer tun könnte: Im Gegensatz zu den beiden christlichen Kirchengemeinden, die für ihre Projekte hin und wieder städtische Zuschüsse erhalten hätten, würde der türkisch-islamische Verein weder einen Kindergarten, eine Kinderkrippe, eine Sozialstation noch ein Altenheim betreiben oder sonst die Stadt bei ihren Aufgaben entlasten. Zudem sei der türkisch-islamische Verein im öffentlichen Leben der Stadt bisher nicht in Erscheinung getreten. Im Übrigen meinte ich, dass die Stadt nicht mit einem Geldinstitut zu verwechseln sei, das Kredite vergebe.

Anscheinend haben meine Hinweise das Nachdenken über alternative Finanzierungslösungen beflügelt. Es ging jedenfalls nie ein schriftlicher Antrag wegen eines städtischen Zuschusses oder Darlehens im Rathaus ein. Möglicherweise sorgte der türkische Staat für die fehlenden Mittel.

In diesem Zusammenhang sei nochmals die Organisation „Ditib" erwähnt, die die türkisch-islamischen Interessen in Deutschland vertritt. Viele der in Deutschland gebauten Moscheen - im Jahre 2008 waren es bereits rund zweitausendfünfhundert - gehören Ditib und damit letztlich dem türkischen Staat.

Nach Auskunft des Bundesinnenministeriums schickt die Türkei jährlich circa einhundertdreißig Imame in unser Land, die Angehörige der Religionsbehörde sind und rund vier Jahre bleiben. Dadurch befinden sich regelmäßig zwischen fünf- und sechshundert Imame in Deutschland. Sie werden von der Türkei bezahlt und von ihr für ihre Tätigkeit in Deutschland angeleitet und überwacht – so jedenfalls berichtete die Junge Freiheit am 11. Januar 2008.

Trotz der aufgetretenen Finanzierungsprobleme und einiger Verzögerung ist die Moschee Ende der 1990er Jahre fertig gestellt worden. Sie soll 2,5 Millionen Euro gekostet haben. Benannt wurde sie nach Haci Bayram (1352 - 1430), einem osmanischen Dichter, Musiker und Sektengründer. Doch offiziell wurde sie erst ein gutes Jahr später eingeweiht und der Öffentlichkeit vorgestellt.

In dieser Interimszeit sprach ein türkischer Lehrer bei mir vor, den der türkische Staat nach Deutschland geschickt hatte, um in Hockenheimer Schulen die türkischen Kinder in türkischer Sprache, Folklore, Geschichte etc. zu unterrichten. Auch er konnte kein Deutsch, weshalb ihn ein Dolmetscher begleitete. Er fragte nach städtischen Räumen zur nachmittäglichen Betreuung türkischer Kinder und Jugendlicher. Das überraschte mich insofern, als ich wusste, dass im Souterrain der Moschee zahlreiche Räume für die Jugend geschaffen worden waren. Als ich ihn daraufhin ansprach, sagte er, dass das ja gerade sein Problem sei! In der Moschee seien die „Fundamentalisten" – und gerade von denen möchte er die türkischen Kinder fernhalten!

Im Nachhinein war es gut, dass Hauptamtsleiter Manfred Christ das Gespräch protokollierte. Somit gibt es für diese zu denken gebende Aussage einen Zeugen sowie einen schriftlichen Beleg. Dem Türkischlehrer empfahl ich, mit der Leitung unseres Jugendhauses Pumpwerk die Nutzung von Räumen zu klären.

Bei der offiziellen Eröffnung der Moschee am 2. Juli 2000, zu der ich eine Einladung erhalten hatte, war ich Stadtrat Alfred Rupp, meinem 1. Stellvertreter, dankbar, dass er sich bereit erklärte, bei diesem Anlass die städtischen Fahnen zu vertreten.

Wohnungsprobleme

Heute stellen die Türken von den etwas mehr als 2000 Ausländern, die seit den 1960er Jahren nach Hockenheim zugewandert sind, das größte Kontingent. Ein paar Handvoll türkische Familien wohnen inzwischen in meiner unmittelbaren Nachbarschaft. Wie auch bei den Deutschen gibt es unter ihnen sehr nette Menschen, die freundlich sind und grüßen, während andere auf Distanz gehen.

Die Zuwanderung führte auch in Hockenheim zu Belastungen und Herausforderungen. Zunächst hatte sich die Stadt dem Wohnungsproblem zu stellen. Ab Mitte der 1980er bis Mitte der 1990er Jahre kamen in meine Bürgersprechstunden regelmäßig Ausländer, die eine Wohnung suchten. Aber auch Deutsche, die an Ausländer vermietet und Probleme hatten, sprachen häufig bei mir vor.

Einer dieser Fälle spielte sich beispielsweise in der Kaiserstraße ab. Dort hatte eine zugewanderte Familie eine Wohnung mit Bad angemietet, das immer samstags von rund zwanzig Landsleuten benutzt wurde, obwohl sie dort nicht wohnten. Dadurch wurde das Bad binnen eines Monats öfter benutzt als sonst im ganzen Jahr. Der Vermieter, der die Heiz- und Warmwasserkosten über Quadratmeter umlegte, hatte aber nicht nur dadurch ein Problem. Samstags ging es in der vermieteten Wohnung immer wie in einem Taubenschlag zu. Da alle Appelle, das „Fremdbaden" zu unterlassen, nichts nutzten, erhob der Vermieter die Räumungsklage.

Als die Mieter schließlich zum Räumungsfall wurden, musste sie die Stadt als Obdachlosenbehörde in einer ihrer Wohnungen unterbringen. Auf diese und andere Weise füllten wir nach und nach fast alle freiwerdenden städtischen Wohnungen. Die städtischen Wohnblocks in der Luisenstraße sind heute überwiegend von Auslän-

354

dern belegt. Einige der dort wohnenden deutschen Familien zogen deshalb mit der Zeit freiwillig aus.

Anfang der 1990er Jahre kam ein junger Türke in meine Sprechstunde. Er war verheiratet, hatte noch keine Kinder und bewohnte zusammen mit seiner Frau und seinen Eltern ein städtisches Zweifamilienhaus. Auch seine Schwester hatte eine städtische Wohnung. Er teilte mir mit, dass er sich mit seinem Vater überworfen habe, ausziehen möchte und nun von der Stadt eine andere Wohnung erwarte.

Zu der Zeit befand sich die Zuwanderung durch Asylbewerber auf dem Höhepunkt. Karlheinz Vögeli, der engagierte, leider viel zu früh verstorbene Leiter des städtischen Wohnungsamts und ich wussten nicht mehr, woher wir die Wohnungen zur Unterbringung von Not- und Räumungsfällen sowie von Asylbewerbern nehmen sollten. Selbst kinderreichen sozial schwachen Familien vermochten wir deshalb keine Sozialwohnung mehr zu bieten. Da keine städtische Verpflichtung bestand, den türkischen Familienzwist mit einer anderen städtischen Wohnung zu entschärfen, und es zudem auch einen freien Markt für Privatwohnungen gab, sagte ich zu ihm: „Bevor Sie von der Stadt eine andere Wohnung bekommen, werden wir erst einmal die kinderreichen deutschen Familien berücksichtigen, die dringender eine Wohnung brauchen."

Daraufhin besaß er die Stirn, mich allen Ernstes zu fragen, ob ich ein Nazi sei? Ich traute meinen Ohren nicht! Eine solche Unverschämtheit hatte sich ausgerechnet ein Mann erlaubt, dessen Familie von der Stadt mit Wohnraum wie kaum eine andere zugewanderte Familie, geschweige denn deutsche, versorgt wurde. Entsprechend war meine Reaktion. Ich empfahl ihm, mein Amtszimmer schnellstens zu verlassen. Sein Glück war, dass er der Aufforderung sofort folgte.

Hohes Anspruchsdenken und unverständliches Verhalten

Jahre später rief mich eine türkische Akademikerin aus Heidelberg an. Sie sprach perfekt Deutsch und erklärte mir, dass sie für eine Gruppe von etwa zwanzig türkischen Frauen spreche, die Deutsch lernen möchten. Zu diesem Zweck verlangte sie von der Stadt einen geeigneten Raum. Außerdem forderte sie die Übernahme der Kurskosten. Doch damit war es noch nicht genug. Die Stadt sollte während des Kurses auch für die Betreuung der Kinder sorgen und dafür die Kosten tragen.

Der Raum alleine wäre nicht das Problem gewesen. Alles andere aber lehnte ich ab – und schon hatte ich mit der Dame ordentlich Zoff.

Wollte eine deutsche Frau Türkisch oder eine andere Fremdsprache lernen, konnte sie die Angebote der VHS oder anderer Institutionen nutzen und dafür die übliche Gebühr bezahlen. Warum nur sollten im Umkehrschluss Türkinnen besser als Deutsche gestellt und dazu noch die Kinder auf Kosten der Allgemeinheit betreut werden? Außerdem war ihnen doch schon bei der Einwanderung bekannt, dass in Deutschland Deutsch gesprochen wird und es in erster Linie ihre Sache sei, sich um das Erlernen dieser Sprache zu kümmern. Da der Wunsch, die Sprache des Gastlandes zu lernen, das Naheliegendste und löblich ist, hätte man von den Kursteilnehmerinnen doch eine angemessene finanzielle Beteiligung erwarten dürfen.

Leider sah dies die türkische Akademikerin anders. Da sie nicht weiterkam, wollte sie von mir einen Termin, zu dem sie mit allen am Deutschkurs interessierten Türkinnen bei mir aufkreuzen und ihr Ansinnen mit geballter weiblicher Unterstützung vortragen wollte. Das hätte mir gerade noch gefehlt.

Schließlich verwies ich sie an die VHS. Deren Geschäftsführer Josef Diller bat ich, sich der Sache anzunehmen und den Türkinnen ein großzügiges Kursangebot zu unterbreiten, was er auch tat. Wenn ich mich recht erinnere, kam daraufhin der Deutschkurs zustande.

Mit der gleichen Dame kam es einige Zeit später zu einer weiteren Auseinandersetzung. Wie es schien, verstand sie sich als Sprachrohr einiger in Hockenheim wohnender Türken, die mit der deutschen Sprache ein Problem hatten. Dieses Mal ging es um einen vierjährigen türkischen Jungen, der ganztags den Südstadt-Kindergarten besuchte. Er sprach noch kein Wort Deutsch, war aggressiv, schlug andere Kinder und war auch ansonsten nicht in die Gruppenarbeit zu integrieren.

Verständlich, dass ein solcher Junge der besonderen Fürsorge bedurfte. Um der aber einigermaßen gerecht zu werden, musste sich praktisch ständig eine der Erzieherinnen um ihn kümmern. Dadurch wurden aber die anderen Kinder vernachlässigt.

Die Leiterin des Südstadt-Kindergartens bat deshalb die Eltern des Jungen - es handelte sich offensichtlich um besonders strenge Muslime (die Mutter soll neben dem Kopftuch noch einen Gesichtsschleier getragen haben) - ihren Sohn zunächst nur stundenweise in den Kindergarten zu bringen, damit er sich langsam eingewöhnen und die Erzieherinnen sich mehr um ihn kümmern könnten. Doch dafür hatten die Eltern, denen die Akademikerin zur Seite stand, keinerlei Verständnis. Vielmehr beharrten sie auf dem Rechtsanspruch, der ihrer Meinung nach dem Kind einen Kindergartenplatz am Vor- und am Nachmittag garantierte.

Die Leiterin des Kindergartens appellierte an mich, da das Kind die Betreuerinnen immer mehr überforderte, für Abhilfe zu sorgen. Nun war guter Rat teuer. Es stellte sich die Frage, ob dem Rechtsanspruch auch dann Rechnung getragen wäre, wenn der Kindergartenplatz nur wenige Stunden pro Tag angeboten würde? Damit konfrontierte ich das Sozialministerium in Stuttgart.

Obwohl ich dieses auf die Dringlichkeit des Falles verwies, reagierte es fast drei Wochen lang nicht. Zwischenzeitlich hatte sich im Südstadt-Kindergarten eine Elterninitiative gebildet, die nicht mehr hinnehmen wollte, dass ihre Kinder durch die Sonderbetreuung des türkischen Kindes benachteiligt wurden. Nun musste auch insofern bald etwas geschehen.

In dieser zugespitzten Situation drohte ich dem zuständigen Referatsleiter des Sozialministeriums mit dem Minister. Das zog. Kurz danach wurde uns die ministeriale Rechtsauskunft erteilt. Und siehe da, das Ministerium interpretierte den Rechtsanspruch nicht so weitgehend, dass er sich auf den ganzen Tag erstreckte.

Erst aufgrund dieser Rechtsauslegung, die den türkischen Eltern sofort übermittelt wurde, waren diese bereit, die Vorschläge der Kindergartenleitung zu akzeptieren. Danach kehrten wieder normale Verhältnisse im Südstadt-Kindergarten ein.

Auch durch diesen Fall musste ich den Eindruck gewinnen, dass vielen Ausländern die ihnen in Deutschland zustehenden Rechte bestens bekannt sind. Dazu mag auch eine von der SPD zur Bundestagswahl 1994 herausgebrachte mehrsprachige Broschüre über ihre Rechte und die ihnen zustehenden Sozialleistungen beigetragen haben!

Für mich völlig unverständlich verhielt sich auch ein türkischer Vater gegenüber seiner Tochter. Diese hatte sich bei der Stadt um eine Ausbildungsstelle als Bibliotheksassistentin beworben und beim Auswahlverfahren als Beste abgeschnitten. Deshalb boten wir ihr die Ausbildung an. Als ihr Vater aber erfuhr, dass diese mit einem mehrwöchigen Blockunterricht in Calw verbunden und in dieser Zeit seine Tochter von zu Hause weg sei, verbot er ihr, die Ausbildungsstelle anzutreten. Mit dieser engstirnigen Haltung war er unter seinen Landsleuten vermutlich nicht mal ein Einzelfall.

Finanzielle und andere Folgen

Migranten sind in Deutschland immer noch schlechter gebildet, häufiger arm und arbeitslos als die Gesamtbevölkerung. Auch die Kriminalitätsquote von Ausländern ist noch höher als die von Deutschen. Zu diesen Ergebnissen kommt ein Bericht der Integrationsbeauftragten der Bundesregierung, Maria Böhmer. „Wir haben die richtigen Schritte eingeleitet, aber unser Ziel haben wir noch lange nicht erreicht", sagte die Staatsministerin bei der Vorstellung einer Migrantenstudie am 10. Juni 2009 in Berlin (Quelle: Spiegel online vom 10. Juni 2009).

Nach diesem Spiegelbericht lag die Arbeitslosenquote von Ausländern 2007 mit 20,2 Prozent doppelt so hoch wie die der Gesamtbevölkerung (10,1 Prozent). Auch die Zahl der langzeitarbeitslosen Ausländer sei besonders hoch.

Im Jahre 2009 kamen nach Aussage von Maria Böhmer etwa 28 Prozent aller Sozialhilfeempfänger aus Einwandererfamilien. Ohne die neuen Bundesländer sollen es nach einer Studie, die das Bundesarbeitsministerium in Auftrag gegeben hatte, sogar 39 Prozent gewesen sein. Doch „nur" 19 Prozent der Bevölkerung haben einen Migrationshintergrund. Diese Zahlen lassen die Kosten der Migration erahnen. Es geht jährlich um Milliarden.

Kaum ein Deutscher weiß, dass deutsche Krankenversicherungen die Kosten für ambulante und stationäre Behandlungen von Familienmitgliedern ausländischer Arbeitnehmer bezahlen müssen, die nicht in Deutschland wohnen, sondern in ihrem Heimatland. Dies gilt für die Eltern von in Deutschland krankenversicherten Ausländern aus der Türkei und den Nachfolgestaaten Jugoslawiens. Grundlage für diese Sonderbehandlung von Ausländern ist ein deutsch-türkisches Abkommen vom 30. April 1964 sowie ein deutsch-jugoslawisches Abkommen vom 12. Oktober 1968.

Ich kann mir nicht vorstellen, dass damals einer der verantwortlichen deutschen Politiker auch nur im Geringsten ahnte, was dies einmal kosten würde. Genaue Zahlen darüber werden nicht bekannt gegeben. So erhielt selbst die Bundestagsabgeordnete Erika Steinbach (CDU), die von der rot-grünen Bundesregierung die damit verbundenen Gesamtkosten wissen wollte, keine Auskunft (Welt am Sonntag vom 13. April 2003).

Im Übrigen wirkt sich die Zuwanderung auch schon bei Wahlen aus. Wahlforscher ermittelten beispielsweise, dass die Deutschtürken - man schätzte rund 300.000 - die Bundestagswahl 2002 zugunsten von Rot-Grün entschieden haben. Umfragen unter ihnen belegen klar ihre Präferenzen für die SPD, Grüne und Linke. Dass christlich geprägte Parteien wie CDU und CSU in der Gunst der Muslime nicht besonders hoch stehen, ist verständlich.

Bei der Bundestagswahl 2009 empfahl Kenan Kolat, der Vorsitzende der Türkischen Gemeinde in Deutschland, den Deutschen mit türkischem Migrationshintergrund, das Kreuz für die Erststimme, unabhängig von der Partei, bei türkischstämmigen Politikern zu setzen (Die Welt vom 10. September 2009). Man stelle sich vor, von deutscher Seite käme die Aufforderung, nur deutschstämmige Politiker zu wählen. Das Land stünde wohl Kopf.

Die Zuwanderung, wie ich sie seit Beginn meiner Amtszeit im Jahre 1978 erlebte, hatte aber auch noch andere Folgen, die ich den mir jahrelang vorgelegten Polizeiberichten entnehmen konnte. Obwohl die in Hockenheim wohnenden Ausländer ab Mitte der 1980er Jahre nur rund zehn Prozent der Einwohner ausmachten, trugen sie in überproportionaler Weise zu den Vorgängen bei, die von der Polizeidienststelle Hockenheim protokolliert wurden.

Leider stellte das Polizeirevier in den 1990er Jahren die Weitergabe der Polizeiberichte ans Rathaus unter Berufung auf rechtliche Bestimmungen ein. Seitdem erfuhr ich nicht mehr, welche Vorkommnisse unsere Polizei beschäftigten, es sei denn, der Revierleiter informierte mich über Einzelfälle. Damals bestimmte auch der Deutsche Presserat in Ziffer 12.1 („Berichterstattung über Straftaten") seines Pressekodexes:

> „In der Berichterstattung über Straftaten wird die Zugehörigkeit der Verdächtigen oder Täter zu religiösen, ethnischen oder anderen Minderheiten nur dann erwähnt, wenn für das Verständnis des berichteten Vorgangs ein begründbarer Sachbezug besteht. Besonders ist zu beachten, dass die Erwähnung Vorurteile gegenüber Minderheiten schüren könnte."

Das also ist der Grund, warum die Medien bei Berichten über Straftaten, die von Ausländern begangen werden, nicht mehr Ross und Reiter nennen. Es hätte sonst die Stimmung gegen Ausländer anheizen können. Dadurch lässt sich heute über die Medien kaum noch ein Bild über das wahre Ausmaß der Ausländerkriminalität machen.

Andererseits darf man nicht alle Ausländer über einen Kamm scheren. Die meisten von ihnen lassen sich nichts zuschulden kommen. Es wurde sogar ermittelt, dass die Kriminalität der ausländischen Wohnbevölkerung, und zwar die der Arbeitsmigranten, gegenüber vergleichbaren deutschen sozialen Gruppen geringer sein soll. Doch dies ist nur ein Teil der Fakten.

Verbindliche Zahlen zur Ausländer-Kriminalität lieferte Staatsministerin Maria Böhmer (CDU). „Bild.de" berichtete darüber am 23. Januar 2010. Danach lag die Kriminalitätsquote bei Zuwanderern im Jahre 2007 mit 5,4 Prozent doppelt so hoch wie bei der Gesamtbevölkerung (2,7 Prozent). Nach dem Statistischen Bundesamt (Justiz auf einen Blick, 2011) betrug 2009 der Ausländeranteil an den Verurteilten 20 Prozent. Der Bevölkerungsanteil der strafmündigen Ausländer in Deutschland lag aber nur bei 9 Prozent, was beweist, dass relativ mehr Ausländer verurteilt werden als Deutsche. Aus der Polizeilichen Kriminalstatistik ist aber bekannt, dass in den letzten Jahren bis zu 30 Prozent der nichtdeutschen Tatverdächtigen nicht zur Wohnbevölkerung in Deutschland zählten.

Integrationsdefizite überwinden

Insgesamt 7,3 Prozent der Jugendlichen verließen 2007 die Schule ohne Abschluss. Bei ausländischen Schülern lag der Anteil bei 16 Prozent! Dennoch sieht die Staatsministerin Böhmer im Bereich Bildung Fortschritte: 2005 verließen noch 17,5 Prozent der Migranten die Schule ohne Abschluss. Böhmer zu BILD: „Gerade in Zeiten der Krise muss Integration durch Bildung unser Ziel sein. Wir haben vieles in Bewegung gesetzt."

Das möchte ich nicht verneinen. Doch die Defizite bei der Integration bestimmter Ethnien scheinen nach wie vor gewaltig zu sein. Dies bestätigte eine Studie des Berlin-Instituts, über die „news.de" am 26. Januar 2009 berichtete. Danach seien Aussiedler am besten, Türken am schlechtesten in Deutschland integriert. Allerdings warnte Klaus Bade, der Vorsitzende des Sachverständigenrats deutscher Stiftungen für Integration und Migration, davor, die Ergebnisse der Studie zu überschätzen. Seiner Meinung nach dürfe sie nicht so interpretiert werden, dass die Türken nicht zur Integration bereit seien.

Künftig möchte die Bundesregierung das Bildungsniveau türkischer Migrantenkinder im Interesse der Chancengleichheit auf das Niveau ihrer deutschen Altersgenossen anheben. Es ist zu hoffen, dass dies gelingt.

Im Übrigen ist die Integration von Migranten eine Aufgabe, der sich die Politik und die Gesellschaft in konstruktiver Weise zu stellen haben. Möglicherweise wurde auf diesem Gebiet in den letzten Jahren einiges versäumt. Doch dies ist nur die eine Seite der Medaille. Die andere ist, dass auch und gerade die Einwanderer verpflichtet sind, sich der Sprache, der Rechtsnormen sowie der einheimischen Sitten unseres Landes anzunehmen. Ich hoffe, dass dies künftig besser als bisher im Interesse des gesellschaftlichen Zusammenlebens und des inneren Friedens im Land gelingt.

✳

Herbe SPD-Verluste bei der Gemeinderatswahl 1999

Bei der Gemeinderatswahl am 24. Oktober 1999 verlor die SPD drei ihrer bisher sieben Sitze. Die dafür ausschlaggebenden Gründe habe ich bereits zuvor beschrieben. Nutznießer des SPD-Debakels waren die Freien Wähler mit sechs Sitzen (plus zwei) sowie die CDU, die mit acht Sitzen einen mehr als bei der Wahl vor fünf Jahren erhielt. Sie stellte seit Jahrzehnten ohnehin die stärkste Fraktion.

Neun Mandatsträger schieden aus

Zur Gemeinderatswahl waren fünf Mandatsträger nicht mehr angetreten und vier wurden nicht mehr gewählt. Insofern musste ich neun der zweiundzwanzig Mitglieder des alten Gemeinderats verabschieden.

Zu jenen, die sich nicht mehr dem Wählervotum stellten, zählten die Stadträte Bernhard Fuchs, Dieter Klaus, Manfred Christ, und Volker Grein (alle CDU) sowie Dieter Paul (FWV, früher SPD). Kurt Kreutzenbeck (Grüne), Herbert Frank (FWV), Gertrud Eisinger und Ingrid von Trümbach-Zofka (beide SPD) schafften es nicht mehr, über ihre Listen in den Gemeinderat gewählt zu werden.

Das Personalkarussell hatte sich auch schon vor der Gemeinderatswahl 1999 gedreht. Im März 1996 schied Hubert Schotter (FWV) aus dem Gemeinderat aus, weil er seinen Wohnsitz in Hockenheim aufgegeben hatte. Als Nachfolger verpflichtete ich Klaus Zizmann, Hockenheims Polizeichef.

Norbert Hörnel, der ehemalige Volksbankdirektor, zog nach nur dreijähriger Zugehörigkeit zum Gemeinderat nach Neureut und verabschiedete sich deshalb im Oktober 1997. Für ihn rückte Martin Geißler nach, der Leiter des hiesigen Forstreviers. Doch auch der gab nur ein kurzes Gastspiel. Er wurde im Zuge der Neuorganisation der Landesforstverwaltung in ein anderes Revier versetzt und verließ deshalb Hockenheim im Januar 1999.

Seinen Platz im Gemeinderat nahm Ernst Bohrmann ein, der Vorsitzende des Bauernverbands Hockenheim. Der „Nachrücker" erzielte bei der Gemeinderatswahl 1999 ein respektables Ergebnis und wurde über die CDU-Liste erstmals direkt in den Gemeinderat gewählt.

Bernhard Fuchs – ein engagierter Hockenheimer

Der im Hockenheimer Jargon als „Fuchse-Bernd" Bekannte gehörte dem Gemeinderat 34 Jahre ununterbrochen an. Er hatte bei der 1994er Wahl auf der Wahlliste der CDU am besten abgeschnitten. Hohe Stimmenzahlen hatte er aber auch bei den Wahlen zuvor erreicht – ein Zeichen seines Renommees und seines Engagements in der Stadt. Drei Jahrzehnte war Fuchs Vorsitzender des „Orchestervereins/Stadtkapelle Hockenheim e.V.", ein nicht immer dankbares Ehrenamt, das ihn allein schon vom Zeitlichen her forderte. Seiner Stadtkapelle, in der er leidenschaftlich die Klarinette spielte, stand der hilfsbereite Vorsitzende immer als „Mädchen für alles" zur Verfügung.

Fuchs war auch noch als Geschäftsmann ein Begriff. Mit seiner Gattin Rita führte er ein Textil-Einzelhandelsgeschäft, das bereits seine Mutter, in der Stadt als „Klee-Franziske" ein Begriff, begann. Zudem hatte er noch ein Bettenfachgeschäft betrieben. Zum Umsatz des Textilgeschäfts trug auch häufig meine Gattin bei, die das Angebot wie die Beratung schätzte.

Fuchs lag eine positive Entwicklung des innerstädtischen Einzelhandels am Herzen, dessen Stärken und Schwachstellen er natürlich bestens kannte. Vielen Gewerbetreibenden in der Innenstadt machte die große Konkurrenz in den benachbarten Mittel- und Oberzentren sowie auf der grünen Wiese immer mehr zu schaffen. Weil er wusste, dass man dem nur im Miteinander Paroli bieten und Kaufkraft am Ort halten konnte, engagierte er sich auch im Vorstand des Gewerbevereins.

Aufgrund seiner vielfältigen Verdienste um die Stadt, die Stadtkapelle sowie den Einzelhandel war Fuchs bereits mit dem Bundesverdienstkreuz am Bande sowie mit der städtischen Verdienstmedaille in Gold ausgezeichnet worden.

Bei der Gemeinderatswahl 1999 kandidierte erstmals Markus Fuchs, Bernhard Fuchs' Sohn. Er wurde über die Liste der CDU auf Anhieb in den Gemeinderat gewählt. Der Apfel fällt halt nicht weit vom Stamm!

Dieter Klaus – ein versierter Geometer und Bürgervertreter

Mit der Verdienstmedaille in Gold der Stadt Hockenheim war auch Dieter Klaus geehrt worden, der dem Gemeinderat rund 31 Jahre angehörte. Der engagierte Lokalpolitiker zählte zu den kompetenten und geschätzten Stadtratskollegen und Bürgervertretern.

Klaus war in der Stadt auch als Geometer ein Begriff, hatte beruflich so manche Baulandumlegung federführend begleitet und allein in Hockenheim einige tausend Grundstücke eingemessen. Sein diesbezügliches Wissen und sein gesunder Menschenverstand prädestinierten ihn für die Mitarbeit in gemeinderätlichen Ausschüssen wie dem Technischen Ausschuss, in dem sein Wort viel Gewicht hatte. Auch als die Bundesbahn die Stadt mit ihren Planungen der Neubaustrecke beschäftigte, waren die detaillierten Ortskenntnisse sowie das Wissen des Vermessungsingenieurs im Gemeinderat und im Schnellbahnausschuss oft recht hilfreich.

Ausgestattet mit einem trockenen Humor, gehörte Klaus auch jahrzehntelang zum Komitee Hockenheimer Fastnachtszug, das ihm so manches Zugmotto verdankte. Im Übrigen war auch seine Gattin Anni eng mit der Stadtverwaltung verbunden. Sie zählte zu den vorbildlichen Mitarbeiterinnen der Kämmerei.

❊

Gravierender Umbruch im Bankensektor

I n den 1990er Jahren zeichnete sich in der deutschen Bankenlandschaft durch die Globalisierung der Märkte ein immer härterer Wettbewerb ab. Später kamen noch schärfere Dokumentations- und Überwachungsvorschriften, Basel II, die Einführung des Euros sowie die rasante technologische Entwicklung hinzu. Sie erhöhten den Personal- und Sachaufwand der Kreditinstitute und belasteten deren Betriebsergebnisse.

Diese Entwicklung, aber mehr noch größere Wertberichtigungen durch notleidende Kreditgeschäfte oder durch Wertpapieranlagen, die nicht hielten, was sie versprachen, führten zu zahlreichen Fusionen im Lande. Außerdem unterstellte man größeren Einheiten eine günstigere Kostenstruktur. In diesem Umfeld tat sich auch die relativ kleine Bezirkssparkasse Hockenheim schwer, sich zu behaupten und ihre Selbstständigkeit zu bewahren. Wir werden darüber im Folgenden mehr erfahren. Doch zunächst gab es etwas zu feiern.

125-jähriges Jubiläum der Bezirkssparkasse Hockenheim

D ie Hockenheimer Sparkassengeschichte begann im Januar 1875. Damals nahm die vom Großherzoglichen Ministerium des Innern genehmigte Gemeindesparkasse unter der Ägide von Bürgermeister Georg Kammer ihren Geschäftsbetrieb auf. Zum 1. Januar 1933, wenige Tage vor Hitlers Machtübernahme am 30. Januar, erweiterte sie sich zur Bezirkssparkasse Hockenheim. Ihre Gewährträger waren nun neben der Stadt Hockenheim noch die Gemeinden Altlußheim, Neulußheim und Reilingen.

Im markanten Kalenderjahr 2000 feierte das größte Hockenheimer Kreditinstitut sein 125-jähriges Bestehen. Gleich zu Beginn des Jubiläumsjahres bewies es mit der Sponsorschaft eines Neujahrskonzerts in Hockenheims Stadthalle einmal mehr seine kommunale Verbundenheit. Im Grunde genommen stellte das Neujahrskonzert - es war eines der bisher eindrucksvollsten - auch einen der musikalischen Auftakte ins 21. Jahrhundert bzw. 3. Jahrtausend dar.

Für sängerische Glanzpunkte sorgten die klassischen Baritone und Brüder Jochen Schmeckenbecher und Markus Brück (alias Markus Schmeckenbecher) sowie die kanadische Sopranistin Kathleen Brett. Die gebürtigen Hockenheimer Jochen Schmeckenbecher und Markus Brück standen damals am Beginn ihrer Karriere als gefragte Opernsänger, mit Auftritten an vielen großen Häusern Europas, Asiens und Nordamerikas. Nicht minder erfolgreich verlief seitdem der künstlerische Weg Kathleen Bretts, die primär auf namhaften Bühnen der USA und Kanadas gastierte.

Das eigentliche Sparkassenjubiläum wurde am 31. März 2000 mit geladenen Gästen in der Hockenheimer Stadthalle gefeiert, und am 13. Oktober 2000 fand für die Belegschaft ein Betriebsfest auf Schloss Auerbach an der Bergstraße statt. Beim Festakt in der Stadthalle verdeutlichte ich als Vorsitzender des Verwaltungsrats den wichtigen Beitrag, den die Sparkasse zur Entwicklung und Prosperität des Raumes Hockenheim in 125 Jahren geleistet hat, aber auch auf ihre Verpflichtung gegenüber dem Gemeinwohl.

Betrug ihre Bilanzsumme im Nachkriegsjahr 1950 gerade mal 2,3 Millionen Mark, belief sie sich im Jubiläumsjahr auf über eine Milliarde. Mit diesem Volumen machte ihr auch niemand die Marktführerschaft im Raum Hockenheim streitig, die sie schon immer innehatte. Mit den Vorständen Klaus Heidrich und Robert Becker, die das Institut seit 1977 leiteten, sorgten 160 qualifizierte Beschäftigte für einen florierenden und den Firmen- und Privatkunden dienenden Finanzdienstleistungsbetrieb.

Kompetente Bankmanager

In den schwierigen Jahren des Umbruchs in der Bankenlandschaft pflegte ich mit den langjährigen und erfahrenen Direktoren Klaus Heidrich und Robert Becker sowie ab dem Frühjahr 2001 mit ihren Nachfolgern im Vorstand, Matthias Bretschneider (Vorsitzender) und Michael Hartmann, eine besonders enge Abstimmung und gute Zusammenarbeit. Es waren Manager, die das Bankgeschäft beherrschten.

Auch mit der Bestellung von Rainer Arens am 1. April 2003 zum Vorstandsvorsitzenden der Sparkasse Hockenheim - Bretschneider war zwischenzeitlich in den Vorstand der Sparkasse Rhein-Neckar-Nord gewechselt - hatte der Verwaltungsrat eine ausgesprochen glückliche Hand. Er kam von Bad Kissingen, während sein Vorstandskollege Michael Hartmann ein echtes Eigengewächs der Sparkasse Hockenheim war. Hartmann hat es nach seiner Ausbildung zum Bankkaufmann und dem erfolgreichen Besuch des Lehrinstituts der Deutschen Sparkassenakademie bis zum Vorstandsmitglied gebracht.

Vorbild für die kommunale Zusammenarbeit

Die Bezirkssparkasse Hockenheim - sie wurde Anfang 2000 in Sparkasse Hockenheim umfirmiert - zählte zu den maßgeblichen Bindegliedern unseres Raumes. In ihren Gremien arbeiteten die vier Bürgermeister und Vertreter aus den vier Gewährträgerkommunen schon in einer Zeit eng zusammen, als der Begriff „interkommunale Zusammenarbeit" noch in jeder Gemeinde zu den Fremdwörtern zählte.

Das positive Beispiel Sparkasse machte aber erst ab den 1970er Jahren Schule. Dazu trugen auch die vom Land aufoktroyierte Gemeindegebietsreform sowie Sachzwänge bei. In dieser Zeit entwickelte sich zwischen Altlußheim, Neulußheim, Reilingen und Hockenheim sukzessive eine gemeindeübergreifende Zusammenarbeit, sei es in der gemeinsam vereinbarten Verwaltungsgemeinschaft, bei der Wasserversorgung, der Abwasserentsorgung sowie der Volkshochschule und der Sing- und Musikschule. Das war es dann aber auch.

Kostensparende Potenziale hätte man noch bei den Feuerwehren, beim Bauhof, im Standesamtswesen oder im Grundbuchbereich gehabt. Doch zur freiwilligen Abgabe von Aufgaben an den „Großen Bruder" Hockenheim kam es wohl schon deshalb nicht, weil man befürchtete, zu viel an Kompetenz zu verlieren und die eigene Verwaltung zu schwächen oder irgendwann ganz zur Disposition stellen zu müssen. Wehret den Anfängen!

In den 2000er Jahren, als kommunalpolitische Strömungen in Neulußheim und Altlußheim eine Fusion ihrer Gemeinden vorschlugen - eigentlich ein vernünftiges Ansinnen - bildete sich sofort eine breite Front der Ablehnung. Wahrscheinlich leistet sich jede der beiden fast schon zusammengewachsenen kleinen Gemeinden noch bis zum Sankt-Nimmerleins-Tag eine eigene Verwaltung mit Bürgermeister, Gemeinderat, Feuerwehr etc. - es sei denn, die finanzielle Entwicklung zwingt zu anderen Strukturen, oder das Land wagt sich erneut an eine Gemeindegebietsreform. Weil damit aber kein Lorbeer zu gewinnen ist, kann ich mir nicht vorstellen, dass dies in der Landespolitik thematisiert wird.

❉

Fusionen – zumeist notgedrungen

Größere Wertberichtigungen im Kreditgeschäft und/oder durch Wertpapieranlagen überforderten zahlreiche Sparkassen im Lande. Die meisten suchten ihr Heil in Fusionen mit benachbarten Instituten. Von 1991 bis 2000 schlossen sich allein in Baden 15 Sparkassen mit anderen zusammen, die meisten durch Schieflagen. Zudem empfahl der Badische Sparkassen- und Giroverband kleineren Sparkassen wie Hockenheim, mit einer größeren zu fusionieren.

Warum aber sollte unsere Sparkasse ohne Not ihre Selbstständigkeit preisgeben und als Juniorpartner schließlich als fünftes Rad am Wagen fungieren? Deshalb ignorierte der Verwaltungsrat der Bezirkssparkasse Hockenheim die Verbandsempfehlung und beschloss am 25. März 1999 einstimmig, „dass aufgrund der positiven Entwicklung der Bezirkssparkasse Hockenheim und ihres fusionsbedingten Umfelds Fusionsüberlegungen mit anderen Sparkassen in unserem Raume nicht weiter verfolgt werden."

Sparkasse Heidelberg übernahm Nachbarinstitute

Mit den benachbarten Sparkassen sah es damals ohnehin nicht gerade rosig aus. Die Bezirkssparkasse Schwetzingen hatte sich bei Kreditvergaben schwer verhoben. Auf eine Landtagsanfrage des Weinheimer Abgeordneten Hans Georg Junginger (SPD) antwortete das Innenministerium Baden-Württemberg am 23. Dezember 1998: „Die Bezirkssparkasse Schwetzingen muss zum Jahresabschluss 1998 voraussichtlich Wertberichtigungen von 80 Millionen Mark bilden." Das sorgte natürlich für Zündstoff.

Neben dem Vorstandsvorsitzenden Hermann Maile, gegen den die Staatsanwaltschaft ein förmliches Ermittlungsverfahren wegen Untreue einleitete (HTZ vom 21. und 22. Januar 1999), stand auch noch der Vorsitzende des Kreditausschusses und des Verwaltungsrats am Pranger. Das war kein Geringerer als Gerhard Stratthaus (CDU), Schwetzingens OB. Er war zugleich Abgeordneter des Landtags von Baden-Württemberg.

Einige Zeitgenossen - zumeist natürlich aus anderen politischen Lagern als Stratthaus - verstanden mit Blick auf die Schwetzinger Sparkassenkrise die Welt nicht mehr, als Ministerpräsident Erwin Teufel den Schwetzinger OB im November 1998 als Finanzminister in sein Kabinett berief. Gemäß einer Stellungnahme des Innenministeriums auf eine Anfrage von Bündnis 90/Die Grünen (Landtagsdrucksache 12/3656), seien Teufel vor Stratthaus' Bestellung zum Finanzminister die in der Presse genannten finanziellen Schwierigkeiten der Bezirkssparkasse Schwetzingen nicht bekannt gewesen.

Wie dem auch sei, Stratthaus hatte das Amt als Finanzminister fast zehn Jahre inne, ehe er es auf Drängen von Teufels Nachfolger Günther Oettinger an Willi Stächele übergeben musste. Als er die Regierungsbank verließ, zählte er unter seinen Länderkollegen zu den renommiertesten und in Baden-Württemberg zu den bedeutendsten Finanzministern seit der Gründung des Südweststaats.

Leider erfuhr ich nie, wie das Ermittlungsverfahren gegen den ehemaligen Sparkassenvorstand Maile ausging. Auch von mir im Jahre 2010 befragte Bürgermeisterkollegen aus dem Bezirk Schwetzingen wussten darüber nicht Bescheid. Ich gehe deshalb davon aus, dass ihm strafrechtlich nichts anzulasten war. Sein Gehalt gemäß Anstellungsvertrag wurde ihm nach Presseberichten (RNZ und HTZ vom 10. März 1999) nach seinem Ausscheiden noch drei Jahre weiterbezahlt. Es soll sich um rund eine Million Mark gehandelt haben. Auch dies ist in der öffentlichen Kritik nicht mit Beifall bedacht worden.

Zum 1. Januar 1999 fusionierte die Bezirkssparkasse Schwetzingen mit der Sparkasse Heidelberg. Doch die Heidelberger waren nicht bereit, die von Schwetzingen eingebrachten Risiken allein zu stemmen. Darüber berichteten der Mannheimer Morgen bzw. die HTZ am 7. November 2002:

> „Was einer breiteren Öffentlichkeit bisher nicht bekannt war: Nicht nur die Sparkasse Mannheim hat Finanzhilfen von den Sparkassenverbänden bekommen, auch das Heidelberger Institut erhielt Geld zur Bewältigung der Fusionen und Abdeckung von Risiken. So hat der Sparkassenverband Baden-Württemberg 20 Millionen Mark als verlorenen Zuschuss bezahlt, um mit den Mitteln die »gröbsten Dinge« in Schwetzingen zu bereinigen, machte Helmut Schleweis, Vorstandsvorsitzender der Sparkasse Heidelberg, deutlich.
>
> Doch damit nicht genug: Weitere 65 Millionen Mark wurden in Form von Bürgschaften gewährt, davon kamen 40 Millionen Mark aus dem Stützungsfonds der Sparkassen und 25 Millionen Mark von Gewährträgergemeinden. Mit den Bürgschaften, deren Laufzeit bis 2007 reicht, wurde ein Kreditvolumen in Höhe von 180 Mio. DM abgesichert."

Die von den Gewährträgergemeinden der Bezirkssparkasse Schwetzingen zu erbringenden Bürgschaften wurden von den Gemeinderatsgremien nur widerwillig beschlossen. Doch die Kommunen hatten Glück, denn am Ende waren die Heidelberger bereit, einen Teil der Schwetzinger Zeche zu blechen. Der Mannheimer Morgen bzw. die HTZ nahmen dazu am 4. Juli 2003 Stellung:

> „Erst jetzt, nach gut vier Jahren, scheint sich anzudeuten, dass die Bürgschaften in Höhe von 25 Millionen Mark, die noch immer in den Haushalten von Schwetzingen, Plankstadt, Oftersheim, Brühl und Ketsch mitgeschleppt werden, wohl nicht in Anspruch genommen werden müssen. Dennoch ist den Kommunen Geld verloren gegangen. Sie mussten nämlich für acht Jahre auf die Einnahme von Gewerbesteuer vonseiten der Sparkasse verzichten, damit die Sparkasse Heidelberg die Verantwortung für das Schwetzinger Institut überhaupt übernimmt. Da gingen Jahr für Jahr fünf- bis sechsstellige Zahlungen flöten – und das bei der schlechten Haushaltssituation."

Die Bürgschaften kamen letztlich nicht zum Tragen. Insofern sind die Gewährträgergemeinden noch glimpflich davongekommen.

Die Heidelberger Sparkasse musste um die Jahrtausendwende auch noch die Bezirkssparkasse Wiesloch-Walldorf unter ihre Fittiche nehmen. Bei der war es ebenfalls nicht zum Besten bestellt. Mit diesen Fusionen hatte sich die Sparkasse Heidelberg schon viel aufgeladen. Als sie im Jahre 2001 auch noch die Sparkasse Neckargemünd-Schönau aufnehmen musste, war der Heidelberger Fusionsbedarf vorerst gedeckt. Durch diese Fusionen hatte sich die Sparkasse Heidelberg zu einer der größeren im Lande entwickelt.

Sanierungsfall Sparkasse Mannheim

Ab Mitte der 1990er Jahre ist auch die Sparkasse Mannheim durch eine verantwortungslose Kreditpolitik in eine schwere Krise geraten. Zu ihren Problemfällen zählte das Speyerer Fünfsternehotel „Binshof", dessen Baukosten einst auf realistische 25 Millionen Mark geschätzt worden waren, am Ende aber von den Mannheimern mit 85 Millionen Mark beliehen wurden! Das war alles andere als eine seriöse Kreditpolitik. Mit Zins und Zinseszins der nicht bedienten Kredite belief sich das Sparkassen-Engagement bei dem Luxushotel schließlich auf 111 Millionen Mark. Versteigert wurde es letztlich für bescheidene 16,78 Millionen Mark. Die Differenz war einer der Brocken, den die Sparkasse Mannheim wertberichtigen musste!

Auch der Milliarden-Skandal um die Ettlinger Firmengruppe Flowtex hatte die Sparkasse Mannheim stark getroffen. Eine weitere Wertberichtigung in zigfacher Millionenhöhe resultierte aus Kreditvergaben an den damaligen Eigner der Mannheimer Fluggesellschaft Arcus Air sowie der Arcus Logistik GmbH Europäische Verkehrsdienste. Insgesamt schrieb die Sparkasse Mannheim 444 Millionen Euro (Mannheimer Morgen vom 26. Juni 2010) ab. Doch effektiv sei, so ein Insider mir gegenüber, der wahre Abschreibungsbedarf noch wesentlich höher gewesen.

Für das Finanzdebakel in Mannheim mussten die Sicherungsfonds der Sparkassenverbände und die badischen Sparkassen herhalten - auch die Bezirkssparkasse Hockenheim. Sie steuerten in zwei Sanierungsschritten 292 Millionen Euro bei. Am Gewährträger Stadt Mannheim blieben letztlich 129 Millionen Euro hängen. Außerdem büßte die Stadt Gewerbesteuer in einer Höhe von zig Millionen ein (Mannheimer Morgen vom 30.11.2005).

Die vier Sparkassenvorstände der Sparkasse Mannheim mussten sich wegen Untreue vor Gericht verantworten. Am Ende wurde der Hauptverantwortliche des Desasters zu einer Freiheitsstrafe von drei Jahren, ein anderes Vorstandsmitglied zu sechs Monaten verurteilt. Zwei Vorstandsmitglieder kamen mit Geldbußen davon.

Auch Mannheims OB Gerhard Widder (SPD), der Vorsitzende des Verwaltungsrats und des Kreditausschusses der Sparkasse Mannheim, erntete durch den Sparkassenskandal massive Kritik. Versagen bei der Aufsicht und Tolerieren der fahrlässigen Kreditpolitik des Vorstands wurden ihm vorgehalten. Einige Kommunalpolitiker forderten seinen Rücktritt. Auffällig ruhig dagegen verhielt sich die Mannheimer CDU. Kein Wunder – hatten deren Vertreter doch mit im Verwaltungsrat gesessen.

Als sich Widder im Jahre 1999 nach sechzehn Amtsjahren erneut zur Wahl stellte, hatte er mit starkem Gegenwind zu kämpfen. Erst im zweiten Wahlgang setzte er sich mit 51,3 Prozent nur knapp gegen Sven-Joachim Otto (CDU) durch, der beachtliche 47,6 Prozent der Stimmen erreichte. Widder hatte insofern Glück, als der noch junge Otto durch sein forsches Auftreten bei vielen nicht den Eindruck eines gestandenen Kommunalpolitikers vermittelte, dem man die Stadt in den kommenden acht Jahren anvertrauen wollte. Außerdem war die Quadratestadt schon immer eine SPD-Hochburg. Umso respektabler war das gute Wahlergebnis Ottos.

Als die sanierte Sparkasse Mannheim im Jahre 2000 mit der kleineren Sparkasse Weinheim zur neuen Sparkasse Rhein-Neckar-Nord fusionierte, übernahmen die Weinheimer sowohl im Vorstand als auch im Verwaltungsrat das Ruder. Am Ende kostete die Beinahepleite der Mannheimer Sparkasse Widder den Vorsitz im Verwaltungsrat. Den übernahm sein Weinheimer Kollege Uwe Kleefoot (SPD).

Zusammenschlüsse auch in der südlichen Nachbarschaft

Das Geschäftsgebiet der Sparkasse Hockenheim grenzte im Südwesten entlang der Rheinschiene an das der Sparkasse Phillipsburg an. Mit ihr hätte ich mir eine Fusion gut vorstellen können, da durch die Größenordnung beider Sparkassen zwei vergleichbare Partner zusammengekommen wären.

Zu einer ersten Sondierungsrunde hatten sich die Verantwortlichen der beiden Institute auch schon getroffen. Umso überraschter war ich, als sich Phillipsburg 1999 mit Graben-Neudorf zusammenschloss. Doch auch diese Ehe bestand nur wenige Jahre. Wegen zu großer Probleme blieb dem neuen Institut nichts anderes übrig, als mit der großen Sparkasse Karlsruhe zu fusionieren.

Ein weiterer denkbarer Fusionspartner wäre noch die Sparkasse Bruchsal-Bretten gewesen, deren Geschäftsgebiet ebenfalls an das der Sparkasse Hockenheim angrenzte. Sie fusionierte zum 1. Januar 2001 mit der Sparkasse Sinsheim zur Sparkasse Kraichgau. So gesehen hatten Anfang der 2000er Jahre alle um Hockenheim benachbarten Sparkassen mehr wegen einer prekären Notlage als freiwillig mit anderen fusioniert.

Würde die über das Land schwappende Fusionswelle irgendwann auch unsere Sparkasse mitreißen, oder würde sie genügend Substanz besitzen, um dem Druck widerstehen zu können?

Volksbank Hockenheim ging über den Rhein

Damals hatte das Fusionsfieber unter den Banken auch die Volksbank Hockenheim befallen. Sie vereinigte sich zum 1. Januar 1999 mit der Volksbank Speyer-Neustadt. Es war eine länderübergreifende Fusion, die im Sparkassenbereich nicht ohne weiteres möglich gewesen wäre, da sie einen Staatsvertrag zwischen Baden-Württemberg und Rheinland-Pfalz vorausgesetzt hätte.

Im Genossenschaftslager, aber auch im Raum Schwetzingen-Hockenheim, stieß die Fusion nicht überall auf Beifall. Wie ich damals hörte, soll der Badische Genossenschaftsverband alles andere als begeistert gewesen sein. Nicht verstanden hat diese Fusion auch Alfred Ewald, der damalige Vorstandsvorsitzende der Schwetzinger Volksbank, der sein Genossenschaftsinstitut gerne mit Hockenheim fusioniert gesehen hätte. Er hatte mir dies in einem persönlichen Gespräch erläutert und von mir Schützenhilfe erwartet. Doch als Sparkassenmann hielt ich es nicht für angebracht, mich in Fusionsüberlegungen der Volksbank einzuschalten.

Gleichwohl befürchtete ich durch die Volksbank-Fusion eine Schwächung des Bankenstandorts Hockenheim, würde sich doch künftig die Musik in Speyer abspielen. Anscheinend sahen dies die Mitglieder des Aufsichtsrats und der Vertreterversammlung der Volksbank Hockenheim anders, oder wollten es einfach nicht sehen, weil sie sich von einer größeren Bank mehr versprachen.

Sparkasse und Volksbank – zwei ungeeignete Fusionspartner

Vor der Volksbank-Fusion Speyer-Hockenheim hatte ich mit dem Hockenheimer Volksbank-Direktor Heinz Kuppinger sogar überlegt, ob eine Fusion zwischen Volksbank und Sparkasse in Betracht kommen könnte? Beide Kreditinstitute hatten damals bis auf Reilingen, das zum Geschäftsgebiet der Raiffeisenbank Reilingen zählte, ein fast identisches Geschäftsgebiet.

Das Geschäftsvolumen der Volksbank war wesentlich kleiner als das der Sparkasse. Deshalb hätte die Volksbank nur die Rolle eines Juniorpartners spielen können. Ein Zusammenschluss hätte auf Dauer sicher viele Einsparungen mit sich gebracht, aber Arbeitsplätze gekostet. Außerdem hätte er dem neuen Institut eine marktbeherrschende Stellung im Raum Hockenheim beschert. Ob eine solche

Marktmacht zu „ungesunden Nebenwirkungen" für die aktive und passive Kund-schaft hätte führen können, sei dahingestellt.

Fraglich wäre auch gewesen, ob die unterschiedlichen Ziele der Institute - eine Sparkasse ist vorrangig dem Gemeinwohl, eine Volksbank dem Förderauftrag ihrer Mitglieder verpflichtet - unter einen Hut zu bringen sind? Zudem hätte eine solche Fusion nicht dem dreigliedrigen deutschen Bankensystem mit öffentlich-rechtlichen Sparkassen und Landesbanken, Genossenschaftsbanken sowie privaten Geschäftsbanken entsprochen. Hohe Hürden, die wohl kaum zu überwinden ge-wesen wären, stellten noch das Sparkassengesetz sowie das Genossenschaftsrecht dar.

Um definitive Klarheit in der Sache zu bekommen, hatte ich mich an Josef Schmidt, den damaligen Präsidenten des Badischen Sparkassen- und Giroverbands, gewandt. Dessen Stellungnahme verdeutlichte die Problematik. Eine Fusion zwi-schen Sparkasse und Volksbank wäre nur über eine Mehrheitsbeteiligung der Spar-kasse an der Volksbank oder die Übernahme des Geschäftsbetriebs der Volksbank durch die Sparkasse möglich geworden. In beiden Fällen hätte eine qualifizierte Mehrheit der Vertreterversammlung der Genossenschaftsbank zustimmen müssen. Deshalb konnte ich mir leicht ausmalen, wie sich die Genossenschaftsseite verhal-ten würde. Wahrscheinlich wäre eher ein Kamel durch ein Nadelöhr gegangen!

Kaum angedacht, wurde die revolutionäre Fusionsidee auch schon wieder ab-gehakt.

Dem Fusionsdruck lange standgehalten

Mit der Vereinigung des Badischen Sparkassen- und Giroverbands und des Würt-tembergischen Sparkassen- und Giroverbands am 1. Januar 2001 zum Baden-Württembergischen Sparkassenverband, entstand für die Sparkasse Hockenheim neuer Fusionsdruck. Heinrich Haasis, der erste Präsident des neuen Sparkassen-verbands, hatte zuvor bereits den Württembergischen Sparkassen- und Girover-band geführt. Als stellvertretender Fraktionssprecher der CDU-Landtagsfraktion und langjähriger Landtagsabgeordneter zählte er zu den einflussreichen Politikern im Lande. Später wurde er sogar Präsident des Deutschen Sparkassen- und Giro-verbands. Eine tolle Karriere für den ehemaligen Bürgermeister der kleinen würt-tembergischen Gemeinde Bisingen im Zollernalbkreis.

Haasis empfahl mir in einem Gespräch, das ich mit ihm im Juni 2002 in Stutt-gart führte, über eine Fusion der Sparkasse Hockenheim mit der Sparkasse Heidel-berg nachzudenken. Er zweifelte an der langfristigen „Überlebensfähigkeit" der Hockenheimer Sparkasse. Doch damit vermochte er mich nicht zu überzeugen. Al-lerdings zeichnete sich zu der Zeit schon eines klar ab: Der neue, nun auch durch die großen württembergischen Kreissparkassen geprägte Verband, würde sich nicht mehr mit kleineren Instituten wie Hockenheim abgeben wollen. Dies ließen auch die vom Sparkassenverband Baden-Württemberg zu Papier gebrachten Fusions-empfehlungen vermuten, die unsere Sparkasse unter den Fittichen der Sparkasse Heidelberg sehen wollten.

Außerdem verstärkten die Verbandsprüfungen unserer Sparkasse meinen Eindruck, dass von Jahr zu Jahr strengere Maßstäbe angelegt würden. Dazu mögen zwar die vielen Schieflagen, die zu „Zwangsfusionen" führten, beigetragen haben, doch wie mir schien, war dies nicht der alleinige Grund. Auch das Bundesaufsichtsamt für das Kreditwesen und ab 2002 die Bundesanstalt für Finanzdienstleistungsaufsicht nahmen die Banken immer schärfer unter die Lupe und bestellten die Vorstände, auch die unserer Sparkasse, zum Rapport nach Bonn.

Dennoch war ich mir mit meinen damaligen Bürgermeisterkollegen Hartmut Beck aus Altlußheim, Gerhard Greiner aus Neulußheim und Walter Klein aus Reilingen sowie dem Vorstand einig, dem Fusionsdruck solange wie nur möglich Paroli zu bieten. Allerdings machten der weltweite Börsencrash zu Beginn der 2000er Jahre und die Negativentwicklung der deutschen Volkswirtschaft auch der Sparkasse Hockenheim zu schaffen. Größere Wertberichtigungen im Kredit- und Wertpapiergeschäft bescherten ihr unruhigeres Fahrwasser. Sie ließen sich nicht mehr ohne weiteres umschiffen. So musste im Interesse einer ausgeglichenen Bilanz kurzfristig die Hauptstelle verkauft und im Gegenzug angemietet werden. Auch insofern blieb es mir, solange ich im Amt war, erspart, in Fusionsverhandlungen treten zu müssen.

Dazu kam es rund zwei Jahre nach meiner Pensionierung. Am Ende fusionierte die Sparkasse Hockenheim mit der Sparkasse Heidelberg zum 1. Januar 2007. Rainer Arens wechselte nun in den Vorstand der Sparkasse Heidelberg. Michael Hartmann schied aus und wurde in den Vorstand der Sparkasse Bad Honnef berufen. Ansonsten kam es innerhalb des Personals noch zu einigen hierarchischen Veränderungen.

Auch wenn der Verlust der Selbstständigkeit nach 132 Betriebsjahren zunächst für gemischte Gefühle sorgte, gewann ich bald den Eindruck, dass der Zusammenschluss mit dem wesentlich größeren Partner für den Raum Hockenheim nicht nachteilig ist.

Zusammenschlüsse der Landesbanken unmittelbar miterlebt

Als Vorsitzender des Verwaltungsrats der Bezirkssparkasse Hockenheim hatte mich der Sparkassenverband in Gremien von Verbundunternehmen berufen. So war ich ab Mitte der 1980er Jahre Mitglied des Kreditausschusses der Badischen Kommunalen Landesbank (Bakola). Der hatte sich mit anderen Größenordnungen von Krediten als die Sparkasse Hockenheim zu befassen. Im Kreditausschuss musste ich zur Kenntnis nehmen, wie immer mehr Ausfälle im Kreditgeschäft die Bakola in eine Schieflage brachten. Deshalb fusionierte sie notgedrungen mit der Württembergischen Landesbank Stuttgart, Girozentrale. Durch den Zusammenschluss entstand zum 1. Januar 1988 die SüdwestLB.

In deren Verwaltungsrat war ich von Beginn an Mitglied. Über dieses Gremium bekam ich vieles aus Baden-Württemberg und darüber hinaus mit, denn die SüdwestLB begleitete viele exportorientierte baden-württembergische Betriebe bei ihren Auslandsengagements.

Vorstandsvorsitzender der SüdwestLB war Werner Schmidt, der mit seinen Vorstandskollegen recht erfolgreich agierte. Schmidt war auch der erste Vorstandsvorsitzende der zum 1. Januar 1999 gegründeten Landesbank Baden-Württemberg (LBBW), allerdings nur für zwei Jahre. Danach übernahm vereinbarungsgemäß Hans Dietmar Sauer das Ruder, den ich schon von der Landeskreditbank her kannte.

Die LBBW entstand durch die Fusion der SüdwestLB mit der Landesgirokasse. Außerdem wurde der Marktteil der Landeskreditbank in die Fusion miteinbezogen. Dieser Zusammenschluss führte zur größten deutschen Landesbank. Zu ihren Gründervätern zählten neben Ministerpräsident Erwin Teufel auch Sparkassenverbandspräsident Heinrich Haasis, der schon Vorsitzender des Verwaltungsrats der SüdwestLB war und nun auch den Vorsitz im Verwaltungsrat der LBBW übernahm. In diesem Gremium hatte man mich zu einem der stellvertretenden Mitglieder bestellt, die regelmäßig zur Information über die Bankentwicklung nach Stuttgart eingeladen wurden. Daneben musste ich hin und wieder auch meine Stellvertreterfunktion im Verwaltungsrat wahrnehmen.

Da das Land neben den Sparkassen und der Stadt Stuttgart zu den Eignern bzw. Trägern der LBBW zählt, kam ich bei den Sitzungen auch mit Landtagsabgeordneten wie CDU-Fraktionsführer Günther Oettinger sowie mit hohen Ministerialbeamten des Finanz- und des Wirtschaftsministeriums in Kontakt. Dies sollte sich als vorteilhaft erweisen, als es darum ging, mit Hilfe des Landes den Hockenheimring zu modernisieren.

✳

Anstaltslast und Gewährträgerhaftung auf dem Prüfstand

Anfang 2000 stand das deutsche Sparkassen- und Landesbankwesen auf dem Prüfstand. Die Europäische Bankenvereinigung - das ist der Dachverband der privaten Banken - hatte bei der EU eine Wettbewerbsbeschwerde gegen den öffentlich-rechtlichen Bankensektor eingereicht. Dies belastete seinerzeit den öffentlich-rechtlichen Bankensektor insofern noch zusätzlich, als zunächst niemand wusste, wie Brüssel entscheiden würde.

Die Privatbanken sahen sich durch die von den Trägern der Landesbanken und Sparkassen übernommene „Anstaltslast" und „Gewährträgerhaftung" benachteiligt. Die „Anstaltslast" verpflichtete die Träger, für das Gedeihen der Sparkasse zu sorgen. Durch die „Gewährträgerhaftung" hatte die hinter einer Sparkasse stehende Körperschaft im Falle einer Pleite für die Rückzahlung der angelegten Geldbeträge geradezustehen.

Da den öffentlich-rechtlichen Instituten durch die Gewährträgerhaftung finanzielle Vorteile bei ihrer Refinanzierung unterstellt wurden, einigte sich die von Caio Koch-Weser (SPD), dem Staatssekretär im Bundesministerium der Finanzen, geführte deutsche Verhandlungskommission mit Brüssel. Man vereinbarte, die Gewährträgerhaftung nach einer Übergangszeit abzuschaffen und die Anstaltslast mit dem europäischen Wettbewerbsrecht in Einklang zu bringen.

Erstaunt waren wohl viele im öffentlich-rechtlichen Bankenbereich, als Koch-Weser kurze Zeit danach die Fronten wechselte und Mitglied im erweiterten Vorstand der Deutschen Bank wurde. Nach der Gesetzeslage verlieren politische Beamte ihre Versorgung und werden lediglich in der allgemeinen Rentenversicherung nachversteuert, wenn sie auf eigenen Wunsch ausscheiden. Zu Recht monierte deshalb Hans Herbert von Arnim in seinem Buch „Das Versagen der Politik – Volksparteien ohne Volk", dass Koch-Weser dennoch in den einstweiligen Ruhestand versetzt wurde und nun auch noch eine üppige Pension vom Staat bezieht.

❋

Finanzcrash trifft BayernLB und LBBW

Noch ein Wort zu Werner Schmidt und zum Finanzcrash, der im Frühsommer 2007 mit der Immobilienkrise in den USA begann. Der Landesbanker schied, nachdem er den Vorsitz im Vorstand der LBBW abgegeben hatte, aus dieser aus und wurde im Jahre 2001 Vorstandsvorsitzender der Bayerischen Landesbank (BayernLB). Dort hatte er aber keine Fortüne. Die von ihm zu vertretende Geschäftspolitik führte zu Wertberichtigungen in Milliardenhöhe. Dies veranlasste ihn, im Februar 2008 seinen Rücktritt zu erklären. Sonst hätte ihm wohl der Verwaltungsrat den Stuhl vor die Tür gestellt.

Waren zur Zeit seiner Demission die Ausfälle der BayernLB noch mit „bescheidenen" 1,9 Milliarden Euro taxiert worden, mussten in der Folge der Freistaat Bayern der Bank 10 Milliarden Euro an zusätzlichem Eigenkapital zuschießen, um ihre Pleite abzuwenden. Außerdem gewährten noch der Hilfsfonds der Bundesregierung sowie das Land Bayern Garantien über jeweils 4,8 Milliarden Euro.

Zur Schieflage trug auch die in 2010 vorgenommene Rückabwicklung des unter Schmidt getätigten Kaufs der Kärntner Bank „Hypo Group Alpe Adria" bei. Allein diese Fehlinvestition verursachte Verluste in Höhe von 3,7 Milliarden Euro, die der Freistaat abdecken musste.

Nach seinem Ausscheiden bei der BayernLB im März 2008 schloss Schmidt mit der Hypo Group Alpe Adria einen mit 50.000 Euro im Jahr dotierten Beratervertrag ab, der zwei Jahre laufen sollte. Als dieser Vorgang bei der Aufklärung der Affäre zum Vorschein kam, wurde dies sogar in der CSU als „ungeheuerlich" bezeichnet. Doch Schmidt hatte kein schlechtes Gewissen. Die Süddeutsche Zeitung zitierte ihn dazu am 10. Dezember 2009 wie folgt: „Diese Angelegenheit kann nicht zwielichtig sein, weil die Beträge dafür viel zu lächerlich sind!" Immerhin soll er den Beratervertrag vorzeitig aufgelöst und sich nur das Honorar für ein Jahr ausbezahlt haben lassen.

Dass das Desaster um die einst stolze BayernLB auch die regierende CSU bis ins Mark erschütterte, ist verständlich. Bei der Landtagswahl 2009 verlor sie die seit Jahrzehnten gewohnte absolute Mehrheit und konnte sich nur durch eine Koalition mit der FDP an der Macht halten.

Doch auch die LBBW geriet in tiefrote Zahlen, als im September 2008 die Pleite der US-amerikanischen Investmentbank Lehman Brothers die schwerste Finanz- und Wirtschaftskrise seit den 1930er Jahren auslöste. In der Folge mussten auch ihre Eigentümer fünf Milliarden Euro neues Kapital nachschießen und das Land noch Bürgschaften von knapp 13 Milliarden Euro übernehmen.

Das akzeptierte aber die EU nicht ohne weiteres. Als Gegenleistung für die Genehmigung der Kapitalmaßnahmen verlangte sie eine Schrumpfung der Bilanzsumme um 40 Prozent. Ein solcher Prozess ging der größten deutschen Landesbank natürlich an die Substanz, auch in Bezug auf Arbeitsplätze. Von rund 10.000 Stellen mussten 2.500 auf die Streichliste gestellt werden. Der Arbeitsplatzabbau verursachte der Bank weitere erhebliche Kosten und belastete die Betriebsergebnisse über Jahre.

Aufgrund der enormen Wertberichtigungen musste auch Dr. Siegfried Jaschinski, der Vorstandsvorsitzende der LBBW, seinen Hut nehmen. Er gehörte dem Vorstand der LBBW bereits seit 1999 an und war 2005 als Nachfolger Sauers zum Vorsitzenden bestellt worden. Wie in gehobenen Bankerkreisen üblich, dürfte ihm sein Ausscheiden zumindest finanziell keine Sorgen bereiten.

Jaschinkis Abgang ging zwar ohne großes Aufsehen über die Bühne, doch die Stuttgarter Staatsanwaltschaft leitete gegen ihn und seine Vorstandskollegen ein Ermittlungsverfahren wegen des Verdachts der schweren Untreue ein. Hintergrund der Ermittlung waren die hochriskanten Geschäfte der Bank mit US-Immobilienanleihen.

Auch gegen Werner Schmidt und Kollegen ermittelte die Staatsanwaltschaft. Nach der Zeitung Die Welt vom 4. Juni 2011 erhob die Staatsanwaltschaft München schließlich gegen alle acht Ex-Vorstände der BayernLB Klage wegen Untreue und Korruption. Unter anderem soll der Kaufpreis für die Hypo Group Alpe Adria viel zu hoch gewesen sein. Der Schaden, der den Vorständen in der umfassenden Anklageschrift vorgeworfen wird, soll sich auf 624 Millionen Euro summieren! Alle betroffenen Banker beteuern bisher ihre Unschuld und haben sich Starverteidigern anvertraut. Damit bahnen sich spektakuläre Prozesse an. Insofern darf man gespannt sein, wie letztlich das Landgericht München urteilen wird.

Ursachen der Krise

Zur Ehrenrettung der durch Medien und Politik vielgescholtenen Banker sei Folgendes angeführt: Das Fundament dieses Desasters legte 1979 eine linke Mehrheit des US-Kongresses. Sie verpflichtete die US-Sparkassen, einen kleinen Teil ihres Gewinns in zinsgünstige Baudarlehen für Mittellose zu investieren. Dadurch erhöhte sich die Zahl der Hausbesitzer, aber auch die Risiken der Kreditgeber.

Der neugewählte Präsident Bill Clinton wollte 1993 noch mehr Gutes tun und setzte die Pflichtabgabe für US-Sparkassen auf fast ein Drittel des Gewinns herauf. Fast jeder x-beliebige Amerikaner bekam nun eine Kreditzusage zum Hauskauf, auch wenn er weder Eigenkapital noch ein regelmäßiges Einkommen hatte. In vielen Fällen wurden die Zinsen und die Rückzahlung des Darlehens erst zum Ende der Laufzeit des Kreditvertrags fällig. Bis zum Finanzcrash 2008 hatten sich in den USA Billionen von Dollar an dubiosen Hypothekenkrediten aufgehäuft.

Verständlich, dass die US-Sparkassen versuchten, das politisch erzwungene Risiko zu verteilen. Sie verkauften einen Teil dieser Forderungen an die beiden halbstaatlichen Finanzinstitutionen Fannie Ma und Freddie Mac sowie an Versicherungen und Hedgefonds weiter. Die wiederum haben diese Transaktionen mit der weltweiten Ausgabe von Anleihen refinanziert, die von sämtlichen Ratingagenturen mit Höchstnoten (AAA) bewertet wurden. Auf diese Bonitätseinschätzung verließen sich wohl auch die deutschen Banker.

Weder die Bankenaufsicht, interne Revisoren noch externe Prüfungsgesellschaften der Banken hatten an den Anleihen zu kritteln. Die wenigen kritischen Stimmen fanden jedenfalls in den Vorständen kein Gehör. Zudem waren viele Aufsichtsgremien der Banken weder über diese Art Geldanlage noch über mögliche Risiken informiert. Im Vertrauen auf die Werthaltigkeit der US-Papiere, und weil die Renditen über Jahre hinweg stimmten, haben sie auch die Vorstände der Landesbanken gutgläubig in ihr Portefeuille genommen.

Das ging aber nur solange gut, bis die US-amerikanischen Immobilienpreise fielen. Gleichzeitig stieg die Anzahl der US-Kreditnehmer, die die Kredite nicht mehr bedienen konnten, sei es wegen gestiegener Zinsen oder wegen fehlender Einkommen. Die US-Immobilienblase platzte. Lehman Brothers ging pleite. Da nun kein Banker mehr dem anderen traute, kam kurzfristig der weltweite Interbankenmarkt zum Erliegen und das globale Finanzsystem drohte zu kollabieren.

In dieser Situation griffen die führenden westlichen Notenbanken und Regierungen notgedrungen ein, senkten die Leitzinsen, stützten über riesige Staatsbürgschaften das Finanzsystem sowie über Konjunkturprogramme ihre im Abschwung befindlichen Volkswirtschaften. In den USA, aber nicht nur dort, überlebten die meisten Investmentbanken, große Geschäftsbanken und Versicherungen nur, weil sie staatlicherseits übernommen oder durch staatliche Bürgschaften gerettet wurden.

Fannie Mae und Freddie Mac haben nach Angaben der „Welt am Sonntag" vom 5. September 2010 beachtliche 146 Milliarden US-Dollar Steuergelder verschlungen, das Dreifache dessen, was der Autokonzern General Motors vom amerikanischen Staat erhalten hat, um zu überleben. Nach Angaben der gleichen Zeitung schließt das unabhängige Congressional Budget Office nicht aus, dass am Ende bis zu 389 Milliarden US-Dollar wie in einem schwarzen Loch verschwinden könnten. Eine Summe, die der jährlichen Wirtschaftsleistung von ganz Österreich entspricht!

In Deutschland war die börsennotierte und inzwischen verstaatlichte Hypo Real Estate Holding AG mit Sitz in München durch die Finanzkrise ins Schleudern geraten. Ohne staatliche Garantien von 103,2 Milliarden Euro einschließlich einer direkten Finanzierungshilfe von 6,3 Milliarden Euro, die aus dem Finanzmarktstabilisierungsfond beigesteuert wurden, wäre sie nicht zu retten gewesen.

Weltweit führte der Finanzcrash zu einem dramatischen Absturz der meisten Aktienkurse. Die Aktientalfahrt verstärkte die Weltwirtschaftskrise, die dem exportverwöhnten Deutschland besonders zu schaffen machte. Viele Banken mussten nun auch noch schmerzhafte Ausfälle beim Firmenkreditgeschäft verkraften.

Der Internationale Währungsfonds (IWF) bezifferte in seinem am 20. April 2010 veröffentlichten „Globalen Bericht zur Finanzstabilität" die Verluste der deutschen Banken aus Krediten und Verbriefungen zwischen 2007 und 2010 auf 314 bis 338 Mrd. US-Dollar. Davon betrafen 132 bis 143 Mrd. Dollar die privaten Geschäftsbanken, 143 bis 151 Mrd. Dollar die Landesbanken und Sparkassen sowie 39 bis 44 Mrd. Dollar die übrigen Kreditinstitute. Die öffentlich-rechtlichen Institute standen demnach also am schlechtesten da. Der Fonds schätzt die durch die Finanzkrise verursachten Verluste des globalen Bankensystems auf insgesamt 2.300 Mrd. Dollar.

Es wird Jahre dauern, bis die seit den 1930er Jahren schwerste Finanz- und Wirtschaftskrise weltweit überstanden ist. Ob daraus für die Zukunft die richtigen Lehren gezogen werden?

✳

Zwei bedeutende Sozialprojekte

U m die Jahrtausendwende wurden in Hockenheim mit dem Med-Center und dem Vereinsheim des Ortsverbands des Deutschen Roten Kreuzes mit angeschlossener Rettungswache zwei neue Bauprojekte fertig gestellt. Sie optimierten die medizinische Versorgung der Stadt Hockenheim sowie die Notfallversorgung des Raumes Hockenheim-Schwetzingen. Wie es dazu kam, erfahren wir in den beiden folgenden Kapiteln.

DRK baute mit städtischer Hilfe im Talhaus

Das Vereinsheim des DRK-Ortsverbands Hockenheim an der Heidelberger Straße sowie die dort untergebrachte Rettungswache - zuständig für Hockenheim, Altlußheim, Neulußheim und Reilingen - waren in die Jahre gekommen. Außerdem ließ das beschränkte Raumangebot erheblich zu wünschen übrig. Deshalb hatte der DRK-Kreisverband für seine Rettungswache eine Standortuntersuchung durchgeführt. Bei dieser wurde das Gewerbegebiet Talhaus nahe der B 36 als ideal bewertet. Von dort aus - so die Erkenntnisse des DRK - würden seine Rettungskräfte in Notfällen relativ schnell auch den Raum Schwetzingen sowie Altlußheim, Neulußheim und Reilingen erreichen.

Als ich von diesen Plänen hörte, war ich mir gleich des Standortvorteils einer zentralen Rettungsstation für Hockenheim bewusst. Deshalb unterstützte ich das Projekt von Anfang an. Da aber nur der Herr den Seinen etwas im Schlafe gibt und unser Gemeinwesen bisher nur selten zu den Auserkorenen zählte, kam die Stadt nicht umhin, zu diesem Vorhaben einen angemessenen Beitrag zu leisten. Dafür sprach auch das jahrzehntelange Engagement des DRK in Hockenheim. Größere und kleinere Veranstaltungen am Hockenheimring und in der Stadt wären ohne die Betreuung durch das DRK nicht denkbar gewesen, ganz zu schweigen von den Krankentransporten und der Ersten Hilfe, die das DRK bei Unfällen und Notfällen leistet.

Die Verhandlungen mit meinem Bürgermeisterkollegen Peter Riehl aus Schriesheim, dem Vorsitzenden des DRK-Kreisverbands, sowie mit Georg Seiler und Siegmar Hagmann vom DRK-Ortsverband Hockenheim, führten zu folgendem Ergebnis, das der Gemeinderat im Juli 1997 beschloss:

- Die Stadt Hockenheim stellt dem DRK ein Grundstück von 2.660 Quadratmetern an der Ecke Talhausstraße/Im Auchtergrund, unweit der B 36, in Erbpacht zur Verfügung. Auf diesem werden die in Schwetzingen und Hockenheim befindlichen Rettungswachen zusammengeführt sowie ein neues DRK-Heim errichtet.
- Des Weiteren gewährt die Stadt für das DRK-Heim einen Baukostenzuschuss von 25 Prozent, knapp 550.000 Mark und für die Rettungswache einen solchen von 50.000 Mark.
- Zudem übernimmt das Bauamt der Stadt die Planung und Überwachung des Bauvorhabens ohne Berechnung.

Insgesamt kostete das Projekt rund 2,4 Millionen Mark. Die Rettungswache wurde zu 90 Prozent vom Land, das Heim über den städtischen Zuschuss, den Verkauf des DRK-Anwesens in der Heidelberger Straße, ein Darlehen, Eigenleistungen und Spenden finanziert.

Wenige Wochen vor der Einweihung des neuen DRK-Domizils verursachten zwei heftige Winterstürme erhebliche Dachschäden. Der erste fegte am 12. Dezember 1999 über den neuen Gebäudekomplex hinweg und riss einige Dachplatten aus ihrer Verankerung. Kaum repariert deckten Böen des Orkantiefs „Lothar", das am 2. Weihnachtsfeiertag 1999 im Süden Deutschlands eine breite Spur der Verwüstung hinterlassen hat, erneut einen Teil des Daches ab. Nun wurde die Dachkonstruktion verstärkt und damit künftigen Stürmen vorgebeugt.

Bei der Einweihungsfeier beglückwünschte ich den DRK-Kreisverband und den DRK-Ortsverein zum neuen Domizil und zollte dem Engagement der Verantwortlichen ebenso Respekt, Dank und Anerkennung wie der Arbeit von Stadtbaumeister Wilhelm Stulken und seinem Team im Stadtbauamt.

Med-Center – auch städtebaulich ein Gewinn

Fast ein Jahr danach, am 28. Januar 2001, wurde das am südlichen Stadteingang zwischen Reilinger Straße und Kraichbach sowie am Südring gelegene, städtebaulich dominante Med-Center eingeweiht. Am gleichen Tag ist auch der Bürgerentscheid zur Modernisierung des Hockenheimrings durchgeführt worden – darüber erfahren wir in einem späteren Kapitel mehr.

Vor dem Bau des Med-Centers befanden sich dort jahrzehntelang die Spargelannahme- und -verkaufsstelle sowie das eingeschossige Wohnhaus der Familie Huber. Das Anwesen war während der Spargelsaison bis in die 1990er Jahre eine Anlaufstelle für Spargelliebhaber von nah und fern. Nach dem Ableben der Eigentümer stellte sich die Frage, wie es mit dem Anwesen am Stadtrand auf der westlichen Seite der ehemaligen Landstraße nach Reilingen weitergehen solle?

Vom Städtebaulichen her konnte ich mir eine andere Qualität an der südlichen Stadteinfahrt vorstellen. Deshalb ließ ich das Stadtplanungsamt prüfen, wie dieses zum Kraichbach um einige Meter abfallende Areal städtebaulich aufgewertet werden könne? Es entwarf einige Alternativen mit einer Wohnbebauung. Die aber wäre an dem verkehrsmäßig stark belasteten Areal nur mit kostspieligen Lärmschutzwänden entlang der Reilinger Straße und des Südrings denkbar gewesen. Zudem hätten die Lärmschutzwände wie Gefängnismauern gewirkt und die Wohnqualität beeinträchtigt. Insofern sprach vieles gegen den Bau von Wohnhäusern an dieser Stelle.

In Betracht wäre auch eine gewerbliche Nutzung, wie eine Tankstelle, gekommen, doch gegenüber befand sich schon lange eine. Guter Rat war also teuer. In dieser Denkphase entwickelte der Apotheker und Stadtrat Hubert Schotter mit seinem Bruder - beide Enkel der verstorbenen Eigentümer - die zukunftsweisende Idee eines Gesundheitszentrums, kurz Med-Center genannt. In ihm sollten verschiedene Facharztpraxen wie allgemeinärztliche, augenärztliche, chirurgische, gynäkologische, nephrologische mit Dialysestation, urologische und zahnärztliche untergebracht werden. Geplant wurden weitere Räume für eine Apotheke, Bäcker- und Metzgereifiliale, Obst- und Gemüsegeschäft, Sanitätsgeschäft, eine Cafeteria sowie eine Altenpflegeeinrichtung und Wohnungen für Senioren.

Mit diesem Konzept rannte Hubert Schotter bei mir gleich offene Türen ein, denn eine bessere Nutzung des Areals am Eingang der Stadt konnte auch ich mir kaum vorstellen. Zudem bot es mit dem Architekten Volker Grein die Chance der städtebaulichen Aufwertung. Deshalb setzte ich mich für die erforderliche Bebauungsplanung sowie für den Facharzt für Innere Medizin und Nephrologie Dr. Peter Rohmeiss ein, dem man zunächst - trotz zahlreicher Dialysepatienten im Raum Hockenheim - keine Genehmigung für eine Dialysestation in Aussicht stellen wollte. Am Ende wurde das Konzept wie dargestellt realisiert.

Leider ging es der Bauherrengemeinschaft Schotter wie vielen Bauherren. Sie musste sich mit der Baufirma, in diesem Falle die Walter Bau AG, auseinandersetzen. Das war ein großer deutscher Baukonzern mit über 9.000 Mitarbeitern, der 2005 Pleite ging. Die Walter Bau AG hatte den Auftrag als Generalunternehmer erhalten, hielt aber den mit ihr abgestimmten Bauzeitenplan nicht ein. Zudem entsprach einiges ihrer Leistung nicht den Vorgaben, musste geändert oder kostspielig nachgebessert werden.

Dennoch ist das Projekt insgesamt gelungen. Es nützt aus medizinischer Sicht den Menschen des Raumes Hockenheim und wertet trotz seines massiven Bauvolumens die südliche Einfahrt Hockenheims städtebaulich auf.

※

Ernennung Hockenheims zur Großen Kreisstadt

Wie in jedem Jahr übermittelte das Statistische Landesamt im Dezember 1999 der Stadtverwaltung die von ihm festgestellte Bevölkerungszahl Hockenheims zum 30. Juni des Jahres. Danach hatte Hockenheim erstmals mehr als 20.000 Einwohner. Obwohl der Trend schon seit längerem auf diese Entwicklung hindeutete, hatte ich damit noch nicht gerechnet. Mit mehr als 20.000 Einwohnern war eine der wesentlichen Voraussetzungen der baden-württembergischen Gemeindeordnung erfüllt, um auf Antrag von der Landesregierung zur Großen Kreisstadt ernannt zu werden.

Für die Antragstellung sprach sich der Gemeinderat auf meinen Vorschlag hin am 26. Januar 2000 einstimmig aus. Das Landeskabinett befasste sich mit unserem Antrag am 2. Mai 2000 und erklärte die Stadt Hockenheim mit Wirkung vom 1. Januar 2001 zur Großen Kreisstadt – der 84. im Lande.

Die Ernennungsurkunde überreichte mir Finanzminister Gerhard Stratthaus im Rahmen eines Festakts, der zu diesem Anlass am 18. Dezember 2000 in der Stadthalle Hockenheim mit vielen Mitbürgerinnen und Mitbürgern sowie illustren Gästen veranstaltet wurde. Zu ihnen zählten unter anderem die Bundestagsabgeordneten Lothar Binding (SPD) und Dirk Niebel (FDP), Landtagsvizepräsident und Minister a.D. Gerhard Weiser, die Landtagsabgeordnete Rosa Grünstein (SPD), Regierungspräsidentin Gerlinde Hämmerle, Landrat Dr. Jürgen Schütz, zahlreiche Bürgermeisterkollegen sowie die Behördenleiter aus der Region. Musikalisch wurde der Festakt vom Flötenquartett der Jungen Philharmonie Rhein-Neckar unter der Leitung von Gerhard Ohnheiser begleitet.

Monate vor dem Festakt machte die Landesregierung die Erhebung zur Großen Kreisstadt im Staatsanzeiger Baden-Württemberg bekannt. In diesem Zusammenhang lobte der damalige Innenminister Dr. Thomas Schäuble die beispielhafte Entwicklung des „attraktiven Unterzentrums im Rhein-Neckar-Dreieck", der wegen des Hockenheimrings weltweit bekannten Stadt. Er bezeichnete Hockenheim als einen bedeutenden Wirtschaftsstandort. Außerdem habe es bereits in der Verwaltungsgemeinschaft bewiesen, für die zentralen Aufgaben einer Großen Kreisstadt bestens gerüstet zu sein.

Die Verwaltungsgemeinschaft mit Altlußheim, Neulußheim und Reilingen war zum 1. Januar 1975 vereinbart worden. Insofern bestand diese kommunale Zusammenarbeit im Jahre 2000 bereits 25 Jahre. Zum 1. August 1975 hatte die Stadt-verwaltung Hockenheim für ihre südlichen Nachbargemeinden auch noch die Aufgaben und Zuständigkeiten der Unteren Baurechtsbehörde übernommen, die bisher dem Landratsamt oblagen.

Federführende, sprich „Erfüllende Gemeinde", in der Verwaltungsgemeinschaft ist die Stadt Hockenheim, die sich in erster Linie um die gemeinsame Flächennut-zungsplanung kümmern muss. Im Rahmen derer sind die verschiedenen kommu-nalen Interessen in ein auf den Verwaltungsraum abgestimmtes Konzept zu brin-gen, das den Vorgaben der Raumordnungs- und Landesplanung gerecht wird.

Danach ist der Zentralort Hockenheim gegenüber den kleineren, südlich gelege-nen Nachbargemeinden bei der Ausweisung von Gewerbe- und Wohnbauflächen auch deshalb privilegiert, weil er für sie zentralörtliche Einrichtungen wie bei-spielsweise weiterführende Schulen vorzuhalten hat. Zur Finanzierung der Infra-struktur trägt der auf die Zahl der Einwohner bezogene Finanzausgleich des Lan-des bei. Auch insofern ist es im Sinne der Landesplanung, wenn ein zentraler Ort ein stärkeres Bevölkerungswachstum verzeichnet als ein benachbartes Dorf. Schauen wir uns deshalb einmal an, ob die Entwicklung des Raumes Hocken-heim diesem Ziel gerecht wurde. Von 1975 bis 2000 wuchs Reilingens Einwoh-nerzahl um über 30 Prozent, Hockenheims jedoch nur um 18,7 Prozent. Auch Neulußheim ist in dieser Zeit um 19,3 Prozent gewachsen, während Altlußheim bei 0,9 Prozent stagnierte.

Worauf war das unterschiedliche Wachstum zurückzuführen? Zu den wesentli-chen Ursachen zählte das Neubaustreckenprojekt der Bundesbahn. Es bremste in den 1970er Jahren in Hockenheim die Erschließung von Baugebieten. Dagegen vermochte Reilingen in dieser Zeit die Nachfrage mit einigen zig Hektar baureifem Gelände zu befriedigen, auch die vieler Hockenheimer.

Mit der Großen Kreisstadt kamen auf die Stadtverwaltung neue Aufgaben und Zuständigkeiten zu. Vom Landratsamt wurde die Wohngeldstelle und Ausländer-behörde übernommen. Zum Zeitpunkt der Erhebung zur Großen Kreisstadt leb-ten schon rund 4.500 Ausländer im Verwaltungsraum, fast so viele, wie Altlußheim Einwohner hatte. Außerdem musste ein Rechnungsprüfungsamt eingerichtet wer-den, das als Vorschaltstelle der Gemeindeprüfungsanstalt die Aufgabenerfüllung der Stadtverwaltung überwacht.

Die erweiterten Zuständigkeiten machten nur eine geringfügige Aufstockung des Personals sowie eine räumliche Erweiterung für das Ausländeramt erforderlich. Im Rathausinnenhof wurde dafür ein eingeschossiger Anbau mit Büroräumen errich-tet. Da die Stadtverwaltung mit ihren Amtsleitern optimal besetzt war, ich mich auf die Bürgermeister-Stellvertreter verlassen konnte, und auch sonst die Verwaltungs-qualität nichts zu wünschen übrig ließ, riet ich im Hinblick auf eine schlanke Füh-rungshierarchie zunächst von der Bestellung eines hauptamtlichen Beigeordneten ab.

Mit der Großen Kreisstadt wechselte die kommunale Rechtsaufsicht vom Land-ratsamt des Rhein-Neckar-Kreises zum Regierungspräsidium Karlsruhe. Außerdem avancierte ich vom Bürgermeister zum Oberbürgermeister, was allerdings keinen

Einfluss auf meine Besoldung hatte. Zudem hätte das Gemeinderatsgremium ab der Kommunalwahl 2004 von 22 auf 26 Mitglieder aufgestockt werden können. Doch diese Option zog der Gemeinderat nicht in Erwägung. Er könnte in Zukunft aber jederzeit beschließen, das Gremium entsprechend zu vergrößern.

Zur Aufnahme Hockenheims in die Riege der Großen Kreisstädte und zum 25-jährigen Jubiläum der Verwaltungsgemeinschaft schenkten Altlußheim, Neulußheim und Reilingen der Stadt einen stattlichen Fächerblattbaum (Ginkgo biloba) und die Volksbank Speyer-Neustadt-Hockenheim spendete eine gemeine Esche, Baum des Jahres 2001. Die bis zu 300 Jahre alt und 45 Meter hoch werdende Esche fand im Gartenschaupark nahe dem Ausstellungsgebäude der Zierfischfreunde Amazonas ihr neues Domizil.

Der Ginkgo, den die Bürgermeisterkollegen Gerhard Greiner, Ewald Hestermann und Walter Klein mit mir im Ebertpark pflanzten, ist mit über 200 Millionen Jahren die älteste Art der Pflanzenwelt. Ein solcher Baum kann Wuchshöhen bis zu 40 Meter erreichen und uralt werden; in Asien stehen einige Exemplare, die älter als 1.000 Jahre sein sollen. So gesehen zählen die Bäume zu den langlebigsten Geschenken, die man sich vorstellen kann. Wen und was alles werden sie wohl überdauern?

Fragt sich noch, welchen Nutzen die Große Kreisstadt bringt. Vom Finanziellen her ist es schwierig, dies auf Heller und Pfennig zu taxieren. Dem Mehr an Kosten stehen Zuwendungen des Landes gegenüber.

Zahlt sich die Große Kreisstadt immateriell aus? Natürlich lässt sich auch dies nicht direkt messen. Allerdings hat sich in den über zwei Jahrzehnten vor der Ernennung bei mir der Eindruck verfestigt, dass Große Kreisstädte einen höheren Stellenwert im Lande haben als kleinere Kommunen. Deshalb bin ich mir sicher: Mit der Großen Kreisstadt stiegen die zentralörtliche Bedeutung sowie das Ansehen Hockenheims in Stuttgart und in der Region, also das Image.

Außerdem stärkt die Große Kreisstadt die Verwaltungskraft und kommt der Bürgernähe zugute. Durch sie ist für viele Einwohner der Verwaltungsgemeinschaft Hockenheim nicht mehr das Landratsamt in Heidelberg die Anlaufstelle, sondern das Hockenheimer Rathaus.

*

Reaktionen auf Buchpublikationen und Leserbriefe

Im Frühjahr des Jahres 2000 brachte Hockenheims Altbürgermeister Dr. Kurt Buchter sein zweites Buch mit dem Titel „Der Raum Hockenheim an der Jahrtausendwende" heraus. Hatte ich mich schon über einige Passagen seines ersten Buchs „Hockenheim in Raum und Zeit" gewundert, sah ich mich nun aber veranlasst, darauf öffentlich zu reagieren.

Zahlen entsprachen nicht der Realität

Einige in dem Buch veröffentlichte Zahlen zu Hockenheims Finanzlage waren falsch. Dies veranlasste mich, dazu in der öffentlichen Gemeinderatssitzung am 19. April 2000 die folgende Stellungnahme abzugeben:

„In dem neuen Buch »Der Raum Hockenheim an der Jahrtausendwende« von Dr. Kurt Buchter, das der Verleger Jürgen Laban als »Standardwerk für die Heimatgeschichte des Raumes Hockenheim« bezeichnet, geht der Autor auch auf die Hockenheimer Finanzlage ein und beschreibt diese als nicht erfreulich. Des Weiteren stellt er fest, die Stadt habe sich durch große Investitionsvorhaben in eine missliche Lage gebracht. Als schlimm bezeichnet er den starken Rückgang der einstmals so stattlichen Gewerbesteuer. Im Vergleich mit anderen Kommunen der Region konstatiert er: »Hockenheim hing 1997 mit einer negativen Investitionsrate von 446.000 Mark verschämt am Ende.«

Dazu ist festzustellen, dass weder die Zahlen noch die Fakten stimmen. Des Weiteren hinkt ein solcher Vergleich, wenn in diesen nur ein negatives Jahr, nicht aber auch die positiven einbezogen werden, die ihm folgten. 1997 hatte die Stadt keine negative Netto-Investitionsrate von 446.000 Mark, sondern eine positive von 2.324.000 Mark. Im Jahr 1998 betrug die Netto-Investitionsrate sogar beachtliche 8.029.516 Mark und im Jahr 1999, das noch nicht endgültig abgerechnet ist, wird sie über 2,5 Millionen Mark betragen. Für das Jahr 2000 wurde im Haushalt mit einer Netto-Investitionsrate von 4.053.000 Mark kalkuliert.

Auch bei der Gewerbesteuer treffen die Aussagen Dr. Buchters nicht zu. 1997 beziffert er die Gewerbesteuer-Einnahmen der Stadt auf 10,4 Millionen Mark, effektiv lagen diese aber bei 12,2 Millionen Mark.

1998 betrugen die Gewerbesteuer-Einnahmen nahezu 13 Millionen Mark, 1999 sogar über 17,5 Millionen Mark. Für das Jahr 2000 sind im Haushalt Gewerbesteuer-Einnahmen von 13,5 Millionen Mark angesetzt. Von einem starken Rückgang der Gewerbesteuer, zu der man gedanklich noch 1,5 Millionen Mark Mehrwertsteuer pro Jahr als Ausgleich für den Wegfall der Gewerbe-Kapitalsteuer rechnen muss, kann also keine Rede sein.

Trotz hoher Verschuldung konnten die Verbindlichkeiten der Stadt seit 1991 kontinuierlich reduziert werden. Für das Jahr 1992 beziffert Dr. Buchter die Verschuldung je Einwohner auf 2.198 Mark, tatsächlich aber lag sie bei 1.838 Mark, weil im Schuldenstand der Stadt ein kostenneutrales Darlehen der Bezirkssparkasse Hockenheim in Höhe von 6 Millionen Mark enthalten ist. Bis Ende des letzten Jahres wurde die Pro-Kopf-Verschuldung auf 1.026 Mark zurückgeführt.

Was die Stadtwerke und ihre Verbindlichkeiten anbelangt, schreibt er, dass diese 1996 immerhin 40 Millionen Mark betragen haben. Auch diese Zahl ist nicht zutreffend - richtig wären 38,5 Millionen Mark gewesen. Bis Ende 1999 wurde die Verschuldung der Stadtwerke auf 34,7 Millionen Mark zurückgeführt. Hinter diesen Zahlen stehen erhebliche Investitionen im Interesse der Versorgungssicherheit, die sich über die Gebührenhaushalte amortisieren lassen. Das Jahresergebnis der Stadtwerke weist ein Plus von 351.000 Mark und 1999 von 330.000 Mark aus, wobei der Überschuss aus dem Verkauf der EnBW-Aktien - das Aktienpaket umfasste 6,8 Millionen Mark - nicht berücksichtigt ist. Von einer misslichen Lage kann also auch bei den Stadtwerken keine Rede sein.

Zur Beurteilung der Finanzlage einer Stadt muss auch die Rücklage herangezogen werden. Diese lag seit 1991 jeweils zwischen 3,6 und 12 Millionen Mark pro Jahr. Doch darüber wird in Dr. Buchters Buch nichts ausgesagt – vielleicht auch deshalb, weil es nicht ins negative Bild passen würde, das zur städtischen Finanzlage offensichtlich gezeichnet werden sollte.

Unverständlich sind auch seine Feststellungen, die Abwasserbeseitigung mit 2,8 Millionen Mark sei ein besonders problematischer Ausgabeposten und die Abfallbeseitigung sei in jeder Weise ein Sorgenkind, das uns 3,95 Millionen Mark kostet. Zu Letzterem ist ihm offensichtlich entgangen, dass die Abfallbeseitigung bereits zum 1.1.1998 auf den Rhein-Neckar-Kreis bzw. dessen Tochtergesellschaft AVR übertragen wurde und deshalb den städtischen Haushalt seit über zwei Jahren nicht mehr tangiert. Der Abwasserbeseitigung liegt seit Jahren eine kostendeckende Gebührenrechnung - entsprechend den gemeindewirtschaftsrechtlichen Vorschriften - zugrunde.

Obwohl zu dem Buch noch viel zu sagen wäre, will ich mir dies zum jetzigen Zeitpunkt ersparen. Festzustellen bleibt, dass die von Dr. Kurt Buchter geschilderte »nicht erfreuliche Finanzlage der Stadt Hockenheim« eine persönliche Beurteilung ist, die an der Realität vorbeigeht. Dies muss hier im Gemeinderat in aller Deutlichkeit festgestellt werden, zumal die Finanzpolitik der Stadt primär von diesem Gremium und vom Bürgermeister zu vertreten ist. Unzutreffende Veröffentlichungen zur städtischen Finanzpolitik können jedenfalls nicht unwidersprochen hingenommen werden, auch wenn sie aus der Feder von Dr. Kurt Buchter stammen. Es ist schade, dass das als Standardwerk für die Heimatgeschichte angekündigte Buch durch mangelhafte Recherchen diesem Anspruch nicht in allen Belangen gerecht wird.“

Soweit meine Stellungnahme im Gemeinderat. Darüber berichteten die Rhein-Neckar-Zeitung am 22. April 2000 sowie die HTZ am 27. April 2000 ausführlich. Dr. Buchter reagierte nicht darauf. Etwas anderes hatte ich auch nicht erwartet. Eines war mir jedoch schon damals klar: Über meine korrigierende Stellungnahme würde bald Gras gewachsen sein. Wer später einmal in dem Buch liest, wird annehmen, die Zahlen seien korrekt. Sie stammen ja immerhin von einer so bedeutenden Persönlichkeit wie Altbürgermeister Dr. Kurt Buchter.

Von den über 4.000 Exemplaren des Buchs scheinen nur wenige verkauft worden zu sein. Der große Rest der Bücher saß jedenfalls lange Zeit auf Paletten in einer Speditionshalle im Talhaus, später dann bei der Druckerei Weinmann. Wie man hörte, soll der Verleger Jürgen Laban mit dem Buch nicht glücklich geworden sein.

Einige Jahre nach dem Ende meiner Amtszeit erfuhr ich, dass Dr. Buchter eine Stiftung planen möchte. Im Zusammenhang mit seiner Stiftung soll er an die Stadt mit dem Vorschlag herangetreten sein, ihm die auf Halde sitzenden Bücher abzukaufen. Damit wollte er wohl zwei Fliegen mit einer Klappe schlagen. Einmal wären die Bücher mit den falschen Zahlen über kurz oder lang unters Volk gekommen. Zum anderen wollte er den Erlös aus dem Bücherverkauf dem Kapital seiner Stiftung zuführen. Der Gemeinderat soll den Antrag in einer nicht öffentlichen Sitzung abgelehnt haben.

Auf Vorwort verzichtet

Das war nicht die erste Überraschung, die mir ein Buch aus der Feder Dr. Buchters bescherte. Er hatte bereits 1995 das Buch „Hockenheim in Raum und Zeit" herausgebracht. Dazu sollte ich neben dem ehemaligen Landrat Albert Neckenauer und anderen namhaften Persönlichkeiten ein Geleitwort schreiben.

Als ich darüber mit Neckenauer beim Festakt zum 100-jährigen Stadtjubiläum sprach, sagte er zu mir: „An ihrer Stelle wäre ich vorsichtig!" Er gab mir den weisen Rat, vorher das Manuskript zu verlangen, was ich dann auch tat. So konnte ich schon vor dem Druck feststellen, dass Dr. Buchter nicht nur über seine Amtszeit geschrieben hatte, was ich eigentlich begrüßt hätte, sondern auch über meine.

Das Manuskript enthielt Passagen, zu denen ich nicht noch meinen Segen mit einem Geleitwort geben wollte. Da Dr. Buchter am Manuskript nichts änderte - auch ein persönliches Gespräch, das ich mit ihm in seinem Hause führte, hatte nichts bewirkt - schrieb ich ihm:

> „In einem Geleitwort müsste ich zwangsläufig meine eigene, abweichende Meinung zum Ausdruck bringen. Damit möchte ich aber Ihr Buch nicht belasten, weshalb ich auf ein Geleitwort verzichte."

Dennoch hatte die Stadtverwaltung seinem Buch - und dies mit meinem ausdrücklichen Einvernehmen - enorm viel zugearbeitet. Dr. Buchters Schaltstelle im Rathaus war Hauptamtsleiter Manfred Christ, der ihm jede gewünschte Information und zig Akten aus dem Stadtarchiv überbringen ließ. Trotz der großzügigen Unterstützung schrieb Dr. Buchter am Schluss des Buches:

> „Was ich jedoch nicht verstehe, ist die Tatsache, dass die Stadt von Anfang an versuchte, dem Projekt heimtückisch die Luft abzulassen."

Nun war aber eines klar: Solange ich im Rathaus noch etwas zu sagen hatte, würde die Stadtverwaltung an Dr. Buchter weder eine Akte noch eine weitere Zahl liefern.

Unverständliche Auseinandersetzung um den Motodrombau

Über Dr. Buchter wird sich wohl auch Ehrenbürger Ernst Christ gewundert haben, nachdem der Mannheimer Morgen bzw. die HTZ am 9. Mai 1997 über das erste Nachkriegsrennen vor fünfzig Jahren berichtet hatten. Der ausführliche Artikel endete mit dem Satz: „Aus dem Rennleiter von 1947 wurde keine zwei Jahrzehnte später der Erbauer des Motodroms, Ehrensache, dass Ernst Christ längst Ehren-bürger seiner „Rennstadt Hockenheim" geworden ist." Auf diesen Satz reagierte Dr. Buchter mit einem Leserbrief in der HTZ-Ausgabe vom 17. Mai 1997:

> „Dort (gemeint ist der Artikel in der HTZ) wird wieder einmal die seit Jahr-zehnten sorgsam gepflegte Behauptung aufpoliert, Herr Christ habe das Mo-todrom gebaut. Ich habe jedoch in meinem Buch »Hockenheim in Raum und Zeit« ausführlich und beweiskräftig dargelegt, was an dieser Geschichte nicht stimmen kann. Deshalb heute nur ein Satz: Das Motodrom gebaut haben Stadtbaumeister Fritz Kraft und sein Mitarbeiter Bruno Benz und Fritz Me-ckesheimer ... Auf jeden Fall hat Herr Christ das Motodrom so wenig gebaut wie ich den Eiffelturm."

Dem folgte dann eine Auseinandersetzung über Leserbriefe in der HTZ, und zwar zwischen dem BMC-Präsidium (vertreten durch Dieter Herz und Harald Roth) sowie Dr. Buchter. Bemerkenswert fand ich jenen vom 14. Juni 1997. In diesem gaben Herz und Roth unter anderem die folgende Stellungnahme zu Dr. Buchters Leserbrief vom 17. Mai ab:

> „1969 brachte die Stadt Hockenheim unter ihrem damaligen Bürgermeister Dr. Kurt Buchter eine Dokumentation anlässlich ihres 1200-jährigen Beste-hens heraus. In dieser ist auf Seite 54 zum Motodrom zu lesen: Die kühne und alle frühere Maßstäbe sprengende Planung, für die BMC-Ehrenpräsident Ernst Christ in Zusammenarbeit mit Stadtbaumeister Fritz Kraft verantwort-lich zeichnet, wurde nach vielen Schwierigkeiten, insbesondere mit den Be-hörden, realisiert. Das technische Team wurde durch Bürgermeister Dr. Buch-ter ergänzt, der für die Finanzierung sorgte, ohne dass die Stadtkasse bean-sprucht wurde.
>
> Und im Protokoll der Gesellschafterversammlung vom 8. September 1966, unterschrieben von Dr. Kurt Buchter, ist zur Arbeit von Herrn Christ, der seinerzeit Beauftragter der Stadt und des BMC für den Motodrombau war, Folgendes festgehalten: »Herr Buchter gab weiterhin bekannt, dass er einen Brief von Herrn Christ bekommen habe, in dem ihm mitgeteilt wurde, dass Herr Christ die Mitarbeit bei der Hockenheim-Ring GmbH - nachdem ja nun die neue Anlage in Betrieb genommen worden sei - aus gesundheitlichen, fa-miliären und beruflichen Gründen mit sofortiger Wirkung einstellen müsse. Es wird allgemein bedauert, dass gerade zu diesem Zeitpunkt, da die Ause-inandersetzung mit der ARGE noch nicht abgeschlossen ist, Herr Christ ei-nen solchen Schritt tun will. Herr Buchter brachte seine Dankbarkeit für die

von Herrn Christ geleistete Arbeit zum Ausdruck und bittet ihn jedoch, dass er noch bis zum Abschluss der Arbeiten tätig bleiben möge.«"

Der Leserbrief schloss mit dem Satz: „Jeder normale Mensch kann sich nun auf den Leserbrief von Dr. Buchter seinen eigenen Reim bilden."

✻

Deutsch-französische Begegnungen

Zu den angenehmen und interessanten Ereignissen meiner Amtszeit zählten die vielen Begegnungen im Rahmen der Städtepartnerschaft zwischen Hockenheim und Commercy. Rückblickend bin ich dafür sehr dankbar, aber auch froh, dass ich in meiner Amtszeit das partnerschaftliche Verhältnis vielfach fördern und persönlich begleiten konnte.

Im Folgenden seien kurz die deutsch-französische Geschichte und die Partnerschaftsentwicklung gestreift sowie über einige Begegnungen berichtet, an die ich mich besonders gerne erinnere.

Partnerschaftsprojekt im Spiegel der Geschichte

Das deutsch-französische Verhältnis war jahrhundertelang immer wieder von Kriegen geprägt. Unter diesen hatte die Kurpfalz besonders im „Pfälzischen Erbfolgekrieg" ab 1689 zu leiden. Französische Truppen des Sonnenkönigs Ludwig XIV. zerstörten seinerzeit wegen zurückgewiesener französischer Erbansprüche an die Kurpfalz deren Städte und Dörfer, jedoch nicht nur diese. Damals wurde auch das kurpfälzische Dorf Hockenheim ein Opfer der Flammen. Nur der massive Turm des heutigen katholischen Gemeindezentrums St. Christophorus trotzte den von den Franzosen gelegten Feuern.

Erst nach dem Zweiten Weltkrieg und seinem unsäglichen Leid erkannte man diesseits und jenseits des Rheins, dass es so wie bisher nicht weitergehen konnte und es eine gute Zukunft nur im Miteinander geben würde. Davon waren auch fünfzig Bürgermeister deutscher und französischer Städte überzeugt, als sie 1951 in Genf den Rat der Gemeinden Europas gründeten.

Mit gutem Beispiel voran waren bereits im Jahr zuvor das württembergische Ludwigsburg und das französische Montbéliard gegangen, das im Mittelalter als Mömpelgard rund 400 Jahre zu Württemberg gehörte. 1950 also besiegelten Ludwigsburg und Montbéliard die erste deutsch-französische Städtepartnerschaft. Auch in der großen Politik ging man allmählich aufeinander zu. Konrad Adenauer und Charles de Gaulle unterschrieben im Jahre 1963 im Pariser Élysée-Palast den deutsch-französischen Freundschaftsvertrag.

Seitdem unterstützen auf der kommunalen bzw. bürgerschaftlichen Ebene unzählige deutsch-französische Partnerschaftsverhältnisse die Aussöhnung und Freundschaft von der Basis her. Auf vielen anderen Ebenen wie zum Beispiel in der Wirtschaft, Politik und im Jugendaustausch arbeiten die beiden Staaten enger zusammen als die meisten anderen Staaten Europas. Zudem gilt die „Achse Paris-Berlin" (früher Paris-Bonn) als der Integrationsmotor schlechthin in Europa.

In Hockenheim hatte die Junge Union bereits im Jahre 1957 erste Kontakte mit dem lothringischen Commercy geknüpft. Sie führten im Jahre 1970 zu einer offiziellen Städtepartnerschaft. Als ich acht Jahre danach ins Bürgermeisteramt kam, war es auch mir sogleich ein besonderes Anliegen, gute Beziehungen nach Commercy aufzubauen und zu pflegen. Ich hatte die lothringische Kleinstadt an der Maas mit ihrer schönen, im Zweiten Weltkrieg durch die U.S. Army zerstörten und danach wieder aufgebauten Schlossanlage, bereits durch Besuche mit dem Vorstand des Verkehrsvereins kennengelernt.

Im Jahre 1982 erfuhr die Stadt Hockenheim anlässlich der 25-jährigen Verbindung zwischen Commercy und Hockenheim eine besondere Ehrung durch den Europarat. Er zeichnete sie wegen ihrer vorbildlichen Partnerschaftsaktivitäten mit der Europafahne aus. Diese nahm ich von dem französischen Senator und Abgeordneten Louis Jung, Mitglied der Parlamentarischen Versammlung des Europarats, im Rahmen eines Festakts im Rathaus in Empfang. Dabei lobte Jung unsere Städtepartnerschaft und jene Mitbürger, die sich in deren Rahmen engagierten.

Fahrten zur Tour de France

Ein recht außergewöhnliches Erlebnis hatte ich dem Kollegen François Dosé aus Commercy zu verdanken, der mich zur „Tour de France" eingeladen hatte. Diese machte am 13. Juli 2001 in unserer lothringischen Partnerstadt Station. Als passionierter Radsportler war es für mich natürlich eine Ehrensache, dieser Einladung zu folgen.

Am Vortag war die Tour in Commercys Nachbarstadt Bar le Duc angekommen. Von dort brach dann der Tross gleich nach Commercy auf. Über Nacht hatte man auf Commercys Marktplatz ein Zeltdorf errichtet, ähnlich dem Paddock-Club bei Formel-1-Rennen, nur etwas kleiner und nicht ganz so edel wie dieser. In diesem tummelten sich am Morgen vor dem Etappenbeginn die Rennställe mit ihren Sponsoren, die Tourleitung, zahlreiche VIPs sowie die riesige Presseschar. François Dosé schleuste mich in diesen exklusiven Bereich, dessen hohe Zäune und das Kontrollpersonal das „Fußvolk" auf Distanz hielten.

Beim Rundgang stellte mir Kollege Dosé den Direktor der Tour vor. Es war kein Geringerer als Bernard Hinault, der selbst fünfmal das größte Radrennen der Welt gewonnen hatte. Kennengelernt habe ich auch Raymond Poulidor, einen der populärsten französischen Radrennfahrer aller Zeiten. Er vermochte sich immerhin achtmal auf dem Podium der Tour de France zu platzieren - dreimal war er Zweiter und fünfmal Dritter - aber gewonnen hat er die Tour nie. Deshalb hängt ihm die Bezeichnung „ewiger Zweiter" an. Außerdem wird sein Name in Frankreich bis heute faktisch als Synonym für „Pechvogel" verwendet.

Vor dem Etappenstart in Commercy, der gegen Mittag erfolgte, erlebte ich noch die Vorstellungszeremonie der Profis vor großem Publikum mit. Ein jeder hatte sich in die Starterliste des Tages einzutragen. Besondere Aufmerksamkeit widmete ich natürlich Lance Armstrong, dem Superstar der Szene, der die dreiwöchige Rundfahrt erneut souverän gewann, sowie dem deutschen Team Telekom mit Jan Ullrich und Erik Zabel. Zu der Zeit herrschte für die erfolgreichsten Radsportler noch Ruhe an der Dopingfront.

Dem Etappenstart folgte ein recht langsames Anrollen. Das eigentliche Rennen begann erst außerhalb Commercys. Kaum, dass das „Peloton" unsere lothringische Partnerstadt verlassen hatte, normalisierte sich in ihr auch schon wieder das Leben. Die Tourorganisation hatte im Handumdrehen alles abgebaut und auf den Weg zum nächsten Etappenort gebracht. Auch von den zum Tourstart angereisten Radsportfans war schon am frühen Nachmittag nichts mehr zu sehen. Kein Wunder, denn das Interesse galt nun dem aktuellen Renngeschehen.

Für mich war dies nicht der erste Besuch der Tour de France. Einige Jahre zuvor hatte ich mit einigen Hockenheimer Radsportfreunden sowie zig tausender anderer Fans bereits ein Zeitfahren am Lac de Madine unweit von Commercy verfolgt. Absoluter Höhepunkt aber war im Jahre 1996 das Bergzeitfahren der Tour in Val d'Isère, einem Wintersportort, der mitten in den französischen Hochalpen auf rund 1.800 Metern Höhe liegt. Den größten Teil der Strecke nach Val d'Isère sind wir aber nicht nur mit Kraftfahrzeugen, sondern mit unseren Rennrädern gefahren.

Unsere Radlergruppe setzte sich aus Klaus Heidrich, Willi Keller, Horst Kienle, Ernst Pfisterer, Günther Putzki, Heinz Sessler, Gertfred Sprotte und mir zusammen. In den Transportfahrzeugen begleiteten uns die beiden Ehrenbürger Adolf Stier und Arthur Weibel sowie Hans-Dieter Fischer und Norbert Kupferschmid.

Organisiert hatte die Fahrt der leider viel zu früh verstorbene Gertfred Sprotte. Er war ein Radsportler, Läufer und Triathlet von Format sowie ein hilfsbereiter Sportkamerad, den wir alle sehr schätzten. Sprotte hatte 1984 gemeinsam mit Hans-Dieter Fischer den Hockenheimer Lauftreff initiiert. 1986 gründete er die Ausdauersportgemeinschaft „ASG Triathlon Hockenheim". Dieser junge Sportverein veranstaltete am Totensonntag 1998 den ersten Hockenheimringlauf, den ich noch gemeinsam mit Sprotte gestartet habe. Wenige Monate danach verlor er den Kampf gegen eine heimtückische Erkrankung.

Für Radsportamateure wie uns stellte die mehrtägige Fernfahrt zur Tour de France natürlich eine sportliche Herausforderung dar. Immerhin mussten wir eine Etappe von 260 und eine von 190 Kilometern sowie steile Pässe über den Schweizer Jura und den Lötschberg bis zur Autoverladestation bewältigen. Von dort ging es mit dem Zug durch den Tunnel nach Goppenstein ins Wallis.

Traumhaft war für uns die Abfahrt mit den Rennrädern über die alte schmale Passstraße, die uns von Goppenstein ins Rhonetal führte. In diesem machte mir mein inzwischen wundgescheuerter Hintern zu schaffen. Außerdem dämpfte der einsetzende Regen nicht nur meine Radfahrlaune. Deshalb stieg ich nach zweieinhalb Tagen und insgesamt über 550 zurückgelegten Kilometern vom Rennrad in eines

unserer Begleitfahrzeuge um. Ernst Pfisterer und Gertfred Sprotte, unsere Kletter-
könige, strampelten aber trotz des miesen Wetters auch noch den Großen St. Bernhard bis zum Autotunnel hoch.

Anderntags regnete es in Strömen und ein Temperatursturz hatte auf den Al-
pengipfeln für Schnee gesorgt. Dennoch erklommen ein paar Unentwegte meiner
Sportkameraden von Aosta aus noch den 2.188 Meter hohen Kleinen St. Bernhard.
Dort oben erwartete uns Schneetreiben. Kein Wunder – das Thermometer war nahe dem Gefrierpunkt – und das am 5. Juli! Statt des Radsporttrikots wäre der Wintermantel angebracht gewesen.

Das folgende Bergzeitfahren der Tour de France wurde noch bei normalen Wit-
terungsbedingungen über die Bühne gebracht, doch anderntags, nach dem Start
der nächsten Etappe in Val d'Isère, musste diese nach nur vierzig Kilometern wegen heftigen Schneefalls abgebrochen werden. Die Räumdienste hatten es nicht geschafft, der Schneemassen auf den Alpenpässen Herr zu werden. Das hatte es bei
der Tour noch nie gegeben. Uns berührte dies aber nicht weiter, denn zu dieser
Zeit befanden wir uns mit den beiden Transportfahrzeugen schon lange auf dem
Heimweg.

Die meisten meiner Radsportfreunde machten mit mir noch einen Abstecher
nach Leukerbad. Dort genossen wir im „Vieux Valais", dem Restaurant meines
Freundes Beat Constantin, die Walliser Küche und lauschten den Worten des Ge-
meindepräsidenten (Bürgermeisters) Otto G. Loretan, der uns begrüßte und uns
seinen Bade- und Kurort vorstellte. Damals ahnte noch niemand, dass die Waliser
Gemeinde bald in eine schwere finanzielle Krise geraten und Loretan wegen Betrug und Bereicherung im Zuchthaus landen würde.

Freundschaft mit dem Kollegen François Dosé

Mit meinem Kollegen François Dosé, der im Jahre 1977, also ein Jahr vor mir zum
Bürgermeister gewählt worden war, verstand ich mich von Anfang an sehr gut. Die
zwischen uns stimmende Chemie war eine nicht unwesentliche Voraussetzung zum
Gedeihen der vielfältigen Partnerschaftsbeziehungen. Auch familiär verstanden wir
uns ausgezeichnet. So verbrachte unsere Tochter Alexandra einmal zwei Wochen
bei der Familie Dosé in Commercy und im Gegenzug Marie, eine Tochter der Dosés, einige Zeit bei uns in Hockenheim.

Überhaupt lagen uns die Begegnungen von Jugendlichen, beispielsweise über
Schüleraustausche, Kontakte auf der Vereinsebene sowie familiäre Verbindungen
besonders am Herzen. Dafür schufen wir die erforderlichen Rahmenbedingungen,
bei deren Finanzierung sich das nur rund 7.000 Einwohner zählende Commercy
naturgemäß etwas schwerer tat als Hockenheim. Doch den lothringischen Freunden war weder ein Franc noch ein Euro zu viel, wenn es um die Städtepartnerschaft ging. Dadurch konnten wir in jedem Jahr viele Partnerschaftstreffen von
Jung und Alt fördern.

Auf zwei der vielfältigen und abwechslungsreichen Begegnungen, die mich besonders beeindruckten, möchte ich kurz eingehen. Zuvor aber noch ein Wort zu

François Dosé. Er machte bald über sein Bürgermeisteramt hinaus eine politische Karriere, die ihn bis in die französische Nationalversammlung, die „Assemblée nationale" führte. Der gehörte er als Abgeordneter zwei Perioden (1997-2007) an. Seine politische Heimat ist die Sozialistische Partei (Parti socialiste), deren energiepolitischer Fraktionssprecher im französischen Parlament er war. 22 Jahre vertrat er seinen Wahlkreis auch als Delegierter im Generalrat des Departements Meuse sowie 11 Jahre im Regionalrat Lothringens.

Besichtigung des Kernkraftwerks Cattenom

Als Abgeordneter des Regionalrats arrangierte Dosé für die Commercianer und Hockenheimer Gemeinderatsgremien im März 1988 den gemeinsamen Besuch des französischen Kernkraftwerks Cattenom, das sich bei der lothringischen Ortschaft Cattenom, etwa acht Kilometer nördlich der Stadt Thionville befindet. Es besteht aus vier Druckwasserreaktoren mit einer Leistung von je 1.300 Megawatt, von denen der zweite kurz vor unserem Besuch in Betrieb genommen worden war. Zwei weitere Kraftwerksblöcke befanden sich damals noch im Bau. Im Jahre 1992 ging der vierte Reaktorblock ans Netz. Seitdem ist das zwölf Kilometer von der saarländischen Grenze entfernte Kernkraftwerk einer der größten Stromerzeuger Frankreichs.

Zur Zeit unserer Besichtigung war Cattenom in Deutschland sehr umstritten. Die Kernkraftgegner sahen in ihm ein Sicherheitsrisiko, besonders nach einem Erdbeben. Sie befürchteten einen Ausfall der sicherheitsrelevanten Ventile. Umso mehr interessierte nicht nur mich diese in die Kritik geratene Anlage.

Nach der Besichtigung hatten wir noch die einmalige Gelegenheit, mit Vertretern der deutsch-französischen Reaktorkommission zu diskutieren, die gerade in Cattenom zusammengekommen war. Auf die Erdbebensicherheit und die Sicherheit der französischen Reaktortechnik überhaupt angesprochen, äußerten die deutschen Atomexperten keinerlei Bedenken.

Besuch der französischen Nationalversammlung

Durch François Dosé konnten meine Frau und ich Anfang Oktober 1998 die im Palais Bourbon in Paris tagende französische Nationalversammlung besuchen. Vor deren Beginn verfolgten wir den feierlichen Einzug des Parlamentspräsidenten Laurent Fabius, ein Parteigenosse Dosés. Er wurde von einer bewaffneten Militäreskorte verschiedener französischer Waffengattungen, die teilweise schmucke Paradeuniformen trugen, von seinem Amtssitz, dem benachbarten Hôtel de Lassay, ins Palais Bourbon geleitet.

Im halbrunden Plenarsaal erlebten wir von der Besuchergalerie aus eine Debatte mit, bei der auch Dosé das Wort ergriff. Da ich von meinem Sitzplatz aus das Rednerpult nur im Stehen sehen konnte, erhob ich mich kurz, als er redete. Da aber auf den Besucherplätzen weder Sprechen noch Stehen erlaubt war, verwies mich das Aufsichtspersonal sofort in die Schranken.

Nach der Parlamentssitzung führte uns Dosé noch in den Innenhof des Palais Bourbon. Dort verfolgten wir die Abfahrt des Ministerpräsidenten - es war der Sozialist Lionel Jospin - in einem alles andere als standesgemäßen Renault.

Marie Dosé – eine in Frankreich bekannte Strafverteidigerin

François Dosés engste Mitarbeiterin in seinem Abgeordnetenbüro war seine Tochter Marie, die in Paris Jura studierte. Ein Jahrzehnt später rückte sie in die Riege der bekannten französischen Strafverteidiger auf, als sie in einem spektakulären Strafprozess einer Frau beistand, die Opfer einer Freiheitsberaubung und misslungenen Zwangsabtreibung geworden war. Auf der Anklagebank des Gerichts in Bobigny bei Paris saß Cheb Mami, ein aus Algerien stammender bedeutender Raï-Interpret. Durch zahlreiche Duette mit internationalen Pop-Stars wie Sting sowie den Song „Desert Rose" war er in Frankreich und Nordafrika ein Begriff.

Der populäre Sänger - auch „Prince of Raï" genannt - ließ die von ihm schwangere Ex-Freundin nach Algerien entführen, weil er sich mit einem außerehelichen Kind nicht abfinden wollte. In seiner Villa quälten von ihm beauftragte Frauen das Entführungsopfer stundenlang und versuchten, das Kind abzutreiben. Doch der Versuch misslang, die Frau entkam und gebar Monate später eine Tochter.

Die Freiheitsberaubung und versuchte Zwangsabtreibung bescherten Cheb Mami eine Freiheitsstrafe von fünf Jahren und Marie Dosé einen Namen als Strafverteidigerin in Frankreich.

※

Aufschlussreicher Informationstrip in die USA

Im August und September 1999 zeichnete sich, wenn auch noch recht vage, die Modernisierung des Hockenheimrings mithilfe des Landes ab. Im Vorfeld dieser Maßnahme wollten die beiden Hockenheimring-Geschäftsführer Dieter Herz und Georg Seiler sowie ich einmal eruieren, wie Rennstrecken in den USA betrieben und vermarktet werden. Wir waren auch gespannt, ob sie uns Ideen für neue Geschäftsmodelle liefern könnten.

Auf unserem Rennstreckentrip im Oktober 1999 begleitete uns Andreas Hornung, Geschäftsführer der Stuttgarter Gesellschaft für Eventmanagement, Marketing, Sponsoring und Projektentwicklung mbH, abgekürzt „Emsp", der zwei Jahre später als weiterer Geschäftsführer der Hockenheim-Ring GmbH bestellt wurde.

Der Besuch ausländischer Rennpisten hatte sich bisher immer gelohnt. In einigen Fällen lernten wir dazu, in anderen lieferten zumindest die kritische Betrachtung der Anlage und deren Einrichtungen wichtige Erkenntnisse über den Standard und das Niveau der eigenen Rennstrecke. Warum sich nicht auch einmal im Land der unbegrenzten Möglichkeiten umsehen?

Stagnierender Schüleraustausch mit Burlington, Massachusetts

Die Reise in die USA nutzte ich auch zu einem Abstecher nach Burlington bei Boston. Mit dessen Highschool pflegte das Hockenheimer Carl-Friedrich-Gauß-Gymnasium seit Jahren eine Schulpartnerschaft. Leider zeichneten sich bei dieser in der zweiten Hälfte der 1990er Jahre deutliche Ermüdungserscheinungen ab. Immer weniger amerikanische Schüler lernten Deutsch. Der bisher den Schüleraustausch in Burlington tragende engagierte Deutschlehrer Edward Doyle sowie sein nicht minder engagierter, am Hockenheimer Gymnasium Englisch lehrender Kollege Helmut Beck hatten sich in den Ruhestand begeben. Im Gegensatz zu Hockenheim schaffte man es in Burlington aber nicht, die Lücke adäquat zu schließen. Am Ende stand Deutsch überhaupt nicht mehr auf dem Lehrplan der Highschool.

In dieser Phase trat auch noch Dr. Maynard M. Suffredini, der die Schulpartnerschaft fördernde Direktor der Burlington-Highschool, sein neues Amt als Superintendent der übergeordneten Schulbehörde an. Mit ihm verlor die Burlington Highschool einen weiteren Protagonisten der Schulpartnerschaft.

Andererseits hätte ich es begrüßt, wenn die schulischen Kontakte in städtepartnerschaftliche eingebunden worden wären und sich dadurch der Schüleraustausch auf einem breiteren Fundament abgespielt hätte. Doch Burlington pflegte, wie ich bei meinem Besuch feststellen musste, bereits ein Dutzend Partnerschaften mit gleichnamigen Städten in Nordamerika. Was hätte bei diesem Partnerschaftsreigen noch eine weitere Städtepartnerschaft mit einer namensfremden Stadt wie Hockenheim gebracht, wäre sie überhaupt zustande gekommen? Die Bedingungen sprachen also weder für den weiteren Schüleraustausch noch für eine Städtepartnerschaft mit Burlington.

Anfrage aus Mooresville, North Carolina

Wenige Wochen vor dem Beginn unserer USA-Reise kam im Büro der Hockenheimer Stadthalle ein Fax aus Amerika an. Es stammte von Richard Warren aus Mooresville, der im Auftrag des dort gerade gegründeten Partnerschaftskomitees anfragte, ob die Stadt Hockenheim an einer Städtepartnerschaft interessiert sei.

Warren, ein hochdekorierter „Gunship-Pilot" (Helikopterpilot) aus dem Vietnamkrieg, kannte Hockenheim aus der Zeit, in der er als „Chief Warrent Officer" bei der U.S. Army in Heidelberg diente. Hatte er sonntags dienstfrei, wanderte er oft durch den Hardtwald, am Hockenheimring vorbei in Hockenheims Stadtmitte, wo er sich im Café Ammer mit Kaffee und Kuchen stärkte. Danach führte ihn der rund zwanzig Kilometer lange Weg wieder durch den Hardtwald zurück nach Heidelberg. Nach seiner Militärzeit betrieb er den „Pat's-Gourmet-Coffee-Shop" mitten in Mooresville – auch ein Treffpunkt für ehemalige Soldaten.

Als man sich in der amerikanischen Kleinstadt mit ihren rund zwanzigtausend Einwohnern nach geeigneten Städten für eine Partnerschaft umsah, brachte Warren die Rennstadt Hockenheim ins Gespräch. Was lag näher, hatte doch auch Mooresville viel mit Motorsport zu tun.

Auch aus Hockenheimer Sicht keimte mit der Anfrage aus Mooresville die Hoffnung auf einen lebendigen Schüleraustausch und eine freundschaftliche Verbindung zwischen den beiden Rennstädten. Doch Mooresville war zunächst für uns Hockenheimer noch eine Unbekannte. Deshalb führte uns unsere Flugreise in die USA auch nach Mooresville.

Wir erreichten es über den Flughafen von Charlotte in North Carolina. Nach unserer Ankunft holten uns hier Betsy Lambert und Dan Wallace ab, der Geschäftsführer der South-Iredell-Handelskammer. Beide waren Mitglieder des „Mooresville-Iredell-Sisters-City-Comitee", also des Partnerschaftskomitees, mit dem ich die Reise nach Mooresville abgestimmt hatte.

Beeindruckte uns schon der moderne Flughafen Charlottes, einer Großstadt, die ihren Namen Charlotte, der deutschstämmigen Gemahlin des englischen Königs Georg III. verdankt, gewannen wir auf der Fahrt ins rund 35 Meilen entfernte Mooresville einen weiteren positiven Eindruck von einer Region, die wirtschaftlich seit Jahren boomte.

Unmittelbar an Mooresville grenzt der Anfang der 1960er Jahre angelegte Stausee „Lake Norman". Es ist der größte von Menschenhand geschaffene See in den Vereinigten Staaten mit einer Küstenlänge von fast 900 Kilometern und einer Oberfläche von mehr als 80 Quadratkilometern. Er versorgt die um den See errichteten Kraftwerke mit dem nötigen Kühlwasser und zahlreiche Kommunen mit Trinkwasser. Außerdem zog sein Ambiente Unternehmen an, die mit Rennsport zu tun haben sowie Rennfahrer und Teams. Günstige Bodenpreise verstärkten das Ansiedlungsinteresse.

Den Anfang machte das NASCAR-Team „Penske Racing South", das im Jahre 1989 Gelände in Mooresville zu einem Spottpreis erwarb und auf ihm einen Vorzeigebetrieb errichtete. Das machte Schule. Binnen weniger Jahre verlegten gut siebzig Firmen der Rennbranche ihren Sitz nach Mooresville, das sich mit dem Titel „Race City USA" schmückt. Dabei hat die Stadt nicht einmal eine Rennstrecke. Der Charlotte-Motor-Speedway liegt etwa 15 Meilen entfernt in Concord.

Dank der NASCAR, das ist die „National Association for Stock Car Auto Racing", die beliebteste Rennserie in den USA, nahm die Kleinstadt Mooresville in nur wenigen Jahren einen sagenhaften Aufschwung.

In Mooresville angekommen, hatten wir gleich Gelegenheit, Dale Earnhardts NASCAR-Unternehmen zu besichtigen. Der mitten im Grünen aus modernem Stein, Stuck und Rauchglas errichtete Gebäudekomplex galt als das grandioseste NASCAR-Domizil, ironisch auch als „Garage Mahal" bezeichnet. Innen befanden sich Ausstellungs-, Verkaufs- und Repräsentationsräume sowie eine Produktionsstätte, in der Earnhardts Team die Rennwagen selbst baute. Es wurde uns auch erlaubt, einen Blick in die Werkstätten zu werfen. Wie wir feststellten, handelte es sich um Hightech-Schmieden, deren fast „klinische Sauberkeit" beeindruckte.

Dale Earnhardt war der populärste Rennfahrer Nordamerikas. Er hatte in seiner einmaligen Rennfahrerkarriere insgesamt 76 Rennen gewonnen, darunter sieben Mal den Winston Cup, der am Ende der Saison an den besten NASCAR-Fahrer vergeben wurde. Sechzehn Monate nach unserem Besuch verunglückte er bei einem Unfall in der letzten Runde des „Daytona 500" tödlich.

In Earnhardts Firma begrüßte uns Joe V. Knox, ein betagter Hüne und seit dreißig Jahren Mooresvilles Bürgermeister. Bedenkt man, dass er sich alle zwei Jahre der Direktwahl stellen musste, war dies eine Amtszeit, die allein schon durch die vielen Wiederwahlen beeindruckte. Knox war im Hauptberuf Immobilienmakler. Ich fragte mich, wie er diesen Job und das Bürgermeisteramt, dazu noch über eine so lange Zeit, unter einen Hut brachte. Anscheinend verstand er es, Interessenskonflikte zu vermeiden, indem er seine Immobiliengeschäfte sauber von seinen Amtsgeschäften trennte. Altersbedingt trat er bei der bevorstehenden Bürgermeisterwahl nicht mehr an. Den Wahlkampf um seine Nachfolge bekamen wir am Rande mit.

Am Abend unserer Ankunft hatte sich das Mooresville-Iredell-Sisters-City-Comitee mit uns zu einem Barbecue auf dem am Lake Norman gelegenen Anwesen von Betsy und Russ Lambert getroffen. Es war ein Anlass, zu dem viele nette Leute gekommen waren, die uns kennenlernen wollten.

Charlotte-Motor-Speedway - eine andere Dimension

Tags darauf hatten wir Gelegenheit, das auf dem Charlotte-Motor-Speedway geplante NASCAR-Rennen zu besuchen. Die Anfahrt mit einigen Komitee-Mitgliedern verlief trotz regen Verkehrs auf den Haupt- und Nebenstraßen ohne Probleme. Am Ziel kamen wir angesichts der riesigen Dimensionen der Anlage aus dem Staunen kaum heraus.

Die in Concord liegende Rennstrecke, ein 1,5 Meilen langes Oval mit Tribünen für 160.000 Zuschauer und einem Innenfeld, das weitere 50.000 Personen fasst, war im Vergleich zum Hockenheimring eine Nummer, wenn nicht zwei Nummern größer. Oberhalb der ersten Kurve befanden sich in einem mehrgeschossigen Gebäudetrakt rund fünfzig Eigentumswohnungen, von wo aus sich das Renngeschehen aus recht luftiger Höhe verfolgen ließ.

In ein an die Haupttribüne angebautes siebenstöckiges Gebäude waren ein riesiger Fanartikel-Shop, zig Büroräume, ein Pressezentrum, ein mehrere hundert Personen fassendes Restaurant sowie Clubräume, alle mit Blick auf den Ovalkurs, untergebracht. Clubmitglied konnte werden, wer einmalig eine Grundgebühr zwischen 2000 und 6000 Dollar, je nach Leistungsumfang, und außerdem noch 50 Dollar im Monat zahlte, die er im Restaurant verzehren konnte. Damit war das Recht verbunden, für bedeutende Rennen jeweils zwei Karten zu erwerben und sich bei diesen Veranstaltungen in den Clubräumen aufzuhalten.

Wir hatten Gelegenheit, mit Doug Stafford, einem der Manager der Rennstrecke, zu sprechen. Er führte uns ins Pressezentrum, in dem rund einhundertfünfzig Journalisten akkreditiert waren. Wie er uns erläuterte, standen seiner Gesellschaft die Werberechte an der Strecke sowie als Promoter des Rennens die Einnahmen zu. Die gesamte Versorgung mit Speisen und Getränken organisierte eine Tochtergesellschaft seines Unternehmens. Beschäftigt waren rund hundert Personen, was mich bei der Dimension dieser Anlage mit Offroad- und Dragsterstrecke sowie den großflächigen Park- und Campingplätzen unmittelbar um die Rennstrecke, die teilweise das ganze Jahr über belegt sind, nicht wunderte.

Schon bei unserer Anfahrt zur Rennstrecke hatte es zu regnen begonnen. Der Wettergott meinte es den ganzen Tag über gar nicht gut mit uns. Es schüttete wie aus Kübeln. Dadurch fiel das kurz nach Mittag angesetzte NASCAR-Rennen im wahrsten Sinne des Wortes ins Wasser. Die NASCAR fährt aus Sicherheitsgründen nur bei trockener Piste. Ergo musste das Rennen abgesagt und auf den folgenden Montag verschoben werden.

Nun wurden wir ein Opfer des allgemeinen Aufbruchs. Mehr als hunderttausend enttäuschte Besucher machten sich gleichzeitig auf den Heimweg. Das konnte nicht gut gehen. Allein für die Ausfahrt aus dem Parkplatz benötigten wir drei Stunden, ganz abgesehen von den Staus auf den Ausfallstraßen. Das forderte von uns viel Geduld.

Von den Unbilden des Tages entschädigte uns der gemeinsame Abend mit mehreren Komitee-Mitgliedern in einem rustikalen Restaurant, wo riesige Steaks serviert wurden.

Auch wenn uns Petrus nicht gnädig war, hatten wir dank unserer zuvorkommenden Gastgeber aus Mooresville einen interessanten Tag an der Rennstrecke erlebt. Aber auch was wir sonst noch von der Region sahen und über sie erfuhren, war recht positiv. Ich hoffte deshalb, dass auf die erste Begegnung bald weitere folgen würden. Jedenfalls hatte ich die amerikanische Rennstadt nicht verlassen, ohne eine herzliche Einladung nach Hockenheim auszusprechen.

Am legendären „Indianapolis Motor Speedway"

Die nächste Station unserer USA-Reise machten wir in Indianapolis. Ein Linienjet brachte uns von Charlotte zum Indianapolis International Airport. Von hier aus waren es nur noch wenige Meilen zum „Indianapolis Motor Speedway, der größten Rennstrecke der Welt. Eilte ihr schon ein legendärer Ruf voraus, beeindruckte sie mich von Anfang an.

Die Anlage besteht aus einem vier Kilometer langen Oval mit Tribünen, die rund 300.000 Zuschauer fassen. In ihrem riesigen Innenfeld befinden sich vier Bahnen eines 18-Loch-Golfplatzes, den die Eigentümer der Anlage unmittelbar an der Rennstrecke anlegen ließen. Zum Golfplatz zählt noch ein größeres Hotel mit Restaurant.

Die Rennstrecke war für uns auch deshalb interessant, weil sie gerade für die Formel 1 aufgerüstet wurde. Die Königsklasse des Motorsports sollte hier ab der kommenden Saison, erstmals am 24. September 2000 fahren.

In Indianapolis, der rund 800.000 Einwohner zählenden Metropole des US-Staats Indiana, nahm uns Wilhelm Spoerle, ein aus Jagstfeld stammender früherer Monteur von H.-P. Müller in Empfang, der seit 1956 hier lebte. Spoerle und Dieter Herz kannten sich bereits. Am Motor-Speedway-Museum, der „Hall of Fame", kümmerte sich Spoerle um sämtliche Veteranen-Fahrzeuge, restaurierte sie originalgetreu und hielt sie in Schuss. Davon besaßen die Eigentümer der Rennstrecke, die Familie George, schätzungsweise über hundert. Sie hatten sie im Museum ausgestellt oder im riesigen Keller unterhalb des Museums untergebracht. Wertmäßig dürfte dieser einmalige Fuhrpark in die zig Millionen gegangen sein.

Im Museum befanden sich auch sämtliche Renntrophäen Rudolf Caracciolas, des erfolgreichsten deutschen Automobilrennfahrers der Vorkriegszeit. Der berühmte Mercedes-Benz-Pilot, der für mich schon als Kind ein Begriff war, erhielt 1946 die Erlaubnis, beim 500-Meilen-Rennen in Indianapolis zu starten. Daraus wurde aber nichts, denn beim Training schlug ihm ein Vogel ins damals üblicherweise nur durch eine einfache Brille geschützte Gesicht. Im Jahre 1952 versuchte er ein Comeback bei der „Mille Miglia", beendete jedoch noch im gleichen Jahr nach einem Unfall auf der Bremgarten-Strecke bei Bern schwer verletzt seine einmalige Karriere. Nach seinem Tod (1959) verkaufte seine Witwe seine umfangreiche Pokalsammlung. Indianapolis hat ihr wohl am meisten geboten.

Tony George, der das Familienunternehmen in der dritten Generation leitete, informierte uns über die aktuellen Baumaßnahmen für die Formel 1. Insgesamt investierte seine Gesellschaft dafür 50 Millionen US-Dollar. Im Innenfeld war bereits eine längere Kurvenkombination eingebaut worden. Sie verlief von der Start- und Zielgeraden bis kurz vor die südliche Steilkurve, wo sie wieder ins Oval einmündete. Auf diese Weise entstand ein neuer Grand-Prix-Kurs mit einer Länge von 4,2 Kilometern.

Im Bau befand sich ein zehngeschossiges Gebäude bei Start- und Ziel sowie ein Boxentrakt für die Formel 1, auf dem VIP-Räume und darüber Tribünenplätze errichtet wurden. Zusätzlich wurde noch ein neues Pressezentrum für 1.500 Journalisten gebaut.

Die Rennstrecke Indianapolis hatte mit Ecclestone einen mehrjährigen Promotervertrag abgeschlossen. Nach diesem waren für die Formel 1 im ersten Jahr (2000) 15 Millionen Dollar zu zahlen. Für uns war diese Zahl insofern von Interesse, als wir zu der Zeit noch nicht so recht wussten, was Ecclestone von einem Rennpromoter verlangt. Ob sich dies alles rechnete? Soweit ich mich erinnere, schaffte es die in den USA ohnehin nicht so populäre Formel 1, trotz relativ günstiger Eintrittspreise, in keinem Jahr, die riesigen Zuschauerränge auch nur halb zu füllen.

Hauptsponsor des US-Grand-Prix war im Übrigen die SAP. Davon dürfte aber die Rennstrecke nichts gehabt haben, denn Sponsorgelder dieser Art flossen üblicherweise direkt in Patrick McNallys Kassen. Dessen Schweizer Firma Allsport managte für Ecclestone alles was mit der WM-Sponsorschaft, Streckenwerbung und dem Paddock Club zusammenhing. Dennoch hätten wir es im Zuge der Modernisierung des Hockenheimrings begrüßt, wenn sich das Walldorfer Unternehmen auch bei uns engagiert hätte. Einige Sponsormöglichkeiten hätte es schon noch gegeben, die dem Hockenheimring direkt zugute gekommen wären. Letztlich setzte die SAP wohl wegen des amerikanischen Markts nur auf Indianapolis und nicht auf Hockenheim.

Bei der Besichtigung der riesigen, aber pieksauberen Anlage mit ihren rund einhundert Beschäftigten, viele davon im Rentenalter, beeindruckten uns auch die unmittelbar an die Tribünen angrenzenden zig Hektar großen Parkplätze, alle im Eigentum der Rennstrecke. Sie waren an mehrspurige Straßen angebunden, die für einen baldigen Abfluss der Zuschauermassen nach einer Großveranstaltung sorgten.

Probleme bedingt durch Rennlärm soll es auch dort schon mit Anwohnern einer in Sichtweite zur Rennstrecke liegenden kleinen Wohnsiedlung gegeben haben. Die Eigentümer der Rennstrecke schufen das Problem auf eine recht pragmatische Weise aus der Welt: Sie erwarben einfach die Anwesen und vermieteten sie nur noch an „Schwerhörige" oder an Rennsportbegeisterte.

Positiv ins Auge fiel uns ein etwa acht mal drei Meter großes Werbeschild zum Formel-1-Grand-Prix, das an der fünfspurigen Stadtautobahn aufgestellt worden war, an der die Rennstrecke liegt. Diese Werbeidee an der Autobahn nahmen wir nach Hockenheim mit.

Nicht wenig überrascht waren wir, als uns Tony George vom Lausitzring berichtete und uns von diesem einen Satz Pläne vorlegte. Wie es schien, hatten sich die Lausitzplaner von George beraten lassen. Ich fand es schon etwas kurios, dass wir uns in Indianapolis detailliert über die in der Lausitz geplante Rennstrecke informieren konnten. Der Blick auf die Pläne bestätigte meinen bisherigen Eindruck: Abgesehen davon, dass ich das Brandenburger Projekt für so unnötig wie einen Kropf hielt, empfand ich es für deutsche Verhältnisse als gigantisch und völlig überzogen.

Gigantisch wirkte auch der „Indianapolis Motor Speedway" auf mich. Etwa drei bis viermal größer als das Hockenheimer Motodrom, stellt diese seit 1908 bestehende Rennstrecke das Maß dar, an dem alle anderen Rennstrecken gemessen werden. Kaum eine dürfte diesen Dimensionen nahe kommen. Damit ist natürlich auch ein enormer Unterhaltungsaufwand verbunden, der nur bei einem guten Geschäft verdient werden dürfte.

Entscheidend ist jedoch nicht die Größe, sondern die Qualität einer Anlage sowie das dem Zuschauer Gebotene. Diese Erkenntnis nahm ich von den USA mit nach Hockenheim. Qualitativ hatten die beiden großen USA-Rennstrecken viel zu bieten oder rüsteten, wie Indianapolis, gerade auf.

Dass man sich in Hockenheim nicht auf dem Lorbeer ausruhen und der wachsenden, dazu noch staatlich finanzierten Konkurrenzsituation im eigenen Lande tatenlos zusehen konnte, war der einhellige Tenor aller am Hockenheimring engagierten und verantwortlichen Reiseteilnehmer.

Zwischenstopp in Manhattan

Zurück flogen wir in mehreren Etappen. Die erste war New York. Während sich Dieter Herz und Andreas Hornung von hier aus gleich nach Deutschland verabschiedeten, hängten Georg Seiler und ich noch einige Tage in Manhattan auf eigene Kosten an. Am „Big Apple" trafen wir uns mit unseren Frauen, die von Frankfurt nachgeflogen waren.

Zu unserem Besuchsprogramm zählten das Empire-State-Building und das World Trade Center. Auf Letzteres hatte ein hundert Personen fassender Fahrstuhl meine Frau und mich binnen einer Minute auf einen der beiden vierhundert Meter hohen Türme befördert. Oben, auf der Aussichtsplattform, stellte sich bei mir eine beklemmende Höhenangst ein, die meinen Bluthochdruck nebst Puls hochschnellen ließ. Ein unvergessliches Erlebnis war es trotzdem. Umso besser vermochte ich mich am 11. September 2001 in die Situation derer einzufühlen, die sich in den beiden Türmen befanden, als diese von arabischen Terroristen in Schutt und Asche gelegt wurden.

Weitere Höhepunkte in Manhattan waren die Besichtigung des an der Hudson-Pier verankerten US-Flugzeugträgers „Intreprid" mit seinen Flugzeugen, darunter ein Tarnkappenbomber, eine Führung durch ein Raketen-U-Boot der U.S. Navy, der Besuch des Musicals „Les Miserables" am Broadway und des Guggenheim-Museums sowie eine Schiffsrundfahrt um Manhattan. Sie vermittelte uns einen tollen Blick auf die Skyline, die Freiheitsstatue und die benachbarten Stadtteile von Manhattan.

Rückflug mit Komplikationen

Von New York aus sollte der Rückflug über Paris nach Frankfurt am Main gehen. Leider stand er unter keinem guten Stern. Schon der Abflug vom John-F.-Kennedy-Flughafen in den Abendstunden war von heftigen Regenböen begleitet. Doch einmal in der Luft, verliefen die ersten zwei Flugstunden völlig normal. Danach aber wurden selbst die Flugbegleiterinnen blass, als der Pilot bekannt gab, die Enteisungsanlage funktioniere nicht mehr richtig. Deshalb müsse er eine niedrigere Flughöhe wählen und nach Atlanta umkehren. Dort würden eine neue Maschine und ein neues Flugteam auf uns warten.

Während unser Pariser Zielflughafen Charles-de-Gaulle östlich über dem Atlantik lag, befand sich Atlanta mehr als zweitausend Kilometer südwestlich in Georgia. Dort landete unser Jet kurz nach ein Uhr auf dem „Hartsfield Jackson International Airport" – Gott sei Dank ohne Probleme. Dass der Flughafen über das höchste Passagieraufkommen der Welt verfügen soll, konnte ich nicht glauben, wirkte er doch in dieser Nacht wie ausgestorben.

Von der ehemaligen Olympiastadt (1996) aus setzten wir gegen drei Uhr morgens die nach Paris unterbrochene Flugreise fort. Dort landeten wir gegen siebzehn Uhr Ortszeit. Schon kurz danach konnten wir nach Frankfurt am Main weiterfliegen. Bis wir endlich zu Hause waren, hatten wir eine strapaziöse Odyssee hinter uns. Über dreißig Stunden waren wir auf den Beinen und todmüde.

Trotz aller Probleme mit dem Rückflug war die USA-Reise ein großes Erlebnis. Es wurde uns viel Neues vermittelt. Außerdem lernten wir nette Menschen kennen. Zudem konnte ich mir nun ein besseres Bild vom enormen Potenzial der Wirtschafts- und Weltmacht Nr. 1 machen.

❋

Hockenheims Stadtpark neu gestaltet

Z u den besonderen Bauwerken und Denkmälern Hockenheims zählt die 1907 geweihte evangelische Stadtkirche. Ihr grünes Umfeld, Hockenheims Stadtpark, ist als Kirchengarten ein Begriff. Rund neunzig Jahre hatten ihn große Rasenflächen sowie Platanenreihen entlang der Kirchen-, Park- und Luisenstraße geprägt, die sich mit den Jahrzehnten zu mächtigen Stämmen entwickelten.

Trotz Verbotsschilder spielten in den 1990er Jahren immer mehr Kinder und Jugendliche auf den Rasenflächen Fußball. Besonders an Wochenenden und in den frühen Abendstunden, wenn mit Mitarbeitern des Ordnungsamts nicht mehr zu rechnen war, nahm die städtische Grünanlage häufig den Charakter eines Bolzplatzes an. Zu schade eigentlich für ein solches Freigelände im Herzen der Stadt.

Vor der Hockenheimer Landesgartenschau 1991 hatte ich gehofft, auch noch den Kirchengarten aufmöbeln zu können. Doch die umfangreichen Investitionen im Gartenschaugelände und in der Stadt, zu denen auch der neue Marktplatz zwischen der evangelischen Stadtkirche und der Pestalozzischule zählte, hatten den städtischen Finanzrahmen bereits ausgeschöpft. Erst ein Jahrzehnt danach sah ich eine realistische Chance und ergriff die Initiative.

Anfangs ging ich davon aus, im Gemeinderat eine breite Zustimmung zu finden, wurde jedoch schnell eines Besseren belehrt. Auf eine mit den historischen Gebäuden im Einklang stehende und das Herz der Stadt architektonisch, ökologisch und künstlerisch aufwertende Grünanlage schienen einige Mitglieder des Gemeinderats keinen Wert zu legen. Die Meinungen gingen jedenfalls auseinander. Schließlich folgte am 26. Juli 2000 aber doch eine, wenn auch recht knappe Mehrheit des Gemeinderats meinem Vorschlag, Hockenheims Stadtpark neu zu gestalten.

Mit der Planung beauftragten wir Hannes Schreiner aus Stuttgart, den erfahrenen Landschaftsarchitekten und Planer der Hockenheimer Landesgartenschau. Wie bei dieser, assistierte ihm sein Heilbronner Kollege Michael Epple. Beide präsentierten uns eine überzeugende Planung. Diese beließ das Podest mit der Sandsteinmauer um die evangelische Kirche. Sonst aber entstand eine auf deren barockisierten Jugendstil abgestimmte Grünanlage mit kleineren und größeren Heckenparterren aus Hainbuchen und Buchs, Rasenflächen, Sitznischen und Blumenbeeten. Vier durch Buchskugeln und Bäume akzentuierte Rondelle mit Frauenskulpturen aus italienischem Kalkstein, geschaffen vom italienischen Bildhauer Sergio Trevelin, werten die neue Parkanlage künstlerisch auf. Sie symbolisieren einige der sieben Freien Künste.

Es wurde aber auch an einen Spielplatz in der Grünanlage an der Luisenstraße gedacht, der gleich regen Zuspruch fand.

Kurz, nachdem der für 670.000 Mark neu gestaltete Stadtpark fertig gestellt und im Mai 2001 der Öffentlichkeit übergeben worden war, legte mir das Stadtbauamt eine zufällig im Archiv gefundene alte Grünanlagenplanung für das Umfeld der evangelischen Kirche vor. Entworfen hatte sie Hermann Behaghel, der Baumeister der Kirche. Sein Plan ähnelte dem nun realisierten auf frappierende Weise! Warum nur hatte man ihn nicht schon damals umgesetzt?

Obwohl die Zeit vor dem Ersten Weltkrieg eine prosperierende gewesen war, fehlte wohl das Geld. Für die evangelische Kirchengemeinde stellte der Kirchenbau ohnehin eine finanzielle Herausforderung dar, die erst gemeistert werden musste. Außerdem befand sich ein Großteil der Fläche um die Kirche auf städtischem Gelände, dem früheren Friedhof. Ob die Hockenheimer Katholiken das Anlegen des „evangelischen Kirchengartens" auf städtische Kosten in einer Zeit, in der es noch kein ökumenisches Miteinander gab, ohne weiteres toleriert hätten? Nach über hundert Jahren ist es natürlich müßig, darüber zu spekulieren.

❋

Erfolgreich beim Wettbewerb „Unsere Stadt blüht auf"

Zehn Jahre nach der Hockenheimer Landesgartenschau lobten der Zentralverband Gartenbau e.V., der Deutsche Städtetag, der Deutsche Städte- und Gemeindebund sowie der Deutsche Tourismusverband den Bundeswettbewerb „Entente Florale Deutschland" mit dem Motto aus „Unsere Stadt blüht auf". Der ursprünglich in der Nachkriegszeit in Frankreich ins Leben gerufene Pflanzen- und Blumenwettbewerb „Entente Florale" hatte sich zu einem europaweiten Wettbewerb mit dem Ziel entwickelt, zu einer höheren Wohn- und Lebensqualität in Städten, Gemeinden und Dörfern beizutragen.

Hockenheims neuer Stadtpark sowie andere Grünflächen wie der Gartenschaupark mit dem renaturierten Kraichbachufer, der Ebertpark sowie die zahlreichen Begrünungen in renovierten Straßen und Neubaugebieten animierten uns, 2001 an dem Wettbewerb teilzunehmen. Wie erwartet, bewarben sich neben Hockenheim noch tausende Kommunen aus den verschiedensten Regionen Europas. Sie wurden alle von einer Fachjury unter die Lupe genommen und bewertet. Die machte sich vor Ort ein Bild vom Bürgerengagement, von den grünen und nachhaltigen Qualitäten und entschied, welche Kommune zum Wettbewerb überhaupt zugelassen wurde. Hockenheim zählte zu den Auserwählten.

Wie wohl jeder andere Wettbewerbsteilnehmer strebten wir danach, das Grün innerhalb der Stadt weiter zu verbessern und ökologisch neue Akzente zu setzen. Doch neben der rein optischen Ortsbildverschönerung beurteilten die Juroren auch intelligente Konzepte einer nachhaltigen Stadtentwicklung, sei es als Wirtschaftsstandort oder als Lebensraum der Bewohner. Bewertet wurden außerdem auch Initiativen aus dem privaten und gewerblichen Bereich, die Ökologie sowie das Niveau der Gartenkultur.

Höhepunkt und Abschluss der zum Wettbewerb zugelassenen 52 deutschen Kommunen war die Bekanntgabe der Ergebnisse mit der Preisverleihung auf der Bundesgartenschau in Potsdam. Zu dieser Veranstaltung begleiteten mich meine für die Grün- und Parkanlagen in der Stadt zuständigen Mitarbeiter Wilhelm Stulken, Werner Zimmermann und Michael Degen.

Wir freuten uns riesig, als die Jury Hockenheim mit einer Silbermedaille auszeichnete. Damit bestätigten uns die Experten, dass Hockenheim mit seinen Park- und Grünanlagen, der Ökologie sowie auf dem Gebiet des Garten- und Landschaftsbaus Überdurchschnittliches vorzuweisen hat. Die vielfältigen städtischen wie privaten Investitionen der letzten Jahre verbesserten die Wohn- und Lebensqualität der Rennstadt enorm.

Beim Wettbewerb wurden zahlreiche Städte mit Gold-, Silber- und Bronzemedaillen ausgezeichnet. Während Heidelberg und Karlsruhe ebenfalls eine Silbermedaille erhielten, trat die niedersächsische Stadt Celle am Südrand der Lüneburger Heide als Siegerin aus dem deutschen Wettbewerb hervor. Sie durfte Deutschland beim Europäischen Wettbewerb „Entente Florale 2002" vertreten.

❋

Lokale Agenda auf den Weg gebracht

Im gleichen Jahr, in dem sich Hockenheim am Wettbewerb „Unsere Stadt blüht auf" beteiligte, brachte ich die „Lokale Agenda 21" auf den Weg. Basierend auf der 1991 auf der Umweltkonferenz der Vereinten Nationen in Rio de Janeiro beschlossenen „Agenda 21" hat sie zum Ziel, mit geeigneten Maßnahmen und Programmen die ökologischen, ökonomischen und sozialen Herausforderungen des 21. Jahrhunderts zu meistern. Damals appellierte die Umweltkonferenz vor allem an die Städte und Gemeinden dieser Welt, in einer „Lokalen Agenda 21"

- der Zerstörung des ökologischen Gleichgewichts entgegenzuwirken,
- das große Wohlstandsgefälle zwischen Arm und Reich auszugleichen und
- den hohen Ressourcenverbrauch einzudämmen.

Leitbild der „Lokalen Agenda 21" ist die nachhaltige Entwicklung und das dauerhafte Bemühen, nur von den Zinsen der Natur zu leben, nicht aber deren Substanz anzugreifen. Lokales Handeln soll der globalen Verantwortung gerecht werden, Entwicklungschancen für alle bieten und Lasten nicht in die Zukunft verlagern. Es soll sozial gerecht, ökologisch verträglich sowie wirtschaftlich tragfähig sein. Diese drei Aspekte unter einen Hut zu bringen, ist die Kernbotschaft der „Lokalen Agenda 21".

Nun muss man wissen, dass eine Kommune nicht verpflichtet ist, eine lokale Agenda zu erstellen. Es ist eine freiwillige Aufgabe, die sich im Interesse einer zukunftsfähigen Stadtentwicklung langfristig auszahlen soll. Wenn sich aber ein Gemeinwesen mit der lokalen Agenda befasst, ist eine breite bürgerschaftliche Beteiligung mit Engagement und Kreativität gefragt.

In vielen deutschen Städten und Gemeinden hatten sich seinerzeit vor allem grün-alternative Gruppen für eine lokale Agenda stark gemacht, was eigentlich begrüßenswert ist. In einigen Kommunen versuchten sie aber über diese Schiene, Projekte auf den Weg zu bringen, die sich nicht mit den Mehrheitsvorstellungen des Gemeinderats deckten. Dadurch kam es zu Konflikten.

Auch in Hockenheim setzten sich zunächst Mitbürger aus dem Umfeld der Grünen für eine lokale Agenda ein. Doch ich zögerte in der Sache. Wenn schon eine lokale Agenda, dann eine breit aufgestellte ohne grünes Mäntelchen, deren Vorschläge auch vom Gemeinderat akzeptiert würden. Wie aber war dies zu organisieren?

Einige Jahre zuvor hatte ich Professor Dr. Richard Reschl von der Kommunalentwicklung LEG Baden-Württemberg GmbH kennengelernt. Er hatte bereits viele Kommunen unseres Landes beim Agenda-Prozess begleitet und verfügte auf diesem Gebiet über solide Erfahrungen. Er folgte meiner Bitte, die Agenda-Veranstaltungen vorzubereiten und die Arbeitskreise zu moderieren. Sein Einsatz bewährte sich.

Doch um was sollte es denn eigentlich bei unserer lokalen Agenda gehen? Es sollte im Interesse einer nachhaltigen Stadtentwicklung versucht werden, Hockenheims wirtschaftliche, soziale und ökologische Infrastruktur zu optimieren und sich auf ein realistisches und finanzierbares Aktionsprogramm zu verständigen. Immerhin besuchten rund einhundert Hockenheimer die Auftaktveranstaltung und befassten sich danach in mehreren Arbeitskreisen mit den Themen Wirtschaft und Arbeit, Wohnen, Mobilität, Freizeit, Kultur, Soziales und Jugend. Sie erarbeiteten verschiedene Projekte wie die Gründung eines Kunstvereins, das Anlegen eines Beachvolleyballplatzes, einen runden Tisch der in Hockenheim Wirtschaftenden oder einen Arbeitskreis zur Optimierung der Mobilität von Senioren und Gehbehinderten. Einige dieser Projekte sind in relativ kurzer Zeit realisiert worden.

In einer zweiten Phase des Agenda-Prozesses wurden in selbst organisierten Treffen und Sitzungen weitere Vorhaben konkretisiert und, sofern finanziell machbar, Schritt für Schritt umgesetzt. Die Stadtverwaltung bot den in der lokalen Agenda Engagierten von Anfang an organisatorische Unterstützung an. Dafür setzte ich im Stadtbauamt als Ansprechpartnerin die Agenda-Beauftragte Gudrun Spilger ein.

Schon im ersten Jahr war in Sachen „Lokale Agenda 21" eine recht positive Bilanz zu ziehen. Am Ende eines offenen Dialogs, an dem sich zahlreiche Mitbürgerinnen und Mitbürger in freiwilliger Weise beteiligten, ergaben sich neue Impulse für die Zukunftsgestaltung unserer Stadt. Ich fand dies vorbildlich, anerkennens- und dankenswert sowie beispielgebend für den weiteren Hockenheimer Agenda-Prozess.

❋

Modernisierung des Hockenheimrings, Teil 1

Die einzigen guten Geschichtswerke
werden von denen geschrieben,
die das Kommando hatten oder
an dem beschriebenen Ereignis teilnahmen.

MICHEL DE MONTAIGNE

Ursachen und die Rolle des Landes bis zum Bürgerentscheid

In der zweiten Hälfte der 1990er Jahre veränderte sich das wettbewerbliche Umfeld des Hockenheimrings gravierend. Hatte er bisher nur den Nürburgring als Konkurrenten, kamen mit dem neuen Sachsenring, dem Motopark Oschersleben sowie dem Lausitzring drei weitere Wettbewerber aus den neuen Bundesländern auf den begrenzten Veranstaltungsmarkt.

Für die in strukturschwachen Gebieten errichteten Projekte stellte die öffentliche Hand mehrere hundert Millionen Mark bereit. Das führte auf dem Großveranstaltungssektor zu einer Wettbewerbsverzerrung bisher nicht bekannten Ausmaßes. Außerdem schwächte es bei der Formel 1 die Verhandlungsposition der Hockenheim-Ring GmbH gegenüber Bernie Ecclestone.

Dieser Entwicklung tatenlos zuzusehen, wäre die eine Option der Verantwortlichen des Hockenheimrings gewesen. Sie hätte zwar für Ruhe an der „Heimatfront" gesorgt, aber unsere Anlage gegenüber den anderen Wettbewerbern recht bald ins Hintertreffen gebracht.

Die andere Option stellte eine umfassende Modernisierung des Hockenheimrings dar. An die war aber nur zu denken, wenn sich das Land zur Mitfinanzierung bereit erklärte.

Im Folgenden erfahren wir zunächst Näheres über die Rennstreckenentwicklung in Deutschland und darüber hinaus und anschließend über unsere Bemühungen, dieser mithilfe des Landes Paroli zu bieten.

Unglaubliche Investitionen am Nürburgring

Der am Tropf des Landes Rheinland-Pfalz hängende Nürburgring reagierte auf den Rennstreckenbau in den neuen Bundesländern mit massiven Investitionen. Obwohl der Eifelkurs mit der Inbetriebnahme seiner neuen Grand-Prix-Strecke im Jahre 1984 (Kosten rund 100 Millionen Mark) bereits zu den modernsten in der Welt zählte, errichtete die Nürburgring GmbH Ende der 1990er Jahre noch eine neue Boxenanlage für rund 30 Millionen Mark sowie ein neues Medienzentrum. Damit sollte der Formel 1 imponiert und sie letztlich gehalten werden. Ecclestone goutierte dies mit einer Vertragsverlängerung bis 2004. Weitere Millionen machten die Gesellschafter des Nürburgrings damals noch für einen Freizeitpark sowie ein zweites Zentrum für Fahrsicherheit locker.

Doch damit nicht genug. Ein Jahrzehnt später schuf die Nürburgring GmbH mit der „Erlebniswelt" noch ein gigantisches Freizeitzentrum in der Eifel. Es sollte zur Defizitabdeckung der Formel 1 beitragen. Unmittelbar vor der Eröffnung - sie fand in der Woche vor dem Formel-1-Grand-Prix 2009 statt - scheiterte die private Finanzierung. Notgedrungen musste nun die landeseigene Investitions- und Strukturbank (ISB) mit Krediten einspringen. Der zuständige SPD-Finanzminister nahm seinen Hut, der Hauptgeschäftsführer des Nürburgrings wurde fristlos entlassen und der Landtag in Mainz setzte einen Untersuchungsausschuss zur Aufklärung des Finanzdesasters am Nürburgring ein.

Meines Erachtens wird sich das Projekt in der im Winterhalbjahr besonders unwirtlichen Eifel nie rechnen. Wer macht sich schon in dieser Jahreszeit dorthin auf den Weg? Deshalb dürfte das Freizeitzentrum den ohnehin klammen Haushalt des Landes Rheinland-Pfalz auf Dauer belasten. Nach den SWR-Nachrichten vom 16. März 2011 geht die Opposition (CDU und FDP) im Landtag des Landes Rheinland-Pfalz davon aus, dass dafür die Steuerzahler mit mindestens 380 Millionen Euro haften!

Neue Bundesländer finanzierten modernste Rennstrecken

In den Jahren nach der Wiedervereinigung registrierte man in den neuen Bundesländern, wie gut sich der Hockenheimring mit der Formel 1, dem Motorrad-Grand-Prix, der DTM, mehreren Open-Air-Konzerten und vielen anderen attraktiven Großveranstaltungen entwickelte. Deshalb glaubte man in Brandenburg, Sachsen und Sachsen-Anhalt, mit dem Bau moderner Rennstrecken für eine ähnliche Entwicklung zur Prosperität in den wirtschaftlich daniederliegenden Regionen sorgen zu können. „Motorsportexperten" aus den alten Bundesländern, auch aus dem Schwabenlande, bestärkten noch die Verantwortlichen sowie die Landesregierungen in diesem Glauben. Ob es diesen Beratern aber um den Nutzen für die strukturschwachen Gebiete oder um ihren eigenen ging, ist eine andere Frage.

Leider sind Großveranstaltungen mit Weltmeisterschafts- oder anderen gehobenen Prädikaten in Deutschland nicht beliebig vermehrbar. Deshalb wirkten sich neue Rennstrecken auch auf den Hockenheimring aus. Statt bisher zwei, bewarben sich nun fünf Rennstrecken um die fast gleiche Anzahl von attraktiven Prädikatsveranstaltungen.

Beim traditionsreichen Sachsenring verlief die alte Strecke teilweise über Straßen der Stadt Hohenstein-Ernstthal. Das entsprach aber nicht mehr den Sicherheitsstandards. Deshalb entschied man sich dort - auch aufgrund meiner Empfehlung - zum Bau eines modernen Verkehrssicherheitszentrums, in das ein kleiner Rennkurs integriert wurde, der Motorsportveranstaltungen ermöglichte. Diese Anlage wurde 1996 eröffnet. Weil sie sich aber für internationale Wettbewerbe als zu klein erwies, zogen die Sachsen alle Register zum Bau einer modernen Rennstrecke. Schließlich finanzierte der Freistaat auch die Rennstreckenerweiterung. Summa summarum soll er rund 75 Millionen Mark für den Sachsenring bereitgestellt haben. Im Prüfungsbericht 2003 des Sächsischen Rechnungshofs steht:

> „Die Förderung des Freistaats erfolgte mit nahezu 100 Prozent und verstößt damit gegen maßgebliche Förderbestimmungen".

Doch wen interessierte dies noch? Von einem solchen Zuschusssegen konnten wir Hockenheimer allenfalls träumen.

Noch bemerkenswerter lief es am Lausitzring. Als ich von diesem Bauvorhaben Mitte der 1990er Jahre hörte, bezog ich dazu in der Öffentlichkeit sehr kritisch Stellung. Das Projekt war durch nichts zu rechtfertigen, von der Dimension her überzogen und vom Bedarf her absolut unnötig. Meine Bedenken hatte ich unter anderem auch gegenüber Wolfgang Schäuble, damals Fraktionssprecher der Union im Deutschen Bundestag, geltend gemacht. Er schickte mir eine Kopie des Förderbescheids über 241 Millionen Mark, basierend auf Gesamtkosten von 310 Millionen Mark, wiegelte aber sonst die Sache ab.

Bei nicht einem der für die Subventionierung des Lausitzrings verantwortlichen Politiker fand ich Verständnis, am wenigsten bei Brandenburgs Wirtschaftsminister Burkhard Dreher (SPD), der mir mitteilte, Hockenheim brauche sich keine Sorgen zu machen, denn zu einer Konkurrenzsituation werde es nicht kommen. Ursprünglich hatte man in der Lausitz weniger auf die Formel 1 als auf die amerikanische Champcar-Serie gesetzt. Doch schon bei der Eröffnung des Lausitzrings im August 2000 verkündete kein Geringerer als Brandenburgs SPD-Ministerpräsident Manfred Stolpe: „Wir werden die Formel 1 holen." Damit hatte ich gerechnet, mussten die Brandenburger doch alle Register ziehen, um ihre Wahnsinnsinvestition zu rechtfertigen.

Und die finanzierte das Land Baden-Württemberg über den Länderfinanzausgleich sogar noch mit! Dazu berichtete der Mannheimer Morgen in seiner Ausgabe vom 12. Juli 2000:

> „Der Groll der Landespolitiker (Anm.: gemeint sind die baden-württembergischen) richtet sich dabei vor allem gen Osten. Hätte das am Tropf der Westländer hängende Land Brandenburg nämlich nicht mit Steuergeldern den Lausitzring gebaut, könnte Formel-1-Chef Bernie Ecclestone die Verantwortlichen der Rennstrecken nun nicht gegeneinander ausspielen. Der Subventionswettlauf sei »ein kompletter Irrsinn«, räumte Baden-Württembergs Wirtschaftsminister Walter Döring (FDP) dieser Tage ein. Doch in der gegenwärtigen Situation bleibe nichts anderes übrig, als mitzumachen."

Kaum war der Lausitzring eingeweiht, musste das Land Brandenburg weitere 62 Millionen Mark zuschießen, um den Murks am Bau zu beseitigen. Die zu stark verdichteten Flächen innerhalb des Rennovals - das Projekt war auf einer bereits rekultivierten, ehemaligen Braunkohleabbaufläche errichtet worden - ließen das Regenwasser nicht ablaufen. Zudem mussten noch für den Aufbau der Infrastruktur um die Rennstrecke erhebliche Gelder bereitgestellt werden. Ein

Fernsehbericht, den ich damals zufällig sah, unterstellte sogar eine Gesamtinvestition von über 500 Millionen Mark!

Mangels Großveranstaltungen zur Amortisation des Investments und zur Deckung der laufenden Betriebskosten kam es, wie es kommen musste, und zwar schneller als gedacht. Im Jahre 2002 meldete die Betriebsgesellschaft des brandenburgischen Renommierprojekts und Millionengrabs Insolvenz an. Doch der Betrieb wurde umgehend unter anderer Flagge weitergeführt.

Eine dritte Rennstrecke entstand mit Hilfe öffentlicher Mittel (25 Millionen Mark) in Oschersleben bei Magdeburg. Auch diese neue Piste musste in den ersten Jahren ihres Daseins ums Überleben kämpfen. Es fehlten attraktive Veranstaltungen, doch davon gab es trotz neuer Rennstrecken in den neuen Bundesländern kaum mehr, als man an fünf Fingern abzählen konnte.

Von diesem eng begrenzten Veranstaltungskuchen wollte man natürlich auch in Oschersleben etwas abbekommen. Dies soll, so war zu hören, die Betreiber dieser Anlage sogar veranlasst haben, ihre Rennstrecke der Formel 1 kostenlos anzubieten. Darüber informierte mich Ecclestone später in einem persönlichen Gespräch. Treffender lässt sich die von mir befürchtete Wettbewerbsverzerrung wohl kaum beschreiben.

Da Ecclestone in den kaufkraftschwachen neuen Bundesländern kein gutes Geschäft witterte, ging er auf dieses Dumpingangebot nicht ein. Man kann sich aber ausmalen, was passiert wäre, wenn die wirtschaftlichen Bedingungen in den neuen Bundesländern bessere Vermarktungschancen versprochen hätten.

Auch weltweit neue Formel-1-Rennstrecken

Neben der für den Hockenheimring nicht erfreulichen Wettbewerbssituation auf nationalem Gebiet entwickelte sich parallel dazu auch auf dem internationalen Rennstreckensektor einiges. In Europa entstanden neue Grand-Prix-Rennstrecken in Barcelona, Budapest, Estoril und Magny-Cours. In Asien verlief eine ähnliche Entwicklung; zunächst entstand eine neue Rennstrecke in Malaysia. Etwas später kamen noch Projekte in China, in der Türkei sowie in den Emiraten am Golf hinzu. Viele dieser neuen und nach modernsten Gesichtspunkten entwickelten Anlagen wurden vom Staat finanziert. In der Türkei trugen die Istanbuler Handelskammer und der türkische Kammer- und Börsenverband die Baukosten und der Staat erklärte sich bereit, mögliche Veranstaltungsdefizite zu übernehmen.

Obwohl diese Rennstrecken nicht zu den unmittelbaren Wettbewerbern des Hockenheimrings zählen, ist deren modernes Ausstattungsniveau der Maßstab, an dem die internationalen Sportbehörden und Rennveranstalter bestehende Anlagen wie die unsrige messen.

Dies also war das neue nationale und internationale Umfeld des Hockenheimrings, das sich Ende der 1990er Jahre abzeichnete. Auf diese staatliche geförderte Konkurrenz musste sich der Hockenheimring wohl oder übel einstellen.

Norbert Haug, Mercedes-Sportchef und ein Kenner der Szene, äußerte sich zur Konkurrenzsituation in einem Interview mit dem Mannheimer Morgen am 16. April 1998:

> „Die anderen Rennstrecken bringen Hockenheim in eine Position, die richtig erkannt werden muss!"

Diese Entwicklung hatten die Geschäftsführer des Hockenheimrings und ich schon richtig erkannt. Die Frage war nur, ob, wie und mit welchen Mitteln dem Paroli geboten werden konnte.

Ecclestone und FIA forderten die Modernisierung

Im Jahre 1999 verfügte die Hockenheim-Ring GmbH über eine von der FIA abgenommene Grand-Prix-Rennstrecke. Der Vertrag mit der Formel 1 lief allerdings nur bis zum Rennen des Jahres 2001. Deshalb war das Anliegen der Hockenheim-Ring GmbH, eine mehrjährige Vertragsverlängerung über 2001 hinaus zu erreichen. Um diese war die Hockenheim-Ring GmbH auch deshalb besorgt, weil sich bereits damals der „Eurospeedway Lausitz" - so nannte sich nun der Lausitzring - massiv um die Formel 1 bemühte. Dessen Geschäftsführer Hans-Jörg Fischer putzte eifrig Ecclestones Türklinke, wie die Geschäftsführer des Hockenheimrings und ich mehrmals zur Kenntnis nehmen mussten!

Auch von hoher politischer Seite, unter anderem von Romano Prodi, von September 1999 bis November 2004 Präsident der Europäischen Kommission, soll der „Eurospeedway Lausitz" nach Aussagen Ecclestones Unterstützung in Sachen Formel 1 erhalten haben. Kein Wunder, denn die EU hatte das Projekt kofinanziert.

In dieser kritischen Phase stellte uns Ecclestone einen längerfristigen Vertrag in Aussicht, sofern, und das war seine Bedingung, ein Umbau des Hockenheimrings erfolgen würde! Es ging ihm einerseits um mehr permanente Zuschauerplätze sowie um eine attraktivere Rennstrecke, die sich besser vermarkten ließe. Andererseits aber war ihm auch an griffigen Argumenten für Hockenheim und gegen den „Eurospeedway Lausitz" gelegen. Eine in Aussicht gestellte Modernisierung hätte ihm diese geliefert.

Parallel dazu drängte auch die FIA, vor allem wegen der zu hohen Geschwindigkeiten, die auf den langen Geraden im Wald gefahren wurden, auf eine kürzere Rennstrecke. Im Übrigen waren die zahlreichen Unebenheiten des Streckenbelags im Wald, die einen Rennwagen bei Höchstgeschwindigkeit ins Schwimmen bringen konnten, der FIA schon seit Längerem ein Dorn im Auge. Die Dellen waren auf einen zu schwachen Unterbau sowie beim Streckenbau nicht entfernte, nun vermodernde Baumstümpfe zurückzuführen. Auch insofern wäre über kurz oder lang eine Generalsanierung auf den Hockenheimring zugekommen.

Aufgrund meiner langjährigen kommunalpolitischen Erfahrung und meines bisherigen Ärgers, den mir die eingefleischten Gegner des Hockenheimrings immer wieder bereiteten, konnte ich abschätzen, zu welchen Konflikten eine Modernisierung führen würde, wenn diese nur über einen größeren Eingriff in den Hardtwald zu realisieren wäre. Die zu erwartende Auseinandersetzung würde in erster Linie von mir als Bürgermeister zu bestreiten sein. Auch deswegen hatte ich damals noch insgeheim gehofft, dass ich mich einem solchen Umbau in den letzten Jahren meiner dritten, und wovon ich in dieser Phase noch immer ausging, letzten Amtszeit, nie stellen müsste.

Andererseits aber ging es um die Zukunft des Hockenheimrings. Sich auf dem bisherigen Lorbeer auszuruhen und nichts zu tun, wäre zwar der einfachste, aber kein zukunftsweisender Weg gewesen. Am Ende hätte der Ring gegenüber seinen alten und neuen Konkurrenten schnell den Kürzeren ziehen können. Einer solchen Entwicklung tatenlos zuzusehen, wäre verantwortungslos gegenüber der Stadt und all jenen gewesen, für die der Hockenheimring von großer wirtschaftlicher Bedeutung ist.

Engagement des Landes notwendig

Voraussetzung für einen Umbau war ein finanzielles Engagement des Landes. Die Hockenheim-Ring GmbH und ihre Gesellschafter sahen sich jedenfalls nicht in der Lage, die dafür erforderlichen zig Millionen alleine aufzubringen.

In dieser Sache fand anlässlich des Formel-1-Grand-Prix 1999 ein Gespräch mit Herrn Ecclestone in dessen „Motorhome", einem silbergrauen luxuriösen Fahrzeug in der Dimension eines Reisebusses, im Motodrom statt. Daran nahmen von der damaligen Landesregierung Wirtschaftsminister Dr. Walter Döring und vom Ministerium für Umwelt und Verkehr Staatssekretär Stefan Mappus, der frühere Bundeswirtschaftsminister Prof. Dr. Helmut Haussmann, der ehemalige Mercedes-Chef Helmut Werner, Ring-Geschäftsführer und BMC-Präsident Dieter Herz sowie ich teil. Bei dem Gespräch verdeutlichte Ecclestone seine Modernisierungsvorstellungen. Daraufhin sagte ihm Wirtschaftsminister Dr. Döring zu, umgehend Ministerpräsident Teufel zu informieren und sich innerhalb des Kabinetts für ein Engagement des Landes starkzumachen.

So erfreulich diese Aussage Dr. Dörings für den Hockenheimring auch war, so hart setzte sie mir im gleichen Atemzug zu. Sie machte mir schlagartig bewusst, dass nicht nur die Chancen für eine Modernisierung gewaltig gestiegen waren, sondern ich mich auch auf die Auseinandersetzung mit den notorischen Gegnern des Hockenheimrings einzustellen hatte. An wem wohl würden sie sich in erster Linie reiben? Und dies knappe drei Jahre vor dem Ende meiner dritten Amtszeit, die nach meiner langjährigen Lebensplanung meine letzte sein sollte.

Minister Dr. Döring veröffentlichte am 23. August 1999, also unmittelbar danach, eine Pressemitteilung. In der nahm er Bezug auf das Gespräch mit Ecclestone, von dem er erfahren habe, dass die Formel 1 in Hockenheim gefährdet sei, weil es offenbar Defizite bei der Streckenführung gäbe. Er regte deshalb ein Spitzengespräch mit maßgeblichen Landespolitikern vor Ort unter der Führung von Ministerpräsident Teufel an.

Fazit der Döring'schen Pressemitteilung:

„Es muss alles getan werden, damit auch künftig die Formel-1-Rennen auf dem Hockenheimring erhalten bleiben. Sie bieten eine weltweite Plattform für Werbemöglichkeiten, als Einnahmequelle und zur Tourismusförderung."

Zum Spitzengespräch vor Ort ist es leider nie gekommen, doch am Ende war das Land bereit, das Modernisierungsprojekt mitzutragen. Bis dahin war es aber ein schwieriger Weg.

Querschüsse belasteten die ersten Umbauplanungen

Zunächst musste dem Land ein Investitions- und Finanzierungsplan vorlegt werden, ausgehend von einer kürzeren Strecke im Hardtwald, einer höheren Zuschauerkapazität sowie einem Fahrsicherheitszentrum. Mit Letzterem liebäugelten wir schon lange, bot es doch eine sinnvolle Ergänzung des Geschäftsbetriebs. Außerdem hofften wir, mit ihm das Hotel Motodrom besser auszulasten sowie zu mehr Verkehrssicherheit im Lande beizutragen.

Eine Neuplanung musste zuerst mit den internationalen und nationalen Motorsportbehörden, der Formel 1 und anderen abgestimmt werden. Das dauerte seine Zeit. Deshalb war auch vom Land eine kurzfristige Entscheidung nicht zu erwarten.

Anfang Dezember 1999 wollte der Mannheimer Morgen von mir Näheres zum Planungsstand wissen. Ich erklärte dem anfragenden Redakteur, dass sich die Hockenheim-Ring GmbH noch in einer Abstimmungsphase befände und deshalb weder etwas zur Planung noch zu den Kosten gesagt werden könne. Dennoch veröffentlichte der Mannheimer Morgen am 9. Dezember 1999 nicht bestätigte Zahlen sowie einen Plan, der den alten Kurs sowie einen fiktiven neuen darstellte. Beschreibung: „So oder ähnlich könnte der neue geplante Streckenverlauf aussehen."

Mit einem solch spekulativen Artikel hatte in Hockenheim niemand gerechnet. Er brachte uns in Zugzwang und veranlasste uns wenige Tage später, den Medien unsere Umbauplanung vorzustellen, die aber zu der Zeit weder mit den Motorsportbehörden noch mit der Formel 1 abgestimmt war. Dies erwies sich im Nachhinein als ein Fehler.

Kernstück der neuen Planung war ein auf 4.023 Meter verkürzter Grand-Prix-Kurs mit einer rundum erneuerten Infrastruktur, geschätzte Kosten rund 48 Millionen Mark. Die Streckenverkürzung hatte das Ingenieur- und Statikbüro Hans Zahn aus Hockenheim in enger Abstimmung mit der Geschäftsführung der Hockenheim-Ring GmbH und mir unter möglichst waldschonenden Bedingungen entworfen. Ganz ohne Eingriff in den Hardtwald war leider nichts zu machen.

Wie zu erwarten war, bezogen darauf die Hockenheimer Grünen, an der Spitze Stadtrat Härdle, kritisch Stellung. Sie lehnten im Gegensatz zur örtlichen CDU, SPD, FWV und FDP die Verwendung öffentlicher Mittel, ob kommunal oder vom Land, für den Umbau des Motodroms ab. Mit anderen Worten: Sie stimmten gegen die Modernisierung des Hockenheimrings.

Zudem initiierte der regelmäßig mit Leserbriefen in der HTZ aufwartende Hockenheimer Dieter Müller eine Unterschriftenaktion mit dem imperativen Titel: „Hände weg vom Hardtwald!" Am Ende unterzeichneten „nur" 384 Gesinnungsgenossen aus Hockenheim und weitere 50 aus der Region Müllers Aufruf. Eine magere Bilanz. Seine Forderung fand also keinen sehr großen Anklang in der Öffentlichkeit.

Mit einem weiteren Querschuss gegen die Umbauplanung hatte ich aber überhaupt nicht gerechnet. Sie kam von Andreas Meyer, dem Geschäftsführer der Promotionsgesellschaft für Motorsport. Meyer war Ecclestones Statthalter in Hockenheim, hatte sein Büro unmittelbar am Ring und organisierte und finanzierte über die von ihm vertretene Promotionsgesellschaft das Formel-1-Rennen, soweit nicht die Hockenheim-Ring GmbH vertraglich zuständig war. Der eigentliche Vertragspartner der Hockenheim-Ring GmbH in Sachen Formel 1 war also nicht Ecclestone, sondern dessen Promotionsgesellschaft.

Meyer kannte ich schon seit der Zeit, als ich bei der Hockenheim-Ring GmbH beschäftigt war. Der studierte Jurist war damals als ein noch relativ junger Mann in die Geschäftsführung des AvD gekommen, zuständig für den Motorsport. Die Auseinandersetzung zwischen Ecclestones Formel 1 und der FIA, die im „Concorde-Agreement" endete, erlebten wir beide in gegensätzlichen Lagern mit. Später schied Meyer beim AvD aus und arbeitete Ecclestone zu.

Über Meyers Bedenken zur Umbauplanung informierte die dpa am 22. Febr. 2000 wie folgt:

> „Andreas Meyer, der Veranstalter des Großen Preises von Deutschland, droht mit seinem Ausstieg für das Jahr 2002, wenn der Umbau des Hockenheimrings bleibt wie geplant. »Ich werde meinen Vertrag mit der Hockenheim-Ring GmbH nicht verlängern, wenn es keine Veränderungen gibt«, sagte der Chef der »Promotionsgesellschaft Motorsport« der dpa am Dienstag.
>
> Meyer fordert vor allem zusätzliche 15.000 Parkplätze im Bereich des Streckenteils, der nach den Umbauplänen stillgelegt werden soll. Auf dem künftig stillgelegten Teil zwischen den langen beiden Geraden durch den Wald schwebt ihm die Errichtung einer »Eventfläche mit Jahrmarktsatmosphäre« vor. Meyer erklärte, sonst könne er seine Kosten von insgesamt 30 Millionen Mark nicht mehr tragen. »Ich muss das finanzielle Risiko übernehmen«, deshalb forderte er ein Entgegenkommen von Hockenheims Bürgermeister Gustav Schrank, der zugleich Vorsitzender der Hockenheim-Ring GmbH ist. Er sei bei den Planungen für den Streckenumbau nicht einbezogen worden.
>
> Neben der Verkürzung der 6,8 km langen Strecke auf etwa 4,2 km, der Neugestaltung der Tribünen im Motodrom und einer Sanierung des Sanitärbereichs soll auch die Zuschauerkapazität bis 2002 entscheidend vergrößert werden. Laut Meyer soll es künftig 100.000 Sitz- und 30.000 Stehplätze

geben. Bislang passen ins Motodrom knapp 70.000 Zuschauer, die Zusatz-
tribünen eingerechnet. Dazu kommen 11.000 Stehplätze im Waldbereich."

Wir hatten Meyer in die Planungsabstimmung nicht einbezogen, weil dies Ecclestone, den wir dazu befragt hatten, nicht für erforderlich hielt. Vielmehr hatte er
allein auf einer schnellen Vorlage unserer Umbauplanung bestanden. Er wollte sie
an die FIA zur Genehmigung weiterleiten. Wir verfuhren, wie es Ecclestone verlangte, übergaben ihm die Pläne, hörten von ihm dann aber wochenlang nichts.
Deshalb gingen wir zunächst davon aus, dass die Planung so gebilligt würde. Umso
mehr wunderten wir uns, als die FIA unsere Planung ablehnte.

In der Zwischenzeit hatte Meyer von sich aus und ohne uns zu informieren, ein
Stuttgarter Planungsbüro beauftragt, den Hockenheimring umzuplanen. Seine Vorstellungen entsprachen denen der FIA, die den Grand-Prix-Kurs durch eine Quer-
verbindung zwischen der Jim-Clark- und der Ayrton-Senna-Kurve verkürzt sehen
wollte. Diese Übereinstimmung kam sicher nicht von ungefähr.

Nach Meyer sollte der alte, mitten im Hardtwald liegende Streckenteil, der vom
Hardtbachdamm bis zur Ostkurve und von dort bis zur Ayrton-Senna-Kurve führte,
als „Eventbereich" zur Unterhaltung der Zuschauer genutzt werden. Nun stelle man
sich mitten im Hochsommer und in einer Trockenperiode, wie sie für die Rheinebene oft typisch ist, zig Tausende, zum Teil alkoholisierte Fans, mitten im Hardtwald
vor. Weggeworfene Zigarettenkippen und abgeschossene Leuchtraketen, ganz zu
schweigen von Lagerfeuern, hätten dort die Waldbrandgefahr drastisch erhöht und
Menschen gefährdet. Dem hätte ein Verantwortlicher nie zustimmen können.

Zudem hätte diese Planung keine ausgleichenden Aufforstungsmaßnahmen im
alten Streckenbereich zugelassen. Auch deshalb konnte ich Meyers Pläne nichts
abgewinnen, hatte aber Verständnis für seinen Wunsch nach mehr Publikums-
Attraktionen. Meine ablehnende Haltung erfreute Meyer natürlich nicht.

Dr. Rainer Vögele als Projektbetreuer

Vor der Modernisierungsphase war die Personaldecke der Hockenheim-Ring GmbH
recht dünn. Außerdem hatte niemand am Ring und in der Stadt Erfahrungen mit
der Planung und Abwicklung eines Projekts dieser Größenordnung. Deshalb verpflichteten wir Dr. Rainer Vögele als Projektbetreuer. Mit ihm und seinem Mitarbeiter Andreas Hornung hatten die Hockenheim-Ring GmbH und auch ich seit Mitte der 1990er Jahre bei der Vermarktung der Bandenwerbung und der DTM sehr gut
zusammengearbeitet. Für Dr. Vögele sprach, dass er Jahre zuvor als einer der beiden
Geschäftsführer die Stuttgarter Messe leitete und dort mit Großprojekten zu tun
hatte.

Seine berufliche Vergangenheit hatte allerdings schon für einige Schlagzeilen gesorgt. Nach einem Volkswirtschaftsstudium mit Promotion, nach einer Parteikar-
riere als Bezirksvorsitzender der Jungen Union, Stadtrat in Waiblingen und Rems-
Murr-Kreisrat, kam der CDU-Politiker Mitte der 1970er Jahre nach Stuttgart. OB
Manfred Rommel machte ihn zum Leiter der ihm direkt unterstellten Abteilung für

Wirtschaftsförderung. 1982 wechselte Dr. Vögele in die Geschäftsführung der Stuttgarter Messe- und Kongress-GmbH. In dieser war er für den Bereich „Veranstaltungen, Kongresse und Vermietungen, Finanzen, Personal, Verwaltung, EDV, Hanns-Martin-Schleyer-Halle, Kultur- und Kongress-Zentrum Liederhalle" zuständig und bewegte in wenigen Jahren enorm viel. Höhepunkte der von ihm in Stuttgart gemanagten Großveranstaltungen waren das Daviscup-Finale und die Tanz-WM 1989, die Rad-WM 1991 sowie die Leichtathletik-WM 1993.

Zwei Strafbefehle an Dr. Vögele kommentierte OB Rommel als „einen im Dienste der Stadt als Unschuldiger akzeptiert, den anderen verkleinert zum »formalen Fehler im Grenzbereich zwischen Fahrlässigkeit und Vorsatz«, das sei »doch kein Drama« und könne angesichts der Verdienste Vögeles um die Stadt vernachlässigt werden". Doch der Druck der politischen Gegner im Stuttgarter Gemeinderat ließen Dr. Vögele im Jahre 1995 in die Dekra-Führungsebene wechseln.

Über die „Dekra-Promotion" managte er dann das neue Festspielhaus Baden-Baden, dessen mangelhafte Finanzausstattung ihm weitere negative Schlagzeilen bescherte. Wie er mir einmal versicherte, habe er dem Freundeskreis des Festspielhauses und vor allem dessen Vorsitzenden vertraut, die ihn aber trotz finanzieller Zusagen im Stich gelassen hätten. Dass das Projekt mit einer soliden Finanzausstattung tragfähig ist, hat sich in den 2000er Jahren bewiesen.

Als sich Dr. Vögele am Hockenheimring an die Projektarbeit machte, wehte ihm nicht von allen Seiten Sympathie entgegen. Kritische Stimmen aus Teilen der Medienwelt, aber nicht nur aus dieser, vereinten sich im Tenor: „Wie konntet ihr euch auf den einlassen?" Auch intern war Dr. Vögele nicht unumstritten. Kein Wunder – hatte er doch relativ schnell die personellen Schwachstellen der Hockenheim-Ring GmbH erkannt und auch beim Namen genannt.

Dies sollte man zur Vorgeschichte von Dr. Vögele wissen, dem ich trotzdem von Anfang an zutraute, das Modernisierungsprojekt auf den Weg zu bringen. Sein Engagement und seine gründliche, preußisch geprägte, auf das Ziel fokussierte umsichtige Arbeitsweise hätte sich so mancher seiner Kritiker als ein Vorbild nehmen können.

Vorplanungen durch namhafte Architekturbüros

Nachdem der erste Entwurf der Hockenheim-Ring GmbH von der FIA abgelehnt worden war und auch Meyers Vorstellungen nicht zu realisieren waren, musste eine neue Streckenplanung auf den Weg gebracht werden. Um eine Erfahrung reicher, beauftragten wir Hans-Hermann Tilke bzw. dessen Büro in Aachen mit der Umbauplanung. Tilke hatte bereits verschiedene Modernisierungsmaßnahmen am Nürburgring geplant und komplette Formel-1-Rennstrecken wie in Malaysia entworfen. Er verstand sein Handwerk, war in der Motorsportszene, auch bei Ecclestone und der FIA bekannt, und das sollte sich schließlich auch für uns als vorteilhaft erweisen, soweit es die Planung betraf.

Die Planung Tilkes erfolgte in enger Abstimmung mit der Geschäftsführung der Hockenheim-Ring GmbH, der Forstverwaltung und mir. Auch Ecclestone und

Meyer wurden frühzeitig eingebunden. Zu Tilkes Planungsauftrag zählten der neue Grand-Prix-Kurs, eine im Innenbereich zu errichtende neue Tribüne (Mercedes-Tribüne) sowie das Fahrsicherheitszentrum. Wir gaben ihm vor, nicht mehr Wald zu beanspruchen, als wirklich nötig. Unter diesen Gesichtspunkten musste ich ihn bitten, seinen ersten, durchaus interessanten Entwurf zu überarbeiten. Das Ergebnis war der 4,5 Kilometer lange Grand-Prix-Kurs mit einer auf 120.000 Zuschauer erweiterten Kapazität sowie ein im Innenbereich des neuen Rings liegendes Fahrsicherheitszentrum.

Parallel zu Tilke plante das Architekturbüro Deyle aus Stuttgart die Erweiterung der Südtribüne und Volker Grein das Baden-Württemberg-Center. Zudem musste noch die Infrastruktur innerhalb und außerhalb des Rings, wie die Entwässerung, der ruhende und fließende Verkehr, die Wasser- und Energieversorgung etc. optimiert werden. Da wir Wert auf eine solide Kostenermittlung legten - die Basis für den Zuschussantrag an das Land - ging das alles nicht von heute auf morgen.

Wirtschaftsprüfer bestätigten die Planzahlen

Bevor wir die Öffentlichkeit informierten, hofften wir, von der Landesregierung zumindest eine grundsätzliche Aussage zur Bezuschussung zu erhalten. Doch die zierte sich lange, ehe sie konkret wurde. Das strapazierte nicht nur meine Geduld. Andererseits musste ich mich zurückhalten, hing ein Zuschuss doch vom guten Willen der Regierungskoalition ab, von der ich niemanden vergraulen wollte.

Bevor der Ministerrat und dann der Landtag über das Projekt entschieden, verlangte das Wirtschaftsministerium, die Investitions- und Businesspläne der Hockenheim-Ring GmbH noch von einer neutralen Wirtschaftsprüfungsgesellschaft verifizieren zu lassen – es wollte jedes Risiko ausschließen. Wir verständigten uns auf Arthur Andersen, deren Gutachten das Wirtschaftsministerium „kulanterweise" zu einem Drittel mitfinanzierte. Dennoch kostete es die Hockenheim-Ring GmbH noch 100.000 Mark.

Die Wirtschaftsprüfer von Arthur Andersen bestätigten unsere Annahmen, auf die ich in späteren Kapiteln noch detailliert eingehen werde. Zusammengefasst kamen sie zu folgendem Prüfungsergebnis:

> „Die von der Hockenheim-Ring GmbH geplanten Investitionsmaßnahmen stellen die Voraussetzung für die erfolgreiche Zukunftssicherung des Hockenheimrings dar. Die Ergebnisplanungen der Gesellschaft sind nachvollziehbar entwickelt worden und die getroffenen Annahmen im Wesentlichen plausibel. Aus den geplanten Ergebnissen kann die Gesamtfinanzierung der Maßnahmen sichergestellt werden. Die geplante Neustrukturierung der Gruppe erscheint zur Bewältigung der steigenden zukünftigen Anforderungen angemessen. Insgesamt erscheint die Tragfähigkeit der gesamten Konzeption bezüglich Betrieb und Zukunftssicherung als gegeben."

Die Überprüfung der Zahlen durch die Wirtschaftsprüfungsgesellschaft Arthur Andersen war für die Entscheidung des Landes ebenso nützlich wie die auf mein Drängen hin zusätzlich von der Hockenheim-Ring GmbH in Auftrag gegebene Untersuchung der Uni Mannheim. Diese befasste sich mit den regionalökonomischen Effekten der Großveranstaltungen auf dem Hockenheimring – unter besonderer Berücksichtigung des Formel-1-Grand-Prix.

In diesem Metier hatten bereits die auf den Gebieten der Geo- und Sport-Ökonomie forschenden amerikanischen Publizisten William Lilley III. und Laurence J. DeFranco recherchiert. In ihrer für die FIA und EU erstellten Studie vom 18. Februar 1999 ermittelten sie beim Formel-1-Rennen in Hockenheim Umsätze von 47,7 Millionen Dollar (damals rund 90 Millionen Mark). Da ich dem nicht traute, bat ich die Hockenheim-Ring GmbH, das Geographische Institut der Uni Mannheim mit einer eigenen Studie zu beauftragen.

Nach dessen im November 2000 vorgelegten Forschungsbericht führte der Formel-1-Grand-Prix 2000 zu Umsätzen von 83,7 Millionen Mark und einer Nettowertschöpfung von 19,9 Millionen Mark in der Region. Daneben wirkte sich das Rennen auch auf die regionale Beschäftigung positiv aus. Rund 300 Arbeitsplätze in Vollzeit waren, aufs Jahr bezogen, allein dem Grand Prix zu verdanken.

Von den Umsätzen am Hockenheimring und der Region profitierte das Land vor allem über die Mehrwertsteuer in Millionenhöhe. Schon aus diesem Grund hätte man eigentlich von der Regierung ein großes Interesse am Erhalt der Wettbewerbsfähigkeit des Hockenheimrings erwarten können. Insofern war auch davon auszugehen, dass ein Landeszuschuss binnen weniger Jahre über Steuereinnahmen wieder in die Landeskasse zurückgeflossen wäre.

Doch nicht nur Umsätze, sondern auch Investitionen führen beim Land zu Steuereinnahmen. Bei einem Nettoinvestitionsvolumen von rund 100 Millionen Mark vereinnahmte der Fiskus damals rund 16 Millionen Mark netto an Mehrwertsteuer. Davon standen dem Land 45 Prozent oder rund 7 Millionen Mark zu. Fragt sich nur, ob auch diese Zusammenhänge in Stuttgart ähnlich eingeschätzt wurden?

Weitere Einnahmen vom Hockenheimring verbuchte das Land seit Jahren durch Mieten für den im Staatswald befindlichen Rennstreckenteil sowie für Bandenwerbung und das Befahren von Waldwegen mit Kraftfahrzeugen. Von 1981 bis 2000 hatten sich allein diese „Nebenkosten" auf die stolze Summe von 1,6 Millionen Mark addiert.

SPD-Landtagsfraktion dafür, andere aber taten sich schwer

Die SPD-Fraktion des Landtags stand von Anfang an geschlossen hinter dem Modernisierungsprojekt und drängte sogar die Landesregierung mehr als einmal, endlich zu entscheiden. Dies war wohl auch dem Landtagsabgeordneten Karl-Peter Wettstein und seiner Nachfolgerin im Landtag, Rosa Grünstein, zu verdanken, die in ihrer Fraktion gemeinsam mit dem Abgeordneten Max Nagel aus Mannheim eine gute Lobbyarbeit für Hockenheim leisteten.

Typisch für das SPD-Engagement war ein am 14. November 2000 in der Rhein-Neckar-Zeitung veröffentlichter Artikel mit der Überschrift „Brandrede zum Hockenheimring". In diesem hieß es:

> „»Läge der Hockenheimring in Stuttgart, würden wir anders dastehen.« Das ist das Fazit eines Treffens der SPD-Vertreter des Landtagswahlkreises zu einer sogenannten Bereichskonferenz. Im Mittelpunkt des regionalpolitischen Teils der Ausführungen von Rosa Grünstein MdL stand eine kleine Brandrede zum Thema »Hockenheimring«. Sie zeigte sich vor der Parteiversammlung entrüstet über die Untätigkeit der Landesregierung …
>
> Die brandenburgische Landesregierung beschloss dieser Tage die Bereitstellung von 62 Millionen Mark, um einen - teuren - Planungsfehler am Lausitzring zu korrigieren.
>
> »Mit dieser Summe, die dort für die Behebung eines Wasserschadens ausgegeben wird, könnten wir hier fast den gesamten Hockenheimring in Ordnung bringen« so die Abgeordnete, die in diesem Zusammenhang natürlich auch Finanzminister Stratthaus aufforderte, nicht nur schlechte Nachrichten aus Berlin mitzubringen, wo der Bundesrat das Lausitzthema behandelt hatte, sondern sich in Stuttgart für den Erhalt des Hockenheimrings so zu verwenden, wie es für einen Abgeordneten des Wahlkreises 40 gehöre, der diese Tatsache scheinbar als Finanzminister vergessen habe."

Von den Regierungsvertretern hatte mir Finanzminister Stratthaus in persönlichen Gesprächen immer Unterstützung signalisiert – und letztlich zählte er, auch wenn er sich öffentlich zurückhielt, zu den treibenden Kräften im Kabinett. Auch der mehr die Öffentlichkeit suchende Wirtschaftsminister Dr. Döring stand eigentlich immer hinter einer Landeshilfe, auch Günther Oettinger, damals Fraktionsführer der CDU im Landtag. Als ich mit ihm nach der Sommerpause 1999 sprach, sagte er mir eine Landeshilfe zu. Später aber, am 5. Juli 2000, relativierten die Stuttgarter Nachrichten seine Aussagen:

> „Oettinger plädierte für eine Finanzierung der Baumaßnahmen in erster Linie durch die Formel 1 selbst, Autofirmen sowie regionale Einrichtungen. Er sehe gegenwärtig keinen zwingenden Grund, sich auf eine Förderung durch das Land festzulegen. Aber »es wird nicht an der CDU scheitern, wenn es darum geht, für einen nennenswerten Landesanteil zu sorgen«, versicherte der Fraktionschef."

Besonders schwer schien sich zunächst Ministerpräsident Teufel zu tun. In der Ausgabe vom 11. Juli 2000 trafen die Stuttgarter Nachrichten den Nagel wohl auf den Kopf, als sie unter anderem berichteten:

> „Und der Ministerpräsident war auch nicht sofort Feuer und Flamme. Erwin Teufel habe sich, so heißt es, anfangs gegen eine Landeshilfe ausgesprochen. Inzwischen freilich hat ihn jemand überzeugt, dass es ein dreiviertel Jahr vor der nächsten Landtagswahl nicht ratsam wäre, das populäre Rennen

einfach ziehen zu lassen. Der Fall ist zur Chefsache geworden. »Wir werden Hockenheim nicht im Stich lassen«, verspricht der CDU-Politiker nun.“

Obwohl er keine Zahlen nannte, klang dies schon wesentlich verheißungsvoller als seine früheren Aussagen, den Landeszuschuss auf einen „Schlussbaustein“ beschränken zu wollen. Einen Tag später schrieb der Mannheimer Morgen, Teufel wolle nur „Hilfe zu Selbsthilfe“ leisten, dass aber der Umbau nicht am Land scheitern werde. Nach den Vorstellungen des Ministerpräsidenten sollten neben den Gesellschaftern auch die Automobilindustrie und die Region einen angemessenen Beitrag zum Umbau leisten. Das war zu dieser Zeit auch noch meine Hoffnung.

Am 15. Juli 2000 wurde die Stuttgarter Zeitung - wie üblich gut informiert - noch etwas konkreter:

„Die Stuttgarter Regierungskoalition ist offenbar bereit, bis zu 30 Millionen Mark zum Umbau der Rennstrecke in Hockenheim zur Verfügung zu stellen. Dies entspricht etwa einem Drittel der Baukosten, die in einem Gutachten auf knapp 93 Millionen Mark beziffert werden. Wie aus Koalitionskreisen verlautete, sind sich CDU und FDP über diese Höchstgrenze weitgehend einig. Öffentlich werden jedoch keine Beträge genannt, um die Verhandlungsposition des Landes nicht zu schwächen.

Zwei Drittel der Kosten sollen die Stadt und die Region, die regionale Wirtschaft und Autoindustrie aufbringen. Wirtschaftsminister Walter Döring (FDP) führt zurzeit Verhandlungen über die Höhe der Anteile. Am nächsten Mittwoch soll sich der Koalitionsausschuss mit dem Finanzierungskonzept für Hockenheim befassen. Die oppositionelle SPD forderte unterdessen, bereits im Nachtragshaushalt eine »Soforthilfe« von zehn Millionen Mark für die Rennstrecke auszuweisen. Grundsätzlich gegen einen Landeszuschuss wandte sich die Junge Union: Angesichts der »Riesengewinne« im Formel-1-Geschäft sei es nicht vertretbar, »Dutzende von Millionen« als Zuschuss zu geben.“

Es gab also nicht nur aus dem Lager der Grünen Neinstimmen zu einer Landeshilfe. Dass aber auch die Junge Union in dieses Horn stieß und mit Riesengewinnen argumentierte, war schon verwunderlich. Tatsächlich machte die Formel 1 „Riesenumsätze“, von denen der Staat durch erhebliche Steuereinnahmen profitierte. Doch dieser Zusammenhang spielte bei der Jungen Union wohl keine große Rolle.

Die Zuschussbegrenzung auf ein Drittel, also rund 30 Millionen Mark, hatte einen realen Hintergrund. Schon in einem vorangegangenen Vieraugengespräch, das ich mit Finanzminister Gerhard Stratthaus führte, hatten wir über diese Zahl bzw. Relation gesprochen. Hintergrund: Bis dato hatte das Land beim Ausbau von Bundesligastadien stets ein Drittel finanziert. Das kleine nordbadische Hockenheim sollte deshalb im Zuge der Gleichbehandlung auch nicht mehr als eine Großstadt mit Bundesligaklub bekommen. Doch hatte eine Großstadt nicht eine stärkere Finanzkraft als Hockenheim?

Rund ein Jahrzehnt später kam ich mit einem damaligen Mitglied der CDU-Landtagsfraktion ins Gespräch. Es hielt mir vor, in Sachen Landeszuschuss taktisch geschickt operiert zu haben. Auf diesen habe sich seine Fraktion erst verständigt, als bekannt geworden sei, dass ich im Falle einer Zuschussverweigerung als FDP-Mann für den Landtag kandidieren würde. Es wurde befürchtet, meine Kandidatur würde den CDU-Kandidaten Stratthaus Stimmen und möglicherweise das Direktmandat kosten. – Ich möchte nicht ausschließen, in der damaligen Phase einmal beiläufig über eine Kandidatur gesprochen zu haben. Ernsthaft erwogen habe ich sie aber nie.

Sollten wirklich erst wahltaktische Gründe die Stimmung der CDU-Landtagsfraktion pro Hockenheimring beflügelt haben? Es ist kaum zu glauben. Andererseits würde eine solch fragile Zustimmungsbasis einiges im Verhalten der von CDU und FDP gestellten Landesregierung erklären. Doch diese Wertung sei dem Leser bzw. der Leserin überlassen.

Unverständlicher Drang an die Öffentlichkeit

Mein „Parteifreund" und Wirtschaftsminister Dr. Döring ging, wohl auch auf die Erwartungen der Regierungsfraktionen gestützt, von einer großzügigen Beteiligung der Wirtschaft und der Region sowie der Stadt Hockenheim aus. Entsprechend legte er sich schon im Vorfeld einer Landesentscheidung ins Zeug.

Am 10. Juli 2000 hatte er von heute auf morgen die Geschäftsführung der Hockenheim-Ring GmbH und mich ins Wirtschaftsministerium nach Stuttgart eingeladen, besser gesagt, einbestellt. Dort sollte in einem Schnellschuss mit von ihm eingeladenen Vertretern der Wirtschaft deren Bereitschaft ausgelotet werden, das Modernisierungsprojekt Hockenheimring mitzufinanzieren bzw. zu fördern. Wegen anderer für mich wichtiger Termine, unter anderem einem dringendem Arztbesuch und einer Personalversammlung, war es mir aber leider nicht möglich, die beiden Ring-Geschäftsführer Dieter Herz und Georg Seiler nach Stuttgart zu begleiten. Deshalb fuhr an meiner Stelle Stadtrat Alfred Rupp, mein erster Stellvertreter, mit nach Stuttgart, den ich darum gebeten hatte.

Bei der Besprechung bemängelte Werner Schmidt, der Chef der LBBW, dass die Geschäftsführung der Hockenheim-Ring GmbH nicht mit Businessplänen aufwartete. Wie hätte sie auch? Zu der Zeit hatte das Modernisierungsprojekt zwar konkretere Formen angenommen, doch vieles war noch unklar, auch und gerade die Frage, ob und wie hoch sich das Land an der Finanzierung beteiligen würde. Von einer konkreten Zusage des Landes waren wir noch weit entfernt.

Offen war auch noch, wie es mit der Formel 1 überhaupt weitergehen würde. Von Ecclestone gab es zwar mündliche Absichtserklärungen, aber ob sich die Hockenheim-Ring GmbH auf einen längerfristigen Promotervertrag einlassen könne, musste erst noch geprüft werden. Andreas Meyer hatte zu der Zeit schon angedeutet, als Promoter aussteigen zu wollen. Die Hockenheim-Ring GmbH dagegen hoffte, als Promoter bessere Vermarktungschancen zu haben und damit höhere, der Modernisierung zugute kommende Überschüsse erwirtschaften zu können.

Doch zu dieser Zeit war dies alles noch sehr vage. Unter den gegebenen Unsicherheiten hätten viele Zahlen in den Businessplänen nur den Charakter von Hausnummern gehabt und zu allem anderen als plausiblen Ergebnissen geführt.

Dennoch hieb auch der Wirtschaftsminister in die gleiche Kerbe und kritisierte die fehlenden Businesspläne. Wäre ich dabei gewesen, hätte ich ihm und auch dem LBBW-Chef Werner Schmidt, dazu das Nötige gesagt. Pro Hockenheimring sprach aber der Mannheimer Unternehmer Dr. Manfred Fuchs, von dem wir in einem späteren Kapitel noch mehr hören werden. Auch Dieter Herz wies die Kritik zurück.

Als die beiden Geschäftsführer und Alfred Rupp auf der Rückfahrt in Mannheim vom Zug ins Auto stiegen, hörten sie im Radio bereits ein Interview des Wirtschaftsministers über die Sitzung an diesem Morgen.

Bezeichnend für die Haltung der Landesregierung und ihrer Protagonisten Teufel und Dr. Döring in dieser Phase war am 20. Juli 2000 ein Artikel in der Heilbronner Stimme:

> „Die Verhandlungen über den Formel-1-gerechten Ausbau des Hockenheimrings sind ins Stocken geraten. Wirtschaft und Region hätten bislang keine Mark verbindlich zugesagt, hieß es aus Regierungskreisen in Stuttgart. Die Konsequenz ist, dass sich das Land zurückhält. Das Land sei nur bereit, »den Schlussbaustein« zu setzen, begründete Ministerpräsident Erwin Teufel (CDU) im Gespräch mit unserer Zeitung.
>
> Ob es bis zum Großen Preis von Deutschland am letzten Juli-Wochenende gelingt, die Finanzierung für den Ausbau festzuklopfen, wird von einem hochrangigen Regierungsmitglied bezweifelt. »Ich habe kaum noch Hoffnung.« Sollte jedoch das Finanzierungskonzept für den auf 93 Millionen Mark veranschlagten Umbau nicht bis Ende Juli stehen, droht die Abwanderung des Formel-1-Rennens zum Lausitzring. Baden-Württemberg ginge nicht nur ein Werbeträger verloren, sondern auch Umsätze durch Besucher in Höhe von rund 87 Millionen Mark jährlich.
>
> Angesichts dieser Perspektive versuchte Wirtschaftsminister Walter Döring (FDP) erst gar nicht, seine Verärgerung zu verbergen. Er machte vor allem die Hockenheim-Ring GmbH für die Zurückhaltung der Wirtschaft verantwortlich. Die Vertreter der Ring-GmbH seien »eine einzige Enttäuschung«, brach es aus ihm heraus: »Denen würde ich nicht einmal die Durchführung eines Seifenkistenrennens anvertrauen, geschweige denn ein Formel-1-Rennen.« Döring warf der Ring-GmbH vor, kein handhabbares Sponsoring-Konzept vorgelegt zu haben.“

Als ich von dieser diskriminierenden Stellungnahme erfuhr, weilte ich im Mannheimer Klinikum, um den Termin für einen größeren operativen Eingriff abzustimmen, dem ich mich kurzfristig und unerwartet unterziehen musste. Der Oberarzt hatte mir gerade recht unverblümt bedeutet: „Machen Sie sich keine Hoffnung, dass die Sache gutartig ist!“ War dies für mich schon belastend genug, musste ich an diesem Tag auch noch den Herrn Minister bitten, künftig solche abschätzigen Bemerkungen zu unterlassen. Ich erreichte ihn über sein Handy, hielt ihm den Presseartikel vor und erklärte ihm unmissverständlich, dass ich seine Äußerungen über die Geschäftsführer der Hockenheim-Ring GmbH alles andere als okay fände. So könnten und sollten wir miteinander nicht umgehen, schade es am Ende doch nur der Sache.

Minister Dr. Döring bestritt, sich wie von der Heilbronner Stimme berichtet, über die Geschäftsführer ausgelassen zu haben, beklagte aber zugleich deren Auftritt in Stuttgart, den er durch seine Hauruck-Einladung eigentlich selbst heraufbeschworen hatte. Auch das bekam er von mir zu hören. Im Übrigen konnte ich nicht glauben, dass die Presse diese herabwürdigenden Worte über die Geschäftsführer ohne ein entsprechendes Statement veröffentlicht hätte. Wäre dies nämlich der Fall gewesen, hätte er sicher umgehend widersprochen.

Einige Zeit später überraschte mich sein Drang an die Öffentlichkeit noch ein weiteres Mal, als er die Presse über das Ergebnis einer internen Besprechung im Hockenheimer Rathaus informierte, über das alle Teilnehmer Stillschweigen vereinbart hatten. Bei dem Gespräch hatte er sich von zwei Mitarbeitern seines Hauses vertreten und danach informieren lassen, aber um die abgesprochene Vertraulichkeit nicht geschert.

Erwin Teufel und Edmund Stoiber am Ring

Über die Presse erfuhr ich, Ministerpräsident Teufel würde zum Formel-1-Grand-Prix Ende Juli 2000 nach Hockenheim kommen und ein „Spitzengespräch" mit Bernie Ecclestone führen. Die Presse berichtete außerdem, Teufel habe an den Formel-1-Manager geschrieben und ihm die Unterstützung der baden-württembergischen Landesregierung beim Ausbau des Hockenheimrings angekündigt, ohne allerdings eine konkrete Summe zu nennen.

Wenige Tage vor dem Grand Prix informierte mich das Staatsministerium über den Besuch des Ministerpräsidenten in Begleitung seines bayerischen Kollegen Edmund Stoiber. Nun hofften wir, dass endlich Nägel mit Köpfen gemacht würden.

Wie es schien, wollte sich Teufel, wenn schon das Land um einen Zuschuss nicht umhin käme, mit dem in der Öffentlichkeit und besonders in der Region zu erwartenden Lorbeer selbst bekränzen. Dies war auch im Hinblick auf die kommende Landtagswahl verständlich. Doch sein FDP-Wirtschaftsminister überließ ihm das Feld nicht alleine. Er hatte Ecclestone schon am Rennsamstag, also einen Tag vor Teufels Besuch, im Motodrom seine Aufwartung gemacht und die Presse informiert.

Am Rennsonntag, und zwar gegen Mittag, nahm ich die beiden Ministerpräsidenten am Eingang des Boxenhofs gemeinsam mit Finanzminister Stratthaus in Empfang. Ich führte sie direkt zu Ecclestones Motorhome. Auf dem kurzen Weg zu Ecclestone wollte Stoiber von mir wissen, wie teuer die Modernisierung werden würde. Als ich ihm die voraussichtliche Summe nannte, sagte er zu Teufel allen Ernstes: „Erwin, warum stellst Du den Hockenheimern den Betrag nicht zur Verfügung?" Dem aber fiel dazu außer einer freundlichen Miene nichts ein.

Vor Ecclestones Bus erwarteten uns Dieter Herz und Georg Seiler, die beiden Geschäftsführer der Hockenheim-Ring GmbH sowie zahlreiche Journalisten. Kaum, dass ich die beiden Geschäftsführer den Ministerpräsidenten vorgestellt hatte, lief das Geschehen nach einem Drehbuch ab, mit dem ich nicht gerechnet hatte.

Die enge Tür des Motorhomes ging auf und Teufel, Stoiber und Stratthaus stiegen die engen Stufen hoch in Ecclestones Domizil. Als ich ihnen folgen wollte, versperrten mir Teufels Bodyguards, die wohl entsprechend angewiesen worden waren, den Zutritt. Im gleichen Moment fiel auch schon die automatisch schließende und von außen nur über einen Handsender zu öffnende Türe des Motorhomes wieder in ihr Schloss. Über diesen unerwarteten Ausschluss konsterniert, stand ich da wie bestellt und nicht abgeholt.

Nach gut zwanzig Minuten verließen die Ministerpräsidenten und der Finanzminister Ecclestones Luxusgefährt. Über das Weitere berichtete Lokalredakteur Hans Schuppel am folgenden Tag in der HTZ:

> „Was Teufel der vor dem Motorhome wartenden Journalistenmeute aus aller Welt mitteilte, klang sehr optimistisch. Die Zusage des Landes, beim notwendigen Ausbau mitzumachen, hatte man ja erwartet, doch neu war die Dauer des angestrebten Vertrags. Wenn alles klar geht mit dem Umbau und vor allem dessen Finanzierung, will Ecclestone, so Teufel, zehn weitere Jahre in Hockenheim bleiben. »Wir haben das per Handschlag besiegelt« erklärte Teufel. Kollege Stoiber ergänzte: »Wir möchten, dass dieses traditionsreiche Rennen im Süden Deutschlands bleibt.« Dies sei von nationalem Interesse – und die Verhandlungen mit Ecclestone seien «gar nicht so schwierig» verlaufen."

Eine Vertragslaufzeit von zehn Jahren, wie von Teufel nun angekündigt, überraschte auch mich. In allen bisherigen Gesprächen mit Ecclestone war von einem so langen Zeithorizont noch nie die Rede gewesen. So erfreulich dies im ersten Moment auch klang, so zurückhaltend wertete ich dieses Angebot, zumal ich die damit verbundenen Konditionen nicht kannte.

Traditionsgemäß empfing der für die sportliche Ausrichtung des Formel-1-Rennens verantwortlich zeichnende AvD über Mittag zahlreiche Ehrengäste im Motor-Sport-Museum, darunter den Ministerpräsidenten. Dort nahm ich die Gelegenheit wahr, unseren „Landesvater" offiziell willkommen zu heißen. Außerdem wertete ich seinen Besuch und das damit verbundene Gespräch mit Ecclestone als ein hoffnungsvolles Zeichen dafür, dass sich die Landesregierung der Angelegenheit „Hockenheimring" angenommen habe und den Umbau unterstütze.

Teufel selbst gab sich bei seinem Grußwort hinsichtlich der angestrebten Vertragsverlängerung mit der Formel 1 optimistisch und sicherte einen namhaften Betrag des Landes zu. Über dessen Höhe blieb er jedoch jede konkrete Silbe schuldig. Wir mussten uns also gegenüber dem Land weiterhin in viel Geduld zu üben.

Vor den Ansprachen hatte ich den Ministerpräsidenten gebeten, sich ins Goldene Buch der Stadt Hockenheim einzutragen. In diesem verewigte er sich gemeinsam mit Kanzleramtsminister Hans-Martin Bury, Finanzminister Stratthaus, Christina Rau, der Gattin des Bundespräsidenten sowie mit dem Gastgeber, AvD-Präsident Fürst Wolfgang-Ernst zu Ysenburg und Büdingen.

Danach machte Teufel einen Abstecher an die Boxen zum Besuch der Teams von Ferrari und McLaren-Mercedes. Dort traf er wieder auf Stoiber, der während des AvD-Empfangs dem Williams-BMW-Team seine Aufwartung gemacht hatte. Vor Rennbeginn spazierten die beiden Regierungschefs durch die Startaufstellung und verfolgten dann den Start des Feldes mit dem frühen Ausscheiden Michael Schumachers. Giancarlo Fisichella auf Benetton hatte ihn mit seinem Ferrari schon in der ersten Kurve unsanft von der Piste befördert.

Da dunkle Wolken kräftige Regenschauer ankündigten, führte ich die beiden Ministerpräsidenten und Gerhard Stratthaus rechtzeitig vor den ersten Tropfen ins VIP-Zelt von Ecclestones Spitzengastronom Karl-Heinz Zimmermann. Hier begrüßte uns auch Niki Lauda. Der Österreicher Zimmermann begleitete schon seit Jahren die Formel 1 und versorgte Ecclestone und dessen Gäste sowie Formel-1-Piloten und andere bedeutende Persönlichkeiten, die Zugang zum exklusiven Boxenbereich, dem „Allerheiligsten" der Formel 1, hatten, mit kulinarischen Köstlichkeiten.

Der nette Formel-1-Wirt öffnete uns sein Wohnmobil, das mit dem VIP-Zelt verbunden war. In diesem ließ sich, abgeschirmt von anderen Personen, das Rennen am Bildschirm verfolgen. Das Interesse galt aber bald nur noch der Politik. Am Tisch des Wohnmobils hatten die beiden Ministerpräsidenten, Finanzminister Stratthaus, Lauda und ich Platz genommen. Lauda blieb aber nur kurz. Nach einigen Informationen zur Formel 1 verabschiedete sich der dreimalige Formel-1-Weltmeister, der als Co-Moderator von RTL während des Renngeschehens natürlich an anderer Stelle gefragt war.

Teufel und Stoiber nutzten dann die Gelegenheit, die aktuelle innenpolitische Situation zu besprechen. Gesprächsstoff gab es durch die bundespolitische Entwicklung genug. Da ich ihnen zusicherte, über die Gesprächsinhalte Stillschweigen zu bewahren, möchte ich nur andeuten, dass es primär um die Politik der rot-grünen Bundesregierung ging.

Die Regierung Schröder/Fischer hatte nach der Bundestagswahl am 27. September 1998 die schwarz-gelbe Regierung unter Kohl abgelöst. Ihr Programm bot den Länderchefs von Baden-Württemberg und Bayern eine nur schwer verdauliche Kost. In Zimmermanns Wohnmobil kamen nun zahlreiche Kritikpunkte auf den Tisch.

Apropos Tisch. Die Tischplatte des Wohnmobils bestand aus einem leichten Kunststoffmaterial. Deshalb schepperte es jedes Mal heftig, wenn Stoiber, der das Wort führte, seinen Äußerungen mit einem mehr oder weniger kräftigen Schlag auf die Tischplatte Nachdruck verlieh. Bei dem rund dreiviertelstündigen Gespräch landete Stoibers Faust mehr als ein Dutzend Mal auf dem Tisch. Einige seiner unvermittelt ausgeteilten Schläge ließen sogar Teufel hin und wieder zusammenzucken.

Bei dieser Unterredung wurde mir klar, um welches Kaliber es sich bei dem damals 58-jährigen Ministerpräsidenten des Freistaats und CSU-Vorsitzenden handelte. Der war alles andere als ein politischer „Leichtmatrose", wusste, was er wollte, war von sich überzeugt und schien, wenn es sein musste, mit dem Kopf durch die Wand zu gehen. Wie auch die Jahre danach zeigten, zählte Stoiber zu den politischen Schwergewichten der Union im Bund und als Kanzlerkandidat gegen Gerhard Schröder (2002) zu dessen größten Widersachern.

Bevor die Chefs der beiden Landesregierungen Hockenheim wieder mit dem Hubschrauber verließen, sahen sie sich noch das in der Endphase besonders spannende Formel-1-Rennen an. Teufel beendete seinen Aufenthalt am Hockenheimring mit der Siegerehrung beim Grand Prix, den Rubens Barrichello auf Ferrari - dank einsetzendem Regen und Glück beim Reifenpoker - knapp vor Mika Häkkinen auf McLaren-Mercedes gewann. Es war der erste Grand-Prix-Sieg des sympathischen Südamerikaners überhaupt, dem beim Erklingen der brasilianischen Nationalhymne die Freudentränen über die Wangen rollten.

Landesregierung beauftragte Gerhard Weiser

Im Vorfeld des Gesprächs zwischen Teufel und Ecclestone fällte der Ministerrat des Landes in Sachen Hockenheimring eine sinnvolle Personalentscheidung. Er berief den altgedienten Parlamentarier, ehemaligen Landwirtschaftsminister und amtierenden Landtagsvizepräsidenten Gerhard Weiser offiziell zum Hockenheimring-Beauftragten der Landesregierung. Diese erfreuliche Nachricht erfuhr ich durch einen Zeitungsbericht (Mannheimer Morgen 25. Juli 2000).

Mit Weiser bekamen wir einen einflussreichen Begleiter und Förderer der Modernisierungssache. Der CDU-Politiker besaß in Baden-Württemberg, besonders aber im Regierungslager und innerhalb der CDU-Fraktion des Landtags ein enormes Renommee. Außerdem hatte er die besten Verbindungen, vermochte die Entscheidungsträger zu beeinflussen, kannte die Ministerialbürokratie, zu der die für Hockenheim wichtigen Forstleute zählten und wusste, wie und mit wem man komplizierte Genehmigungsverfahren am besten auf den Weg bringen konnte. Zudem hatten wir beide seit der Landesgartenschau in Hockenheim ein ausgesprochen gutes persönliches Verhältnis.

Wirtschaft enttäuschte

Wie von Weiser nicht anders zu erwarten, lud er schon zum 1. August 2000 Vertreter des Wirtschaftsministeriums und der Forstdirektion sowie die Verantwortlichen der Hockenheim-Ring GmbH zu einer ersten Besprechung zwecks Abstimmung des weiteren Vorgehens ins Hockenheimer Rathaus ein. Er erläuterte bei dieser Gelegenheit seine Aufgabenstellung, insbesondere die aus Sicht der Regierung erforderliche Einbeziehung der Region.

Erwartet wurden finanzielle Beiträge der Wirtschaft, der IHK und Handwerkskammer, des Rhein-Neckar-Kreises sowie der Lieferanten des Hockenheimrings.

Außerdem wollte er bei der Bereitstellung von Grundstücken zur Ersatzaufforstung bzw. Rekultivierung sowie der Neuordnung der Grundstücksverhältnisse am Hockenheimring zwischen Stadt und Land behilflich sein.

Während alle Grundstücksprobleme im Interesse der Stadt und des Hockenheimrings gelöst werden konnten, ging die Rechnung mit den Beiträgen der Wirtschaft und der regionalen Institutionen leider nicht auf. Trotz intensiver Bemühungen war - von Daimler Benz und der ideellen Unterstützung einmal abgesehen - finanziell weder von der Wirtschaft noch von der Region ein nennenswerter Beitrag zu holen.

Weiser und Dr. Vögele putzten, zum Teil auch in meiner Begleitung, zig Türklinken in Vorstands- und Geschäftsführeretagen, von der BASF über den SAP-Gründer Dietmar Hopp bis hin zu Südzucker. Fast überall signalisierte man große Zustimmung, doch abgesehen vom Interesse, zum Grand Prix mal eine VIP-Loge zu mieten, wollte sich kein Unternehmen finanziell groß engagieren. Das enttäuschte uns sehr.

Auch wenn von der Wirtschaft im Rhein-Neckar-Dreieck so gut wie nichts zu holen war, unterstützte die IHK Rhein-Neckar das Modernisierungsprojekt gegenüber der Landesregierung wenigstens ideell. Ebenso befürworteten es der Raumordnungsverband und der Regionalverband Unterer Neckar, mit deren Verbandsspitze ich gesprochen hatte.

Der Regionalverband musste das Projekt von der planungsrechtlichen Seite genehmigen. Da es nicht den bisherigen Zielsetzungen der Regionalplanung entsprach, musste erst der Regionalplan über ein „Zielabweichungsverfahren" geändert werden.

Unerwartet schwere Operation im Klinikum Mannheim

Es war eigentlich eine glückliche Fügung, dass ich, da ich völlig beschwerdefrei war, Ende Juni 2000 an meiner linken Bauchdecke eine leichte Schwellung bemerkte. Statt des von mir zunächst vermuteten Bindegewebsbruchs wurde durch eine Magnetresonanztomografie eine größere Fettgeschwulst zwischen der linken Niere und dem Dickdarm festgestellt. Genaueres, ob gut- oder bösartig, vermochten mir die drei radiologischen Fachärzte, die die Computerbilder ausgewertet hatten, leider nicht zu sagen. Sie gaben mir aber den Rat, die Geschwulst so schnell wie nur möglich entfernen zu lassen.

Diesem Rat folgend, rückte ich drei Tage nach dem Formel-1-Rennen ins Mannheimer Klinikum ein, wo mich Prof. Dr. Stefan Post, der Direktor der Chirurgischen Klinik, unters Messer nahm. Wie es sich zeigte, befand ich mich bei ihm in besten Händen. Als ich nach viereinhalbstündiger Operation und einer schlimmen Nacht auf der Wachstation wieder einigermaßen bei mir war, informierte er mich im Beisein meiner Frau und unserer extra aus Nürnberg angereisten Tochter Alexandra über seine Erkenntnisse: „Wie sich bei der Operation herausstellte, war die Geschwulst bösartig. Wir haben sie aber sauber herausbekommen. Um aber ganz sicher zu sein, alles an bösartigem Gewebe entfernt zu haben, mussten wir im

Umfeld der Geschwulst noch einiges ausräumen. Vorsorglich haben wir Ihre linke Niere, Ihre Milz und einen Teil Ihres Dickdarms entfernt!"

Als ich dies hörte, stockte mir der Atem. „Doch machen Sie sich keine Sorgen", fuhr Professor Post beruhigend fort, „Ihre rechte Niere wird die Arbeit der linken, die Funktion Ihrer Milz werden andere Organe übernehmen und der Dickdarm", so stellte er wohl ironisch fest, „ist »unnötig«! Ihnen bleiben Bestrahlungen, Chemotherapien und Diäten erspart. Sie können weiterleben wie bisher."

Auch wenn der letzte Teil seiner Informationen recht hoffnungsvoll klang, ist wohl nachzuvollziehen, wie mir nach dieser Botschaft zumute war. Mit einem chirurgischen Eingriff in dieser Dimension hatte ich nie gerechnet. Durch ihn veränderte sich meine bis dato heile Welt schlagartig und verdeutlichte mir die Endlichkeit des Seins, die aber für mich, dank meines Schutzengels, noch nicht gekommen war.

Aufgrund meiner relativ guten Konstitution - in der Woche vor der Operation war ich noch im Hardtwald acht Kilometer gelaufen – überstand ich den schweren Eingriff recht gut. Insofern konnte ich das Klinikum bereits nach neun Tagen verlassen.

Nach weiteren vier Tagen nahm ich die ersten Besprechungen wegen der Modernisierung des Hockenheimrings auf, darunter eine rund fünfstündige mit Gerhard Weiser. Weil ich mich nicht schonte, erntete ich von meiner Frau viel Kritik! „Gedankt wirst Du das sowieso niemals bekommen", hielt sie mir vor. Wie recht sie behalten sollte.

Kurz danach trat ich eine dreiwöchige Anschlussheilbehandlung in einer Klinik im niederbayerischen Bad Griesbach an. Dort machten mir in der ersten Woche eines Nachts fürchterliche Bauchschmerzen zu schaffen, sodass ich im Morgengrauen mit dem Rettungswagen und dem Verdacht auf einen Darmverschluss ins Klinikum Passau gefahren wurde. Gott sei Dank blieb mir eine weitere Operation erspart. Ursache meiner Beschwerden war „nur" eine Verstopfung, nach deren Behebung es mir sofort besser ging. Dennoch musste ich noch eine Nacht zur Beobachtung in der Klinik bleiben, bis ich meine Rekonvaleszenz in Bad Griesbach fortsetzen konnte.

Rückblickend bescherte mir der operative Eingriff zwar die schlimmsten Tage meines Lebens und einen vom Versorgungsamt bescheinigten Behinderungsgrad von 100 Prozent, doch trotz allem hatte ich noch viel Glück – es hätte auch anders ausgehen können. Als ich meine Amtsgeschäfte in der zweiten Septemberwoche des Jahres 2000 wieder aufnahm, hatte mein Genesungsprozess so gute Fortschritte gemacht, dass ich mich wieder uneingeschränkt auf meine Arbeit stürzen konnte.

Ungebetene und unnötige Einmischungen

Neben meinem Engagement als Bürgermeister musste ich mich nun - wie schon in den Monaten zuvor - intensiv um das Modernisierungsprogramm Hockenheimring kümmern, das von Tag zu Tag konkretere Formen annahm. Es standen weittragende Entscheidungen an, die gründlich vorzubereiten waren. Zudem galt es, die

Bürgerschaft Hockenheims zu überzeugen und eine breite Zustimmung für das Projekt zu gewinnen. Ohne eindeutiges Votum von dieser Seite hätte ich nicht den Mut gehabt, es weiter zu verfolgen. Nicht zuletzt hoffte ich, dass endlich das Land Nägel mit Köpfen machen würde, denn ohne angemessenen Landeszuschuss wären wir in der Sache nicht weitergekommen.

Doch das Land und die Öffentlichkeit wurden zunächst durch eine Meldung verunsichert, die von Wirtschaftsminister Dr. Döring stammte. Der führte während meiner krankheitsbedingten Abwesenheit ein Gespräch mit Adalbert Lhota, dem Hauptgeschäftsführer des AvD und mit Andreas Meyer, dem Formel-1-Promoter in Hockenheim. Vordergründig ging es wohl um die Tabakwerbung bei Formel-1-Rennen, die nur möglich war, wenn der Verband der Zigarettenhersteller von seiner freiwilligen Selbstbeschränkung eine Ausnahme machte. In diesem Sinne hatte Dr. Döring schon in den Vorjahren beim Zigarettenverband erfolgreich interveniert.

Bei dem Gespräch ist aber auch die Modernisierung des Hockenheimrings zur Sprache gekommen und dem Wirtschaftsminister von den beiden Herren erklärt worden, im Hinblick auf die Formel 1 sei in Hockenheim nur ein Investitionsvolumen zwischen 50 und 60 Millionen Mark erforderlich. Dies war eine unerwartete Stellungnahme von Leuten, die sich besser um ihre eigenen Angelegenheiten gekümmert hätten.

Davon ausgehend, dass für die Modernisierung einige zig Millionen weniger benötigt würden und auch das Land - die Drittelfinanzierung unterstellt - entsprechend weniger gefordert sei, nahm Dr. Döring diesen Ball gleich auf und setzte die Medien entsprechend in Kenntnis. Der Mannheimer Morgen holte sich dazu von der Hockenheim-Ring GmbH ein Statement, bevor er am 2. September 2000 berichtete:

> „Mit der Ankündigung, dass der Umbau des Hockenheimrings über 30 Millionen Mark günstiger werden könnte als geplant, hat Baden-Württembergs Wirtschaftsminister Walter Döring für Verwirrung rund um den Formel-1-Kurs gesorgt. Statt 92 sollen nur 60 Millionen Mark investiert werden, um die Strecke wettbewerbsfähig zu erhalten – Zahlenbeispiele, die sowohl die Hockenheimer Betreiber-GmbH als auch mögliche regionale Sponsoren überraschen."

Da auch Gerhard Weiser über die Aktivitäten des Wirtschaftsministers nicht glücklich war, stellte er ihn zur Rede. Er sagte ihm, von seinen öffentlichen Äußerungen, es sei in Hockenheim alles günstiger zu haben, halte er nichts. Zudem beeinträchtige er damit nur seine, also Weisers Bemühungen, die Wirtschaft mit ins Finanzierungsboot zu holen. Im Übrigen machte Weiser dem Wirtschaftsminister klar, dass nach wie vor von einem Investitionsvolumen von rund 90 Millionen Mark ohne Fahrsicherheitszentrum auszugehen sei. Doch die günstigeren Zahlen waren in der Welt, verunsicherten die Öffentlichkeit und nötigten uns zur Korrektur.

Das Fahrsicherheitszentrum ist übrigens auf Betreiben der CDU-Fraktion des Landtags als nicht förderungswürdig eingestuft worden. Die Parlamentarier unterstellten eine Amortisation der Investitionskosten über die Betriebseinnahmen. Ich nehme aber auch an, dass man keinen Präzedenzfall für andere Fahrsicherheitszentren im Land schaffen wollte.

Das zuvor Beschriebene verdeutlicht, wie mühsam der Weg zu der vom Ministerpräsidenten in Aussicht gestellten Landeshilfe war. Aller Widerstände zum Trotz waren wir aber fest entschlossen, ein optimales Investitionsprogramm auf die Beine zu stellen, das die Wettbewerbsfähigkeit des Hockenheimrings auf Dauer sichern und ihn notfalls auch ohne Formel 1 über die Runden kommen lassen würde. Dass die Königsklasse des Motorsports bis zum Sankt-Nimmerleins-Tag in Hockenheim bleiben und sich rechnen würde, war zwar ein hehrer Wunsch, doch selbst Ecclestone konnte uns den nicht garantieren.

Öffentliche Projektvorstellung in vollbesetzter Stadthalle

In der zweiten Hälfte des Jahres 2000 hatten wir das Investitions- und Sanierungsprogramm in Zusammenarbeit mit dem Architekturbüro Tilke und anderen Planern sukzessive optimiert. Die dafür notwendigen Gesprächsrunden am Hockenheimring oder im Rathaus und der Zeitdruck, unter dem das Projekt stand, bestimmten meinen Terminkalender im Wesentlichen. Um mein eigentliches Amt als Bürgermeister nicht zu vernachlässigen, legte ich regelmäßig abendliche Sonderschichten im Rathaus ein und erledigte das den Tag über liegen Gebliebene.

Vor der Information der Öffentlichkeit wollten wir zum neuen Grand-Prix-Kurs noch unbedingt die Zustimmung der internationalen und nationalen Motorsportverbände haben. Eine Ablehnung von der FIA mussten wir schon einmal hinnehmen, auf eine weitere mit kostspieligen Umplanungen im Gefolge verzichteten wir gerne. Dies alles beanspruchte natürlich seine Zeit.

Parallel dazu stieg von Tag zu Tag der Druck der Medien, nun endlich die Katze aus dem Sack zu lassen. Doch auch die Hockenheimer wollten wissen, wohin „die Reise gehen würde" und vor allem, wie sich der Eingriff in den Hardtwald und sein Ausgleich darstellte.

Anfang November 2000 waren die Planungen soweit fortgeschritten und abgestimmt, dass sie der Öffentlichkeit präsentiert werden konnten. Deshalb lud ich die Bürgerschaft am 23. November 2000 zu einer Informationsveranstaltung in den großen Saal der Stadthalle ein. Der war bis auf den letzten Platz gefüllt; rund 700 Personen waren der Einladung gefolgt. Ich informierte sie umfassend über den aktuellen Verfahrensstand der geplanten Modernisierung, deren Finanzierung sowie über die ökologischen Ausgleichsmaßnahmen.

Mit auf dem Podium saßen Gerhard Weiser, BMC-Präsident und Ring-Geschäftsführer Dieter Herz und sein Geschäftsführerkollege Georg Seiler sowie die Fraktionssprecher des Gemeinderats. Es waren dies Alfred Rupp (CDU), Rolf Hoppner (FWV), Willi Keller (SPD), Heinz Jahnke (FDP) und Adolf Härdle (Grüne).

Als Moderator fungierte Prof. Dr. Richard Reschl von der Kommunalentwicklung Baden-Württemberg, der aus vielen lokalen Agenda-Projekten reichlich Erfahrung mit Bürgerversammlungen hatte. Er führte souverän durch den Abend, bei dem auch die Fraktionsvertreter des Gemeinderats und Dieter Herz als BMC-Präsident Stellung nahmen sowie Besucher Gelegenheit hatten, Fragen zu stellen.

In meinen Ausführungen zeigte ich zunächst die veränderte nationale wie internationale Wettbewerbssituation auf und stellte die große Herausforderung des Modernisierungsprojekts für die Stadt wie auch die Hockenheim-Ring GmbH aus existenzieller, ökologischer und finanzieller Hinsicht dar. „Es geht dabei aber nicht nur um die Formel 1, sondern um die Wettbewerbssicherung generell," verdeutlichte ich der Zuhörerschaft und fuhr fort:

> „Gelingt die Modernisierung nicht, ist die Formel 1 nicht zu halten und vom Land ist kein Pfennig an Zuschuss zu erwarten. Dann steht uns aber trotzdem eine rund zehn Millionen Mark teure Streckenverbreiterung von 8,5 auf 14 Metern ins Haus - eine entsprechende Forderung der FIA liegt schon auf dem Tisch - und auch an den notwendigen Sanierungsmaßnahmen kommt man nicht vorbei. Der Hockenheimring spielt dann aber nicht mehr in der ersten Klasse mit, sondern in der dritten. Dieser Absturz soll vermieden werden."

Zu diesem Sachverhalt führte ich noch aus, dass die FIA einen kürzeren Grand-Prix-Kurs verlange und nur für den Fall, dass dies nicht zu machen sei, die zuvor erwähnte Streckenverbreiterung fordere.

Dass der Hockenheimring ein Wirtschaftsfaktor ersten Ranges für die Region und die Stadt Hockenheim ist, belegte ich in der Bürgerversammlung mit den Zahlen der von der Uni Mannheim erstellten Studie. Zudem erläuterte ich noch die wirtschaftlichen Vorteile für die Stadt, die Hockenheimer Vereine, den Einzelhandel und das Gewerbe, besonders auch im Hinblick auf die Formel 1. Zur Königsklasse des Motorsports und zu dem Nutzen, von dem die Stadt bisher profitierte, stellte ich fest:

> „Der Anteil der Formel 1 an den Einnahmen der Hockenheim-Ring GmbH beträgt etwa 40 Prozent. Nur dadurch kann die Stadt jährlich 400.000 Mark allein an Pachten vom Hockenheimring verbuchen."

Wie bedeutend der Betrieb des Hockenheimrings für die örtlichen Vereine und Institutionen wie Feuerwehr und DRK ist, untermauerte ich mit eindrucksvollen Zahlen:

> „Im Jahre 1998 flossen 1,06 Millionen Mark (Formel-1-Anteil 64 Prozent) in deren Kassen, ein Jahr später 1,1 Millionen Mark (Formel-1-Anteil 58 Prozent) und im Jahr 2000 beachtliche 1,38 Millionen Mark (Formel-1-Anteil 50,8 Prozent)."

Keinen Hehl machte ich aus meinen Erwartungen, als ich erklärte: „Ich hoffe auf eine breite bürgerschaftliche Beteiligung und Unterstützung, die den Verantwortlichen jene Rückendeckung bringt, die für eine weitere Arbeit in Sachen Zukunftssicherung Hockenheimring Voraussetzung ist." In diesem Zusammenhang brachte ich einen Bürgerentscheid ins Gespräch. Dieser Hinweis war mir zu diesem Zeitpunkt aber auch deshalb wichtig, um von Anfang an Herr des Verfahrens zu sein. Einen solchen wollte ich mir nämlich nicht von den Gegnern des Projekts über ein Bürgerbegehren aufoktroyieren lassen, wie seinerzeit bei der Stadthalle.

Im Übrigen berichtete ich von unseren Gesprächen mit Ecclestone, der dabei zum Ausdruck gebracht habe, wie sehr er auch von sportpolitischer Seite in Richtung Lausitzring gedrängt werde. Er wolle aber weiter in Hockenheim fahren, wo er schon seit 1977 erfolgreich Formel-1-Rennen durchführe. Deshalb habe er der Hockenheim-Ring GmbH im Falle der Modernisierung einen Formel-1-Promoter-Vertrag über sieben Jahre von 2002 bis einschließlich 2008 angeboten.

Die Promotereigenschaft, so führte ich weiter aus, liege im Interesse der Hockenheim-Ring GmbH, auch wenn damit Risiken verbunden seien. Sie böte aber auch Chancen, insbesondere im Hinblick auf die Finanzierung des Modernisierungsprojekts. Zu der Zeit konnte sich noch keiner der Verantwortlichen des Hockenheimrings vorstellen, dass sich die Promotereigenschaft einmal zu einer schweren Hypothek entwickeln würde.

Das Volumen des von mir in der Bürgerversammlung detailliert vorgestellten Investitions- und Sanierungsprogramms ging von zwei Alternativen aus: eine ohne Tribünenerweiterung, sonst aber mit allen unten dargestellten Maßnahmen für rund 60 Millionen Mark sowie eine mit neuen Tribünen für rund 100 Millionen Mark. Letztere umfasste:

- Einen von 6,8 auf 4,5 Kilometer verkürzten Grand-Prix-Kurs (24,5 Mio. Mark);

- eine auf 120.000 Zuschauer erweiterte Kapazität mit einer aufgestockten Südtribüne, einer weiteren Tribüne im Innenbereich, Stahlrohrtribünen sowie Naturtribünen in Form von Erdwällen (29,5 Mio. Mark);

- ein Fahrsicherheitszentrum mit vier Übungssektionen (12,5 Mio. Mark);

- einen Hochbau (Baden-Württemberg-Center) mit Präsentationsräumen des Landes, Ehrengastbereich, Pressezentrum, Büros und Gastronomie (6,6 Mio. Mark);

- ein Verkehrsleitsystem mit verbesserten Zu- und Abfahrten zu bzw. von den Parkplätzen sowie ein erweitertes Park- und Campingplatzangebot (5,3 Mio. Mark);

- eine Sanierung der Toiletten, Kioske, des Abwasserbereichs, der Tribünendächer, der Stromversorgung sowie ein weiterer Streckentunnel von der Haupttribüne ins Fahrerlager (12,8 Mio. Mark) sowie

- den Rückbau und die Aufforstung der nicht mehr benötigten Streckenteile sowie die sonstigen ökologischen Ausgleichsmaßnahmen (2,5 Mio. Mark).

Für Gutachten, Honorare, Nebenkosten und Unvorhergesehenes wurden weitere 6,3 Millionen Mark veranschlagt.

Zur Finanzierung berichtete Gerhard Weiser, das Land werde ein Drittel der Investitionskosten übernehmen – und dies für alle Maßnahmen! Diese Aussage überraschte mich und ließ mich hoffen, hatten doch die seit Monaten laufenden Gespräche mit dem Land bisher zu keiner Zuschussentscheidung geführt. Offen war noch vor der Bürgerversammlung, von welcher Investitionssumme das Land letztlich ausgehen würde, von 60 oder 90 Millionen Mark? Gerhard Weiser kam auch auf die Region zu sprechen und bedauerte deren Verhalten:

> „Da heißt es immer: Wir kämpfen für den Hockenheimring. Aber wenn es ums Geld geht, dann machen alle einen Rückzieher. Ich sage ganz offen: Das kommt in Stuttgart nicht gut an."

Es war also in Sachen Finanzierung noch einiges offen. Trotz der finanziellen Imponderabilien ging ich auf die aus meiner Sicht möglichen Lösungsansätze wie folgt ein:

> „Im Hinblick auf einen größeren Landeszuschuss war mir von vornherein klar, dass bei der Finanzierung auch die Gesellschafter gefordert sein werden. Ich habe deshalb folgenden Finanzierungsbeitrag vorgeschlagen: Die Gesellschafter, derzeit Stadt und BMC, erhöhen das Stammkapital - dies beträgt derzeit 2,5 Millionen Mark - um 10 Millionen auf 12,5 Millionen Mark.
>
> Da die Stadt 51 Prozent der Gesellschaftsanteile hält, beträfen sie rund 5 Millionen Mark. Des Weiteren sollte die Stadt ein Gesellschafterdarlehen von weiteren 5 Millionen Mark gewähren. Die Finanzlage der Stadt müsste diesen Finanzierungsbeitrag über einen Zeitraum von zwei bis drei Jahren ermöglichen.
>
> Wenn Sie bedenken, was vom Ring jährlich in der Stadt und bei der Institution Stadt hängen bleibt - Letztere hat von 1985 bis 1999, in 15 Jahren also, 13,2 Millionen Mark vom Ring direkt vereinnahmt - dann scheint mir ein solches Engagement vertretbar zu sein.
>
> Was den Mitgesellschafter BMC betrifft, ist die Finanzierung von fünf Millionen Mark ein echtes Problem. Es ist deshalb zu hoffen, dass die derzeitigen Bemühungen des BMC, Gesellschaftsanteile an weitere Gesellschafter zu veräußern, erfolgreich verlaufen.
>
> Bleibt noch die Hockenheim-Ring GmbH, deren Ertragslage die Aufnahme eines weiteren Darlehens in Höhe von mindestens 15 Millionen Mark bei einem längerfristigen Formel-1-Vertrag zuließe. Nach dieser Rechnung kämen durch die Gesellschafter und die Hockenheim-Ring GmbH 30 Millionen Mark zusammen. Ein Investitionsvolumen von rund 90 Millionen Mark ohne Fahrsicherheitszentrum und einen Landeszuschuss von 30 Millionen unterstellt, müssten weitere 30 Millionen Mark durch Private bzw. Dritte finanziert werden. Dies ist aber nicht so einfach."

Ich berichtete weiter, dass ein privater Finanzierungsbeitrag für einen Tribünen-
neubau in einer Größenordnung von 10 Millionen Mark in der Diskussion sei.
Gedacht war an den Verkauf der Tribünenkarten über einen Zeitraum von drei
Jahren. Die Bezahlung des Gegenwerts sollte im Voraus zur Finanzierung der
Baukosten erfolgen.

Hintergrund des Ganzen waren erste Gespräche mit Norbert Haug, dem
Sportleiter von Mercedes-Benz. Ich kannte Haug schon seit den 1970er Jahren,
als er noch als Journalist des Stuttgarter Motor-Presse-Verlags regelmäßig Fahrzeuge auf dem Hockenheimring testete und ich bei der Hockenheim-Ring
GmbH beschäftigt war. Haug konnte sich ein Engagement seiner Firma bei einem Tribünenneubau im Innenbereich der neuen Strecke vorstellen, aber nur
dort. Damit zerstieb unsere Hoffnung, den Automobilkonzern für die Aufstockung der Südtribüne zu gewinnen, von wo aus man die beste Sicht ins Motodrom hat.

Was die anderen neuen Tribünenplätze anbelangte - gedacht war damals noch
an die Anschaffung von Stahlrohrtribünen - verwies ich auf die ebenfalls denkba-
re Finanzierungsmöglichkeit über den Kartenvorverkauf.

> „Helfen würde außerdem, wenn das Land einen Drittelzuschuss auch für
> das Fahrsicherheitszentrum gewähren würde. Ich hoffe sehr, dass uns der
> nächste Termin mit kompetenten Landespolitikern weiterbringt",

sagte ich im Hinblick auf die schon tags darauf mit Günther Oettinger, Gerhard
Stratthaus und anderen im Landtag terminierte nächste Gesprächsrunde.

Den Flächenbedarf bezifferte ich in der Bürgerversammlung auf 44 Hektar Wald,
davon 33 Hektar für die Streckenänderung sowie 11 Hektar für das Fahrsicherheitszentrum. Im Gegenzug seien, vorbehaltlich der endgültigen Genehmigungs-
auflagen, über 47 Hektar an Aufforstungsflächen vorgesehen: 12,5 Hektar auf der
alten, nicht mehr benötigten Rennstrecke, 1,5 Hektar auf der Rückseite der Tri-
bünenwälle und der Rest auf bisher überwiegend landwirtschaftlich genutzten
Grundstücken der Stadt und des Landes.

Damit den Hockenheimer Landwirten in der Summe keine Bewirtschaftungs-
flächen verloren gingen, sollten ihnen Flächen vom staatlichen Hofgut In-
sultheim zur Verfügung gestellt werden, dessen Generalpächter die Südzucker ist.
In diesem Sinne hatte Gerhard Weiser bereits vorgefühlt und die Weichen entsprechend gestellt.

Anschließend nahmen die Vorsitzenden der Gemeinderatsfraktionen Stellung.
Während die Fraktionsvertreter von CDU, SPD und FWV ohne Wenn und Aber
ihre Unterstützung signalisierten, konnte sich der Vertreter der FDP mit der vorgesehenen Finanzierung nicht anfreunden. Er meinte, das Land müsse mehr
Flagge zeigen. Vonseiten der Grünen wurden öffentliche Mittel für das Modernisierungsprojekt abgelehnt, mit anderen Worten: Sie sprachen sich dagegen aus.

BMC-Präsident Dieter Herz hielt die geplanten Maßnahmen aufgrund der verzerrten Wettbewerbssituation für dringend notwendig. Klaus Weinmann betonte als Vorsitzender des Gewerbevereins, der angestrebte Umbau der Rennstrecke sei von besonderer Bedeutung und sichere nicht nur Arbeitsplätze, sondern sorge dafür, dass neue geschaffen werden können.

Pro Modernisierung votierten auch mehrere Vereinsvertreter. Axel Horn, Vorsitzender des Sportfliegerklubs Hockenheim e.V., schlug vor, einen „Baustein Hockenheimring" für all die Menschen aufzulegen, die die Umbaumaßnahmen finanziell unterstützen wollten. Die Idee, Bausteine zu veräußern, war zuvor schon an anderen Rennstreckenprojekten praktiziert worden. Auch wir liebäugelten mit ihr. Sie wurde von der Hockenheim-Ring GmbH zu einem späteren Zeitpunkt aufgegriffen und umgesetzt. Auch wenn zahlreiche private Bausteinspender in dankenswerter und vorbildlicher Weise handelten, war ihr Finanzierungsbeitrag bezogen aufs Ganze leider nur ein Tropfen auf den heißen Stein.

Schon vor der Bürgerversammlung hatten die Fraktionen von CDU, SPD, FWV und FDP die Gründung einer „Initiative pro Motodrom" angeregt. Diesen Ball nahm ich gerne auf und bat die Anwesenden, mit ihrem Autogramm auf den ausliegenden Unterschriftslisten ihre Zustimmung zur Modernisierung zu dokumentieren. Davon machten gleich 487 Personen Gebrauch.

Es gab aber an diesem Abend nicht nur Fürsprecher, sondern auch Kritik aus der Aktionsecke „Rettet den Hardtwald". Doch dieser machte Forstdirektor Reinhold Rau von der Forstdirektion Freiburg, den ich gebeten hatte, an der Bürgerversammlung teilzunehmen, aus Sicht der Forstverwaltung klar, die Zukunftsfähigkeit der Rennstrecke werde nicht am Wald scheitern. Er erklärte: „Die Forstbehörde unterstützt die existenziell notwendigen Maßnahmen." Mit dem Hinweis, eine Waldumwandlungsgenehmigung müsse beantragt werden und mindestens gleichgroße Ersatzpflanzungen seien vorzunehmen, schloss er sein wichtiges Statement ab. Überhaupt waren die Forstleute auch im weiteren Planungsverfahren äußerst kooperativ.

Am 25. November 2000 zog die HTZ zur Bürgerversammlung unter anderem das folgende Resümee:

> „Rückendeckung haben die Verantwortlichen um Bürgermeister Schrank offenbar in der Bevölkerung. Die Informationsveranstaltung war eine Kundgebung pro vorgelegte Planung. Dies zeigten die Reaktionen von schätzungsweise 95 Prozent der Anwesenden: Beifallsbekundungen für Statements pro Formel-1-Ausbau und teilweise »Buh«-Rufe bei Aussagen dagegen.
>
> Grundsätzlich war die Veranstaltung fair und sachlich. Dafür sorgte vor allem auch Moderator Prof. Dr. Reschl. Hauptakteure des Abends waren freilich andere: Bürgermeister Gustav Schrank und Forstdirektor Reinhold Rau, der das sensible und emotionale Thema »Waldverbrauch« souverän behandelte. Viel Lob gab es während und vor allem nach der Veranstaltung für Gustav Schrank: Er hielt nicht nur ein schlüssiges Plädoyer für den notwendigen

Umbau, sondern zeigte in seiner fundierten, sachlichen und sehr informativen Rede auch klar und deutlich auf, wie es um den Ring steht und wie die Zukunft auszusehen hat, wenn die Anlage auch weiterhin im Konzert der Großen mit allen damit verbundenen positiven Auswirkungen mitspielen will."

Mit der Bürgerinformation und der Vorstellung der Planung in der Öffentlichkeit überhaupt, war ein wichtiger Schritt zurückgelegt wurden. Nun musste als Nächstes das Land endlich Farbe zum Investitionsprogramm und dessen Finanzierung bekennen.

Landeszuschuss mit Gegenleistung verbunden

Anfang Dezember 2000 beschlossen die Koalitionsspitzen der Regierungspartner CDU und FDP, eine Landesförderung von bis zu 30 Millionen Mark, bezogen auf ein Investitionsvolumen von 90 Millionen Mark, zu gewähren. Auch wenn darüber noch der Ministerrat sowie der Landtag entscheiden mussten, war dies der seit langem erhoffte Durchbruch. Die Zustimmung dieser Gremien war wohl eine reine Formsache, zumal man auch mit dem Okay der SPD rechnen konnte.

Zuvor schon hatten sowohl Oettinger als auch Dr. Döring in Verbindung mit einem Landeszuschuss angeregt, den Hockenheimring in „Baden-Württemberg-Ring" umzubenennen. Damit sollte der besondere Bezug des Landes zur Hockenheimer Motorsportanlage herausgestellt werden. Mit einer solchen „Gegenleistung" konnte ich mich aber überhaupt nicht anfreunden. Zum einen war die Bezeichnung Hockenheimring als Marke mit einer langen Tradition ein Begriff, und zum anderen hätte ich schon aus meinem lokalpatriotischen Verständnis heraus ein solches Zugeständnis nie übers Herz gebracht.

Was ich mir allenfalls vorstellen konnte, war, die Bezeichnung Hockenheimring noch um Baden-Württemberg zu ergänzen und unsere Motorsportanlage „Hockenheimring-Baden-Württemberg" zu nennen. Mein Hintergedanke war, dass die sehr lange Bezeichnung im täglichen Sprachgebrauch von den meisten ohnehin auf „Hockenheimring" reduziert würde. In diesem Sinne votierte ich in Stuttgart – letztlich mit Erfolg. Das Staatsministerium informierte die Medien über die in Aussicht gestellte Landesförderung und verkündigte zugleich, es erwarte im Gegenzug, dass unsere Strecke künftig als „Hockenheimring-Baden-Württemberg" bezeichnet werde. Damit konnten wir leben.

Leider blieb das Fahrsicherheitszentrum von der Landesförderung ausgeklammert. Dies bedauerte ich gegenüber den Medien. Dennoch war es gut, dass das Land nach Monaten der Ungewissheit und des Hin und Her endlich die Mitfinanzierung in Aussicht stellte, hingen davon doch die weiteren Entscheidungen der Gesellschafter der Hockenheim-Ring GmbH ab.

Gemeinderat und Gesellschafterversammlung stimmten zu

Nach der Bürgerversammlung und der zu erwartenden Landesförderung war die Zeit für Grundsatzentscheidungen gekommen. In den zurückliegenden Wochen hatten sich auch die Gespräche mit Mercedes-Sportleiter Norbert Haug wegen der Finanzierung der geplanten Innentribüne - es ging um einen Betrag von rund 12 Millionen Mark - positiv entwickelt. Auch insofern sah ich nun Licht am Ende des Tunnels.

Wissend, dass die verschiedenen Genehmigungsverfahren ihre Zeit benötigten, setzte ich das Projekt unter dem Punkt „Modernisierung des Hockenheimrings" auf die Tagesordnung der Gemeinderatssitzung am 20. Dezember 2000. In der Vorlage, ergänzt um eine ausführliche Projektbeschreibung und einen Finanzierungsvorschlag, führte ich noch Folgendes aus:

„Es wird von einem Investitionsvolumen von 100 Millionen Mark ausgegangen, das unter der Voraussetzung des Abschlusses eines siebenjährigen Promotervertrages mit der Formel 1 von 2002 bis 2008 von der Hockenheim-Ring GmbH zu verkraften ist.

Die Hockenheim-Ring GmbH geht davon aus, dass die von ihr zu bedienenden Kredite in Höhe von 23,5 Millionen Mark größtenteils bis 2008 zurückgeführt werden können.

Der Gemeinderat wird um folgende Beschlussfassungen gebeten:

1. Grundsätzliche Zustimmung zur Verkürzung des Grand-Prix-Kurses zur Erhöhung der Zuschauerkapazität sowie zur Modernisierung und Anpassung der Infrastruktur im Interesse des Erhalts der Formel 1 und der Wettbewerbsfähigkeit.

2. Grundsätzliche Zustimmung zum Bau eines Fahrsicherheitszentrums.

3. Zustimmung zur Stammkapitalerhöhung der Hockenheim-Ring GmbH mit einem städtischen Anteil von maximal 5,0 Millionen Mark, zu erbringen in den Jahren 2001 bis 2003.

4. Übernahme der Bürgschaft durch die Stadt für eine Darlehensaufnahme der Hockenheim-Ring GmbH in Höhe von maximal 5,0 Millionen Mark.

5. Grundsätzliche Zustimmung zum Grundstückstausch mit dem Land, und zwar beim Fahrsicherheitszentrum im Verhältnis 1 zu 2, und bei der Fläche außerhalb des Motodroms und des Fahrsicherheitszentrums 1 zu 1. Demgemäß würde das Land insgesamt 51 Hektar abgeben und 63 Hektar erhalten.

6. Im Hinblick auf die Bedeutung und den Umfang des Projekts wird am 28. Januar 2001 ein Bürgerentscheid mit folgender Fragestellung durchgeführt: »Sind Sie für die Zukunftssicherung des Hockenheimrings durch

dessen Um- und Ausbau im Interesse des Erhalts der Wettbewerbsfähigkeit sowie der Formel 1?« Die Frage ist von der Bürgerschaft mit Ja oder Nein zu beantworten.

7. Im Hinblick auf den Bürgerentscheid sollen die Beschlüsse des Gemeinderats gemäß Ziffer 1 bis 5 unter dem Vorbehalt der bürgerschaftlichen Zustimmung getroffen werden."

Nun schlug die Stunde der Fraktionen. Sie gaben unter Bezug auf meine ausführliche Projektbeschreibung ihre Stellungnahmen ab. Wie erwartet, votierten alle, bis auf die Fraktion der Grünen, für die Beschlussvorschläge. Insofern stimmten 19 mit Ja und 2 mit Nein. Die beiden Grünen stimmten aber zu meiner Überraschung dem Bau des Fahrsicherheitszentrums zu und nahmen damit wohl auch die Waldabholzung für dieses in Kauf. Außerdem waren auch sie für den Bürgerentscheid. Dadurch erfolgten die Beschlussfassungen über die Ziffern 2 und 6 einstimmig.

Einhellig dafür votierte auch die Gesellschafterversammlung der Hockenheim-Ring GmbH. In der war sich der Mitgesellschafter BMC bewusst, seinen Anteil an dem zu erhöhenden Stammkapital von 4,9 Millionen Mark nur über den Verkauf von Gesellschaftsanteilen erbringen zu können. Damals glaubte auch ich noch an diese Möglichkeit. Es war mir allerdings schon bewusst, dass es nicht einfach sein würde, Partner zu finden, die zu uns passen und eine finanziell angemessene Gegenleistung erbringen würden.

Eindeutiges Votum beim Bürgerentscheid

In den Tagen und Wochen vor dem Bürgerentscheid machten einige der Modernisierungsgegner und „Waldretter" mit Leserbriefen in der HTZ von sich reden. Es waren die gleichen, wenigen „Contras", die schon bisher in Leserbriefen gegen das Projekt agiert hatten.

Die Grünen veranstalteten eine Podiumsdiskussion, zu der sie Johannes Buchter, einen Förster und Landtagsabgeordneten der Grünen, sowie einige Forstbeamte, unter anderem Forstdirektor Reinhold Rau, geladen hatten. Es ging ihnen um den Waldverlust und den ökologischen Ausgleich, wohl aber auch um das Lager der Projektgegner zu stärken. Ob sie sich mit dieser Strategie auch sonst noch einen kommunalpolitischen Nutzen versprochen hatten?

Im Gegensatz dazu agierten die Gemeinderatsfraktionen der CDU, FWV, SPD und FDP, mehrere Vereine sowie der Gewerbeverein in der Presse eindeutig pro Modernisierung. Auch ich bereitete den Bürgerentscheid durch eine vorherige Stellungnahme und die Verteilung eines Infoblatts in den Haushalten vor. Am eigentlichen Abstimmungssonntag nahm ich vormittags noch an der Einweihung des neuen Med-Centers in der Reilinger Straße teil. Sonst aber sah ich, wie viele in Stadt und Land, dem Referendum gespannt entgegen. Das Unbekannte war, ob sich genügend Hockenheimer beteiligen würden, um ein überzeugendes Votum für das Projekt zu erzielen.

Das Ergebnis des Bürgerentscheids konnte sich sehen lassen. 7.708 Abstimmungsberechtigte (rund 53 Prozent) machten von ihrem Stimmrecht Gebrauch. Von diesen votierten 6.151 oder 80,25 Prozent für die Modernisierung. Das war ein klares Ergebnis pro. Es verfehlte auch seine Wirkung im Lande nicht – viele Medien berichteten darüber.

Mit der Rückendeckung der Hockenheimer Bevölkerung wagten wir uns nun an das Großprojekt, ahnend, dass es uns noch so manche Überraschung bescheren und auch noch einige Probleme bereiten würde.

Zwei Tage nach dem Bürgerentscheid segnete der Ministerrat den Zuschuss des Landes ab. Damit gewährte uns die Landesregierung die erforderliche finanzielle Rückendeckung.

Nun war der Weg zu den Genehmigungsverfahren geebnet. Würde er zu Klagen führen? Das war zu dieser Zeit noch die große und bange Frage.

❋

Modernisierung des Hockenheimrings, Teil 2

Siehe eine Sanduhr: Da lässt sich nichts
durch Rütteln und Schütteln erreichen,
du musst geduldig warten, bis der Sand,
Körnlein um Körnlein, aus dem einen
Trichter in den anderen gelaufen ist.

CHRISTIAN MORGENSTERN

Komplizierte Baugenehmigungsverfahren

D as Roden von rund 50 Hektar Wald, der Bau des neuen Grand-Prix-Kurses
mit Fahrsicherheitszentrum, das Errichten von Tribünen und Gebäuden sowie das Optimieren der Verkehrsinfrastruktur erforderten natürlich behördliche
Genehmigungen. Nur, welche Genehmigungsverfahren waren anzuwenden, welche Behörden waren zuständig, welche Institutionen mussten eingeschaltet bzw.
gehört werden? Alles Fragen, zu denen mir zunächst niemand eine erschöpfende
oder gar verbindliche Auskunft geben konnte.

Umweltverträglichkeitsprüfung und Waldumwandlung

Im Vorfeld der Genehmigungsverfahren erwies sich Gerhard Weisers Einsatz für
den Hockenheimring als ein Segen. Er kannte die Fachbehörden des Landes und
die richtigen Leute, wusste also, wie die Sache anzupacken sei. Beispielsweise
bat er den in solchen Genehmigungsfragen erfahrenen Regierungsvizepräsidenten Dr. Hans Scheurer aus Karlsruhe, die notwendigen Schritte einzuleiten und
koordinierend zwischen den Fachbehörden zu wirken. Rückblickend haben alle involvierten staatlichen Stellen gut zugearbeitet und in kritischen Situationen pragmatische Lösungen vorgeschlagen, um das Ziel zu erreichen.

Außerdem erfüllte Dr. Vögele als Projektbetreuer, auch und gerade in Bezug auf
die Genehmigungsverfahren, alle in ihn gesetzten Erwartungen. Er steuerte und
koordinierte das Projekt vor Ort, beschaffte die für die verschiedenen Baugenehmigungen erforderlichen Unterlagen oder bereitete alles Notwendige dafür vor. Von
der engen personellen Ausstattung her hätte dies weder die Hockenheim-Ring
GmbH noch die Stadtverwaltung Hockenheim, geschweige denn der BMC, leisten
können.

Zu den ersten Verfahrensschritten und Erfordernissen zählte, den Regionalplan
über ein Zielabweichungsverfahren an die Neuplanung anzupassen. Obwohl dafür
die Gremien des Regionalverbands Unterer Neckar zuständig waren, nahm das
Regierungspräsidium Karlsruhe die Sache federführend in die Hand.

Die Genehmigungen für den Bau der kürzeren Strecke und die erweiterten Zuschauerkapazitäten erteilte das Landratsamt (Baurechtsamt) des Rhein-Neckar-Kreises. Mit dessen Dezernatsleiter, Regierungsdirektor Joachim Bauer, stand uns ein ausgesprochener Experte zur Seite.

Im Hinblick auf die Baugenehmigung musste ein großes Verfahren nach dem Bundesimmissionsschutzgesetz (BImSchG) durchgeführt werden. Dieses hatte trotz aller verfahrensrechtlicher Erfordernisse wie öffentliche Auslegung, Gutachten etc. einen großen Vorteil: War einmal die Baugenehmigung erteilt, konnten von privater Seite keine rechtlichen Ansprüche mehr geltend gemacht werden.

Wichtig war, dass das Landratsamt den Bestandsschutz der verbleibenden Altanlage mit dem Motodrom bestätigte. Der bisherige Veranstaltungs- und Testbetrieb würde sich - so jedenfalls argumentierte ich mit gutem Gewissen - auch auf der neuen Strecke in vergleichbarer Weise abspielen.

Zum BImSch-Verfahren zählte eine Umweltverträglichkeitsprüfung (UVP). Sie beinhaltete eine Landschaftsplanung mit den erforderlichen ökologischen Ausgleichsmaßnahmen. Die UVP erstreckte sich auch auf die wegen der höheren Zuschauerkapazität erforderlichen zusätzlichen Park- und Campingplätze. Außerdem zählten zur UVP die gutachterliche Bewertung der Schallimmissionen, der Luftschadstoffimmissionen sowie ein lärmmedizinisches Gutachten, das die gesundheitliche Unbedenklichkeit aller Immisionen bescheinigte.

Der Eingriff in den Hardtwald - im Fachjargon „Waldumwandlung" genannt - bedurfte einer separaten Waldumwandlungsgenehmigung, die die Forstdirektion Freiburg erteilte. Auch dieses Verfahren setzte eine UVP voraus. Sie betraf die für das Fahrsicherheitszentrum benötigten Waldflächen, sonst aber war für dieses keine Genehmigung nach dem BImSchG erforderlich. Es genügte ein über das Baurechtsamt der Stadt Hockenheim abzuwickelndes Baurechtsverfahren.

Neu geplant werden musste die Ableitung der Oberflächenwasser und Abwässer. Obwohl dieser Bereich ebenfalls zum BImSch-Verfahren zählte, bedurfte es noch separater Genehmigungsverfahren (Wasserrechtsverfahren).

Die neuen Tribünenbauten und das Baden-Württemberg-Center fielen zwar in die Zuständigkeit des Baurechtsamts der Stadt Hockenheim, waren aber, da sie die Schallsituation beeinflussten, beim Landratsamt anzuzeigen. Wie später das Schallgutachten verdeutlichte, wirkte die erweiterte Südtribüne schallabsorbierend. Deshalb nahm sie das Landratsamt als Bauverpflichtung in den Baugenehmigungsbescheid auf. Insofern stellte dieser Tribünenbau - ob es dem Bauherrn passte oder nicht - eine baurechtliche Auflage dar, die erfüllt werden musste! Überhaupt sollte sich das Thema Schall als recht problematisch erweisen. Dazu erfahren wir später noch mehr.

Als schwierig erwies sich auch die Suche nach einem geeigneten Start- und Landeplatz für Hubschrauber. Von Jahr zu Jahr nutzten bei Formel-1-Rennen immer mehr Personen die bequeme, leider aber die Wochenendruhe vieler Bewohner der Region störende An- und Abreise mit dem Hubschrauber. Auf diese Weise kamen an den Rennsonntagen hunderte von Flugbewegungen zustande, für die an der

Rennstrecke kein Platz vorhanden war, der den Sicherheitsstandards entsprach. Deshalb drängte das zuständige Regierungspräsidium auf eine dem Flugbetrieb gerecht werdende Lösung.

Weil aber für Starts und Landungen von Helikoptern die gleichen Flugschneisen wie bei Motorflugzeugen erforderlich sind und Abstellplätze für die Fluggeräte verlangt wurden - am Ende schuf man 16 Plätze - bedurfte es einer Fläche von rund drei Hektar. Geeignete Plätze auf den Gemarkungen von Reilingen und Walldorf scheiterten am dortigen Desinteresse oder an den Eigentümern, sodass letztlich nur noch ein erst vor Jahren aufgeforstetes Waldstück in Betracht kam, das sich unmittelbar südlich der neuen Strecke befand. Auch für dieses Areal war eine Waldumwandlungsgenehmigung mit UVP erforderlich. Außerdem musste dafür noch nach dem Luftverkehrsgesetz ein Genehmigungsverfahren für ein Außenlandegelände eingeleitet werden, das nur wenige Tage im Jahr benutzt wird.

Verschiedene Bauvorhaben, die größtenteils nichts oder nur indirekt mit dem eigentlichen Modernisierungsprojekt zu tun hatten, lagen im Zuständigkeitsbereich der Unteren Baurechtsbehörde Hockenheim, so

- die Neubauten von Kiosken und Toiletten,
- der zweite Fußgängertunnel bei Start- und Ziel,
- die Hotelerweiterung auf der Nordtribüne,
- der Einbau neuer Büroräume unterhalb der Haupttribüne sowie
- die Aufstockung des Start- und Zielgebäudes.

Hinzu kamen noch weitere kostspielige Baumaßnahmen, für die kein Genehmigungsverfahren erforderlich war, wie

- die Sanierung des Dachs der Haupttribüne und
- verschiedener technischer Einrichtungen des Hotels,
- der Umbau der Kurve am Ende der Start- und Zielgeraden sowie
- das Aufbringen einer neuen Asphaltdecke im gesamten Streckenbereich des Motodroms.

Diese notwendigen Ergänzungs- und Reparaturmaßnahmen kosteten insgesamt rund 6 Millionen Euro. Sie mussten ohne Landeszuschuss finanziert werden.

„Scoping-Termin" mit verschiedensten Behörden

Zu Beginn des Genehmigungsverfahrens nach dem BImSchG, kam es am im Januar 2001 im Bürgersaal des Rathauses zu einem „Scoping-Termin". Als ich von diesem, der englischen Sprache entlehnten Begriff erstmals hörte, wusste ich noch nicht, was damit gemeint war. Wie sich herausstellte, schreibt die Europäische Union in einer Richtlinie das „Scoping" bei bestimmten Bauvorhaben mit Auswirkungen auf die Umwelt verbindlich vor. Es ist ein Anhörungstermin mit dem Ziel, alle erforderlichen Umweltprüfungen im Vorfeld zu besprechen und möglichst effektiv abzustimmen.

Zum „Scoping-Termin Hockenheimring" hatte das Landratsamt die verschiedensten Behörden - auch Träger öffentlicher Belange genannt - sowie die nach dem Bundesnaturschutzgesetz anerkannten Naturschutzverbände und Experten eingeladen. Sie kamen in Scharen und füllten den Bürgersaal.

Nach der Projektpräsentation hatten die Vertreter der Behörden und Institutionen Gelegenheit, Fragen zu stellen sowie Anregungen und Bedenken vorzutragen. So wurde beispielsweise auf die Fledermaus-Population im zu rodenden Waldbereich aufmerksam gemacht und deren Begutachtung im Rahmen der UVP über die verschiedenen Vegetationsperioden verlangt. Im ersten Moment befürchtete ich durch dieses Ansinnen eine erhebliche Verzögerung des Projekts, doch einer der Anwesenden verwies auf die Universität Heidelberg, die erst kurz zuvor eine Fledermausstudie über diesen Bereich des Hardtwalds erstellt hatte. Welch ein glücklicher Zufall!

Glück hatten wir auch mit der im Innenbereich des alten Rings liegenden Suhle, deren reiches Molchleben mich schon in meiner Kinderzeit faszinierte. Die geplanten Baumaßnahmen berührten dieses für Amphibien und Insekten wertvolle Biotop nicht. Dafür einen ökologischen Ausgleich zu schaffen, hätte sicher großer Anstrengungen bedurft. Ansonsten konnte bei der UVP auf mehrere bereits existierende Studien über die Tier- und Pflanzenwelt des Hardtwalds zurückgegriffen werden.

Am Ende brachte der Scoping-Termin zwar einige wichtige Erkenntnisse für die UVP, doch die eigentlichen Hausaufgaben, sei es die UVP als solche, die Beurteilung der Schall- und der Luftschadstoffimmissionen oder das lärmmedizinische Gutachten, waren erst noch zu machen.

Mit der UVP einschließlich Landschaftsplanung beauftragten wir das Ingenieurbüro Spiekermann aus Stuttgart, mit dem Schallgutachten das Büro Genest aus Ludwigshafen sowie Prof. Dr.-Ing. E. Schaffert von der BeSB GmbH Schalltechnisches Büro aus Berlin, mit dem Luftschadstoffgutachten das Ingenieurbüro Lohmeyer aus Karlsruhe, mit dem lärmmedizinischen Gutachten Prof. Manfred Spreng aus Erlangen und mit der Abwasserentsorgung die GKW-Ingenieure aus Mannheim.

Das Büro R + T aus Darmstadt, das in den Jahren zuvor bereits ein Verkehrskonzept für die Stadt Hockenheim entwickelt hatte, stellte nun ein solches für den Hockenheimring auf. Ziel war, die Verkehrsströme großräumig und vor Ort zu optimieren, eine Zufahrt von Osten her über die B 291 zu schaffen sowie den Fußgängerverkehr vom Kraftfahrzeugverkehr zu trennen. Das sorgte für mehr Verkehrssicherheit und entlastete die Stadt und die Umwelt.

Alle zuvor genannten Büros zählten zu den renommierten ihres Fachgebiets. Ihre auf den Hockenheimring bezogenen Gutachten überzeugten die Behörden und waren für das Landratsamt Basis und Voraussetzung, den Baugenehmigungsbescheid zu erteilen. Der musste hieb- und stichfest sein, denn der Hockenheimring hatte seine Gegner. Auch und gerade wegen des geplanten Eingriffs in den Hardtwald waren Klagen von Privatpersonen und Umweltverbänden nicht auszuschließen.

Schwierige Beurteilung der Lärmsituation

Durch die „Technische Anleitung zum Schutz gegen Lärm (TA-Lärm)" erließ der Gesetzgeber eine Verwaltungsvorschrift zum BImSchG. Sie dient dem Schutz der Allgemeinheit und der Nachbarschaft vor schädlichen Umwelteinwirkungen durch Geräusche. Ihr musste bei der Bau- und Betriebsgenehmigung nach dem BImSchG gebührend Rechnung getragen werden.

Wie sich aber herausstellte, ist eine Rennstrecke nicht in ein nach der TA-Lärm übliches Schema einzuordnen, sondern als Sonderfall zu behandeln. In diesem Punkt waren sich Staatssekretär Stefan Mappus vom zuständigen Umwelt- und Verkehrsministerium des Landes, der Anfang Juli 2001 extra zur Erörterung der Lärmproblematik nach Hockenheim gekommen war, sowie die Landesanstalt für Umweltschutz und das Gewerbeaufsichtsamt einig.

Die Schallsituation des Hockenheimrings musste durch die von 6,8 km auf 4,5 km verkürzte Strecke neu bewertet werden. Durch den kürzeren Kurs erhöhte sich beispielsweise bei einem 300 Kilometer langen Formel-1-Rennen die Anzahl der Runden von 44 auf 66, also um 50 Prozent. Einerseits profitierten davon zwar die Rennbesucher, doch andererseits verlagerte sich der Lärm vermehrt ins Motodrom – und damit mehr in die Nähe der Stadt. Zudem hatte die Landesanstalt für Umweltschutz bei Lärmmessungen festgestellt, dass einige Rennserien, wie die DTM, gegenüber früheren Jahren wesentlich lauter geworden waren. Ansonsten aber unterstellte man bei der neuen Strecke die gleiche Auslastung wie bei der alten.

Auch im Hinblick auf das Schallgutachten ergab sich eine glückliche Fügung. Prof. Dr.-Ing. E. Schaffert aus Berlin verfügte über aktuelle Immissionsdaten aller Rennkategorien, auf die wir zurückgreifen konnten. Er war kurz zuvor schon mit der schalltechnischen Beurteilung des Nürburgrings, insbesondere der Formel 1, beauftragt worden. Außerdem hatte er die schalltechnischen Gutachten beim Bau des Lausitzrings sowie der Rennstrecken in Magny Cours, Sepang, Brands Hatch und Donington erstellt.

Mit den bereits ermittelten Daten konnte auf neue und langwierige Lärmmessungen bei Rennveranstaltungen am Hockenheimring verzichtet werden. Sie hätten das Genehmigungsverfahren mit Sicherheit verzögert. Allerdings waren die aktuellen Lärmwerte nicht zum Nulltarif zu haben.

Die von Serienfahrzeugen ausgehenden Immissionen des Veranstaltungsbetriebs am Hockenheimring fielen nach dem Urteil der Experten nicht ins Gewicht. Sie wurden vom Verkehrslärm der benachbarten Autobahn weit überlagert.

Infolge der neu bewerteten Lärmsituation erließ das Landratsamt mit der Projektgenehmigung verschiedene Auflagen, zu denen die Schallgutachter geraten hatten. Zum einen wurden die Veranstaltungstage mit den verschiedenen Rennserien nach ihrer Lärmintensität differenziert und ihre Anzahl pro Jahr begrenzt. Zum anderen wurden zur permanenten Überwachung der vom Hockenheimring ausgehenden Immissionen zwei Messstationen vorgeschrieben, eine im Bereich Waldstraße/Continentalstraße und eine im Stadtteil Birkengrund.

Zum Dritten verlangte die Genehmigungsbehörde, neben der Aufstockung der Südtribüne noch eine rund drei Meter hohe Lärmschutzwand auf der Dammkrone der Süd- und Nordtribüne zu errichten.

Ähnliche Schallminderungseffekte hätte die Hotelerweiterung um achtzig Zimmer auf der Nordtribüne gebracht. Oberhalb dieser war ein mehrgeschossiger Zimmertrakt mit einer Länge von rund 50 Metern und einer Höhe von rund 15 Metern vorgesehen, der über das bestehende Hotel Motodrom erschlossen werden sollte. Diesbezüglich gab es aber keine Bauauflage. Wie sich etwas später herausstellte, wäre sie ohnehin nicht zu erfüllen gewesen, denn der Hotelbau wurde zurückgestellt. Auf die Gründe werde ich noch näher eingehen..

Für weiteren, wenn auch etwas geringeren Lärmschutz sorgten die vorgesehenen Erdwälle der Stehtribünen um den neuen Streckenbereich außerhalb des Motodroms.

Neue Wege bei der Regen- und Schmutzwasserentsorgung

Aufgrund der Entwässerungsplanung wurde das an der neuen Strecke und der erweiterten Südtribüne anfallende Oberflächenwasser im benachbarten Wald in sechs Versickerungsmulden geleitet. Dies kam dem Grundwasser zugute und entlastete das Kanalnetz.

Bei der Schmutzwasserentsorgung musste der höheren Zuschauerkapazität von maximal 120.000 Personen Rechnung getragen und dafür gesorgt werden, dass das städtische Klärwerk nicht überlastet wird. Es war bei einigen früheren Großveranstaltungen bereits an seine Belastungsgrenzen gestoßen. Deshalb sah die neue Entsorgungskonzeption drei überirdische Schmutzwasserspeicher mit einem Fassungsvermögen von je 500 cbm vor. Sie wurden an der nördlichen Seite der neuen Strecke am „Ameisenweg" installiert und gewährleisten ein dosiertes, dem Reinigungsvermögen des Klärwerks angepasstes Zuführen des Schmutzwassers.

Das optimierte Entwässerungssystem ist aus ökologischer Sicht ein nachhaltiger und wesentlicher Fortschritt.

Formel-1-Promotervertrag und neue Gesellschaftsverhältnisse

Bevor überhaupt der Antrag auf Genehmigung des Modernisierungsprojekts beim Landratsamt in schriftlicher Form gestellt wurde, mussten drei wesentliche Punkte im Sinne des Hockenheimrings realisiert sein. Es handelte sich um den Abschluss des Formel-1-Promotervertrags, den Aufbau einer neuen Unternehmensstruktur, die einen unmittelbaren Bezug zum Promotervertrag hatte, sowie die Notifizierung des Projekts bei der Europäischen Union.

Ecclestones Entwurf eines Promotervertrags mit der Formel 1 über sieben Jahre enthielt von Jahr zu Jahr steigende Konditionen. Diese hatte zuvor schon die Nürburgring-GmbH akzeptiert, als ihr Formel-1-Vertrag verlängert worden war. Zudem hatte der Lausitzring seine Hoffnung auf die Formel 1 immer noch nicht aufgegeben, wie uns Ecclestone mit einem Schreiben des Geschäftsführers des Lausitzrings aufzeigte. Dies alles schwächte natürlich unsere Verhandlungsposition. Letztlich blieb uns, wollten wir die Formel 1 längerfristig behalten, nichts anderes übrig, als Ecclestones Bedingungen zu akzeptieren.

Nach dem Vertrag erhöhte sich alljährlich der an die Formel 1 zu zahlende Betrag. Deshalb war davon auszugehen, dass sich das Promotergeschäft nicht ewig rechnen würde. Dann aber standen in Hockenheim - im Gegensatz zu den meisten anderen Formel-1-Pisten - weder der Staat noch ein Mäzen zur Abdeckung des ungedeckten Aufwands bereit. Deshalb galt es, sich frühzeitig dagegen zu wappnen, und zwar in mehrfacher Hinsicht. Ein Aspekt war eine moderne, vielseitig nutzbare Anlage. Nur mit einer solchen würde man auch ohne Formel 1 bestehen können. Sie zu schaffen, war unser Hauptziel. Ein anderer bedeutender Punkt war die gesellschaftsrechtliche Haftung, die es angesichts der möglichen Risiken zu begrenzen galt. Dazu erfahren wir später mehr.

Der Siebenjahresvertrag mit der Formel 1 wurde im April 2001 paraphiert, nachdem die Haftungsfrage und die Höhe möglicher Vertragsstrafen für die Hockenheim-Ring GmbH etwas entschärft worden waren. Bei einem früheren Gespräch, das ich mit Ecclestone in London führte, hatte er plötzlich verlangt, dass die Stadt Hockenheim für die gesamte Summe bürgen solle, die die Hockenheim-Ring GmbH während der siebenjährigen Vertragsdauer an die Formel 1 zu entrichten hat. Abgesehen davon, dass eine Bürgschaft in dieser Dimension die Stadt überfordert und dies die kommunale Rechtsaufsicht nie genehmigt hätte, fragte ich ihn spontan: „Und wer garantiert dem Hockenheimring, dass sich seine hohen Investitionen je amortisieren werden?" Er reagierte auf meinen Einwand mit viel Verständnis und zog seine Forderung zurück. Damit war eine zunächst unüberbrückbar scheinende Hürde genommen.

Der Vertrag mit der Formula One Management Limited (FOA) sah vor, dass der Promoter vor jedem Rennen eine Bankbürgschaft in Höhe der zu zahlenden Vertragssumme zu stellen habe. Sie sei an die Formel 1 schon im Herbst des Vorjahres, rechtzeitig vor der Herausgabe des neuen Terminkalenders, zu leisten. Ohne Bürgschaft wäre die Formel 1 nicht angetreten. Außerdem hätte das Verweigern der Bürgschaft eine hohe Vertragsstrafe auslösen können, die die Existenz der Hockenheim-Ring GmbH gefährdet hätte.

Hinzu kamen für den Promoter noch hohe Haftpflicht- und Betriebsausfallversicherungen. Wesentlicher Bestandteil des Promotervertrags war auch das Modernisierungsprojekt mit der auf 4,5 km verkürzten Rennstrecke. So musste die Hockenheim-Ring GmbH vertraglich zusichern,

■ „dass sie gewährleistet, alle erforderlichen Baugenehmigungen und anderen Genehmigungen so schnell wie möglich, jedoch spätestens bis zum 1. Juni 2002 einzuholen, und

- ihr Bestes tut um zu gewährleisten, dass diese Arbeiten bis zur Veranstaltung im Jahre 2002, spätestens jedoch bis zur Veranstaltung im Jahre 2003, durchgeführt und zur Zufriedenheit der FOA abgeschlossen sind."

Die am längeren Hebel sitzende Formel 1 sicherte sich also auf Kosten des Promoters nach allen Seiten ab. Dies alles gab mir sehr zu denken.

Wegen des hohen Haftungsrisikos musste verhindert werden, dass die Formel 1 je die Hand auf das Vermögen des Hockenheimrings legen könnte. Diese Gefahr bestand, solange die Hockenheim-Ring GmbH als Promoter das städtische Erbbaurecht am Hockenheimring innehatte, den Verpflichtungen gegenüber der Formel 1 aber nicht mehr gerecht wurde. Deshalb musste allein schon aus Haftungsgründen gesellschaftsrechtlich einiges geändert werden.

In diesem Punkt waren sich alle Gesellschaftsvertreter auch insofern einig, als das haftende Stammkapital im Zuge der Modernisierung noch um weitere 5,0 Millionen Euro erhöht werden sollte. Auch unser Berater Dr. Vögele empfahl wegen der Haftungsproblematik, aber auch wegen der geplanten Profitcenter-Organisation, die Gesellschaftsverhältnisse am Hockenheimring neu zu strukturieren.

Weil die Stadt Mehrheitsgesellschafter war, mussten bei der Gründung neuer Gesellschaften kommunalrechtliche Vorschriften, wie Prüfungsrechte der Stadt an den neuen Gesellschaften, beachtet werden. Außerdem genehmigte das Regierungspräsidium eine Firmenneugründung nur, wenn ihr ein öffentlicher Zweck zugrunde lag. Diesbezüglich bezogen wir uns auf eine Vereinbarung mit dem Land aus der Zeit des Motodrombaus. Nach dieser verpflichtete sich die Hockenheim-Ring GmbH, die Renn- und Teststrecke an jeden Interessenten zu gleichen Bedingungen zu vermieten, sofern er zuverlässig ist und die Gewähr bietet, die im Interesse der Sicherheit obliegenden Verpflichtungen einzuhalten.

Beim Umbau der Unternehmensstruktur beriet uns die in diesen Fragen sehr erfahrene Steuerberater-Sozietät Wipfler & Partner aus Walldorf. Der Kopf dieser Sozietät, Berthold Wipfler, hatte sich bereits als steuerlicher Berater des SAP-Gründers und Milliardärs Dietmar Hopp bewährt.

Auch die Wirtschaftsberatungsgesellschaft Arthur Andersen befasste sich mit den gesellschaftsrechtlichen Änderungen in ihrem Gutachten über das Modernisierungsprojekt und erachtete sie als sinnvoll. Am Ende des intensiven Prüfungs- und Abstimmungsverfahrens beschlossen die Gesellschafter Stadt und BMC folgende neue Gesellschaftsstruktur:

- Neugründung der Besitzgesellschaft „Hockenheim-Ring Besitz GmbH" mit einem Stammkapital von 5,0 Millionen Euro (51 Prozent Stadt und 49 Prozent BMC) und Übertragung des städtischen Erbbaurechts von der Hockenheim-Ring GmbH auf diese Gesellschaft. Wesentliche Aufgaben: Durchführung und Finanzierung der Investitionen sowie Verpachtung der Anlagen an die Betriebsgesellschaften.

- Umwandlung der „Hockenheim-Ring GmbH" in eine reine Betriebsgesellschaft mit einem Stammkapital von 1,28 Millionen Euro (51 Prozent Stadt und 49 Prozent BMC). Wesentliche Aufgaben: Vermietung und Vermarktung des Hockenheimrings incl. Abschluss des Promotervertrags mit der Formel 1, Organisation und Durchführung von Veranstaltungen, Kartenverkauf und Öffentlichkeitsarbeit.

- Neugründung der „Hockenheim-Ring Hotel- und Gastronomie GmbH" als reine Betriebsgesellschaft mit einem Stammkapital von 105.000 Euro (51 Prozent Stadt und 49 Prozent BMC). Wesentliche Aufgaben: Betrieb des Hotels, der Ringgastronomie sowie des Kioskgeschäfts.

- Neugründung der „Hockenheim-Ring ADAC-FSZ GmbH" mit einem Stammkapital von 50.000 Euro (25,5 Prozent Stadt, 24,5 Prozent BMC und 50 Prozent verschiedene ADAC-Gesellschafter). Wesentliche Aufgabe: Vermietung und Betrieb des Fahrsicherheitszentrums.

Eine weitere Gesellschaft mit beschränkter Haftung und einem Stammkapital von 200.000 Mark war von der Hockenheim-Ring GmbH in den 1980er Jahren zur Übernahme des Pachtbetriebs der Autobahnraststätte „Am Hockenheimring Ost" gegründet worden. Sie blieb von den Änderungen der Gesellschaftsstruktur unberührt. Leider entwickelte sich mit den Jahren der einst florierende Raststättenbetrieb immer mehr zu einem finanziellen Sorgenkind. Deshalb stieg der Hockenheimring im Juni 2003 aus dem Pachtgeschäft an der Autobahn aus.

Mit der neuen Gesellschaftsstruktur wurden Besitz und Betrieb des Hockenheimrings sauber getrennt und mögliche Haftungen aus dem Veranstaltungsbetrieb des Hockenheimrings, insbesondere im Hinblick auf den Promotervertrag mit der Formel 1, auf maximal 1,28 Millionen Euro begrenzt. Nun haftete das Anlagevermögen nicht mehr für Forderungen aus dem Betrieb. Damit waren, auch für mich, wesentliche Voraussetzungen vor der Umsetzung des Modernisierungsprojekts und dem Abschluss des Promotervertrags erfüllt.

Bevor aber der Formel-1-Vertrag rechtsverbindlich unterzeichnet wurde, ließ ich mir dafür vom Gemeinderat der Stadt Hockenheim grünes Licht geben. Über die wesentlichen Bestimmungen des Siebenjahresvertrags einschließlich der von Jahr zu Jahr an die Formel 1 in US-Dollar zu entrichtenden Summen hatten Dr. Vögele und ich in einer nicht öffentlichen Gemeinderatssitzung ausführlich informiert. Umso mehr wunderte ich mich, wie später Mitglieder des Gremiums behaupten konnten, davon nie etwas gehört zu haben.

Weil die Formel 1 über die Vertragsinhalte absolute Verschwiegenheit verlangte, war es nicht möglich, den Fraktionen geschweige denn einzelnen Mitgliedern des Gemeinderats Kopien des zig Seiten umfassenden, in englischer Sprache abgefassten und ins Deutsche übersetzten Vertrags auszuhändigen. Möglicherweise war dies auch gut so, denn sonst wäre es wohl nur eine Frage der Zeit gewesen, bis die Medien Details über den Vertrag veröffentlicht hätten.

Landeszuschuss nur mit EU-Genehmigung

Über eine weitere Voraussetzung entschied die Europäische Union. Sie musste den Landeszuschuss - eine staatliche Beihilfe - genehmigen. Ohne den Segen der EU wäre das Finanzierungskonzept und somit das ganze Projekt gescheitert. Nach dem Vertrag über die Arbeitsweise der EU darf eine staatliche Beihilfe nur gewährt werden, wenn sie mit dem Binnenmarkt vereinbar ist, den Handel zwischen den Mitgliedsstaaten nicht beeinträchtigt und den Wettbewerb nicht verfälscht.

Das Wirtschaftsministerium des Landes hatte die Pflicht, der EU den für den Hockenheimring geplanten Landeszuschuss offiziell mitzuteilen, also zu „notifizieren", und von ihr genehmigen zu lassen. Deshalb drängte Gerhard Weiser bereits im Spätjahr 2000 die Verantwortlichen des Wirtschaftsministeriums, die Notifizierung bei der EU in die Wege zu leiten. Anscheinend hatte er mit Brüssel nicht nur gute Erfahrungen gemacht.

Am 16. Januar 2001 begab ich mich mit zwei hohen Beamten des Wirtschaftsministeriums zu den Wettbewerbshütern der EU nach Brüssel, also direkt in die Höhle des Löwen. Bei dem Termin wollten wir ausloten, wie unsere Chancen stünden. In Brüssel trafen wir uns zunächst in der EU-Vertretung des Landes Baden-Württemberg, wo uns die zuständigen Mitarbeiter noch Tipps für das Gespräch gaben.

Bis wir in die noblen Räume der EU-Administration - eine riesige Bürowelt - vorgelassen wurden, mussten wir erst einige Sicherheitskontrollen überwinden. Das Gespräch selbst verlief in einer angenehmen Atmosphäre, und der damals für Wettbewerb zuständige Generaldirektor Feldkamp brachte es schnell auf den Punkt. Er erklärte: „Wenn es sich bei ihrem Projekt um eine Infrastrukturmaßnahme handelt, die keine Auswirkungen auf den Wettbewerb zwischen den Rennstrecken im In- und Ausland hat, ist ein Notifizierungsverfahren nicht erforderlich." Das sollten wir der EU-Wettbewerbsbehörde schriftlich nachweisen. Sobald dies geschehen sei, werde die Sache lediglich noch im EU-Amtsblatt erwähnt und sei gelaufen.

Einer der leitenden und uns offensichtlich wohlwollenden Beamten meinte weiter: „Mit einem förmlichen Notifizierungsverfahren wird das Projekt nur an die große Glocke gehängt und möglicherweise »schlafende Hunde« geweckt, die Einspruch einlegen und die Sache verzögern". Deshalb empfahlen die EU-Wettbewerbshüter den zuerst beschriebenen Weg.

Mir fiel ein Stein vom Herzen. Den Nachweis zu liefern, dass unser Modernisierungsprojekt den Wettbewerb unter den Rennstrecken des In- und Auslands nicht verzerren würde, war kein Hexenwerk. Mit den nächstgelegenen ausländischen Rennstrecken, sei es in Frankreich (Dijon) oder Österreich (Salzburgring), standen wir in keiner Konkurrenz, und in Bezug auf die inländischen Konkurrenten änderte sich durch die Beihilfe im Veranstaltungsbereich des Hockenheimrings nichts Gravierendes. Deshalb konnte ich eine entsprechende Stellungnahme mit gutem Gewissen begründen und der EU über das Wirtschaftsministerium zukommen lassen.

Einige Wochen danach gab der zuständige Mitarbeiter der EU dem Wirtschaftsministerium „telefonisch" grünes Licht für den Landeszuschuss. Eine weitere Hürde vor Beginn des Modernisierungsprojekts war genommen – und zwar auf eine weitaus pragmatischere Art und Weise, als ich erwartet hätte.

Öffentlich-rechtliche Ausschreibungsbedingungen

Parallel zum Abschluss des Promotervertrags mit der Formel 1, der gesellschaftsrechtlichen Neuordnung, der EU-Notifizierung und den verschiedenen Baugenehmigungsverfahren, trieb das Architekturbüro Tilke die Planungen voran und bereitete die Ausschreibung der Bauleistungen vor.

Mit seinem Bescheid über die Zuschussbewilligung hatte das Land nicht nur die verbindliche Ausrichtung der Formel 1 über sieben Jahre verknüpft, sondern auch vorgeschrieben, wie die Vergabe von Bauleistungen zu erfolgen hatte. Grundsätzlich mussten alle vom Land bezuschussten Bauprojekte nach Einzelgewerken bzw. nach „Fachlosen" ausgeschrieben sowie die Mittelstandsrichtlinien Baden-Württembergs für öffentliche Aufträge beachtet werden. Nach diesen ist die Grundlage jeder Ausschreibung die Vergabe- und Vertragsordnung für Bauleistungen (VOB) oder die Vergabe- und Vertragsordnung für Leistungen (VOL).

Was den Tiefbaubereich, insbesondere die neue Strecke betraf, lag die geschätzte Bausumme jenseits von 5 Millionen Euro. Nach den Vorschriften der EU erforderte dies eine europaweite Ausschreibung. Insofern musste das Vorhaben nicht nur im Bundesausschreibungsblatt, sondern auch noch im Amtsblatt der Europäischen Gemeinschaften veröffentlicht werden.

Das barg aber die Gefahr in sich, am Ende den Auftrag an ein ausländisches Bauunternehmen vergeben zu müssen, das die Projektabwicklung womöglich nicht in unserem Sinne vornehmen würde. Wie aber waren nur solche Firmen zur Angebotsabgabe aufzufordern, die schon mit dem Rennstreckenbau oder vergleichbaren Projekten Erfahrung gesammelt hatten und die Gewähr für die geforderte Bauleistung boten?

Sowohl das deutsche als auch das EU-Vergaberecht sehen in einem solchen Falle die Möglichkeit eines „Nichtoffenen Verfahrens mit einem vorgeschalteten Bieterwettbewerb" vor. Bei diesem ist das Bauvorhaben zwar europaweit anzukündigen, gleichzeitig wird aber von den Bauinteressenten der Nachweis einer entsprechenden Qualifikation verlangt. Dadurch ist es möglich, vor der eigentlichen Ausschreibung eine Vorauswahl unter jenen Firmen zu treffen, von denen eine fach- und zeitgerechte Umsetzung des Bauvorhabens zu erwarten ist. Auf dieses Verfahren legten wir uns fest.

Ende September 2001 wählten wir rund ein Dutzend geeignete Baubewerber aus und ließen ihnen das Leistungsverzeichnis zukommen. Zu diesem Zeitpunkt war das Genehmigungsverfahren noch nicht abgeschlossen. Ob nicht doch am Ende noch eine Klage den geplanten Baubeginn verzögern würde, war also noch offen.

Über die Offenlage und Einwendungen zur Baugenehmigung

Das Landratsamt des Rhein-Neckar-Kreises hatte im August 2001 die Offenlage des Modernisierungsvorhabens in den regionalen Tageszeitungen angekündigt. In der Bekanntmachung wies es darauf hin, dass von der Hockenheim-Ring Besitz GmbH ein förmliches Verfahren nach den Kriterien des § 10 BImSchG mit Öffentlichkeitsbeteiligung und integrierter UVP beantragt worden sei. Die Antragsunterlagen könnten beim Landratsamt oder der Stadtverwaltung Hockenheim vom 17. August bis 17. September 2001 eingesehen und etwaige Einwendungen bis spätestens 1. Oktober 2001 schriftlich oder mündlich zur Niederschrift erhoben werden. Mit Ablauf der Frist würden alle Einwendungen ausgeschlossen, die nicht auf besonderen privatrechtlichen Titeln beruhten.

In einer separaten Bekanntmachung nahm auch die Forstdirektion Freiburg Bezug auf das Projekt und die Inanspruchnahme von Staatswaldflächen. Sie erklärte unter anderem, dass sie dazu ein Waldumwandlungs-Genehmigungsverfahren gemäß § 9 des Landeswaldgesetzes mit integrierter UVP nach den Bestimmungen des „Landesumweltverträglichkeitsprüfungsgesetzes" - eine tolle Wortschöpfung - durchführe. Die Antragsunterlagen könnten ebenfalls vom 17. August bis 17. September beim Forstamt in Schwetzingen oder bei der Stadtverwaltung Hockenheim eingesehen und Einwendungen bis 1. Oktober 2001 vorgebracht werden. Nach Ablauf der Frist seien Einwendungen gegen das Vorhaben ausgeschlossen.

Dass die Offenlegung während der großen Ferien durchgeführt wurde, war dem bisherigen Verfahrensablauf und dem Zeitdruck geschuldet, unter dem das Projekt von Anfang an stand. Einige kritisierten den Auslegungszeitraum in der Sommerpause. Sie befürchteten, mögliche Einwender könnten die Bekanntmachungen übersehen. Umso gespannter sah nicht nur ich dem Ende der Auslegungsfrist und möglichen Einwendungen entgegen.

Rechtzeitig zum Fristablauf waren jeweils zwei Einwendungen zum BImSch-Verfahren sowie zum Waldumwandlungsverfahren vorgebracht worden. Den Einwendern ging es um den Lärm sowie um die vorgesehenen Ausgleichsmaßnahmen, die ihnen nicht angemessen erschienen. Das Landratsamt versuchte, die Einwender zur Rücknahme ihrer Einwendungen zu bewegen, denn es war, wie übrigens auch die Forstdirektion, davon überzeugt, dass diese Einwendungen vor Gericht keinen Bestand haben würden. Beide Ämter waren im Übrigen bereit, sich über die aus ihrer Sicht unberechtigten Einwendungen hinwegzusetzen, die Baugenehmigungen zu erteilen und den Sofortvollzug stattzugeben.

Im Falle der Einwendungen, die beim Genehmigungsverfahren nach dem BImSchG erhoben worden waren, hatte das Landratsamt Erfolg – die Einwender machten einen Rückzieher, nicht aber wegen der Waldumwandlung. Deshalb lud die Forstdirektion die Einwender zu einem Erörterungstermin am 10. Dezember 2001 ins Rathaus Hockenheim ein. Danach wurden auch diese Einwendungen zurückgenommen. Zum einen hatten die Einwender deshalb keine guten Argumente, weil sie von der Waldumwandlung nicht unmittelbar betroffen waren. Zum anderen aber wurde bei den Waldausgleichsmaßnahmen, die außerhalb des Staatswalds vorzunehmen waren, ein Verhältnis von 1 zu 1,5 zugrunde gelegt, und bei der Renaturierung der nicht mehr benötigten Rennstrecke ein Verhältnis von 1 zu 1. Dadurch mussten für die abzuholzenden 47 Hektar Wald 64 Hektar aufgeforstet werden.

Weitere 3 Hektar Wald mussten für das Außenlandebereich für Hubschrauber geopfert werden. Da es sich bei dieser Fläche überwiegend um noch jungen Wald handelte, wurde zum Ausgleich die Aufforstung einer gleichgroßen Fläche verlangt. In der Summe standen also den zu schlagenden 50 Hektar Wald 67 Hektar aufzuforstende Flächen gegenüber.

Über den naturschutzrechtlichen Ausgleich kamen noch weitere fünf Hektar Sukzessionsflächen hinzu. Bei diesen handelt es sich um Flächen, die der natürlichen Entwicklung überlassen bleiben und, wenn überhaupt, nur in sehr eingeschränktem Umfang zu pflegen sind. Solche Flächen verbessern das Lebensraumangebot für die Pflanzen- und Tierwelt.

Hatte ich vor Beginn der Genehmigungsverfahren noch einen Ausgleich im Verhältnis 1:1 angenommen, war nun aufgrund der UVP eine wesentlich größere Ausgleichsfläche erforderlich.

Mit den Jahren wird bekanntlich vieles vergessen. Auf diese menschliche Schwäche scheinen die Hockenheimer Grünen vor der Gemeinderatswahl 2009 gesetzt zu haben, als ihr Sprachrohr in der lokalen Presse verkündete, die Ausgleichsmaßnahmen am Hockenheimring seien auch dem Drängen der Grünen zu verdanken gewesen. Da die Grünen das ganze Genehmigungsverfahren mit der UVP bzw. das Waldumwandlungsverfahren überhaupt nicht beeinflussen konnten, fand ich dies schon dreist.

Doch zurück in den Dezember des Jahres 2001. In diesem Monat wurden die Genehmigungsverfahren zum Abschluss gebracht und die Baugenehmigung durch das Landratsamt erteilt. Von der Antragstellung bis zur Übergabe der Baugenehmigung waren gerade mal vier Monate vergangen – eine relativ kurze Zeit für ein Verfahren nach dem BImSchG. Die eingeschalteten Gutachter und die in das Verfahren involvierten Behörden hatten eine wirklich gute Arbeit geleistet, nicht minder Dr. Vögele, der sich um alles für die Genehmigung Notwendige gekümmert hatte.

Personelle Aufstockung

Als sich im Verlaufe des Jahres 2001 abzeichnete, dass sich das Modernisierungsprojekt im Großen und Ganzen realisieren lassen würde, war es für die Hockenheim-Ring GmbH an der Zeit - auch im Hinblick auf die Promotereigenschaft bei der Formel 1 - sich personell zu verstärken. Es mussten neue Konzepte zum Kartenmarketing, zur Vermietung von VIP-Logen, zum Sponsoring, zur Öffentlichkeitsarbeit oder für Veranstaltungen, sei es im motorsportlichen oder sonstigen Bereich, entwickelt und umgesetzt werden. Neue Ideen waren damals gefragt, heute im Übrigen nicht minder. Von ihnen hängt wesentlich ab, wie sich der Hockenheimring entwickelt.

Im Marketingbereich hatte sich die Hockenheim-Ring GmbH seit August 2000 über einen Beratungs- und Geschäftsbesorgungsvertrag der Dienste der externen Stuttgarter „Agentur für Eventmanagement, Marketing, Sponsoring und Projektentwicklung GmbH", kurz „Emsp", bedient. Geschäftsführer dieser Firma war Andreas Hornung, während sich die Geschäftsanteile in Händen der Familie Vögele befanden.

Die Kontakte mit den Herren Dr. Vögele und Hornung waren Jahre zuvor über die DTM zustande gekommen. Für diese managte die Dekra-Promotion die Werbung. Geschäftsführer der Dekra Promotion war Dr. Vögele und Andreas Hornung sein Mitarbeiter. Der hatte als studierter Betriebs- und Volkswirt mit Schwerpunkt Sport bereits bei vielen internationalen Großveranstaltungen mitgearbeitet, verfügte über wertvolle Erfahrungen und Verbindungen im Bereich Marketing und Eventmanagement und vermietete seit Mitte der 1990er Jahre recht erfolgreich die Werbeflächen des Hockenheimrings. Außerdem hatte er auch in anderen Vermarktungsbereichen neue lukrative Akzente für die Hockenheim-Ring GmbH gesetzt. Es lag deshalb nahe, die Zusammenarbeit mit der Emsp bzw. mit ihm zu intensivieren. Zudem traute ich ihm zu, bei der Vermarktung des modernisierten Hockenheimrings einiges zu bewegen.

Es war der Geschäftsführung und mir aber ein Anliegen, das Marketing nicht gänzlich aus der Hand zu geben, sondern es innerhalb der Hockenheim-Ring GmbH zu verankern. Es ging um die direkte Verbindung und Zusammenarbeit mit den beiden Geschäftsführern Dieter Herz und Georg Seiler sowie mit mir als Vorsitzender der Gesellschafterversammlung. Wir lösten den Knoten, indem wir Andreas Hornung im September 2001 zum Geschäftsführer der Hockenheim-Ring GmbH bestellten, zuständig für den Bereich Marketing. Parallel dazu leitete er die Geschäfte der Emsp weiter, die sich schwerpunktmäßig ohnehin mit dem Hockenheimring befassten. Da die Zuständigkeits- und Verantwortungsbereiche vertraglich klar abgegrenzt waren, sah ich in dieser Doppelfunktion - im Gegensatz zu einigen Kritikern - kein Problem. Die Praxis hat dies auch klar bestätigt.

Mit dem neuen Geschäftsführer Hornung wehte gleich ein frischer Wind. Nun agierte ein überaus engagierter Manager, der eher gebremst als geschoben werden musste. Seinem Elan vermochten leider nicht alle Mitarbeiter des Hockenheimrings zu folgen.

Es verblüffte mich immer wieder, wie gut einige Journalisten der Region über das Geschehen am Hockenheimring informiert waren. Deshalb wunderte ich mich auch nicht, als ein Teil der Medien Hornungs Doppelrolle als Geschäftsführer der Hockenheim-Ring GmbH und der „Emsp" kritisierte. Dabei spielte wohl auch noch eine gewisse Rolle, dass die Hockenheim-Ring GmbH über Herrn Hornung mit einer Firma Dr. Vögeles zusammenarbeitete, obwohl der durch sein Engagement bei der Stuttgarter Messe und beim Festspielhaus Baden-Baden bereits das mediale Kreuzfeuer auf sich gezogen hatte.

Personell musste auch sonst noch im administrativen Bereich der Hockenheim-Ring GmbH aufgestockt werden, sei es zur Entlastung der Geschäftsführung, zum Aufbau eines Kontrollwesens oder zur technischen Betreuung der bestehenden

448

und neuen Einrichtungen und Gebäude. Wie schon in den Jahrzehnten zuvor wurde beim personellen Aufbau aber großen Wert auf eine schlanke Organisation gelegt, wohl wissend, dass die meisten Personalkosten im Endeffekt Fixkosten darstellen, die die Ergebnisrechnung belasten.

Weittragender Grundstückskaufvertrag

Dem Anfang Januar 2002 geplanten Baubeginn stand noch der Abschluss des Grundstückstauschvertrags zwischen dem Land und der Stadt im Wege. Doch auch der wurde von beiden Seiten noch rechtzeitig unterzeichnet. Nach diesem stellte das Land der Stadt Hockenheim 53,36 Hektar Wald zur Verfügung und bekam im Gegenzug von der Stadt 63,33 Hektar – überwiegend Ackerflächen.

Hintergrund des Tauschhandels war der Wille, die gesamten Betriebsflächen des Hockenheimrings in das Eigentum der Stadt Hockenheim zu bekommen. Damit bestand für den Hockenheimring die große Chance, Herr im eigenen Hause zu werden und keine Rücksicht mehr auf die Belange des Forstes nehmen zu müssen. Die jahrzehntelangen Probleme mit der staatlichen Forstverwaltung, auf deren Gelände sich ein Großteil der alten Rennstrecke befand, hatte ich noch in guter Erinnerung. Obwohl sich die neuen Forstleute in den letzten Jahren recht kooperativ verhalten haben, musste die Chance des Eigentumswechsels zielstrebig verfolgt werden.

Die Verhandlungen mit der Liegenschaftsverwaltung des Landes liefen jedoch nicht wie erwartet. Zum einen verlangte das Land bei diesem Geschäft rund zehn Hektar mehr an Flächen, als es von der Stadt bekommen sollte, und zum anderen forderte es als weitere Entschädigung noch ein Aufgeld von einer Million Mark (511.292 Euro). Die unterschiedliche Bewertung der Tauschflächen basierte auf der Annahme des Landes, die künftig als Rennstrecke und vor allem als Fahrsicherheitszentrum beanspruchten Waldflächen würden zu höheren Renditen führen als die rein forstwirtschaftliche Nutzung. Und davon wollte es profitieren.

Obwohl ich die Zusatzforderung nicht für angemessen hielt, blieb mir am Ende, wollte ich den Grundstücksvertrag nicht platzen lassen, die Atmosphäre nicht vergiften oder gar das ganze Modernisierungsprojekt nicht gefährden, nichts anderes übrig, als die Kröte zu schlucken. Die Beamten des Finanzministeriums saßen nicht nur am längeren Hebel, sondern hatten offensichtlich auch noch die Verantwortlichen der Politik auf ihrer Seite, sonst wäre die Sache im Sinne der Stadt wohl kulanter entschieden worden. Zudem waren wir noch auf den guten Willen des Landes bei der Aufforstung angewiesen, von dem wir dafür rund 13 Hektar Ackerflächen benötigten. Das Land erhielt im Austausch landwirtschaftlich genutzte Grundstücke, die sich bisher im Eigentum der Stadt befanden.

Wenigstens akzeptierte das Land noch meine Bitte, das von der Hockenheim-Ring Besitz GmbH zu leistende und von der Stadt zu verbürgende Aufgeld in zehn Jahresraten zu begleichen.

Mein Fazit: Auch beim Grundstückstausch hätte sich das Land gegenüber der Stadt bzw. dem Hockenheimring generöser verhalten können. Trotz der Wermutstropfen im Becher der Freude war aber positiv, dass mit dem Tauschvertrag alle Flächen, auf denen künftig der modernisierte Hockenheimring betrieben wurde, ins Eigentum der Stadt kamen. Die bildete Erbpachtgrundstücke, die langfristig an die Hockenheim-Ring Besitz GmbH gegen einen angemessenen Erbbauzins verpachtet wurden.

Waldrodung sorgte für kostspielige Überraschung

Mit dem Abschluss des Grundstückstauschvertrags wurde die letzte große Hürde vor dem Baubeginn überwunden. Nun ging es nur noch um einige Entschädigungen, die der Forst in Verbindung mit der Waldrodung reklamierte. So musste der Forstverwaltung noch zugestanden werden, an sie für jedes noch nicht hiebreife Hektar Wald, das geschlagen wurde, eine Entschädigung von 7.100 Euro zu zahlen. Dies betraf zwar nur den kleineren Teil der benötigten Waldfläche, belief sich am Ende aber doch noch auf rund 100.000 Euro! Das Land hielt sich wirklich an allem schadlos.

Für die Rodung zeichnete die Landesforstverwaltung verantwortlich, die das eingeschlagene Holz zugunsten der Landeskasse vermarktete. Es handelte sich überwiegend um Kiefernholz, dessen Volumen rund 12.000 Kubikmeter betrug. Im Zuge der Rodung sorgte der Forst noch für eine weitere kostspielige Überraschung. Doch damit rechnete am 2. Januar 2002 noch niemand. An diesem Tag begann das Modernisierungsprojekt Hockenheimring.

In der Nacht zuvor hatte es kräftig geschneit. Über dem ganz in weiß gehüllten Hardtwald lag eine wohltuende Winterruhe, als ich am Morgen dieses Tages dem alten und traditionsreichen Rennkurs, dessen Tage gezählt waren, nochmals meine Reverenz erwies. Es war ein etwas wehmütiger Abschied, denn der Ring zählte schon von Kindesbeinen an zu meiner Heimat und seit 1972 zu meinem beruflichen Umfeld. Schillers Wort aus Wilhelm Tell - es hätte nicht passender sein können - kam mir in den Sinn: „Das Alte stürzt, es ändert sich die Zeit, und neues Leben blüht aus den Ruinen."

Den Winterschlaf der Natur beendeten die mit der Rodung beauftragten Waldarbeiter. Sie waren mit ihren forstlichen Spezialmaschinen auf die jahreszeitlich bedingten Verhältnisse eingestellt. Holz bei frostigen Bedingungen einzuschlagen, war für sie ohnehin die Regel. Bis zum Monatsende war das Gröbste entfernt, leider aber nur das Gröbste.

Entgegen allen bisherigen Annahmen, vorangegangenen Gesprächen und Erwartungen, haben die Forstleute vom Wald nur das Holz abgeräumt, das für die Vermarktung in Betracht kam. Erhebliche Mengen an „Kleinholz", das gesamte Unterholz, sowie die dünneren Bäume ließen sie zu unserer Überraschung stehen. Deshalb musste die mit dem Tiefbau beauftragte Firma weitere Rodungs- und Häckselarbeiten sowie den Abtransport durchführen, bevor sie mit ihren eigentlichen Bauarbeiten beginnen konnte.

Das auch für mich Unbegreifliche war, warum die Forstbeamten vor der Rodung weder das Architekturbüro Tilke noch einen Verantwortlichen des Hockenheimrings darauf hingewiesen hatten, dass ihre Rodungsmaßnahmen nur das Nutzholz betreffen würden. Das kam die Hockenheim-Ring Besitz GmbH teuer zu stehen. Ursprünglich verlangte die Baufirma für die Zusatzarbeit die unglaubliche Summe von 500.000 Euro! Wie es schien, wollte sie sich diese vergolden lassen. Weil uns der Betrag maßlos überzogen schien, zahlten wir zunächst nur 325.000 Euro unter Vorbehalt und schalteten einen Gutachter ein. Dessen Schätzung belief sich auf 227.000 Euro.

Der exorbitanten Rodungskosten nahm sich später auch die Gemeindeprüfungsanstalt Baden-Württemberg (GPA) im Rahmen ihres Prüfungsauftrags an. Sie hielt einen Betrag von rund 47.000 Euro für angemessen. Durch meine Pensionierung habe ich den Vorgang nicht weiter verfolgen können. Ich meine aber, dass es letztlich bei einem Betrag von über 300.000 Euro geblieben ist.

Wie auch die Sache ausgegangen sein mag, begann die Realisierungsphase des Projekts für den Bauherrn, die Hockenheim-Ring Besitz GmbH, gleich mit unerwarteten Mehrkosten, denn auch in diesem Falle war weder vom Land noch vom Forst etwas zu holen.

Nachdem das Ausmaß der Rodung von rund 50 Hektar Wald immer mehr ersichtlich wurde, regten sich einige kritische und bestürzte Stimmen, sei es aus dem Oftersheimer Gemeinderat oder dem Hockenheimer Wochenblatt, das bereits wenige Tage nach dem Beginn des Holzeinschlags, am 10. Januar 2002, unter anderem berichtete:

> „...Und vielen Waldbesuchern kommen inzwischen Bedenken, ob die beim Bürgerentscheid getroffene Entscheidung richtig war. »Der Streckenumbau ist für Hockenheim notwendig. Dass aber dafür so viel Wald gefällt werden muss, war nicht so klar. Selbst bei manchen Mitarbeitern der Hockenheim-Ring GmbH wird leise Kritik laut:. »Die alte Strecke hätte nur etwas modifiziert werden müssen. So viele Bäume zu fällen wäre dann nicht nötig gewesen!«"

Nun lieferten also auch noch Mitarbeiter des Hockenheimrings ein Alibi für die Kritik. Ob es sie wirklich gab, wird wohl dem Pressegeheimnis geschuldet bleiben.

Der Verfasser des Artikels zählte auch später zu den scharfen Kritikern des Projekts – und meiner eigenen Person. Handelte es sich etwa noch um eine alte Rechnung? Der Herr hatte sich Jahre zuvor um die Stelle eines Pressesprechers der Hockenheim-Ring GmbH beworben, war aber nicht zum Zuge gekommen.

Natürlich war der Eingriff in den Hardtwald gewaltig, und der Anblick der riesigen aufgewühlten Baufläche vermittelte nicht gerade das Bild von einer heilen Welt. Doch das sollte sich bald ändern. Außerdem standen im Gegenzug angemessene ökologische Ausgleichsmaßnahmen an.

Der erste Spatenstich

Am 4. Februar 2002 traf sich eine rund 250 Personen umfassende illustre Gästeschar aus Politik, Wirtschaft und Sport zum „ersten Spatenstich" auf der Baustelle. Im Grunde genommen waren es mehrere erste Spatenstiche, die gleichzeitig Wirtschaftsminister Dr. Walter Döring, Finanzminister Gerhard Stratthaus, Landwirtschaftsminister a.D. Gerhard Weiser, ADAC-Vizepräsident Dr. Erhard Oehm, Mercedes-Sportchef Norbert Haug, die Ring-Geschäftsführer Dieter Herz, Andreas Hornung und Georg Seiler sowie ich vornahmen.

Bei dieser Gelegenheit übergab mir der Wirtschaftsminister den Bewilligungsbescheid des Landes in Höhe von 15,339 Millionen Euro mit den Worten:

> „Ich freue mich, dass wir mit der Formel 1 eine Motorsportveranstaltung von Weltgeltung hier halten können. Mit 500 Millionen Zuschauern vor den Bildschirmen ist das auch eine immense Imagewerbung für unser Land. Die Formel 1 ist mit dem Großen Preis von Deutschland der Hauptumsatzträger und das Aushängeschild für das Automobilland Baden-Württemberg."

Mit dieser Feststellung hatte er recht und zugleich den Landeszuschuss gut begründet. Leider schien sich an diese Fakten in späteren Jahren, als der Wirtschaftsminister längst abgedankt hatte und es um weitere finanzielle Landeshilfen für den Hockenheimring ging, kaum noch ein Mitglied der schwarz-gelben Landesregierung zu erinnern.

Beim offiziellen Spatenstich ging ich auf die Ursachen und die Entwicklungsgeschichte der Modernisierung ein, die in einer verschärften Konkurrenzsituation notwendig geworden war: Zum einen wollten wir die Formel 1 nicht verlieren und zum anderen mit einer modernen Anlage auch sonst die Wettbewerbsfähigkeit dauerhaft sichern. Außerdem trug ich den Landesministern folgendes Anliegen vor:

> „Da der Hockenheimring auch ein wichtiges touristisches Aushängeschild ist, bitte ich um die Errichtung eines solchen Hinweisschildes an der A 61, und zwar zwischen der Landesgrenze Rheinland-Pfalz - das ist der Rhein - und der Ausfahrt Hockenheim."

Dem sagte der Wirtschaftsminister spontan seine „uneingeschränkte persönliche Unterstützung" zu. Dass dies nicht nur ein Lippenbekenntnis war, beweist das touristische Hinweisschild zum „Hockenheimring Baden-Württemberg", das in dem vorgeschlagenen Abschnitt an der stark befahrenen Autobahn A 61 aufgestellt wurde. Es ist eine nicht zu übersehende Werbefläche mit einem Formel-1-Boliden sowie einem Motorradrennfahrer.

Der „erste Spatenstich" war die letzte medienwirksame Handlung in meiner dritten Amtszeit, die am 31. März 2002 endete.

Wie es mit den Bauarbeiten zur Modernisierung des Hockenheimrings weiterging, erfahren wir in Kapitel 6.

✸

Oberbürgermeisterwahl 2002

Ein politischer Führer, der
keine Kontroversen ausgelöst hat,
ist nie für etwas eingetreten.

RICHARD NIXON

Innerer Konflikt

Lange schon vor der ersten Oberbürgermeisterwahl Hockenheims stellte sich für mich die Frage einer erneuten Kandidatur. Wissend, dass alles seine Zeit hat, ein Politiker nicht zu lange am Amt kleben sollte, die Demokratie vom Wandel lebt und die eigene Lebensspanne kurz ist, sah meine Lebensplanung nach vierundzwanzig Amtsjahren eigentlich den Ruhestand vor. Darauf hatte ich mich seit Jahren eingestellt. Doch in dieser Phase - es war das Frühjahr 2001 - befand sich das Modernisierungsprojekt Hockenheimring noch lange nicht in trockenen Tüchern. Es zeichnete sich aber von Tag zu Tag mehr ab, dass es kommen würde.

Im Januar 2001, beim Bürgerentscheid, hatte sich Hockenheims Bürgerschaft mit achtzig Prozent Ja-Stimmen recht eindeutig für das Projekt ausgesprochen und damit die Beschlüsse des Gemeinderats bestätigt. Auch das Land hatte bereits einen Zuschuss in Aussicht gestellt. Vieles aber war im Frühjahr 2001 noch offen, sei es der Promotervertrag mit der Formel 1, das Finanzierungskonzept des Umbaus, die Aufnahme neuer Gesellschafter, der Betrieb des Fahrsicherheitszentrums, Grundstücksfragen oder das komplizierte Baugenehmigungsverfahren mit UVP und ökologischen Ausgleichsmaßnahmen. Ich habe dies bereits ausführlich beschrieben.

Konnte der Kapitän bei dieser rauen See mit gutem Gewissen das Schiff verlassen? Oder anders ausgedrückt: Wäre ich bei einer Pensionierung im April 2002 meiner Verantwortung gegenüber der Stadt und dem Ring gerecht geworden? Ein langjähriger kommunalpolitischer Weggefährte, dessen Rat mir immer viel wert war, meinte, in dieser Situation könne ich die Stadt nicht einfach hängen lassen. Ein innerer Konflikt beschäftigte und belastete mich.

Frühzeitige Bekanntgabe der Kandidatur

Nach reiflicher Überlegung, einem gründlichen Gesundheitscheck nach meiner schweren Tumoroperation im August 2000 und nachdem ich mich mit meiner Frau besprochen hatte, beschloss ich, nochmals zu kandidieren. Anfang April 2001 setzte ich darüber die Öffentlichkeit in Kenntnis. Bis zur ersten Oberbürgermeisterwahl Hockenheims am 20. Januar 2002 war es zwar noch ein gutes Dreivierteljahr, doch die Hockenheimer sollten frühzeitig wissen, wie ich es mit der kommenden OB-Wahl halten würde. Am Ende war ich der einzige Kandidat.

Auf Mitbewerber, wie bei früheren Wahlen üblich, musste ich wohl auch deshalb verzichten, weil bei OB-Wahlen - im Gegensatz zu Bürgermeisterwahlen - die Unterschriften von mindestens fünfzig die Kandidatur unterstützenden Wahlberechtigten erforderlich sind. Dies ist eine aufwendige Hürde, die viele Kandidaten nicht nehmen wollen, denen es im Grunde nur um öffentliche Aufmerksamkeit, nicht aber um eine ernsthafte Kandidatur geht.

Enttäuschende Wahlbeteiligung

Meine Wiederwahl stand zwar schon lange vor dem Schließen der Wahllokale fest, doch ob sich an diesem eiskalten Januartag viele Wahlberechtigte ins Wahllokal begeben würden, war eine andere Frage. Mit einer hohen Wahlbeteiligung habe ich eh nicht gerechnet. Dass am Ende aber nur 28,10 Prozent der Wahlberechtigten von ihrem Wahlrecht Gebrauch machten, ernüchterte mich schon etwas. Zudem waren noch 15,7 Prozent der Stimmen ungültig, von denen die meisten eigentlich Gegenstimmen waren, wie ich vermutete. Dass von den gültigen Stimmen 99,11 Prozent auf mich fielen, war zwar ein gewisser Trost, wenn auch ein schwacher.

Es nützte wohl nicht viel, dass die örtliche CDU, SPD, FWV und FDP, wie in den zwei Bürgermeisterwahlen zuvor, öffentlich dazu aufgerufen hatten, mich zu wählen. Über die Wahlempfehlung der kommunalpolitisch maßgeblichen Kräfte Hockenheims hatte ich mich natürlich sehr gefreut, weniger aber über das Wahlergebnis. Es beschäftigte mich. An der Wahl hätten sich wohl mehr beteiligt, wenn ich nicht der einzige Kandidat gewesen wäre. Beispielhaft war die Aussage einer Aquadrom-Mitarbeiterin, die auf ihr Wahlrecht verzichtet hatte und mir frank und frei bekundete: „Es war ja klar, dass sie gewählt werden!"

Das Wahlergebnis wurde auch durch die Einwohnerentwicklung der letzten Jahre beeinflusst. Nach der Einwohnerstatistik hatten jedes Jahr rund tausend Personen die Stadt verlassen. Im Gegenzug zogen alljährlich mehr Neubürger von außerhalb zu, zumeist in die Neubaugebiete wie Biblis, 2. und 3. Gewann und Hockenheim Süd. Auf diese Weise wurde binnen eines Jahrzehnts gut die Hälfte der Hockenheimer Bürgerschaft durch Neubürger ersetzt. Von diesen hatten die meisten (noch) keinen Bezug zu unserem Gemeinwesen und zur Kommunalpolitik. Dies schlug sich in der äußerst geringen Wahlbeteiligung in den Neubaugebieten nieder. In Hockenheim-Süd wählten gerade mal 12,7 Prozent!

Es liegt auch in der Natur der Sache, dass sich jeder Politiker mit der Zeit abnutzt. Wer schon kann es allen recht machen? Vierundzwanzig lange Jahre hatte ich bereits den Karren in der Stadt gezogen und war länger als jeder andere Hockenheimer Bürgermeister zuvor im Amt. Viermal war ich bei einer Bürgermeisterwahl angetreten und viermal hatten mir die Wähler das Vertrauen ausgesprochen – ich glaube, auch das war bisher einmalig. Doch alles hat seine Zeit.

Hinzu kamen noch lokale Projekte, die nicht überall Beifall fanden und mich bei der Wiederwahl Stimmen kosteten. So war die Nord-Ost-Umgehung nicht nur auf

Zustimmung gestoßen. Die Gegner dieses Projekts hatten ausreichend viele Unterschriften für einen Bürgerentscheid gesammelt. Der aber war nach der Gemeindeordnung nicht zulässig, was natürlich für Enttäuschungen sorgte. Was es mit zwei weiteren Bauvorhaben auf sich hatte, erfahren wir im folgenden Kapitel.

Verlegung des Aldimarkts und Waldrodung schadeten

Die Firma Aldi war mit dem relativ kleinen Markt an der Lußheimer Straße und dessen Parkplatzangebot nicht mehr zufrieden. Sie suchte deshalb einen neuen Standort, möglichst in der Nähe des bisherigen, der ihr mehr Entwicklungsmöglichkeiten bot, auch im Hinblick auf Kunden aus Altlußheim, Neulußheim und Reilingen. Deshalb bezog Aldi in seine neuen Standortüberlegungen eventuell auch Neulußheim mit ein, sofern im Süden Hockenheims kein geeignetes Grundstück gefunden würde. Diese Option aber wäre für die zahlreichen Hockenheimer Aldikunden und den Versorgungsstandort Hockenheim nachteilig gewesen.

Zu der Zeit war bereits ein Gemarkungstausch zwischen Reilingen und Hockenheim entlang der B 39 über die Bühne gegangen. Dadurch kam das bisher zur Reilinger Gemarkung zählende Gelände zwischen Südring und B 39 sowie Lußheimer Straße und Bahntrasse nach Hockenheim. Hätte es schon früher zu Hockenheims Gemarkung gehört, wäre es mit Sicherheit in die Bebauungsplanung von Neugärten-Biblis einbezogen worden.

Erst durch den Gemarkungstausch eröffnete sich für Hockenheim die Chance, das dortige Ackergelände planungsrechtlich umzuwidmen und für einen neuen Aldimarkt zu nutzen. Einen besseren Standort im Südwesten Hockenheims, straßenmäßig ideal an Altlußheim, Neulußheim und Reilingen angebunden, konnte es kaum geben. Das sahen auch die zuständigen Mitarbeiter von Aldi so.

Zu diesem Zeitpunkt war mir nicht bewusst, dass in dem Bereich eine Erbengemeinschaft Eigentümerin eines Grundstücks war, zu der ich zählte. Darauf machte mich das städtische Grundstücksamt erst etwas später aufmerksam. Das Grundstück der Erbengemeinschaft umfasste rund ein Siebtel der für die Marktansiedlung benötigten Fläche. Sechs Siebtel befanden sich teilweise im Eigentum der Stadt, überwiegend aber im Eigentum des Landes.

Im Jahre 1987 war mit meiner Verwandtschaft über einen Erbauseinandersetzungsvertrag geregelt worden, dass mein Anteil von 419 Quadratmetern ohne Entgelt auf ein anderes Mitglied der Erbengemeinschaft zu übereignen sei, sobald das Grundstück, das sich damals in einem Flurbereinigungsverfahren befand, neu gebildet ist. Nach Abschluss des Umlegungsverfahrens war aber versäumt worden, die Eigentumsübertragung vorzunehmen. Deshalb zählte ich noch zu den Grundeigentümern, als der Gemeinderat beschloss, über den Bereich einen Bebauungsplan aufzustellen. Als „Befangener" durfte ich weder an einer Beratung noch an der Beschlussfassung teilnehmen. Aber auch sonst hielt ich mich, um auch nicht den geringsten Verdacht der Beeinflussung aufkommen zu lassen, aus dem Bebauungsplanverfahren strikt heraus.

Dennoch ahnte ich, dass meine Befangenheit in der Öffentlichkeit von gewissen Kreisen, mit denen ich wegen der Modernisierung des Hockenheimrings im Clinch lag, thematisiert werden könnte. Es diskreditiert doch in aller Regel einen Politiker, wenn ihm latent oder sogar direkt persönliche Bereicherung unterstellt wird, egal ob und wie er sich dagegen zur Wehr setzt.

Es kam so, wie ich vermutete. Die Exponenten gegen den Hockenheimring machten nun auch gegen die Bebauungsplanung bzw. die Verlegung des Aldimarktes Stimmung. Als wesentliches Argument dagegen führten sie eine am neuen Standort befindliche Feldhecke von rund vierzig Metern an, die sie zum „schützenswerten Biotop" deklarierten. Dem hätte ich noch Verständnis entgegengebracht, wenn die Hecke einen Seltenheitswert gehabt hätte. In den Jahren zuvor war aber entlang der neuen Bahnlinie ein zweieinhalb Kilometer langer mächtiger Heckenzug und Grüngürtel gewachsen, dessen ökologische Qualität von Jahr zu Jahr stieg, ebenso auf dem Wall zwischen der neuen B 36 und der Neubaustrecke der Bahn.

Ein durch Leserbriefe in der Lokalpresse bekannter, besserwissender und wohl auch von einer eigenartigen Selbstgerechtigkeit beseelter Hockenheimer bezog mit einem Leserbrief in der HTZ Ende Oktober 2001 Stellung zur geplanten Aldiverlegung. Er legte dar, dass der OB pikanterweise über Miteigentumsanteile am fraglichen Areal verfüge und einen ordentlichen Gewinn erwarten könne. Damit unterstellte mir der „nette Mitbürger" im Zuge der geplanten Aldiverlegung auf geschickte und latente Weise persönliche Interessen.

Obwohl ich mich dagegen berechtigterweise entschieden wehrte, ließen diese Unterstellungen, da war ich mir sicher, meine Sympathiewerte nicht gerade steigen. Dies alles spielte sich nur wenige Wochen vor der OB-Wahl ab. Ist denn nicht schon immer etwas hängen geblieben, wenn jemand mit Schmutz beworfen wurde?

Letztlich lief aber die Sache zugunsten der Firma Aldi und deren Kundschaft. Allein für die zu opfernde Heckenfläche ist das Vierfache als Ausgleichsfläche mit Hecken festgelegt worden. Aldi finanzierte auch noch die sonstigen ökologischen Ausgleichsmaßnahmen und erwarb alle dafür benötigten Flächen. Das war im Interesse der Natur eine Ausgleichsbilanz, die sich sehen lassen konnte. - Im Übrigen brachte mir die Aldiverlegung - wie zuvor beschrieben - weder einen Cent noch sonst einen Vorteil, dafür aber viel Ärger.

Das war mit dem Modernisierungsprojekt Hockenheimring nicht anders. Rund zweieinhalb Wochen vor der OB-Wahl hatte der Forst begonnen, den Wald abzuholzen. Die gerodete Fläche vermittelte natürlich kein erfreuliches Bild und weckte Emotionen. Entsprechend berichtete ein lokales Wochenblatt mit Bildern. Zudem musste ich in einem Interview mit dieser Zeitschrift den mit der Modernisierung des Hockenheimrings verbundenen Eingriff in den Hardtwald verteidigen – und dies kurz vor der Wahl. Das war Wasser auf die Mühlen der notorischen Hockenheimring- und Modernisierungsgegner, für mich aber alles andere als eine gute Wahlwerbung.

✽

Parteien-, Politiker- und Wahlverdrossenheit

Dass viele nicht zur Wahl gegangen sind, war aber nicht nur Hockenheim-spezifisch oder auf mein Engagement zurückzuführen, sondern auch dem Zeitgeist geschuldet. Auch bei anderen OB-Wahlen im Lande ließ die Wahlbeteiligung zu wünschen übrig, beispielsweise zwei Wochen später in Böblingen. Auch dort stand der Amtsinhaber ohne Gegenkandidat zur Wahl. Wahlbeteiligung: nur 28,47 Prozent!

Auch bei den meisten OB-Wahlen danach, bei denen der Amtsinhaber als Einziger kandidierte, dominierten die Nichtwähler. Besonders drastisch zeichnete sich dies bei der OB-Wahl in Weinheim ab. Als sich dort der Amtsinhaber „Heiner" Bernhard (SPD) im Jahre 2010 ohne Gegenkandidat erneut zur Wahl stellte, gingen nur 24,2 Prozent wählen. Von denen versagte ihm noch jede/r Vierte die Stimme. In Reutlingen wurde 2011 die parteilose Rathauschefin Barbara Bosch mit 85,6 Prozent der Stimmen zwar wiedergewählt, doch trotz Gegenkandidat machten nur 23,8 Prozent der Wahlberechtigten von ihrem Wahlrecht Gebrauch.

In der Phase meiner Wiederwahl wurden auch Amtsinhaber nicht wiedergewählt. Beispielsweise der gebürtige Altlußheimer Gerd Zimmermann, der im November 2001 nach vierundzwanzig Amtsjahren als Bürgermeister von Bad Rappenau abgewählt wurde. Oder mein Parteifreund und ehemaliger Kreistagskollege Ernst Bauch aus Nußloch. Er erlebte Anfang Februar 2002 nach sechzehn Amtsjahren statt der erhofften Wiederwahl sein Waterloo.

In den Jahren danach gewann ich den Eindruck, dass sich die Abwahl von Bürgermeistern eher noch verstärkte. Die Gründe sind in aller Regel zuerst einmal persönliche oder hausgemachte. Wahltage sind Zahltage! Ich nenne aber auch Stichworte wie „Parteienverdrossenheit", „Politikverdrossenheit", „Wahlverdrossenheit" oder „Demokratieverdrossenheit", die sich immer mehr auf das Wahlverhalten auswirken.

Was sind die Ursachen des massiven Vertrauensschwunds in die Politik? Der Historiker Arnulf Baring, den ich für einen der klugen politischen Analysten unserer Republik halte, veröffentlichte im November 2002 einen Aufsatz unter dem Titel „Bürger, auf die Barrikaden!" Die politische Klasse, schrieb er, sei mit ihrem Latein am Ende, der Sozialstaat nicht mehr finanzierbar, die Schuldenlast unerträglich, die Tabuisierung von Problemen wie etwa des Bevölkerungsrückgangs allmählich staatsgefährdend. Deutschland sei auf dem Weg „in eine westliche DDR light".

Tabuisierung von Problemen, obwohl diese doch unsere Gesellschaft und die Zukunft Deutschlands elementar betreffen? Baring ist beizupflichten. Einige Tabuzonen seien genannt sowie noch weitere Ursachen, die aus meiner Sicht für die steigende Politikverdrossenheit ursächlich sind:

■ Seit den 1980er Jahren nahm Deutschland eine enorme Zuwanderung hin, zumeist in die Sozialsysteme. Über die mit der Migration verbundenen Probleme bezog ich bereits zuvor Stellung. Sicher war und ist es ein gutmenschliches Verhalten, die Zuwanderung zu tolerieren oder gar noch zu forcieren. Doch wenn die meisten Zuwanderer gleich im sozialen Netz landen, ist dies alles andere als eine multikulturelle Bereicherung. Am Ende muss dies vom Steuerzahler finanziert werden. Die damit verbundene finanzielle und gesellschaftliche Belastung ist enorm hoch. Doch ist diese Ausländerpolitik je bei einem Bundestagswahlkampf groß thematisiert worden? War und ist mit dieser Migrationspolitik die Mehrheit des Wahlvolks einverstanden?

■ Im Mai 1998 hatten die Staats- und Regierungschefs der EU beschlossen, den Euro einzuführen. Damit war das Sterbeglöckchen der D-Mark eingeläutet, die zum 1. Januar 2002 über unsere Köpfe hinweg abgeschafft wurde. Mag der Euro auch der Exportwirtschaft und den Touristen von einem Euroland ins andere nützen, für den Otto-Normalverbraucher führte er größtenteils zu erheblichen Preissteigerungen. Im Gegensatz dazu sind aber Löhne und Renten kaum gestiegen. Ergo: Der Euro entpuppte sich für den Normalbürger als ein „Teuro". Massiv verteuerte Energiekosten durch die Politik - ich komme darauf noch zurück - und die Inflationsraten haben für zusätzlichen Kaufkraftschwund gesorgt.

■ Seit dem Jahre 2010 stehen die starken Euroländer wie Deutschland mit zig Milliarden Euro auch noch für die notleidenden Staatsfinanzen Griechenlands und Irlands, möglicherweise auch noch bald für andere Staaten, gerade, obwohl dies beim Maastricht-Vertrag ausgeschlossen wurde. Kanzlerin Merkel bezeichnete das Einstehen für andere Länder als „alternativlos". Es wurde zum Unwort des Jahres 2010 gekürt!

■ Affären, Beschimpfungen, Parteispendenskandale und nicht gehaltene Wahlversprechen schaden dem Ansehen der Politiker und dem Vertrauen in sie. Sie nähren die Politik- und Politikerverdrossenheit. Vor der Bundestagswahl 2005 orakelte beispielsweise die SPD, mit uns wird es keine Mehrwertsteuererhöhung geben. Die Genossen bezeichneten die von Angela Merkel im Wahlkampf thematisierte zweiprozentige Erhöhung der Mehrwertsteuer abfällig als „Merkelsteuer". Doch siehe da, nach der Wahl kippten die Regierungsparteien CDU und insbesondere die SPD ihre Wahlversprechen und erhöhten die Mehrwertsteuer gleich um drei Prozent! Entsprechend verteuert sich seitdem unsere Lebenshaltung. – Zu den Wortbrüchen und Enttäuschungen in der Politik zähle ich auch, wenn eine Partei wie die FDP im Wahlkampf 2009 ihren Wählern „mehr Netto vom Brutto" verspricht - sonst sei mit ihr nichts zu machen - als koalierende Regierungspartei dann aber klein beigibt und nicht entsprechend handelt.

■ Ich habe auch meine Zweifel, ob die bei Debatten im Bundestag üblichen verbalen Schlagabtausche geeignet sind, die Glaubwürdigkeit der Politik im Empfinden des Bundesbürgers zu stärken. Beispielsweise nutzen die Oppositionsparteien jede Gelegenheit, um mit den Regierenden abzurechnen, mögen deren Vorstellungen auch noch so vernünftig sein. Natürlich hat die Opposition das Recht und die Pflicht, die Regierung zu kritisieren, aber um jeden Preis? Im Umkehrfall gehen auch die Regierungsparteien auf die von der Oppositionsbank kommenden Vorschläge nur selten ein.

■ Geläufig ist uns noch Norbert Blüms Satz: „Die Renten sind sicher"! Das mag damals noch zugetroffen haben, doch auf welchem Niveau? Angesichts der demografischen Entwicklung und der Belastungen der Rentenversicherung mit versicherungsfremden Leistungen und den Zahlungen an Rentner, die nie einen eigenen Beitrag in die Rentenkasse gezahlt haben, glauben daran selbst unverbesserliche Optimisten nicht mehr. Bei immer mehr Bürgern lässt das Einkommen keine private Altersvorsorge zu. Für viele ist deshalb Altersarmut vorprogrammiert und Politikverdrossenheit die Folge. Auch jahrelange Nullrunden bei den Renten oder minimale Erhöhungen ohne Ausgleich der Inflationsraten, wie in den 2000er Jahren üblich, stärken bei den Betroffenen nicht gerade den Glauben in die Politik.

■ Zum steigenden Desinteresse an Politikern und Politik trägt auch das Parteiensystem bei. Selbst wer aktiv in einer Partei mitarbeitet, hat kaum eine Möglichkeit, in die Politik dieser Partei einzugreifen. Die Richtlinien werden in aller Regel von den Parteipräsidien und den führenden Köpfen der Partei vorgegeben. Auch deshalb wenden sich viele Bürger von der Politik ab und stellen resignierend fest: „Egal, wen ich wähle, ich selbst kann ja doch nichts ändern." Dass die Mitgliederzahlen der großen Volksparteien seit Jahren schrumpfen, wundert insofern nicht. Dazu trägt natürlich auch die zunehmende Individualisierung der Gesellschaft bei – immer weniger wollen sich an eine Institution binden. Deshalb leiden neben den meisten Parteien auch noch Gewerkschaften, Kirchen, Verbände und viele Vereine unter Mitgliederschwund.

■ Ein föderaler Staat mit den Gesetzgebungsorganen Bundestag und der Länderkammer Bundesrat tut sich im Gesetzgebungsverfahren häufig schwer, besonders wenn die politischen Mehrheiten im Bundesrat andere als die im Bundestag sind. Es kam deshalb in den letzten Jahren immer häufiger vor, dass entweder im Vermittlungsausschuss (faule) Kompromisse geschlossen werden mussten, die klare politische Konzepte verwässerten, oder am Ende das Gesetzgebungsverfahren der einen Kammer durch die andere blockiert wurde.

Auch wenn das Korrektiv Länderkammer bei verschiedenen politischen Entscheidungen sinnvoll ist, steht es der klaren politischen Willensbildung des vom Volk gewählten Bundestags oft im Wege. Für den Bürger ist es erschwerend, „die politische Verantwortlichkeit für einzelne Entscheidungen zutreffend zuzuordnen" (Hans-Jürgen Papier, Präsident des Bundesverfassungsgerichts). Das Hickhack zwischen Bundestag und Bundesrat fördert die Unzufriedenheit mit den Parteien.

■ Die Medien sind in unserer Demokratie die mit Abstand wichtigste Informationsquelle der Bürger. Deshalb sollten freie Medien mit dem kostbaren Gut Meinungsfreiheit verantwortungsbewusst umgehen. Die kritische Begleitung der Politik zählt zu den wichtigen und unverzichtbaren Aufgaben der Presse.

Leider betonen viele Medien das politische Geschehen oft zu negativ und machen so Stimmung, vornehmlich gegen die Regierungspolitik. Es ist mir beispielsweise durch das Fernsehen kaum ein politischer Kommentar in Erinnerung, der in der Tendenz positiv war. Die Kommentatoren finden immer ein Haar in der Suppe, mag sie auch noch so köstlich sein. Eine (nur) negative Berichterstattung trägt aber zur Politikverdrossenheit bei und beeinflusst die Wählerschaft wie die Politik in massiver Weise.

■ Weitere, unser Land in seiner Substanz betreffende Fragen wie Erweiterungen der EU, Aufnahme der Türkei, demografische Selbstaufgabe durch zu wenige Kinder - im Gegensatz zu muslimischen Familien - oder die Abgabe von immer mehr Souveränität an die EU zulasten der Demokratie, kommen nicht oder nicht angemessen zur öffentlichen Diskussion. Sie waren auch in den zurückliegenden Bundestagswahlkämpfen tabu.

Stattdessen breitet sich der Schuldkomplex wegen der Nazi-Verbrechen wie eine Art „Ersatzreligion" unter vielen Deutschen immer mehr aus. Ob dies ein Humus ist, auf dem nationale Identität, Selbstbewusstsein und Stolz gedeihen, eine wichtige Voraussetzung für den Zusammenhalt im Lande? Torsten Krauel befasste sich am 29. August 2010 in seinem Leitartikel in der Welt am Sonntag mit dem Thema „Stolz auf unser Land" und führte dazu unter anderem aus:

> „Ein Einwanderungsland braucht Stolz auf sich selbst, sonst ist es zum Scheitern verurteilt. Ein Land, das aus innerer Unsicherheit Einwanderung fördert, ein Land, das Menschen zu sich holt, um seine bisherige Identität aufzugeben, und das sich von den Einwanderern neues Selbstwertgefühl erhofft, wird in Konflikten enden. Das ist der große Irrtum einer linken Einwanderungstheorie, deren Verfechter glauben oder hoffen, mit den Neubürgern die eigene Vergangenheit entsorgen zu können. Eine Haltung, die Einwanderer ohne Stolz begrüßt, ist auch ein Verrat an ebendiesen Ankommenden, die ja in ein von ihnen mit Wohlwollen betrachtetes Land umziehen."

Mein Resümee: In der Summe veranlassen die zuvor beschriebenen Punkte heute viele enttäuschte Bürger, nicht mehr wählen zu gehen, selbst bei der unmittelbaren und direkten Wahl von Bürgermeistern. In kleineren Gemeinden, in denen die meisten Einwohner noch einen persönlichen Bezug zu ihrem Bürgermeister haben, mag dies noch weniger der Fall sein. Je größer aber eine Kommune ist, desto geringer ist in der Regel das Interesse bei der Wahl des Gemeindeoberhaupts, insbesondere, wenn nur ein Kandidat zur Wahl steht. Diese Erfahrung blieb auch mir leider nicht erspart.

✳

Die SÜBA-Insolvenz – ein herber Verlust

In den letzten Tagen meiner dritten, am 31. März 2002 endenden Amtsperiode, überraschte die SÜBA-Insolvenz die ganze Region. Auch ich war konsterniert. Wie nur konnte die jahrelang prosperierende Baufirma in eine solche Situation geraten? Die Ursache hing mit der deutschen Wiedervereinigung zusammen. Damals war die SÜBA dem Aufruf der Bundesregierung an die westdeutschen Unternehmer gefolgt, sich in den neuen Bundesländern zu engagieren. Dort hatte sie ein größeres Baukombinat übernommen und sich gegenüber der Treuhand verpflichtet, noch kräftig in die heruntergekommenen Anlagen zu investieren. An bautechnischem Know-how hatte sie ja einiges zu bieten.

Im Hinblick auf die deutsch-deutsche Solidarität war das SÜBA-Engagement eigentlich ein löbliches, das in der Ex-DDR noch gute Geschäfte gerade in der Baubranche versprach. Doch das Strohfeuer der Wiedervereinigung währte nur kurz, und die wirtschaftlichen Probleme in den neuen Bundesländern machten bald auch der SÜBA enorm zu schaffen. Dort brach die Nachfrage nach Neubauten noch massiver als in den alten Bundesländern ein. Wer baut oder kauft sich schon ein Haus ohne sicheren Arbeitsplatz?

Der Abbau von Arbeitsplätzen bescherte der SÜBA in den neuen Bundesländern, aber nicht nur dort, kostspielige Sozialpläne, die das Unternehmen finanziell schwer belasteten. So entwickelte sich das Ost-Engagement des Hockenheimer Unternehmens zu einem großen Minusgeschäft mit der Folge, dass es in den 1990er Jahren keine Gewerbesteuer mehr zahlte. Vergangen waren die Glanzzeiten der Baufirma, von denen auch die Stadt in den 1970er und 1980er Jahren so enorm profitierte.

Wenige Tage vor dem Jahreswechsel 2001/02 hatte ich Hans Schlampp, den SÜBA-Chef, im Talhaus besucht. Wir unterhielten uns auch über die schwierige Lage am Bau und die Entwicklung seines Baukonzerns. Der hatte in den vorangegangenen Jahren auch in unserer Region schon viele Arbeitsplätze abgebaut, um überhaupt über die Runden zu kommen. Ich erinnere mich, dass mir Schlampp über Probleme mit den Banken berichtete. Doch dass sich dahinter schon eine massive wirtschaftliche Bedrohung für sein Unternehmen abzeichnete, ahnte ich nicht.

Der eigentliche Anlass meines damaligen Gesprächs mit Schlampp war der Hockenheimring. Ich wusste von seiner Freundschaft mit Lothar Späth und bat ihn, mir zu diesem einen Kontakt herzustellen. Von Späth, der viele Beziehungen zur Wirtschaft hatte, hoffte ich, in Sachen neue Gesellschafter für den Hockenheimring den einen oder anderen Tipp zu erhalten. Dank Schlampp kam die Verbindung mit Späth kurzfristig zustande. Leider reichten am Ende auch dessen Beziehungen nicht, um dem Hockenheimring bzw. dem BMC zu helfen.

Im Frühjahr 2002 zogen sich die kreditgewährenden Banken und Bauversicherungen der SÜBA zurück. Das führte zum Ende eines Unternehmens, das als größter Arbeitgeber der Stadt einmal über 2000 Mitarbeiter beschäftigt hatte. Die

Insolvenz bescherte aber nicht nur einen Verlust an Arbeitsplätzen, sondern auch an unternehmerischer und wirtschaftlicher Substanz! Darunter hatte auch die Stadt zu leiden. Außerdem konnte ich mir denken, wie es Hans Schlampp, dem unermüdlichen Gründer und Motor des einst florierenden Baukonzerns, zumute gewesen sein muss, als sein Lebenswerk aus den Fugen geriet und am Ende abgewickelt werden musste.

✻

Wesentliche Projekte in meiner dritten Amtsperiode

- Bau des fünfgruppigen kommunalen Südstadt-Kindergartens
- Erweiterung
  - des Carl-Friedrich-Gauß-Gymnasiums um 12 Klassenzimmer,
  - der Theodor-Heuss-Realschule um 9 Klassenzimmer sowie
  - der Hubäckerschule um 2 Klassenzimmer
- Aufnahme des Ganztagsbetriebs sowie der Schulsozialarbeit an der Hartmann-Baumann-Schule
- Modernisierung der Schulhöfe der Hartmann-Baumann-Schule und der Pestalozzi-Schule

❋

- Bühnenanbau beim Pumpwerk
- Eröffnung eines neuen Jugendtreffs am Aquadrom

❋

- Erschließung der Baugebiete
  - Hockenheim-Süd,
  - Biblis, 2. und 3. Gewann, 1. Abschnitt, und Aufnahme in das Reihenhausprogramm des Landes,
  - zwischen Bachstraße und Oberer Mühlstraße sowie
  - am Altwingertweg zum Bau von fünfzehn Reihenhäusern
- Erschließung des Gewerbeparks Mörscher Weg
- Aufnahme der städtebaulichen Erneuerungsmaßnahme „Mittlere Mühlstraße-Untere Hauptstraße" in das Landessanierungsprogramm mit einem Förderrahmen von 7,0 Millionen Mark

❋

- Anschluss des Gewanns Dänisches Lager mit Grillhütte sowie der Anlagen des Vereins Deutsche Schäferhunde und des Schützenvereins ans öffentliche Abwassernetz
- Erweiterung und Umbau der Kläranlage zur Reduzierung der Nitrat- und Phosphoranteile im Abwasser
- Bau eines Regenüberlaufbeckens für Hockenheim-Süd
- Inbetriebnahme der Kompostanlage am Mörscher Weg

❋

- Fortführung des Kanal- und Straßensanierungsprogramms im alten Stadtgebiet einschließlich des Strom-, Gas- und Wassernetzes

❋

- Bau des Straßendurchstichs von der Unteren Hauptstraße zur Eisenbahnstraße am Tiefen Weg

✳

- Aufnahme des Betriebs der Stadtbuslinie „Ring-Jet"

✳

- Neugestaltung des Areals zwischen Rathaus und katholischer Kirche mit 35 Stellplätzen an der Ottostraße
- Fertigstellung des 30 Stellplätze umfassenden Parkplatzes zwischen Unterer Mühlstraße und Karlsruher Straße

✳

- Neugestaltung der Grünanlage um die evangelische Kirche

✳

- Verlegung der Grillhütte in das Gewann „Dänisches Lager"

✳

- Ernennung Hockenheims zur „Großen Kreisstadt"

✳

- Inbetriebnahme der neuen Rehaklinik mit Pflegetrakt und Senioren-Wohnungen durch den Rhein-Neckar-Kreis
- Neubau der DRK-Rettungswache und des Heims des DRK-Ortsvereins

✳

- Gründung des Fördervereins Gartenschaupark e.V.
- Bau von 20 Garagen im Mörsch sowie von 6 Großgaragen am Mörscher Weg für Vereine zur Unterbringung von Vereinsgegenständen
- Anbau einer Küchenzeile mit Lagerraum an die Rudolf-Harbig-Halle für Vereine
- Schaffung von weiteren Räumen für Vereine im ehemaligen Ranco-Gebäude

✳

- Start der „Lokalen Agenda 21"
- Bioptopvernetzung und andere ökologische Projekte:
  - Anlegen einer 30 ar großen Streuobstwiese
  - Pflanzung von 140 Bäumen auf dem Ring-Parkplatz P 2 und
  - von zwei Reihen Kastanienbäume als künftigen Ersatz der Kastanienallee zwischen Feuerwehrgerätehaus und Friedhof
  - Extensivierung einer Fläche von über vier Hektar, Pflanzung von Gehölzen auf rund 600 Metern, von 300 Obstbäumen und 1.500 Sträuchern

✳

- Installation einer 43 Quadratmeter großen Photovoltaikanlage auf dem Dach des Lehrschwimmbeckens sowie
- einer 60 Quadratmeter großen Kollektorfläche beim Aquadrom zur Erwärmung des Duschwassers im Freibad

❋

- Modernisierung des Aquadroms mit Neugestaltung der Schwimmhalle, des Plantschbeckens, des Sole-Außenbeckens, des Restaurant-Bereichs und der Saunaanlage sowie Bau einer weiteren Sauna und einer Niedertemperatur-Blockhaussauna im Saunahof.

❋

- Beschaffung folgender Fahrzeuge für die Feuerwehr:
  - Tanklöschfahrzeug LF 8/16
  - Vorausrüstwagen
  - Gerätetransportwagen
  - Einsatzleitfahrzeug

❋

- Das Musical „Human Pacific" gastiert 91 Mal vor insgesamt 37.000 Besuchern in der Stadthalle

❋

- Teilnahme der Stadt am Bundeswettbewerb „Unsere Stadt blüht auf" mit Gewinn einer Silbermedaille

❋

- Bau einer neuen Boxenanlage am Hockenheimring
- Installation von Schalensitzen auf der Süd-, Nord- und Innentribüne des Motodroms

- Modernisierung des Hockenheimrings:
  - Klärung der Landesbeteiligung und der Grundstücksfragen
  - Durchführung eines Bürgerentscheids
  - Baugenehmigungsverfahren nach dem Bundesimmissionsschutzgesetz

❋

- Open-Air-Konzerte am Hockenheimring:
  - Pink Floyd 1994
  - Rolling Stones 1995
  - Marius Müller-Westernhagen 1996
  - Michael Jackson 1997

❋

Projekte konfessioneller oder privater Träger

- Bezuschussung des Umbaus der alten Festhalle in das katholische Gemeindezentrum St. Christophorus durch die Stadt

❋

- Bau des Med-Centers an der Reilinger Straße mit Facharztpraxen, Apotheke,
  Dialysestation, Pflegestation, Seniorenwohnungen und Geschäften

❋

Kapitel 6: Vierte Amtszeit (2002 - 2004)

Wer sich vornimmt, Gutes zu wirken, darf nicht erwarten,
dass die Menschen ihm deswegen Steine aus dem Wege räumen,
sondern muss auf das Schicksalhafte gefasst sein,
dass sie ihm welche darauf rollen.

ALBERT SCHWEITZER

Keine rosige Ausgangslage

Auf meine am 1. April 2002 beginnende 4. Amtszeit verpflichtete mich Stadt-rat Alfred Rupp, mein erster Stellvertreter, in der Gemeinderatssitzung am 20. März 2002. Damals ahnte ich noch nicht, dass meine letzte Amtszeit nicht nur eine relativ kurze werden würde, sondern es auch noch in sich haben sollte.

Die Anfang der 2000er Jahre beginnende konjunkturelle Talfahrt sorgte für über fünf Millionen registrierte Arbeitslose und eine schwere Finanzkrise, die auch die Kommunalfinanzen gravierend einbrechen ließ. Außerdem gingen die Business-Pläne des Hockenheimrings nicht mehr auf.

Da das eine mit dem anderen zusammenhing, werde ich in den nächsten Kapi-teln auch auf die Ursachen und deren Auswirkung näher eingehen. Außerdem werde ich die Bauphase des Modernisierungsprojekts Hockenheimring beschrei-ben und mich noch mit verschiedenen Projekten der Stadt befassen, die in dieser Zeit abgeschlossen oder angekurbelt wurden.

❋

Integrativer Kindergarten „Sonnenblume"

Zu den wesentlichen Projekten meiner vierten Amtszeit zählten der Bau der Nord-Ost-Umgehung sowie der im Oktober 2003 im Neubaugebiet Biblis, 2. und 3. Gewann, eröffnete Kindergarten „Sonnenblume". Betrieben vom Ver-ein Lebenshilfe Schwetzingen-Hockenheim e.V., umfasst diese Einrichtung einen viergruppigen integrativen Kindergarten für behinderte und nichtbehinderte Kinder sowie einen Schulkindergarten für Kinder mit geistiger und körperlicher Behinderung.

Seit Mitte der 1980er Jahre hatte die Stadt bereits in vier kommunalen Kinder-gärten und in zwanzig Gruppen neue Plätze für 380 Kinder geschaffen. Mein Credo, „Gleiche Chancen für alle Kinder in den Kindergärten", war konsequent umgesetzt worden. Das sollte auch und besonders für behinderte Kinder gelten, weshalb die Lebenshilfe bei mir mit dem Vorschlag, einen integrativen Kindergarten zu bauen, gleich offene Türen einrannte. Mit dem neuen Kindergarten wurden wir auch dem zusätzlichen Bedarf an Kindergartenplätzen durch das Neubaugebiet gerecht.

Der vom Stadtbauamt unter der Federführung von Stadtbaumeister Wilhelm Stulken entworfene Kindergarten kostete 1,27 Millionen Euro. Davon übernahm die Stadt rund 56 Prozent, die Lebenshilfe den Rest. Auf eine ähnliche Verteilung einigte man sich auch bei den Folgekosten.

Bei der Einweihung des neuen Kindergartens stellte ich bezüglich der Kindergartenplätze in Hockenheim fest: „Nun stehen in der Stadt über achthundert Kindergartenplätze zur Verfügung. Es dürften auf absehbare Zeit genügende sein." Wie sich in den Folgejahren herausstellte, lag ich mit dieser Prognose nicht daneben.

❋

Rennstadt Mooresville – neue Partnerstadt in den USA

Am 7. Juni 2002 besiegelte ich mit Al Jones, dem Bürgermeister der amerikanischen Rennstadt Mooresville im Bundesstaat North Carolina, eine weitere offizielle Städtepartnerschaft im Hockenheimer Rathaus. Mit dem Unterzeichnen der Partnerschaftsurkunden bekräftigten die durch den Motorsport weit über ihre Grenzen hinaus bekanntgewordenen Städte ihre freundschaftliche Verbundenheit durch eine partnerschaftliche Zusammenarbeit. Weiter heißt es in der Urkunde:

> „In diesem Sinne verpflichten sich beide, die Begegnungen von Menschen, deren gegenseitiges Verständnis, den gesellschaftlichen und kulturellen Dialog, den Schüler- und Jugendaustausch, die wirtschaftliche Zusammenarbeit, den kommunalen Erfahrungsaustausch zwecks besserer Lebensbedingungen sowie das deutsch-amerikanische Freundschaftsverhältnis nach besten Kräften zu fördern."

Die Unterzeichnung der Partnerschaftsurkunden stellte den Höhepunkt einer Entwicklung dar, die im Jahre 1998 mit der Anfrage Richard Warrens aus Mooresville begann. In der Folge kam es zu mehreren gegenseitigen freundschaftlichen Begegnungen, in deren Verlauf sich auch das Mooresviller Partnerschaftskomitee für eine Städtepartnerschaft engagierte.

Auf den Schüler- und Jugendaustausch legten wir von Anfang viel Wert. Deshalb fand ich es sehr erfreulich, dass sich Schülerinnen und Schüler des Carl-Friedrich-Gauß-Gymnasiums und der Mooresville Highschool schon drei Monate nach Unterzeichnung des Partnerschaftsvertrags erstmals trafen.

Partnerschaftsverein gegründet

Damit die Kontaktpflege und das Engagement für die Städtepartnerschaft auf eine breitere Basis gestellt würde, regte ich die Gründung eines „Freundeskreises Mooresville" als eingetragenen Verein an und traf dazu die organisatorischen Vorbereitungen. Meine Initiative stieß auf die erhoffte Resonanz. Die Mitglieder der Gründungsversammlung wählten am 30. März 2004 die von mir vorgeschlagene Marina Nottbohm, damals engagierte Vorsitzende des Elternbeirats des Carl-Friedrich-Gauß-Gymnasiums, zur ersten Vorsitzenden. Sie hatte bereits einen längeren USA-Aufenthalt hinter sich, kannte Land und Leute und machte sich gleich mit viel Elan an die Vereinsarbeit.

Mit Vera Koch, einer am Hockenheimer Gymnasium Englisch unterrichtenden Pädagogin, hatte sie in Sachen Schüleraustausch gleich eine wichtige Verbündete. Leider mischte sich mit den Jahren etwas Sand ins Getriebe des Schüleraustauschs, der allerdings keine Hockenheimer Ursachen hatte.

In Mooresville dauert die Amtszeit eines Bürgermeisters nur zwei Jahre. Das führte dazu, dass dort in den sieben Jahren seit der Gründung des Vereins „Freundeskreis Mooresville e.V." vier verschiedene Stadtoberhäupter amtierten. Auch das Amt des Stadtdirektors musste durch den Ruhestand des langjährigen Stelleninhabers neu besetzt werden. Der häufige Wechsel an der Stadtspitze mag zwar für frischen Wind im Rathaus gesorgt haben, nicht aber in der Städtepartnerschaft. Den aber wünschte nicht nur ich mir, insbesondere wegen des Schüleraustauschs.

Offensichtlich zählt der Schüleraustausch auch zu den Opfern der schweren Finanzkrise, die, von den USA im Jahre 2007 ausgehend, die Weltwirtschaft fast in den Abgrund stürzte. Sie führte in den USA zu relativ hoher Arbeitslosigkeit, und wie man hörte, macht sie auch vielen Familien in Mooresville zu schaffen.

*

Nord-Ost-Umgehung mobilisierte viele Gegner

Bei gewissen kommunalen Vorhaben wie dem Bau einer Straße liegt der Widerstand in der Natur der Sache. Sind die einen prinzipiell dagegen, befürchten die anderen persönliche Beeinträchtigungen. Ein Kommunalpolitiker, der sich auf ein solches Projekt im Interesse des Ganzen einlässt, kann davon ausgehen, dass ihm dies nicht nur Pluspunkte bringen wird. Zudem braucht er in der Regel Stehvermögen und einen langen Atem. Oft klagen die Gegner bis zur letzten Instanz – hin und wieder mit Erfolg.

Mit einer solchen Entwicklung rechnete ich, als ich die Nord-Ost-Umgehung in die kommunalpolitische Diskussion brachte. Wie sich zeigte, lag ich nicht daneben. Das geplante Projekt mobilisierte viele Gegner, vorwiegend aus dem Stadtteil Birkengrund.

Diese Entlastungsstraße hatte, als der Gemeinderat über ihren Bau entschied, schon eine jahrelange Vorgeschichte. Das renommierte Verkehrsbüro Retzko + Topp aus Darmstadt hatte für die Stadt ein neues Verkehrskonzept erarbeitet und 1992 vorgelegt. Es riet unter anderem zum Bau einer nordöstlichen Umgehungsstraße zwischen Schwetzinger Straße und Ernst-Wilhelm-Sachsstraße. Sie sollte neben den Hauptstraßen noch die Straßenzüge Bürgermeister-Hund- und Ernst-Brauch-Straße sowie Schützen-, Karl- und Überführungsstraße mit dem Anschluss an die B 36 entlasten. Außerdem bot es die Chance, das Motodrom mit der B 36 zu verbinden, ohne gravierend Wohngebiete zu tangieren. Zu klären war aber noch, auf welche Weise die Stadtteile Hubäcker und Hockenheim-Süd mit der Nord-Ost-Umgehung zu verknüpfen wären.

Nach mehrjähriger Diskussion führte die Stadtverwaltung im März 1998 eine Bürgerbefragung über drei Teilvarianten der Nord-Ost-Umgehung durch. Mit dieser wollte der Gemeinderat erfahren, wie die Bürgerschaft zu einer Trassenführung vor dem Friedhof und alternativ zu einer Trasse dahinter im Stadtwald bis zur verlängerten Heidelberger Straße stand. Eine dritte Möglichkeit sah vor, die Umgehungsstraße vom Waldfestgelände weiter durch den Stadtwald unter die Rampe der Continentalbrücke zu legen und zwischen den Sportplätzen und der Autobahn bis zum Hubäckerring zu führen.

Leider bezogen nur 24 Prozent der Bürgerinnen und Bürger Stellung. Für die Variante vor dem Friedhof votierten zwar mit 43 Prozent die meisten, doch zusammen fast ebenso viele waren für die beiden Varianten durch den Stadtwald. 13 Prozent sprachen sich grundsätzlich gegen das Projekt aus. Das Ergebnis stellte für den Gemeinderat alles andere als ein überzeugendes bürgerschaftliches Votum bzw. eine Entscheidungshilfe dar.

Für mich hatte die Variante vor dem Friedhof, auch Friedhofsvariante genannt, Priorität. Sie schonte den Stadtwald und war im Vergleich zu den beiden anderen Alternativen kostengünstiger.

Im Zuge der Diskussion und Befragung hatte sich eine Bürgerinitiative gebildet, die das Projekt generell ablehnte und stattdessen eine geänderte innerstädtische Verkehrsverteilung auf vorhandenen Straßen forderte. Mit ihrem Konzept hätte die Initiative in Kauf genommen, den starken Ziel- und Quellverkehr weiter durch reine Wohngebiete zu führen oder sogar in diese zu verlagern.

Doch davon ließ sich der Gemeinderat nicht beeinflussen. Er entschied sich im November 1998 mit 14:9 Stimmen für den Bau der Umgehungsstraße mit der Friedhofsvariante. Die meisten Gegenstimmen kamen von Stadträten, die es lieber gesehen hätten, wenn die Straße im Stadtwald hinter dem Friedhof trassiert worden wäre. Das aber hätte dem Naherholungswert und Lärmschutz des autobahnnahen Waldstücks den Rest gegeben.

Auf den Gemeinderatsbeschluss leitete die Bürgerinitiative ein Bürgerbegehren gegen das Projekt ein, sammelte beachtliche 1.600 Unterschriften und verlangte einen Bürgerentscheid. Den aber ließ in diesem Falle die Gemeindeordnung Baden-

Württemberg nicht zu. Deshalb erklärte das Kommunalrechtsamt des Rhein-Neckar-Kreises das Bürgerbegehren als unzulässig.

Nun hätten die Gegner den Straßenbau nur noch über ein Klageverfahren stoppen können. Doch soweit kam es nicht. Ob ihnen dazu der Mut, das Geld oder beides fehlte, oder ob sie die mit einem Prozess verbundenen Umstände scheuten, sei dahingestellt.

Nun erst stand den Planungen durch das Büro Bechert aus Bruchsal und dem Bau der 1.950 Meter langen Nord-Ost-Umgehung zwischen Schwetzinger Straße und Waldstraße bis auf den Erwerb der benötigten Ackerflächen nichts mehr im Wege. Der aber war schwierig. Einer der Grundstückseigentümer lebte beispielsweise in der französischen Schweiz. Irgendwann gab er mir telefonisch grünes Licht für die Nutzung seiner Grundstücke für den Straßenbau.

Mit diesem konnte erst im August 2002 begonnen werden. Der letzte Bauabschnitt wurde von mir am 19. Dezember 2003, also nach rund 16 Monaten, für den Verkehr freigegeben. Dabei lobte ich die städtische Mitarbeiterin und Tiefbauingenieurin Rita Adolphus, die den Straßenbau leitete und sich einmal mehr auszeichnete.

Zum Projekt zählte eine 155 Meter lange und 2,5 Meter hohe Lärmschutzwand vom Pappelweg bis zur Hardtstraße. Entlang des Friedhofs entstanden rund 50 neue Parkplätze, Fahrradabstellplätze sowie ein Geh- und Radweg. Dort wurden 20 Amberbäume und in der Nähe des Verkehrskreisels Schwetzinger Straße 60 Lindenbäume gepflanzt. Zum ökologischen Ausgleich wurden rund 7.000 Quadratmeter mit Gehölzen und Sträuchern bepflanzt.

Die Gesamtkosten beliefen sich auf rund 3,8 Millionen Euro. Das Land steuerte dazu rund 2,0 Millionen Euro bei.

Wie stark der neue Straßenzug sogleich vom Kraftfahrzeugverkehr angenommen und seiner Entlastungsfunktion gerecht wurde, erstaunte sogar den einen oder anderen Gegner. Einige Wochen nach der Inbetriebnahme erklärte mir ein Hockenheimer vor dem Haupteingang des Friedhofs:

> „Ich war gegen das Projekt, doch jetzt, wo ich sehe, was es bringt, muss ich Ihnen sagen, Sie hatten recht, dass Sie die Straße »durchgedrückt« haben!"

Eine späte Einsicht - aber immerhin - und mit Sicherheit kein Einzelfall! Allerdings wird der Begriff „durchgedrückt" meinem Engagement nicht ganz gerecht. Obwohl ich bei diesem Projekt heftigen Widerstand überwinden und viel Überzeugungskraft aufbieten musste, lag die Entscheidungskompetenz ausschließlich beim Gemeinderat. In diesem hatte ich nur eine Stimme. Dass sich die Mehrheit dieses Gremiums trotz starkem Gegenwind verantwortungsbewusst für eines der wichtigsten und größten Straßenbauprojekte Hockenheims überhaupt entschied, spricht für sich. Rückblickend zählt die Nord-Ost-Umgehung zu den bedeutendsten verkehrspolitischen Projekten meiner Amtszeit überhaupt.

❋

Bewerbung um „kleine Gartenschau"

Mitte 2002 schrieb die Landesregierung das Programm „Natur in Stadt und Land" für die Jahre 2009 bis 2012 unter den baden-württembergischen Kommunen aus. Konkret ging es um die Vergabe von zwei Landesgartenschauen und zwei kommunalen Grünprojekten, auch kleine Landesgartenschauen genannt.

Mit der vom Gemeinderat einstimmig beschlossenen Bewerbung eröffnete sich für Hockenheim zum zweiten Mal die Chance, über ein Grünprojekt die Bereiche südlich des ehemaligen Landesgartenschaugeländes, vor allem entlang des Kraichbachs, in städtebaulicher, ökologischer und wasserwirtschaftlicher Sicht weiterzuentwickeln. Dort lag einiges im Argen. Deshalb hatte sich die Stadt schon im Jahre 1996 um ein Grünprojekt beworben, war damals aber nicht zum Zuge gekommen.

Seit meiner Kindheit war für mich der Kraichbach von der Schließe im Süden der Stadt bis zur Unteren Mühlstraße sowie dessen Umfeld mit dem benachbarten „Karletbuckel" ein wesentlicher Teil meiner Heimat. In diesen Gefilden streifte ich als Kind oft zu Fuß oder mit dem Fahrrad umher. Zudem besaßen meine Großeltern noch je eine Parzelle in den Mühlgärten und den Stöcketgärten sowie einen Acker im Oberbruch, bei deren Bestellung ich gelegentlich mithelfen musste.

Garten- und Feldarbeit begeisterten mich als Kind aber nie. Im Gegensatz dazu reizte mich das amphibienreiche Leben in den angrenzenden Gräben oder der von einer Spechtfamilie bewohnte altersmorsche Beerenobststamm auf dem Acker im Oberbruch. Unweit davon begrenzte damals noch der alte Kraichbach die Mühlgärten, ein Biotop voll Wasser und Leben, mit den Jahren aber leider total verlandet.

Vom Freibad und Aquadrom, dem Schulzentrum, der sanierten Unteren Mühlstraße sowie dem Spielplatz anstelle der Spargelhalle einmal abgesehen, hatte sich in den südlich gelegenen Bereichen am Kraichbach seit den 1950er Jahren nicht viel zum Positiven verändert. Im Gegenteil. Die Anzahl der brachliegenden Gärten stieg von Jahr zu Jahr, ebenso die heruntergekommenen uralten Gartenzäune, oft noch mit mehrreihigem rostigen Stacheldraht bewehrt.

Den desolaten Gesamteindruck rundet der sich durch die Gartenanlage schlängelnde und die Untere mit der Mittleren Mühlstraße verbindende, unbefestigte schmale Fußweg ab. Bei Regen ist er an vielen Stellen matschig und beugt so dann wenigstens der sonst üblichen Zweckentfremdung als Hundeklo vor.

Aus städtebaulicher Sicht besteht also viel Handlungsbedarf. Da sich aber die meisten Gärten im Privateigentum befinden, ist viel kommunalpolitische Diplomatie gefragt, wenn bei Neuplanungen die privaten und öffentlichen Interessen unter einen Hut gebracht werden sollen.

Befriedigen können auch weder die mit einem Betonufer begrenzten Teile des Kraichbachs noch der beidseitig einbetonierte Mühlkanal, der seit den 1930er Jahren den Kraichbach entlastet. An den grauen Betonwänden nagt der Zahn der Zeit. Sie sind größtenteils marode und sanierungsbedürftig. Außerdem sind diese innerstädtischen Gewässer als Naherholungspotenzial kaum erschlossen, ganz zu schweigen von der ökologischen Einfalt der Bachverläufe. Zudem ist es der Wasserwirtschaft überwiegend nur vom Bach- und Kanalbett aus möglich, dieses sowie die Uferzonen zu reinigen.

Das größte Problem stellt aber der zu geringe Hochwasserschutz dar, der dort nur ein zehn- bis zwanzigjähriges Hochwasser verkraften soll. Dies birgt für das Schulzentrum und andere bebaute Bereiche am Kraichbach große Gefahren, wie uns das zuständige Wasserwirtschaftsamt ab Mitte der 1990er Jahre mehr als einmal verdeutlichte. Um Überschwemmungsschäden zu vermeiden, muss der Kraichbach so ausgebaut werden, dass er einem hundertjährigen Hochwasser gerecht wird.

Hockenheim hatte in den letzten Jahren immer wieder Glück mit dem Kraichbach. Während meiner Kindheit oder in den 1990er Jahren trat er schon einmal an einigen wenigen Stellen über seine Ufer. Große Schäden verursachte dies zwar nicht, doch es hätte auch schlimmer kommen können.

Mit den ökologischen, garten- und städtebaulichen Schwachstellen in diesem innerstädtisch wertvollen Grünbereich hatte sich schon Hannes Schreiner, der Planer der Hockenheimer Landesgartenschau, in visionärer Weise befasst. Nach seiner Konzeption sollten die Renaturierungsmaßnahmen am Kraichbach auch südlich der Karlsruher Straße fortgeführt und das Areal neu geordnet werden. Seine Ideen nahmen seinerzeit der Gemeinderat und ich mit großem Interesse auf und legten es gedanklich auf Wiedervorlage nach der Landesgartenschau. Irgendwann in absehbarer Zeit, so die Hoffnung, würden sich Mittel und Wege finden, Schreiners Vorschläge umzusetzen.

Im Jahre 1996 hatte die Landesregierung erstmals das Programm „Natur in Stadt und Land" ausgeschrieben, um auch kleineren Kommunen, insbesondere im ländlichen Raum, die Chance zu eröffnen, dauerhafte Grünprojekte in innerörtlichen Bereichen zu gestalten und als kleine Gartenschau zu präsentieren. Für jedes Grünprojekt stellte das Land einen Zuschuss von maximal 2,5 Millionen Euro bereit. In Betracht kam zunächst der Zeitraum 2001 bis 2008.

Mit der städtischen Bewerbung verfolgten wir damals die schon seit Jahren gehegte Vision, die südlich des ehemaligen Landesgartenschaugeländes gelegenen Bereiche gestalterisch neu zu gliedern und ökologisch aufzuwerten. In diesem Sinne erarbeiteten wir ein umfassendes Konzept. Es beinhaltete unter anderem

- begrünte Stadteinfahrtszonen entlang der Reilinger Straße von der B 39 bis zum Südring,
- Renaturierungsmaßnahmen am Kraichbach und Mühlkanal sowie die Reaktivierung des alten Kraichbachs,
- die Schaffung eines auch der Naherholung dienenden Landschaftsparks zwischen den Neubaugebieten „Hockenheim-Süd" und „Biblis, 2. und 3. Gewann", mit Übergangsbereichen von den alten und neuen Wohngebieten zu den land-

wirtschaftlichen Nutzflächen nach landschaftsästhetischen und -ökologischen Kriterien sowie

- die Herstellung durchgängiger Fuß- und Radwegverbindungen von der Karlsruher Straße nach Süden in Richtung Reilingen sowie in Ost-West-Richtung zwischen „Hockenheim-Süd" und „Biblis, 2. und 3. Gewann".

Für die fünf zu vergebenden Grünprojekte hatten sich noch weitere 25 Kommunen beworben. Da Hockenheim erst wenige Jahre zuvor eine Landesgartenschau veranstaltet hatte, räumte ich uns allenfalls eine Außenseiterchance ein. Wie erwartet, bevorzugte der Ministerrat andere Kommunen, darunter die Römerstadt Ladenburg. Ihr wurde für das Jahr 2005 eine Mini-Landesgartenschau zugesprochen.

Trotz des abschlägigen Bescheids aus Stuttgart war die mit Hockenheims Bewerbung verbundene Planungsarbeit nicht umsonst. Die Verantwortlichen der Stadt waren sich in einem Punkt einig: Sobald es die Finanzlage zulassen würde, sollte das Konzept Schritt für Schritt umgesetzt werden.

Der erneuten städtischen Bewerbung (2002) um eine kleine Gartenschau lagen ähnliche Planungsziele wie bei der ersten zugrunde. Das ehemalige Landesgartenschaugelände sollte von der Karlsruher Straße nach Süden weiterentwickelt und ein neuer Landschafts- und Erholungspark „Hockenheim-Süd" als großflächiger Freiraum entlang und nahe dem Kraichbach geschaffen werden.

Neu aber war, den Kraichbach mit dem Mühlkanal in einer neuen Trasse zu vereinigen, um

1. dem hundertjährigen Hochwasserschutz Rechnung zu tragen,
2. ökologisch verbesserte Abflussverhältnisse zu erreichen,
3. die Uferzonen des Gewässers durchgängig begehbar und erlebbar zu machen und damit
4. dessen Pflege und Unterhaltung zu gewährleisten.

Wir erfahren darüber in den beiden folgenden Kapiteln noch mehr.

Für die beiden zu vergebenden Grünprojekte bewarben sich insgesamt 20 Städte und Gemeinden. Auch bei dieser Bewerberanzahl stufte ich die Chancen Hockenheims als ehemalige Landesgartenschaustadt nicht besonders hoch ein. Insofern hielt sich meine Enttäuschung in Grenzen, als der Ministerrat im Frühjahr 2003 anderen Kommunen den Vorzug gab.

Doch auch unsere zweite Bewerbung war nicht für die Katz – im Gegenteil. Im Zusammenhang mit ihr sind die städtebaulichen Ziele weiter optimiert worden.

Neutrassierung des Kraichbachs

Anfang der 2000er Jahre hatte die für den Kraichbach zuständige Gewässerdirektion Nördlicher Oberrhein, Bereich Heidelberg, überprüft, wie der Hochwasserschutz in Hockenheim zu verbessern sei. Sie empfahl, den Kraichbach mit dem Mühlkanal zusammenzulegen und mit einem breiteren Bachbett und höheren

Ufern völlig neu zu trassieren. Eine tolle Idee, aber leider nur zu verwirklichen, wenn alle am Mühlkanal gelegenen, zumeist privaten Gärten aufgegeben würden.

Obwohl dieser Vorschlag viel kommunalpolitischen Zündstoff in sich barg, faszinierte er mich. Besser würde weder dem Hochwasserschutz, der städtebaulichen Neuordnung, der Ökologie noch der Naherholung Rechnung getragen werden können.

Die Frage, die sich aber von vornherein stellte, war, ob und wie private und öffentliche Interessen unter einen Hut zu bringen wären? Den Eigentümern im Tauschwege gleichgroße Ersatzgärten in zumutbarer Entfernung bereitzustellen und anzulegen, erwies sich als die eine Lösung, die andere, sie angemessen zu entschädigen. Deshalb hatte ich frühzeitig das Amt für Flurneuordnung und Landentwicklung gebeten, die notwendige Flurneuordnung zu begleiten. Es legte im Oktober 2003 einen ins Detail gehenden Vorschlag zur Umlegung der Flächen mit einer konkreten Kostenermittlung vor. Außerdem sah die städtische Planung vor, am südlichen Stadtrand eine neue Gartenanlage zur Kompensation der benötigten Gartenflächen zu errichten.

Der Plan zur Verlegung des Kraichbachs wurde nach den städtischen Vorstellungen noch um eine neue Straßenverbindung zwischen dem nördlichen Teil der Unteren Mühlstraße und dem Meßplatz ergänzt, während der südliche Teil der Unteren Mühlstraße nur noch als Fuß- und Radwegachse zwischen Stadtmitte und Meßplatz dienen sollte. Die Gesamtkosten der Maßnahmen wurden auf 4,2 Millionen Euro geschätzt. Das Ziel war, sie zwischen 2005 und 2010 zu realisieren.

Schon im Oktober 2001 hatte der Gemeinderat im Hinblick auf das Vorhaben am Kraichbach über die tangierten Sanierungsbereiche eine Satzung beschlossen, die der Stadt das Recht einräumte, ein besonderes Vorkaufsrecht auszuüben. Es wurde in einigen Fällen wahrgenommen. Auch dadurch zeichnete sich deutlich und konsequent der städtische Wille ab, das Gebiet um den Kraichbach umgestalten zu wollen.

Verzögerte Umsetzung

Auch wenn das Land in der damaligen Zeit aufgrund der enormen Steuerausfälle überall den Rotstift ansetzte, kürzte es beim Hochwasserschutz aus guten Gründen nicht. Deshalb ließ uns die Gewässerdirektion Nördlicher Oberrhein wissen, dass das Land beim Kraichbach 70 Prozent der Hochwasserschutzkosten oder rund zwei Millionen Euro übernehmen würde. Den Rest sowie die Kosten für die städtebaulichen Maßnahmen wie neue Brücken und Stege, die auf maximal 1,5 Millionen Euro geschätzt wurden, würde die Stadt zu tragen haben. Es bestand also durchaus die berechtigte Hoffnung, das Hochwasserprojekt mithilfe des Landes auch ohne kleine Landesgartenschau in absehbarer Zeit umzusetzen.

Im März 2004 wurden die Hochwasserschutzmaßnahmen in Verbindung mit der Kraichbachverlegung in einer Sondersitzung des Gemeinderats der Öffentlichkeit vorgestellt. Damals teilte Uwe Kunzmann, der Leiter der Gewässerdirektion Nördlicher Oberrhein, Bereich Heidelberg, mit, dass er bereits im Doppelhaushalt

2005/2006 Mittel für die Weiterführung der Planung vorgesehen habe. Kunzmann ließ mich auch wissen, dass wir das Projekt realisieren könnten, sobald die planungsrechtlichen Voraussetzungen gegeben seien. Er war jedenfalls davon überzeugt, dass dafür die erforderlichen Landesmittel zeitnah bereitgestellt werden würden.

Letztlich hing die Sache aber am Gemeinderat. Dieses Gremium wurde im Juni 2004 neu gewählt. Deshalb wollte der alte Gemeinderat die Entscheidung über das große städtebauliche und wasserwirtschaftliche Projekt dem neu gewählten Gemeinderat mit neuem OB überlassen. Dafür hatte ich Verständnis. So lief es dann auch. Leider verzögerte sich die Umsetzung. Nach über fünf Jahren berichtete die HTZ am 27. November 2009:

> „Nach langwierigen, zum Teil zähen Verhandlungen mit dem Regierungspräsidium Karlsruhe nahm der Hochwasserschutz in Hockenheim eine weitere entscheidende Etappe: Der Gemeinderat stimmte in seiner jüngsten öffentlichen Zusammenkunft einer Kostenvereinbarung mit dem Land Baden-Württemberg zu.
> Mit den in den Jahren 2011 und 2012 am Kraichbach geplanten Maßnahmen wird nicht nur der Hochwasserschutz deutlich erhöht, Hockenheim erhält auch einen weiteren attraktiven Grünzug im Stadtgebiet."

Nun hatte ich die Hoffnung, dass das Projekt Kraichbachverlegung bis 2012 fertig gestellt sein könnte. Dafür sprachen auch die sich im Zuge des Baus der Zehntscheune abzeichnenden Konturen der neuen Straßenverbindung von der Unteren Mühlstraße zum Meßplatz.

Doch beim städtischen Neujahrsempfang 2011 berichtete OB Gummer über Gartenbesitzer, die versuchten, sich auf Kosten der Allgemeinheit Vorteile zu verschaffen. Offensichtlich waren nicht alle Eigentümer bereit, ihr Grundstück zu dem festgelegten Preis an die Stadt zu verkaufen. Die HTZ berichtete über die Äußerungen des OBs am 18. Januar 2011 weiter:

> „Die Verbesserung des Hochwasserschutzes im Bereich des Schulzentrums (Kosten 3,4 Millionen Euro) sei nur 2012 bis 2013 umsetzbar, wenn alle Grundstückstransfers abgeschlossen seien."

Der Realisierungsplan rückte also um ein weiteres Jahr nach hinten, den Grunderwerb vorausgesetzt. Ob sich das Projekt in dieser Zeit umsetzen lässt, wird sich zeigen. Nach weiteren vergangenen neun Monaten war der HTZ am 28. September 2011 unter anderem zu entnehmen:

> „Der Antrag auf Planfeststellung solle noch 2011 beim Landratsamt Rhein-Neckar-Kreis gestellt werden."

Immerhin!

❋

Weichenstellung für Senioren- und für Behindertenwohnheim

Das Aussiedeln zahlreicher landwirtschaftlicher Betriebe und der gravierende Strukturwandel in der Landwirtschaft führten in Hockenheims Innenstadt zu vielen leerstehenden Stallungen und Scheunen, besonders in der Oberen Hauptstraße und in der Mittleren Mühlstraße. Seit den 1980er Jahren wurden bereits zahlreiche Hinterhöfe, auch dank öffentlicher Sanierungsmittel, entkernt und große städtebauliche Fortschritte erzielt. Es gibt aber nach wie vor noch sanierungsbedürftige Anwesen, die aus verschiedensten Gründen nicht in absehbarer Zeit zu modernisieren sein dürften. Mal fehlen die nötigen Mittel, oder es scheitert eine Sanierung an überzogenen Verkaufspreisen, mal hängt es an uneinigen Erbengemeinschaften, oder an komplizierten Grundstücksverhältnissen.

Als der Eigentümer des Anwesens an der Ecke Obere Haupt- und Ottostraße (ehemalige Federnfabrik Zahn) überraschend verstarb, eröffnete sich mit dem Erwerb des Grundstücks durch die Stadt eine größere städtebauliche Sanierungschance. Schon einige Jahre zuvor hatte die Stadt im Hinblick auf eine Neuordnung des Bereichs das einst bäuerlich genutzte Anwesen an der gegenüberliegenden Ecke Obere Haupt- und Ottostraße gekauft und später ein an dieses angrenzendes gewerblich genutztes Grundstück in der Ottostraße erworben.

Mit dem Einbezug der letzten rund 25 laufenden Meter der Ottostraße - vorausgesetzt sie würde zur Sackgasse umgewidmet - ergab sich zwischen der Oberen Hauptstraße und der Ottostraße eine neu zu bebauende Fläche von rund 2.800 Quadratmetern. Sie wurde im Frühjahr 2004 in das förmlich festgelegte Sanierungsgebiet „Mittlere Mühlstraße/Obere Hauptstraße" aufgenommen. Dadurch bezuschusste das Land die Grunderwerbs- und Gebäudeabbruchkosten bis zu 60 Prozent.

Meine Hoffnung, dieser Standort könnte für einen Supermarkt interessant sein, erfüllte sich leider nicht. Gut einem Dutzend Handelsketten hatte ich das Areal angeboten. Doch die Resonanz war gleich null! Wie sich herausstellte, war die Fläche immer noch zu klein. Um 80 ebenerdige Stellplätze zu verwirklichen, als Minimum, wie mir ein Supermarktexperte verdeutlichte, hätten noch gut 1.000 Quadratmeter mehr vorhanden sein müssen. Doch weitere Nachbargrundstücke waren nicht zu erwerben.

Nun war auch mein zweiter Anlauf gescheitert, einen Verbrauchermarkt als Lebensmittel-Vollversorger in der Oberen Hauptstraße zu platzieren. Beim ersten ging es vor Jahren um die relativ großen in Privateigentum befindlichen Grundstücke Obere Hauptstraße 15 bis 19 mit eingeschossigen, relativ alten Wohn- und Geschäftsgebäuden. Für diesen Bereich hatte Stadtplaner Klaus Meckler eine dreigeschossige Bebauung mit Wohnungen, einem Verbrauchermarkt im Erdgeschoss und einer Tiefgarage empfohlen. Dass das Vorhaben am Grunderwerb scheiterte, bedauerte ich, hätte doch eine solche Bebauung die Stadtmitte aufgewertet und der innerstädtischen Versorgung gut getan.

Für die Grundstücke an der Oberen Haupt- und Ottostraße gab es eine Alternative. Was sich damals für einen Investor noch rechnete, war der Bau von Seniorenwohnungen. Diese Karte wurde nun von mir als Plan B gezogen.

Dieses Vorhaben kam dem Interesse der evangelischen Kirchengemeinde zugute, die für die Kirchliche Sozialstation neue Räume suchte. In diesem Zusammenhang kamen wir mit dem Hockenheimer Uwe Huss ins Gespräch, der in der Geschäftsführung der Firma Hoch-Tief Construction AG in Karlsruhe tätig war. Mit ihm entwickelte das Stadtplanungsamt an der Oberen Hauptstraße eine rund 60 Meter lange dreigeschossige Bebauung für seniorengerechte Wohnungen. Im Erdgeschoss sollte die Sozialstation sowie eine Wohngruppe für Demenzkranke ihr Domizil finden, betreut durch den neugegründeten Verein „Vita Vitalis". Im rückwärtigen, über die Ottostraße zu erschließenden Bereich, sah der Planungsvorschlag vier Reihenhäuser sowie Garagen vor.

Hochtief beauftragte den Hockenheimer Architekten Wolfgang Vogt mit der Projektplanung, nachdem es der Gemeinderat im Oktober 2003 vom Grundsatz her genehmigt und beschlossen hatte, die Grundstücke an Hochtief zu veräußern. Doch dazu kam es nicht. Hochtief zog sich aus dem Vorhaben zurück. Zu der Zeit befand ich mich schon im Ruhestand.

Erfreulicherweise fand die Stadtverwaltung mit der Gedeon Real Estate GmbH aus Neuburg am Rhein einen anderen Interessenten. Dem stellte die Stadt anstelle der rückwärtigen zweigeschossigen Bebauung mit Reihenhäusern die Genehmigung eines weiteren dreigeschossigen Baublocks in Aussicht. Nach meinem Empfinden steht diese Baumasse in keinem Verhältnis zu den benachbarten ein- und zweigeschossigen Wohnhäusern in der Leopoldstraße. Dass dies vom Stadtbaumeister akzeptiert und vom Technischen Ausschuss abgenickt wurde, versetzte mich, der auf diesem Gebiet schon einiges gewohnt war, einmal mehr in Erstaunen.

Unabhängig davon sah die Planung im rückwärtigen Bereich der Oberen Hauptstraße, und zwar unmittelbar an den Garten meines Wohnhauses grenzend, noch zwei Garagenplätze vor. An dem einen waren unsere Nachbarn, an dem anderen meine Frau und ich interessiert. Unsere Nachbarn und wir erwarben die Flächen und erstellten darauf eine Doppelgarage.

Die Grundstücksvergabe zum Bau der Seniorenwohnungen rief den Gewerbeverein mit einer Unterschriftensammlung auf den Plan. Er wollte dort lieber einen Lebensmittel-Vollversorger sehen. Obwohl ich dafür viel Verständnis hatte - auch ich hatte mich ja darum einmal vergeblich bemüht - war der Zug längst in die andere Richtung abgefahren. Deshalb beschloss der Gemeinderat Ende September 2005, die Grundstücke an den Bauträger aus Neuburg zu vergeben.

Zur Einweihung des nach der Aargauer Ordensschwester Juliane Juchli benannten Hauses hatte man mich als Pensionär eingeladen. Darüber freute ich mich, hatte ich doch zu diesem Projekt, angefangen von den erforderlichen Grundstücksgeschäften über die Idee der Seniorenwohnungen bis hin zu den ersten Planungen maßgeblich beigetragen.

Auch das Wohnhaus für 24 behinderte Menschen der Lebenshilfe Schwetzingen-Hockenheim hatte ich mit auf den Weg gebracht. Diese hatte bei mir im Jahre 1999 angefragt, ob ihr die Stadt ein Grundstück anbieten könne, das zentral und nahe einer öffentlichen Bushaltestelle liege. Für dieses Wohnprojekt, dessen Bedarf mir gleich einleuchtete, setzte ich mich ein. Wir verständigten uns auf das schräg gegenüber dem Lutherhaus in der Oberen Hauptstraße 29 liegende Grundstück. Dieses hatte die Stadt einige Jahre zuvor im Hinblick auf eine Sanierung erworben. Nun zahlte sich diese Politik der Grundstücksbevorratung aus. Auch der Gemeinderat machte mit und beschloss im Jahre 2001, der Lebenshilfe das Grundstück in Erbpacht zu vergeben. Leider stimmten dieser Grundstücksvergabe nicht alle Stadträte zu.

Der Bau des Hauses ließ sehr lange auf sich warten. Es hing, wie so oft, am Geld. Zur Finanzierung bedurfte es öffentlicher Zuschüsse, insbesondere vom zuständigen Landeswohlfahrtsverband Baden. Doch dessen Existenz war Anfang der 2000er Jahre von den Landkreisen, die ihn über permanent steigende Umlagen zu finanzieren hatten, immer mehr in Frage gestellt worden. Als sich der Verband schließlich Ende 2004 auflöste, übernahm der Rhein-Neckar-Kreis einen Großteil der Zuständigkeiten. Also musste die Lebenshilfe dort erneut einen Zuschussantrag stellen. Außerdem führten Gesetzesänderungen und neue Planungsvorgaben zu Umplanungen. Bis endlich das Projekt in Angriff genommen werden konnte, waren Jahre vergangen.

Bei der Einweihung des Hauses im November 2009 erinnerte Heiko Birth, der Vorsitzende der Lebenshilfe, daran, dass die Bereitstellung des Baugrundstücks durch die Stadt und die ersten Planungen in meine Amtszeit gefallen seien. Obwohl ich mich schon einige Jahre im Ruhestand befand, hatte ich die Ehre, namens des Rotary Clubs Hockenheim Glückwünsche zu übermitteln und den Bewohnern des neuen Hauses als Einweihungsgeschenk die Finanzierung eines Tagesausflugs ihrer Wahl zuzusagen.

Der führte schließlich in die Stuttgarter Wilhelma. An diesem Tag erlebten meine Frau und ich einmal aus unmittelbarer Nähe, mit welch humaner Fürsorge und großem Einfühlungsvermögen sich die Betreuerinnen und Betreuer den zum Teil sehr schwer behinderten Menschen widmeten. Für diese war der Ausflug ein riesiges Erlebnis.

❋

Modernisierung des Hockenheimrings, Teil 3

Ob wir erreichen, was wir uns vornehmen, hängt vom
Glücke ab, aber das Wollen ist einzig Sache unseres Herzens.

José Ortega Y Gasset

Erster Bauabschnitt

Der erste Bauabschnitt umfasste im Wesentlichen den Bau der neuen Strecke und der Mercedes-Tribüne. Beide Vorhaben mussten rechtzeitig vor dem Formel-1-Rennen Ende Juli 2002 fertig gestellt sein. Die dazu erforderlichen Bauarbeiten waren im Spätjahr 2001 ausgeschrieben und die Aufträge noch vor dem Jahreswechsel vergeben worden. Der größte Auftrag - es handelte sich um Tiefbauarbeiten - bezog sich auf die neue Strecke und das Fahrsicherheitszentrum. Er ging an die Firma Bickardt Bau AG aus dem nordhessischen Kirchheim, die nach der Überprüfung der Angebote durch das Büro Tilke das günstigste Angebot unterbreitet hatte.

Die Firma hatte zuvor bereits den Ausbau des Sachsenrings durchgeführt, der auf 3.700 Meter verlängert und auf einen internationalen Motorrad- und Wagenrennen gerecht werdenden Standard gebracht wurde. Dieses im April 2001 fertig gestellte Projekt war ebenfalls vom Architekturbüro Tilke geplant und ausgeschrieben worden, hatte mit über 21 Millionen Euro aber fast doppelt soviel wie veranschlagt gekostet, und war vom Freistaat Sachsen mit nahezu 100 Prozent gefördert worden! Der Sächsische Rechnungshof bemängelte dies in seinem Jahresbericht 2003. In diesem monierte er außerdem, dass das Unternehmen, das bei den Tiefbauleistungen den Zuschlag für alle Bauabschnitte erhielt, nicht die günstigsten Angebote abgegeben hatte und nur durch Fehler bei der Bewertung der Angebote zum Zuge gekommen sei!

Als ich davon zum ersten Mal hörte, war das Modernisierungsprojekt Hockenheimring nahezu realisiert. Unwillkürlich stellte sich mir die Frage, ob in Sachsen wirklich nur „fehlerhaft" bewertet worden war.

Enger Zeitplan

Die Bauarbeiten liefen nach einem äußerst engen Zeitplan ab, der keine großen Verzögerungen zuließ. Die neue Piste musste von den Sportkommissaren der FIA so rechtzeitig vor dem Ende Juli 2002 terminierten Formel-1-Rennen abgenommen werden, dass danach noch genügend Zeit bestand, eventuell festgestellte Sicherheitsmängel zu beseitigen. Mit anderen Worten: Der erste Bauabschnitt musste nach einem halben Jahr abgeschlossen sein.

Enge Zeitvorgaben bestimmten aber auch den Umbau der ersten Kurve nach Start- und Ziel sowie den Bau des Fußgängertunnels, einer weiteren unterirdischen Streckenquerung zwischen der Haupttribüne und dem Innenbereich des Motodroms. Den Tunnel hatte Volker Grein geplant und auch die Bauarbeiten ausgeschrieben. Während der Herstellung in offener Bauweise war die Strecke bei Start- und Ziel nicht passierbar. Da aber auf dem kleinen Kurs schon ab Mitte März 2002 wieder der Veranstaltungsbetrieb begann, musste bis zu diesem Zeitpunkt das Tunnelprojekt, der Umbau der Kurve am Ende der Start- und Zielgeraden sowie das Auftragen einer neuen Fahrbahndecke im Motodrom abgeschlossen sein. Trotz des engen Zeitplans klappte alles wie geplant.

Nachdem der Wald gerodet und samt Wurzelwerk entfernt worden war, liefen sofort die Tiefbauarbeiten mit schwerem Gerät an. Es waren knapp 600.000 Kubikmeter Erdmaterial zu bewegen, zum Teil abzufahren, und im Gegenzug tausende von Tonnen Schottergemisch und Kies anzufahren. Sämtliche Transporte mit schwer beladenen Lkws - es waren tagtäglich einige hundert - liefen zunächst über die Straßen der Stadt. Deshalb dauerte es nicht lange, bis sich Bewohner der am stärksten belasteten Straßen bei mir telefonisch oder persönlich über den Baustellenverkehr beklagten. Dafür hatte ich viel Verständnis. Doch so sehr auch ich mir andere Verhältnisse gewünscht hätte - zunächst konnte ich ihnen keine Entlastung in Aussicht stellen.

Die aber zeichnete sich ab. Die Baustelle musste nur mit der östlich gelegenen B 291 über den südlichen Teil der alten Strecke, und ab der Ostkurve über einen noch auszubauenden Waldweg verbunden werden. Doch dies setzte auf der B 291 bei der Zufahrt zur Ostkurve eine Linksabbiegespur voraus, und zwar in der Fahrtrichtung von Walldorf nach Oftersheim. Diese Abbiegespur war zur besseren Verkehrsverteilung bei Großveranstaltungen am Hockenheimring ohnehin geplant. Deshalb drängte auch ich, sie so schnell wie nur möglich zu bauen. Dies geschah. Danach kam es zu einer spürbaren Entlastung der Stadt vom Baustellenverkehr. Dies beruhigte die verkehrsgestressten Hockenheimer Gemüter.

Probleme mit der Mercedes-Tribüne

War nach einigem Hin und Her endlich die Finanzierung der neuen, im Innenbereich des neuen Grand-Prix-Kurses geplanten Tribüne durch die DaimlerChrysler AG unter Dach und Fach, geriet eine der mit dem Bau beauftragten Firmen in Insolvenz. Doch nicht nur dadurch liefen die Baukosten dieses Projekts aus dem Ruder.

Schon beim ersten Gespräch, das ich mit Mercedes-Sportchef Norbert Haug im Staatsministerium in Stuttgart über das rund sechstausend Sitzplätze und VIP-Räume für rund 400 Personen umfassende Tribünenprojekt führte, verdeutlichte er mir, dass DaimlerChrysler nichts zu verschenken habe. Vielmehr rechnete er, sofern seine Firma das Tribünenprojekt über den Kauf von Eintrittskarten finanzieren würde, unterm Strich noch mit einer angemessenen Rendite! Dies klang angesichts meiner Erwartungen an diesen Weltkonzern nicht gerade positiv.

Immerhin hatte der Automobilhersteller den Hockenheimring jahrzehntelang als recht kostengünstige Teststrecke benutzt. Dann baute er bei der eigenen Teststrecke im Emsland über unseren Kopf hinweg und ohne Entschädigung einfach den kleinen Kurs des Hockenheimrings originalgetreu nach. Doch dies spielte nun leider keine Rolle mehr.

Als Finanzierungsbeispiel diente die am Nürburgring erstellte Mercedes-Tribüne – ein wesentlich kleineres Projekt als das in Hockenheim geplante. Gegenüber der Nürburgring GmbH hatte sich DaimlerChrysler verpflichtet, sämtliche Tribünenkarten über einen längeren Zeitraum zu erwerben. Mit den auf diese Weise garantierten Einnahmen wurde das Bauwerk finanziert.

Zu einem ähnlichen Geschäft kam es auch in Hockenheim. DaimlerChrysler garantierte der Hockenheim-Ring GmbH die Abnahme der Formel-1- und DTM-Karten über drei Jahre und bekam als Bonus noch das Recht, die VIP-Räume der Tribüne zu nutzen. Vereinbart wurde außerdem, dem Hockenheimring einen angemessenen Betrag für das Namensrecht an der Mercedes-Tribüne zu zahlen. Geplante Baukosten von rund sechs Millionen Euro unterstellt, wäre mit dieser Vereinbarung das Projekt in drei Jahren finanziert gewesen. Leider lief die Sache nicht so wie geplant.

Im März 2002 musste die Philipp Holzmann AG, bis dato die größte deutsche Baufirma, Insolvenz anmelden. Eine ihrer Tochtergesellschaften, die Firma Imbau, hatte für die Mercedes-Tribüne den Auftrag zur Durchführung der Stahlbauarbeiten erhalten. Die Insolvenz der Muttergesellschaft führte auch bei der Tochtergesellschaft zum Aus, und in der Folge musste sie die Arbeiten am Tribünenprojekt einstellen. Nun geriet der ohnehin enge Zeitplan ins Wanken.

Mit DaimlerChrysler war die Übergabe der Tribüne zum Formel-1-Rennen Ende Juli 2002 vertraglich vereinbart worden. Doch an die rechtzeitige Fertigstellung glaubten nun nur noch unverbesserliche Optimisten. Wider Erwarten wendete sich das Blatt noch rechtzeitig zum Guten. Dank des engagierten Einsatzes unseres Baubetreuers Dr. Vögele führte die Firma Heberger aus Schifferstadt die Arbeiten fort. Allerdings musste dem aus allen Fugen geratenen Zeitplan durch Sonderschichten Rechnung getragen werden. Am Ende verursachte der konkursbedingte Firmenwechsel Mehrkosten in Höhe von 760.000 Euro.

Doch damit nicht genug. Während der Bauphase der Tribüne stellte sich heraus, dass sich die Baukosten auf 8,2 Millionen Euro (ohne MwSt.) erhöhen würden – und dies, obwohl am Bauwerk schon auf einiges, wie beispielsweise die geplante Verkleidung der Treppentürme oder der Bau einer Behindertenrampe, verzichtet worden war. Das Architekturbüro Tilke hätte die Hockenheim-Ring Besitz GmbH rechtzeitig vor Baubeginn über die Kostenentwicklung informieren müssen. Dies war jedoch unterblieben. Deshalb war nicht nur der Konflikt mit dem Architekturbüro vorprogrammiert, sondern auch meine nicht immer positiven Erfahrungen mit Architekten um ein weiteres Kapitel negativer Art bereichert.

Da unserer Vereinbarung mit DaimlerChrysler Baukosten von 6,1 Millionen Euro zugrunde lagen und sich weitere Zugeständnisse des Automobilkonzerns in engen

Grenzen hielten, mussten die Mehrkosten mit Darlehen zulasten der Hocken-heim-Ring Besitz GmbH nachfinanziert werden. Tröstlich bei der ganzen Misere war lediglich, dass es trotz aller Kalamitäten gelang, die Mercedes-Tribüne recht-zeitig zum Formel-1-Grand-Prix 2002 fertig zu stellen.

Kontaminiertes Aushubmaterial

Eine weitere Hiobsbotschaft stellte die Nachricht über das mit polyzyklisch aro-matischen Kohlenwasserstoffen (PAK) belastete Aushubmaterial dar, das beim Rückbau der alten Rennstrecke vom Motodrom bis zum Ausgang der Ostkurve angefallen und gleich vor Ort geschreddert worden war. Nach den Analysen war ein Teil dieses Asphalt- und Schottermaterials - es handelte sich um rund 5.000 Kubikmeter - unterschiedlich stark kontaminiert. Da PAK krebserregend sein können, war zunächst unklar, wie mit dem belasteten Material umzugehen bzw. wie es zu entsorgen wäre.

Erfreulicherweise war der überwiegende Teil des ausgehobenen Materials nicht belastet. Es wurde gleich als Unterbau der neuen Strecke und der Rettungswege verwendet.

Weitere Analysen führten zur Erkenntnis, dass ein Großteil des kontaminierten Fräsguts nur leicht belastet war. Es wurde deshalb nach Abstimmung mit den Ge-nehmigungsbehörden und unter der fachkundigen Begleitung des Ingenieurbüros Prof. Bechert als Tragschicht beim städtischen Straßenbauprojekt „Nord-Ost-Umgehung" eingebaut. Das verminderte die Straßenbaukosten der Stadt und ent-lastete, weil kostspielige Deponie- und Transportkosten entfielen, die Hocken-heim-Ring Besitz GmbH. Die musste allerdings noch rund 185.000 Euro zur Ent-sorgung des stärker belasteten PAK-haltigen Aushubmaterials ausgeben. Auch die-se Summe war unter der Rubrik „unerwartete Mehrkosten" zu verbuchen.

Versuchsstrecke aus Dränbeton, sonst aber Asphalt

Es gab aber auch eine Baumaßnahme, die der Hockenheim Ring Besitz GmbH Kosten sparte. Parallel zu den auf Hochtouren laufenden Modernisierungsmaß-nahmen legte die deutsche Zementindustrie unter der Federführung von Heidel-bergCement Mitte 2002 eine 750 Meter lange Versuchsstrecke aus Dränbeton unmittelbar neben dem künftigen Fahrsicherheitszentrum an. Es handelte sich um einen neu entwickelten Belag, der mit einem Vögele-Straßenfertiger eingebaut wurde.

Dränbeton ist im Gegensatz zum herkömmlichen Fahrbahnbeton offenporig und besteht zu etwa 25 Prozent aus Hohlräumen. Vorteilhaft sind bei ihm die ge-ringeren Abrollgeräusche der Reifen, bei Lkws bis zu acht Dezibel, bei Pkws etwa die Hälfte. Außerdem leitet er Regenwasser durch seine Hohlräume rasch nach un-ten ab und verbessert dadurch die Verkehrssicherheit.

Neue, zukunftsweisende Streckenbeläge sind auch im Motorsport ein nicht un-wesentliches Thema. Vor der Teststrecke in Hockenheim wurde schon eine mit

Dränbeton im italienischen Monza angelegt. Die Forschungsergebnisse in Monza und Hockenheim werden zeigen, ob sich das Material auch für Rennpisten eignet oder gegenüber Asphalt sogar vorzuziehen ist. Im Übrigen fließen die Messergebnisse am Hockenheimring auch noch in ein Forschungsprojekt der Bundesregierung ein.

Die Pilotpiste kommt auch dem Betrieb des Hockenheimrings zugute. Ähnlich wie die Querspange beim kleinen Kurs, verbindet sie die neuen nördlichen und südlichen Schenkel des Grand-Prix-Kurses zu einem weiteren Rundkurs. Diese Fahrverbindung lässt zwar keine Rennen zu, ermöglicht aber eine optimalere Nutzung des neuen Streckenteils außerhalb des Motodroms.

Asphalt oder Beton, diese uralte Frage im Straßenbau, musste auch bei der Modernisierung des Hockenheimrings beantwortet werden. Wir entschieden uns für Asphalt, weil unsere Erfahrungen mit diesem Material bisher nichts zu wünschen übrig ließen und auch Architekt Tilke dazu riet. Eingebaut wurden insgesamt rund 100.000 Tonnen, davon 32.000 Tonnen im Motodrom, 43.000 Tonnen auf der neuen Strecke und weitere 25.000 Tonnen in den Auslaufzonen. Verlangt wurde ein Asphalt mit griffigen „polierrestistenten" Mineralstoffen, der einen extrem ebenen Fahrbahnbelag gewährleistete. Dieser hohe Anspruch wurde mit bis zu drei parallel einbauenden Fertigern der Joseph Vögele AG gemeistert.

Neue Strecke erntete viel Lob

Vor Ort installierte Kameras übertrugen die Entwicklung der Baustelle permanent ins Internet – eine tolle Informationsmöglichkeit über das Baugeschehen. Doch nicht jeder private Haushalt verfügte über einen PC. Deshalb empfahl ich der Geschäftsleitung des Hockenheimrings, der interessierten Bevölkerung noch eine Baustellenbesichtigung zu ermöglichen. Diese fand am letzten Sonntag im Mai 2002 statt. Zu diesem Zeitpunkt waren die Bauarbeiten schon recht weit fortgeschritten, so dass sich mehr als nur die Konturen der neuen Strecke abzeichneten.

Der Besichtigungstermin lockte bei herrlichem Sommerwetter weit mehr als tausend Besucher an. Mit einem solchen Ansturm hatte die Hockenheim-Ring GmbH nicht gerechnet. Doch es gelang, noch kurzfristig weitere Busse zu chartern, um die mit Fotoapparaten und Filmkameras bewaffneten Interessenten nicht zu lange auf die Folter zu spannen. Die meisten waren von der neuen Anlage positiv überrascht. Selbst hartgesottene Fans des alten Kurses waren angesichts des neuen begeistert.

Fast genau vier Wochen vor dem Formel-1-Grand-Prix wurde auf der neuen 4.489 Meter langen Piste mit ihrem komplett neuen Asphaltüberzug eine „Jungfernfahrt" durchgeführt. Keinem Geringeren als dem ehemaligen Formel-1-Piloten Jean Alesi war es vorbehalten, auf einem DTM-Mercedes CLK die ersten Runden zu drehen. Danach war er voll des Lobes: „Im Namen aller Formel-1-Fahrer gratuliere ich zu dieser großartigen Arbeit. Es ist eine sehr interessante, aber vor allem auch sehr sichere Strecke". Alesi lobte auch den „Grip" der neuen

Piste, den er fantastisch fand. Auch Norbert Haug, der Alesi nach Hockenheim begleitet hatte, geizte nicht mit Komplimenten: „Hier wurde eine Rennstrecke im Renntempo gebaut und das in höchster Qualität", attestierte uns der Sportchef von Mercedes. Er befand das Strecken-Layout mit seinen insgesamt 17 Kurven und der Hochgeschwindigkeitspassage „Anabolika" mit der anschließenden Spitzkehre und dem Kurvengeschlängel vor der neuen Mercedes-Tribüne als hervorragend.

Am 10. Juli 2002, nur 190 Tage nach dem Fällen des ersten Baumes, wurde der erste Bauabschnitt mit dem neuen Grand-Prix-Kurs offiziell seiner Bestimmung übergeben. Rund 350 Gäste waren unserer Einladung gefolgt, an der Spitze die Landesminister Dr. Walter Döring und Gerhard Stratthaus, Ex-Minister und Hockenheimring-Beauftragter der Landesregierung Gerhard Weiser sowie Mercedes-Sportdirektor Norbert Haug.

Vermisst wurde der ebenfalls eingeladene Ministerpräsident Erwin Teufel, der leider verhindert war. Er ließ sich von seinen beiden Ministern vertreten. Mein Eindruck, dass der Hockenheimring nicht zu den Steckenpferden unseres Landeschefs zählte, bestätigte sich einmal mehr. Hätte man sich am Nürburgring die Einweihung einer neuen Strecke ohne den Ministerpräsidenten von Rheinland-Pfalz vorstellen können? Wohl kaum. Die Mainzer Landesregierung stand schon immer ohne Wenn und Aber hinter ihrem motorsportlichen Aushängeschild.

Bei meiner Begrüßungsansprache vor der neuen Mercedes-Tribüne dankte ich allen, die zum Gelingen des Projekts beigetragen hatten, besonders den Ministern für den Landeszuschuss, Gerhard Weiser und Dr. Rainer Vögele für ihr Engagement und nicht zuletzt Streckenmeister Klaus Schwenninger, der das Bauprojekt tagtäglich von morgens früh bis abends spät begleitet hatte.

Mein Fazit: Es wurde in kurzer Zeit etwas geschaffen, das dem Image und dem Betrieb der weltweit bekannten Anlage auf Dauer zugute kommt. Außerdem machte ich aus meiner Überzeugung keinen Hehl, als ich erklärte:

> „Mit dem Abschluss aller Bauarbeiten ist der neue Hockenheimring Baden-Württemberg das besondere Aushängeschild von Stadt und Land, das als Teststrecke auch der heimischen Kraftfahrzeugwirtschaft nützt und einen wichtigen Beitrag zur Verkehrssicherheit leistet."

Der gleichen Meinung war auch Wirtschaftsminister Dr. Döring, der den Anlass als großen Tag für Stadt, Kreis und Land bezeichnete. Und Finanzminister Stratthaus lobte den Umbau der Rennstrecke mit den Worten: „Das ist eine der besten Investitionen, die in dieser Region in den letzten Jahren getätigt wurde." Er räumte aber auch ein, dass es nicht ganz einfach gewesen sei, Finanzmittel in Höhe von 15 Millionen Euro lockerzumachen. Wie recht er mit dieser Feststellung hatte.

Viel Lob spendete auch Norbert Haug. Er kam über die neue Strecke mit der Mercedes-Tribüne ins Schwärmen und stellte fest:

> „Hockenheim hat einen internationalen Klang. Wolle man Baden-Württemberg mit Werbemaßnahmen so bekannt machen wie durch den

Großen Preis von Deutschland, müsse man weit mehr investieren als in die Zukunftssicherung des Hockenheimrings." – „Deutschland als automobiler Standort darf stolz sein auf die neue Anlage."

Auch meine Rolle bei dem Projekt wurde gewürdigt. Dazu zitiere ich aus der HTZ, die in ihrer Ausgabe vom 11. Juli 2002 ausführlich über die offizielle Einweihung des ersten Bauabschnitts berichtete:

> „Beide Minister sorgten übrigens dafür, dass bei allen Dankesworten ein Mann nicht vergessen wurde, der entscheidenden Anteil am neuen Hockenheimring hat: Oberbürgermeister Gustav Schrank. »Ihm gilt großer Dank für seine immensen Bemühungen«, würdigte Döring das Engagement des Stadtoberhaupts. Und Gerhard Stratthaus kennt seinen langjährigen Weggefährten aus Bürgermeister-Zeiten nur zu gut und weiß dessen Qualitäten zu schätzen: »Gustav Schrank hat mit seiner ruhigen Kraft in Stuttgart überzeugt.«"

Diese Überzeugungskraft, aber auch viel Geduld und diplomatisches Geschick waren in der Tat nötig, um überhaupt etwas zu erreichen. Zu den glücklichen Fügungen jener Zeit für Hockenheim zählte aber auch der Einsatz Gerhard Weisers. Nicht zu vergessen Gerhard Stratthaus, der in Stuttgart ebenfalls für uns, wenn auch mehr im Hintergrund, agierte.

Natürlich wurde die neue Rennstrecke auch gleich getestet. Heinz Herz, der jüngere Sohn von Wilhelm Herz, drehte mit einer NSU-Rennmax von 1953 einige Runden. Es war das erste, leider aber nicht das einzige Mal, dass sich der Bruder des Ring-Geschäftsführers Dieter Herz - beide hatten über Jahre hinweg alles andere als ein gutes Verhältnis - bei dem Modernisierungsprojekt überhaupt in Szene setzte. Umso mehr wunderte mich, wie sich dieser Mann, der mit dem Hockenheimring oder dem BMC nie etwas zu tun hatte, geschweige denn auch nur eine Sekunde für irgendetwas verantwortlich zeichnete, nach dem Tod seines Bruders Dieter als eine Art Kronzeuge vor den Karren des SWR-Fernsehens spannen ließ. Das berichtete einige Jahre später recht kritisch und teilweise unzutreffend über das Projekt und seine finanziellen Probleme. Dazu erfahren wir später noch mehr.

Nach der offiziellen, von den Hockenheimer Dixieland Allstars um Willi Ehringer musikalisch umrahmten Einweihung, hatten die Besucher Gelegenheit, von der Mercedes-Tribüne aus einen Blick auf den neuen Teil des Grand-Prix-Kurses zu werfen und mit einem Gläschen darauf anzustoßen.

Abgerechnet wird bekanntlich aber immer zum Schluss. Am Ende kostete der Umbau der Grand-Prix-Strecke inklusive des Rückbaus der alten Strecke rund 16 Millionen Euro (ohne MwSt.). Das waren gegenüber der ursprünglichen Kostenkalkulation 3,68 Millionen Euro oder rund 27 Prozent mehr!

Michael Schumacher gewann das Premierenrennen

Die eigentliche Nagelprobe hatte der modernisierte Hockenheimring mit dem Auftritt der Königsklasse des Motorsports Ende Juli 2002 zu bestehen. Deren Premiere auf dem neuen Kurs war als 50. Deutschland-Grand-Prix auch ein Jubiläumsrennen der Formel 1. Diese war bisher 26-mal auf dem Hockenheimring, 23-mal auf dem Nürburgring und einmal auf der Avus gefahren, eine Bilanz, bei der der Hockenheimring dem Nürburgring den Rang abgelaufen hatte. Von den 26 Formel-1-Rennen in Hockenheim hatte ich lediglich mit dem Grand Prix von 1970 nichts zu tun. Ansonsten aber war ich an der Vergabe dieser Rennen nach Hockenheim maßgeblich beteiligt.

Die FIA hatte die neue Strecke rechtzeitig vor dem Deutschen Grand Prix 2002 abgenommen, ohne dass noch groß nachgebessert werden musste. Nun stellte sich nur noch die Frage, was Fahrer und Teams von der neuen Strecke halten würden. Die Meinungen gingen auseinander. Michael Schumachers Kommentar im Magazin „Motor Sport Aktuell" (30.07.2002) sprach für sich:

> „Die Strecke ist toll. Es ist mehr aerodynamischer Abtrieb gefragt als auf dem alten Hockenheimring. Das macht es vor allem im Motodrom spannend. Der Streckenverlauf ist sehr flüssig, und es bieten sich gute Überholmöglichkeiten. Der Kurs ist anspruchsvoll."

Einer, der die Formel-1-Szene seit Jahren bestens kannte und den das gleiche Magazin (08.10.2002) zur wirtschaftlichen und sportlichen Krise der Formel 1 in jener Zeit befragte, war Teamchef Frank Williams. Er äußerte sich über die Langeweile in der Formel 1 unter anderem:

> „Und wenn dann auch noch das Wunder geschieht, dass wir endlich mal auf neuen Strecken antreten, deren Design nicht seit dreißig oder vierzig Jahren überaltert ist, sondern wie der neue Hockenheimring so gestaltet sind, dass sie wirklich einen Teil der Show darstellen, dann kann man an zwei oder drei Stellen relativ einfach überholen – und plötzlich, ganz überraschend, hat man wieder echten Motorsport."

Doch zurück zur Premiere mit der Formel 1. Um Bernie Ecclestone noch die Ehre zu erweisen, planten wir mit ihm unmittelbar vor dem Start der Formel 1 eine medienwirksame Eröffnung, bei der er ein über die Strecke gespanntes Band mit der Aufschrift „The new Hockenheimring Baden-Württemberg" mit der Schere durchschneiden sollte.

Als ich ihn für diese Zeremonie, die mit ihm natürlich zuvor abgesprochen worden war, in seinem Motorhome abholte, befand sich kein Geringerer als Boris Becker in seinem Schlepptau. Zu meinem Erstaunen bat Ecclestone die Tennis-Ikone, an der Eröffnungszeremonie teilzunehmen. Mit diesem „Stargast" hatten wir nicht gerechnet!

So kam es, dass Becker und ich das Band vor laufenden Fernsehkameras durchschnitten und Ecclestone nur als „Bandhalter" in Erscheinung trat. Mit von der

488

Partie waren noch Finanzminister Gerhard Stratthaus, Justizminister Ullrich Goll, AvD-Präsident Fürst zu Ysenburg und Büdingen sowie die Hockenheim-Ring Geschäftsführer Dieter Herz, Andreas Hornung und Georg Seiler.

Das erste Formel-1-Rennen auf der neuen Strecke bescherte dem Hockenheimring die Rekordkulisse von rund 100.000 Zuschauern. Von denen gerieten die meisten aus dem Häuschen, als Michael Schumacher mit seinem Ferrari als Erster über die Ziellinie fuhr. Zweiter wurde Juan-Pablo Montoya auf Williams. Ralf Schumacher, der lange hinter seinem Bruder lag, bekam mit seinem Williams Motorprobleme und musste sich am Ende mit Platz drei begnügen. Die Premiere war gelungen. Lob gab es für die neue Strecke von allen Seiten.

✳

Zweiter Bauabschnitt

Fertig gestellt war zwar ein wesentlicher Teil des Bauprogramms, doch noch lange nicht alles. Zum zweiten Bauabschnitt zählten das Baden-Württemberg-Center und die Aufstockung der Südtribüne. Diese Projekte sollten bis zum Grand Prix 2003 abgeschlossen sein. Außerdem standen noch der Bau des Fahrsicherheitszentrums und des Hoteltrakts auf der Nordtribüne an. Es gab also noch viel zu tun – leider lief auch beim zweiten Bauabschnitt nicht alles wie geplant.

Architektenwechsel beim Baden-Württemberg-Center

Architekt Volker Grein hatte - auch dank meiner Fürsprache - den Planungsauftrag erhalten. Der Hockenheimer hatte in der Vergangenheit schon bei vielen Bauprojekten eine gute architektonische Handschrift bewiesen. Deshalb trauten wir ihm auch beim Baden-Württemberg-Center planerisch etwas Besonderes zu. Die Geschäftsführung der Hockenheim-Ring Besitz GmbH gab Grein mit der Auftragserteilung schriftlich vor, die Baukosten von maximal 6,0 Millionen Mark (ohne MwSt.) nicht zu überschreiten.

Nach unseren Vorstellungen sollten im Baden-Württemberg-Center ein modernes Pressezentrum, zwei VIP-Logen, Büroräume, ein Bistro für 100 Personen sowie ein Kiosk fürs Fahrerlager entstehen. Grein brachte dieses Raumprogramm in drei optisch miteinander verbundenen Gebäudekomplexen unter, die über einen zentralen Bereich erschlossen wurden:

- Der größte umfasste im 1. OG ein Pressezentrum mit 900 Quadratmetern Nutzfläche, darunter im EG ein Bistro, ein Kiosk und Büros.
- Ein weiterer bestand aus einem auf drei Stützen stehenden Hochgebäude in etwa 15 bis 20 Meter Höhe mit zwei verglasten Vollgeschossen, Nutzfläche jeweils 420 Quadratmeter, der Grundriss dem Kolben eines Wankelmotors ähnelnd.
- Ein dritter Komplex - zugleich als Sockel für das Hochgebäude dienend - sollte Empfangs- und Büroräume aufnehmen.

Sein Plan überzeugte – er war ein großer Wurf. Die Frage war nur, ob dies alles für die vorgegebenen 6,0 Millionen Mark zu bauen sein würde?

Ich erinnere mich noch gut an ein Gespräch, das wir nach Vorlage des Entwurfs führten, bei dem es auch um die Baukosten ging. Volker Grein hielt sich zunächst bedeckt und meinte, Aufschluss darüber würde man erst über eine Ausschreibung der Bauarbeiten bekommen. Auf eine solche konnten wir uns aber erst einlassen, wenn der vorgegebene finanzielle Rahmen nicht wesentlich überschritten würde. Andererseits ist es die Pflicht eines Architekten, seinem Bauherrn frühzeitig Auskunft über die voraussichtlichen Baukosten zu geben. Zudem nahm ich einem so erfahrenen Architekten wie Grein nicht ab, dass er dazu keine Angaben machen könne.

Schließlich ließ er doch die Katze aus dem Sack, wenn auch nur vage. Auf bis zu zehn Millionen Mark schätzte er das Projekt! Dies bewegte sich in einer Größenordnung, die die Hockenheim-Ring Besitz GmbH nicht akzeptieren konnte. Deshalb musste in der Folge das Raumprogramm gründlich abgespeckt werden.

Der größte Komplex mit Pressezentrum, Bistro, Kiosk und Büroräumen wurde ganz gestrichen. Im Sockelgebäude wurden ein Empfangsraum und Büros vorgesehen. Das Hochgebäude mit den beiden Etagen, die einen fantastischen Ausblick auf die Grand-Prix-Strecke und das Fahrerlager erwarten ließen, blieb erhalten. Allerdings wurde deren Grundfläche auf jeweils rund 300 Quadratmeter reduziert. Die obere Etage mietete später DaimlerChrysler als VIP-Raum an, während in der darunter liegenden ein Mehrzweckraum geschaffen wurde. Er sollte bei Großveranstaltungen der Landesregierung und der Hockenheim-Ring GmbH zu Präsentationszwecken und zur Betreuung von Ehrengästen dienen und darüber hinaus für verschiedenste Veranstaltungen genutzt werden.

Zunächst musste das Projekt aber erst einmal realisiert werden. Die Umplanungen kosteten nicht nur enorm viel Zeit; sie belasteten leider auch das freundschaftliche Verhältnis zwischen Volker Grein und mir. Angesichts der eindeutigen finanziellen Vorgaben an den Architekten, deren Grundlage der mit dem Land vereinbarte Förderrahmen für das Baden-Württemberg-Center war, musste ich ihm erklären, dass die Hockenheim-Ring GmbH nicht bereit sei, die notwendig gewordene Umplanung voll zu honorieren. Als Vorsitzender der Gesellschafterversammlung trug ich Verantwortung für das Projekt und hatte die Interessen des Bauherrn zu vertreten. In dieser Situation hätte ich zu jedem anderen Architekten das Gleiche gesagt.

Im Spätjahr 2002 teilte uns Grein überraschend mit, er könne das Projekt nur dann noch rechtzeitig zum Formel-1-Grand-Prix 2003 fertig stellen, wenn die Arbeiten an einen Generalunternehmer vergeben würden. Die öffentlich-rechtlichen Vergabebestimmungen des Landes, die auch für das Baden-Württemberg-Center anzuwenden waren, ließen aber die Vergabe sämtlicher Bauleistungen an einen Unternehmer nicht zu. In dieser Phase stand das Bauvorhaben bereits unter einem hohen Fertigstellungsdruck, denn DaimlerChrysler hatte den oberen VIP-Raum schon zum Formel-1-Rennen 2003 angemietet.

Ein weiteres Problem stellte auch die unterschiedliche Interpretation des Architektenvertrags dar. Während die Hockenheim-Ring Besitz GmbH, gestützt durch ihren Baubetreuer Dr. Vögele, nur bereit war, die weiteren Leistungsphasen Stufe um Stufe zu vergeben, erwartete Grein eine Vergabe von mehreren Stufen auf einmal, andernfalls er den Auftrag nicht weiterführen wolle. Auch dies war am Ende ein Grund, wohl aber nicht der entscheidende, das Projekt in die Hände eines anderen Architekten zu legen. Entscheidend war Greins Hinweis, die Bausache nur noch mit einem Generalunternehmer rechtzeitig fertig stellen zu können.

Anstelle von Volker Grein kam nun das Architekturbüro Alexander Scheel & Hubert Inselsbacher aus Fellbach zum Zuge. Dr. Vögele hatte die beiden Architekten gebracht, weil er ihnen die rechtzeitige Fertigstellung des Projekts zutraute. Sie sprangen mit viel Elan ein, schrieben die Bauleistungen nach einzelnen Gewerken aus und hatten zu meiner großen Überraschung den äußerst engen Bauzeitenplan fest im Griff. Dadurch konnte das Baden-Württemberg-Center sieben Tage vor dem Formel-1-Rennen 2003 eingeweiht werden.

Zu diesem Anlass waren die Landesminister Dr. Walter Döring und Gerhard Stratthaus sowie Gerhard Weiser und Mercedes-Motorsportchef Haug gekommen. Sie bescheinigten dem Hockenheimring, mit dem Baden-Württemberg-Center um eine Attraktion reicher zu sein, ein Kompliment, das indirekt auch an die Adresse des Planers Volker Grein gerichtet war.

Doch dies war nicht das einzig Positive. Die Architekten Scheel & Inselsbacher hielten auch noch die vorgegebenen Baukosten in etwa ein. Angesichts der bisherigen Erfahrungen konnte ich an so etwas schon fast nicht mehr glauben. Auch insofern zollte ich den Fellbacher Architekten viel Respekt.

Bau der Südtribüne verteuerte sich erheblich

Völlig anders verlief die Baugeschichte der Südtribünenerweiterung. Nach dem Schallgutachten sollte sie den Rennlärm in den nahe gelegenen Wohngebieten erheblich mindern. Deshalb hatte das Landratsamt ihren Bau als Auflage in die Bau- und Betriebsgenehmigung für den neuen Grand-Prix-Kurs aufgenommen.

Dem für die Planung und Bauleitung der Tribüne verantwortlich zeichnenden Architekturbüro Deyle aus Stuttgart hatte die Hockenheim-Ring Besitz GmbH Baukosten von 6,9 Millionen Euro (ohne MwSt.) vorgegeben. Leider vermochte sich das Büro Deyle daran nicht zu halten. Seine Kalkulation ging nicht auf. Damit nahm ein weiteres Dilemma seinen Lauf.

Nach der Ausschreibung eines Großteils der Gewerke zeichneten sich wesentlich höhere Kosten ab. Deshalb entschlossen wir uns, die Tribüne um rund ein Fünftel zu verkleinern. Leider waren zuvor, weil auch dieses Projekt unter einem gewissen Zeitdruck stand, schon die Fundamente gemäß der ursprünglich größeren Planung gelegt worden. Trotz der Reduktion waren die Mehrkosten immer noch erheblich und belasteten das Finanzierungskonzept schwer.

Das Projekt wurde über den Blocks C, D und E der alten Erdwalltribüne in Form eines sechsgeschossigen Bauwerks aus Stahl und Stahlbeton mit rund 2.000

zusätzlichen Plätzen, darunter zehn VIP-Logen und einige hundert „Business-Seats" errichtet. Im Inneren entstanden Bewirtungs- und Veranstaltungsräume sowie Kioske. Der obere Bereich ließe sich noch um weitere Zuschauerplätze und Logen erweitern, was aber, wenn überhaupt, der Zukunft vorbehalten bleibt.

Ein bogenförmiges metallenes Dach überwölbt alle alten und neuen Tribünenplätze. Es verleiht dem nur einen Steinwurf von der benachbarten Autobahn A 6 entfernten 125 Meter langen, rund 40 Meter breiten und 35 Meter hohen Bauwerk eine eindrucksvolle architektonische Note. Die obere, in schwindelnder Höhe befindliche Plattform bietet den besten Blick auf den Hockenheimring sowie bei klarem Wetter eine atemberaubende Fernsicht über den Hardtwald und die Rheinebene bis zu deren Randgebirgen.

Auch während der Bauphase blieb der Bauherr von kostspieligen Überraschungen nicht verschont. Verursachten schon die Fundamente erhebliche Mehrkosten, wurde auch noch viel mehr Stahl benötigt, als zunächst geplant. Insgesamt wurden rund 3.300 Tonnen verbaut, um ein stabiles Korsett zu gewährleisten, das zunächst nicht gegeben war.

Ein kleinerer Teil der Mehrkosten hing mit Investitionen in den VIP-Bereichen zusammen, die bessere Vermarktungsmöglichkeiten eröffneten. Diese Kosten nahmen wir bewusst in Kauf, weil sie sich aus betriebswirtschaftlicher Sicht rechnen sollten. Zudem wurde die Tribüne entgegen der ursprünglichen Planung noch winterfest gemacht, nachdem es an der ein Jahr zuvor erstellten Mercedes-Tribüne gleich im ersten Winter durch Frost zu einem riesigen Wasserschaden gekommen war.

Alles in allem aber lagen die Ausschreibungsergebnisse der wesentlichen Gewerke über den von dem Architekturbüro vorgegebenen Kostenprognosen. Am Ende kostete die Südtribüne netto 4,21 Millionen Euro mehr, ein Batzen, mit dem niemand gerechnet hatte und der voll nachfinanziert werden musste.

Diese unerwartete Entwicklung erschütterte mein Vertrauen zu Architekten erneut schwer. Warum lag der Planer mit seiner Kostenschätzung so gewaltig daneben? War es nur Unvermögen? Wenn man weiß, wie Honorare berechnet werden, könnte man auch auf andere Gedanken kommen. Doch dies will ich nicht weiter vertiefen – es wäre ohnehin nur Spekulation.

Dass Architekten durch finanzielle Fehleinschätzungen schon riesige Probleme im privaten wie im öffentlichen Baubereich verursacht und sogar Existenzen von Bauherren zum Scheitern gebracht hatten, erlebte ich zuvor bereits. Nun bereiteten die Mehrkosten den Verantwortlichen der Hockenheim-Ring Besitz GmbH erhebliche Sorgen.

Doch es gibt auch Positives zu berichten: Die erweiterte Südtribüne wertet den Zuschauerbereich des Hockenheimrings enorm auf. Außerdem bietet sie im Marketingbereich viele Möglichkeiten. Ob aber das Marketingpotenzial Jahr für Jahr optimal ausgeschöpft wird, steht natürlich auf einem anderen Blatt.

Jedenfalls wurde die neue Tribüne erstmals zum Formel-1-Rennen 2003 gut vermarktet. Zu der Zeit verdunkelten allerdings schon recht düstere Wolken den bundesdeutschen Wirtschaftshorizont. Sie wirkten sich massiv auf das Formel-1-Geschäft der Hockenheim-Ring GmbH aus und ließen die kurz- und mittelfristigen Erfolgspläne nicht mehr aufgehen. Dazu erfahren wir später mehr.

Hotelerweiterung zurückgestellt

Waren die erweiterte Südtribüne und das Baden-Württemberg-Center die beiden wesentlichen Projekte des zweiten Bauabschnitts, standen danach noch zwei weitere auf dem Bauprogramm: das Fahrsicherheitszentrum (FSZ) und der viergeschossige Hotelanbau oberhalb der Nordtribüne mit 80 Zimmern. Während beim FSZ zügig die Bauphase eingeleitet wurde, zögerten wir beim Hotel.

Bei diesem hatte Architekt Volker Grein die Entwurfsplanung längst abgeschlossen. Es lag auch schon die baurechtliche Genehmigung vor. Als Nächstes hätten die einzelnen Baugewerke des auf rund fünf Millionen Euro geschätzten Projekts ausgeschrieben werden können. Greins überzeugende Planung sah moderne Hotelzimmer in einer Höhe zwischen zehn und zwanzig Metern vor, davon mehr als die Hälfte (48) mit einem tollen Blick auf den Hockenheimring. Der neue Bettentrakt hätte außerdem die vorhandene, im Verhältnis zum bisherigen Bettenangebot relativ große Infrastruktur des Hotels im Küchen-, Restaurant- und Tagungsbereich besser ausgelastet und für bessere Zahlen gesorgt.

Doch damals hatte die lahmende Konjunktur schon schwere Schleifspuren hinterlassen und auch am Hockenheimring lief es nicht mehr rund. Zusätzliche Probleme bereiteten uns die Mehrkosten am Bau. Deshalb wollten wir das Hotel an Dritte veräußern und den Bettenbau durch diese finanzieren lassen. Doch die Gespräche mit mehreren Interessenten führten zunächst zu keinem Erfolg. Mitte 2004 entschieden wir, die Verhandlungen um zunächst ein Jahr zu unterbrechen. Es sollte erst einmal abgewartet werden, wie stark sich das neue FSZ auf die Belegung des Hotels auswirken würde.

Wie erwartet, profitierte die Hotel-Gastronomie vom FSZ schon in dessen ersten Betriebsmonaten, weniger aber der Übernachtungsbereich. Zu denken gab, dass einige mehrtägige Veranstaltungen auf dem FSZ am Hotel vorbeigegangen sind. Entweder scheiterte es an der zu geringen Bettenanzahl oder am Hotelstandard, der nicht den Vorstellungen der Veranstalter entsprach. Moderne und größere Hotels wie der Walkershof in Reilingen ließen grüßen.

Einige Jahre danach und mit einem gewissen Abstand zu dem ganzen Geschehen am Hockenheimring bin ich nach wie vor überzeugt: Bei einer dauerhaft guten Auslastung des Hockenheimrings und des FSZs ginge die Rechnung mit dem Hotelanbau auf. Durch ihn bekäme das Hotel eine wesentlich bessere Qualität, müsste allerdings engagiert gemanagt und in Zusammenarbeit mit dem Hockenheimring und dem FSZ agil vermarktet werden. Dass dies private Hotelgesellschaften, die zudem noch an ein weltweites Reservierungssystem angeschlossen sind, wahrscheinlich besser verstehen, wird seit Jahren am Nürburgring bewiesen.

Der seit 1973 bestehende Hotelbetrieb am Hockenheimring war, sei es Pachtobjekt oder Eigenbetrieb, bis zum Ende meiner Amtszeit nie in der Lage, alle Kosten, also auch Abschreibungen und Kapitalkosten, zu erwirtschaften. Die Hockenheim-Ring GmbH nahm dies in Kauf, weil der Betrieb des Hockenheimrings ohne Hotel nicht denkbar ist. Solange das eigentliche Kerngeschäft einigermaßen ertragreich läuft, ist dies auch zu verschmerzen.

Als nachteilig für das Hotel erwiesen sich von Anfang an die zu geringe Betten-zahl, die Geräuschimmission der benachbarten Autobahn sowie die Kompromisse, die bei den unter der Haupttribüne befindlichen Zimmern mit schrägen Decken, überlangen Gängen, unterbrochen von im Winter unbeheizten Tribünenaufgängen, einzugehen waren. Ab den 1980er Jahren boomte in der Region der Neubau von Hotels. Sie verschärften die Konkurrenzsituation, der trotz aufwendiger Moderni-sierungsmaßnahmen nur schwer Paroli zu bieten war. Auch insofern sprach vieles für einen modernen Erweiterungsbau, der für ein wettbewerbsfähigeres Hotelpro-dukt gesorgt hätte.

Leider machte die 2007 beginnende Banken- und Finanzkrise mit dem massivs-ten Wirtschaftseinbruch seit den 1930er Jahren auch der Hotelbranche schwer zu schaffen. Sie sorgte nicht gerade für eine Basis, auf der Hotelbauten gut gedeihen. Doch das Geschäft des Hockenheimrings hat - abgesehen von der Formel 1 - schon so manches wirtschaftliche Tief erstaunlich gut überstanden. Und ein attrak-tiver Hotelanbau oberhalb der Nordtribüne würde sich besser vermarkten lassen als die meisten Hotelbetriebe in der Region. Er dürfte für private Investoren nicht uninteressant sein.

Ob aber daraus überhaupt noch etwas wird, hängt in erster Linie vom Wollen der Verantwortlichen bzw. ihren unternehmerischen Entscheidungen ab, zu denen auch das Abwägen der Risiken zählt. Umso mehr hoffe ich, dass bald wieder besse-re Zeiten kommen, in denen die Pläne der Hotelerweiterung aufgegriffen werden. Die Privatisierung des Hotels ist eine überlegenswerte Option.

✳

Dritter und letzter Bauabschnitt: Fahrsicherheitszentrum

Im Gegensatz zur Hotelerweiterung stand der Bau des FSZs nie in Frage. Das Architekturbüro Tilke hatte die dafür erforderlichen Tiefbauarbeiten im Spät-jahr 2001 separat, jedoch in einem Zug mit der neuen Strecke ausgeschrieben. Die Bickardt Bau AG hatte für den Grand-Prix-Kurs alleine zwar nicht das günstigste Angebot abgegeben, jedoch für den Fall, dass sie den Zuschlag zum Bau der Stre-cke und des FSZs erhalten würde, noch einen Nachlass auf beide Angebote einge-räumt. Durch den Abschlag waren ihre Offerten am günstigsten. Deshalb erhielt sie den Gesamtauftrag.

Die Tiefbauarbeiten für das FSZ sollten gleich nach Abschluss des Streckenbaus erfolgen. Wegen den noch laufenden Verhandlungen mit dem ADAC, der sein In-teresse als Mitbetreiber des FSZs bekundet hatte, kam es jedoch zu einer zeitlichen

Verzögerung. Dieser noch offene Punkt zählte zu den wesentlichen Gründen, die mich veranlassten, bei der OB-Wahl im Januar 2002 nochmals anzutreten. Ich wollte meinem Nachfolger auch in Sachen FSZ keine ungeordneten Verhältnisse hinterlassen.

Partnerschaft mit ADAC

Seit 1972 hatte ich ein umfassendes Bild vom Motorsport und von der bedeutenden Rolle gewonnen, die der ADAC in diesem Metier spielte. Deshalb war ich mir der Chance bewusst, als er sein Interesse an einer Partnerschaft beim FSZ bekundete. Seit Jahren führte er auf seinen zahlreichen Anlagen spezielle Fahrsicherheitstrainings für Pkws, Motorräder, Kleintransporter, Busse sowie Lkws durch. Deshalb hatte er das meiste Know-how zu bieten. Außerdem verfügte er über ein Potenzial von nahezu 15 Millionen Mitgliedern und war damit der mitgliederstärkste deutsche Automobilclub.

Im Motorsport engagierte sich der ADAC seit Jahrzehnten in eindrucksvoller Weise. Als Mitgesellschafter der Spitzenorganisation des deutschen Motorsports „Deutscher Motor Sport Bund e.V." beeinflusst er den nationalen Motorsports an entscheidender Stelle. Aber auch bei den internationalen Motorsportverbänden hat er viel Gewicht.

Obwohl der ADAC Württemberg, der ADAC Hessen sowie einige ADAC-Clubs auf dem Hockenheimring regelmäßig internationale und nationale Motorsportveranstaltungen durchführten, präferierten die ADAC-Zentrale in München und die einflussreichen ADAC-Gaue am Mittel- und Nordrhein den Nürburgring. Dessen Neubau in den 1980er Jahren unterstützte der ADAC ideell und finanziell mit fünf Millionen Mark. Die Partnerschaft des ADAC mit dem Nürburgring kam auch als Mitpromoter bei den Formel-1-Rennen um den Großen Preis von Europa zum Tragen.

Das Verhältnis des ADAC zum Hockenheimring beeinflusste auch die Mitgliedschaft des BMC im Deutschen Motorsport Verband e.V. (DMV). Dessen mit Abstand größter Kooperativclub ist der BMC. Der DMV - zwergenhaft im Vergleich seiner Mitgliederzahl mit der des ADAC - bildete mit dem ADAC jahrzehntelang die Oberste Motorrad-Kommission Deutschlands (OMK). Diese gleichberechtigte Partnerschaft zwischen zwei eigentlich ungleichen Partnern war, wie ich es selbst als Vorstandsmitglied des DMV erlebte, häufig spannungsgeladen.

Aus all diesen Gründen hoffte ich, eine ADAC-Beteiligung am FSZ würde nicht nur dessen Betrieb zugute kommen, sondern auch den motorsportlichen Beziehungen zwischen ADAC und Hockenheimring. Deshalb nahm ich den Ball gleich auf, als Dr. Erhard Oehm, ADAC-Vizepräsident für Verkehr und Vorsitzender des ADAC Hessen-Thüringen e.V., im Frühjahr 2001 Interesse am geplanten FSZ am Hockenheimring bekundete. Er, der im ADAC die Federführung beim Bau größerer Fahrsicherheitszentren innehatte, war von dem Projekt gleich überzeugt, das inmitten des neuen Grand-Prix-Kurses auf einer Fläche von knapp elf Hektar entstehen sollte.

Die Verhandlungen mit Dr. Oehm führten schließlich zur Gründung der Betriebsgesellschaft „Hockenheim-Ring ADAC FSZ GmbH". Sie wurde mit einem Stammkapital von 50.000 Euro ausgestattet, das folgende Gesellschafter übernahmen:

- Stadt Hockenheim (25,5 Prozent),
- BMC (24,5 Prozent),
- ADAC Hessen-Thüringen e.V. (30 Prozent),
- ADAC Fahrsicherheit GmbH (10 Prozent),
- ADAC Nordrhein e.V. (5 Prozent) und
- ADAC Nordbaden e.V. (5 Prozent).

Stadt und BMC stellten zusammen also 50 Prozent des Stammkapitals, die anderen 50 Prozent der ADAC. In Verbindung mit dieser Beteiligung gewährte der ADAC noch einen Zuschuss sowie ein Darlehen zur Finanzierung des FSZs.

Die Sache hatte aber noch einen Haken. Mit seinem Einstieg verlangte der ADAC, dass eine andere als die bisher vorgesehene Technik eingebaut würde. Das führte zu erheblichen Umplanungen und Mehrkosten. Schließlich kostete die von der Firma Technische Hydraulik Wien gelieferte und eingebaute Technik zwei Millionen Euro. Diese Kosten finanzierte der Betreiber bzw. Pächter des FSZ, die Hockenheim-Ring ADAC FSZ GmbH.

Daneben mussten in den Bau des FSZs noch weitere 7,3 Millionen Mark (ohne MwSt.) einschließlich der anteiligen ökologischen Ausgleichsmaßnahmen investiert werden. Aufgrund des ADAC-Zuschusses hatte der Bauherr und Verpächter des FSZs, die Hockenheim-Ring Besitz GmbH, aber nur 5,1 Millionen Euro (ohne MwSt.) zu finanzieren. Sie erhält im Gegenzug eine Pacht, die ihren jährlichen Kapitaldienst deckt.

Das FSZ stellte den dritten und letzten Bauabschnitt der am 2. Januar 2002 begonnenen Modernisierungsmaßnahmen dar. Mit seinen sieben Modulen, darunter Gleitflächen, Dynamikplatten für Pkw und Lkw und Aquaplaningflächen, zählt es zu den modernsten seiner Art in Europa. Es wurde am 1. April 2004 offiziell eröffnet. Rechtzeitig zuvor hatte die Betriebsgesellschaft für das nötige Personal gesorgt, das in den Büroräumen des Baden-Württemberg-Centers Einzug hielt.

Zu Geschäftsführern wurden der gebürtige Hockenheimer Dr.-Ing. Jörg Söhner sowie Georg Seiler bestellt. Söhner hatte diese Position bis Ende 2006 inne. Danach wechselte er zur Hockenheim-Ring GmbH, aus deren Diensten er zum 31. Dezember 2007 ausschied.

❋

Die leidige Sache mit den baubedingten Mehrkosten

Seit den ersten Überlegungen zur Modernisierung des Hockenheimrings waren noch keine fünf Jahre vergangen. Nicht alles lief wie geplant, doch das Wesentliche wurde umgesetzt.

Am Ende hatten die öffentlichen Ausschreibungsergebnisse die Kostenansätze um rund 10 Millionen Euro überschritten. Dies war auch den engen Vergabebestimmungen geschuldet, die keine Nachverhandlungen mit den günstigsten Bietern zuließen. Außerdem stand das Modernisierungsprojekt unter einem enormen Zeitdruck. Dadurch war es nur in wenigen Fällen möglich, eventuell kostengünstigere Umplanungen vorzunehmen und neu auszuschreiben. Stattdessen wurden, wie berichtet, geplante Vorhaben zurückgestellt und die neue Südtribüne nicht in der ursprünglich geplanten Dimension errichtet.

Hinzu kamen notwendige Ergänzungs- und Sanierungsmaßnahmen, die mit weiteren rund 6 Millionen Euro zu Buche schlugen. Da der Landeszuschuss auf einen Festbetrag fixiert war, blieben auch diese Kosten bei der Bezuschussung außen vor. Es wäre deshalb aus meiner Sicht naheliegend gewesen, als Basis für weitere Gespräche mit dem Land diese zusätzlichen Kosten von rund 16 Millionen Euro zugrunde zu legen. Warum ich dazu keine Gelegenheit mehr bekam, erfahren wir in einem späteren Kapitel.

❋

Projektpräsentation in der Landesvertretung in Berlin

Anfang März 2004 hatten wir Gelegenheit, den modernisierten Hockenheimring in der Vertretung des Landes Baden-Württemberg beim Bund zu präsentieren. Für diese Interessenvertretung in Berlin hatte das Land im Berliner Botschaftsviertel am Tiergarten ein modernes, architektonisch anspruchsvolles Gebäude errichten lassen, das im Jahre 2000 fertig gestellt wurde. In dessen Zentrum befindet sich der repräsentative Baden-Württemberg-Saal, der sich über die ganze Gebäudehöhe aufrichtet. Er diente dem Hockenheimring als Ausstellungsfläche.

Die Landesvertretung leitete Rudolf Köberle, Landesminister für Bundesangelegenheiten. Mit ihm und seinem Büro hatte ich unseren Besuch abgestimmt, dessen eigentliches Ziel es war, die Bundespresse für unsere modernisierte Anlage zu interessieren und mit ihrer Hilfe in der Bundeshauptstadt zu werben. An der Fahrt nach Berlin nahmen ein Großteil des Hockenheimer Gemeinderats, Amtsleiter der Stadtverwaltung sowie Mitarbeiter des Hockenheimrings teil.

Vor unserer Reise waren über 200 Einladungen an Medien und Verbände sowie die benachbarten Botschaften gegangen. Gut 50 Personen kamen, um sich über unsere moderne Rennstrecke zu informieren. Neben dem Modell des neuen Rings zeigten wir zusätzlich noch Pläne und Infotafeln, anhand derer ich unsere Anlage als ein Aushängeschild Baden-Württembergs vorstellte.

Zum Zeitpunkt unserer Präsentation weilte Dr. Annette Schavan in der Landesvertretung, damals Ministerin für Kultus, Jugend und Sport unseres Landes. Ihre Anwesenheit hatte einen aktuellen Grund. Union und FDP nominierten zu der Zeit eine Persönlichkeit für das Bundespräsidentenamt. Frau Dr. Schavan wurde als Kandidatin gehandelt.

Ich kannte die Ministerin schon von einem Besuch der Theodor-Heuss-Realschule sowie einer Veranstaltung der CDU in Hockenheims Stadthalle. Bei dieser hatte sie, begleitet von Gerhard Stratthaus, vor einer Landtagswahl zu schulpolitischen Themen Stellung genommen und fachlich auf mich recht kompetent gewirkt.

Wir Hockenheimer hätten uns natürlich gefreut, wenn die Ministerin Interesse an unserem Projekt gezeigt und uns kurz begrüßt hätte. Doch sie schaffte es auf der offenen Treppe vom ersten Obergeschoss zu uns ins Erdgeschoss lediglich bis zum Treppenabsatz, verharrte dort kurz, schaute über uns hinweg und zog sich wieder nach oben zurück. Zumindest ein kurzes Hallo als Zeichen der Wertschätzung und des Interesses wäre in diesem Moment eine schöne Geste gewesen.

Über ihr reserviertes Verhalten war ich auch deshalb enttäuscht, weil sie doch wissen musste, dass der Menschenauflauf in der Eingangshalle der Präsentation des nordbadischen Rennstreckenprojekts bzw. uns Hockenheimern zu verdanken war. Das kostete die Dame bei uns einige Sympathiepunkte.

Am Ende nominierten Union und FDP auch nicht sie für das Amt des Bundespräsidenten, sondern Horst Köhler.

Unmittelbar nach unserer Präsentation führte uns eine südafrikanische Botschaftsmitarbeiterin spontan durch die benachbarte neue Botschaft der Republik Südafrika in der Tiergartenstraße, die gerade eröffnet worden war. Das moderne, mit Naturstein und Glas verkleidete, mehrgeschossige Gebäude hat ein hohes Atrium als architektonischen Mittelpunkt. Es beeindruckte mich sehr.

In unserer Bundeshauptstadt nahmen wir die Gelegenheit war, eine Sitzung des Bundesrats zu verfolgen und im Reichstag Bereiche kennen zu lernen, die normalerweise nur für Abgeordnete zugänglich sind. Wir führten auch ein ausführliches Gespräch mit unserem Wahlkreisabgeordneten Olaf Gutting (CDU), dem wir die schwierige Situation der Kommunen verdeutlichten, die unter massiven Einnahmerückgängen sowie einem exorbitanten Anstieg der Sozialausgaben zu leiden hatten.

Ein Besuch des ADAC-Fahrsicherheitszentrums Linthe bei Berlin rundete unsere Reise ab. Mit einer Nutzfläche von 25 Hektar ist es wohl das größte in Europa. Es bietet im Gegensatz zu dem Hockenheimer FSZ noch einen Handlingkurs sowie ein großes Off-Road-Gelände. Dafür liegt das Hockenheimer FSZ inmitten des Hockenheimrings, der bei Bedarf mitbenutzt werden kann.

Die Präsentations- und Informationsfahrt nach Berlin zählte zu den interessantesten, die ich mit dem Gemeinderat unternahm.

※

GPA-Prüfung führte zu Medienkritik und Imageschaden

Bei baden-württembergischen Kommunen wie der Stadt Hockenheim überprüft die Gemeindeprüfungsanstalt Baden-Württemberg (GPA) von Zeit zu Zeit die Bauausgaben. Erfahrungsgemäß dient dies nicht nur der Kontrolle, sondern zahlt sich auch oft noch aus. Während meiner Amtszeit entdeckten die externen Prüfer bei der Stadtverwaltung oft zu viel berechnete Mengen oder unkorrekte Preise, die trotz Prüfung durch Architekten oder städtische Mitarbeiter nicht festgestellt wurden. Überzahlungen mussten dann von den Baufirmen zurückgefordert werden.

Eingedenk der positiven Erfahrungen legte ich, obwohl dazu keine Verpflichtung bestand, beim Modernisierungsprojekt Hockenheimring von Anfang an größten Wert auf die Überprüfung der Bausachen durch die GPA – im Übrigen auch Projektleiter Dr. Vögele. Die GPA-Prüfung sollte klären, ob alles korrekt und sauber gelaufen war.

Da zur Prüfung alle Schlussrechnungen eines Projekts vorliegen müssen, erhielt die GPA erst im August 2002 den Auftrag, den Streckenneubau und die Mercedes-Tribüne unter die Lupe zu nehmen. Doch bis es zur eigentlichen Prüfung kam, verstrich noch einige Zeit. Im Februar 2004 informierte uns die GPA in einer internen Gesprächsrunde über ihre Prüfungserkenntnisse. Sie hatte Verschiedenes zu beanstanden, musste aber erst noch einiges näher untersuchen. Einen Prüfungsbericht konnte sie deshalb noch nicht vorlegen.

Durch eine Insider-Indiskretion, deren Quelle ich mir zwar denken, aber nicht beweisen konnte, wurde die Sache an die Stuttgarter Zeitung lanciert. Die produzierte daraus sofort Schlagzeilen über angebliche Unkorrektheiten, stellte aber selbst einige Sachverhalte nicht richtig dar. Andere Medien hängten sich aus verständlichen Gründen sofort an. Dabei stand einmal mehr Projektleiter Dr. Vögele im Mittelpunkt der Mutmaßungen. Für die Journalisten, die seinen Einsatz als Baubetreuer von Anfang an kritisiert hatten, waren die GPA-Ergebnisse nun ein gefundenes Fressen.

Nur, Dr. Vögeles Aufgabe war es nicht, eine detaillierte bautechnische Überprüfung der Rechnungen vorzunehmen und sie zur Anweisung zu empfehlen. Dafür waren die beauftragten und bauleitenden Ingenieur- und Architekturbüros zuständig und verantwortlich. Dr. Vögele oblag die Koordination sowie die Vertretung des Bauherrn bei den Modernisierungsmaßnahmen, allerdings auch die Aufgabe zu prüfen, ob die Forderungen der Sache nach berechtigt sind und keine Vorbehalte bestehen, sie zur Zahlung anzuweisen.

Nun mussten sich die Hockenheim-Ring Besitz GmbH und ich von den Medien vorhalten lassen, wir hätten in der Sache zu lange geschwiegen und Geheimniskrämerei betrieben. Fakt war zu der Zeit aber, dass die Untersuchungsergebnisse der GPA noch nicht vorlagen. Deshalb wäre es töricht und unverantwortlich gewesen, am Bau Beteiligte in der Öffentlichkeit zu verdächtigen oder gar zu beschuldigen. Dies hätte nur die Position der Hockenheim-Ring Besitz GmbH geschwächt und zu juristischen Auseinandersetzungen geführt. Deshalb stufte nicht nur ich die Medienkritik in die Kategorie „reine Stimmungsmache" ein, unter der das Image des Hockenheimrings, der Stadt und deren Verantwortliche litten. Vom SWR wurde außerdem noch behauptet:

> „Die Gesellschafterversammlung der Hockenheim-Ring Besitz GmbH hat sämtlichen Maßnahmen des Streckenumbaus offenbar ohne Einsicht in schriftliche Unterlagen zugestimmt. Nach »Informationen des SWR« hat der Projektleiter des mehr als 60 Millionen teuren Umbaus, Rainer Vögele, das Aufsichtsgremium immer nur mündlich über die Vergabe von Baumaßnahmen und die dafür vorgesehenen Kosten informiert."

Die Quelle waren also „Informationen des SWR"! Obwohl diese Informationen nicht stimmten, berichteten noch einige andere Medien darüber. Fakt war: Ein mündlicher Vortrag war nur in ganz wenigen Ausnahmefällen erfolgt. Üblicherweise erhielt die Gesellschafterversammlung schriftliche Beschlussvorlagen. Außerdem lag sämtlichen Vergaben eine öffentliche VOB-Ausschreibung durch die beauftragten Architektur- und Ingenieurbüros zugrunde. Die Submissionen waren von den zuständigen Büros überprüft und die Auftragsvergaben von diesen über Projektleiter Dr. Vögele vorgeschlagen worden.

Doch die unzutreffenden Behauptungen waren in der Welt und brachten auch noch das Aufsichtsgremium ins Zwielicht. Dieses war allerdings gerade in der entscheidenden Bauphase durch Krankheiten geschwächt. Deshalb war ich oft dem Verzweifeln nahe. Als in fast wöchentlich stattfindenden, zeitraubenden Gesellschafterversammlungen über Ausschreibungen und Auftragsvergaben entschieden werden musste, stand uns BMC-Präsident Dieter Herz durch eine schwere Erkrankung immer seltener zur Verfügung. Dies belastete mich natürlich gerade in jener Zeit noch zusätzlich, in der es auf die Abstimmung mit ihm und auf seine Mitarbeit besonders angekommen wäre.

Neben Dieter Herz fehlte in dieser Zeit in der relativ kleinen Gesellschafterversammlung auch noch ein Stadtrat häufig. Dieser musste eine Chemotherapie durchstehen, dachte jedoch nicht daran, seinen Platz für einen anderen städtischen Vertreter zu räumen. Außerdem kann ich nicht ausschließen, dass das Modernisierungsprojekt das eine oder andere Mitglied des Entscheidungsgremiums überforderte. In den schwierigen Entscheidungsphasen hätte ich mir durchaus ein Mehr an interner Unterstützung gewünscht.

Nun war das Paradoxe, dass diejenigen, die von Anfang an größten Wert auf eine einwandfreie Abwicklung der Modernisierungsmaßnahmen gelegt und frühzeitig die Überprüfung durch die GPA gefordert und auf den Weg gebracht hatten, in ein schiefes Licht gerieten.

Ende April 2004 legte die GPA ihren Prüfungsbericht vor, der den Neubau der Mercedes-Tribüne und der Grand-Prix-Strecke betraf. Geprüft worden war ein Bauvolumen von rund 27 Millionen Euro. Festgestellt wurden Überzahlungen von 1,2 Millionen Euro oder von 4,4 Prozent – immerhin!

Wo möglich, wurden die Beträge mit noch offenen Rechnungen der Baufirmen verrechnet oder zurückgefordert. Soweit ich mich erinnere, akzeptierten die Baufirmen aber nicht alle zurückgeforderten Beträge. Durch meine Pensionierung war es mir nur noch als „Außenstehender" möglich, weiter zu verfolgen, wie die Dinge ausgegangen sind.

Im Prüfungsbericht vom 27. April 2004 gab mir trotz verschiedenster Feststellungen eine besonders zu denken. Es ging um die Tief- und Straßenbauarbeiten, also den Neubau der Grand-Prix-Strecke, für die das Büro Tilke das Leistungsverzeichnis erstellt und die Firma Bickardt Bau AG den Zuschlag erhalten hat. Dazu berichtete die GPA unter anderem:

> „Der Ersteller der Ausschreibungsunterlagen hat die geforderte Bauleistung nicht konkret beschrieben. Von den rund 900 ausgeschriebenen LV-Positionen sind für die Abrechnung nur rund 500 LV-Positionen benötigt worden. Bei den rund 500 benötigten LV-Positionen sind teilweise erhebliche Mengenveränderungen eingetreten."

Wie konnte ein so renommiertes und im Rennstreckenbau·erfahrenes Büro wie Tilke ein Leistungsverzeichnis mit 900 Positionen erstellen, von denen 400 überhaupt nicht benötigt wurden? Warum lag es bei den Mengenangaben so daneben?

Am 27. Mai 2004 ergriffen wir die Offensive und luden die Presse zur Vorstellung des GPA-Prüfberichts an den Hockenheimring ein. Bei der Pressekonferenz waren alle am Bau Verantwortlichen mit an Bord: Architekt Tilke, Dr. Vögele, Geschäftsführer und Gesellschafter-Vertreter. Wir hatten uns gut vorbereitet und zuvor den Mannheimer Rechtsanwalt Christian Gilcher gebeten, die Prüfungsfeststellungen juristisch zu beurteilen. Seinem Rat folgend, wurden wir nicht in allen Fällen konkret.

Obwohl wir verdeutlichten, dass eigentlich kein Schaden entstanden sei, weil Überzahlungen bereits zurückgefordert worden seien oder verrechnet würden, war der einhellige Tenor der Medien: „Finanzielle Unregelmäßigkeiten beim Ausbau der Rennstrecke. Fehler eingestanden. Es sind mindestens 1,2 Millionen zu viel gezahlt worden." Kritik erntete auch Dr. Vögele, weil er erklärte, bei einer geprüften Bausumme von 27 Millionen liege man mit 1,2 Millionen Beanstandungen „im Skontobereich".

Auch wenn die meisten Presseartikel nicht positiv klangen, war nun die Luft aus der Sache raus. Doch Ruhe an der Hockenheimring-Front gab es noch lange keine.

Mein Fazit: Die Prüfung des ersten Bauabschnitts durch die GPA brachte für die Hockenheim-Ring Besitz GmbH ein Resultat, mit dem bei einem so komplexen Bauvorhaben, das dazu noch unter einem enormen Zeitdruck stand, zu rechnen war. Dass nicht alles glatt laufen würde, lag bei einem Großprojekt wie diesem in der Natur der Sache. Deshalb habe ich mich von Anfang an für die GPA-Prüfung stark gemacht. Finanziell lohnte sich dies, doch vom Image her kamen dadurch weder der Hockenheimring, der Baubetreuer noch ich gut weg.

Ihren zweiten Prüfbericht über die Bauausgaben legte die GPA erst nach meiner Pensionierung im Juni 2005 vor. Dazu erfahren wir später mehr.

❋

Warum die Rechnung nicht aufging

AUS FAUST I

Das also war des Pudels Kern.

JOHANN WOLFGANG VON GOETHE

Im Sog der negativen Wirtschaftsentwicklung

Die Ursachen der finanziellen Probleme waren teils auf die projektbezogenen Mehrkosten am Bau, teils aber auch auf externe Einflüsse bzw. politische Entscheidungen zurückzuführen. Da die Zeit über vieles hinweggeht, sind diese Zusammenhänge bei vielen wohl bald in Vergessenheit geraten, während sie anderen ohnehin nie so recht bewusst waren. Deshalb scheint es mir geboten, mich damit in den folgenden Kapiteln einmal näher zu befassen.

Der im Jahre 2002 erstmals auf der modernisierten Strecke ausgerichtete Formel-1-Grand-Prix bescherte der Hockenheim-Ring GmbH ein Rekordergebnis und erfüllte fast alle Erwartungen. Wären die Rennen auch in den Folgejahren einigermaßen vergleichbar gelaufen, wäre unsere Rechnung mit der Finanzierung der Investitionen voll aufgegangen. Doch es lief anders.

Im Jahre 2003 lag das Ergebnis des Rennens noch einigermaßen im bereits nach unten korrigierten Plan. Die dann folgenden Formel-1-Rennen ließen immer mehr zu wünschen übrig und verursachten von Jahr zu Jahr höhere Verluste. Für den höchsten ungedeckten Aufwand von 5,3 Millionen Euro sorgte die Formel-1-Veranstaltung 2008. Die zur Bedienung der Kredite kalkulierten Einnahmen wurden nicht mehr erzielt – das Finanzierungskonzept war gescheitert.

Diese katastrophale Ergebnissituation resultierte zwar auch aus dem operativen Betrieb der Hockenheim-Ring GmbH, war aber primär der gesamtwirtschaftlichen Situation geschuldet.

Auch am Nürburgring ist in dieser Zeit die Rechnung des Formel-1-Promoters nicht mehr aufgegangen. Im Jahresbericht 2006 des Rechnungshofs Rheinland-Pfalz (veröffentlicht am 3. Januar 2007) werden die Verluste der Nürburgring GmbH im Jahre 2004 auf 9,58 Millionen Euro und im Jahr 2005 auf 9,67 Millionen Euro beziffert, verursacht durch hohe Unterdeckungen der Formel-1-Veranstaltungen. Nach den Angaben des Rechnungshofs war der Verlust aus dem Formel-1-Rennen im Jahre 2006 sogar noch höher als in 2005, zurückzuführen auf einen Rückgang der Besucher von 2003 bis 2006 um 27 Prozent. Nur, am Nürburgring stand dafür das Land Rheinland-Pfalz als Hauptgesellschafter gerade.

Dazu der Jahresbericht 2006 des Rechnungshofs:

> „Das Ministerium der Finanzen hat mitgeteilt, der Ministerrat habe »die Bereitschaft der Nürburgring GmbH zur Kenntnis genommen, aus strukturpolitischen Erwägungen mit Hilfe von Kapitalzuführungen in Höhe von insgesamt 30 Mio. Euro im Zeitraum 2007 bis 2009 die erheblichen Risiken aus dem weiteren Formel-1-Geschäft zu übernehmen.«"

Im Gegenzug profitierte das Land Rheinland-Pfalz von Steuereinnahmen in Millionenhöhe, die eine Formel-1-Veranstaltung mit sich bringt. Außerdem ist sich das Land Rheinland-Pfalz der strukturpolitischen Bedeutung dieser Rennen für die Region wohl voll bewusst.

In Baden-Württemberg beurteilt man dies offensichtlich anders. Bisher war jedenfalls niemand zur Verlustabdeckung bereit. Deshalb hätten spätestens nach dem Formel-1-Grand-Prix 2004, als sich kein positives Szenario mehr abzeichnete, gegenüber Ecclestone alle Register gezogen werden müssen, um den Formel-1-Vertrag auf finanzierbare Konditionen umzustellen. Ich ging im September 2004 in den Ruhestand, hatte also keine Karten mehr im Spiel. Deshalb vermag ich nicht zu beurteilen, warum die Vertragsanpassung erst 2009 erreicht wurde.

Ursache des nachlassenden Interesses an der Formel 1 war primär die seit Jahren schwindende Kaufkraft. Und diese kam ja nicht von ungefähr. Bei der Entscheidung zur Modernisierung war das wirtschaftliche Desaster nicht abzusehen.

Als Mitte der 1990er Jahre der Wiedervereinigungsboom zu Ende gegangen und für die Ex-DDR nahezu alle Märkte im ehemaligen Ostblock durch den wirtschaftlichen Niedergang der COMECON-Staaten weggebrochen waren, hatte die von Kohl geführte christlich-liberale Regierung bereits mit der steigenden Arbeitslosigkeit zu kämpfen. Sie hatte deshalb ein Programm von über 30 Milliarden Mark zur Förderung öffentlicher Investitionen sowie zur Senkung von Steuern und Lohnnebenkosten vorgeschlagen. Diesem Programm hätte der Bundesrat zustimmen müssen, doch der blockierte es im Vorfeld der Bundestagswahl 1998. In Bundesrat hatten damals die SPD-regierten Länder die Mehrheit – und Lafontaine stand noch an der Spitze der SPD!

Am 27. September 1998 wurde turnusgemäß ein neuer Bundestag gewählt. Zu dieser Wahl war Kanzler Kohl nach sechzehn Regierungsjahren - auch zur Überraschung vieler Mitglieder der Union - erneut angetreten. Bei der Wahl erreichte die SPD mit den Grünen eine knappe Mehrheit, die zur Bildung der Regierung Schröder/Fischer führte. Der neue Kanzler Schröder versprach, nicht alles anders, aber vieles besser machen zu wollen. Man durfte gespannt sein.

Liefen schon die ersten Monate von Rot-Grün nicht rund, beeinflusste ihre Politik die wirtschaftliche Entwicklung massiv. Das sollte auch der Hockenheimring zu spüren bekommen.

❋

Ursachen und Wirkung rot-grüner Politik

Zunächst bat die rot-grüne Bundesregierung jene zur Kasse, die etwas angespart hatten. Ab dem 1. Januar 2000 reduzierte sie den Sparerfreibetrag von 6.100 auf 3.100 Mark (bei Verheirateten von 12.200 auf 6.200 Mark). Davon waren viele betroffen, die sich fragten, wie sich dennoch höhere Steuerzahlungen von den Erträgen ihrer Sparguthaben vermeiden ließen.

Nun schlug die Stunde der Banken und Sparkassen. Deren Vermögensberater rieten den Leuten, ihr Geld in Aktien oder Investmentfonds anzulegen, mit denen in den 1990er Jahren durchweg gute Renditen erzielt worden waren. Erträge aus Wertpapieren, die man mindestens ein Jahr im Depot hielt, waren damals steuerfrei. Ich kenne einige, die dem Rat der Banker folgten und ihr Geld in Wertpapiere umschichteten. Die Nachfrage sorgte für steigende Kurse. Von diesen versprachen sich andere wiederum satte Gewinne und dies veranlasste sie, in den Aktienmarkt einzusteigen. Die Aktienindizes kletterten in bisher nie gekannte Höhen.

Im Jahre 2001 platzte die Blase – die Folgen waren verheerend. Neben den Großanlegern verloren auch viele kleine Anleger einiges von ihrem sauer Ersparten. Nach dem Manager Magazin vom 18. Juni 2002 vernichtete die Börsenflaute in Deutschland privates Geldvermögen in einer Größenordnung von 160 Milliarden Euro. Dass dies der gesamten Volkswirtschaft nicht zugute kam und die Stimmung im Lande trübte, zeigte die Praxis sehr schnell.

Daneben verursachte aber auch die Unternehmenssteuerreform 2000 einen schweren wirtschaftlichen Rückschlag. Mit der wurde das bisherige Anrechnungsverfahren auf das Halbeinkünfteverfahren - das ist ein Verfahren zur steuerlichen Entlastung von Einnahmen aus Beteiligungen von Kapitalgesellschaften - umgestellt.

Nach einem Bericht des Deutschen Städtetags soll der zuständige Bundesfinanzminister Hans Eichel (SPD) aufgrund der Reform jährliche Mehreinnahmen an Körperschaftssteuer von rund 20 Milliarden Euro erwartet haben. Normalerweise hätten davon dann auch die Kommunen profitiert, denn die ihnen zustehende Gewerbesteuer wird wie die Körperschaftssteuer vom Unternehmensertrag berechnet. Dies aber wollte der Gesetzgeber partout vermeiden. Deshalb erhöhte er die von den Kommunen an den Bund abzuführende Gewerbesteuerumlage stufenweise von 20 auf 29 Prozentpunkte, um so die vermeintlich höheren Gewerbesteuereinnahmen abzuschöpfen.

Es zeigte sich leider aber sehr schnell, dass diese Rechnung weder für den Bund noch für die Länder, geschweige denn für die Kommunen aufging. Entgegen den Annahmen führte die Unternehmenssteuerreform 2000 zu gewaltigen Steuerausfällen. Die Zahlen des Finanzministeriums Baden-Württemberg, Referat 52, vom 19. Februar 2008 über die Quartalsergebnisse bei der Körperschaftssteuer im Bundesgebiet und Baden-Württemberg in den Jahren 1999 bis 2004 verdeutlichen das finanzielle Desaster (siehe Tabelle nächste Seite).

Abschrift:

Finanzministerium
Baden-Württemberg
Referat 52

Den 19. Februar 2008

Quartalsergebnisse bei der Körperschaftssteuer im Bundesgebiet in den Jahren 1999 bis 2004

Jahr	Jan. - März	April - Juni	Juli - Sept.	Okt. - Dez.	Jahr
in Mio. Euro					
1999	5.627	5.511	5.377	5.845	22.359
2000	6.248	7.517	4.853	4.958	23.575
2001	1.679	429	− 639	− 1.895	− 426
2002	665	− 1.961	964	3.195	2.864
2003	2.443	1.221	1.180	3.431	8.275
2004	2.177	4.481	2.737	3.728	13.123

Quartalsergebnisse bei der Körperschaftssteuer in Baden-Württemberg in den Jahren 1999 bis 2004 *)

Jahr	Jan. - März	April - Juni	Juli - Sept.	Okt. - Dez.	Jahr
in Mio. Euro					
1999	872	463	1.255	1.141	3.730
2000	453	1.525	735	861	3.573
2001	576	− 470	502	239	846
2002	320	13	− 323	363	374
2003	604	809	325	814	2.553
2004	570	788	877	912	3.148

*) 100 v. H. der Körperschaftssteuer nach Zerlegung und nach
Abzug der Erstattungen des Bundesamtes für Finanzen

Betrug das Körperschaftssteueraufkommen des Jahres 2000 rückblickend noch 23,57 Milliarden Euro, nahm der Staat durch die Reform im Folgejahr keinen Cent an Körperschaftssteuer mehr ein. Dieses Fiasko verschärften noch Vorauszahlungen an Körperschaftssteuer in Höhe von 426 Millionen Euro, die 2001 an die Unternehmen zurückbezahlt werden mussten. Statt 20 Milliarden Euro mehr - wie vom Bundesfinanzminister erwartet - nahmen Bund und Länder knapp 24 Milliarden Euro weniger ein! Aufgrund dieses Ausfalls gerieten die Haushalte des Bundes und der Länder aus allen Fugen. Auch die Folgejahre, in denen viele große Konzerne keinen Cent mehr an Körperschaftssteuer zahlten, waren nicht viel besser.

Im Jahre 2002 erhöhte sich das Aufkommen der Körperschaftsteuer auf bescheidene 2,86 Milliarden und im Jahre 2003 auf 8,26 Milliarden Euro.

Es ist mir noch heute ein Rätsel, wie sich ein Finanzminister, der ein solches Steuerfiasko zu verantworten hatte, noch Jahre im Amt halten konnte. Auch keine Spur von dem in solchen Fällen üblichen „Druck" der Medien!

Da den Ländern 50 Prozent der Körperschaftssteuer zusteht, trafen die Ausfälle auch Baden-Württemberg empfindlich. Nahm es im Jahr 2000 noch 3,57 Milliarden Euro von dieser Steuer ein, waren es im Folgejahr nur noch 846 Millionen. Im Jahre 2002 sackte die Körperschaftssteuer sogar auf 374 Millionen Euro ab, betrug also nur noch 10,5 Prozent des Aufkommens von vor zwei Jahren.

Die Milliardenausfälle ließen die Finanzen des Landes aus dem Ruder laufen. Deshalb setzte es bei nahezu allen Ausgaben den Rotstift an, kürzte auch die Besoldung der Landes- und Kommunalbeamten und erhöhte zugleich deren wöchentliche Arbeitszeit, was bei den Arbeitern und Angestellten des öffentlichen Dienstes aufgrund der Tarifverträge nicht möglich war. Die Kürzungen trafen auch die Pensionäre. So etwas hatte es seit der Spar- und Deflationspolitik Heinrich Brünings in den 1930er Jahren nicht mehr gegeben.

Leider traf dieses Szenario auch die Kommunen. Sie nahmen aufgrund der Steuerreform weniger Gewerbesteuer ein, mussten aber von dem geringeren Gewerbesteueraufkommen durch die höhere Umlage mehr an den Bund abführen. Zudem erhielten sie weniger aus dem Finanzausgleichstopf des Landes, wurden aber durch steigende Kreisumlagen zusätzlich belastet. So musste der Rhein-Neckar-Kreis die Umlage binnen weniger Jahre um fast zehn Prozent erhöhen. Immer mehr kommunale Etats rutschten ins Minus und die Kämmerer mussten mehr denn je den Rotstift ansetzen. Dies wirkte sich auch auf die kommunalen Stellenpläne und die Beschäftigung aus.

Da die Mittel für kommunale Investitionen schrumpften, erhielten Handwerker und Baufirmen weniger öffentliche Aufträge. Auch dies trug zur höheren Arbeitslosigkeit bei. Laut Statistik stieg sie auf 5,5 Millionen. Real war sie aber wesentlich höher! Dazu ein Beispiel: Die offizielle Arbeitslosenquote belief sich im November 2006 auf 9,6 Prozent, die tatsächliche auf 13,6 Prozent (Quelle: Stiftung Marktwirtschaft und Wirtschafts-Woche Global 1/2011). Dies belastete die sozialen Systeme. Zugleich nahm der Staat immer weniger Steuern ein.

Den wirtschaftlichen Abschwung verdeutlichten auch die Insolvenzen. Sie erreichten im Jahre 2003 mit 39.470 einen Höchststand – im Jahr 1999 gab es zum Vergleich nur 26.620 Pleiten.

Es dauerte im Übrigen drei Jahre, bis Rot-Grün im Jahre 2003 bereit war, die von ihr erhöhte Gewerbesteuerumlage auf das alte Niveau zurückzuführen. Verständlich – welcher Politiker räumt schon gerne einen kapitalen Fehler ein?

Parallel dazu baute die Bundesregierung mit ihrer rot-grünen Mehrheit im Bundestag das Steuersystem aus ideologischen und ökologischen Gründen um und verteuerte die Energie massiv. Am 1. April 1999 trat die 1. Stufe der Ökosteuer in Kraft, deren zusätzliche Einnahmen in die gesetzliche Rentenversicherung zur Senkung der Beiträge flossen.

Mit der Ökosteuer wurde eine Stromsteuer von 2 Pfennigen pro kWh eingeführt und die Mineralölsteuer um 6 Pfennige pro Liter erhöht. Doch dabei blieb es nicht. Die Steuersätze wurden bis 2003 stufenweise weiter angehoben. Die 2. Stufe der Ökosteuer vom 1. Januar 2000 erhöhte die Stromsteuer auf 2,5 Pfennige pro Kilowattstunde und die Mineralölsteuer um weitere 6 Pfennige pro Liter. Bis 2003 stiegen die Stromsteuer auf 2,05 Cent/kWh (4 Pfennige) und die Mineralölsteuer auf rund 15 Cent (30 Pfennige) pro Liter. Dies war aber immer noch nicht das Ende der Fahnenstange.

Die später von Kanzlerin Merkel geführte schwarz-rote Koalitionsregierung beschloss, dass vom 1. Januar 2007 an dem Benzin noch teurer Ökosprit beigemischt werden muss. Der erhöhte den Benzinpreis noch zusätzlich. Unter Merkels Regie wurde außerdem die Mehrwertsteuer von 16 auf 19 Prozent erhöht, die an der Tankstelle auch noch auf die Mineralölsteuer aufgeschlagen wird.

Während des Bundestagswahlkampfes 2005 hatte die SPD heftig gegen die von der CDU geforderte höhere Mehrwertsteuer von 2 Prozent gewettert und sie abschätzig als „Merkelsteuer" bezeichnet, die sie nie mittragen würde. Nach der Wahl aber brach die SPD ihr Wahlversprechen und machte sogar die Erhöhung um 3 Prozent mit. Nicht nur ich empfand diese unglaubliche Kehrtwendung als weiteren Beitrag zur steigenden Politikverdrossenheit im Lande.

Dass sich höhere Energiekosten auf die Beschäftigung auswirken, war schon seit der ersten Energiekrise 1973 bekannt. Damals führte die Energieverteuerung durch die arabischen Länder in unserer bis dahin vollbeschäftigten Volkswirtschaft zu vielen Pleiten und in relativ kurzer Zeit zu über einer Million Arbeitslosen.

Mit den zuvor beschriebenen Steuern wird den Bürgern und Autofahrern weiteres Geld aus der Tasche gezogen. Zudem führte die Ökosteuer anfänglich zu einem rückläufigen Kraftstoffverbrauch in Deutschland. Der wirkte sich auf das Wirtschaftswachstum negativ aus. Wird aber in einer Volkswirtschaft wie der unsrigen mit relativ hohen Löhnen, deren Unternehmen permanent rationalisieren müssen, um wettbewerbsfähig zu bleiben, der Rationalisierungsfaktor nicht durch ein entsprechendes Wirtschaftswachstum ausgeglichen, kommt es zu einem Verlust an Arbeitsplätzen.

Zwischen 2000 und 2006 verteuerte sich der Haushaltsstrom in Deutschland um rund 50 Prozent. Hätte man die auf ihn bezogenen Steuern und staatlichen Abgaben nicht auf 40 Prozent erhöht, und damit mehr als verdoppelt, wäre der Strompreis noch unter dem Niveau von 1998 gelegen.

Im Endeffekt führte die politisch gewollte Energieverteuerung von 1998 bis 2008 dazu, dass sich die Energierechnung eines Durchschnittshaushalts für Wärme, Strom und Sprit von 2.255 auf 3.842 Euro, also um 1.587 Euro oder um 70 Prozent erhöhte. Dies berichtete das Nachrichtenmagazin „FOCUS" in seiner Ausgabe Nr. 51/2008 unter Berufung auf die neueste Ausgabe des Standardwerks „Energiemarkt Deutschland".

Die höheren Energiekosten schlugen sich natürlich auch auf die meisten Produktpreise nieder und verteuerten, wie auch der Euro, die Lebenshaltungskosten. Da aber in der gleichen Zeit die verfügbaren Einkommen, insbesondere Löhne und Renten, kaum gestiegen sind, bekam dies Otto-Normalverbraucher bzw. der sogenannte „kleine Mann" empfindlich zu spüren. Ihn traf die kontinuierlich sinkende Kaufkraft – und entsprechend stieg die Armut im Lande. Dass heute allein in Mannheim Hunderte auf die „Vesperkirche" und im Land zig Tausende auf Tafelläden angewiesen sind, ist in meinen Augen ein sozialpolitischer Skandal.

Spätestens im Jahre 2003 schien selbst der letzte Hinterbänkler des Bundestags zu merken, dass einiges schief gelaufen war und es so nicht mehr weitergehen konnte. Der Chor der Bundestagsabgeordneten, die nach Reformen riefen, schwoll beängstigend an. Auf die Bundesbürger prasselte über die Medien tagtäglich eine Flut von Reformvorschlägen nieder. Die meisten hatten zum Ziel, das Steueraufkommen noch weiter zu erhöhen, um die Löcher in den defizitären öffentlichen Haushalten zu stopfen. In fast allen Fällen wurden die von den Medien am Morgen veröffentlichten Reformvorschläge am Abend wieder einkassiert und zu den Akten gelegt. In dieser Phase wurde das Wort „Kakophonie" (Missklang) ein geläufiges!

Dass diese monatelangen Reformdiskussionen die Menschen, die immer mehr Angst um ihre Arbeitsplätze bekamen, noch zusätzlich verunsicherten, ist verständlich. Schon Ludwig Erhard war sich bewusst, dass 50 Prozent des Wirtschaftens auf Psychologie und Vertrauen beruhen. Doch an bessere Verhältnisse schienen angesichts der rot-grünen Wirtschaftspolitik immer weniger zu glauben.

Auch die Einführung des Euros als Zahlungsmittel kostete Kaufkraft, denn in vielen Fällen wurden die Preise über den offiziellen Umrechnungskurs hinaus erhöht. Aus dem Euro wurde ein Teuro! Dies traf besonders die Bezieher niedrigerer Einkommen und Millionen Rentner.

Durch die Wirtschaftsmisere waren Reformen im Sozialbereich unvermeidlich. Die Regierung unter Kanzler Schröder musste die Notbremse ziehen. Seitdem lobt ihn ein Großteil der Medien als den Reformkanzler! Verdrängt wurden aber Ursache und Wirkung. Um es deutlicher auszudrücken: Nur wenige thematisierten, was in Schröders Regierungszeit den wirtschaftlichen Abwärtstrend durch politische Entscheidungen verursachte oder schief gelaufen war, und somit zu den einschneidenden Reformprozessen überhaupt erst führte. Wenn man bedenkt, dass nach einer Untersuchung der Universität Hamburg mehr als die Hälfte der Journalisten mit den Grünen und der SPD sympathisieren, wundert dies eigentlich kaum. Der Anteil der Journalisten, die sich als politisch neutral einstufen, soll gerade mal bei 20 Prozent liegen!

In den zehn Jahren von 1998 bis 2008 vermehrte sich der Wohlstand im Lande nur bei einer relativ kleinen, aber wachsenden Bevölkerungsgruppe deutlich – bei den Reichen! Zwischen 2004 und 2007 erhöhte sich der Anteil der Steuerpflichtigen mit Einkünften von mehr als einer Million Euro von 9.688 auf 16.846. Außerdem stieg in diesem Zeitraum der Gesamtbetrag der Einkünfte der Einkommensmillionäre mit 51,5 Milliarden Euro um nahezu das Doppelte (Quelle: Statistisches Bundesamt und Die Welt vom 17. Oktober 2011).

Mit anderen Worten: Die Schere zwischen Arm und Reich klafft immer weiter auseinander. Erstaunlich, wenn man bedenkt, dass dies in einer Phase geschah, in der die Sozialdemokraten, von denen die meisten den Begriff „soziale Gerechtigkeit" wie eine Monstranz vor sich hertragen, in unserem Land mitregierten! Einer der damals führenden Sozialdemokraten namens Oskar Lafontaine wollte diese Politik wohl nicht mitverantworten. Er zog seine Konsequenzen und schloss sich später der Linkspartei an.

Dass sich die negative Wirtschaftsentwicklung sowie die immer schlechtere Stimmung im Lande ab dem Spätjahr 2002 auch auf den Besuch von Rennveranstaltungen, besonders der Formel-1-Rennen auswirkten, ist nachvollziehbar. Wer sieht sich schon in der Lage, eine relativ teure Karte zu kaufen und eventuell noch hohe Fahrtkosten - die Mineralöl- und Ökosteuer lassen grüßen - in Kauf zu nehmen, wenn er um seinen Arbeitsplatz bangen muss und nicht so recht weiß, wie es künftig beruflich weitergeht.

Mit dem Ausstieg Michael Schumachers aus der Formel 1 erwartete man ohnehin gerade in Deutschland ein nachlassendes Interesse am Renngeschehen, doch allein daran lag der Einbruch beim Kartenverkauf wohl nicht. Schumacher gab nämlich erst ab 2006 das Rennfahren mit der Formel 1 (vorläufig) auf. Im Übrigen ist die Formel-1-Weltmeisterschaft in der Ära nach Schumacher dank deutscher Beteiligung (Vettel, Rosberg u. a.) gerade für das deutsche Publikum alles andere als langweiliger geworden.

*

Finanzierungsproblematik und Optionen

Was nicht auf dem Papier steht, wurde nie gesagt.

<small>MANAGEMENTWEISHEIT</small>

Optimistische Ausgangslage

Für die Verantwortlichen des Hockenheimrings war die gesamtwirtschaftliche Entwicklung im Vorfeld der Modernisierungsentscheidung, die im Jahre 2000 getroffen wurde, nicht vorhersehbar. Der Hockenheimring hatte - auch dank der Formel 1 - bereits mehr als zwanzig erfolgreiche Jahre hinter sich und die Stadt mit ihren Vereinen, Gewerbetreibenden und Bürgern sowie die Gastronomie und Hotellerie der Region profitierten davon.

Von 1985 bis 2003 flossen über 11 Millionen Mark vom Hockenheimring in die Stadtkasse. Einige weitere Millionen kamen den Institutionen wie DRK und Feuerwehr sowie den Vereinen durch ihren Einsatz bei Großveranstaltungen zugute. Die Formel 1 hatte sich in dieser Zeit als echtes Zugpferd erwiesen und fast immer für ein volles Haus gesorgt.

Aufgrund dieser jahrelang positiven Entwicklung erschienen die im Jahre 2000 aufgestellten Finanzierungspläne zur Modernisierung des Hockenheimrings realistisch. Diese überprüfte und bestätigte auch die Wirtschaftsprüfungsgesellschaft Arthur Andersen. Erst danach gab das Land grünes Licht zum Umbau und zur Bezuschussung. Auch die Kredit gewährenden Banken äußerten zu den Zahlen keine Bedenken.

❋

Der BMC – eine Schwachstelle im Finanzierungskonzept

Das Land verlangte mit seinem Zuschuss auch noch ein finanzielles Engagement der beiden Gesellschafter Stadt Hockenheim und Badischer Motorsport-Club e.V. (BMC). Deshalb verpflichteten sich die Gesellschafter, eine Stammkapitalerhöhung bei der Hockenheim-Ring Besitz GmbH von zusammen fünf Millionen Euro zu leisten. Beide Gesellschafter glaubten seinerzeit, diese Mittel ohne weiteres aufbringen zu können, war doch Ende der neunziger Jahre das wirtschaftliche Umfeld noch einigermaßen in Ordnung und das Formel-1-Geschäft ließ nichts zu wünschen übrig.

Der BMC, der damals noch 49 Prozent des Stammkapitals besaß, rechnete fest damit, seine Stammkapitalerhöhung von 2,45 Millionen Euro über den Verkauf von Gesellschaftsanteilen und ein angemessenes Agio finanzieren zu können. Doch unsere Hoffnung, den ADAC Nordbaden, ADAC Südbaden und ADAC Württemberg, evtl. auch den ADAC Hessen-Thüringen, als Gesellschafter zu gewinnen, erfüllte sich nicht. Deren Interesse konzentrierte sich zunächst nur auf eine Beteiligung am FSZ, nicht aber an der Hockenheim-Ring Besitz GmbH. Am Ende blieben auch beim FSZ nur der ADAC Hessen-Thüringen und Nordbaden bei der Stange.

Nach der Absage des ADAC zeichneten sich zunächst keine weiteren Interessenten für eine Beteiligung an der Hockenheim-Ring Besitz GmbH ab. Das aber erwies sich für den BMC als problematisch, hatte er sich doch verpflichtet, den vereinbarten Finanzierungsbeitrag über das Stammkapital zu leisten. Bis auf 800.000 Euro verfügte er über keine Eigenmittel. Die hatte er dem Hockenheimring bereits als Darlehen überlassen. Mit den Darlehenszinsen finanzierte er seinen Geschäftsbetrieb.

Nun rächten sich für den BMC die viel zu niedrigen Kartenpreise, die er über Jahrzehnte hinweg bei seinen Motorrad-Grand-Prix-Veranstaltungen verlangte. Bei einem Aufschlag von nur fünf Mark pro Karte, wie ich es Ende der 1970er Jahre als junger Bürgermeister gegenüber dem damaligen Präsidenten Wilhelm Herz mehrmals, teils auch schriftlich angeregt hatte, hätte er nun einige Millionen mehr zur Verfügung gehabt.

In dieser Situation brachte Dr. Vögele die Emsp, die Eventim AG von Klaus-Peter Schulenberg mit ihrem bundesweiten Ticketsystem und ihrer bedeutenden Stellung als Konzertpromoter sowie Bernd Spengler, den Betonteile-Lieferant des Hockenheimrings, als Gesellschafterpool ins Gespräch. Sie gründeten gemeinsam eine GmbH, die Hockenheim-Ring Beteiligungs- und Betriebs GmbH (RBB). Vorgesehen war, und dies auch in Abstimmung mit mir, dass die RBB 15 Prozent des BMC-Stammkapitals von der Hockenheim-Ring Besitz GmbH übernimmt und das verlangte Agio aufbringt. Des Weiteren wurde der RBB eine 15-prozentige Beteiligung an der Hockenheim-Ring GmbH durch den Verkauf von BMC-Anteilen angeboten. BMC und RBB tauschten in diesem Sinne eine schriftliche Absichtserklärung aus. Mit dieser bestätigten sie ihr beiderseitiges Interesse an diesem Geschäft.

Zur Finanzierung des Kaufpreises wären die Stadt und der BMC bereit gewesen, dem künftigen Gesellschafter RBB ein von der SAP dem Hockenheimring in Aussicht gestelltes Darlehen in Höhe von einer Million Euro mit einer Laufzeit bis 2008 zu übertragen. Die Annuitäten sollten über eine vom Hockenheimring an RBB kostenlos überlassene Loge in der Südtribüne erbracht werden, die von RBB an die SAP über die Darlehenslaufzeit vermietet werden sollte. Dieser Aspekt war um den Jahreswechsel 2002/03 neben der im Genehmigungsbescheid verlangten Bauauflage (Lärmschutz) sowie dem Hinweis von Geschäftsführer Seiler, der Kartenvorverkauf bei der Formel 1 laufe so gut wie im Vorjahr, einer der Gründe zum Bau der Südtribüne mit der Integration von Logen. Man wollte die Stammkapitalaufbringung durch RBB nicht gefährden. Allerdings war seinerzeit das SAP-Geschäft noch nicht unter Dach und Fach. Nach den damaligen Aussagen von Dr. Vögele war auch nicht mit einem Scheitern zu rechnen. Doch am Ende kam es weder zur Darlehensgewährung der SAP noch zum Anteilsverkauf an RBB. Angesichts des „kühnen" Finanzierungsmodells und der weiteren Entwicklung war dies wohl auch gut so.

Als sich im Formel-1-Geschäft ein Rückgang und dadurch eine schlechtere Ertragslage im Geschäftsjahr 2003 abzeichnete, verlangte RBB eine höhere Beteiligungsquote zu gleichen Konditionen. Abgesehen davon, dass sich darauf schon der BMC nicht einlassen wollte, hätte ich dem auch als Vertreter des Hauptgesellschafters nicht zustimmen können.

Hinzu kam noch ein weiterer triftiger Grund, die Verhandlungen mit RBB zur Aufnahme als Gesellschafter nicht weiterzuführen. Stadt und BMC hatten aus steuerlichen Gründen für ihre Beschlussfassungen in der Gesellschafterversammlung Einstimmigkeit vereinbart. Beim Beibehalten dieser Regelung hätte ein Minderheitsgesellschafter die gleichen Stimmrechte und natürlich den gleichen Einfluss auf die Unternehmenspolitik wie ein Mehrheitsgesellschafter gehabt. Darauf konnten sich die beiden „Altgesellschafter" nicht einlassen, doch RBB bestand bei wesentlichen Entscheidungen auf dem Einstimmigkeitsprinzip.

Nach dem Scheitern der Verhandlungen mit RBB war weiterhin offen, wie der BMC seine Stammkapitalerhöhung leisten würde. Von dieser aber machten die Banken weitere Darlehensgewährungen abhängig. Auch das Land hatte in seinem Zuschussbescheid die Stammkapitalerhöhung zur Bedingung gemacht. Es musste also kurzfristig eine Lösung gefunden werden.

In dieser Phase erklärte sich der Hockenheimer Unternehmer Jürgen B. Harder bereit, dem BMC ein Darlehen in Höhe von einer Million Euro zu gewähren, vorausgesetzt, die Stadt Hockenheim verbürgt sich zusätzlich für die Rückzahlung. Um in der Sache weiter zu kommen, beschloss der Gemeinderat eine entsprechende Bürgschaft, allerdings mit der Maßgabe, dass der Stadt 19 Prozent Stammkapitalanteil vom BMC übertragen werden, falls die städtische Bürgschaft zum Tragen kommen sollte. Für weitere 1,45 Millionen Euro nahm der BMC einen Bankkredit auf. Damit er die Annuitäten leisten konnte, wurde dem BMC eine Vorabausschüttung von vier Prozent auf die Unternehmenserträge zugestanden.

Die Stammkapitalerhöhung des BMC entpuppte sich als eine der Schwachstellen des Finanzierungskonzepts. Sie hatte sich über ein Jahr hingezogen. In dieser Zeit, in der beim BMC alle Kräfte benötigt worden wären, verschlechterte sich der Gesundheitszustand seines Präsidenten Dieter Herz von Tag zu Tag. Schwer erkrankt musste er die entscheidenden Gespräche den BMC-Präsidiumsmitgliedern Harald Roth (Vizepräsident) und Ulrich Gleich (Schatzmeister) sowie mir überlassen. Der zunehmende Ausfall von Dieter Herz belastete mich natürlich gerade in jener Zeit noch zusätzlich, in der ich viel Wert auf die Zusammenarbeit mit ihm gelegt hätte.

An Ostern 2004 erlag Dieter Herz im Alter von 64 Jahren seiner schweren Krankheit. Nun fehlte an meiner Seite der kompetente Weggefährte am Hockenheimring, mit dem ich viele Jahre eng und vertrauensvoll zusammengearbeitet hatte. Sein Ableben war für den Hockenheimring und für mich ein schwerer Verlust, der mir zu schaffen machte. Wenige Tage zuvor hatte ich, seinen nahen Tod schon im Bewusstsein, meinen Rücktritt angekündigt.

❋

Dubai Islamic Bank hatte kein Interesse

Über den Burghausener Bürgermeister Hans Steindl hatte ich den Araber Abdulla Al Shamsi kennengelernt. Er hatte in Deutschland studiert, war in leitender Stellung bei der Dubai Islamic Bank und hatte mir einmal seine Hilfe angeboten, falls beim Modernisierungsprojekt neue Beteiligungspartner gesucht würden. Deshalb traf ich ihn Mitte Juli 2004 in Lugano, hoffend, dass er in der Sache weiterhelfen könnte. Doch daraus wurde nichts.

Laut Al Shamsi finanzierte die Dubai Islamic Bank in erster Linie Warengeschäfte, war aber an Beteiligungen wie am Hockenheimring nicht interessiert. Des Weiteren teilte er mir mit, seine Bank würde grundsätzlich keine Geschäfte mit Firmen machen, die in irgendeiner Form mit Alkohol zu tun hätten. Das war beim Hockenheimring der Fall, an dessen Kiosken und in dessen Hotel alkoholische Getränke verkauft wurden. Auch wenn ich dies im ersten Moment kaum zu glauben vermochte, bestätigte mir dies wenige Wochen danach der Mannheimer Morgen, der am 28. September 2004 berichtete:

> „In London hat die erste islamische Bank ihre Tore geöffnet. Die »Islamic Bank of Britain« wickelt ihre Geschäfte nach den Gesetzen des islamischen Rechts, der »Scharia«, ab. So sind zum Beispiel keine Zinsen erlaubt. Außerdem will man ausschließlich in ethisch vertretbare Produkte investieren und deshalb auch keine Geschäfte mit Firmen machen, die mit Pornografie oder Alkohol in Verbindung gebracht werden können."

Gleichwohl sprach der arabische Bankmanager von Verbindungen zu reichen Leuten, bei denen er sich für den Hockenheimring verwenden wolle. Ob er sich darum überhaupt bemühte, weiß ich nicht. Es kam jedenfalls zu keinem weiteren Kontakt mehr mit ihm.

Offensichtlich ist privates Kapital für eine Beteiligung am Hockenheimring nur zu gewinnen, wenn es abgesichert ist sowie bedeutend höhere als marktübliche Renditen erzielt und diese längerfristig garantiert werden können. Da diese Absicherungen aber nicht ohne weiteres zu gewähren sind, würde es fast schon an ein Wunder grenzen, wenn sich ein privater, am Ertrag interessierter Investor fände, der einen Teil der Gesellschaftsanteile am Hockenheimring erwerben würde.

Außerdem war in meiner Zeit, und wie es scheint auch in den Jahren danach, kein Mäzen auszumachen, der sich ohne Verzinsungsgarantie und ohne Sicherung seines eingebrachten Kapitals am Hockenheimring beteiligen wollte. Wenn aber eine Beteiligung noch von der Stadt verbürgt werden muss und teurer als ein Bankkredit ist, sollte man von Privatkapital die Finger lassen, es sei denn, dass damit noch ein anderer Nutzen verbunden wäre.

❋

Finanzierungsmöglichkeit über die Stadtwerke

D ie auf dem Energiesektor sehr erfahrene Leitung der Stadtwerke, mit Reinhard Marquetant an der Spitze, hegte angesichts der fortschreitenden Liberalisierung der Energiemärkte Zweifel, ob die relativ kleinen Stadtwerke Hockenheim auf Dauer alleine im Wettbewerb bestehen könnten. Die Werkleitung regte deshalb an, dies durch Kenner der Energiebranche begutachten zu lassen. Dem folgte der Werkausschuss und beauftragte die in Energiefragen sehr kompetente „Wibera", eine Tochtergesellschaft der Unternehmensberatung „Price-Waterhouse-Cooper". Diese legte das Gutachten Anfang 2004 vor. Es empfahl den Stadtwerken, sich mit einem oder mehreren stärkeren Partnern aus der Energiebranche zu verbünden.

Im Hinblick auf diese gutachterliche Empfehlung, aber auch aus anderen plausiblen Gründen, verfolgte ich noch in den letzten Monaten meiner Amtszeit eine neue Strategie, um das städtische Risiko am Hockenheimring zu mindern. Sie sah folgende Maßnahmen vor:

1. Die Rechtsform der Stadtwerke wird vom Eigenbetrieb in eine GmbH umgewandelt. Der Anteil der Stadt an den Hockenheimring-Gesellschaften wird auf die neu gegründete Stadtwerke GmbH übertragen.

   Ob dies „steuerunschädlich" möglich ist, war bis zum Ende meiner Amtszeit am 31. August 2004 nicht mehr verbindlich zu klären. Die Wibera hatte in einem separaten Gutachten zwar festgestellt, dass es möglich sein müsste, empfahl aber, beim Finanzamt eine verbindliche Auskunft einzuholen. Um diese habe ich beim Finanzamt Schwetzingen nachgesucht. Dessen Vorsteher erklärte mir im persönlichen Gespräch, seiner Meinung nach sei es ohne steuerliche Nachteile möglich, die Stammkapitalanteile zu übertragen. Allerdings habe die Oberfinanzdirektion die Sache an sich gezogen und die verbindliche Auskunft erfolge von dort. Da ich zwischenzeitlich pensioniert wurde, habe ich über die Entscheidung der OFD keine Informationen mehr erhalten.

2. Anteile der Stadtwerke GmbH werden bis maximal 50 Prozent an einen oder mehrere große Energieversorger übertragen bzw. verkauft.

   Was die Beteiligung an den Stadtwerken Hockenheim betrifft, führte ich Gespräche mit Vorstandsmitgliedern der Ruhrgas AG und der MVV sowie dem Vorstandsvorsitzenden der EnBW. Alle drei bekundeten großes Interesse an einer Beteiligung, auch in Verbindung mit dem Hockenheimring, und zeigten Gesprächsbereitschaft. – Die deutschen Energieriesen wie die EnBW erwirtschafteten in dieser Zeit Milliarden an Gewinnen, die sie vorzugsweise in strategischen Partnerschaften wie Stadtwerksbeteiligungen anlegten.

3. Im Zuge des Anteilsverkaufs der Stadtwerke war das Ziel bzw. die Bedingung, dass der oder die Erwerber noch weitere Stammkapitalanteile des BMC am Hockenheimring übernimmt bzw. übernehmen.

> Ein Verkauf von Gesellschaftsanteilen an „finanziell starke" Energieversorger, die außerdem noch über den Stadtwerksanteil am Hockenheimring beteiligt gewesen wären, hätte aus meiner Sicht den städtischen Interessen eher entsprochen als ein privater Investor. Im Übrigen hatten bereits andere kleine Stadtwerke in der Region - wie im Jahre 2004 die Stadtwerke Sinsheim - aus strategischen Gründen größere Energieversorger als Partner mit ins Boot genommen.

Für die Übernahme der städtischen Beteiligung am Hockenheimring durch die Stadtwerke sprach aber noch ein anderer Grund. Ich sah die Stadtwerke als Wirtschaftsbetrieb künftig eher in der Lage, kurzfristig auftretende finanzielle Engpässe am Ring zu überbrücken bzw. ggf. auch einmal einen Verlustausgleich vorzunehmen, ohne dass sich dies auf die Energiepreise ausgewirkt hätte. Dies hätte das finanzielle Risiko der Stadt am Hockenheimring minimiert.

Selbstverständlich informierte ich meinen Nachfolger bei der Amtsübergabe über die Überlegungen mit den Stadtwerken detailliert und empfahl ihm, auf dieser Schiene weiter zu fahren. Doch obwohl er sich zu dem damaligen Zeitpunkt weder der Situation des Hockenheimrings noch der Stadtwerke bewusst sein konnte, entgegnete er mir spontan: „Mit mir wird es keinen Verkauf von Anteilen der Stadtwerke geben!" Damit nahmen die Dinge einen anderen Lauf.

Das Gutachten der Wibera zur Zukunft der Stadtwerke ist - soweit ich mich erinnere - nie in einer öffentlichen Sitzung des Gemeinderats vorgestellt, geschweige denn darüber diskutiert worden. Möglicherweise wurde es nicht öffentlich behandelt. Jedenfalls berichtete später die Presse, dass der Gemeinderat einen Anteilsverkauf der Stadtwerke verworfen habe. Aus meiner Sicht wurde damit - auch und gerade im Hinblick auf den Hockenheimring - eine große und reelle Chance vertan.

❋

Managementverbindung zwischen Beigeordnetem und Ring

Durch meine jahrzehntelangen Erfahrungen wusste ich, dass das Engagement der Stadt am Hockenheimring für meinen Vorgänger und mich nicht nur regelmäßig eine Herausforderung, sondern vielfach auch eine Zumutung gewesen war, die uns neben dem Bürgermeisteramt zusätzlich belastete. Ob es einem als Bürgermeister passte oder nicht, sah man sich mit den Problemen des Hockenheimrings konfrontiert und musste sich damit im Interesse der Stadt befassen. Da ich vor meiner Amtszeit als Bürgermeister in der Geschäftsleitung der Hocken-

heim-Ring GmbH tätig war, kannte ich das Geschäft bestens und es fiel mir insofern leichter, mich als Bürgermeister für die Sache zu engagieren.

In der Zwischenzeit hatte das Geschäft des Hockenheimrings einen Umfang angenommen, der neue organisatorische Lösungen zur Entlastung des Oberbürgermeisters nahelegte, auch wenn dieser als der eigentliche Vertreter des Hauptgesellschafters seine Verantwortung für den Ring nie auf andere abwälzen konnte. Aus
meiner Sicht hätte sich ein diesbezüglicher Ansatzpunkt mit der Übertragung der
städtischen Beteiligung am Ring auf die Stadtwerke ergeben. Denkbar wäre dann
gewesen, die Werkleitung bzw. einen Verantwortlichen der Stadtwerke in das Management des Hockenheimrings einzubinden. Dadurch hätte die permanente Information der Stadt über die Ringentwicklung gewährleistet und der Oberbürgermeister entlastet werden können.

Für diese Funktion wäre auch ein (technischer) Beigeordneter, unter anderem
zuständig für die Stadtwerke, in Betracht gekommen. Davon war ich jedenfalls
überzeugt. Da Werkleiter Marquetant im Mai 2004 in den Ruhestand ging, hätte
der Beigeordnete einen Großteil von dessen Aufgaben übernehmen können. Dann
hätte es nicht einmal einer weiteren Führungsstelle bedurft. Allerdings hätte der
Stelleninhaber über gute Englischkenntnisse für Verhandlungen mit der Formel 1
und anderen internationalen Organisationen verfügen müssen, die bei diesem internationalen Veranstaltungsgeschäft unabdingbar sind.

Diese Überlegungen wurden von mir in den beiden letzten Jahren meiner Amtszeit aber nur solange verfolgt, bis ich zur Kenntnis nehmen musste, dass die
Mehrheit des Gemeinderats in Sachen Beigeordneter andere personelle Vorstellungen entwickelte. Bisher hatte ich in drei Amtsperioden die Stadtverwaltung ohne
Beigeordneten geführt. Sämtliche Amtsleiterpositionen der Stadtverwaltung waren
gut besetzt, weshalb ich davon ausgehen konnte, dass das eigentliche Kerngeschäft
der Stadt auch künftig ohne Beigeordneten zu bewältigen sein würde.

Da ich als Oberbürgermeister größere personalpolitische Entscheidungen nur
im Einvernehmen mit dem Gemeinderat treffen konnte, verfolgte ich die Sache
„Beigeordneter" nicht weiter. Damit war die direkte Management-Verbindung zwischen der Stadt bzw. den Stadtwerken und dem Hockenheimring gelaufen. Ich bedauerte dies, kannte ich doch den Betrieb des Hockenheimrings wie kaum ein anderer und wusste, worauf es personell angekommen wäre. Auch diese Entwicklung
bestärkte mich, aus dem Amt zu scheiden, sobald das Modernisierungsprojekt Hockenheimring abgeschlossen wäre. Doch die wesentlichen Gründe, die mich veranlassten, meine vierte Amtszeit vorzeitig zu beenden, waren andere. Darüber erfahren wir im nächsten Kapitel mehr.

❋

Vorzeitige Demission

Füge dich der Zeit, erfülle deinen Platz und
räum ihn auch getrost: Es fehlt nicht an Ersatz!

MARIE VON EBNER-ESCHENBACH

Gesundheitliche und andere Gründe

Dass alles seine Zeit und jegliches Vornehmen unter dem Himmel seine Stunde hat, steht schon im Alten Testament (Prediger 3, 1). Daran musste ich im Verlauf meiner vierten Amtszeit immer häufiger denken. Schließlich handelte ich danach. Doch zunächst zur Vorgeschichte.

Im März 2004 machte ich einige Tage Winterurlaub im Walliser Thermalbadeort Leukerbad. Unmittelbar zuvor hatten die Medien einmal mehr das Modernisierungsprojekt Hockenheimring im Visier und über die Prüfungsergebnisse der GPA nicht immer korrekt berichtet. Dementis unsererseits waren die Folge. Dennoch ließ mich die Presse nicht zur Ruhe kommen, selbst nicht in der Schweiz. Es waren zig Telefonate, die ich in meiner Urlaubswoche mit Journalisten führen, Stellung beziehen und mich zumeist noch rechtfertigen musste. Ich kam mir vor wie am Pranger. Ans Abschalten und Erholen war nicht zu denken. So kam ich über vieles ins Grübeln.

War das nun das Resultat meiner jahrelangen Arbeit für den Hockenheimring, bei der ich als Vertreter der Stadt immer Wert auf ein korrektes Handeln gelegt hatte? Außerdem fragte ich mich, wie lange ich mir dieses Treiben, Unterstellen und Rechtfertigen noch antun wollte.

Meine Absicht, vorzeitig in den Ruhestand zu gehen, stand ohnehin schon seit Wochen fest. Die Frage war nur noch, wann? Ich hatte mich bereits im Januar 2004 an den Kommunalen Versorgungsverband gewandt, um mir meine Versorgungsansprüche berechnen zu lassen und zu klären, ob ich ohne weiteres aufhören könne.

Für den Wechsel in den Ruhestand sprach einiges. Die schwere Operation vom August 2000 hatte ich mental immer noch nicht ganz weggesteckt. Das Versorgungsamt hatte mir eine 100-prozentige Schwerbehinderung bescheinigt, was mir erst recht zu denken gab. Obwohl ich einen Schutzengel gehabt haben musste, der mich vor noch Schlimmerem bewahrt hatte, ist mir aufgrund des operativen Eingriffs die Endlichkeit des Seins besonders bewusst geworden.

Außerdem belastete mich schon seit mehr als zwei Jahrzehnten ein zu hoher Blutdruck. Die Veranlagung dazu war mir wohl in die Wiege gelegt worden, denn bei meiner Verwandtschaft mütterlicherseits hatten Schlaganfälle und Herzinfarkte immer wieder für Tragödien gesorgt. Mit den Jahren wirkte sich der mit dem Bürgermeisteramt verbundene Stress natürlich auch auf meinen Blutdruck aus. Deshalb hatte mir schon mehr als nur ein Mediziner geraten, kürzer zu treten, gerade auch in diesem Frühjahr. Im Amt wäre dies aber nur möglich gewesen, wenn ich einige meiner Aufgaben auf andere abgeladen oder einen Teil meiner Pflichten nicht mehr ernst genommen hätte. Doch dem stand mein Amtsverständnis entgegen.

Ein Jahr zuvor war mein gleichaltriger Leukerbader Freund Beat Constantin einer heimtückischen Erkrankung erlegen und Dieter Herz, der nur zwei Jahre ältere, langjährige Weggefährte am Hockenheimring, rang bereits mit dem Tode. Auch dies beschäftigte meine Gedanken. Welche Lebensspanne würde mir noch bleiben?

Die letzten fünf Jahre hatte mich das Modernisierungsprojekt Hockenheimring mit Haut und Haaren in Anspruch genommen. Nun war das FSZ als letzte große Teilinvestition fertig gestellt und der 1. April 2004 stand als offizieller Eröffnungstermin fest. Damit war eine der wesentlichen Voraussetzungen erfüllt, die mich damals veranlasst hatten, nicht wie geplant nach drei Amtsperioden in den Ruhestand zu gehen. Was sollte mich nun noch länger im Amt halten? Eventuelle Finanzierungsprobleme? Es zeichnete sich zu der Zeit zwar schon ab, dass die prognostizierten Einnahmen nicht erreicht würden, aber von einer finanziellen Schieflage konnte noch nicht ausgegangen werden. Andererseits hätte ich diese, wäre ich noch Jahre im Amt geblieben, wohl auch nicht verhindern, allenfalls zu ihrer Lösung beitragen können.

Diese nachdenkliche Phase in Leukerbad bekräftigte meinen Entschluss, mein Amt so bald wie möglich aufzugeben. Meine Frau, die durch meine Beanspruchung in den letzten Jahren ohnehin viel Geduld mit mir üben und auf einiges an Miteinander verzichten musste, stand diesem Ansinnen recht aufgeschlossen gegenüber. Außer mit meiner Familie habe ich darüber mit niemanden gesprochen.

Es muss deshalb für die meisten wie ein Schlag ins Kontor gewesen sein, als ich in der öffentlichen Gemeinderatssitzung am 31. März 2004 bekanntgab, mich in den Ruhestand versetzen lassen zu wollen und dies, wie zuvor im Wesentlichen dargestellt, begründete. Darüber hinaus fügte ich noch Folgendes an:

> „Für mein Aufhören in diesem Jahr spricht auch die Neuwahl des Gemeinderats. Sie bietet mit einer Neubesetzung der Oberbürgermeisterstelle die Chance für einen kommunalpolitischen Neubeginn. Einem demokratisch verfassten Gemeinwesen ist ein solcher Wandel sicher nicht abträglich. Damit gehen oft neue Ideen einher, die für frischen Wind sorgen. Im Übrigen bin ich auch gerade deswegen der Auffassung, dass man sich nicht zu lange an ein Wahlamt binden sollte.
>
> Es ist uns allen und natürlich auch mir bewusst, dass ein jeder zu ersetzen ist. Außerdem wird man gut beraten sein, wenn man sich nach der Amtsübergabe aus dem kommunalpolitischen Geschehen heraushält. Dies ist jedenfalls meine feste Absicht. Sollte ich aber in Sachen Hockenheimring we-

gen meiner langjährigen Erfahrungen und Verbindungen von verantwortlicher Seite gebeten werden, beratend weiter zur Verfügung zu stehen, würde ich mich diesem, der Sache wegen, nicht verschließen. Aber aufdrängen werde ich mich nicht.

Mit Ablauf des heutigen Tages habe ich 26 Amtsjahre vollendet. Eine solch lange Zeit war keiner meiner Vorgänger im Amt. In diesen Jahren habe ich viel berufliche und persönliche Erfüllung gefunden, aber auch manche Belastung durchstehen müssen.

Außerdem kann ich auf über 26 Jahre guter Zusammenarbeit mit vielen Mitbürgerinnen und Mitbürgern, dem Gemeinderat, Bürgermeisterkollegen, Bediensteten der Stadt, des Rings, der Sparkasse und der Volkshochschule sowie deren Organe zurückblicken. Auch deshalb ist mir meine Entscheidung - die dazu noch in einer wirtschaftlich schwierigen Zeit getroffen wurde - alles andere als leicht gefallen.

Meine persönliche Situation war aber schließlich ausschlaggebend für meinen Entschluss. Insofern hoffe ich, dass Sie für meinen Antrag, mich in den Ruhestand zu versetzen, so überraschend dieser für Sie auch sein mag, Verständnis aufbringen und ihn respektieren."

Zum Zeitpunkt der Bekanntgabe meines Rücktritts war noch nicht ganz klar, zu welchem Termin dieser erfolgen würde. Nach der Gemeindeordnung Baden-Württemberg ist die Wahl eines Bürgermeisters wegen Eintritts in den Ruhestand frühestens drei Monate und spätestens einen Monat vor Freiwerden der Stelle durchzuführen. Deshalb wollte ich einerseits den politischen Gruppierungen in der Stadt genügend Zeit lassen, sich um meine Nachfolge zu kümmern. Andererseits aber gebot mir die Situation als ein „auslaufendes Modell", meinen Pensionsbeginn so bald wie möglich und gegenüber der Stadt vertretbar anzustreben.

In Abwägung dieser Gesichtspunkte und in Abstimmung mit dem Regierungspräsidium legte ich mein Ausscheiden auf den 31. August 2004 fest. Ergo erstreckte sich meine Amtszeit von der Ankündigung meiner Demission bis zum Ausscheiden noch über 153 Tage oder fünf Monate.

Dass mir meine „Restlaufzeit" im Amt noch erhebliche Probleme und Sorgen bescheren würde, ahnte ich Ende März 2004 noch nicht. Dies lag weder an der Wahl eines neuen Oberbürgermeisters noch an der turnusmäßigen Wahl des Gemeinderats, sondern an der Modernisierung des Hockenheimrings. Deren Finanzierung geriet immer mehr aus den Fugen.

✱

Oberbürgermeisterwahl 2004

D urch meinen angekündigten Rücktritt legte der von mir geleitete Gemeinde-wahlausschuss als ersten Termin für die OB-Wahl den 4. Juli 2004 fest. Ein eventuell notwendig werdender zweiter Wahlgang sollte am 18. Juli 2004 stattfinden.

Vor der am 30. April 2004 veröffentlichten Stellenausschreibung in regionalen Tageszeitungen sowie im Amtsblatt des Landes hatten sich noch keine Kandidaten aus der Deckung gewagt, obwohl über einige schon geredet wurde. Doch kurz nach der Stellenausschreibung warfen acht Bewerber ihren Handschuh in den Ring. Es waren in der Reihenfolge der öffentlichen Bekanntgabe:

- Hartmut Tesseraux (57) aus Hockenheim, Pressesprecher des Hockenheim-rings, Vorsitzender der FWV Hockenheim;

- Markus Fuchs (35) aus Hockenheim, Diplom-Wirtschaftsingenieur und Pro-duktmanager der SAP, CDU-Stadtrat;

- Bernhard Haffner (49) aus Hockenheim, Diplom-Verwaltungswirt und Amts-leiter im Landratsamt des Rhein-Neckar-Kreises, unterstützt von der FDP;

- Dieter Gummer (52) aus Böhl-Iggelheim, Diplom-Verwaltungswirt und Leiter des Kirchenverwaltungsamts der evangelischen Kirchengemeinde Mannheim, unterstützt von der SPD;

- Adolf Härdle (52) aus Hockenheim, Lehrer an einer beruflichen Schule in Heidelberg, Stadt- und Kreisrat der Grünen;

- Markus Roth (41) aus Hockenheim, Diplom-Betriebwirt und Unternehmer, Mitglied der FWV Hockenheim;

- Nicole Rexhaus (31) aus Schwetzingen, Diplom-Verwaltungswirtin, parteilos;

- Ralf Tremmel (42) aus Hockenheim, Industriekaufmann, parteilos.

Dem sogenannten bürgerlichen Lager war es nicht gelungen, sich auf einen ge-meinsamen Kandidaten zu verständigen. Ich habe die Fraktionssprecher der CDU, FWV und FDP zwar auf diese Möglichkeit hingewiesen, doch groß agiert worden ist in diesem Sinne wohl nie.

Kurz danach war ohnehin der Vorsitzende der FWV vorgeprescht und hatte mit der Bekanntgabe seiner Kandidatur auch einige seiner politischen Freunde vor vollendete Tatsachen gestellt. Die CDU mit der traditionell stärksten Fraktion des Gemeinderats schien sich schon frühzeitig auf ihren Kandidaten aus den eigenen Reihen festgelegt zu haben. Deshalb wäre für sie wohl nur er als gemeinsamer Kandidat in Betracht gekommen. Schließlich wartete auch noch die FDP mit ei-nem eigenen Kandidaten auf und überraschte damit nicht nur mich.

Aus dem Wahlkampf hielt ich mich völlig heraus, nahm an keiner Wahlveran-staltung oder Kandidatenvorstellung teil, spitzte aber meine Ohren und bildete mir aufgrund der jeweiligen Wahlkampfführung meine Meinung.

Markus Fuchs hatte bei der Gemeinderatswahl am 13. Juni 2004 mit 6.293 Stimmen als Bester abgeschnitten. Deshalb galt er allgemein als Favorit. Doch vermutlich hat ihm diese Rolle mehr geschadet als genützt. Jedenfalls gewann ich den Eindruck, dass nun von einigen zur Jagd auf ihn geblasen wurde. Außerdem sind Gemeinderatswahlen und Oberbürgermeisterwahlen zwei paar Stiefel.

Vier Tage nach der Gemeinderatswahl, also am 17. Juni 2004, fand eine von der HTZ organisierte Kandidatenvorstellung in der Hockenheimer Stadthalle statt. Rund tausend Besucher hatten die Veranstaltung verfolgt, die Chefredakteur Jürgen Gruler leitete. Tags darauf veranstaltete die Stadt einen Seniorennachmittag im Festzelt, das der Fanfarenzug der Rennstadt Hockenheim auf dem städtischen Festplatz aus Anlass seines 50-jährigen Jubiläums aufgebaut hatte. Dort berichteten mir einige Mitbürger von der ersten Kandidatenvorstellung. Aufgrund dieser Informationen bekam ich erste Zweifel, ob die OB-Wahl noch so verlaufen würde, wie sich dies manche erhofften.

Bei der offiziellen Kandidatenvorstellung der Stadt am 24. Juni in der Stadthalle hatten die acht Bewerber ein weiteres Mal Gelegenheit, sich und ihre Vorstellungen zu präsentieren. Auch bei dieser Veranstaltung, die Gerhard Mandel von Kurpfalzradio leitete, sorgte das Interesse der Hockenheimer für ein volles Haus. Nach allem, was ich danach über die Veranstaltung hörte, verstärkte sich mein Gefühl, dass der erste Wahlgang völlig offen sein würde. Umso gespannter erwartete diesen nicht nur ich.

Bei der Wahl am 4. Juli 2004 erreichten Bernhard Haffner 26,1 Prozent, Dieter Gummer 24,4 Prozent und Markus Fuchs 22,2 Prozent der Stimmen. Adolf Härdle wählten 14,4 Prozent und Hartmut Tesseraux 7,5 Prozent. Die anderen Kandidaten lagen jeweils unter drei Prozent. Damit war schon so mancher Traum von meiner Nachfolge ausgeträumt.

Bis zur Neuwahl am 18. Juli 2004 wurden die Karten neu gemischt. Fuchs, der sich im ersten Wahlgang wohl mehr versprochen hatte, trat im zweiten Wahlgang nicht mehr an. Den bestritten nur noch Haffner und Gummer. Am Ende zahlte sich der engagierte Wahlkampf Gummers aus, der 55,1 Prozent der Stimmen auf sich vereinigte. Haffner zog mit 44,7 Prozent den Kürzeren.

Am Wahlabend gab ich in der Stadthalle das Wahlergebnis bekannt, gratulierte dem Wahlsieger und übermittelte ihm meine besten Wünsche. Ein eigenartiges Gefühl hatte sich meiner bereits bemächtigt. Mein Nachfolger war für mich (noch) ein Buch mit sieben Siegeln. Fragen beschäftigten mich. Wie würde er die städtischen Probleme meistern? Wie würde ein OB mit einem Parteibuch der SPD in Stuttgart ankommen, wo die CDU und die FDP regierten? Wie würde sich das Verhältnis zwischen uns entwickeln? Wie würde ich mit meinem Ruhestand, einem völlig neuen Lebensabschnitt, klarkommen?

❋

Letzte Gemeinderatssitzungen

D ie Umstände hatten es mir nicht erlaubt, meine in der Sommerpause zu Ende gehende Amtszeit in aller Ruhe auslaufen zu lassen. Dies war primär der Entwicklung am Hockenheimring geschuldet. Dass ich deshalb bis zum letzten Tag meiner Amtszeit gefordert sein würde, hätte ich mir noch Monate zuvor nicht träumen lassen.

Vor meinem Ausscheiden aus dem Amt hatte ich auch noch zwei öffentliche Gemeinderatssitzungen zu leiten, die erste am 21. Juli 2004. Diese nahm ich zum Anlass, auf einen im Wahlkampf von Adolf Härdle dargestellten Sachverhalt einzugehen und ihn richtig zu stellen. Sonst hätte angenommen werden können, dass vor dem Bürgerentscheid über die Modernisierung des Hockenheimrings mit falschen Zahlen manipuliert worden sei. Härdle hatte in seinem Wahlprospekt Folgendes ausgesagt:

> „Ausgangslage im Jahr 2000: Der Gemeinderat der Stadt Hockenheim fühlte sich durch den positiv verlaufenen Bürgerentscheid (80,2 Prozent stimmten für den Umbau) ermutigt, dem Vorhaben Motodrom-Umbau in der geplanten Form zuzustimmen.
>
> ■ 21 Hektar Waldverlust und 24 Millionen Gesamtkosten.
>
> Was ist eingetreten?
>
> ■ 47 Hektar Waldverbrauch und Erhöhung der Gesamtkosten auf 65 Mio. Euro."

Fakt war, dass der Gemeinderat dem Bauvorhaben am 20. Dezember 2000, also vor dem Bürgerentscheid am 28. Januar 2001, in öffentlicher Sitzung mit breiter Mehrheit zugestimmt hatte. Grundlage der Beschlussfassung des Gemeinderats waren die zu der damaligen Zeit bekannten Gesamtkosten von 51 Millionen Euro (und nicht 24 Millionen) sowie der Erwerb des benötigten Staatswalds von 51 Hektar (und nicht 21) über ein Grundstückstauschgeschäft zwischen der Stadt und dem Land. – Erst mit dieser Klarstellung war auch für mich die OB-Wahl endgültig abgehakt.

Von Banken diktierte Tagesordnung

Die letzte von mir geleitete Gemeinderatssitzung fand am 25. August 2004 statt, also sechs Tage vor meiner Pensionierung. Dass ich diese Sitzung überhaupt noch einberufen musste, hatte mit der Erhöhung des Stammkapitals der Hockenheim-Ring Besitz GmbH zu tun. Darüber musste der Gemeinderat noch in öffentlicher Sitzung beschließen! Der Hintergrund war folgender:

Nach den ursprünglichen Annahmen mussten zur Finanzierung des Modernisierungsprojekts in Höhe von 65 Millionen Euro Kredite von rund 24 Millionen Euro aufgenommen werden. Des Weiteren bestanden noch Altkredite von rund 4 Millionen Euro. Aufgrund der bis dato gemachten Erfahrungen und den Erwartungen erschien es beim Abschluss der Kreditverträge realistisch, die neuen Kredite innerhalb der siebenjährigen Laufzeit des Formel-1-Vertrags (2002 bis 2008) zu tilgen.

Diese Rechnung ging aber nur in den Jahren 2002 und 2003 auf. Danach machte die negative volkswirtschaftliche Entwicklung dem Hockenheimring enorm zu schaffen. Dadurch war es nicht mehr möglich, die hohen Annuitätsraten (Zins und Tilgung) zu erwirtschaften. Sie beliefen sich von 2004 bis 2008 durchschnittlich auf über 4 Millionen Euro pro Jahr.

In dieser Phase, in der das ursprüngliche Finanzierungskonzept nicht mehr aufging, hofften wir, die Laufzeit der Darlehen verlängern zu können, um die hohen Annuitätsraten zu verringern. Das hätte dem Hockenheimring mehr Luft zum Atmen verschafft. Doch leider lehnten dies die Banken rundweg ab.

Statt aber die Tilgungsraten zu senken und damit dem Hockenheimring entgegenzukommen, verlangten die kreditgebenden Banken im Frühjahr 2004 den Einsatz eines Unternehmensberaters. Der belastete die Mitarbeiter der Hockenheim-Ring GmbH neben ihren eigentlichen Aufgaben noch zusätzlich, denn sie hatten ihm zuzuarbeiten. Am Ende verschlang die Beratung mehr als das Dreifache der ursprünglich veranschlagten Kosten – sie gingen in die Hunderttausende! Aus meiner Sicht brachte sie aber kaum neue Erkenntnisse. „Außer Spesen nichts gewesen!"

Immerhin stellten die Gutachter fest, dass der Ring am Markt über eine „herausragende Stellung" verfüge und mit dem Ausbau in den vergangenen Jahren „zur modernsten Rennstrecke Europas" geworden sei. Zugleich seien aber die Verwaltungs- und Organisationsstrukturen am Ring nicht in gleichem Maße gewachsen und müssten neu ausgerichtet werden. Für einen „Insider" war aber auch dies nichts Neues.

Zu allem Ungemach ging auch noch Direktor Klaus Altenheimer von der Commerzbank Mannheim, mit dem wir die Finanzierung auf den Weg gebracht hatten und den ich seit vielen Jahren kannte, zur Jahresmitte 2004 in den Ruhestand. Im Juli 2004 formulierte sein „dynamischer" Nachfolger im Hinblick auf das rückläufige Formel-1-Geschäft und in Abstimmung mit den anderen Banken knallharte Bedingungen.

Eine davon war - gestützt auf das Ergebnis der Unternehmensberatung - dass die Gesellschafter noch vor Ablauf meiner Amtszeit, also binnen weniger Wochen, eine Stammkapitalerhöhung in Höhe von 6,0 Millionen Euro vorzunehmen hätten. Davon entfielen auf die Stadt 3,06 Millionen Euro und auf den BMC 2,94 Millionen Euro. Die Beträge sollten in zwei gleichen Jahresraten (2004 und 2005) zur Verfügung gestellt werden. Doch auch in diesem Falle hätte der BMC einen solchen Kraftakt ohne städtische Hilfe wohl kaum leisten können.

Die Banker diktierten also knallhart, was sie noch vor Ablauf meiner Amtszeit von mir erwarteten. Sie knüpften an die Kapitalerhöhung sogar noch eine weitere Bedingung, die das Formel-1-Rennen 2005 betraf. Nach dem Promotervertrag musste die Hockenheim-Ring GmbH der Formel 1 für den Grand Prix 2005 bis Ende August 2004 eine Bankbürgschaft in Höhe des 2005 fälligen Betrags stellen. Ohne Bankbürgschaft hätte die Formel 1 sofort aus dem Promotervertrag aussteigen und Schadensersatz verlangen können. Nun machten die Banken ihre Bürgschaft für die Formel 1 noch von der Erhöhung des Stammkapitals abhängig.

Da ich weder die bisherige Kreditgewährung durch die Banken noch die Bürgschaft für die Formel 1 gefährden und somit den Hockenheimring nicht in eine noch schwierigere Situation bringen wollte, blieb mir nichts anderes übrig, als die Kröte zu schlucken und die Gesellschafter zu bitten, die verlangten Beschlüsse zu fassen. Das geschah Ende Juli 2004.

Auf städtischer Seite war aber noch der Gemeinderat gefordert. Ihn musste ich in der Sommerpause sechs Tage vor Ablauf meiner Amtszeit zu einer öffentlichen Sondersitzung einberufen und bitten, über die Kapitalerhöhung zu entscheiden. Wie nicht anders zu erwarten, wurde auch dies von einigen Zeitgenossen kritisch begleitet, die dafür kein Verständnis hatten. Allerdings trugen die Kritiker auch keine Verantwortung in der Sache.

In all den Jahren zuvor hätte ich mir nie vorstellen können, meine letzte Gemeinderatssitzung einmal mit einer solchen Entscheidung belasten zu müssen. Erfreulicherweise schätzte die breite Mehrheit des Gemeinderats das Ultimatum der Kreditgeber richtig ein und stimmte der Erhöhung des Stammkapitals zu, wenn auch mit einem gewissen Unbehagen. Nicht auszudenken, welche Konsequenzen es gehabt hätte, wenn die Entscheidung nicht so gelaufen wäre. Allerdings war zu der Zeit noch nicht klar, wie der BMC seinen Teil der Erhöhung finanzieren würde.

Sechs Persönlichkeiten schieden aus

In der letzten von mir geleiteten Sitzung des Gemeinderats verabschiedete ich auch noch sechs Mitglieder dieses Gremiums. Vier von ihnen hatten sich nicht mehr der Wahl gestellt, zwei ihr Wahlziel nicht erreicht. Alle hatten sich in den Jahren zuvor mit ihren kommunalpolitischen und anderen ehrenamtlichen Engagements vorbildlich für unser Gemeinwesen eingesetzt.

Zu den aus dem Gemeinderat Ausscheidenden zählten Rolf Hoppner und Heinz Eichhorn, auf deren Wirken ich noch näher eingehen werde. Sie hatten, wie auch Hildegard Linke (CDU) und Hubert Schotter (FWV), auf eine erneute Kandidatur verzichtet, während Günther Lansche und Günter Zahn auf der SPD-Liste nicht mehr die nötigen Stimmen für den Einzug in den Gemeinderat erreichten.

Als Stadträtin war Hildegard Linke im Jahre 1994 in die Fußstapfen ihres Vaters Josef (Seppl) Gärtner getreten, der in der Nachkriegszeit zu den renommierten Kommunalpolitikern Hockenheims zählte. In der Stadt war sie auch als langjährige Vorsitzende der CDU-Frauenunion und des katholischen Kirchenchors „Cäcilia" ein Begriff.

Der Apotheker Hubert Schotter gehörte dem Gemeinderat von 1989 bis 1996 und von 1999 bis 2004 an. In den 1990er Jahren hatte er das Med-Center in der Reilinger Straße initiiert und dieses große Vorhaben in der Bauherrenschaft mit seinem Bruder realisiert. Eine tolle Leistung!

Günther Lansche war zehn Jahre Mitglied des Gemeinderats, davon fünf Jahre einer meiner Stellvertreter. Der einst erfolgreiche Amateurboxer des Hockenheimer Boxclubs war viele Jahre ein engagierter Vorarbeiter der Gas- und Wassermonteure der Stadtwerke Hockenheim. Er zählte schon lange, bevor er in den Gemeinderat gewählt worden war, zu meinen Freunden. Außerdem war er bei vielen Motorsport-fans als versierter Kioskpächter an der Südtribüne des Motodroms ein Begriff.

Zu verabschieden hatte ich auch Günter Zahn, der eine Periode Mitglied des Gemeinderats war. Der Mitarbeiter der Hockenheimer Firma Manfred Hoffmann GmbH hatte sich in der Stadt auch seit Jahren als Vorsitzender des VfL Hockenheim ehrenamtlich engagiert, ein Verein mit vorbildlicher Jugendarbeit.

Rolf Hoppner – ein Gentleman der Kommunalpolitik

Der gebürtige Heidelberger Rolf Hoppner war im Jahre 1971 zum ersten Mal in den Hockenheimer Gemeinderat gewählt worden. Damals ahnte der Realschulpädagoge wohl kaum, dass er diesem Gremium einmal 32 Jahre und 10 Monate ununterbro-chen angehören würde. Doch seine treue Wählerschaft sprach ihm bei allen folgen-den Gemeinderatswahlen immer wieder das nötige Vertrauen aus. Bei der Gemein-deratswahl 2004 verzichtete der in Ehren ergraute 71-jährige Kommunalpolitiker aus Altersgründen auf eine erneute Kandidatur.

Beachtliche 27 Jahre hatte Hoppner den Vorsitz der FWV-Fraktion des Ge-meinderats inne, und viele Jahre war er einer meiner Stellvertreter. Trotz gelegent-lich unterschiedlicher Meinungen hatte ich mit ihm eine angenehme und gute Zu-sammenarbeit gepflegt. Nach seiner Pensionierung als Konrektor widmete sich der passionierte Hobbygärtner und Fan Südtirols verstärkt der Kommunalpolitik, die ihn erfüllte. Viele Jahre war er auch Mitglied der Gesellschafterversammlung der Hockenheim-Ring GmbH.

In all den Jahren unserer Zusammenarbeit lernte ich Hoppner als einen aufge-schlossenen und humorvollen, aber auch sensiblen Menschen kennen und schätzen, der sich herzhaft freuen und nicht minder herzhaft lachen konnte. Auch insofern fühlte ich mich in seiner Gesellschaft immer sehr wohl. Großen Wert legte er stets auf einen fairen und kollegialen Umgang mit den anderen Mitgliedern des Gemein-derats, obwohl ihm selbst dieser nicht immer geboten wurde. Aufgrund seines ob-jektiven Verhaltens und seines gesunden Menschenverstands im Gemeinderat und in den Ausschüssen hatte sein Wort Gewicht, auch im Fastnachtszugkomitee, dem er lange angehörte und das ihm das eine oder andere Zugmotto verdankte.

Dem vorbildlichen kommunalpolitischen Wirken Hoppners hatte die Stadt Ho-ckenheim schon vor einigen Jahren mit der Verleihung ihrer Ehrenmedaille in Gold Rechnung getragen. Außerdem hatte ihn der Gemeindetag Baden-Württemberg mit seiner goldenen Ehrennadel und der Städtetag Baden-Württemberg mit seinem Ver-dienstabzeichen in Gold ausgezeichnet.

Monate vor seinem Ausscheiden aus dem Gemeinderat hatte ich für ihn noch das Bundesverdienstkreuz beantragt und gehofft, dass das Bundespräsidialamt meiner Empfehlung bald folgen würde und ihm die hohe Auszeichnung zum Ab-lauf seines Gemeinderatsmandats überreicht werden könne. Doch gut Ding will Weile haben. Dass aber noch weitere zehn Monate vergehen würden, ehe ihm der hohe Orden endlich ans Revers geheftet werden konnte, hätte ich mir nie träumen lassen. Wegen meines Ruhestands blieb es mir verborgen, ob die Ehrungsunterlagen nur in irgendeiner Schublade liegen geblieben oder andere Gründe für das überlange Verfahren maßgeblich gewesen sind. Interessiert hätte es mich schon.

Heinz Eichhorn – aktiv für die Stadt und das Gewerbe

Heinz Eichhorn war über 29 Jahre Mitglied des Hockenheimer Gemeinderats. Der selbstständige Installateurmeister und langjährige Inhaber eines über die Stadt hinaus bekannten Fachgeschäfts kandidierte ebenfalls aus Altersgründen nicht mehr.

Eichhorn kannte ich von Kindesbeinen an, denn sein Wohn- und Geschäftshaus befand sich nur wenige Meter vom Haus meiner Großeltern entfernt in der Oberen Hauptstraße. Bei den Eichhorns wohnte die Familie Rinklef, deren Sohn Walter (Waldi) zu meinen Spielkameraden zählte. Dadurch kreuzten sich unsere Wege schon früh. Als er wenige Jahre nach dem Kriege mit seinem Schwager Hans Pflaum ein Faltboot in seiner Klempnerwerkstatt baute, bewunderte ich schon als Kind seine handwerklichen Fähigkeiten.

Kommunalpolitisch waren wir beide als liberale Parteifreunde zwar meistens, aber nicht immer einer Meinung, was verdeutlicht, dass Parteipolitik und Stadtpolitik zwei verschiedene Stiefel sind, die von unterschiedlichen Interessen beeinflusst werden können.

Im Gemeinderat und in verschiedenen Ausschüssen profilierte sich Eichhorn als Einzelhändler und Handwerksmeister, das Wohl der Stadt aber im Auge behaltend. Er engagierte sich auch beim Hockenheimer Gewerbeverein im Interesse des innerörtlichen Einzelhandels, der seit den 1970er Jahren immer mehr unter der Konkurrenz auf der „grünen Wiese" sowie der benachbarten Mittel- und Oberzentren zu leiden hatte. In der Handwerkskammer Mannheim war er stellvertretender Obermeister seiner Innung.

Eichhorn dürfte auch der Einzige gewesen sein, der als ehemaliges Mitglied des Verwaltungsrats der Bezirkssparkasse Hockenheim von der Vertreterversammlung der Volksbank Hockenheim in deren Aufsichtsrat gewählt wurde. Zu seinem öffentlichen Wirken zählte auch der Verkehrsverein, dessen Beirat, Organisationsausschuss und Standplatzausschuss „Hockenheimer Mai" er jahrzehntelang angehörte.

Wegen seines kommunalpolitischen Engagements hatten ihm der Gemeindetag und der Städtetag Baden-Württemberg hohe Auszeichnungen verliehen und die Stadt Hockenheim ihn mit der Ehrenmedaille in Gold geehrt.

✻

Symbolisches Kunstwerk für Commercy und Hockenheim

Im Juli 2004 fand in Hockenheims französischer Partnerstadt Commercy eines der regelmäßigen Partnerschaftstreffen statt. Für mich war es das letzte, das ich als Stadtoberhaupt begleiten sollte. Es hatte aber auch wegen der Einweihung der in der Maas gelegenen Insel „Ile Malard" einen besonderen Charakter.

Der vor Jahren verstorbene Apotheker Pierre Malard hatte die in seinem Eigentum befindliche kleine, der Natur überlassene Maasinsel, ein Refugium für Pflanzen und Tiere, seiner Heimatstadt Commercy vermacht. Die nahm Malards Geschenk an und benannte das Eiland nach ihm. Sie hatte dazu aber auch noch einen anderen triftigen Grund.

Malard war auf Commercianer Seite die maßgebliche Persönlichkeit, als im Jahre 1957 die ersten Kontakte seitens der Jungen Union Hockenheim geknüpft wurden, aus denen sich eine freundschaftliche Verbindung entwickelte, die 1970 in einer offiziellen Städtepartnerschaft mündete. Der gläubige Katholik, zurückhaltende und sehr bescheidene Mensch setzte sich über die Ressentiments hinweg, die in den 1950er Jahren noch viele Franzosen gegenüber den Deutschen hegten. Er reichte als einer der Ersten den Hockenheimern die Hand zur Versöhnung und handelte in diesem Sinne vorbildlich bis ans Ende seiner Tage.

Zu Ehren Malards ließ die Stadt Commercy das Kunstobjekt „Hoffnung" von dem lothringischen Künstler Amilcar Zannoni anfertigen. Es stellt zwei gleiche, in eine Richtung weisende, auf unterschiedlich hohen Stelen angebrachte, abstrakt geformte Vögel dar, gegossen aus einer Bronzelegierung. Deren eng anliegende Schwingen vereinen sich harmonisch mit dem spitz endenden Schwanz zu einem schlanken, jeweils rund einen Meter langen Kunstwerk.

Die beiden Vögel stehen symbolisch sowohl für die deutsch-französische Versöhnung als auch für die Städtepartnerschaft zwischen Commercy und Hockenheim. Weil diese ohne Männer wie Pierre Malard nicht zustande gekommen wäre, fand Zannonis' Skulptur auf der „Ile Malard" ihren gebührenden Platz.

Meinem Kollegen François Dosé und mir sowie den Präsidenten der Freundeskreise, Adolf Stier und Yvon Richard, war es vorbehalten, das von beiden Städten finanzierte Kunstwerk im Beisein von Malards Witwe Marie-Paule und Repräsentanten beider Städte zu enthüllen und Malard zu würdigen.

Da mich die Symbolkraft der beiden Vögel Zannonis sowie die künstlerische Umsetzung schon beim ersten Anblick beeindruckten, erkundigte ich mich, ob es möglich wäre, Nachbildungen auch in Hockenheim aufzustellen. Der Künstler willigte ein und stellte kurzfristig weitere Abgüsse her. Sie wurden auf zwei Stelen aus Naturstein an der Ecke Rathausstraße/Ottostraße vis-à-vis des Rathauses installiert. Offiziell enthüllt wurden sie einen Tag vor meinem Ausscheiden aus dem Amt.

❋

Delegation aus Commercy sagte separat Adieu

Bürgermeister François Dosé war es aufgrund einer anderen Verpflichtung - er war zu dieser Zeit noch Abgeordneter der französischen Nationalversammlung - nicht möglich, an meiner Verabschiedung am 31. August 2004 teilzunehmen. Deshalb reiste er zu meiner Freude schon am Vortag mit einer stattlichen Delegation aus Commercy an, zu der neben seiner Gattin Nicole noch Marie-Paule Malard, Beigeordnete und Mitglieder des Gemeinderats, Yvon Richard, der Präsident des Cercle Commercy-Hockenheim sowie Amilcar Zannoni zählten.

Zu Ehren unserer französischen Freunde hatten wir im Bürgersaal des Rathauses einen kleinen Empfang vorbereitet. Dort hieß ich sie gemeinsam mit meiner Frau willkommen. An der partnerschaftlichen Abschiedsveranstaltung nahmen auch mein Nachfolger Dieter Gummer, Ehrenbürger Adolf Stier sowie einige Stadträte teil. Für den musikalischen Rahmen sorgten Willi Ehringer (Trompete) sowie die Zwillinge Karl-Heinz Steidel (Vibrafon) und Fritz Steidel (Klavier).

François Dosé erinnerte in seinem Rückblick auf meine Amtszeit an die vielen Jahre der partnerschaftlichen Verbundenheit mit rund 500 Treffen der Vereine, der Schulen und Institutionen, die ich mit überaus großem Engagement gefördert hätte. Dabei habe man einen bedeutenden gemeinsamen Beitrag zum Europa des Alltags, der Nähe, der Freundschaft und manchmal sogar der Brüderlichkeit geleistet. Er bedankte sich herzlich für die persönliche Freundschaft, die zwischen uns entstanden war und die über den Tag hinaus bestehen bleiben würde.

Auch ich ließ die gegenseitigen jährlichen Partnerschaftstreffen Revue passieren, erinnerte an die regelmäßigen Schüleraustausche, Radtouren von Hockenheim nach Commercy und zurück, die Besichtigung des Atomkraftwerks Cattenom, Besuche der Tour de France in Commercy und dessen Nachbarschaft, den Besuch der französischen Nationalversammlung oder an die Feierlichkeiten in Commercy zum Gedenktag des Waffenstillstands 1918. Des Weiteren zählte ich die vor wenigen Wochen erfolgte gemeinsame Einweihung der Insel Malard zu den markanten und unvergesslichen Stationen meiner langen Amtszeit, in der ich und meine Frau François Dosé und seine Gattin näher kennen und schätzen gelernt haben. Ihm sei es wie auch mir immer ein Anliegen gewesen, die Städtepartnerschaft zu fördern. Dafür dankte ich ihm sowie allen in diesem Sinne Engagierten herzlich.

Danach enthüllten wir mit Malards Witwe und mit Amilcar Zannoni dessen Kunstwerk „Hoffnung". Dies war für mich ein schöner Abschluss meines partnerschaftlichen Engagements als Oberbürgermeister. Es über meine Amtszeit hinaus als Privatmann und Freund von François Dosé und seiner Frau Nicole unbedingt weiterzupflegen, habe ich mir fest vorgenommen.

❋

Ehrungen und Würdigungen

Kurz, nachdem sich die Delegation aus unserer französischen Partnerstadt auf den Heimweg gemacht hatte, stand im Hotel Motodrom meine Verabschiedung durch die Sparkasse Hockenheim sowie den Sparkassenverband Baden-Württemberg an. Zu diesem Anlass hatten der Verwaltungsrat und Vorstand auch die ehemaligen Direktoren sowie amtierende und ehemalige Mitglieder des Verwaltungsrats eingeladen. Für den musikalischen Rahmen sorgte das Ehepaar Anke und Christian Palmer.

In seiner Begrüßungsansprache ging Sparkassendirektor Rainer Arens auf die Entwicklung der Sparkasse vom Beginn meiner Amtszeit bis zu deren Ende ein. Von 1978 bis 2004 sei die Bilanzsumme von 87 auf 611 Millionen Euro, das Kreditvolumen von 52 auf 220 Millionen und die Anzahl der Mitarbeiter von 76 auf 170 gewachsen. Er stellte fest, dass ich an dieser Entwicklung maßgeblichen Anteil hatte und die Selbstständigkeit der Sparkasse Hockenheim untrennbar mit mir verbunden sei.

Verbandsgeschäftsführer Peter Schmidt würdigte ebenfalls meine 26-jährige Tätigkeit als Vorsitzender des Verwaltungsrats und des Kreditausschusses, aber auch als Mitglied des Verwaltungsrates der früheren Südwest LB, als stellvertretendes Mitglied des Verwaltungsrats der jetzigen Landesbank Baden-Württemberg (LBBW) sowie als Mitglied der Verbandsversammlung des Sparkassenverbands Baden-Württemberg. Er bezeichnete die gegenwärtige Situation der Sparkasse Hockenheim als ein „Solitär", umgeben von Notgemeinschaften. Damit spielte er auf die Notfusionen an, die alle benachbarten Sparkassen in den letzten Jahren eingehen mussten. Danach überreichte mir Schmidt im Auftrag von Verbandspräsident Heinrich Haasis die Große Baden-Württembergische Sparkassenmedaille. Über die höchste Auszeichnung der Sparkassen-Finanzgruppe freute und bedankte ich mich.

In meinem Schlusswort dokumentierte ich meine enge und tiefe Verbundenheit mit der Sparkasse und dankte den beiden Vorständen Rainer Arens und Michael Hartmann, ihren langjährigen Vorgängern Klaus Heidrich und Robert Becker sowie dem Verwaltungsrat mit den Bürgermeistern der Nachbargemeinden an der Spitze für die angenehme, zielgerichtete und erfolgreiche Zusammenarbeit. Außerdem verwies ich noch auf die seit Jahren im Raum stehende Fusionsempfehlung des Sparkassenverbands, gegen die ich mich stets gestellt hätte. Unsere Sparkasse sollte, so mein Credo, so lange wie nur möglich selbständig bleiben, nicht zuletzt auch deshalb, weil die nahe liegenden Fusionspartner wie Schwetzingen oder Wiesloch/Walldorf durch Schieflagen nach und nach weggebrochen seien.

In der Woche zuvor hatte die Gesellschafterversammlung der Hockenheim-Ring GmbH mein fast 33-jähriges Engagement am Hockenheimring gewürdigt, der BMC mich zum Ehrenmitglied und der Vorstand des Verkehrsvereins zum Ehrenvorsitzenden ernannt.

Auch die Freiwillige Feuerwehr Hockenheim, deren Belange mir während meiner gesamten Amtszeit immer ein Anliegen waren, bereitete mir anlässlich meines Ausscheidens mit der Ehrenmitgliedschaft eine große Freude.

✳

Verabschiedung und Ernennung zum Ehrenbürger

Der städtischen Einladung zu meiner Verabschiedung in den Ruhestand - sie ging am Abend meines letzten Arbeitstags im großen Saal der Stadthalle über die Bühne - waren prominente Gäste, langjährige Weggefährten und zahlreiche Personen gefolgt, deren Wege sich während meiner Amtszeit häufig mit den meinen gekreuzt hatten. Auf sie wartete trotz der unvermeidlichen Reden ein kurzweiliges Programm.

Musikalisch eröffnete dies der Fanfarenzug der Rennstadt mit „Pomp and Circumstance". Er beschloss es auch, meinem Wunsch entsprechend, mit „Oh mein Papa". Dessen Solopart mit der Trompete meisterte Willi Ehringer wieder einmal in bravouröser Manier. Außerdem bereicherten noch die Sing- und Musikschule mit ihrem Saxofonquartett unter der Leitung von Willi Ester und einem von Natalie Hüber vorgetragenen Klaviersolo sowie der Männergesangverein Liedertafel mit seinem Dirigenten Otto Lamadé das musikalische Programm.

Dazwischen begrüßte mein erster Stellvertreter Alfred Rupp die Gäste. Ihm war es auch vorbehalten, mein Wirken zu würdigen und mir die Ehrenbürgerwürde zu verleihen, die der Gemeinderat einstimmig beschlossen hatte. Darüber habe ich mich natürlich sehr gefreut. Über Rupps Ansprache berichtete die HTZ anderntags unter anderem wie folgt:

> „Alfred Rupp hatte die Errungenschaften der Stadt unter der Führung Gustav Schranks zusammengefasst und war zum Resultat gekommen: »Ihre Leistungsbilanz ist erstaunlich.« Die Krönung des sechsundzwanzig Jahre und fünf Monate währenden Wirkens des OB sei die Erhebung Hockenheims zur Großen Kreisstadt zum 1. Januar 2001 gewesen, dass zum Ende seiner Amtszeit festzustellen sei: »Wir brauchen keinen Neuanfang, sondern eine solide Fortführung des Geleisteten.«"

Mit dieser Bemerkung hatte Rupp Bezug auf den zurückliegenden OB-Wahlkampf genommen, bei dem der gewählte Kandidat mit den Slogans „Hockenheim braucht einen Neuanfang" oder „Neu anfangen" aufgewartet hatte. Die HTZ berichtete über Rupps Ansprache weiter:

> „Dem am längsten amtierenden Stadtoberhaupt in Hockenheims Geschichte sei zu bescheinigen, dass er vieles bewegt und zum Guten verändert habe. Mit der Erschließung neuer Baugebiete mit einer Gesamtgröße von 117 Hektar unter seiner Ägide sei die Grundlage für das Wachstum von 4500 Ein-

wohnern gelegt worden, das letztlich zur Erhebung zur Großen Kreisstadt führte. 107 Hektar neue Gewerbegebiete sicherten die wirtschaftliche Zukunftsfähigkeit der Stadt. Die Bahn-Neutrassierung und die damit verbundene Erneuerung des innerstädtischen und überörtlichen Verkehrsnetzes sei ein gewaltiger Eingriff gewesen, der aber auch die Grundlage für einen weiteren Glanzpunkt in Schranks Regierungszeit, die Landesgartenschau, gewesen sei.

Daneben sei der Bau der Stadthalle, die Schaffung von Grünanlagen und Plätzen, die Einrichtung der Stadtbuslinie, der Stadtbibliothek, neue Domizile für Stadtwerke und anderer Einrichtungen, die Schaffung einer vorbildlichen Infrastruktur im sozialen und kulturellen Bereich sowie die Pflege der Städtepartnerschaften Commercy, Hohenstein-Ernstthal und Mooresville zu nennen. Besonders gefordert sei Schrank durch den Ring gewesen, den er zukunftsfähig gemacht habe."

Worte zu meiner Verabschiedung sprachen „nur" Finanzminister Gerhard Stratthaus für das Land, Bürgermeister Gerhard Greiner für die Verwaltungsgemeinschaft Hockenheim sowie außerplanmäßig Erich Homilius, der OB unserer sächsischen Partnerstadt. Ich hatte um das gestraffte Rednerprogramm aufgrund meiner Erfahrungen bei Verabschiedungen von Kollegen gebeten, bei denen Vertreter jeder Gemeinderatsfraktion, des Personalrats, der Kindergärten und Schulen, der Kirchengemeinden, der Sparkasse, der Vereine, der Feuerwehr etc. auf die Bretter gegangen waren. Dies hatte jedes Mal für ein stundenlanges Verabschiedungsritual gesorgt, das spätestens nach dem dritten Redner langweilte und für die meisten eine Zumutung war. Soweit wollte ich es bei meiner Verabschiedung nicht kommen lassen.

In ihrer Ausgabe vom 2. September 2004 berichtete die HTZ über die Grußworte unter anderem:

„Die besondere Bedeutung der Feierstunde wurde auch darin deutlich, dass mit dem baden-württembergischen Finanzminister Gerhard Stratthaus ein Kabinettsmitglied in die Rennstadt gekommen war, um die Grüße der Landesregierung zu überbringen. Gustav Schrank habe diese besondere Auszeichnung verdient. Stratthaus bescheinigte seinem früheren Kollegen, nicht nur ein höchst erfolgreicher Oberbürgermeister gewesen zu sein, sondern auch eine außergewöhnliche Persönlichkeit zu sein …

In all den Jahren habe Gustav Schrank souverän, selbstbewusst und gebildet sein Amt ausgeübt und sei dabei stets bescheiden und zurückhaltend geblieben. Stratthaus charakterisierte seinen früheren Kollegen als einen »preußischen Hockenheimer«, der immer zuerst die Aufgabe gesehen habe und nie seine Person. »Hockenheim ist in Baden-Württemberg einer der großen Aufsteiger im 20. Jahrhundert«, stellte der Minister fest.

Für die derzeitige Situation am Ring habe er zwar auch keine Lösung parat, verspreche aber, alles zu tun, um das Motodrom auch weiter zu unterstützen. »Hockenheim hat dies verdient«, sagte Stratthaus unter Beifall."

Gerhard Greiner stellte in seinem Grußwort fest, dass ich den Verwaltungsraum in einer offenen, vertrauensvollen, fairen und auch sehr persönlichen Partnerschaft maßgeblich mitgestaltet und geprägt habe. Er bedankte sich auch im Namen seiner Kollegen aus der Verwaltungsgemeinschaft für das freundschaftliche Miteinander.

Die Abschiedsworte des Hohenstein-Ernstthaler OB Erich Homilius fasste die HTZ wie folgt zusammen:

> „Gerade in den Jahren nach der politischen Wende und der deutschen Wiedervereinigung habe seine Stadt viel von Gustav Schrank gelernt und aus den partnerschaftlichen Beziehungen profitiert. Besonders dankbar aber sei man Schrank dafür, dass aus Hohenstein-Ernstthal wieder eine Rennstadt wurde. Er sei es schließlich gewesen, der vom Bau eines Motodroms abgeraten und dafür die Einrichtung einer multifunktionalen Rennstrecke vorgeschlagen habe. Schrank habe nicht nur in seiner kurpfälzischen Heimatstadt Spuren hinterlassen, sondern auch am Rand des sächsischen Erzgebirges.“

Das Schlusswort gebührte bei meiner Verabschiedung natürlich mir. Es war meine letzte Rede als Oberbürgermeister überhaupt, bei der ich zunächst auf meine Zeit in der Geschäftsleitung der Hockenheim-Ring GmbH und danach im Rathaus zurückblickte, insgesamt fast 33 Jahre, in denen ich mich für die Interessen der Stadt eingesetzt hatte. Konkret sagte ich:

> „Es wird mir aber auch bewusst, dass unsere Stadt in all diesen Jahren ein vitales Gemeinwesen war, das sich rasant fortentwickelt hat. Dass ich diese Zeit an maßgeblicher Stelle mitprägen und die Entwicklung unserer Stadt mitgestalten konnte, ist etwas, was mich persönlich sehr erfüllt hat und wofür ich sehr dankbar bin. Es war mein Leben, und ich bin in dieser Zeit meinen Weg gegangen.“

Danach bedankte ich mich bei jenen, die mich in all den Jahren begleitet und unterstützt haben, der Einladung zu meiner Verabschiedung gefolgt waren, oder für einen würdigen musikalischen Rahmen gesorgt hatten. An den Gemeinderat gewandt, stellte ich fest:

> „In dieser Stunde möchte ich besonders herzlich dem Gemeinderat unserer Stadt danken, der mich heute mit der Würde eines Ehrenbürgers auszeichnete. Ich habe diese Ehrung auch deshalb sehr gerne angenommen, weil ich gemeinsam mit dem Gemeinderat, der Verwaltung und der Bürgerschaft in all den Jahren für die Stadt doch einiges erreichen konnte. Ich möchte es als Glück bezeichnen, dass den Gemeinderatsgremien der letzten Jahrzehnte stets an einer an der Sache orientierten Stadtpolitik gelegen war. Sie haben mir in der Zusammenarbeit, sei es als Sprecher der Fraktionen, als meine Stellvertreter oder als engagiertes Mitglied des Gemeinderats viel gegeben. Stellvertretend für alle möchte ich unsere Ehrenbürger Adolf Stier, Arthur Weibel sowie den verstorbenen Josef Hauck nennen, von deren Persönlich-

keit und großer kommunalpolitischer Erfahrung die Stadt und auch ich viel profitieren konnten."

Natürlich habe ich auch Stadtrat Alfred Rupp, meinem ersten Stellvertreter, gedankt, der meine Tätigkeit für die Stadt gewürdigt hatte. Mit ihm verband mich seit einem Viertel Jahrhundert eine aufrichtige und faire Zusammenarbeit im Gemeinderat. Rupp war Rektor in Rauenberg, zählte seit Jahren zu den profilierten CDU-Politikern der Stadt und war Nachfolger von Josef Hauck als Vorsitzender des Vereins für Heimatgeschichte. In meinen Dank bezog ich auch seine Gattin Helene ein, die schon häufig, wie auch am Vortag beim Besuch der Commercianer Delegation, wertvolle Dolmetscherdienste leistete.

Viel zu danken hatte ich allen Mitarbeiterinnen und Mitarbeitern, insbesondere aber meinen Amtsleitern sowie meinen Sekretärinnen Karin Schwab und Iris Adomat, auf die ich mich immer hundertprozentig verlassen konnte. Ich bat sie, meinen Nachfolger in gleicher Weise zu unterstützen und war mir sicher, dass ihm das große Know-how der Stadtverwaltung zugute kommen würde.

Die Dankadresse an meinen früheren Kollegen und heutigen Finanzminister Gerhard Stratthaus verband ich zugleich mit einem Appell, als ich feststellte:

„Uns verbinden nun schon viele Jahre einer angenehmen und vertrauensvollen Zusammenarbeit. Dafür, aber auch für die heutige Würdigung meiner Tätigkeit, die Sie als Vertreter unseres Landes vorgenommen haben, sowie Ihre guten Wünsche, danke ich Ihnen herzlich. – Als einem, dem es auch künftig nicht gleichgültig sein wird, wie sich die Stadt und ihr Ring entwickeln, sei gestattet, ein großes Anliegen gegenüber dem Land zu bekräftigen: Bitte lassen Sie dem Hockenheimring auch künftig jene Hilfe zuteil werden, die er notfalls braucht, um gut über die Runden zu kommen. Ich bitte darum auch deshalb, damit er gegenüber den überwiegend staatlich finanzierten Mitkonkurrenten in Ost und West auch in Zukunft nicht den Kürzeren zieht. - Für das Land, die Region und die Stadt ist der Hockenheimring nicht nur ein großes Aushängeschild, sondern auch ein bedeutender Wirtschaftsfaktor. Die Wertschöpfung am Ring ist auch für das Land von Vorteil, wenn ich beispielsweise an die Umsatzsteuer denke."

Sehr gefreut hatte ich mich auch über das Kommen von Regierungspräsidentin Gerlinde Hämmerle und Landrat Dr. Jürgen Schütz. Ihnen dankte ich, denn die Zusammenarbeit mit ihnen und ihren Ämtern ließ nie zu wünschen übrig. Bei dieser Gelegenheit brachte ich nochmals zum Ausdruck, wie konstruktiv die Mitarbeiter der Kreisverwaltung zugearbeitet und das Genehmigungsverfahren zum Modernisierungsprojekt Hockenheimring durchgezogen hätten.

Bei meiner Verabschiedung erwiesen mir auch zahlreiche amtierende oder im Ruhestand befindliche Bürgermeisterkollegen aus der Nachbarschaft und darüber hinaus mit ihrer Anwesenheit ihre Reverenz. Die weiteste Anreise zu meiner Verabschiedung hatten OB Erich Homilius und Stadtrat Manfred Grad aus unserer sächsischen Partnerstadt in Kauf genommen. Dafür und auch für die angenehme Zusammenarbeit bedankte ich mich und stellte fest:

> „Wenn ich an den Fall der Berliner Mauer, an die seitdem rasante Entwicklung in den neuen Bundesländern und speziell auch in Hohenstein-Ernstthal zurückdenke, dann kann ich heute Folgendes resümieren: Dies war nicht nur eine bewegte Zeit, sondern auch ein neues Kapitel unserer Geschichte, das wir hautnah miterlebt und ein Stück weit auch mitgestaltet haben."

Meine guten Wünsche und mein Dank für die langjährige Zusammenarbeit galten in dieser Abschiedsstunde den Bürgermeistern der Verwaltungsgemeinschaft Hockenheim, namentlich Gerhard Greiner, Walter Klein, Hartmut Beck und ihren Vorgängern Ewald Butz, Ewald Hestermann, Helmut Müller und Gerhard Zahn sowie Georg Seiler, dem Geschäftsführer des Hockenheimrings, und dem BMC-Präsidium mit Harald Roth an der Spitze.

Eine weitere wichtige Dankadresse richtete ich an Hockenheims Bürgerinnen und Bürger:

> „Sie haben mich vier Mal gewählt und dazu noch bei zwei Bürgerentscheiden, bei denen es um wichtige Projekte ging, nicht im Stich gelassen. Mit diesen Vertrauensbeweisen verbunden war für mich die Pflicht, für die Stadt jederzeit das Beste zu suchen. Dieses uralte, von der Bibel abgeleitete Wort, war in all den Jahren Leitgedanke meines Handelns, wohl wissend, dass ich es auch beim besten Willen nie allen recht machen konnte. – Im Übrigen habe ich in meiner Amtszeit stets mit hohem Respekt verfolgt, welche hervorragende Arbeit in unseren Schulen, Kirchengemeinden, kulturtragenden Vereinen, Sport- und sonstigen Vereinen und Institutionen wie beispielsweise unserer Feuerwehr geleistet wird. Ich habe mich deshalb auch immer als deren Partner bzw. ihr Ansprechpartner verstanden, wenn es um ihre Belange ging. Umso mehr wünsche ich ihnen auch künftig eine erfolgreiche Arbeit im Interesse unseres Gemeinwesens und hoffe, dass es der Stadt möglich ist, sie in dem gleichen partnerschaftlichen Sinne wie bisher zu begleiten."

Schließlich dankte ich noch meiner Familie und vor allem meiner Frau, die mich während meiner Amtszeit immer unterstützt und dafür gesorgt hatte, dass unseren beiden Töchtern jener familiäre Hort geboten werden konnte, zu dem ich amtsbedingt nur eingeschränkt beizutragen vermochte. Im Gegenzug versprach ich ihr, auch künftig ihren häuslichen Hoheitsbereich nicht in Frage zu stellen und ihr im Haushalt nur auf Wunsch und der gebotenen Unterordnung dienen zu wollen. Meine Hoffnung waren noch viele glückliche gemeinsame Jahre.

Meine letzte Amtshandlung war die Übergabe des Generalschlüssels und damit zugleich der Schlüsselgewalt des Rathauses an meinen Nachfolger. Ihm wünschte ich eine erfolgreiche Arbeit und bat alle, ihn dabei zu unterstützen.

Abschließend erklärte ich:

> „Im Übrigen war ich, meine lieben Hockenheimer, in den vergangenen über 26 Jahren sehr gerne Ihr Bürgermeister und Oberbürgermeister, und ich bin rückblickend sehr dankbar, dass ich gemeinsam mit Ihnen vieles zum Wohle unseres Gemeinwesens angehen und umsetzen konnte. Es war alles in allem gesehen eine schöne und oft auch spannende Zeit, und ich möchte diese und meinen Abschied mit einem etwas abgewandelten Gedicht meines Lieblingsdichters Hermann Hesse beschreiben, das lautet: »Abschied nimmt die bunte Stadt, die so lieb mir ward, manches sich verändert hat, kühn war stets die Fahrt.«"

Mit diesem Schlusswort verband ich für meine Heimatstadt und ihre Bürgerschaft alle Zeit ein herzliches Glückauf.

Am 31. August 2004 endete mein Berufsleben, das ich 1957 begonnen hatte. Nun begann ein neuer Lebensabschnitt ohne die jahrzehntelang gewohnten Pflichten und Verantwortlichkeiten. Auf ihn musste ich mich einstellen.

✳

Wesentliche Projekte in meiner vierten Amtsperiode

- Bau des integrativen Kindergartens „Sonnenblume" gemeinsam mit dem Verein „Lebenshilfe Schwetzingen-Hockenheim e.V."
- Wahl des ersten Hockenheimer Jugendgemeinderats mit zwölf Mitgliedern und einer Amtszeit von zwei Jahren (2003)

❀

- Bau und Verkehrsfreigabe der Nord-Ost-Umgehung
- Installation eines Verkehrsleitsystems zu den Parkplätzen in der Innenstadt sowie eines Vorwegweissystems zu den Straßen im Gewerbegebiet Talhaus
- Schaffung eines 54 Stellplätze umfassenden Reserve-Parkplatzes am Bahnhof

❀

- Erschließung des 2. Abschnitts beim Gewerbepark Mörscher Weg (13,6 ha)
- Fortführung des Kanal- und Straßensanierungsprogramms einschließlich des Gas-, Strom- und Wassernetzes

❀

- Sicherung der Wasserversorgung durch den Bau einer 2. Wasserleitung vom Verbandswasserwerk in Reilingen zum Ortsnetz Hockenheims
- Bau einer 2. Wasserleitung vom Ortsnetz zum Hockenheimring
- Sicherung der Versorgungssicherheit durch Inbetriebnahme eines 4. Wasserspeichers beim Verbandswasserwerk Reilingen

❀

- Fortführung der Bioptopvernetzung durch Hecken-, Baum- und Gehölzpflege im „Hockenheimer Rheinbogen" und im Gewann „Biblis"
- Erstellung eines Nachhaltigkeitsberichts im Rahmen der Arbeiten zur Lokalen Agenda

❀

- Neugestaltung des Plantschbeckens sowie Generalsanierung des Sole-Innenbeckens beim Aquadrom

❀

- Ausrüstung der Feuerwehr mit zwei neuen Fahrzeugen:
  - Rüstwagen mit kompletter technischer Beladung
  - Mannschaftstransportwagen für die Jugendfeuerwehr

❀

- Schaffung eines größeren Bewirtungsraums für Vereine in der Rudolf-Harbig-Halle durch einen Garderobenanbau

※

- Städtepartnerschaft mit der amerikanischen Rennstadt Mooresville, NC
- Gründung des Vereins „Freundeskreis Mooresville e.V."

※

- Grundlegende Modernisierung des Hockenheimrings und dessen Infrastruktur durch

  - Neubau des Grand-Prix-Kurses

  - Erweiterung der Zuschauerkapazität durch
    - Bau der Mercedes-Tribüne,
    - Aufstockung der Südtribüne,
    - Schaffung von Naturtribünen und von
    - Flächen für mobile Tribünen

  - Bau des
    - des Baden-Württemberg-Centers,
    - des Fahrsicherheitszentrums und
    - des Außenlandegeländes für 16 Hubschrauber

  - Neuorganisation der Verkehrsführung und Schaffung weiterer Behelfsparkplätze für Rennbesucher

※

- Open-Air-Konzert am Hockenheimring mit den Rolling Stones und AC/DC (2003)

※

Kapitel 7: Neue Freiräume, Aktivitäten und Perspektiven

Ich lebe mein Leben in wachsenden Ringen,
die sich über die Dinge ziehn.
Ich werde den Letzten vielleicht nicht vollbringen,
aber versuchen will ich ihn.

RAINER MARIA RILKE

Wechsel in den Ruhestand – Zäsur mit positiven Folgen

Von Talleyrand, dem französischen Staatsmann, stammt der Satz: „Kein Abschied auf der Welt fällt schwerer als der Abschied von der Macht." Für einen Strippenzieher wie ihn, dem Napoleon Aufstieg und Fall zu verdanken hatte, mag diese Feststellung zutreffend gewesen sein. Verallgemeinern aber lässt sie sich nicht. Machtbefugnisse abzugeben muss nicht immer gleichbedeutend sein mit Verlust, im Gegenteil. Oft ist Macht auch mit Bürde verbunden. Sie nicht mehr zu besitzen, kann erleichternd oder sogar erlösend wirken.

Ein Bürgermeister verfügt über eine gewisse, jedoch auf seine Amtszeit begrenzte und durch die Öffentlichkeit kontrollierte Macht. Er ist von seinen Mitbürgern ermächtigt, für ihr Gemeinwesen zu handeln. Scheidet ein Bürgermeister aus dem Amt, verliert er seine Zuständigkeit, Kompetenz und Verantwortung, quasi also die mit seinem Amt verbundene Macht. Sie geht auf seinen Amtsnachfolger über.

Auf diesen „Machtwechsel" hatte auch ich mich im Jahre 2004 einzustellen. Er bereitete mir auch deshalb kein großes Problem, weil ich mich auf die künftige amts- und verantwortungsfreie Zeit freute. Da mich mein Amt aber ausgefüllt und erfüllt hatte, war ich mir schon der Zäsur bewusst, die mein Ruhestand mit sich bringen würde. Gleichwohl umwehte auch ihn im Sinne Hermann Hesses ein gewisser Anfangszauber, der mich, von den beruflichen Pflichten befreit, heiter den neuen Räumen entgegensehen ließ.

Nicht mehr an vorderster Front in der kommunalpolitischen Arena zu stehen, sondern das Geschehen von der „Ehrentribüne" aus zu verfolgen, eröffnete mir neue Freiräume und Perspektiven, an die ich mich schnell gewöhnte und die ich nutze. Doch auch im Ruhestand war ich vor Überraschungen positiver wie negativer Art nicht gefeit. Auch wie es ohne mich am Hockenheimring weiterging und was sich sonst noch ereignete, erfahren wir in den folgenden Kapiteln.

✳

Modernisierung des Hockenheimrings, Teil 4

Was geschehen ist, ist geschehen.
Das Wasser, das du in den Wein gossest,
Kannst du nicht mehr herausschütten.
Alles wandelt sich. Neu beginnen
Kannst du mit dem letzten Atemzug.

BERTHOLD BRECHT

Wichtige Gespräche in Stuttgart

Am ersten Tag meines Ruhestands - es war der 1. September 2004 - verabschiedete ich mich über Mittag noch von meinem Mitarbeiterinnen und Mitarbeitern in der Stadtverwaltung, die zu diesem Anlass in der Stadthalle zusammengekommen waren. Dort stellte sich ihnen auch mein Nachfolger als ihr neuer Chef vor.

Am Morgen danach traf ich mich wegen der finanziellen Situation des Hockenheimrings mit dem Hockenheimer Unternehmer Jürgen B. Harder und über Mittag mit der Spitze des Wirtschaftsministeriums in Stuttgart. Zu den beiden Gesprächsterminen begleitete mich OB Gummer.

In den Wochen vor dem Ende meiner Amtszeit hatte ich angesichts der zunehmenden Probleme am Hockenheimring noch versucht, die nötigen Register mit Vertretern des Landes zu ziehen, was aber durch die parlamentarische Sommerpause nicht klappte. Anlässlich des Formel-1-Grand-Prix am 25. Juli 2004 nutzte ich die Gelegenheit, die Problematik mit dem kurz zuvor ins Amt gekommenen Wirtschaftsminister Ernst Pfister sowie mit Günther Oettinger, damals Vorsitzender der CDU-Landtagsfraktion, zu besprechen. Beide erkannten die Risiken für die Stadt und sicherten Unterstützung zu. Oettinger riet mir, Ministerpräsident Teufel zu informieren. Diesen bat ich am 27. Juli 2004 schriftlich um einen Gesprächstermin.

Sein Antwortschreiben vom 4. August 2004 nutzte der Ministerpräsident, um mir für meine kommunalpolitische Tätigkeit an der Spitze der Stadt Hockenheim zu danken und mir alles Gute für die Zeit meines Ruhestands zu wünschen. Gleichzeitig kündigte er an, dass er, da er im Urlaub sei, nicht zu meiner Verabschiedung kommen könne und Finanzminister Stratthaus ihn bei der Abschiedsveranstaltung vertreten würde. Zum erbetenen Gesprächstermin teilte er mir wortwörtlich mit:

> „Meine Urlaubszeit lässt es auch leider nicht zu, dass wir uns vor Ihrem Amtsende noch persönlich begegnen. Ich habe mir diese Wochen im August für meine Frau und für meine Familie reserviert. Dafür bitte ich um Verständnis."

Enttäuscht von diesem Verhalten, informierte ich unseren „Landesvater" schriftlich über die unerwartete Entwicklung am Hockenheimring. Zugleich bemühte ich mich um weitere Gespräche mit Finanzminister Stratthaus, mit dem ich ohnehin ständig in Verbindung stand, mit Wirtschaftsminister Pfister sowie mit Oettinger. Doch auch diesen standen zunächst urlaubsbedingte Abwesenheiten im Wege.

Deshalb kam das Gespräch mit Vertretern des Wirtschaftsministeriums, an der Spitze Wirtschaftsminister Pfister, erst am 2. September 2004, also am zweiten Tag meines Ruhestands, in Stuttgart zustande. OB Gummer und ich stießen auf offene Ohren, und im Ergebnis bestätigte uns das Wirtschaftsministerium: Das Land kann die Stadt nicht im Stich lassen. Die Probleme müssen gemeinsam gelöst werden.

Zur Information der am Hockenheimring engagierten Banken, die von diesem Gesprächstermin wussten und wissen wollten, was dabei herauskam, riet ich meinem Nachfolger, eine Gesprächsnotiz zu verfassen und diese den Banken zukommen zu lassen. Ich hoffe, dass dies geschah.

Mit Oettinger kam erst am 15. Oktober 2004, also eineinhalb Monate nach meiner Verabschiedung in den Ruhestand, ein Gesprächstermin in Stuttgart zustande. Zum damaligen Zeitpunkt zeichnete sich noch nicht ab, dass er bald Nachfolger von Ministerpräsident Erwin Teufel werden würde. Auch an der Unterredung mit Oettinger nahm selbstverständlich OB Gummer teil.

Während wir Oettinger die negative Entwicklung des Hockenheimrings aufzeigten, verdeutlichte er uns, dass gemeinsame Lösungen mit dem Land gefunden werden müssten. Er sagte wortwörtlich: „Das Land kann die Stadt Hockenheim in dieser Situation nicht hängen lassen". Zusammenfassend stellte er drei Lösungsansätze in den Raum:

1. Eine höhere Bezuschussung durch das Land, oder
2. eine Beteiligung des Landes als Gesellschafter, oder
3. eine stille Beteiligung seitens des Landes.

Zum Ende des Gesprächs bat Oettinger um ein Schreiben der Stadt, in dem diese drei Optionen dargestellt und um diese nachgesucht würde. Das Schreiben sollte an ihn sowie gleichlautende Schreiben an Finanzminister Stratthaus und an Wirtschaftsminister Pfister geschickt werden. Er wollte dann die Sache federführend in die Hand nehmen und mit den Ministern koordinieren.

Auf der Rückfahrt von Stuttgart verständigte ich mich mit meinem Nachfolger, dass er die Schreiben verfassen und auf den Weg bringen würde. Im Hinblick auf meine langjährige Erfahrung bot ich ihm an, die Schreiben mit mir abzustimmen. Da ich am anderen Tag ins Ausland fuhr, schlug ich ihm vor, mir seinen Briefentwurf per Fax an meine Auslandsadresse zu übermitteln. Dazu bestand für ihn natürlich keine Verpflichtung.

In der Sache erreichte mich weder in der Woche, in der ich mich im Ausland befand, noch danach ein diesbezügliches Fax aus dem Rathaus. Deshalb kenne ich weder den Inhalt des Schreibens noch weiß ich, ob es überhaupt auf die von Oettinger vorgeschlagenen Wege gebracht wurde.

❋

Weiteres Engagement unerwünscht

Ich betrachtete es als selbstverständlich, mich auch nach meiner Amtszeit ohne Honorar zur Verfügung zu stellen, um die unerwarteten Finanzprobleme in Zusammenarbeit mit dem Land zu lösen. Meinen Nachfolger konnte und wollte ich dabei nicht übergehen, im Gegenteil, ich wollte ihm nur beratend zur Seite stehen.

Während meiner langen Amtszeit, nicht zuletzt durch die erfolgreiche Hockenheimer Landesgartenschau, durch meine Mitgliedschaft im Verwaltungsrat der SüdwestLB und durch das Modernisierungsprojekt Hockenheimring hatte ich vielfältige Kontakte mit Mitgliedern des Landtags, der Regierung und leitenden Bediensteten in den Ministerien sowie Erfahrung im Umgang mit ihnen sammeln können. Einen besonders guten Draht hatte ich zum Wirtschaftsministerium, das die Modernisierung des Hockenheimrings federführend begleitet hatte und deren Spitzen das gleiche Parteibuch hatten wie ich. Diese Verbindungen hätten auch nach meiner Amtszeit hilfreich sein können.

Spätestens aber in der Phase nach dem Gespräch mit Herrn Oettinger musste ich den Eindruck gewinnen, dass darauf mein Nachfolger keinen Wert legte. Hatte er nicht im OB-Wahlkampf immer wieder mit dem Spruch geworben: „Hockenheim braucht einen Neuanfang!" Dieses Postulat „Neuanfang" ist bei Wahlen ja nichts Neues und vielfach auch sinnvoll. Ob aber mit einem Neuanfang wirklich alles besser wird bzw. besser gemacht wird, ist eine ganz andere Frage.

Es wäre mir ohnehin nie in den Sinn gekommen, mich nach meiner Amtszeit noch in kommunalpolitische Angelegenheiten der Stadt einzumischen. Eine ganz spezielle aber war das Thema Hockenheimring. Ich sah mich in der Pflicht, zur Lösung der aktuellen Probleme beizutragen und meinem Nachfolger beizustehen, der sich in diese Materie erst einarbeiten musste.

Rückblickend kann ich mir natürlich denken, warum es dazu nicht kam. Ob dazu auch OB Gummers Ratgeber aus seinem parteipolitischen Umfeld beitrugen, die ihn im OB-Wahlkampf unterstützt und danach begleitet haben, vom Geschäft des Hockenheimrings aber keine Ahnung hatten, geschweige denn die Lage richtig einzuschätzen vermochten, sei dahingestellt.

Als ich merkte, wie sich die Dinge entwickelten, entschloss ich mich nach reiflicher Überlegung, in rein sachlicher Weise, detailliert zu dokumentieren, was ich in der Endphase meiner Amtszeit und kurz danach noch an Aktivitäten zur Lösung der Finanzprobleme unternommen hatte. Die Dokumentation umfasste in zusammengefasster Form, was ich zuvor ausführlich beschrieben habe. Ich ließ sie Ende Mai 2005 meinem Nachfolger sowie den Mitgliedern des im Jahre 2004 neu gewählten Gemeinderats zukommen.

Darauf reagierte lediglich OB Gummer. Er teilte mir telefonisch mit, dass ich ihn mit diesem Exposé verärgert hätte! Ich solle mich in Sachen Hockenheimring heraushalten. Dies ginge mich nichts mehr an und ich solle meinen Ruhestand genießen! Nun erfuhr ich also direkt aus dem Munde meines Nachfolgers, was er in Sachen Hockenheimring von mir erwartete.

Fast 33 Jahre meines Lebens mit all seinen Höhen und Tiefen, in denen ich beim Hockenheimring in der Verantwortung stand, sind natürlich nicht wie ein Paar Socken zu entsorgen, die man nicht mehr benötigt. Gleichwohl war nun der Moment gekommen, in dem mir eine so unmissverständliche Aufforderung erleichterte, einiges abzuhaken. Bar jeder Zuständigkeit und Verantwortung vermochte ich es ohnehin nicht mehr, den Lauf der Dinge zu beeinflussen.

✳

Entwicklung des Verhältnisses zwischen Stadt und Land

Nach meiner Missfallen erzeugenden Stellungnahme sei ein Blick darauf geworfen, wie sich das Verhältnis zwischen dem Land und der Stadt in Sachen Hockenheimring nach meiner Pensionierung entwickelte.

Dr. Manfred Fuchs als unabhängiger Moderator eingesetzt

Mitte 2005 hatten sich die Finanzprobleme am Hockenheimring durch die Formel 1 weiter zugespitzt. Deshalb engagierten Ministerpräsident Oettinger und Finanzminister Stratthaus den Mannheimer Unternehmer Dr. Manfred Fuchs als unabhängigen Moderator. Dazu berichtete der Mannheimer Morgen am 23. Juli 2005:

> „Ministerpräsident Günther Oettinger teilte gestern mit, dass der erfolgreiche langjährige Firmenchef zunächst eine Bestandsaufnahme machen und Gespräche mit allen Beteiligten führen wird, um dann Empfehlungen für die weitere Entwicklung des Rings auszuarbeiten. »Das ist der Versuch, die Gesellschaft auf die richtige Bahn zu bringen«, hieß es aus Regierungskreisen. Denn die Einschätzungen der wirtschaftlichen Situation bei der Betreibergesellschaft gehen zwischen Hockenheim und Stuttgart weit auseinander.
>
> Fuchs, der von 1984 bis 2003 Vorstandschef des Fuchs Petrolub-Konzerns war, baute das Familienunternehmen zu einem der weltweit größten unabhängigen Hersteller von Schmierstoffen aus. Nachdem inzwischen der Sohn den Chefsessel übernommen hat, verfügt der Senior über die Zeit für die komplizierte Aufgabe in Hockenheim."

Für Dr. Fuchs war der Hockenheimring kein unbeschriebenes Blatt. Ernst Christ, der Vater des Hockenheimrings, war einer der ersten und langjährigen Mitarbeiter in der noch jungen Firma, die sein Vater gegründet hatte. Insofern bestand über Ernst Christ eine jahrzehntelange Verbindung zwischen der Firma Fuchs und dem Hockenheimring.

Dr. Fuchs führte mit mir ein ausführliches Gespräch, an dem auch die BMC-Präsidiumsmitglieder Harald Roth und Ulrich Gleich teilnahmen. Bei diesem zeigte ich ihm auf, warum die Finanzplanung zur Ring-Modernisierung bisher nicht aufgegangen war. Wir sprachen auch über alternative Lösungsmöglichkeiten.

Im Dezember 2005 stellte Dr. Fuchs als Ergebnis seiner Analyse ein neues Finanzierungskonzept vor. Wer nun hoffte, das Land stünde diesem aufgeschlossen gegenüber, sah sich schnell eines anderen belehrt. Die Vorschläge des von der Landesregierung beauftragten Moderators Dr. Fuchs stießen bei ihr leider nur auf taube Ohren. Über Dr. Fuchs' Vorschläge und die Landesreaktion informierte der Mannheimer Morgen am 22. Dezember 2005 unter anderem:

> „Wie bereits vor einiger Zeit berichtet, will die Betreibergesellschaft einen Teil des Betriebsvermögens verkaufen und dann auf zehn Jahre zurückleasen. »Es handelt sich allerdings nicht um Grundstücke, sondern um den Bereich der Spitzkehre und der Mercedes-Tribüne«, konkretisierte Fuchs.
>
> Die Transaktion, um die mehrere Banken buhlen, soll 25 Millionen einbringen. Dafür sind jährlich etwa 1,7 Millionen als Leasinggebühr zu zahlen. Nach zehn Jahren beträgt der Restwert 17,5 Millionen Euro. Mit diesem Geschäft soll, laut Fuchs, die zu hoch mit Schulden belastete Bilanz saniert werden. »Statt etwa 29 Millionen Euro hätte die Hockenheimring-Gruppe nach der Transaktion nur noch etwa acht Millionen Euro Verbindlichkeiten.« Zudem verringere sich die Bürgschaft der Stadt von derzeit 18 auf dann sieben Millionen Euro. Wichtig sei es, die finanziellen Lasten, die ursprünglich bis 2008 abgetragen werden sollten, auf einen längeren Zeitraum zu verteilen. »Wir könnten heute Nachmittag abschließen«, verdeutlichte Fuchs - der immer wieder für den zurückhaltend formulierenden Gummer das Wort ergriff - wie weit die Verhandlungen seien.
>
> Nur das Land spielt nicht mit. Fuchs war der Ärger über die Bremser in den Fraktionen deutlich anzumerken. Schließlich wurde der Aufsichtsratsvorsitzende der Fuchs Petrolub AG auf Bestreben der Landesregierung geholt."

Dabei hätte das Land nur dann einspringen müssen, wenn die Betreibergesellschaft nicht mehr zahlungsfähig gewesen wäre. „Ganz umsonst", verdeutlichte Dr. Fuchs im Mannheimer Morgen, werde die Zukunft der Rennstrecke für das Land nicht zu haben sein.

Doch vom Land war erneut keine Hilfe zu erwarten. Stattdessen ließ Stefan Mappus, damals Vorsitzender der CDU-Landtagsfraktion, am 5. Januar 2006 im Mannheimer Morgen über seinen Sprecher verlautbaren:

> „Im Streit um eine Landeshilfe für den finanziell angeschlagenen Hockenheimring fordert die CDU den Austausch der Geschäftsführung der Formel-1-Rennstrecke. Es muss ein neues und schlagkräftiges Management her."

Ich hätte es besser gefunden, wenn eine solche Forderung nicht auf dem Tisch der Öffentlichkeit ausgebreitet, sondern persönlich mit den Verantwortlichen des Rings besprochen worden wäre. Auf diese Weise wurde nur das Image des Hockenheimrings weiter beschädigt.

Schlussbaustein und Lobbyarbeit

Oberbürgermeister Gummer mahnte bei mehreren öffentlichen Anlässen den „Schlussbaustein des Landes" in Verbindung mit dem Modernisierungsprojekt Hockenheimring an, den Ministerpräsident Oettinger einmal in Aussicht gestellt hatte. Ich empfand dies als kontraproduktiv. Was bewirkte denn die häufig geäußerte öffentliche Erinnerung in Stuttgart?

Vom „Schlussbaustein des Landes" hatte im Übrigen erstmals Ministerpräsident Teufel gesprochen, und zwar lange bevor am Hockenheimring an den ersten Spatenstich zu denken war. Er wollte anfänglich über das Land nur einen Schlussbaustein finanzieren. Damit brachte er zum Ausdruck, was er von dem Modernisierungsprojekt hielt.

Oettinger vermittelte als Sprecher der CDU-Landtagsfraktion und später als Ministerpräsident zunächst die Hoffnung, das Land würde am Hockenheimring noch etwas nachlegen. Ich berichtete darüber. Warum nur machte er dann aber einen Rückzieher? Zog die CDU-Landtagsfraktion nicht mit oder gab es andere Gründe? Die gleiche Frage stellte ich mir in Bezug auf das für den Hockenheimring zuständige, von der FDP geführte Wirtschaftsministerium.

Ohne Stefan Mappus, der nach Oettinger die CDU-Landtagsfraktion führte, schien im Lande wohl nichts zu laufen. Er vermittelte mir in Sachen Modernisierung Hockenheimring, auch in seiner relativ kurzen Amtszeit als Ministerpräsident, eher den Eindruck, ähnlich wie sein Vorvorgänger Erwin Teufel, sehr distanziert zur Sache zu stehen.

Umso dringlicher wäre es gewesen, weitere Kontakte im Land zu knüpfen, bestehende zu pflegen und die Bataillone der Region hinter den Ring zu bringen. Aus langjähriger Erfahrung bin ich mir des Stellenwerts einer guten Lobbyarbeit bewusst, besonders wenn eine Landesregierung sowie einflussreiche Landtagsabgeordnete der Regierungsparteien von der Notwendigkeit einer (zusätzlichen) Hilfe durch das Land überzeugt werden sollen. Was hab' ich nicht alles an Türklinken geputzt.

Im Oktober 2008 wurden Vertreter der CDU-Fraktion des Hockenheimer Gemeinderats „ohne" das Stadtoberhaupt, das ein SPD-Parteibuch besitzt, zu einem Gespräch in Sachen Hockenheimring in die Staatskanzlei nach Stuttgart geladen. Dies teilte mir ein Vorstandsmitglied der CDU Hockenheim mit. Das sprach für sich. Leider zeichnete sich auch nach dieser Gesprächsrunde nichts Substanzielles an weiterer Hilfe für den Hockenheimring ab (Mannheimer Morgen/HTZ vom 10. Oktober 2011).

Natürlich kann auch die SPD-Fraktion des Landtags zur Problemlösung beitragen, hat sie doch die Bezuschussung des Modernisierungsprojekts von Anfang an ohne Wenn und Aber mitgetragen. Diese konsequente Haltung beeindruckte mich immer. Maßgeblich sind aber nicht die im Landtag auf der Oppositionsbank sitzenden Parteien, sondern die, die die Regierung stellen. Ohne sie ist kaum etwas zu erreichen. Regierungsparteien waren bis 2011 CDU und FDP. In ihren Reihen hätte also Überzeugungsarbeit geleistet und um zusätzliche Unterstützung geworben werden müssen.

Dass sich die Türen für einen OB mit dem Parteibuch einer Oppositionspartei nicht leichter öffneten, liegt in der Natur der Sache. Ein parteipolitisch neutraler Bürger mag dies zu recht beklagen, doch so sind nun mal die Realitäten unseres Parteienstaats. Dennoch gibt es auch Beispiele von OBs, die trotz anderem Parteibuch bei der Landesregierung viel für ihre Stadt erreichten.

Abgeordnete aus anderen Wahlkreisen, sei es aus dem Schwäbischen oder aus dem Südbadischen, vertreten natürlich zunächst mal die Interessen ihrer Wahlkreise. Sie von einer weiteren Landeshilfe zu überzeugen, bedarf stichhaltiger Gründe, wie beispielsweise das Steueraufkommen des Rings, von dem das Land bisher profitierte. Wer weiß denn schon, dass seit der Modernisierung bereits mehr Steuern an das Land zurückgeflossen sind als dessen Zuschuss von 15,3 Millionen Euro. Darüber „persönlich" zu informieren und um Unterstützung zu werben, bedarf eines argumentativen Einsatzes, der zeitlich recht aufwendig ist. Was auf diesem Gebiet nach meiner Zeit unternommen wurde, vermag ich natürlich nicht zu beurteilen.

Stellt sich noch die Frage, welche Rolle bisher Gerhard Stratthaus als der direkt gewählte Landtagsabgeordnete unseres Wahlkreises spielte. In meiner Amtszeit hatte ich mit ihm in Sachen Hockenheimring das beste Einvernehmen. Doch hatte dies auch mein Nachfolger?

So hörte ich von Kommunalpolitikern der CDU, Stratthaus hätte, als beim 75-jährigen Jubiläum des Hockenheimrings (2007) von einem der Geschäftsführer erneut der „Schlussbaustein des Landes" reklamiert worden sei, die Veranstaltung frühzeitig verlassen. Als ich mit ihm darüber später einmal sprach, bestätigte er mir dies mit dem Hinweis, dass er es nicht nötig habe, sich vorführen zu lassen.

Auch die Entscheidung der Regierungsfraktionen des Landtags, sich „nicht" an einer möglichen Defizitabdeckung des Formel-1-Grand-Prix 2010 zu beteiligen, soll Stratthaus mitgetragen haben. Das jedenfalls berichtete die Landtagsabgeordnete Rosa Grünstein (SPD) am 1. Juni 2010 in der HTZ. Wenn dem so war, muss man sich schon fragen, welche Gründe den Wahlkreisabgeordneten der CDU veranlassten, sich nicht (mehr) für den Hockenheimring einzusetzen. Ohne seine Fürsprache in Stuttgart konnte man gleich einpacken.

Am 12. März 2011 wurden die politischen Karten in Baden-Württemberg neu gemischt. Die Auseinandersetzung um „Stuttgart 21", die Folgen der durch die Erdbebenkatastrophe in Fukushima beschädigten Reaktorblöcke, aber auch die Politik der bisherigen Regierungsparteien und nicht zuletzt die Berichterstattung in den Medien, ließ die Grünen in der Gunst der Wähler in bisher ungeahnte Höhen steigen. Sie gewannen die Landtagswahl und regieren nun gemeinsam mit der SPD das Land. Ministerpräsident wurde Winfried Kretschmann, der Spitzenkandidat der Grünen.

Aus Hockenheimer Sicht ist dies insofern von Interesse, als die örtliche SPD im Wahlkampf eine Anzeige mit einem Bild ihrer Kandidatin Rosa Grünstein und folgendem Text schaltete:

> „Wir wählen Rosa Grünstein, die Landtagsabgeordnete der SPD, weil sie sich dafür einsetzt, dass das Land seinen versprochenen Schlussbaustein für den Erhalt der Formel 1 auf dem Hockenheimring einsetzt, um die Wirtschaftlichkeit der Region nicht zu schwächen."

Darunter standen die Namen von rund 30 Genossinnen und Genossen.

Rosa Grünstein, die sich stets kompromisslos für den Hockenheimring engagierte, wurde zwar nicht direkt in den Landtag gewählt – das gelang erneut dem CDU-Kandidaten Gerhard Stratthaus. Sie schaffte aber den Wiedereinzug über ein Ausgleichsmandat.

Als stellvertretende Fraktionssprecherin zählt sie zur SPD-Führungsriege im Lande. Umso mehr lässt die auf den Hockenheimring bezogene Anzeige vor der Wahl nun hoffen, dass das Land den versprochenen Schlussbaustein über kurz oder lang liefert. Daumendrücken ist angesagt. Man darf gespannt sein.

❋

Initiative „Pro Hockenheimring"

In dem für den Hockenheimring bereits schwierigen Jahr 2005 rief der Hockenheimer Unternehmer Wolfgang Döring die Initiative „Pro Hockenheimring" ins Leben. Er appellierte an Vereine, Geschäftsleute und Privatpersonen, den Hockenheimring zu unterstützen und dessen Verantwortlichen den Rücken zu stärken. Diese auch aus meiner Sicht löbliche Initiative stieß in Hockenheim zunächst auf eine große Resonanz. Die Unterstützer des Rings präsentierten sich auch im Internet.

Im Frühjahr 2006 veranstaltete die Initiative einen Lichterzug mit rund 300 Teilnehmern über die Rennstrecke, der unter dem Motto stand: „Feuer und Flamme für den Hockenheimring". Im Oktober des gleichen Jahres hatte sie zu einer Infoveranstaltung über den Hockenheimring ins Pumpwerk geladen. Bei dieser gab es von OB Gummer und der Ring-Geschäftsführung Informationen aus erster Hand. Danach folgte ein kulinarischer Teil mit Käse, Wein und Jazz.

Leider erlahmte der Elan der Initiative bald vollständig – aus welchen Gründen auch immer. Schade, denn im weiteren Verlauf der Geschehnisse um den Hockenheimring zeigte sich, wie wichtig es ist, Hockenheims Bürgerschaft durch Aktionen sowie umfassende und rechtzeitige Informationen mitzunehmen. Die Initiative hätte dazu beitragen können.

❋

Übernahme der Sisyphusgesellschaft

Im Jahre 2003 musste sich der Hockenheimring mit der Übernahme der Sisyphusgesellschaft befassen. Dieses Unternehmen hatte damals einen Kooperationsvertrag mit der Hockenheim-Ring GmbH, war aber rechtlich völlig selbstständig. Seine Gesellschafter, zwei ehemalige Polizisten aus Nordrhein-Westfalen, hatten das Unternehmen mit „Incentiveveranstaltungen, Fahrevents" etc. aufgebaut. Für diese Zwecke nutzten sie auch den Hockenheimring.

Nun wollten sie ihr Unternehmen samt Fuhrpark, der sich aus verschiedenen Rennfahrzeugen zusammensetzte, an den Hockenheimring veräußern. Vertreten wurde die Sisyphusgesellschaft von Dr. Peter M. Jakobi, einem Buchprüfer aus Köln, der die Verkaufsverhandlungen führte. Im Endeffekt ging es um einen siebenstelligen Betrag.

Von dem Übernahmeangebot versprachen wir uns jedoch keinen zusätzlichen Ertrag, eher weitere Betriebsrisiken. Auch die Finanzierung wäre nicht ohne weiteres möglich gewesen. Deshalb lehnten die Gesellschafter des Hockenheimrings Ende 2003 den Erwerb der Firma ab. Umso überraschter war ich, als ich Anfang 2005, also kaum im Ruhestand, vom Kauf der Sisyphusgesellschaft durch den Hockenheimring erfuhr.

Nach einem Betriebsjahr unter den Fittichen des Hockenheimrings räumte dann allerdings OB Gummer öffentlich ein, dass das Unternehmen ein Minus von 100.000 Euro erwirtschaftet hatte. Ob sich der Kauf zwischenzeitlich rechnet? Leider wird dies künftig wohl kaum noch zu erfahren sein, da die Sisyphusgesellschaft im Jahre 2006 mit der Hockenheim-Ring GmbH verschmolzen wurde.

✽

Personelle Entwicklung

Andreas Hornung, bei der Hockenheim-Ring GmbH zuständig für das Marketing, legte im August 2004 seine Funktion als Geschäftsführer nieder. Er wollte die primäre Zuständigkeit für die Vermarktung der Formel 1, konnte sich damit aber nicht durchsetzen. Zudem strebte die Hockenheim-Ring GmbH an, die Vermarktung als wichtiges Kerngeschäft künftig mehr in Eigenregie durchzuführen. Ein anderer Grund für Hornungs Ausscheiden hatte mit der Chemie zwischen den Geschäftsführern zu tun. Der Beratungs- und Geschäftsbesorgungsvertrag mit der „Emsp" blieb zunächst weiter bestehen.

Nach Hornung bestellte die Gesellschaft Hans-Jürgen von Glasenapp, den bisherigen Assistenten der Geschäftsführung, zum Geschäftsführer. Dies geschah nach meiner Pensionierung. Von Glasenapp war in meiner Zeit noch eingestellt worden, nachdem er sein Studium erfolgreich abgeschlossen, aber noch relativ wenig Berufserfahrung hatte. Deshalb bezweifelte ich, ob diese Personalentscheidung zu neuen Impulsen im Marketingbereich führen würde. Eine optimale Vermarktung der Formel 1 und anderer Veranstaltungen zählte aber gerade in jener schwierigen Zeit zu den wichtigsten Managementaufgaben.

Ein Jahr nach Hornungs Weggang informierte die Hockenheim-Ring GmbH die Öffentlichkeit, einen Bereichsleiter für Marketing eingestellt zu haben – immerhin.

Auch künftig wird das Wohl und Wehe des Hockenheimrings vom Erfolg der Vermarktung abhängen. Bei dieser zentralen Managementaufgabe müssen alle Register gezogen werden. Dazu zählt auch die Öffentlichkeitsarbeit, die professionellen Erfordernissen gerecht werden muss. Ist die Vermarktung der Veranstaltungen unzulänglich, wirkt sich dies unmittelbar auf das Unternehmensergebnis aus. Entscheidend für den Erfolg ist also die Qualität des Personals.

Eigenmächtiges Handeln

Anfang Februar 2006 kämpfte der Hockenheimring mit neuen Turbulenzen. Sie sorgten in der Öffentlichkeit für einigen Wirbel und belasteten das Image zusätzlich. Den Anlass dazu lieferte Geschäftsführer Hans-Jürgen von Glasenapp.

Der soll ohne Wissen Gummers Papiere über strafrechtlich relevante Angelegenheiten, die einen Mitarbeiter betrafen und die ihm das Stadtoberhaupt zuvor übergeben hatte, an die Staatsanwaltschaft Mannheim weitergeleitet haben. Offiziell wollte man den Namen des Mitarbeiters zwar nicht preisgeben, doch die Presse tippte gleich auf den langjährigen Streckenmeister. Der Alleingang kostete von Glasenapp die Stellung.

Mein Nachfolger hatte zuvor Dr. Jacobi, den Kölner Buchprüfer und Beauftragten der Sisyphusgesellschaft, mit der Innenrevision des Hockenheimrings beauftragt. Ursache sollen Unregelmäßigkeiten gewesen sein, die man in erster Linie dem Streckenmeister anlastete.

Als ich davon hörte, konnte ich auch deshalb nicht daran glauben, weil ich diesen Mitarbeiter immer für integer gehalten und ihm vertraut habe. In all den Jahren, die er am Hockenheimring tätig war, beeindruckte er mich durch sein großes Engagement, erforderlichenfalls rund um die Uhr. Allerdings soll es im Verhältnis zwischen ihm und den Mitarbeitern der übernommenen Sisyphusgesellschaft - einst vertreten von Dr. Jacobi - häufig geknirscht haben. Am 17. Februar 2006 berichtete der Mannheimer Morgen:

> „Es ist einige Wochen her, da trauten die Beschäftigten (Anm.: des Hockenheimrings) ihren Augen nicht. »Volles Karacho« sei Wirtschaftsprüfer Peter M. Jacobi gleich am ersten Tag der Innenrevision auf den Streckenmeister losgegangen, erzählt einer, der auch heute noch völlig überrascht klingt. Das habe es in der Hockenheim-Ring GmbH noch nie gegeben, dass jemand den mit großer Machtfülle ausgestatteten Technik-Chef auf offener Bühne so attackierte. Der Prüfer ging Hinweisen auf Unregelmäßigkeiten nach, die von Gummer zusammengetragen worden waren, und forderte umfassende Einsicht in die Unterlagen. Daraufhin sei der Bereichsleiter zusammengebrochen.

548

Offenbar konnte Jacobi die Vorwürfe erhärten, der Streckenmeister wurde nach seinem Weihnachtsurlaub aufgefordert, Resturlaub abzufeiern.

Anfang Februar war er nach einem Gespräch mit Gummer einen Tag am Arbeitsplatz, ehe ihn Geschäftsführer Hans-Jürgen von Glasenapp förmlich beurlaubte. Inzwischen ist, wie berichtet, der Geschäftsführer gefeuert, dafür sitzt der Streckenmeister wieder an seinem Schreibtisch."

Bemerkenswert fand ich auch die beiden Schlussabsätze des Presseartikels:

„Vorwürfe, dass der Streckenmeister Aufträge oft ohne Ausschreibung vergeben haben soll, werden von einem GmbH-Sprecher zurückgewiesen: »Wir machen immer eine Ausschreibung«. Grünen-Stadtrat Adolf Härdle spricht dagegen von »Seilschaften«. Da gehöre aufgeräumt.

Klar ist, dass mindestens zwei Gemeinderäte die Stadt als Gesellschafter bei der Ring GmbH vertreten, die zugleich privat Geschäfte mit der Strecke machen."

Dass sich Stadtrat Härdle so äußerte, überraschte mich nicht. Soweit ich mich erinnere, wartete er nur selten, wie beispielsweise beim OB-Wahlkampf 2004, mit einer positiven Einstellung zum Hockenheimring auf. Zutreffend war allerdings der letzte Satz der zuvor zitierten Pressemeldung.

Personalbestand und Geschäftsführervergütung

Zum 1. Oktober 2006 wurde mit Dr. Karl-Josef Schmidt (58) ein weiterer Geschäftsführer neben Georg Seiler bestellt. Der Jurist war zuvor der stellvertretende Vorstandsvorsitzende und Vorstand Finanzen der SRH Learnlife AG Heidelberg, einem Unternehmen mit 1.500 Mitarbeitern und 100 Millionen Euro Umsatz.

Dass die Hockenheim-Ring GmbH nach meiner Zeit personell massiv aufgerüstet worden sein muss, verdeutlichte mir die Broschüre zum 75-jährigen Jubiläum (2007), in der 60 Mitarbeiterinnen und Mitarbeiter abgebildet worden sind! Am 21. April 2010 berichtete der Mannheimer Morgen gar von 65 Beschäftigten! Ob diese üppige Personalausstattung einem wirtschaftlichen Geschäftsbetrieb gerecht wird, besonders auch in Jahren ohne Formel 1 bzw. ohne Promotereigenschaft, ist eine Frage, die ich mir als langjährigem Kenner der Materie stelle.

Zwischen 2003 und 2008 - beides waren Jahre mit Formel 1 - erhöhten sich die Personalkosten der Hockenheim-Ring GmbH von rund 2,0 auf 3,46 Millionen Euro, also um 73 Prozent – und dies trotz rückläufigem Formel-1-Geschäft. In 2008 belief sich nach dem im Bundesanzeiger veröffentlichten Jahresabschluss allein die Vergütung der beiden Geschäftsführer auf zusammen 384.181,80 Euro, im Jahr darauf auf 388.044,52 Euro, pro Kopf also durchschnittlich über 16.000 Euro im Monat. Da staunte der Laie und der Fachmann wunderte sich!

Mitte Mai 2011 verließ Dr. Schmidt die Geschäftsführung des Hockenheimrings unter eigenartigen Umständen. Zwei Monate zuvor hatte die Gesellschafterversammlung noch einstimmig beschlossen, seinen Anstellungsvertrag zu verlängern. Wochen danach aber besannen sich vier Mitglieder des gleichen Beschlussgremiums - es waren die Stadträte Markus Fuchs und Fritz Rösch (beide CDU), Manfred Hoffmann (FWV) und Michael Gelb (FDP) - eines anderen. Sie monierten in einem Schreiben an OB Gummer, Dr. Schmidt sei weder bereit zu kooperieren noch der richtige Mann, um den Ring in die Zukunft zu führen.

Das gefiel weder dem OB noch der SPD-Fraktion, und schon gar nicht Dr. Schmidt, der daraufhin zum 30. Juni 2011 am Ring ausstieg. Die SPD-Fraktion des Hockenheimer Gemeinderats bezeichnete den Vorstoß ihrer Kollegen als „unehrliche und hinterhältige Intrige" (HTZ vom 14. Mai 2011).

Als Dr. Schmidt wenige Tage danach ankündigte, künftig als Manager am Nürburgring zu wirken, muss wohl auch die SPD-Fraktion aus allen Wolken gefallen sein. Hatte Dr. Schmidt dieses Eisen schon länger im Feuer?

Mit dem Insiderwissen vom Hockenheimring lässt sich am Nürburgring wohl gut arbeiten!

❋

Zweiter Prüfbericht der GPA hatte Konsequenzen

Im Juni 2005 präsentierte die GPA ihren zweiten Prüfbericht. Er umfasste die Bauausgaben für das Baden-Württemberg-Center, die Südtribüne sowie das FSZ. Auch bei diesen Projekten hatten die Prüfer einiges zu beanstanden. In der Summe ging es um 1,5 Millionen Euro.

Bei den meisten der strittigen Fälle hatte sich die Hockenheim-Ring Besitz GmbH frühzeitig mit der GPA abgestimmt und die Bezahlung blockiert. Dadurch beliefen sich die Überzahlungen nur auf 150.000 Euro.

Zivilrechtliche Klage und strafrechtliche Ermittlungen

In dem von der Geschäftsführung der Hockenheim-Ring Besitz GmbH mit Kommentaren versehenen Prüfbericht, den die Medien erhielten, stand im Vorwort unter anderem:

> „Es scheint, dass Vögele gegen Ende der Baumaßnahmen seinen Aufgaben nicht mehr hinreichend nachgekommen ist. Die Hockenheim-Ring Besitz GmbH hat gegen ihn Klage eingereicht."

Das war ein schwerwiegender Verdacht und ich war gespannt, ob er sich erhärten oder als nicht haltbar darstellen würde.

550

Im Prüfbericht konkretisierte dies Rechtsanwalt Christian Gilcher wie folgt:

> „Wir teilen die Auffassung der GPA, dass Schadenersatzansprüche gegen
> den Projektmanager Dr. Vögele geprüft und ggf. durchgesetzt werden soll-
> ten. Vor Erscheinen des GPA-Berichts und auch vor Bekanntwerden eines
> Ermittlungsverfahrens gegen die am Bau Beteiligten hat die Hockenheim-
> Ring Besitz GmbH durch uns Zivilklage gegen Herrn Dr. Vögele eingereicht.
>
> Es handelt sich um eine Stufenklage mit dem Ziel, Auskünfte von Herrn
> Dr. Vögele zu erhalten, die wir für notwendig erachten, um einerseits An-
> sprüche gegen Dritte durchsetzen zu können, und andererseits etwaige An-
> sprüche gegen den Hockenheimring abzuwehren. Des Weiteren hat der
> Hockenheimring im Rahmen eines Feststellungsbegehrens beantragt, durch
> das Gericht feststellen zu lassen, dass Herr Dr. Vögele den durch etwaiges
> pflichtwidriges Tun dem Hockenheimring entstandenen Schaden zu erset-
> zen hat. Diese Klage ist als Feststellungsklage noch nicht beziffert.
>
> Das Ermittlungsverfahren der Staatsanwaltschaft gegen die am Bau Be-
> teiligten hat insofern eine neue Situation geschaffen, als dadurch einerseits
> das Zivilverfahren verzögert werden könnte, andererseits aber auch durch
> das Ermittlungsergebnis der Staatsanwaltschaft sich weitere Klärungen er-
> geben könnten."

Nun also mündete die mit dem Abschluss des Modernisierungsprojekts Hockenheimring ohnehin beendete Zusammenarbeit mit Dr. Vögele in einer gerichtlichen
Auseinandersetzung. Längst hatte ich keine Karten mehr im Spiel, weshalb ich mir
das Kommentieren dieser Entwicklung bis auf einen Satz erspare. Ich konnte es
einfach nicht glauben, dass Dr. Vögele als Baubetreuer pflichtwidrig und in scha-
densersatzpflichtiger Weise gehandelt haben soll.

Neben dem Zivilrechtlichen bekam das Ganze nun aber auch noch eine strafrechtliche Relevanz. Der muss man sich spätestens dann bewusst geworden sein, als
die Staatsanwaltschaft die Geschäftsräume des Hockenheimrings durchsuchte und
die Bauakten beschlagnahmte. Natürlich bescherte dies dem Hockenheimring ein
weiteres negatives Medienecho. Beispielhaft dafür ist der Mannheimer Morgen, der
in seiner Ausgabe vom 13. Mai 2005 mit der Schlagzeile aufwartete: „Hockenheim-
ring von Betrügern ausgenommen?" Wenigstens setzte er noch ein Fragezeichen dahinter. Die HTZ berichtete am gleichen Tag unter anderem:

> „Razzia der Staatsanwaltschaft Mannheim auf dem Hockenheimring: Sechs
> Männer in Schwarz betraten gestern Vormittag völlig überraschend die Büro-
> räume der Hockenheim-Ring GmbH zu einer Durchsuchung. Sämtliche Ak-
> ten und Bauunterlagen, die den 65 Millionen Euro teuren Umbau der For-
> mel-1-Strecke betreffen, werden beschlagnahmt, Büroräume werden versie-
> gelt. Im Rahmen von Ermittlungen gegen die am Bau beteiligten Firmen und
> Personen ist die Behörde, die seit rund einem Jahr finanzielle Unregelmäßigkei-

ten im Rahmen der Modernisierung untersucht, nun aktiv geworden. Offenbar hat es gestern Durchsuchungen in bis zu 25 weiteren Objekten gegeben."

Auch bei Dr. Vögele klopfte die Staatsanwaltschaft an und nahm seine Hockenheimring-Akten mit. Zunächst aber stand das zivilrechtliche Verfahren gegen Dr. Vögele an, mit dem sich die 8. Zivilkammer des Landgerichts Mannheim befasste. Sie verkündete am 28. April 2006 folgendes Urteil:

1. Der Beklagte (Dr. Vögele) wird verurteilt, durch Erklärung gegenüber der Staatsanwaltschaft Mannheim im Ermittlungsverfahren 635 Js 12130/05 der Klägerin zu gestatten, in den Akteninhalt Einsicht zu nehmen, der in der bei der Landespolizeidirektion vorliegenden Akte Nr. 135 in einer Übersicht unter den Punkten 1 - 30 aufgelistet ist.
2. Im Übrigen wird die Klage abgewiesen.
3. Die Klägerin hat die Kosten des Verfahrens zu tragen.
4. Das Urteil ist in der Hauptsache ohne Abwendungsbefugnis vorläufig vollstreckbar. Im Übrigen ist das Urteil wegen der Kosten gegen Sicherheitsleistung in Höhe von 110 % des zu vollstreckenden Betrags vorläufig vollstreckbar.

Der Hockenheimring legte Berufung gegen das Urteil beim Oberlandesgericht Karlsruhe ein. Doch in der Sitzung des Oberlandesgerichts am 6. Dezember 2006 zog Rechtsanwalt Gilcher diese zurück. Damit war die Klage gegen Dr. Vögele auf Schadenersatz total gescheitert. Eine solch kostspielige Verfahrenspleite konnte doch wohl nur aufgrund einer juristischen Fehleinschätzung des Sachverhalts entstanden sein. Bei einem Streitwert von einer Million Euro und zwei Instanzen hatte der Hockenheimring nun auch noch erhebliche Gerichts- und Anwaltskosten zu bezahlen.

Zum Strafrechtlichen berichtete der Mannheimer Morgen am 20. September 2007 Folgendes:

„Gegen den ehemaligen, höchst umstrittenen Projektmanager der Hockenheim-Ring GmbH wird nicht mehr ermittelt. OB Dieter Gummer bestätigte gegenüber unserer Zeitung entsprechende Informationen der Staatsanwaltschaft Mannheim. Wie Gummer ebenfalls bestätigte, ist in einem Zivilverfahren der Hockenheim-Ring GmbH gegen Vögele inzwischen ein außergerichtlicher Vergleich geschlossen worden."

Ich hätte es besser gefunden, wenn der Mannheimer Morgen in seinem Bericht dargestellt hätte, dass das Verfahren gegen Dr. Vögele eingestellt wurde, weil die Ermittlungen gegen ihn keine Anhaltspunkte für strafbare Handlungen ergeben hatten. Doch wie es schien, wollte man ihm eine solche Exkulpation nicht gönnen.

Wie aber OB Gummer erklären konnte, die Zivilklage gegen Dr. Vögele sei mit einem außergerichtlichen Vergleich abgeschlossen worden, ist mir ein Rätsel, entbehrt sie doch jeder sachlichen Grundlage. Aufgrund des oben zitierten Urteils hat der Hockenheimring die prozessuale Auseinandersetzung mit Dr. Vögele glatt verloren und musste außerdem für noch nicht gezahlte Honorare in erheblichem Maße Zinsen nachzahlen!

Weder von Betrügern ausgenommen noch zuviel bezahlt

Die GPA-Prüfung ließ in mehreren Fällen auch den Verdacht auf strafrechtliche Handlungen von Baufirmen zu. Danach musste auch ich annehmen, dass einiges nicht mit rechten Dingen zugegangen war. Verständlich, dass die Staatsanwaltschaft auch diesbezüglich ermittelte.

Leider erfuhr ich von offizieller Seite nie etwas über den Ausgang der Ermittlungen. Anscheinend gab es nicht viel zu berichten. Auch das Medienecho war gering. Mir ist nur ein einziger Artikel der Stuttgarter Nachrichten bekannt, die am 31. Oktober 2009, also Jahre nach Aufnahme der Ermittlungen, unter anderem wie folgt Stellung bezogen:

> „Die Staatsanwaltschaft war seit 2004 dem Vorwurf nachgegangen, beim Umbau des Hockenheimrings sei nicht alles mit rechten Dingen zugegangen. Verstärkt wurde dieser Verdacht durch die Gemeindeprüfungsanstalt, die nach Durchsicht der Unterlagen 2005 zu dem Schluss gekommen war, dass beim 65 Millionen Euro teuren Umbau der Rennstrecke, der zu großen Teilen von der Stadt Hockenheim finanziert wurde, insgesamt 2,7 Millionen Euro zu viel abgerechnet worden seien. Das Land Baden-Württemberg, das 15 Millionen Euro zum Projekt beigesteuert hatte, behielt sich damals ausdrücklich Regressforderungen vor, sollten sich die Vorwürfe bestätigen.
>
> Im gesamten Ermittlungskomplex wurde aber letztlich nur eine Geldstrafe in Höhe von 150 Tagessätzen rechtskräftig, und zwar gegen einen Bauunternehmer wegen wettbewerbsbeschränkender Absprachen. Ein zweiter beschuldigter Bauunternehmer hatte sich gegen einen ähnlichen Strafbefehl zur Wehr gesetzt und sowohl vor dem Amtsgericht Schwetzingen als auch vor dem Landgericht Mannheim recht bekommen. Die Anklagebehörde verzichtete daraufhin in dem Fall auf weitere juristische Mittel. »Der Freispruch ist rechtskräftig«, so der Sprecher der Staatsanwaltschaft."

Im Zuge des Modernisierungsverfahrens war also der Hockenheimring weder von Betrügern ausgenommen worden noch wurde Baufirmen mehr als nötig bezahlt. Schade nur, dass die Informationen darüber in der Öffentlichkeit so spärlich ausgefallen sind.

Wie die HTZ am 18. Dezember 2010 berichtete, war zu der Zeit noch eine gerichtliche Auseinandersetzung mit der Bickardt Bau AG anhängig. Nach dem Artikel hatte die Baufirma aufgrund des erstinstanzlichen Urteils die Zahlung eines Teilbetrags der strittigen Rechnungen geltend gemacht. Die Hockenheim-Ring GmbH musste, weil inzwischen Berufung eingelegt wurde, dafür eine Sicherheitsleistung in Höhe von 738.000 Euro erbringen und ihr deshalb die Stadt mit einem Darlehen von 600.000 Euro beistehen.

✳

Kritische und teilweise auch unzutreffende Berichterstattung

Der frühere Oberbürgermeister der Landeshauptstadt Stuttgart, Manfred Rommel, stellte einmal fest: „Wenn tausend Züge in den Bahnhof einfahren, schreibt darüber kein Journalist. Wenn aber einer entgleist, gibt es Schlagzeilen!" Recht hatte er.

Seit es am Hockenheimring nicht mehr rund lief, schien er bei einigen, nicht aber bei allen Medien und Journalisten auf negative Schlagzeilen abonniert zu sein. Einer, der den Ring und seine Verantwortlichen auch in schwierigen Phasen immer sehr korrekt und sachlich begleitete, war Hans Schuppel von der Redaktion der HTZ.

Andererseits habe ich natürlich viel Verständnis für die Medien, deren Aufgabe es ist, zu informieren und Missstände aufzugreifen. Sie üben insofern in einer Demokratie wichtige Informations- und Kontrollfunktionen aus. Allerdings darf man von ihnen erwarten, dass sie mit einer Sache verantwortungsvoll umgehen und ihre Berichte zutreffen.

In dem einen oder anderen Falle konnte ich mich des Eindrucks nicht erwehren, dass die Berichterstattung über die Finanzierungsprobleme des Hockenheimrings auch zur persönlichen Abrechnung mit mir genutzt wurde. Außerdem wunderte mich, wie man über mich umfangreiche Kommentare schreiben konnte, obwohl man mich persönlich überhaupt nicht kannte oder mit mir bisher kaum drei Worte gewechselt hatte. Offensichtlich zählt dies heute zum journalistischen Handwerk.

Am 9. Februar 2006 kommentierte auch Jürgen Gruler, Chefredakteur der SZ/HTZ, die Entwicklung am Hockenheimring. Er kritisierte OB Gummer, der bisher zu viel Rücksicht auf jene genommen habe, die die finanzielle Schieflage verursacht hätten, Geschäftsführer Seiler, von dem er mehr erwartete, Dr. Vögele, den wir als Projektleiter nicht hätten einsetzen dürfen, und natürlich mich, der für alles verantwortlich zeichnete.

Hätte ich darauf reagiert, wäre ich nicht umhin gekommen, die Ursachen der Probleme zu benennen, meine Vorstellungen zur Problemlösung aufzuzeigen sowie Dinge anzusprechen, auf die ich nach meiner Amtszeit keinen Einfluss mehr nehmen konnte. Das aber hätte nur für weiteren Konfliktstoff gesorgt, die Sache in der Öffentlichkeit noch weiter aufgebauscht, ihr aber nicht gedient.

Im Gegensatz zu mir nahm OB Gummer zu dem Kommentar in einer Weise Stellung, für die ich ihm Respekt zollen musste. Er schrieb am 11. Februar 2006 in der HTZ unter anderem:

> „Die Frage, warum sich die Hockenheimring-Firmengruppe in dieser prekären Lage befindet, ist eine Sache, die Suche nach dem Schuldigen eine andere. Um die prestigeträchtige Formel 1 auf dem Hockenheimring zu halten, wurden die Grand-Prix-Strecke umgebaut und weitere bauliche Maßnahmen damit verbunden. Die Finanzierung der Investition war insbesondere an dem Hauptereignis ausgerichtet.
>
> Man kann sagen, es war kaufmännische Vorsicht, die Finanzierung über so kurze Zeit auszurichten, man könnte der Auffassung sein, dass die zugrun-

de liegenden Planwerte zu ambitioniert gewesen seien. Dies alles sind Einschätzungen von heute.

In den Jahren 2000 und folgende gab es offenbar ein anderes Meinungsbild. Ob diese Beurteilungen richtig waren, kann mein Thema als seit dem 1. September 2004 amtierender Oberbürgermeister deshalb nicht sein, weil ich mit dieser Situation umzugehen habe, die ich angetroffen habe. Deshalb geht mein Blick auch nicht zurück, sondern ich sehe meine Aufgabe darin, zumindest dazu beizutragen, dass wir zu einem Ergebnis gelangen, das für die Stadt Hockenheim möglichst erträglich erscheint.

Deshalb werde ich mich auch in Zukunft nicht mit einem »Blick zurück im Zorn« über ehemalige Entscheidungsträger äußern. Meine Einstellung ist nämlich die, dass ich davon ausgehe, dass Jede und Jeder, die/der an Entscheidungsprozessen beteiligt war, Entscheidungen in bestem Wissen und Gewissen getroffen bzw. mitgetragen hat.

Wenn die Presse dieses Verhalten als »Vorwurf« mit »zu viel Rücksicht« deklariert, so reklamiere ich jedoch für mich, dass sie meine Position, die ich ganz einfach aus einer ethisch-christlichen Einstellung ableite, respektiert. Im Klartext: Ich sehe es nicht als meine Aufgabe an, aufgrund getroffener Entscheidungen meinen Amtsvorgänger oder ehemalige oder noch amtierende Mandatsträger, von denen ich annehme, dass sie pflichtbewusst und nach bestem Wissen und Wollen entschieden haben, zu verunglimpfen. Ich bin mir sicher, dass sich auch in der Vergangenheit niemand Entscheidungen leicht gemacht hat.“

Angemerkt sei noch der Ordnung halber, dass es OB Gummer seit seinem Amtsantritt im September 2004 noch mit 16 von 22 Mandatsträgern im Gemeinderat zu tun hatte, die die wesentlichen Entscheidungen zur Modernisierung des Hockenheimrings mitgetragen haben.

Auch das Südwest-Fernsehen berichtete häufig über die Situation des Hockenheimrings. Leider sind die Fernsehzuschauer dabei nicht immer korrekt informiert worden. Deshalb war ich nicht mehr bereit, dieser öffentlich-rechtlichen Fernsehanstalt noch Rede und Antwort zu stehen.

In einem Bericht vom 13. März 2006 strahlte das Südwest-Fernsehen die These aus, weder die FIA noch Herr Ecclestone hätten einen Umbau des Rings gefordert. Allein Ex-OB Schrank habe dies gewollt! Es war eine völlig aus der Luft gegriffene Behauptung, um deren Richtigstellung ich mich zumindest bei diesem Sender nicht bemühte. Ich hatte dazu meine Gründe.

Einige Zeit zuvor hatte das Südwest-Fernsehen schon einmal Unzutreffendes über den Hockenheimring berichtet. Dr. Vögele bat deshalb den Justiziar der Anstalt, dies richtigzustellen, was er ihm zusagte. Da aber nichts dergleichen geschah, fassten wir erneut nach und erhielten als Auskunft: „Sie mögen zwar recht haben, doch wir werden darauf nicht mehr eingehen!“

Ergo wäre uns damals nur die Klage auf eine Richtigstellung geblieben. Auf diese verzichteten wir aber auch deshalb, weil ein solches Verfahren seine Zeit dauern würde. Eine nach Wochen vom Gericht angeordnete Richtigstellung hätte die bei den meisten ohnehin längst vergessene Angelegenheit wieder aufgewärmt, und möglicherweise wäre sie erneut mit negativem Tenor ins Rampenlicht gezerrt worden.

In der lokalen und regionalen Presse wies ich die vom Südwest-Fernsehen erhobenen Vorwürfe aber zurück und stellte klar, dass dem im August 2001 mit Ecclestone geschlossenen Formel-1-Vertrag über die Rennen von 2002 bis 2008 die Modernisierung als wesentliche Bedingung zugrunde lag, und außerdem die FIA den Umbau verlangte. Nach dem Formel-1-Vertrag musste der neue Grand-Prix-Kurs zum Formel-1-Rennen 2002, spätestens aber zum Formel-1-Rennen 2003 fertig gestellt sein. Den entsprechenden Passus aus dem Promotervertrag zitierte ich zuvor bereits (siehe Seite 440 f.).

Der Spruch, dass schlechte Nachrichten gute seien, gilt wohl in erster Linie für die Medien. Denn die negativen Schlagzeilen über den Hockenheimring haben sich nicht nur auf dessen Image, sondern auch auf das Veranstaltungsgeschäft, insbesondere die Formel 1, alles andere als positiv ausgewirkt. Auch wenn sich keine Zahlen benennen lassen, bin ich mir sicher, dass die jahrelange, durchweg negative Berichterstattung den Kartenverkauf bzw. die Einnahmen um einige Prozentpunkte nach unten drückte.

＊

Gesellschaftsrechtliche Veränderungen

Im Jahr 2006 übernahm die Stadt vom 49-prozentigen Gesellschaftsanteil des BMC an der Hockenheim-Ring GmbH 43 Prozentpunkte. Somit hielt die Stadt 94 Prozent und der BMC nur noch 6 Prozent des Stammkapitals der Hockenheim-Ring GmbH. Daneben erwarb die Stadt noch den 49-prozentigen Anteil des BMC an der Hockenheim-Ring Gastronomie GmbH sowie den 24,5-prozentigen Anteil des BMC am FSZ. Nach ihrem Rechenschaftsbericht 2006 hat die Stadt dafür insgesamt 4,84 Millionen Euro aufgewendet.

Außerdem, so berichtete die HTZ am 30. Dezember 2006, habe die Stadt ihre Bürgschaften auf 35 Millionen Euro erhöht, um einer möglichen Insolvenz der Hockenheimring-Firmengruppe vorzubeugen. – Nach diesen Entscheidungen kehrte etwas Ruhe an der „Finanzierungsfront" ein.

Vor Beginn der Modernisierungsphase wurde, wie bereits berichtet, Besitz und Betrieb am Hockenheimring in separate Gesellschaften aufgespalten. Die Risiken bezüglich der Formel 1 und anderer Veranstaltungen lagen seitdem bei der Hockenheim-Ring GmbH als einer reinen Betriebsgesellschaft. Dadurch hätte ein Gläubiger im Insolvenzfalle nur Ansprüche bis maximal 1,28 Millionen Euro geltend machen können. An das eigentliche Vermögen des Hockenheimrings wäre er nicht gekommen. Zudem gingen die Gesellschafter, die Geschäftsführer und ich davon aus, damit im Falle einer später notwendig werdenden Vertragsnachverhandlung mit der Formel 1 und bei einem eventuellen Scheitern dieser Verhandlungen, auch im Hinblick auf mögliche Regressforderungen aus dem Vertrag, besser aufgestellt zu sein. Angesichts dieser Fakten war ich schon etwas überrascht, als die HTZ am 4. August 2006 Folgendes berichtete:

> „Die Umstrukturierung am Hockenheimring läuft weiter: In seiner jüngsten öffentlichen Zusammenkunft stimmte der Gemeinderat der Reduzierung der Gesellschaften zu. So werden die Hockenheim-Ring GmbH (Betriebs GmbH) und die Hockenheim-Ring Sisyphus Event GmbH auf die Hockenheim-Ring Besitz GmbH verschmolzen. Dazu soll der Name Hockenheim-Ring Besitz GmbH wieder in Hockenheim-Ring GmbH geändert werden. Dann würden wieder die alten Verhältnisse herrschen. Das Ziel, so Oberbürgermeister Gummer, sei eine Verschlankung der Gruppenstruktur.“

Die HTZ führte dazu weiter aus:

> „Wirtschaftsprüfer hätten sich der komplexen Angelegenheit angenommen und würden eine Verschmelzung empfehlen, betonte Gummer. Durch diese solle eine Einheit im Betrieb herbeigeführt und eine Überschuldung der Hockenheim-Ring GmbH vermieden werden. Diese verfüge kaum über Vermögenswerte und könne daher leicht in eine finanzielle Schieflage geraten. Aus »operativen Überlegungen« (Gummer) sei die Hockenheim-Ring Hotel- und Gastronomie GmbH von der Verschmelzung nicht berührt.“

Damit wurde, ergänzt um die Sisyphusgesellschaft, das Rad wieder zurückgedreht. Statt 1,28 Millionen Euro hafteten nun 11 Millionen Euro für die Risiken aus dem Betrieb – Formel 1 inklusive!

Veräußerung von Anteilen und des Namensrechts scheiterte

Nach Presseberichten hegte OB Gummer große Hoffnung, bald neue Gesellschafter zu gewinnen, die bis zu 49 Prozent der Gesellschaftsanteile übernehmen sollten. Er berichtete von vielversprechenden Kontakten, die ihn später sogar bis in die USA führten. Bei der verspäteten Verabschiedung des städtischen Haushalts am 17. April 2007 informierte OB Gummer über den Stand der Verhandlungen mit einem neuen Gesellschafter. Darüber schrieb die HTZ am 18. April 2007:

> „Die bedeutendsten Veränderungen sind laut Gummer im Vermögenshaushalt festzustellen. Da die Verhandlungen mit einem Interessenten an einer Beteiligung an der Hockenheim-Ring GmbH bereits in ein ausgetauschtes Eckpunk-

tepapier gemündet sind, das den Hockenheimer Verantwortlichen in den nächsten Tagen unterschrieben zugeht und seitens des potenziellen neuen Partners die Bereitschaft besteht, Gesellschaftsanteile der Stadt Hockenheim zu erwerben, wurden die avisierten vier Millionen Euro als Einnahmen im Vermögenshaushalt veranschlagt. Der potenzielle künftige Partner wird darüber hinaus das Stammkapital von zurzeit 12,3 Millionen Euro weiter erhöhen.

Es sind folgende Anteile geplant: Stadt Hockenheim 53,26 Prozent, Partner (neu) 42 Prozent und Badischer Motorsport-Club (BMC) 4,74 Prozent. Die Einnahmen aus der Veräußerung von Geschäftsanteilen in Höhe von insgesamt vier Millionen Euro führen dazu, dass keine Rücklagenentnahme (rund 0,3 Millionen Euro) und keine Kreditaufnahmen (bisher geplant 0,6 Millionen Euro) erforderlich sind.

Gummer zur zeitlichen Vorstellung: »Der Interessent ist der Auffassung, dass der Vertrag im Mai unterzeichnet werden könnte, wir haben den Juni 2007 zur Entscheidung eingeplant.« Preisgeben will der OB den neuen Partner erst, »wenn die Tinte trocken ist«.“

Soweit kam es jedoch nie, weder in 2007 noch in den Folgejahren. Beim Neujahrsempfang 2009 der Stadt Hockenheim berichtete OB Gummer:

„Potenzielle Investoren hätten Engagements aber deshalb abgelehnt, weil deutlich wurde, dass die Formel 1 das Betriebsergebnis negativ beeinflusse. Gummer: »Solange diese Veranstaltung in unseren Büchern steht und keine Drittfinanzierung erfolgt, wird die GmbH keine positiven Ergebnisse erzielen können.«“ (HTZ vom 20. Januar 2009):

Zu dieser Erkenntnis waren die Gesellschafter schon im Jahre 2003 gekommen, als der BMC versuchte, Anteile an private Investoren zu verkaufen. Er scheiterte, weil das Formel-1-Geschäft nicht mehr wie geplant lief. Damals war die Formel 1 mit einem Plus von 2,7 Millionen Euro noch nicht einmal ein Verlustgeschäft.

Neue Gesellschafter sind nur zu gewinnen, wenn ihnen langfristig eine gewisse Rendite für ihr eingebrachtes Kapital geboten werden kann.

Seinerzeit war auch die Vergabe des Namensrechts am Hockenheimring ein aktuelles Thema, von dem man sich wohl Einnahmen in Millionenhöhe versprach. Der HTZ vom 1. August 2007 war zu entnehmen, OB Gummer hoffe noch in diesem Jahr, über die Vergabe von Namensrechten entscheiden zu können. Doch auch dies erfüllte sich nicht.

Im Jahre 2006 erreichte die Hockenheim-Ring GmbH wegen des zurückgegangenen Zuschauerinteresses wenigstens die alternierende Ausrichtung des Formel-1-Grand-Prix mit dem Nürburgring.

❊

Mein Resümee zum Modernisierungsprojekt

Der grundlegende Umbau des Hockenheimrings war das größte Bauvorhaben, das bisher in Hockenheim, noch dazu in so relativ kurzer Zeit, umgesetzt worden ist. Der damit verbundene Aufwand, vom Eiertanz mit dem Land wegen der Bezuschussung über den Bürgerentscheid, das komplizierte Baugenehmigungsverfahren, die Probleme mit den Planern bis zum Abschluss des Bauvorhabens sowie das Scheitern der Finanzplanung, belastete alle Verantwortlichen enorm.

Hinterher ist man immer schlauer als zuvor. Unter heutigen Gesichtspunkten hätten wir so manche Entscheidung wohl nicht oder anders getroffen. Damals handelten wir aber nach bestem Wissen und Gewissen. Doch, wer konnte schon, als wir das Projekt ab dem Jahre 2000 gemeinsam mit dem Land auf den Weg brachten, die negative wirtschaftliche Entwicklung erahnen, die bis heute vielen Menschen zu schaffen macht und alle Businesspläne des Hockenheimrings zur Makulatur werden ließ? Da wir vergessliche Wesen sind und viele die Zusammenhänge nicht kennen, war es mir ein Anliegen, die Ursachen und deren Wirkung detailliert aufzuzeigen.

Trotz aller Probleme bewerte ich das Modernisierungsprojekt insgesamt positiv. Dank ihm befindet sich der Hockenheimring gegenüber den mit vielen Steuergeldern finanzierten, modernen Motorsportanlagen in den neuen Bundesländern sowie dem Nürburgring auf einem wettbewerbsfähigen Niveau. Außerdem bietet er wesentlich mehr Vermarktungsmöglichkeiten als zuvor. Die allerdings gilt es zu nutzen, mit oder ohne Formel 1.

Mit Bernie Ecclestone hätte spätestens in 2005 massiv nachverhandelt und notfalls die Reißleine gezogen werden müssen, um die horrenden Verluste zu vermeiden. Schon seit Jahren weicht die Formel 1 immer mehr auf solche Strecken aus, deren Veranstaltungsdefizite vom Staat oder von Mäzenen ausgeglichen werden. Einen Mangel an Formel-1-Veranstaltern dieser Art wird es auch künftig nicht geben, wie die Vergabe von Rennen in die Emirate am Golf, nach Russland, Indien etc. beweist. Eine spannende Frage ist auch, wie es in der Formel 1 einmal ohne den betagten Bernie Ecclestone überhaupt weitergehen wird.

Seit dem Umbau müsste der Hockenheimring bei entsprechendem Management und einer seinem Betrieb „angemessenen" Personal- und schlanken Kostenstruktur auch ohne Formel 1 gut über die Runden kommen. Dies war eines der wesentlichen Ziele der Modernisierung. Zudem leistet der Hockenheimring mit dem FSZ einen wichtigen Beitrag zur Verkehrssicherheit im Lande. Dessen Betrieb dürfte sich längst auch auf das Hotelgeschäft positiv auswirken.

Was das Land Baden-Württemberg anbelangt, sehe ich es gegenüber dem Hockenheimring sowie der Stadt Hockenheim nach wie vor in einer gewissen (moralischen) Pflicht. Stadt und Land haben die Modernisierung als Infrastrukturprojekt für die Region Rhein-Neckar gemeinsam auf den Weg gebracht. Seitdem profitiert das Land von allen Veranstaltungen und jedem investierten Euro am Ring über

Steuereinnahmen. Gerade deshalb ist es kaum verständlich, warum es bisher die Stadt und den Hockenheimring so hängen ließ.

Als dessen Businesspläne wegen der volkswirtschaftlichen Entwicklung nicht mehr aufgingen, hätte diplomatisch und intensiv versucht werden müssen, bei Regierenden und Abgeordneten des Landes mehr an Unterstützung zu bekommen. Leider vermochte ich nach meiner Amtszeit nicht mehr nachzuvollziehen, was auf diesem Gebiet unternommen wurde. Jedenfalls hätte das Eisen geschmiedet werden müssen, solange es noch heiß war! Dazu zähle ich auch die nicht ergriffene Chance, den einen oder anderen großen und finanziell potenten Energieerzeuger über die Stadtwerke als Gesellschafter des Hockenheimrings ins Boot zu holen.

Das Modernisierungsprojekt Hockenheimring bewegte und erregte auch mein Gemüt. Es strapazierte über Jahre hinweg meine Nerven, bescherte mir schlaflose Nächte und kostete mich Gesundheit, Familienleben, Freunde, Freizeit und vieles mehr. Vergnügungssteuerpflichtig war dies nicht. Damit fand ich mich ab, gehörte es doch zu meinem speziellen Verantwortungsbereich als Hockenheimer Bürgermeister.

Dennoch: Die über dreißig Jahre, in denen ich mich stets an vorderster Front für den Hockenheimring engagierte, waren im Großen und Ganzen erfolgreiche. Allein siebenundzwanzig durchgeführte Formel-1-Grand-Prix in dieser Zeit - jeder mit einer weltweiten Resonanz - sprechen für sich. Der Rennstreckenbetrieb kam auch und gerade der „Rennstadt" zugute und zwar sowohl vom Finanziellen als auch vom Image her. Dies zuvor einmal aus der Sicht eines „Insiders" zu beschreiben, der sich damit tagtäglich auseinanderzusetzen hatte, war mir ein besonderes Anliegen.

✳

Anmerkungen zur Familie

Wofür hätte man denn eine Familie,
wenn man sich in einer schwierigen
Situation nicht auf sie verlassen kann.

FRANZISKA VAN ALMSICK

Neben dem Berufsleben gab es natürlich auch noch das Privatleben mit meiner Familie. Für sie war ich immer da, wie sie auch für mich. Auf meine engsten Angehörigen konnte ich mich verlassen. Sie teilten mit mir Freud und Leid. Daneben boten sie mir in schwierigen Situationen Halt und Stütze.

Leider litt mein Privatleben oft unter dem Amt. Dennoch nahmen dies meine Frau und meine Kinder verständnisvoll hin. Dass dies nicht selbstverständlich war, beweisen die vielen gescheiterten Ehen von Politikern. Andererseits vermochte ich mich auf das Bürgermeisteramt nur deshalb solange einzulassen, weil meine Frau dies mittrug. Dafür bin ich ihr sehr dankbar, aber auch meinen beiden Töchtern, die ihren Vater oft entbehren mussten.

Als unsere Kinder klein waren, beaufsichtigte sie, wenn mich meine Frau zu amtlichen Anlässen begleitete, regelmäßig meine Mutter. In dieser Phase war meine Mutter Gold wert. Mein Verhältnis zu ihr war, wenn ich von den üblichen Konflikten in meiner „Sturm- und Drangzeit" mal absehe, ein recht gutes. Deshalb traf es mich schwer, als sie im Dezember 1997 nach einem schweren Schlaganfall verstarb.

Der Todesfall weckte in mir viele Erinnerungen. Kurz nach Kriegsende war sie mit nur 25 Jahren und zwei kleinen Kindern schon verwitwet. Was nahm sie in ihrem 77-jährigen Leben alles an Entbehrungen, an Ärger und an krankheitsbedingten Handicaps hin. Sie klagte aber nie, war auch sonst keine Frau der großen Worte, sondern zurückhaltend und bescheiden, ein Vorbild. Den wohl höchsten Stellenwert räumte sie ihrer Familie ein. Später hatte sie auch mit ihren Enkelkindern und ihrem ersten Urenkel, den sie noch erlebte, viel Freude.

Als ich selbst Vater von zwei Kindern war, wurde mir erst so recht bewusst, was meine Mutter in der schwierigen Nachkriegszeit für meine Schwester und mich geleistet hatte. Sie war eine tolle Frau – ihr hatten wir viel zu verdanken.

Ihr Ableben machte mich sehr traurig. Sie fehlte mir sehr. Doch mit den Jahren überwand ich den Schmerz. Heute lebt sie in meinen Erinnerungen fort, nach Jean Paul „das wohl einzige Paradies, aus dem uns niemand vertreiben kann".

Am 29. Juli 1999 vermählte ich als „Standesbeamter" unsere Tochter Alexandra mit Matthias Filbert aus Weinheim. Anfang August 1999 - nach der kirchlichen Trauung in der evangelischen Stadtkirche Hockenheims - feierten wir eine schöne

Hochzeit im kleinen Saal der Hockenheimer Stadthalle. Es war eine großartige Feier, bei der sich die Brauteltern zu den besonders glücklichen Menschen zählten.

Alexandra und Matthias hatten nach ihrem Abi bei Hapag-Lloyd eine kaufmännische Ausbildung im Reiseverkehrsgewerbe absolviert. In diesem Unternehmen lernten sie sich kennen. Während sich Matthias auf die Karriereleiter im Reise-Management begab, absolvierte Alexandra nach ihrer Ausbildung ein Betriebswirtschaftsstudium an der FH Worms. Danach arbeitete sie als Diplom-Betriebswirtin bei Naturin in Weinheim und anschließend bei der Gesellschaft für Konsumforschung in Nürnberg.

Ende Mai 2002 gebar Alexandra, die inzwischen mit ihrem Mann ein Einfamilienhaus in Hockenheim-Süd bezogen hatte, ihren ersten Sohn Sebastian. Oma und Opa zu sein, war für meine Frau und mich ein neues Metier, doch als Endfünfziger nahmen wir unsere Großelternschaft gerne an.

Mit zwei weiteren gesunden Enkelsöhnen, Daniel und Christian, beglückten uns Alexandra und ihr Mann Matthias im Dezember 2004 bzw. Februar 2009. Seitdem sind Oma und Opa noch mehr gefragt. Wir übernehmen diese Rolle auch deshalb sehr gerne, weil wir wissen, wie wichtig Großeltern für ihre Enkelkinder sind. Andererseits ist es etwas Schönes, die Entwicklung eines Kindes mitzuverfolgen, zu dieser beizutragen und die enge Verbundenheit mit ihm zu genießen.

Ähnlich wie Alexandras Ausbildungsweg verlief auch der unserer Tochter Claudia. Sie machte nach ihrem erfolgreich bestandenen Abi zunächst bei einem Heidelberger Verlagsunternehmen eine Lehre als Verlagskauffrau. Danach studierte sie Betriebswirtschaft an der Uni Mannheim, schloss als Diplom-Kauffrau ab und begann bei der Metro-Tochter „real,- SB-Warenhaus GmbH" eine 18-monatige Traineeausbildung in Dortmund und Bocholt. Diese führte Claudia in die Zentrale von „real,-" nach Mönchengladbach. Dort avancierte sie zur Abteilungsleiterin.

Durch Claudia lernten meine Frau und ich Nordrhein-Westfalen etwas näher kennen, seien es die Metropolen Dortmund und Düsseldorf, den Niederrhein, das Münsterland oder den „Ruhrpott". In diesem rauchen zwar immer noch einige Schlote, doch ihre Umweltbelastung hält sich in engen Grenzen. Das größte deutsche Bundesland ist heute geprägt von viel Grün, kulturreichen und historischen Städten sowie industriellen und anderen Denkmälern, von denen wir einige besichtigten. Eines davon war die Zeche Zollern, ein stillgelegtes Steinkohle-Bergwerk in Dortmund, ein anderes das Schloss Benrath.

Dessen Bauherr war kein Geringerer als der pfälzische Kurfürst Carl Theodor. Es wurde von 1755 bis 1773 unter der Leitung des lothringischen Baumeisters Nicolas de Pigage errichtet, der als Oberbaudirektor auch beim Bau der kurfürstlichen Residenzen in Mannheim und Schwetzingen mitgewirkt hat. Das denkmalgeschützte Ensemble von Lustschloss, Jagdpark, Weihern und Kanalsystem gilt als bedeutsamstes architektonisches Gesamtkunstwerk von Düsseldorf und wurde von der Stadt zur Aufnahme in die UNESCO-Liste des Weltkulturerbes vorgeschlagen. Schwetzingen und sein wunderschöner Schlossgarten lassen grüßen!

2010 war das Ruhrgebiet die Kulturhauptstadt Europas. In diesem Jahr besuchten wir mit Claudia das Museum Folkwang mit seinem Neubau in Essen, dessen reiche Sammlung an Gemälden, Skulpturen, Grafiken und Fotografien uns beeindruckte.

So erschloss sich für uns durch Claudias berufliche Stationen noch ein anderer interessanter Teil Deutschlands.

✳

Gründung des „Rotary Club Hockenheim"

Die unscheinbar wirkenden Kräfte
des Guten sind in denjenigen verkörpert,
die das unmittelbare Dienen,
das sie nicht zum Beruf ihres Lebens
machen können, im Nebenamt betreiben.

Albert Schweitzer
Ehrenmitglied des „Rotary Club Passau"

In den ersten Wochen meines Ruhestands nahm ich die Gründung eines Rotary Clubs in die Hand. Ob es dazu ohne die Kontakte Hockenheims nach Mooresville in North Carolina überhaupt gekommen wäre, ist eine berechtigte Frage. Die Anregung dazu kam jedenfalls aus der amerikanischen Rennstadt.

Während des Mooresville-Besuchs einer kleinen Hockenheimer Delegation im April 2001 wohnten meine Frau und ich bei Mitchell Mack und seiner Frau Dolores, die wir als zwei überaus nette und reizende Senioren kennen und schätzen lernten. Mack war Altpräsident des „Rotary Club of Mooresville". Dieser Serviceclub empfing auch die Hockenheimer Delegation. Bei diesem Anlass riet mir Mack, in Hockenheim einen Rotary Club zu gründen. In diesem Sinne wandte er sich am 19. Mai 2001 mit einer E-Mail an Eberhard Göhler aus Heidelberg, den damaligen Governor des Rotary-Distrikts, zu dem Hockenheim zählt, und empfahl ihm, mit mir in Kontakt zu treten.

Gut Ding schien in diesem Falle besonders viel Weile zu brauchen! Über zwei Jahre vergingen, ehe Göhler mit mir im August ins Gespräch kam, begleitet von den ehemaligen Distrikt-Governors Artur Völker vom Rotary Club Frankenthal und Dr. Bernhard Scharf vom Rotary Club Schriesheim-Lobdengau. Dr. Scharf kannte ich schon seit Jahren. Wir beide hatten einige Jahre als Kollegen in der FDP-Fraktion des Kreistags zusammengearbeitet.

Zwischenzeitlich war ich Mitglied des Rotary Clubs Schwetzingen-Walldorf geworden und erklärte mich, von der rotarischen Idee überzeugt, gegenüber den drei Herren bereit, die Clubgründung in die Hand zu nehmen. Trotz guten Willens ließen mir dazu aber meine Amtsgeschäfte sowie die Entwicklung am Hockenheimring leider nicht die Zeit. Deshalb konnte ich mich erst nach meiner Pensionierung darum kümmern, also über ein Jahr nach meiner Zusage.

Nun musste ich aber überrascht zur Kenntnis nehmen, dass sich in Hockenheim bereits ein Lions-Club - das ist ein Rotary vergleichbarer Serviceclub - in Gründung befand. Ob die in Rotary-Kreisen längst bekannte Initiative zur Clubgründung in Hockenheim die „Lionsbrüder" beflügelte? Sie hatten jedenfalls die Nase vorn. Dennoch gelang es mir binnen weniger Wochen, zahlreiche Persönlichkeiten aus Hockenheim und darüber hinaus, die sich in ihrem Beruf bereits bewährt hatten, für das Projekt zu gewinnen.

Am 25. Januar 2005 gründeten 25 Personen den neuen Rotary Club Hockenheim und wählten mich zu ihrem ersten Präsidenten, ein Amt, das ich über die sonst übliche einjährige Amtszeit hinaus fast eineinhalb Jahre innehatte. Gleichzeitig übernahm ich die Pressearbeit sowie die Zuständigkeit für die internationalen Angelegenheiten des Clubs. Parallel zum Rotary Club gründeten wir auch den gemeinnützigen Verein „Fördergemeinschaft Rotary Club Hockenheim e.V.", über den die rotarischen Hilfsprojekte abgewickelt werden. Auch hier wählte man mich zum Vorsitzenden.

Mit der Urkunde vom 15. Februar 2005 bestätigte Rotary International die Aufnahme des Hockenheimer Rotary Clubs in die rotarische Gemeinschaft. Damit wurden wir ein Teil des weltweit aktiven, sozial engagierten rotarischen Netzwerks von über 1,1 Millionen Personen verschiedenster Berufsgruppen, das insofern auch als eine „Weltgemeinschaft von Berufstätigen" beschrieben werden kann.

Das rotarische Ideal ist das Dienen (Motto: „Service above self"), sich also für andere einzusetzen, die der Hilfe und Stütze bedürfen. Dieses Ziel sollen Rotarier über die Dienstbereitschaft im täglichen Leben anstreben, sei es

- durch Pflege der Freundschaft,
- durch hohe ethische Grundsätze im privaten wie im beruflichen Leben,
- durch ein verantwortungsbewusstes Engagement zum Nutzen der Allgemeinheit und
- durch aktives Eintreten für Frieden und Völkerverständigung.

Rotarische Projekte

Zu den bedeutenden internationalen Projekten Rotarys zählt die 1979 initiierte Kampagne Polio-Plus zur Bekämpfung der Kinderlähmung. Seitdem haben mehr als zwei Milliarden Kinder dank Rotary eine Polio-Schutzimpfung erhalten. Das Ziel Rotarys ist, in Zusammenarbeit mit der Weltgesundheitsorganisation WHO, der UNICEF und anderen Partnern, die Kinderlähmung weltweit auszurotten. Dank der umfassenden Impfaktionen sank die Infektionsrate um über 99 Prozent: von 350.000 im Jahr 1988 auf 1.600 im Jahr 2008. In diesen 20 Jahren stellte Rotary rund 800 Millionen US-Dollar bereit und warb für hunderttausende von Freiwilligen, die die Impfungen vor Ort organisierten. Noch ist das Ziel nicht erreicht. Deshalb kämpft Rotary nach wie vor für eine Welt ohne Kinderlähmung.

Daneben bietet Rotary eines der größten internationalen Jugendaustausch-Programme. Zudem vergibt die Rotary Foundation als weltgrößte private Stipendienorganisation mehr als 1.000 Stipendien pro Jahr an Studenten, um ihnen ein Auslandsstudium zu ermöglichen. Ein weiteres von der Rotary Foundation mitfinanziertes Bildungsprojekt war bis einschließlich 2010 der Studiengruppenaustausch, „Group Study Exchange" (GSE) genannt.

Die Zellen des rotarischen Organismus und seiner Ideale sind jedoch die Clubs vor Ort, seit Januar 2005 auch in Hockenheim. In der Anfangsphase brachte ich mit Hilfe meiner neuen rotarischen Freundinnen und Freunde den Club „ins Laufen". Gleich nach der Clubgründung übernahmen die meisten Clubmitglieder Patenschaften für Kinder von Flutopfern in Sri Lanka, wo an Weihnachten 2004 ein verheerender Tsunami gewütet hatte. Daneben startete der Club dort noch verschiedene Hilfsprojekte wie das Bohren von Trinkwasserbrunnen. Weitere Club-Engagements waren bisher:

- Das jährliche Pflanzen eines Baums des Jahres im Gartenschaupark,
- die Organisation der Berufsinformationsveranstaltung „Formel Job" für Haupt- und Förderschüler des Raumes Hockenheim im Motodrom,
- Projekte zur Gewaltprävention und zur gesunden Ernährung von Kindern in Kindergärten,
- das Sammeln von Spenden zur Poliobekämpfung,
- die Unterstützung der Musikschule Hockenheim,
- die Bereitstellung von „Shelterboxen" (Überlebensboxen) für Katastrophenopfer in der Welt oder
- die Kontaktpflege zum französischen Rotary Club Commercy.

Finanziert werden die Projekte durch Spenden der Clubmitglieder und von Sponsoren, Benefizveranstaltungen, die Organisation von Gesundheitstagen in Hockenheims Med-Center sowie durch die Teilnahme am Hockenheimer Mai und am Hockenheimer Advent.

Die freundschaftlichen Beziehungen innerhalb des Rotary Clubs und das gemeinsame rotarische Ideal des Dienens, manifestiert in vielen Hilfsprojekten, bereichern und erfüllen mich.

Reiseabenteuer in Kentucky

Bei Rotarys Berufsaustauschprogramm GSE bildeten zwei Rotary Distrikte aus verschiedenen Ländern eine Partnerschaft. Sie entsandten bzw. empfingen eine Gruppe mit einem erfahrenen Rotarier als Teamleiter sowie bis zu sechs jungen berufstätigen Frauen und Männern, die am Anfang ihrer Laufbahn standen und die keine Rotarier waren.

Der Aufenthalt im Gastland betrug in der Regel vier Wochen. Dabei wurde angestrebt, dass die Teilnehmer möglichst bei rotarischen Gastfamilien wohnten und die kulturellen und berufsbezogenen Bräuche in anderen Ländern kennenlernten. Das Programm sollte ihrer beruflichen Weiterbildung dienen und Führungsfähigkeiten vermitteln, um sie besser auf die Anforderungen einer zunehmend globalisierten Arbeitswelt vorzubereiten.

Im Spätjahr 2006 hatte mir der damalige Distrikt-Governor Hermann Scherr aus Ketsch, mit dem ich früher beruflich zu tun hatte und den ich auch vom Rotary Club Schwetzingen-Walldorf her kannte, angeboten, das GSE-Team 2007 unseres Rotary Distrikts zu leiten. Es wurde vom 28. April bis zum 27. Mai 2007 von einem Rotary Distrikt in Kentucky empfangen. Scherrs Suche nach einem GSE-Teamleiter hatte bei den über 70 Rotary-Clubs des Distrikts zunächst keine Resonanz gefunden.

Für mich - ich befand mich bereits seit über zwei Jahren im Ruhestand - kam dieses Angebot überraschend, weshalb ich mir eine Nacht Bedenkzeit erbat. Meine Frau und unsere Töchter Alexandra und Claudia rieten mir, diese Chance zu ergreifen. Mit deren Rückendeckung erklärte ich mich schließlich bereit, das Team zu führen. Damit sah ich einem tollen Reiseabenteuer entgegen.

Im Grunde genommen stellte die vierwöchige Reise nach Kentucky für jeden Teilnehmer eine gewisse Herausforderung dar. Weder meine Reisegefährten Axel Nickles (28), ein Zahnarzt, Dr. Peter Stöckel (35), ein Diplom-Chemiker, und Kerstin Theilmann (32), eine Public-Relations-Consultin, noch ich wussten zuvor, was auf uns zukommen würde, mit wem wir es zu tun haben und wie wir behandelt werden würden. Allein die Gewissheit, sich Rotariern eines anderen Kulturkreises, dazu noch im Mutterland Rotarys, anzuvertrauen und deren Gastfreundschaft in Anspruch zu nehmen, stärkte meine Zuversicht und zerstreute meine anfänglichen Zweifel.

Am Ende erwies sich der Besuch Kentuckys für das GSE-Team als ein einmaliges großes Erlebnis, das ich in einem über 180 Seiten umfassenden Reisetagebuch mit dem Titel „Mein Kentucky" ausführlich beschrieben habe. Davon ließ ich für meine Freunde und Verwandten von der Hockenheimer Druckerei Klaus Weinmann fünfzig Exemplare drucken und binden.

✳

Brodelnde Gerüchteküche und folgenreiche Bütt

Aus Faust I

Ich lasse mich nicht irre schrein,
Nicht durch Kritik noch Zweifel.

Johann Wolfgang Von Goethe

Kaum im Ruhestand, zerbrachen sich wohl einige meiner Mitbürger ihren Kopf darüber, was ich künftig tun, wo und wie ich leben würde? Das beflügelte die Fantasien und schwupp die wupp brodelte auch schon die städtische Gerüchteküche.

Möglicherweise hatten die Ursprünge der Gerüchte rein denunziatorischen Charakter. Was man mir alles an Freundinnen und an Häusern im Ausland zutraute! Mit der Zeit bekamen selbst gute Freunde Zweifel, ob an den Gerüchten nicht doch etwas sei. Entsprechende Anfragen ließen mich dies jedenfalls vermuten.

Wäre ich den Gerüchten entgegengetreten, hätte ich sie wohl erst recht ins öffentliche Rampenlicht gezerrt. Deshalb saß ich sie aus und beherzigte den Rat meines alten Lehrmeisters Dale Carnegie:

> „Ungerechte Kritik ist oft ein verkapptes Kompliment. Vergessen Sie nicht: Einen toten Hund tritt man nie. Wenn Sie zu unrecht kritisiert werden: Tun Sie Ihr Bestes, und dann spannen Sie Ihren alten Regenschirm auf, damit der Regen der Kritik Ihnen nicht hinten in den Kragen läuft. Was die Leute reden, kann dir gleich sein, solange du aus tiefstem Herzen überzeugt bist, dass du recht hast. Oder lachen auf unberechtigte Kritik, da lässt sich dann nicht mehr vernünftig entgegnen."

Dennoch fand ich es dreist und schäbig, was mir manche „aus voller Überzeugung" unterstellten. Doch die Zeit ging auch darüber hinweg.

Ende Januar 2005 veranstaltete die Hockenheimer Carnevalsgesellschaft (HCG) ihre jährliche Prunksitzung in der Stadthalle. Bei der ging Heinz Jahnke, der Hockenheimer Busunternehmer und FDP-Stadtrat, wie auch schon in den Vorjahren als „Scherzengel" in die Bütt, um sich über kommunale Vorhaben auszulassen. Da nach meinem Empfinden Inhalt und Vortrag nur wenig mit karnevalistischem Humor zu tun hatten, war ich der Einladung der HCG zu den Prunksitzungen schon seit Jahren nicht mehr gefolgt, auch nicht 2005. Erwartungsgemäß zog Jahnke auch in dieser Prunksitzung vom Leder.

Darüber berichtete die HTZ am 31. Januar 2005 unter anderem:

> „Was Heinz Jahnke bot, war in keinster Weise eine Durchleuchtung der Hockenheimer Kommunalpolitik mit einem Blick durch die närrische Brille. Sein Auftritt war vielmehr eine Aneinanderreihung von Vorwürfen, Meinungen, Unterstellungen, die nicht nur peinlich waren, sondern in vielen Teilen auch nicht nachvollziehbar für einen Auftritt in einer Karnevalsveranstaltung. Der Beitrag sollte wohl den zurückliegenden OB-Wahlkampf mit seinen unterschiedlichsten Kandidaten glossieren, was aber ob der getroffenen Wortwahl mehr als einmal knapp den Tatbestand der Beleidigung erfüllte. Und die Bemerkungen über Hockenheims Alt-OB Gustav Schrank landeten absolut unter der Gürtellinie.
>
> Wie entsetzt man über den Auftritt des zum »Schmutzengel« gewordenen Heinz Jahnke bei der veranstaltenden Ersten Großen Hockenheimer Carnevalsgesellschaft war, machte auch Sitzungspräsident Klaus Zizmann mehrmals deutlich und entschuldigte sich namens der HCG am Ende der Veranstaltung beim Publikum für die verbalen Entgleisungen und anderen Unzulänglichkeiten der Prunksitzung."

Die HTZ berichtete außerdem, dass Jahnkes fragwürdiger Vortrag mit „Aufhören"-Rufen und Pfiffen begleitet worden sei, immer mehr Besucher aus Protest den Saal verließen oder eigene Tischgespräche führten, damit sie sich die Rede nicht länger anhören mussten.

Wie es schien, machte die vernichtende Berichterstattung Heinz Jahnke schwer zu schaffen. Sonst hätte er nicht sein Mandat als Stadtrat spontan niedergelegt. Über zehn Jahre war er Mitglied des Gemeinderats. In diesem Gremium hatten wir im Großen und Ganzen gut zusammengearbeitet. Zudem kannte ich Jahnke als netten und hilfsbereiten Menschen schon seit Anfang der 1970er Jahre, als wir einige Zeit im gleichen Block in der Alex-Möller-Straße wohnten.

Nach dem Eklat kam Jahnke mit einem Schreiben auf mich zu, entschuldigte sich in aller Form und überreichte mir das Manuskript seiner Büttenrede, die in der Tat einige „starke Passagen" enthielt. Insofern zeigte er Größe, was ich ihm hoch anrechnete.

✻

Wie es auch sei das Leben, es ist gut

So blickt aus sagenhafter Frühe
Mein Jugendbild mich an und fragt,
Ob von dem Licht, das einst getagt,
Noch etwas leuchte, etwas glühe.

Den damals ich vor mir gesehen,
Der Weg hat mir viel Pein und Nacht
Und bittre Wandlungen gebracht:
Ich möchte ihn nicht noch einmal gehen.

Doch ging ich meinen Weg in Treuen
Und halte sein Gedächtnis wert.
Viel war verfehlt, viel war verkehrt,
Und doch kann ich ihn nicht bereuen.

HERMANN HESSE

Die Pensionszeit bescherte mir bisher im Großen und Ganzen ein ruhiges Fahrwasser. Dieser Lebensabschnitt ist ein angenehmer, den man, eine gute Gesundheit vorausgesetzt, intensiv genießen sollte. Doch mit jedem Tag empfinde ich mehr, wie unaufhörlich schnell der Strom der Zeit dahinfließt. Deshalb handle ich nach dem Motto: „Nutze die Zeit, denn vielleicht ist es später als du denkst!"

Das Kommen und Gehen der Generationen verdeutlicht mir meine Familie. In dieser haben meine Frau und ich bereits die oberste Stufe erklommen. Von dort blicken wir mit viel Freude auf unsere beiden Kinder und unsere drei Enkel. Wie viele weitere Jahre wir mit ihnen sowie unseren Verwandten und Freunden noch erleben dürfen, liegt allein in Gottes Hand.

Rückblickend auf mein abwechslungsreiches und spannendes Leben mit all seinen Höhen und Tiefen bin ich dankbar und bestätige Goethes Wort: „Wie es auch sei das Leben, es ist gut."

Angesichts der vielfältigen zwischenmenschlichen Kontakte und Verbindungen während meines Berufslebens, der bewährten und der weniger bewährten Freundschaften oder der unwiderruflichen Abschiede von Menschen, die mir nahe standen, schließe ich mit Gottfried Benns gleichnishaftem Resümee:

„Leben ist Brückenschlagen über Ströme, die vergehn."

Nachwort mit Danksagung

Eine Niederschrift dieses Umfangs beansprucht natürlich ihre Zeit. Leider blieb der über Jahre während Rückzug in die „Schreibstube" nicht ohne Folgen für meine Frau. Sie muss sich oft wie eine Strohwitwe vorgekommen sein. Dennoch hat sie - von wenigen Ausnahmen einmal abgesehen - mein schriftstellerisches Engagement geduldig hingenommen, so manches neu geschriebene Kapitel gelesen und mir die ersten wertvollen Korrekturempfehlungen gegeben. Dafür und für ihre Nachsicht habe ich ihr viel zu danken und wohl auch noch einiges gutzumachen.

Sehr zu Dank verpflichtet bin ich auch Manfred Christ, mit dem ich während meiner gesamten Amtszeit im Rathaus eng zusammenarbeitete, und den ich zu den Kennern der Hockenheimer Materie zähle sowie den erfahrenen Kommunalpolitikern Siegfried Renz und Alfred Rupp. Sie haben, meiner Bitte folgend, mein Manuskript, auch und gerade aus kommunalpolitischer Perspektive, kritisch unter die Lupe genommen und mir so manch nützlichen Tipp gegeben. Alfred Rupp, seit Jahren engagierter Vorsitzender des Vereins für Heimatgeschichte Hockenheim e.V., würdigte außerdem in einem Geleitwort meine Aufzeichnungen.

In konstruktiver Weise stand mir auch Wolfgang Döring bei, dessen Empfehlungen das Werk weiter optimiert haben. Ich bin ihm dafür sehr verbunden.

Dankbar bin ich auch Dr. Rainer Vögele, der sich die Kapitel über das Modernisierungsprojekt Hockenheimring angesehen hat. Seine sachlichen Anmerkungen habe ich gerne aufgenommen.

Dr. Lothar Gaa, der frühere Landtagspräsident Baden-Württembergs und erfahrene Rechtsanwalt, stand mir aus juristischer Perspektive zu Seite. Ihm sei dafür ebenso gedankt wie Daniela Großhans, die das Schlusslektorat übernommen und den Text mit dem letzten Schliff versehen hat.

Schließlich wurde das Buch von der Druckerei Weinmann auf den Weg gebracht. Klaus Weinmann, der Seniorchef, ist mir immer ein hilfsbereiter und fachlich versierter Ratgeber gewesen. Auch ihm sei herzlich gedankt.

Das Manuskript zu „Meines Lebens Kreise" schloss ich Ende November 2011 ab. Es bezieht sich im Wesentlichen auf meine persönliche Geschichte, gespeist von meinen Erinnerungen, Ansichten, Erfahrungen und Erkenntnissen aus fast sieben Lebensjahrzehnten. Gleichwohl hat das Werk einen zeitgeschichtlichen und, was bei einem gebürtigen Hockenheimer, Lokalpatrioten und langjährigen Bürgermeister in der Natur der Sache liegt, einen breiten heimatgeschichtlichen Hintergrund. Diesen als Teil der bis dato 1242-jährigen Stadtgeschichte Hockenheims näher zu beleuchten und festzuhalten, war mir ebenfalls ein großes Anliegen.

✳ ✳ ✳

Inhaltsverzeichnis

574

Personenregister (in Auswahl)

In das Personenverzeichnis wurden die Verfasser der in den Kapiteln vorangestellten Aussprüche und Gedichte nicht aufgenommen.